DuD-Fachbeiträge

Reihe herausgegeben von
Gerrit Hornung, Kassel, Deutschland
Helmut Reimer, Erfurt, Deutschland
Karl Rihaczek, Bad Homburg vor der Höhe, Deutschland
Alexander Roßnagel, Kassel, Deutschland

Die Buchreihe ergänzt die Zeitschrift DuD – Datenschutz und Datensicherheit in einem aktuellen und zukunftsträchtigen Gebiet, das für Wirtschaft, öffentliche Verwaltung und Hochschulen gleichermaßen wichtig ist. Die Thematik verbindet Informatik, Rechts-, Kommunikations- und Wirtschaftswissenschaften. Den Lesern werden nicht nur fachlich ausgewiesene Beiträge der eigenen Disziplin geboten, sondern sie erhalten auch immer wieder Gelegenheit, Blicke über den fachlichen Zaun zu werfen. So steht die Buchreihe im Dienst eines interdisziplinären Dialogs, der die Kompetenz hinsichtlich eines sicheren und verantwortungsvollen Umgangs mit der Informationstechnik fördern möge.

Reihe herausgegeben von
Prof. Dr. Gerrit Hornung
Universität Kassel
Prof. Dr. Helmut Reimer
Erfurt
Dr. Karl Rihaczek
Bad Homburg v.d. Höhe
Prof. Dr. Alexander Roßnagel
Universität Kassel

Carolin Gilga

Die Rechtmäßigkeit der Verarbeitung von öffentlichen personenbezogenen Daten aus dem Internet

Web-Monitoring gemäß der Datenschutz-Grundverordnung

Springer Vieweg

Carolin Gilga
Kassel, Deutschland

Zugl.: Dissertation an der Universität Kassel, Fachbereich 07 – Wirtschaftswissenschaften
Erstgutachter: Prof. Dr. Gerrit Hornung, LL.M.
Zweitgutachter: Priv.-Doz. Dr. Christian Geminn
Tag der Disputation: 25.02.2025

Die Dissertation entstand im Rahmen der vom Bundesministerium für Bildung und Forschung geförderten interdisziplinären Forschungsprojekte HUMAN+ (Echtzeit-Lagebild für effizientes Migrationsmanagement zur Gewährleistung humanitärer Sicherheit), AIFER (Künstliche Intelligenz zur Analyse und Fusion von Erdbeobachtungs- und Internetdaten zur Unterstützung bei der Lageerfassung und -einschätzung) und PRIDS (Privatheit, Demokratie und Selbstbestimmung im Zeitalter von Künstlicher Intelligenz und Globalisierung).

ISSN 2512-6997　　　　　　　　ISSN 2512-7004　(electronic)
DuD-Fachbeiträge
ISBN 978-3-658-48662-4　　　　ISBN 978-3-658-48663-1　(eBook)
https://doi.org/10.1007/978-3-658-48663-1

Die Deutsche Nationalbibliothek verzeichnet diese Publikation in der Deutschen Nationalbibliografie; detaillierte bibliografische Daten sind im Internet über https://portal.dnb.de abrufbar.

© Der/die Herausgeber bzw. der/die Autor(en), exklusiv lizenziert an Springer Fachmedien Wiesbaden GmbH, ein Teil von Springer Nature 2025

Das Werk einschließlich aller seiner Teile ist urheberrechtlich geschützt. Jede Verwertung, die nicht ausdrücklich vom Urheberrechtsgesetz zugelassen ist, bedarf der vorherigen Zustimmung des Verlags. Das gilt insbesondere für Vervielfältigungen, Bearbeitungen, Übersetzungen, Mikroverfilmungen und die Einspeicherung und Verarbeitung in elektronischen Systemen.
Die Wiedergabe von allgemein beschreibenden Bezeichnungen, Marken, Unternehmensnamen etc. in diesem Werk bedeutet nicht, dass diese frei durch jede Person benutzt werden dürfen. Die Berechtigung zur Benutzung unterliegt, auch ohne gesonderten Hinweis hierzu, den Regeln des Markenrechts. Die Rechte des/der jeweiligen Zeicheninhaber*in sind zu beachten.
Der Verlag, die Autor*innen und die Herausgeber*innen gehen davon aus, dass die Angaben und Informationen in diesem Werk zum Zeitpunkt der Veröffentlichung vollständig und korrekt sind. Weder der Verlag noch die Autor*innen oder die Herausgeber*innen übernehmen, ausdrücklich oder implizit, Gewähr für den Inhalt des Werkes, etwaige Fehler oder Äußerungen. Der Verlag bleibt im Hinblick auf geografische Zuordnungen und Gebietsbezeichnungen in veröffentlichten Karten und Institutionsadressen neutral.

Springer Vieweg ist ein Imprint der eingetragenen Gesellschaft Springer Fachmedien Wiesbaden GmbH und ist ein Teil von Springer Nature.
Die Anschrift der Gesellschaft ist: Abraham-Lincoln-Str. 46, 65189 Wiesbaden, Germany

Wenn Sie dieses Produkt entsorgen, geben Sie das Papier bitte zum Recycling.

Meiner Familie

Vorwort der Herausgeber

Das Internet ist seit vielen Jahren eine nahezu unerschöpfliche Quelle für verschiedenste Arten von Daten. Durch gezielte Auswertung dieser Daten lassen sich wertvolle neue Erkenntnisse gewinnen, weshalb sie für verschiedenste staatliche, wirtschaftliche und private Akteure hochgradig attraktiv sind. Es wundert deshalb nicht, dass es inzwischen sehr viele Anwendungsfelder für die großflächige Datenerhebung und -nutzung von Internetdaten gibt. Die Geschäftsbzw. Vorgehensmodelle für dieses „Web-Monitoring" werden angesichts der ständig weiterwachsende Informationsmenge künftig elaborierter werden und in neue Domänen vordringen.

Auf einen großen Teil der im Internet verfügbaren Daten kann ohne Weiteres zugegriffen werden. Diese leichte technische Zugänglichkeit führt dazu, dass neue Analysemodelle oftmals zunächst niederschwellig experimentell erprobt werden, bevor sie sich sodann (teilweise auch mittels frei zugänglicher Tools) weiterverbreiten. Die Nutzung öffentlicher Internetdaten stellt deshalb eine wichtige und gegenüber zugriffsgeschützt gespeicherten Daten separat zu betrachtende Art der Datenverarbeitung dar.

Bei weitem nicht alle, aber doch sehr viele der öffentlich im Netz verfügbaren Daten sind im Sinne von Art. 4 Nr. 1 DSGVO personenbezogen. Die damit verbundene grundsätzliche Anwendbarkeit des Datenschutzrechts verursacht etliche bislang ungelöse Folgefragen. Die ungeschützte Zugänglichkeit der Daten verführt zu der Vorstellung, diese seien auch rechtlich nicht geschützt – dies ist jedoch jedenfalls nach europäischem Datenschutzrecht sowohl grundrechtlich als auch einfachgesetzlich eine Fehlvorstellung. Welche Anforderungen allerdings genau gelten, ist vielfach umstritten und ungeklärt.

Die technischen Möglichkeiten des Web-Monitorings darzustellen, die Öffentlichkeit der Daten zu untersuchen und schließlich konkrete rechtliche Vorgaben für ihre Verarbeitung zu entwickeln, ist dementsprechend eine erhebliche wissenschaftliche Herausforderung. Es ist deshalb verdienstvoll, dass Frau Gilga sich diesen wichtigen, auch sehr praxisrelevanten Problemen in ihrer Dissertationsschrift angenommen hat. Ihre Arbeit untersucht das Phänomen des Web-Monitorings und die mit ihm befassten Akteure, erarbeitet Begriffselemente für die Kategorie der „öffentlichen Daten" im Sinne des Datenschutzrechts und analysiert die einzelnen Zulässigkeitstatbestände des Art. 6 Abs. 1 UAbs. 1 DSGVO hinsichtlich der Frage, inwieweit sie verschiedene Ausprägungen des Web-Monitorings legitimieren können.

Besonders beachtlich ist die große Bandbreite der hierfür untersuchten exemplarischen Szenarien und der durch sie aufgeworfenen Rechtsfragen aus sehr unterschiedlichen Rechtsgebieten. Für jede Variante des Art. 6 Abs. 1 UAbs. 1 DSGVO werden Beispiele erarbeitet, die oftmals in komplexe Rechtsfragen von Sondermaterien wie dem Arbeitsrecht, dem Katastrophenschutzrecht, dem AGB-Recht, dem Steuerrecht, dem Produkthaftungsrecht oder dem Hochschulrecht münden. Frau Gilga untersucht jede dieser Spezialmaterien und erarbeitet auf dieser Basis übergreifende, strukturelle Anforderungen an die automatisierte Verarbeitung öffentlicher personenbezogener Daten. Auch an anderen Stellen bringt die Arbeit grundsätzliche neue Erkenntnisse, beispielsweise zu eher selten behandelten Fragen wie der Zulässigkeit der Datenverarbeitung aufgrund ihrer Erforderlichkeit zum Schutz lebenswichtiger Interessen nach Art. 6 Abs. 1 UAbs. 1 lit. d DSGVO.

Frau Gilga kommt dabei zu wohlbegründeten und differenzierten Lösungen, die die technischen Besonderheiten der Verarbeitung von im Internet verfügbaren Daten ebenso berücksichtigen wie die Interessen der einzelnen Beteiligten. Im Gesamtbild trägt die Arbeit damit sowohl zum Verständnis der einzelnen Rechtsgrundlagen nach der Datenschutz-Grundverordnung als auch zu dem notwendigen Bewusstsein dafür bei, dass die zunehmende Informationsflut des Internets nicht nur technische, sondern in erheblichem Maße auch grund- und datenschutzrechtliche

Fragen mit sich bringt. Berücksichtigt man, dass diese Fragen in Zeiten einer zunehmenden Verarbeitung öffentlicher Daten durch Systeme Künstlicher Intelligenz immer wichtiger werden, so verdient die Arbeit von Frau Gilga umso mehr Beachtung in Wissenschaft und Praxis.

Kassel, im März 2025 *Prof. Dr. Gerrit Hornung, LL.M.*

Vorwort der Autorin

Die vorliegende Arbeit entstand während meiner Zeit als wissenschaftliche Mitarbeiterin am Fachgebiet für Öffentliches Recht, IT-Recht und Umweltrecht an der Universität Kassel und wurde im Januar 2025 von der Universität Kassel als Dissertation angenommen. Gesetzgebung, Literatur und Rechtsprechung entsprechen dem Stand von September 2024.

Ausgangspunkt und Basis meiner Forschung war meine Mitarbeit an den vom Bundesministerium für Bildung und Forschung geförderten interdisziplinären Forschungsprojekten HUMAN+ (Echtzeit-Lagebild für effizientes Migrationsmanagement zur Gewährleistung humanitärer Sicherheit), AIFER (Künstliche Intelligenz zur Analyse und Fusion von Erdbeobachtungs- und Internetdaten zur Unterstützung bei der Lageerfassung und -einschätzung) und PRIDS (Privatheit, Demokratie und Selbstbestimmung im Zeitalter von Künstlicher Intelligenz und Globalisierung).

Mein aufrichtiger Dank gilt allen Personen aus meinem beruflichen und privaten Umfeld, die durch ihre Unterstützung maßgeblich dazu beigetragen haben, dass diese Arbeit nicht nur begonnen, sondern auch erfolgreich abgeschlossen werden konnte.

Besonderer Dank gilt meinem Doktorvater, Prof. Dr. Gerrit Hornung, für die hervorragende Betreuung während der gesamten Promotionszeit. Mit seiner herzlichen und offenen Art stand er mir stets zur Seite, unterstützte mit konstruktiven und wertvollen fachlichen Anregungen und verstand es, mich in den entscheidenden Momenten zu motivieren. Er war mir dabei nicht nur auf fachlicher, sondern auch auf menschlicher Ebene stets ein Vorbild. Hierfür bin ich ihm von Herzen dankbar. Herrn Priv.-Doz. Dr. Christian Geminn danke ich für die Übernahme und zügige Erstellung des Zweitgutachtens.

Für die Unterstützung bei der Erweiterung und Vertiefung meiner technischen Kenntnisse gebührt zudem allen Projektpartnern ein großer Dank. Besonders hervorheben möchte ich Marcel Roth und Christian Hanz, die meinen zahlreichen Fragen nicht nur geduldig und schnell begegneten, sondern dank ihrer hervorragenden Expertise auch stets verständlich beantworteten.

Den Kolleginnen und Kollegen vom Fachgebiet für Öffentliches Recht, IT-Recht und Umweltrecht danke ich für die wunderbare Arbeitsatmosphäre, das äußerst kollegiale Miteinander, die vielen bereichernden fachlichen und auch privaten Gespräche sowie für die zahlreichen gemeinsamen Erlebnisse außerhalb der Arbeitszeit. Durch sie werde ich mich an die Zeit meiner Promotion stets gern zurückerinnern. Besonderer Dank gilt dabei Paul Zurawski, der nicht nur ein lieber Freund geworden ist, sondern mich vor allem in den intensiven Phasen stets mit wertvollen Hinweisen und aufmunternden Worten unterstützte.

Ein besonderer Dank gilt zudem meinem Lebensgefährten, Valentin Heinz. Während der gesamten Zeit der Promotion stand er stets fest an meiner Seite, war meine größte Stütze und bot mir einen unerschütterlichen Rückhalt. Vor allem in herausfordernden Zeiten leistete er emotionalen Beistand und verstand es immer wieder, mir neuen Aufwind zu geben. Für seine Liebe, Geduld und unermüdliche Unterstützung bin ich ihm unendlich dankbar.

Mein tiefster Dank gilt meiner Familie, allen voran meinen Eltern, Claudia und Thomas Gilga. Ihre immerwährende Liebe, Unterstützung und ihr Vertrauen in mich haben mir in jeder Phase meines Lebens den Rücken gestärkt. Sie ermutigten mich stets, meinen eigenen Weg zu gehen, und gaben mir den Raum, mich zu entfalten und über mich hinaus zu wachsen. Ohne sie wäre diese Arbeit nie geschrieben worden.

Kassel, im März 2025   *Dr. Carolin Gilga*

Inhaltsverzeichnis

Abkürzungsverzeichnis .... *XVIII*
Hinweis zur geschlechtergerechten Sprache .... *XXVII*

ABSCHNITT 1: EINLEITUNG

1 Motivation *2*
   1.1   Gegenstand und Ziel der Untersuchung 3
   1.2   Gang der Untersuchung 5

ABSCHNITT: 2 GRUNDLEGENDES

2 Web-Monitoring *8*
   2.1   **World Wide Web** 8
       2.1.1   Verhältnis zum Internet 8
       2.1.2   Allgemeines Konzept 9
           2.1.2.1   Übertragung von Daten 9
           2.1.2.2   Adressierung 10
       2.1.3   Entwicklung zum Web 2.0 11
   2.2   **Definition des Web-Monitorings** 12
   2.3   **Automatisierungsgrade beim Web-Monitoring** 13
   2.4   **Prozess des Web-Monitorings** 15
       2.4.1   Zieldefinition 15
       2.4.2   Datenakquise 15
           2.4.2.1   Datenakquise mittels Crawling 15
           2.4.2.2   Datenakquise über Schnittstellen 17
           2.4.2.3   Output der Datenakquise 18
       2.4.3   Datenauswertung 19
       2.4.4   Ergebnispräsentation 21
   2.5   **Abgrenzung zu anderen Verfahren** 21
       2.5.1   Web-Suchmaschinen 21
       2.5.2   Web-Analytics 23
       2.5.3   Web-Scraping 24
   2.6   **Anwendungsfelder** 24
       2.6.1   Öffentliche Stellen 25
       2.6.2   Nichtöffentliche Stellen 27
       2.6.3   Grenzen des Web-Monitorings 28

3 Umgang mit Privatsphäre im Internet *30*
   3.1   **Privatsphäre in der Psychologie** 30
   3.2   **Besonderheiten der Privatsphäre im Internet** 32

3.3 Privatsphäreverhalten im Internet 32
4 Öffentliche und nichtöffentliche Daten 36
  4.1 Begriff der öffentlichen Daten 36
    4.1.1 Öffentliche Daten im Datenschutzrecht 36
      4.1.1.1 Einfache öffentliche Daten 38
        4.1.1.1.1 Allgemeines Begriffsverständnis 38
        4.1.1.1.2 Überschaubarkeit als Zusatzkriterium 41
      4.1.1.2 Offensichtlich durch die betroffene Person öffentlich gemachte Daten 44
        4.1.1.2.1 Zurechenbarkeit der Veröffentlichung 44
        4.1.1.2.2 Offensichtlichkeit 45
        4.1.1.2.3 Sonderfälle Zwang und gesetzliche Pflicht 45
    4.1.2 Datenschutzrechtliche Definition 46
  4.2 Einordnung von Daten als datenschutzrechtlich öffentlich 46
    4.2.1 Daten aus sozialen Netzwerken 46
      4.2.1.1 Eindeutige Privatsphäre-Einstellungen 47
      4.2.1.2 Zugänglichkeit für „Freunde" 47
      4.2.1.3 Zugänglichkeit für „Freundesfreunde" 48
      4.2.1.4 Daten innerhalb von „Gruppen" 49
    4.2.2 Daten von einfachen Webseiten, Foren und Blogs 50
    4.2.3 Zeitlich begrenzte Veröffentlichung 50
    4.2.4 Einordnung als offensichtlich durch die betroffene Person veröffentlicht 51
  4.3 Bedeutung öffentlicher Daten im Datenschutzrecht 52

ABSCHNITT 3: GRUNDRECHTLICHER RAHMEN

5 Grundlegendes zu den Grundrechten 56
  5.1 Zusammenspiel nationaler und europäischer Grundrechte 56
  5.2 Zusammenspiel europäischer Grundrechte 58
  5.3 Wirkung von Grundrechten 59
6 Grundrechtlicher Rahmen des Web-Monitorings 61
  6.1 Deutsche Grundrechte 61
    6.1.1 Menschenwürde, Art. 1 Abs. 1 GG 61
      6.1.1.1 Schutzbereich 61
      6.1.1.2 Kernbereich privater Lebensgestaltung 63
      6.1.1.3 Erstellung umfassender Persönlichkeitsprofile 65
      6.1.1.4 Conclusio 65
    6.1.2 Allgemein Handlungsfreiheit, Art. 2 Abs. 1 GG, und allgemeines Persönlichkeitsrecht, Art. 2 Abs. 1 i.V.m. Art. 1 Abs. 1 GG 66
    6.1.3 Informationelle Selbstbestimmung, Art. 2 Abs. 1 i.V.m. Art. 1 Abs. 1 GG 67
      6.1.3.1 Schutzbereich 67
      6.1.3.2 Eingriff durch das Web-Monitoring 68
        6.1.3.2.1 Unterscheidung der Verarbeitungsschritte 69
        6.1.3.2.2 Unterscheidung relevanter und irrelevanter Daten 70
      6.1.3.3 Rechtfertigung eines Eingriffs 73
        6.1.3.3.1 Gesetzliche Grundlage 73

Inhaltsverzeichnis XI

    6.1.3.3.2   Verhältnismäßigkeit der Maßnahme 73
        6.1.3.3.2.1   Eingriffsintensität 74
            6.1.3.3.2.1.1   Persönlichkeitsrelevanz und drohende Nachteile 74
            6.1.3.3.2.1.2   Streubreite und Anlass zur Datenverarbeitung 75
            6.1.3.3.2.1.3   Modus der Datenerhebung 75
            6.1.3.3.2.1.4   Herkunft der Daten 75
            6.1.3.3.2.1.5   Kontext der Datenverarbeitung 75
            6.1.3.3.2.1.6   Systematisierung der Eingriffsintensität 76
        6.1.3.3.2.2   Technische und organisatorische Maßnahmen 77
    6.1.3.4   Conclusio 77
6.1.4   Integrität und Vertraulichkeit informationstechnischer Systeme, Art. 2 Abs. 1 GG
        i.V.m. Art. 1 Abs. 1 GG 78
    6.1.4.1   Schutzbereich 78
        6.1.4.1.1   Informationstechnisches System 78
        6.1.4.1.2   Berechtigte Erwartungen an Vertraulichkeit und Integrität 80
    6.1.4.2   Conclusio 82
6.1.5   Gleichheitsgrundsatz, Art. 3 GG 82
    6.1.5.1   Allgemeiner Gleichheitssatz 82
    6.1.5.2   Besondere Gleichheitssätze 84
    6.1.5.3   Mögliche Ungleichbehandlungen durch das Web-Monitoring 85
    6.1.5.4   Conclusio 89
6.1.6   Brief-, Post- und Fernmeldegeheimnis, Art. 10 GG 89
    6.1.6.1   Schutzbereich 90
    6.1.6.2   Conclusio 91

6.2   Europäische Grundrechte 91
6.2.1   Menschenwürde, Art. 1 GRCh 91
    6.2.1.1   Schutzbereich 91
    6.2.1.2   Conclusio 92
6.2.2   Privat- und Familienleben, Art. 7 GRCh 92
    6.2.2.1   Schutzbereich 93
    6.2.2.2   Eingriff durch das Web-Monitoring 93
        6.2.2.2.1   Kommunikation 94
        6.2.2.2.2   Privatleben 94
    6.2.2.3   Rechtfertigung des Eingriffs 96
        6.2.2.3.1   Dem Allgemeinwohl dienende Interessen 96
        6.2.2.3.2   Gesetzliche Grundlage 97
        6.2.2.3.3   Verhältnismäßigkeit der Maßnahme 97
        6.2.2.3.4   Wesensgehalt 98
    6.2.2.4   Conclusio 98
6.2.3   Personenbezogene Daten, Art. 8 GRCh 98
    6.2.3.1   Schutzbereich 99
    6.2.3.2   Einwilligung als eingriffsausschließendes Instrument 100
    6.2.3.3   Eingriff in den Schutzbereich 101
    6.2.3.4   Rechtfertigung eines Eingriffs 102
        6.2.3.4.1   Gesetzliche Grundlage 102
        6.2.3.4.2   Wesensgehalt 103
        6.2.3.4.3   Erforderlichkeit in demokratischer Gesellschaft und Verhältnismäßigkeit 103
        6.2.3.4.4   Treu und Glauben 104

6.2.3.4.5 Festgelegte Zwecke 104
6.2.3.5 Conclusio 105
6.2.4 Gleichheitsgrundsatz und Diskriminierungsverbote, Art. 20, 21, 23 GRCh 105
    6.2.4.1 Allgemeiner Gleichheitssatz 105
    6.2.4.2 Besondere Gleichheitssätze 107
    6.2.4.3 Mögliche Beeinträchtigungen durch das Web-Monitoring 109
    6.2.4.4 Conclusio 109

ABSCHNITT 4: DATENSCHUTZRECHTLICHE RECHTMÄßIGKEIT

7 Anwendbarkeit des innereuropäischen Datenschutzrechts auf das Web-Monitoring... 111

7.1 **Anwendbarkeit der DSGVO** 111
    7.1.1 Sachlicher Anwendungsbereich 111
        7.1.1.1 Personenbezogenes Datum 111
            7.1.1.1.1 Information 111
            7.1.1.1.2 Identifiziert oder identifizierbar 112
            7.1.1.1.3 Natürliche Person 114
            7.1.1.1.4 Zwischenergebnis 115
        7.1.1.2 Ganz oder teilweise automatisierte Verarbeitung ... 115
        7.1.1.3 Ausnahmen 115
        7.1.1.4 Zwischenergebnis 116
    7.1.2 Räumlicher Anwendungsbereich 116
        7.1.2.1 Niederlassungsprinzip 116
        7.1.2.2 Extraterritoriale Anwendbarkeit 117
        7.1.2.3 Anwendbarkeit aufgrund von Völkerrecht 118
    7.1.3 Conclusio 119

7.2 **Anwendbarkeit anderer datenschutzrechtlicher Normen** 119
    7.2.1 TDDDG 120
    7.2.2 Geplante ePrivacy-Verordnung 121

7.3 **Conclusio** 121

8 Grundsätzliches zur datenschutzrechtlichen Rechtmäßigkeit 123

8.1 **Rechtmäßigkeit nach Art. 6 DSGVO** 124
    8.1.1 Systematik des Art. 6 Abs. 1 UAbs. 1 DSGVO 124
    8.1.2 Weiterverarbeitung im Rahmen einer Zweckänderung 125

8.2 **Rechtmäßigkeit nach Art. 9 DSGVO** 126
    8.2.1 Allgemeines zu Art. 9 DSGVO 127
        8.2.1.1 Anwendbarkeit des Verarbeitungsverbots 127
        8.2.1.2 Ausnahmen vom Verarbeitungsverbot 130
        8.2.1.3 Verhältnis von Art. 9 DSGVO und Art. 6 DSGVO ... 131
    8.2.2 Rechtmäßigkeit der Verarbeitung (zufällig erfasster) besonderer Kategorien personenbezogener Daten 133
        8.2.2.1 Bewusste Verarbeitung von (un)mittelbar sensiblen Daten 133
        8.2.2.2 Zufällige Verarbeitung unmittelbar sensibler Daten 133
        8.2.2.3 Zufällige Verarbeitung mittelbar sensibler Daten 135
    8.2.3 Zwischenergebnis 135

8.3 Conclusio 136
9 Web-Monitoring auf Grundlage einer Einwilligung 137
9.1 Voraussetzungen für die Einwilligung 137
9.1.1 Freiwilligkeit 137
9.1.2 Bestimmtheit 140
9.1.3 Informiertheit 141
9.1.4 Eindeutig bestätigende Handlung 142
9.1.5 Zeitpunkt 143
9.2 Einwilligung als Rechtsgrundlage für Web-Monitoring 144
9.2.1 Einwilligung durch Veröffentlichung 144
9.2.2 Einwilligung durch Veröffentlichung nach Aufforderung 147
9.2.3 Einwilligung durch eine Nutzungsbedingung 149
9.2.3.1 Anwendbares Recht 149
9.2.3.2 Einwilligungsklausel als AGB 152
9.2.3.3 Wirksame Einbeziehung 153
9.2.3.4 Keine überraschende Klausel 154
9.2.3.5 Inhaltskontrolle 155
9.2.3.5.1 Freiwilligkeit 157
9.2.3.5.2 Bestimmtheit 158
9.2.3.5.3 Informiertheit 159
9.2.3.6 Ergebnis 160
9.3 Conclusio 160
10 Web-Monitoring zur Erfüllung eines Vertrags 161
10.1 Voraussetzungen für Art. 6 Abs. 1 UAbs. 1 lit. b DSGVO 161
10.1.1 Variante Vertragserfüllung 161
10.1.1.1 Vertrag 161
10.1.1.2 Erfüllung 162
10.1.1.3 Betroffene Person als Vertragspartner 163
10.1.2 Variante vorvertragliche Maßnahme 163
10.1.2.1 Durchführung vorvertraglicher Maßnahmen 163
10.1.2.2 Anfrage der betroffenen Person 164
10.1.3 Erforderlichkeit i.S.v. Art. 6 Abs. 1 UAbs. 1 lit. b DSGVO 165
10.1.4 Abweichende mitgliedstaatliche Regelungen 168
10.2 Web-Monitoring im Rahmen eines Vertrags oder einer vorvertraglichen Maßnahme 169
10.2.1 Web-Monitoring im Rahmen von People Analytics 169
10.2.1.1 Web-Monitoring im Rahmen von Pre-Employment-Screening 170
10.2.1.1.1 Vertrag oder vorvertragliche Maßnahme 171
10.2.1.1.2 Erforderlichkeit 172
10.2.1.1.3 Ergebnis 174
10.2.1.2 Web-Monitoring für das aktive Recruiting 174
10.2.1.2.1 Vertrag oder vorvertragliche Maßnahme 175
10.2.1.2.2 Ergebnis 175
10.2.2 Web-Monitoring für das Reputationsmanagement 175
10.3 Conclusio 177

11 Web-Monitoring zur Erfüllung einer rechtlichen Pflicht 178

11.1 Datenverarbeitung auf Grundlage einer Rechtspflicht 178
11.1.1 Rechtliche Verpflichtung 178
11.1.2 Legitimationsgrundlage 180
    11.1.2.1 Systematische Stellung von Art. 6 Abs. 2 und 3 DSGVO 180
    11.1.2.2 Anforderungen an die Legitimationsgrundlage 181
11.1.3 Erforderlichkeit und Verhältnismäßigkeit im engeren Sinne 183

11.2 Web-Monitoring im Rahmen einer Rechtspflicht 184
11.2.1 Web-Monitoring zur umsatzsteuerlichen Kontrolle – Xpider 185
    11.2.1.1 Anwendbares Datenschutzrecht 185
    11.2.1.2 Xpider 187
    11.2.1.3 Rechtmäßigkeit des Xpiders 188
        11.2.1.3.1 Rechtspflicht für das BZSt 189
        11.2.1.3.2 Anforderungen aus Art. 6 Abs. 3 DSGVO 189
        11.2.1.3.3 Erforderlichkeit 194
            11.2.1.3.3.1 Objektive Tauglichkeit 194
            11.2.1.3.3.2 Zwingende Notwendigkeit 195
        11.2.1.3.4 Verhältnismäßigkeit 197
            11.2.1.3.4.1 Eingriffsintensität 197
            11.2.1.3.4.2 Verhältnismäßigkeit im engeren Sinne 200
11.2.2 Web-Monitoring zur Produktbeobachtung 203
    11.2.2.1 Pflicht zur Produktbeobachtung 203
    11.2.2.2 Produktbeobachtung in der digitalen Welt 205
    11.2.2.3 Rechtmäßigkeit des Web-Monitorings zur Produktbeobachtung 206
        11.2.2.3.1 Relevanz des Art. 9 DSGVO 206
        11.2.2.3.2 In Betracht kommende Ausnahmetatbestände 207
            11.2.2.3.2.1 Ausnahme für offensichtlich öffentlich gemachte Daten 207
            11.2.2.3.2.2 Ausnahme auf Grundlage öffentlicher Interessen 207
                11.2.2.3.2.2.1 Erhebliches öffentliches Interesse 208
                11.2.2.3.2.2.2 Rechtsgrundlage im unions- oder mitgliedstaatlichen Recht 209
                11.2.2.3.2.2.3 Anforderungen aus Art. 9 Abs. 2 lit. g DSGVO 209
                11.2.2.3.2.2.4 Erforderlichkeit 210
                      11.2.2.3.2.2.4.1 Objektive Tauglichkeit 210
                      11.2.2.3.2.2.4.2 Zwingende Notwendigkeit 211
            11.2.2.3.2.2.5 Ergebnis 212

11.3 Conclusio 213

12 Web-Monitoring zum Schutz lebenswichtiger Interessen 215

12.1 Datenverarbeitung aufgrund lebenswichtiger Interessen 215
12.1.1 Lebenswichtige Interessen 215
12.1.2 Erforderlichkeit 218
12.1.3 Verhältnis zu anderen Rechtsgrundlagen 219

12.2 Rechtmäßigkeit des Web-Monitorings aufgrund lebenswichtiger Interessen 221
12.2.1 Web-Monitoring im Flüchtlingsmanagement zur Gewährleistung humanitärer Hilfe durch private Hilfsorganisationen 222
    12.2.1.1 Keine vorrangige Rechtsgrundlage 223
    12.2.1.2 Lebenswichtiges Interesse 224

Inhaltsverzeichnis

12.2.1.3	Ergebnis	225
12.2.2	Web-Monitoring in Pandemielagen durch private Hilfsorganisationen	225
12.2.2.1	Relevanz des Art. 9 DSGVO beim Einsatz von Web-Monitoring in Pandemielagen	226
12.2.2.1.1	In Betracht kommende Ausnahmetatbestände	227
12.2.2.1.2	Ausnahme zum Schutz lebenswichtiger Interessen	227
12.2.2.1.3	Ausnahme für offensichtlich öffentlich gemachte Daten	227
12.2.2.1.4	Schlussfolgerung	228
12.2.2.2	Keine vorrangige Rechtsgrundlage	228
12.2.2.3	Lebenswichtiges Interesse	229
12.2.2.4	Ergebnis	230

12.3 Conclusio **230**

13 Web-Monitoring zur Wahrnehmung einer Aufgabe im öffentlichen Interesse oder in Ausübung öffentlicher Gewalt **232**

13.1 Datenverarbeitung auf Grundlage einer Aufgabe **232**

13.1.1	Begriff der Aufgabe	233
13.1.2	Aufgabe im öffentlichen Interesse oder in Ausübung öffentlicher Gewalt	233
13.1.2.1	Variante öffentliches Interesse	233
13.1.2.2	Variante Ausübung öffentlicher Gewalt	235
13.1.3	Anforderungen an die Legitimationsgrundlage	235
13.1.4	Erforderlichkeit der Datenverarbeitung	236

13.2 Web-Monitoring im Rahmen einer Aufgabe **237**

13.2.1	Web-Monitoring zur Bewältigung von Katastrophen	238
13.2.1.1	Einsatz von Web-Monitoring in der Praxis und Zuständigkeiten im Katastrophenschutzrecht	239
13.2.1.2	Web-Monitoring zur Lageeinschätzung und -bewertung auf Bundesebene	239
13.2.1.3	Web-Monitoring zur Lageeinschätzung und -bewertung auf Länderebene	240
13.2.1.3.1	Relevanz des Art. 9 DSGVO	244
13.2.1.3.1.1	In Betracht kommende Ausnahmetatbestände	244
13.2.1.3.1.2	Ausnahme zugunsten lebenswichtiger Interessen	244
13.2.1.3.1.3	Ausnahme für offensichtlich selbst öffentlich gemachte Daten	245
13.2.1.3.1.4	Ausnahmen für öffentliche Interessen	245
13.2.1.3.1.4.1	Erhebliches öffentliches Interesse	246
13.2.1.3.1.4.2	Rechtsgrundlage im unions- oder mitgliedstaatlichen Recht	246
13.2.1.3.1.4.3	Anforderungen aus Art. 9 Abs. 2 lit. g DSGVO	248
13.2.1.3.1.5	Schlussfolgerung	249
13.2.1.3.2	Aufgabe im öffentlichen Interesse oder in Ausübung öffentlicher Gewalt	249
13.2.1.3.3	Anforderungen aus Art. 6 Abs. 3 DSGVO	250
13.2.1.3.4	Erforderlichkeit	254
13.2.1.3.5	Verhältnismäßigkeit im engeren Sinne	254
13.2.1.3.5.1	Eingriffsintensität	254
13.2.1.3.5.2	Angemessenheit	256
13.2.2	Web-Monitoring zu Forschungszwecken	259
13.2.2.1	Forschung im Datenschutzrecht	259
13.2.2.2	Erforschung von Desinformation an Hochschulen mithilfe von Web-Monitoring	260
13.2.2.2.1	Relevanz des Art. 9 DSGVO	263
13.2.2.2.1.1	In Betracht kommende Ausnahmetatbestände	263

13.2.2.2.1.2 Ausnahme zugunsten von Forschung 264
13.2.2.2.1.2.1 Verarbeitung zu Forschungszwecken 264
13.2.2.2.1.2.2 Rechtsgrundlage im unions- oder mitgliedstaatlichen Recht 264
13.2.2.2.1.2.3 Anforderungen aus Art. 9 Abs. 2 lit. j DSGVO 265
13.2.2.2.1.3 Schlussfolgerung 266
13.2.2.2.2 Aufgabe im öffentlichen Interesse oder in Ausübung öffentlicher Gewalt ... 266
13.2.2.2.3 Anforderungen aus Art. 6 Abs. 3 DSGVO 267
13.2.2.2.4 Erforderlichkeit 270
13.2.2.2.5 Verhältnismäßigkeit im engeren Sinne 270
13.2.2.2.5.1 Eingriffsintensität 271
13.2.2.2.5.2 Angemessenheit 273

13.3 Conclusio 275

14 Web-Monitoring zur Wahrung berechtigter Interessen 277

14.1 Datenverarbeitung auf Grundlage berechtigter Interessen 277
14.1.1 Berechtigte Interessen des Verantwortlichen oder eines Dritten 278
14.1.2 Erforderlichkeit der Datenverarbeitung zur Interessenwahrnehmung 279
14.1.3 Entgegenstehende Interessen und Grundrechte der betroffenen Person 280
14.1.4 Abwägung 281
14.1.4.1 Bewertung des berechtigten Interesses des Verantwortlichen oder Dritten 281
14.1.4.2 Bewertung des Standpunkts der betroffenen Personen 281
14.1.4.2.1 Faktor Daten 282
14.1.4.2.2 Faktor involvierte Akteure 283
14.1.4.2.3 Faktor Ausgestaltung der Verarbeitung 284
14.1.4.3 Durchführung der Abwägung 285

14.2 Web-Monitoring auf Grundlage berechtigter Interessen 285
14.2.1 Web-Monitoring im Rahmen von People Analytics 286
14.2.1.1 Web-Monitoring und Pre-Employment-Screening 286
14.2.1.1.1 Anwendbarkeit des Art. 6 Abs. 1 UAbs. 1 lit. f DSGVO 286
14.2.1.1.2 Zulässigkeit des Pre-Employment-Screenings 288
14.2.1.1.2.1 Berechtigtes Interesse 288
14.2.1.1.2.2 Erforderlichkeit zur Wahrung des berechtigten Interesses 289
14.2.1.1.3 Ergebnis 289
14.2.1.2 Web-Monitoring zum Active Sourcing 289
14.2.1.2.1 Anwendbarkeit des Art. 6 Abs. 1 UAbs. 1 lit. f DSGVO 289
14.2.1.2.2 Zulässigkeit des Active Sourcings 291
14.2.1.2.2.1 Berechtigtes Interesse 291
14.2.1.2.2.2 Erforderlichkeit 291
14.2.1.2.2.3 Entgegenstehende Interessen und Grundrechte der betroffenen Person 292
14.2.1.2.2.4 Abwägung 293
14.2.1.2.2.4.1 Bewertung des berechtigten Interesses 293
14.2.1.2.2.4.2 Bewertung des Standpunkts der betroffenen Personen 293
14.2.1.2.2.4.2.1 Faktor Daten 293
14.2.1.2.2.4.2.2 Faktor involvierte Akteure 294
14.2.1.2.2.4.2.3 Faktor Ausgestaltung der Datenverarbeitung 296
14.2.1.2.2.4.2.4 Gesamtbelastung 297
14.2.1.2.2.4.3 Ergebnis 297
14.2.2 Web-Monitoring zur Produktbeobachtung 297

14.3   Conclusio 298

ABSCHNITT 5: SCHLUSSBETRACHTUNG
15   Resümee und Ausblick 301

Literaturverzeichnis 306

Abkürzungsverzeichnis

a.A.	andere/r Ansicht
a.F.	alte Fassung
Abs.	Absatz
AcP	Archiv für die civilistische Praxis (Zeitschrift)
AEUV	Vertrag über die Arbeitsweise der Europäischen Union
AGB	Allgemeine Geschäftsbedingungen
Alt.	Alternative
AO	Abgabenordnung
AöR	Archiv des öffentlichen Rechts (Zeitschrift)
API	Application Programming Interface
APuZ	Aus Politik und Zeitgeschichte (Zeitschrift)
ArbRAktuell	Arbeitsrecht Aktuell (Zeitschrift)
ARPA-Net	Advanced Research Projects Agency Network
Art.	Artikel
Aufl.	Auflage
Az.	Aktenzeichen
BAG	Bundesarbeitsgericht
BauGB	Baugesetzbuch
BayDSG	Bayerisches Datenschutzgesetz
BB	Betriebs-Berater (Zeitschrift)
BBG	Bundesbeamtengesetz
BbgDSG	Gesetz zum Schutz personenbezogener Daten im Land Brandenburg
BBK	Bundesamt für Bevölkerungsschutz und Katastrophenhilfe
BDSG	Bundesdatenschutzgesetz
BeckRS	Beck'sche Rechtsprechungssammlung
BedGgstV	Bedarfsgegenständeverordnung
Beitragsnr.	Beitragsnummer
BERT	Bidirectional Encoder Representations from Transformers
Beschl.	Beschluss

BfDI	Bundesbeauftragte/r für den Datenschutz und die Informationsfreiheit
BFH	Bundesfinanzhof
BFHE	Sammlung der Entscheidungen des Bundesfinanzhofs
BGB	Bürgerliches Gesetzbuch
BGBl.	Bundesgesetzblatt
BGH	Bundesgerichtshof
BGHZ	Sammlung der Entscheidungen des Bundesgerichtshofs in Zivilsachen
BHO	Bundeshaushaltsordnung
BlnDSG	Gesetz zum Schutz personenbezogener Daten in der Berliner Verwaltung
BMAS	Bundesministerium für Arbeit und Soziales
BMBF	Bundesministerium für Bildung und Forschung
BMI	Bundesministerium des Innern und für Heimat
BPolG	Gesetz über die Bundespolizei
BremDSGVOAG	Bremisches Ausführungsgesetz zur EU-Datenschutz-Grundverordnung
BSIG	Gesetz über das Bundesamt für Sicherheit in der Informationstechnik
BT-PlPr.	Plenarprotokoll des Bundestags
BVerfG	Bundesverfassungsgericht
BVerfGE	Sammlung der Entscheidungen des Bundesverfassungsgerichts
BVerwG	Bundesverwaltungsgericht
BZSt	Bundeszentralamt für Steuern
CCZ	Corporate Compliance Zeitschrift (Zeitschrift)
CR	Computer und Recht (Zeitschrift)
CSIG	United Nations Convention on Contracts for International Sale of Goods / UN-Kaufrecht
DDG	Digitale-Dienste-Gesetz
DNS	Domain Name System
DÖV	Die Öffentliche Verwaltung (Zeitschrift)
DPA	Deutsche Presse-Agentur

DSAG LSA	Gesetz zur Ausfüllung der Verordnung (EU) 2016/679 und zur Anpassung des allgemeinen Datenschutzrechts in Sachsen-Anhalt
DSB	Datenschutz-Berater (Zeitschrift)
DSG M-V	Datenschutzgesetz für das Land Mecklenburg-Vorpommern
DSG NRW	Datenschutzgesetz Nordrhein-Westfalen
DSGVO	Verordnung (EU) 2016/679 zum Schutz natürlicher Personen bei der Verarbeitung personenbezogener Daten, zum freien Datenverkehr und zur Aufhebung der Richtlinie 95/46/EG
DSK	Konferenz der unabhängigen Datenschutzbehörden des Bundes und der Länder
DSRL	Richtlinie 95/46/EG zum Schutz natürlicher Personen bei der Verarbeitung personenbezogener Daten und zum freien Datenverkehr
DStR	Deutsches Steuerrecht (Zeitschrift)
DSVO-EU-Organe	Verordnung (EU) 2018/1725 zum Schutz natürlicher Personen bei der Verarbeitung personenbezogener Daten durch die Organe, Einrichtungen und sonstigen Stellen der Union, zum freien Datenverkehr und zur Aufhebung der Verordnung (EG) Nr. 45/2001 und des Beschlusses Nr. 1247/2002/EG
DuD	Datenschutz und Datensicherheit (Zeitschrift)
DVBl	Deutsches Verwaltungsblatt (Zeitschrift)
EDPB	European Data Protection Board / Europäischer Datenschutzausschuss
EDPS	European Data Protection Supervisor / Europäische/r Datenschutzbeauftragte/r
EG	Erwägungsgrund
EGMR	Europäische Gerichtshof für Menschenrechte
EMRK	Konvention zum Schutze der Menschenrechte und Grundfreiheiten
EnWZ	Zeitschrift für das gesamte Recht der Energiewirtschaft (Zeitschrift)
ePrivacyRL	Richtlinie 2002/58/EG über die Verarbeitung personenbezogener Daten und den Schutz der Privatsphäre in der elektronischen Kommunikation
ePrivacyVO	Verordnung über Privatsphäre und elektronische Kommunikation
ePrivacyVO-KomE	Vorschlag der Europäischen Kommission über eine Verordnung über Privatsphäre und elektronische Kommunikation

ePrivacyVO-RatE	Entwurf des Rates der Europäischen Union über eine Verordnung über Privatsphäre und elektronische Kommunikation
et al.	et alii / und andere
etc.	et cetera / und so weiter
EU	Europäische Union
EuG	Gericht der Europäischen Union
EuGH	Gerichtshof der Europäischen Union
EuR	Europarecht (Zeitschrift)
EUV	Vertrag über die Europäische Union
EuZW	Europäische Zeitschrift für Wirtschaftsrecht (Zeitschrift)
FD-ArbR	Fachdienst Arbeitsrecht (Zeitschrift)
Fn.	Fußnote
FVG	Gesetz über die Finanzverwaltung
GA	Generalanwalt / Generalanwältin
gem.	gemäß
GewO	Gewerbeordnung
GG	Grundgesetz für die Bundesrepublik Deutschland
GMLZ	Gemeinsames Melde- und Lagezentrum von Bund und Ländern
GRCh	Charta der Grundrechte der Europäischen Union
GRUR	Gewerblicher Rechtsschutz und Urheberrecht (Zeitschrift)
GRUR Int	GRUR International (Zeitschrift)
GRUR-RR	GRUR-Rechtsprechungs-Report (Zeitschrift)
GRUR-RS	GRUR-Rechtsprechungssammlung
GSA-VO	Verordnung (EG) Nr. 1338/2008 zu Gemeinschaftsstatistiken über öffentliche Gesundheit und über Gesundheitsschutz und Sicherheit am Arbeitsplatz
GSZ	Zeitschrift für das Gesamte Sicherheitsrecht (Zeitschrift)
GVBl. Hessen	Gesetz- und Verordnungsblatt für das Land Hessen
HBKG	Hessisches Gesetz über den Brandschutz, die Allgemeine Hilfe und den Katastrophenschutz
HDM	Praxis der Wirtschaftsinformatik (Zeitschrift)
HDSIG	Hessisches Datenschutz- und Informationsfreiheitsgesetz

HessFAZuVO	Verordnung über die Zuständigkeiten der hessischen Finanzämter
HessHG	Hessisches Hochschulgesetz
HessSchG	Hessisches Schulgesetz
HGrG	Gesetz über die Grundsätze des Haushaltsrechts des Bundes und der Länder
HKO	Hessische Landkreisordnung
HmbDSG	Hamburgisches Datenschutzgesetz
HRDG	Hessisches Rettungsdienstgesetz
Hrsg.	Herausgeber
HS	Halbsatz
HSOG	Hessisches Gesetz über die öffentliche Sicherheit und Ordnung
HTML	Hypertext Markup Language
http	Hypertext Transfer Protocol
i.S.v.	im Sinne von
i.V.m.	in Verbindung mit
IDC	International Data Corporation
IEEE	Institute of Electrical and Electronics Engineers
InTeR	Zeitschrift zum Innovations- und Technikrecht (Zeitschrift)
IP	Internet Protokoll
ITRB	IT-Rechtsberater (Zeitschrift)
ITU	International Telecommunication Union / Internationale Fernmeldeunion
JI-RL	Richtlinie (EU) 2016/680 zum Schutz natürlicher Personen bei der Verarbeitung personenbezogener Daten durch die zuständigen Behörden zum Zwecke der Verhütung, Ermittlung, Aufdeckung oder Verfolgung von Straftaten oder der Strafvollstreckung sowie zum freien Datenverkehr und zur Aufhebung des Rahmenbeschlusses 2008/977/JI des Rates
jM	juris – Die Monatszeitschrift (Zeitschrift)
JURA	Juristische Ausbildung (Zeitschrift)
JuS	Juristische Schulung (Zeitschrift)
JZ	JuristenZeitung (Zeitschrift)
K&R	Kommunikation und Recht (Zeitschrift)

Abkürzungsverzeichnis

Kap.	Kapitel
KIA-A	Koordinierte Internetauswertung Ausländerextremismus
KIA-L	Koordinierte Internetauswertung Linksextremismus
KIA-R	Koordinierte Internetauswertung Rechtsextremismus
KI-VO	Verordnung (EU) 2024/1689 zur Festlegung harmonisierter Vorschriften für künstliche Intelligenz und zur Änderung der Verordnungen (EG) Nr. 300/2008, (EU) Nr. 167/2013, (EU) Nr. 168/2013, (EU) 2018/858, (EU) 2018/1139 und (EU) 2019/2144 sowie der Richtlinien 2014/90/EU, (EU) 2016/797 und (EU) 2020/1828
KodexRL	Richtlinie (EU) 2018/1972 über den europäischen Kodex für die elektronische Kommunikation
KWG	Gesetz über das Kreditwesen
LAG	Landesarbeitsgericht
LDSG BW	Landesdatenschutzgesetz Baden-Württemberg
LDSG RhPf	Landesdatenschutzgesetz Rheinland-Pfalz
LDSG SH	Schleswig-Holsteinisches Gesetz zum Schutz personenbezogener Daten
LFGB	Lebensmittel-, Bedarfsgegenstände- und Futtermittelgesetzbuch
LG	Landgericht
lit.	littera / Buchstabe
LKV	Landes- und Kommunalverwaltung (Zeitschrift)
LSG	Landessozialgericht
m.w.N.	mit weiteren Nachweisen
MMR	Zeitschrift für IT-Recht und Recht der Digitalisierung (Zeitschrift)
MPDG	Gesetz zur Durchführung unionsrechtlicher Vorschriften betreffend Medizinprodukte
NDSG	Niedersächsisches Datenschutzgesetz
NJ	Neue Justiz (Zeitschrift)
NJW	Neue Juristische Wochenschrift (Zeitschrift)
Nr.	Nummer
NVwZ	Neue Zeitschrift für Verwaltungsrecht (Zeitschrift)
NZA	Neue Zeitschrift für Arbeitsrecht (Zeitschrift)
NZS	Neue Zeitschrift für Sozialrecht (Zeitschrift)

o.A.	ohne Autor
öAT	Zeitschrift für das öffentliche Arbeits- und Tarifrecht (Zeitschrift)
OGH	Oberster Gerichtshof
OLG	Oberlandesgericht
OVG	Oberverwaltungsgericht
PAuswG	Gesetz über Personalausweise und den elektronischen Identitätsnachweis
PinG	Privacy in Germany (Zeitschrift)
PreisStatG	Gesetz über die Preisstatistik
ProdHaftG	Gesetz über die Haftung für fehlerhafte Produkte
ProdSG	Gesetz über die Bereitstellung von Produkten auf dem Markt
RahmenRL	Richtlinie 2002/21/EG über einen gemeinsamen Rechtsrahmen für elektronische Kommunikationsnetze und -dienste
RAW	Recht Automobil Wirtschaft (Zeitschrift)
RDV	Recht der Datenverarbeitung
REST-RL	Richtlinie (EU) 2016/801 über die Bedingungen für die Einreise und den Aufenthalt von Drittstaatsangehörigen zu Forschungs- oder Studienzwecken, zur Absolvierung eines Praktikums, zur Teilnahme an einem Freiwilligendienst, Schüleraustauschprogrammen oder Bildungsvorhaben und zur Ausübung einer Au-pair-Tätigkeit
RET	REthinking: Tax (Zeitschrift)
RettDGV	Verordnung zur Durchführung des Hessischen Rettungsdienstgesetzes
Rom-I-VO	Verordnung (EG) Nr. 593/2008 über das auf vertragliche Schuldverhältnisse anzuwendende Recht
Rspr.	Rechtsprechung
S.	Seite
SaarlDSG	Saarländisches Datenschutzgesetz
SächsDSDG	Sächsisches Gesetz zur Durchführung der Verordnung (EU) 2016/679 des Europäischen Parlaments und des Rates zum Schutz natürlicher Personen bei der Verarbeitung personenbezogener Daten, zum freien Datenverkehr und zur Aufhebung der Richtlinie 95/46/EG
SchulStatErhV HE	Verordnung über die Verarbeitung personenbezogener Daten in Schulen und statistische Erhebungen an Schulen
SGb	Die Sozialgerichtsbarkeit (Zeitschrift)

SGB	Sozialgesetzbuch
SOG Hamburg	Hamburgisches Gesetz zum Schutz der öffentlichen Sicherheit und Ordnung
StB	Der Steuerberater (Zeitschrift)
StGB	Strafgesetzbuch
StPO	Strafprozeßordnung
StVBG	Gesetz zur Bekämpfung von Steuerverkürzungen bei der Umsatzsteuer und anderen Steuern
SÜG	Gesetz über die Voraussetzungen und das Verfahren von Sicherheitsüberprüfungen des Bundes und den Schutz von Verschlusssachen
TCP	Transmission Control Protocol
TDDDG	Gesetz über den Datenschutz und den Schutz der Privatsphäre in der Telekommunikation und bei digitalen Diensten
ThürDSG	Thüringer Datenschutzgesetz
ThürJVollzDSG	Thüringer Justizvollzugsdatenschutzgesetz
TKG	Telekommunikationsgesetz
TMG	Telemediengesetz
TTDSG	Gesetz über den Datenschutz und den Schutz der Privatsphäre in der Telekommunikation und bei Telemedien
UAbs.	Unterabsatz
UKlaG	Gesetz über Unterlassungsklagen bei Verbraucherrechts- und anderen Verstößen
UNHCR	United Nations High Commissioner for Refugees / Hochkommissar der Vereinten Nationen für Flüchtlinge
UNO	United Nations Organization / Organisation der Vereinten Nationen
UrhDaG	Gesetz über die urheberrechtliche Verantwortlichkeit von Diensteanbietern für das Teilen von Online-Inhalten
UrhG	Gesetz über Urheberrecht und verwandte Schutzrechte
URL	Uniform Resource Locator
Urt.	Urteil
UStB	Umsatzsteuerberater (Zeitschrift)
UWG	Gesetz gegen den unlauteren Wettbewerb
v.	vom
VersR	Versicherungsrecht (Zeitschrift)

VerwArch	Verwaltungsarchiv (Zeitschrift)
VG	Verwaltungsgericht
vgl.	vergleiche
VOST	Virtual Operations Support Team
VV-BHO	Allgemeine Verwaltungsvorschriften zur Bundeshaushaltsordnung
ZD	Zeitschrift für Datenschutz (Zeitschrift)
ZD-Beil.	Beilage der Zeitschrift für Datenschutz (Zeitschrift)
ZEuP	Zeitschrift für Europäisches Privatrecht (Zeitschrift)
ZfDR	Zeitschrift für Digitalisierung und Recht (Zeitschrift)
ZfPR	Zeitschrift für Personalvertretungsrecht (Zeitschrift)
ZfPW	Zeitschrift für die gesamte Privatrechtswissenschaft (Zeitschrift)
ZHAW	Zürcher Hochschule für Angewandte Wissenschaften
ZIS	Zeitschrift für Internationale Strafrechtsdogmatik (Zeitschrift)
ZRP	Zeitschrift für Rechtspolitik (Zeitschrift)
ZSKG	Gesetz über den Zivilschutz und die Katastrophenhilfe des Bundes
ZStW	Zeitschrift für die gesamte Strafrechtswissenschaft (Zeitschrift)

Hinweis zur geschlechtergerechten Sprache

In dieser Dissertation wird, wie in den Rechtswissenschaften derzeit noch üblich, keine gendergerechte Sprache verwendet. Die Autorin bittet, die verwendeten Personenbezeichnungen trotz dieses Verzichts als geschlechtsneutral und bezogen auf sämtliche Geschlechter und Geschlechtsidentitäten zu verstehen.

Die Autorin ist sich der Bedeutung geschlechtergerechter Sprache als Mittel zur Förderung von Gleichberechtigung und zur Sichtbarmachung aller Geschlechter bewusst und unterstützt das Anliegen der sprachlichen Gleichbehandlung ausdrücklich. Sie ist zudem der Überzeugung, dass eine inklusive Sprache ein wertvoller Bestandteil des gesellschaftlichen Diskurses ist, der dringend vorangebracht und dazu genutzt werden sollte, alte Konventionen neu zu denken.

Der Gebrauch der sprachlichen Konvention des generischen Maskulinums in der vorliegenden Dissertation dient vor diesem Hintergrund ausschließlich als Mittel, den besonderen sprachlichen Anforderungen juristischer Formulierung gerecht zu werden. Die Entscheidung gegen eine Verwendung geschlechtergerechter Sprache basiert allein auf diesen fachspezifischen Erwägungen. Eine Bewertung der Wichtigkeit oder Bedeutung der geschlechtergerechten Sprache ist damit nicht verbunden.

ABSCHNITT 1
EINLEITUNG

1 Motivation

Weltweit nutzen etwa 5,4 Milliarden Menschen und damit etwa 68% der Weltbevölkerung das Internet.[1] Innerhalb Europas ist das relative Niveau dieser Zahlen höher. Schätzungsweise 688 Millionen Europäer und damit rund 93% der europäischen Bevölkerung sind online vertreten.[2] In Deutschland wird das Internet mit 67 Millionen Menschen sogar von 95% der Bevölkerung über 14 Jahren genutzt.[3] Dabei sind beachtliche 80% der deutschen Bevölkerung über 14 Jahren, etwa 56 Millionen Menschen, sogar täglich online.[4] Diese Internetpräsenz gilt entgegen etwaigen Vermutungen nicht nur für die jüngeren Generationen, sondern zieht sich nachweislich durch alle Alterskategorien.[5] Ein Rückgang der Zahlen ist in Anbetracht des fortlaufenden Digitalisierungstrends der Gesellschaft und der zunehmenden Verwendung von Assistenzsystemen und künstlicher Intelligenz nicht zu erwarten.[6]

Die Entwicklung der Nutzerzahlen ergab sich im wechselseitigen Zusammenspiel mit der zunehmenden infrastrukturellen Verfügbarkeit des Internets und der Evolution seines wohl bedeutendsten Dienstes: dem World Wide Web (fortan Web). Dieser ursprünglich eher geschlossen und linear angelegte Dienst ermöglichte es zunächst fast ausschließlich, Inhalte zu konsumieren, und ließ die Verbreitung von Inhalten durch Nutzer nur äußerst begrenzt zu. Im Laufe der Zeit wurde das Web jedoch offener und interoperabler gestaltet, wodurch ein digitaler Raum entstand, in dem Nutzer nicht nur Inhalte konsumieren, sondern auch selbst gestalten und verbreiten konnten.[7] Dieser Umstand führte – im Zusammenwirken mit steigenden Nutzerzahlen und der immer breiter werdenden Verfügbarkeit des Internets – zu einem explosiven Wachstum von Daten, insbesondere in Form von nutzergenerierten Inhalten. Die Menge der verfügbaren Informationen nimmt seitdem kontinuierlich zu und wird auch zukünftig weiter anwachsen.[8]

Im Rahmen dieses kontinuierlichen Datenwachstums nimmt auch die Menge personenbezogener Daten zu, die nicht nur für einen begrenzten Personenkreis, sondern für alle Nutzer des Internets verfügbar sind. Viele Menschen nehmen die Möglichkeit, Inhalte öffentlich zu teilen, regelmäßig und mit großem Enthusiasmus wahr, weil sie sich hiervon einen individuellen Mehrwert versprechen. Dieser kann sich beispielsweise in Form sozialer Unterstützung, des Aufbaus von Sozialkapital, der Möglichkeit zur Selbstdarstellung oder der Beteiligung am gesellschaftlichen Leben entfalten.[9] Neben diesen eher zwischenmenschlichen Motiven spielen allerdings auch wirtschaftliche Anreize eine wichtige Rolle. Dies zeigt sich insbesondere bei zahlreichen Influencern, Künstlern und Prominenten, die die Offenlegung ihrer privaten Informationen zur Monetarisierung nutzen. Der Umstand, dass durch die Veröffentlichung personenbezogener Daten unterschiedlichste Mehrwerte erzielt werden können, führt dazu, dass ein erheblicher Anteil der im Web verfügbaren personenbezogenen Inhalte frei zugänglich ist.

---

[1] *ITU*, Schätzung zur Anzahl der Internetnutzer weltweit für die Jahre 2005 bis 2023.
[2] Vgl. *Data Reportal*, July Global Statshot Report, 15, 39.
[3] *Beisch/Koch*, Media Perspektiven 2023, Heft 23, 1 (2).
[4] *Beisch/Koch*, Media Perspektiven 2023, Heft 23, 1 (2).
[5] *Beisch/Koch*, Media Perspektiven 2023, Heft 23, 1 (2).
[6] Vgl. *Statista*, Künstliche Intelligenz Weltweit; *Statista*, Smart Home Weltweit.
[7] Zur Entwicklung vom Web zum Web 2.0 siehe *Fiege*, Social Media Balanced Scorecard, 16 f.; *Hohlfeld/Godulla/Planer*, in: Hornung/Müller-Terpitz (Hrsg.), Rechtshandbuch Social Media, 13 (14 Rn. 11 ff.); *Stanoevska-Slabeva*, in: Meckel/Stanoevska-Slabeva (Hrsg.), Web 2.0, 14 (14 f.).
[8] Vgl. *IDC*, Volumen der jährlich generierten/replizierten digitalen Datenmenge weltweit von 2010 bis 2022 und Prognose bis 2027.
[9] *Trepte/Dienlin*, in: Porsch/Pieschl (Hrsg.), Neue Medien und deren Schatten, 53 (68); näher hierzu *Taddicken/Jers*, in: Trepte/Reinecke (Hrsg.), Privacy Online, 143 (149 ff.); eingehender zur Selbstdarstellung im Kontext der Impression Management Theorie *Bazil*, Impression Management, 28.

© Der/die Autor(en), exklusiv lizenziert an Springer
Fachmedien Wiesbaden GmbH, ein Teil von Springer Nature 2025
C. Gilga, *Die Rechtmäßigkeit der Verarbeitung von öffentlichen Personenbezogenen Daten aus dem Internet*, DuD-Fachbeiträge, https://doi.org/10.1007/978-3-658-48663-1_1

Ungeachtet ihrer verschiedenen Beweggründe haben diejenigen, die personenbezogene Inhalte veröffentlichen, jedoch zumeist eines gemeinsam: Sie sind sich nicht bewusst, welches Potenzial ihren Daten innewohnt. Von dieser Unwissenheit nicht betroffen sind die Stellen, die die Daten zu ihren Zwecken verwerten können.[10] Diese haben bereits seit einiger Zeit erkannt, welchen Mehrwert öffentliche Daten bieten und nutzen sie daher in vielfältiger Weise. So können die Daten unter anderem verwendet werden, um Markt-, Meinungs- oder Trendforschung zu betreiben,[11] die Reputation eines Unternehmens zu managen[12] oder die Kreditwürdigkeit zu bestimmen,[13] aber auch um über Einwanderungsanträge zu entscheiden,[14] einen erfolgreichen Wahlkampf zu betreiben[15] oder gegen unrechtmäßigen Bezug von Sozialleistungen vorzugehen.[16] Grundvoraussetzung für solche Auswertungen ist dabei ein Instrument, das die online frei verfügbaren Daten möglichst vollständig erfasst, im Hinblick auf das Auswertungsinteresse filtert, die verbleibenden Daten analysiert und die daraus resultierenden Ergebnisse zusammenstellt. Ein solches Instrument stellt das Web-Monitoring (fortan Monitoring) dar, welches im Rahmen der vorliegenden Dissertation als zentraler Bezugspunkt fungiert.

1.1 Gegenstand und Ziel der Untersuchung

Die Verarbeitung von frei verfügbaren Daten aus dem Web mithilfe von Instrumenten wie dem Monitoring weist aus rechtlicher Perspektive insbesondere eine hohe datenschutzrechtliche Relevanz auf. Obwohl zunächst die Vermutung bestehen mag, öffentliche Daten seien nicht geschützt und ohne Restriktionen verwendbar, erweist sich diese Annahme bei einem Blick in die Datenschutzgesetze als trügerisch. Wie bereits 1983 im Volkszählungsurteil des BVerfG festgestellt, existieren in Zeiten moderner Informationstechnologie keine belanglosen personenbezogenen Daten.[17] Dieser Logik entsprechend differenziert das Datenschutzrecht in seinem Schutzumfang weder nach der Art der Daten noch nach ihrer Herkunft, weswegen es sowohl öffentliche als auch nichtöffentliche Daten gleichermaßen erfasst.

---

[10] Vgl. *ZHAW/Bernet PR*, Social Media in Organisationen und Unternehmen, 6; *Online-Recruiting.net*, Social Media Recruiting Studie 2012, 13; *Gentsch/Zahn*, in: Brauckmann (Hrsg.), Web-Monitoring, 97 (97 ff.); *Patel et al.*, Social Media Monitoring, 3 ff.

[11] *Aßmann/Pleil*, in: Zerfaß/Piwinger (Hrsg.), Handbuch Unternehmenskommunikation, 585 (590); *Bundesverband Digitale Wirtschaft*, Social Media Monitoring in der Praxis, 16 ff.; *Boegershausen et al.*, Journal of Marketing 2022, Heft 5, 1 (1 ff.); *Venzke-Caprarese*, DuD 2013, 775 (775 f.); *Solmecke/Wahlers*, ZD 2012, 550 (550 f.).

[12] *Fuhrmann/Wewezow*, in: Brauckmann (Hrsg.), Web-Monitoring, 363 (363 ff.); *Aßmann/Pleil*, in: Zerfaß/Piwinger (Hrsg.), Handbuch Unternehmenskommunikation, 585 (593); *Bundesverband Digitale Wirtschaft*, Social Media Monitoring in der Praxis, 26.

[13] Vgl. *Rieger*, Kredit auf Daten; *Spieß*, Personenbezogene Daten aus öffentlichen zugänglichen Quellen sind kein Freiwild; *Reimann/Tönnesmann/Pfeil*, Startups haben an der deutschen Börse keine Chance.

[14] Vgl. *Gary*, Journal of High Technology Law 2022, Heft 1, 1 (1 ff.).

[15] *Brauckmann*, in: Brauckmann (Hrsg.), Web-Monitoring, 47 (50 ff.); *Geilich/Roggenkamp*, in: Brauckmann (Hrsg.), Web-Monitoring, 321 (321 ff.); *Fischoeder et al.*, in: Brauckmann (Hrsg.), Web-Monitoring, 349 (349 ff.); *Wendelin*, in: Imhof et al. (Hrsg.), Demokratisierung durch Social Media?, 99 (99 ff.).

[16] Vgl. *AFP*, Arbeitsagentur will Hartz-IV-Empfänger im Netz überwachen; *Bieresborn*, NZS 2016, 531 (531 ff.); *Schweigler*, SGb 2015, 77 (77 ff.).

[17] BVerfGE 65, 1 (45).

Dennoch handelt es sich bei der Verarbeitung öffentlicher personenbezogener Daten um eine Thematik, die in der datenschutzrechtlichen Literatur[18] sowie der Rechtsprechung[19] bisher nur wenig und meist lediglich punktuell Berücksichtigung fand. Weder wurde eine umfassende Einordnung vorgenommen, ab wann Daten nach geltender Rechtslage als öffentlich zu behandeln sind. Noch fand eine eingehende Auseinandersetzung mit der Frage statt, unter welchen Umständen eine Verarbeitung von öffentlichen Daten, wie sie mithilfe automatisierter Systeme wie dem Monitoring vorgenommen werden kann, rechtmäßig ist. Die Rechtsunsicherheit im Hinblick auf die Verarbeitung frei verfügbarer personenbezogener Daten ist daher erheblich. Dieser Lücke widmet sich vorliegende Dissertation.

Ziel der Dissertation ist es, die komplexen Problemstellungen im Zusammenhang mit der datenschutzrechtlichen Rechtmäßigkeit der Verarbeitung öffentlicher personenbezogener Daten anzugehen und allgemeine Kriterien für die Einschätzung einer solchen Verarbeitung als rechtmäßig zu formulieren. Zentraler Untersuchungsgegenstand ist das bereits erwähnte Monitoring. Dieses stellt sowohl ein effektives als auch inzwischen recht weit verbreitetes Instrument zur (automatisierten) Erfassung und Auswertung öffentlicher Daten dar.[20]

Der Rahmen der Untersuchung dieser Dissertation wird dabei durch die DSGVO gesteckt. Dies ist zum einen durch die Tatsache bedingt, dass sie der maßgebliche Rechtsakt für die meisten der gängigen Anwendungen des Monitorings ist. Zum anderen lassen sich die hinsichtlich der DSGVO gewonnen Erkenntnisse dem Grunde nach auf die übrigen Datenschutzrechtsakte der Europäischen Union wie die DSVO-EU-Organe oder die JI-RL übertragen und schaffen daher auch einen Mehrwert für die Bewertung von Verarbeitungsvorgängen außerhalb des Anwendungsbereichs der DSGVO.

An dieser Stelle ist zu erwähnen, dass neben dem Datenschutzrecht auch andere Rechtsgebiete regulierend auf das Monitoring einwirken. Zu nennen sind insbesondere das Urheberrecht[21],

---

[18] Zur geltenden Rechtslage *Mertens/Meyer*, K&R 2023, 563 (563 ff.); *Paal*, ZfDR 2023, 325 (325 ff.); *Gausling*, CR 2021, 609 (612 ff.); *Golla*, in: Taeger (Hrsg.), Rechtsfragen digitaler Transformationen, 871 (871 ff.); *Martini/Kemper*, CR 2023, 341 (341 ff.); *Johannes*, in: Roßnagel/Friedewald/Hansen (Hrsg.), Die Fortentwicklung des Datenschutzes, 151 (151 ff.); *Golla/Hofmann/Bäcker*, DuD 2018, 89 (89 ff.); *Rückert*, ZStW 2017, 302 (302 ff.); die geltende Rechtslage ansatzweise berücksichtigend *Desoi*, Big Data und allgemein zugängliche Daten im Krisenmanagement, 152 ff.; *Martini*, VerwArch 2016, 307 (307 ff.); *Bieresborn*, NZS 2016, 531 (531 ff.); nach alter Rechtslage *Neff*, in: Taeger (Hrsg.), Internet der Dinge, 81 (81 ff.); *Venzke-Caprarese*, DuD 2013, 775 (775 ff.); *Schreiber*, PinG 2014, 34 (34 ff.); *Solmecke/Wahlers*, ZD 2012, 550 (550 ff.); *Klas*, Grenzen der Erhebung und Speicherung allgemein zugänglicher Daten, 9 f.; *Wolf*, Big Data und Innere Sicherheit, Teil 2 f.; *Bauer*, Soziale Netzwerke und strafprozessuale Ermittlungen, Abschnitt C; *Böckenförde*, Die Ermittlung im Netz, 170 ff.

[19] Für eine nicht abschließende Übersicht über die Entscheidungen zum datenschutzrechtlichen Schadensersatzanspruch gegen Webseitenbetreiber wegen unzureichendem Schutz vor einem Abgreifen öffentlicher Daten durch Dritte *Leibold*, ZD-Aktuell 2024, 01534; zu polizeilichen Ermittlungsbefugnissen in Bezug auf öffentliche Daten siehe BVerfGE 120, 274.

[20] Vgl. *ZHAW/Bernet PR*, Social Media in Organisationen und Unternehmen, 6; *Online-Recruiting.net*, Social Media Recruiting Studie 2012, 13.

[21] Hierzu *Graf Ballestrem*, in: Graf Ballestrem et al. (Hrsg.), Künstliche Intelligenz, 55 (55 ff.); *von Schönfeld*, Screen Scraping und Informationsfreiheit, 178 ff.; *Rat für Sozial- und Wirtschaftsdaten*, Big Data in den Sozial-, Verhaltens- und Wirtschaftswissenschaften, 37 ff.; *Gausling*, CR 2021, 609 (613 f.); *Kastl*, Automatisierung im Internet, 171 ff.; *Elteste*, CR 2015, 447 (448 ff.); *Schmidt*, Virtuelles Hausrecht und Webrobots, 65 ff.

das Vertrags-/AGB-Recht[22] sowie das Wettbewerbsrecht[23]. Darüber hinaus ist das virtuelle Hausrecht[24] zu berücksichtigen. Diese Themenbereiche sind jedoch nicht Gegenstand dieser datenschutzrechtlichen Dissertation. Insoweit wird daher auf die weiterführende Literatur verwiesen.[25]

1.2 Gang der Untersuchung

Um einen umfassenden Einblick in die Rechtmäßigkeit der Verarbeitung öffentlicher personenbezogener Daten mithilfe von Monitoring zu gewinnen, ist die Dissertation in fünf Abschnitte mit verschiedenen Schwerpunkten gegliedert.

Aufbauend auf dem hier gegenständlichen ersten Abschnitt *Einführung* werden im nachfolgenden zweiten Abschnitt *Grundlegendes* die für das Ziel der Untersuchung relevanten Grundlagen dargestellt. Dazu wird zunächst die zentrale Voraussetzung für das Monitoring, nämlich das Internet mit seinem Web ausführlich erläutert. Hieran anschließend erfolgt eine eingehende Untersuchung des Monitorings. Im Zuge dessen wird der Begriff des Monitorings definiert, die möglichen Automatisierungsgrade vorgestellt, der Monitoring-Prozess beschrieben sowie eine Abgrenzung des Monitorings zu artverwandten Instrumenten vorgenommen. Zudem werden im Rahmen möglicher Anwendungsfelder exemplarisch die vielfältigen Einsatzmöglichkeiten des Monitorings aufgezeigt. Daran anschließend erfolgt eine nähere Untersuchung der im Internet vorherrschenden Öffentlichkeitskultur als zentrale Bedingung für den erfolgreichen Einsatz von Monitoring. Um diese Kultur der Öffentlichkeit zu verstehen, wird unter Einbezug psychologischer Erkenntnisse dargelegt, wie sich Menschen in Bezug auf ihre Privatsphäre im Internet verhalten und welche Erklärungen sich hierfür finden lassen. Darauffolgend rücken die öffentlichen Daten in den Fokus. Dabei wird zunächst der Begriff der öffentlichen Daten unter Einbezug der relevanten datenschutzrechtlichen Bestimmungen analysiert und definiert. Im Anschluss erfolgt anhand typischer Konstellationen aus dem Internet eine Einordnung, unter welchen Umständen Daten als öffentlich zu klassifizieren sind. Zudem wird auf Grundlage der gewonnenen Kenntnisse dargelegt, welche grundsätzliche Bedeutung der Zustand der Öffentlichkeit von Daten im Datenschutzrecht einnimmt.

Im dritten Abschnitt *Grundrechtlicher Rahmen* wird analysiert, welchen Einfluss die Grundrechte auf die Rechtmäßigkeit der im Zuge des Monitorings erfolgenden Verarbeitung öffentlicher personenbezogener Daten nehmen. Da das Datenschutzrecht sowohl auf europäischer als auch auf nationaler Ebene reguliert ist, wird neben der GRCh und der EMRK auch das deutsche GG in die Untersuchung einbezogen. Zunächst wird erläutert, wie diese Rechtsakte zueinander stehen und miteinander wirken. Anschließend erfolgt eine Betrachtung der grundrechtlichen Vorgaben, wie sie sich aus den deutschen und europäischen Grundrechtsakten ergeben. Hierfür werden die einzelnen für das Monitoring als relevant in Betracht kommenden Grundrechte analysiert und in Bezug auf die einschlägigen Grundrechte abstrakte Kriterien formuliert, anhand derer die individuelle Intensität des Eingriffs bestimmt werden kann.

---

[22] Hierzu *Gausling*, CR 2021, 609 (610 ff.); *Rat für Sozial- und Wirtschaftsdaten*, Big Data in den Sozial-, Verhaltens- und Wirtschaftswissenschaften, 43; *von Schönfeld*, Screen Scraping und Informationsfreiheit, 141 ff.; *Elteste*, CR 2015, 447 (450 f.); *Schmidt*, Virtuelles Hausrecht und Webrobots, 53 ff.

[23] Hierzu *Graf Ballestrem*, in: Graf Ballestrem et al. (Hrsg.), Künstliche Intelligenz, 55 (60 ff.); *von Schönfeld*, Screen Scraping und Informationsfreiheit, 281 ff.; *Kastl*, Automatisierung im Internet, 188 ff.; *Czychowski*, NJW 2014, 3277 (3277 ff.); *Schapiro/Ždanowiecki*, MMR 2015, 497 (498); *Schmidt*, Virtuelles Hausrecht und Webrobots, 120 ff..

[24] Hierzu *von Schönfeld*, Screen Scraping und Informationsfreiheit, 311 ff.; *Rat für Sozial- und Wirtschaftsdaten*, Big Data in den Sozial-, Verhaltens- und Wirtschaftswissenschaften, 44; *Kianfar*, in: Taeger (Hrsg.), Big Data & Co, 821 (821 ff.); *Schmidt*, Virtuelles Hausrecht und Webrobots, 169 ff.

[25] Siehe hierfür Fn. 21 bis 24.

Der vierte Abschnitt *Datenschutzrechtliche Rechtmäßigkeit* adressiert die einfachgesetzliche datenschutzrechtliche Rechtmäßigkeit der mit dem Monitoring einhergehenden Verarbeitung öffentlicher personenbezogener Daten. Hierfür wird zunächst die Anwendbarkeit der DSGVO auf die mit dem Monitoring einhergehende Datenverarbeitung begründet sowie die Relevanz ergänzender datenschutzrechtlicher Vorgaben untersucht. Anschließend wird näher auf den datenschutzrechtlichen Begriff der Rechtmäßigkeit eingegangen und dargelegt, welche Tatbestandsmerkmale eine rechtmäßige Datenverarbeitung voraussetzt. Darauf aufbauend wird geprüft, welche Rechtsgrundlagen zur Rechtfertigung der Verarbeitung öffentlicher personenbezogener Daten im Rahmen des Monitorings herangezogen werden können. Bezugspunkt sind dabei die Erlaubnistatbestände, wie sie sich aus Art. 6 Abs. 1 UAbs. 1 DSGVO ergeben. Diese werden nacheinander zunächst grundsätzlich analysiert und dann anhand exemplarischer Anwendungsfälle im Hinblick auf ihre grundsätzliche Tauglichkeit zur Rechtfertigung monitoringgestützter Datenverarbeitungen untersucht. Sofern diese gegeben ist, werden aus der Untersuchung der exemplarischen Anwendungsfälle allgemeine Kriterien zur Bewertung der Rechtmäßigkeit der monitoringgestützten Verarbeitung öffentlicher personenbezogener Daten abgeleitet.

Im fünften und letzten Abschnitt *Schlussbetrachtung* werden die im Zuge der Dissertation gewonnenen Erkenntnisse zusammengefasst und Handlungsempfehlungen zur rechtmäßigen Umsetzung von Monitoring formuliert. Abschließend wird ein vorsichtiger Ausblick auf die zukünftige Bedeutung von öffentlichen personenbezogenen Daten und der Instrumente zur Nutzbarmachung dieser Daten gegeben.

ABSCHNITT 2
GRUNDLEGENDES

2 Web-Monitoring

Das Monitoring stellte eine Schlüsseltechnologie zur Erschließung der öffentlichen Bereiche des Internets dar. Mit dieser können die im Internet massenhaft und frei verfügbaren Daten nicht nur systematisch erfasst, sondern auch gefiltert, ausgewertet und so neue Informationen gewonnen werden.[26] Der Informationszugewinn ist das eigentliche Ziel des Monitorings und ermöglicht es unter anderem, Trends und Entwicklungen frühzeitiger zu erkennen als auf herkömmlichem Weg, Chancen und Risiken eines neuen oder bereits laufenden Vorhabens umfangreicher zu prüfen sowie die Stimmungslage von Menschen in Bezug auf eine Thematik zu ermitteln. Diese Erkenntnisse können beispielsweise für die Entwicklung innovativer Produkte und Dienstleistungen, die Gestaltung effektiver Marketingstrategien oder die erfolgreiche Bewältigung von Krisen und Herausforderungen in einer zunehmend digitalisierten Welt entscheidend sein.[27] Zur Bewertung, inwieweit sich diese den öffentlichen Daten innewohnenden Potenziale mithilfe des Monitorings rechtmäßig realisieren lassen, ist zunächst eine genauere Betrachtung dieses Instruments sowie seiner elementaren Voraussetzungen notwendig.

2.1 World Wide Web

Für ein tiefergehendes Verständnis ist es zunächst notwendig, näher auf das Umfeld einzugehen, in dem das Monitoring operiert. Es bedarf daher einer genaueren Betrachtung des Internets, genauer gesagt des Web. Dieses stellt den zentralen Ausgangspunkt für das Monitoring dar und bildet die unabdingbare Grundlage für seine Durchführung. Erst die dort vorhandene Fülle öffentlicher Datenquellen schafft den Bedarf für den Einsatz eines solchen Instruments.

2.1.1 Verhältnis zum Internet

Die Anfänge des Internets reichen bis in die 60er-Jahre zurück. In dieser Zeit wurde auf Initiative des amerikanischen Verteidigungsministeriums das sogenannte ARPA-Net entwickelt. Dieses ermöglichte es, mehrere Großrechner miteinander zu verbinden und so Daten auch über große Entfernungen auszutauschen.[28] Die zu diesem Zweck entwickelten Internet-Protokolle TCP und IP haben heute noch Gültigkeit.

Entgegen dem allgemeinen Sprachgebrauch gibt und gab es nie „das" Internet. Vielmehr ist unter dem Internet ein globales, dezentral organisiertes Netz zu verstehen, das aus verschiedenen miteinander kommunizierenden Rechnernetzwerken besteht.[29] Es wird daher vielfach auch als Netzwerk aus Netzen beschrieben.[30] Auf Basis dieser Infrastruktur wurden mithilfe der Internetprotokolle schon früh verschiedene Internetdienste entwickelt, die den Nutzern den komfortablen Zugang zu den im Internet bereitgestellten Informationen und Anwendungen ermöglichten.[31] Durch sie wird der eigentliche Sinn und Zweck des Internets verwirklicht. Insgesamt stellt das Internet somit regelmäßig nur die Basis für die vom durchschnittlichen Nutzer verwendeten Dienste dar.

---

[26] Zum Prozess des Monitorings siehe Kap. 2.4.
[27] Zu den Anwendungsfeldern des Monitorings siehe Kap. 2.6.
[28] *Bühler/Schlaich/Sinner*, Internet, 2; *Mühlen*, Internet, 3; *Badach/Hoffmann*, Technik der IP-Netze, 4 ff.; *Kurose/Ross*, Computernetzwerke, 81 ff.
[29] *Siepermann*, Internet; *Kurose/Ross*, Computernetzwerke, 24; *Biemann*, „Streifenfahrten" im Internet, 25; *Mühlen*, Internet, 4; *Federrath/Pfitzmann*, in: Moritz/Dreier (Hrsg.), Rechts-Handbuch zum E-Commerce, Teil A Rn. 1 ff.
[30] Vgl. *Kurose/Ross*, Computernetzwerke, 52; *Pomaska*, Webseiten-Programmierung, 2; *Beck*, Computervermittelte Kommunikation im Internet, 10; *Gralla* et al., So funktioniert das Internet, 2.
[31] Vgl. *Hoffmann*, in: Kubicek et al. (Hrsg.), Öffnung der Telekommunikation, 104 (108 ff.); *Tanenbaum/Wetherall*, Computernetzwerke, 71.

© Der/die Autor(en), exklusiv lizenziert an Springer
Fachmedien Wiesbaden GmbH, ein Teil von Springer Nature 2025
C. Gilga, *Die Rechtmäßigkeit der Verarbeitung von öffentlichen Personenbezogenen Daten aus dem Internet*, DuD-Fachbeiträge, https://doi.org/10.1007/978-3-658-48663-1_2

2.1 World Wide Web

Der bekannteste und wohl auch bedeutendste Dienst des Internets ist das Web.[32] Dieser fälschlicherweise oft synonym für das Internet verwendete Begriff ist ein System bestehend aus Webseiten, sogenannten Hypertext-Dokumenten, welche über Verweise, sogenannte Hyperlinks, miteinander verbunden sind.[33] Webseiten beinhalten üblicherweise Informationen in Form von Text, ermöglichen aber auch die Einbettung von Fotos, Videos, Ton- sowie grafischen Elementen.[34]

2.1.2 Allgemeines Konzept

Das Web folgt dem Konzept der Integration bestehender Internetdienste in einem universell verknüpften Informationssystem.[35] Zentrale Elemente sind Webseiten, Webserver und Webbrowser. Webseiten werden durch die Programmiersprache HTML erstellt und strukturiert und beinhalten digitale Informationen in Form von Dokumenten oder Datenbeständen, die durch einen Nutzer eingesehen werden können. Die Webserver (fortan Server) halten diese Informationen auf einem Rechner vor und regeln den Zugriff hierauf. Die Webbrowser (fortan Browser) erlauben wiederum die Anzeige von Webseiten auf dem Bildschirm eines Endgeräts und dienen der Navigation.[36] Die Browser agieren zudem als Clients zu den Servern. Das heißt, sie fordern beim Server die vom Nutzer gewünschte Webseite an. Für diesen Vorgang ist das http[37] entscheidend. Dieses definiert sowohl die Struktur der Kommunikation zwischen dem Client und dem Server als auch die Art und Weise, wie kommuniziert wird. So wird über http festgelegt, wie und welche Anfragen durch einen Browser an einen Server (http-request) gestellt werden können und wie die Antwort (http-response) des Servers auf diese Anfrage lautet.[38]

2.1.2.1 Übertragung von Daten

Das http ist ausschließlich für die Kommunikation zwischen Client und Server zuständig, weswegen es eines weiteren Protokolls bedarf, das die Übertragung der Web-Inhalte vom Client zum Server übernimmt. Hierfür wird auf das TCP und das IP zurückgegriffen. Dabei ist das IP für das Erstellen einer Route der Datenpakete vom Browser zum Server und vom Server zum Browser zuständig, während das TCP die beim Server liegenden Informationen in Datenpakete zerteilt und auf der Route des IP verschickt.[39]

Damit eine Datenübertragung stattfinden kann, stellt der Browser, nachdem ein http-request erfolgt ist, eine TCP-Verbindung zum Server her. Wenn diese steht, können sowohl der Browser als auch der Server über eine Schnittstelle auf die TCP-Verbindung zugreifen. Auf dieser

---

[32] Weitere auf dem Internet basierende Dienste sind unter anderem Electronic-Mail (E-Mail), File Transfer Protocol-Service (FTP), Virtual Private Network (VPN) und Voice over IP (VoIP), siehe dazu *Bühler/Schlaich/Sinner*, Internet, 4.

[33] *Badach/Hoffmann*, Technik der IP-Netze, 6 ff.; *Stein*, Taschenbuch Rechnernetze und Internet, 438; *Schmidt/Pruß*, in: Auer-Reinsdorff/Conrad (Hrsg.), Handbuch IT- und Datenschutzrecht, § 3 Rn. 109; *Berners-Lee/Fischetti*, Der Web-Report, 17 f.

[34] *Kurose/Ross*, Computernetzwerke, 123; *Tanenbaum/Wetherall*, Computernetzwerke, 753; *Schmidt/Pruß*, in: Auer-Reinsdorff/Conrad (Hrsg.), Handbuch IT- und Datenschutzrecht, § 3 Rn. 109.

[35] *Pomaska*, Webseiten-Programmierung, 2; *Stein*, Taschenbuch Rechnernetze und Internet, 438; *Storrer*, in: Kallmeyer (Hrsg.), Sprache und neue Medien, 222 (226).

[36] *Eckert*, IT-Sicherheit, 151; *Chatfield*, 50 Schlüsselideen Digitale Kultur, 8; *Beck*, Computervermittelte Kommunikation im Internet, 57.

[37] Eine Unterform des http ist das https, dieses versendet http-Nachrichten auf verschlüsseltem Weg. Siehe hierzu *Stein*, Taschenbuch Rechnernetze und Internet, 414 f.; eine Übersicht über die http-Protokolle bietet *Zisler*, Computer-Netzwerke, 256.

[38] *Kurose/Ross*, Computernetzwerke, 123; *Badach/Hoffmann*, Technik der IP-Netze, 8; *Erlhofer*, Suchmaschinen-Optimierung, 240.

[39] *Chatfield*, 50 Schlüsselideen Digitale Kultur, 5; *Erlhofer*, Suchmaschinen-Optimierung, 235; *Kurose/Ross*, Computernetzwerke, 25; *Gralla* et al., So funktioniert das Internet, 14 f.

Grundlage wird der http-request schließlich auf Seiten des Browsers mithilfe des TCP in Datenpakete zerteilt und nummeriert, mithilfe des IP transportiert und so an den Server übertragen. Dort werden die Datenpakete anhand von TCP mithilfe der Nummerierung durch eine sogenannte Prüfsumme zunächst auf Vollständigkeit geprüft,[40] zum ursprünglichen http-request zusammengesetzt und ausgewertet. Wenn der Server den http-request bearbeitet hat, holt er die entsprechende Webseite aus seinem Speicher (http-response). Daraufhin wird diese als Antwort durch das TCP in Datenpakete zerteilt und an den Browser auf demselben Weg zurückgeschickt, welchen auch die Anfrage gegangen ist. Die TCP-Verbindung wird geschlossen, sobald sicher ist, dass die Datenübertragung vollständig abgeschlossen ist.[41]

Wird dieses Vorgehen exemplarisch auf eine Alltagssituation wie eine Klassenfahrt übertragen, ergibt sich folgendes Bild: Die Klasse kann als Information verstanden werden, die an ein bestimmtes Ziel übermittelt werden soll. Mithilfe einer Namensliste werden die Schüler alphabetisch auf verschiedene Autos aufgeteilt (TCP). Über die bestehende Infrastruktur (Internet) werden diese Autos dann unabhängig voneinander mittels eines Navigationsgeräts zum Ausflugsziel navigiert (IP). Am Ziel der Reise wird schließlich überprüft, ob alle Autos und Kinder vor Ort angekommen sind (Prüfsumme).

2.1.2.2 Adressierung

Damit die Adressierung der Datenpakete eindeutig ist, besitzt jeder Rechner, der an der Datenkommunikation teilnimmt, eine IP-Adresse. Diese besteht aus einer Kette von Zeichen.[42] Da solche Ziffernketten in der täglichen Praxis unhandlich sind und schnell Fehler in der Adressierung entstehen können, wurde das DNS entwickelt. Dieses weist jeder IP-Adresse einen eindeutigen Namen zu, welcher zur Adressierung genutzt werden kann. Dieser eindeutige Name wird als Domain bezeichnet. Eine Domain setzt sich aus einer Top-Level-Domain und mindestens einer Second-Level-Domain zusammen.[43] Im Grunde lässt sich das gesamte Web mithilfe der verschiedenen Top-Level-Domains in unterschiedliche Zonen oder auch Namensräume gliedern. Es gibt länderspezifische (de, uk, us, etc.) sowie generische Namensräume (com, net, org, etc.).[44]

Zur Umsetzung der Domains in IP-Adressen existieren im Internet sogenannte DNS-Server, die eine ähnliche Funktion wie ein Telefonbuch erfüllen, indem sie eine Domain eindeutig einer IP-Adresse zuordnen und umgekehrt.[45] Wird im Browser eine Domain eingegeben, wendet sich dieser an einen sogenannten Resolver. Ein Resolver ist eine bereits mit dem Browser installierte Anwendung, die die Zuordnung einer Domain zur entsprechenden IP-Adresse koordiniert.

---

[40] Stark vereinfacht dargestellt wird dafür zu Beginn und am Ende eines Übermittlungsvorgangs durch Addition der Nummerierung der einzelnen vorliegenden Datenpakete jeweils eine Summe ermittelt. Stimmen die Summen überein, so ist sichergestellt, dass die Übertragung der Daten vollständig und fehlerfrei erfolgt ist. Näher hierzu *Kurose/Ross*, Computernetzwerke, 475; *Tanenbaum/Wetherall*, Computernetzwerke, 254 f.

[41] *Kurose/Ross*, Computernetzwerke, 125 f.; *Erlhofer*, Suchmaschinen-Optimierung, 241; *Lang/Bekavac*, in: Faulstich (Hrsg.), Grundwissen Medien, 433 (443).

[42] Die IP-Adressen der Version vier bestehen aus vier Zahlenblöcken mit je drei Zahlen zwischen null und 255, die mit einem Punkt voneinander getrennt werden. Die IP-Adressen der Version sechs setzen sich aus acht Blöcken von je vier alphanumerischen Zeichen zusammen, die durch einen Doppelpunkt voneinander getrennt werden. Vgl. hierzu *Bühler/Schlaich/Sinner*, Internet, 5 f.

[43] *Bühler/Schlaich/Sinner*, Internet, 6 f.; *Mühlen*, Internet, 5 f.; *Schmidt/Pruß*, in: Auer-Reinsdorff/Conrad (Hrsg.), Handbuch IT- und Datenschutzrecht, § 3 Rn. 96 ff.

[44] *denic*, Top Level Domains; *Tanenbaum/Wetherall*, Computernetzwerke, 696; *Scherff*, Grundkurs Computernetzwerke, 330 f.; einen guten Überblick über die generischen Top-Level-Domains und deren Bedeutung bieten Tanenbaum/Wetherall, Computernetzwerke, 697; *Schmidt/Pruß*, in: Auer-Reinsdorff/Conrad (Hrsg.), Handbuch IT- und Datenschutzrecht, § 3 Rn. 98.

[45] *Bühler/Schlaich/Sinner*, Internet, 7; *Kurose/Ross*, Computernetzwerke, 154; *Erlhofer*, Suchmaschinen-Optimierung, 236.

2.1 World Wide Web

Dieser Resolver leitet die Frage nach der IP-Adresse an den lokalen DNS-Server weiter. Fällt die Domain in den Namensbereich dieses Servers, kann er die Anfrage bedienen. Ist dies nicht der Fall, sendet der lokale DNS-Server eine Anfrage an den sogenannten Root-Name-Server. Dieser besitzt sämtliche Informationen zu den DNS-Servern aller Top-Level-Domains und gibt auf Anfrage die zur Top-Level-Domain passende IP-Adresse des entsprechenden DNS-Servers zurück. Daraufhin sendet der lokale DNS-Server eine Anfrage an den vom Root-Name-Server genannten DNS-Server der Top-Level-Domain. Dieser antwortet dann mit der IP-Adresse für den DNS-Server, welcher zur Second-Level-Domain gehört. Dieses Vorgehen wird fortgeführt, bis die Anfrage beim zuständigen DNS-Server eingegangen ist und die IP-Adresse der vollständigen Domain an den Resolver zurückgegeben wurde. Gelegentlich kann der Resolver die Frage nach der IP-Adresse auch selbst beantworten, sofern die entsprechende IP-Adresse im Cache gespeichert ist. In solchen Fällen erfolgt keine Anfrage an den lokalen DNS-Server und der Prozess wird sofort beendet. Am Ende des Vorgangs wird jedoch immer die fertig ermittelte IP-Adresse vom Resolver an den Browser übermittelt.[46]

Aufgrund der verschiedenen im Internet existierenden Dienste ist eine Domain allein allerdings nicht ausreichend, um exakt zu adressieren. Es bedarf zusätzlich der Angabe des Protokolls, welches für die Übertragung des Diensts zuständig ist, sowie der Angabe des Servers (beim Web meist www) und gegebenenfalls der Angabe eines Pfads, eines Ordners oder einer Datei. Die Adressierung nach diesem Standard wird URL genannt.[47] Hierdurch wird der schnelle und unkomplizierte Abruf einer Quelle ermöglicht.

Klarer wird die beschriebene Theorie an einem Beispiel: Die IP-Adresse und die dazugehörige Domain der Webseite der Universität Kassel lauten *141.51.171.175* bzw. *www.uni-kassel.de*. Die korrekte Adressierung nach dem URL-Standard ist *https://www.uni-kassel.de/uni/*. Dabei gibt *https* das Protokoll an, *www* verweist auf einen Web-Server, *uni-kassel* ist die Second-Level-Domain, *de* die Top-Level-Domain und *uni* das Verzeichnis.

2.1.3 Entwicklung zum Web 2.0

Das Web in seiner ursprünglichen Form bot ausschließlich statische Inhalte an. Die Informationen wurden für einen längeren Zeitraum unverändert bereitgestellt, eine Aktualisierung oder Überarbeitung erfolgte nahezu ausschließlich durch die jeweiligen Autoren und zumeist erst nachdem einige Zeit vergangen war.[48] Dabei hatten nur wenige Menschen die Möglichkeit, Inhalte zu schaffen und diese Web-Nutzern zur Verfügung zu stellen. Die Kommunikation war daher linear geprägt: Die Internetnutzer verwendeten das Internet fast ausschließlich, um Inhalte zu konsumieren, konnten diese in der Regel jedoch nicht erstellen oder mitgestalten.[49]

Durch die Weiterentwicklung und offenere Gestaltung der dem Web zugrundeliegenden Technologien wurde es schließlich möglich, Web-Auftritte dynamischer und interaktiver zu gestalten. Dies eröffnete neue Möglichkeiten für die Nutzung des Webs.[50] Im Laufe der Zeit wandelte sich das Web dadurch zu einer Art Plattform, auf der Nutzer nicht nur passiv partizipieren

---

[46] *Tanenbaum/Wetherall*, Computernetzwerke, 704 f.; *Badach/Hoffmann*, Technik der IP-Netze, 274; *Kurose/Ross*, Computernetzwerke, 160 f.; *Scherff*, Grundkurs Computernetzwerke, 331 f.

[47] *Bühler/Schlaich/Sinner*, Internet, 8; *Scherff*, Grundkurs Computernetzwerke, 49 f.; *Erlhofer*, Suchmaschinen-Optimierung, 237.

[48] *Behrendt/Zeppenfeld*, Web 2.0, 6; *Schmidt/Pruß*, in: Auer-Reinsdorff/Conrad (Hrsg.), Handbuch IT- und Datenschutzrecht, § 3 Rn. 122 f.

[49] *Fiege*, Social Media Balanced Scorecard, 16; *Hohlfeld/Godulla/Planer*, in: Hornung/Müller-Terpitz (Hrsg.), Rechtshandbuch Social Media, 13 (14 Rn. 11); *Schmidt/Pruß*, in: Auer-Reinsdorff/Conrad (Hrsg.), Handbuch IT- und Datenschutzrecht, § 3 Rn. 123; *Stanoevska-Slabeva*, in: Meckel/Stanoevska-Slabeva (Hrsg.), Web 2.0, 14 (14).

[50] Vgl. *Behrendt/Zeppenfeld*, Web 2.0, 7; *Koller/Alpar*, in: Alpar/Blaschke (Hrsg.), Web 2.0, 2 (4 f.); *Stanoevska-Slabeva*, in: Meckel/Stanoevska-Slabeva (Hrsg.), Web 2.0, 14 (15).

konnte, sondern ebenso die Möglichkeit erhielt, aktiv an der Erstellung oder Gestaltung von Inhalten mitzuwirken. Aus dem ehemals passiven Web-Nutzer wurde somit ein konsumierender Produzent, heute oft als Prosument bezeichnet.[51] Das Web 2.0 war geboren.

Im Unterschied zum Web in seiner Urform ist der Informationsfluss im Web 2.0 also nicht mehr linear, sondern von einem wechselseitigen Austausch geprägt. Der ursprünglich starre und zentralistische Ansatz wich dem Prinzip der Verteilung und Dezentralität. Eine einhellig anerkannte Definition des Web 2.0 existiert bislang allerdings nicht. Der Urheber des Begriffs, Tim O´Reilly, erklärte ihn folgendermaßen: „Web 2.0 is the business revolution in the computer industry caused by the move to the internet as platform, and an attempt to understand the rules for success on that new platform. Chief among those rules is this: Build applications that harness network effects to get better the more people use them."[52] O´Reilly beschreibt das Web 2.0 demnach als eine Revolution der Computerindustrie, die durch die Nutzung des Internets als Plattform verursacht wurde, und als einen Versuch, die Regeln für eine erfolgreiche Nutzung dieser Plattform besser zu verstehen. Als wichtigste Regel nennt er dabei die Entwicklung von Anwendungen, die sich positive Netzwerkeffekte zu Nutze machen und so mit zunehmenden Nutzerzahlen immer besser werden.

Zusammengefasst ist das Web 2.0 damit als eine dezentral ausgestaltete Plattform zu verstehen, die aufgrund ihrer Offenheit und Interoperabilität die Integration und Interaktion durch Nutzer ermöglicht und großes wirtschaftliches Potenzial mit sich bringt.[53]

2.2 Definition des Web-Monitorings

Eine einheitliche Definition für den Begriff des Monitorings gibt es bislang nicht.[54] Die in der Literatur vorzufindenden Definitionen variieren daher mitunter stark und umfassen teilweise nicht alle zentralen (technischen) Merkmale des Monitorings.

So wird Monitoring unter anderem als „zeitkritische und systematische Sammlung und Auswertung von Daten im Web",[55] „zielgerichtete Beobachtung, Extraktion, Analyse und Aufbereitung von Nennungen zu Unternehmen, Marken, Produkten, Personen, Nachrichten oder Themen" aus dem Internet,[56] „systematische Suche im Internet nach Firmen-, Marken-, Meinungen-, Personen- und Wettbewerbernennungen mit anschließender Kategorisierung und Archivierung der extrahierten Daten",[57] „systematische Beobachtung und Auswertung der Kommunikation auf Webseiten von Dritten" mit dem Ziel „herauszufinden, was und wie über ein Thema, ein Unternehmen oder ein Produkt im Web gesprochen wird"[58] sowie als zielgerichtete „Inhaltsanalyse von Internetkommunikation und die Beobachtung und Auswertung von Kommunikationsentwicklungen" mit dem Ziel, tiefere Einblicke in bestimmte Themenfelder zu erhalten,[59] bezeichnet.

---

[51] *Fiege*, Social Media Balanced Scorecard, 16; *Hohlfeld/Godulla/Planer*, in: Hornung/Müller-Terpitz (Hrsg.), Rechtshandbuch Social Media, 13 (16 Rn. 17 f.).

[52] *O'Reilly*, Web 2.0 Compact Definition

[53] Vgl. *Kilian/Hass/Walsh*, in: Walsh/Hass/Kilian (Hrsg.), Web 2.0, 3 (4 ff.); *Stanoevska-Slabeva*, in: Meckel/Stanoevska-Slabeva (Hrsg.), Web 2.0, 14 (36).

[54] So auch *Blattner*, HDM 2013, Heft 5, 7 (7); *Süess*, Evaluation von Web Monitoring Tools zur softwaregestützten Informationsbeschaffung am Beispiel ausgewählter Open Source Web Monitoring Tools, 9.

[55] *Höchstötter/Lewandowski*, in: Höchstötter (Hrsg.), Social Media und Websitemonitoring, 23 (28).

[56] *Blattner/Meier*, HDM 2013, Heft 5, 112 (113).

[57] *Bundesverband Digitale Wirtschaft*, Social Media Kompass 2010/2011, 123.

[58] *Süess*, Evaluation von Web Monitoring Tools zur softwaregestützten Informationsbeschaffung am Beispiel ausgewählter Open Source Web Monitoring Tools, 9.

[59] *Gerbracht*, in: Bär/Borcherding/Keller (Hrsg.), Fundraising im Non-Profit-Sektor, 297 (299).

Aus diesen Definitionen ergibt sich zusammenfassend, dass unter einem Monitoring eine zielgerichtete und zeitkritisch erfolgende Erfassung, Analyse und Aufbereitung von Inhalten aus dem Web zu verstehen ist, welche auf die Gewinnung eines Informationsmehrwerts abzielt. Dabei meint zielgerichtet, dass das Monitoring stets auf einen zuvor festgelegten Untersuchungsgegenstand (fortan Monitoring-Objekt), beispielsweise ein bestimmtes Thema, eine Marke oder ein Produkt, gerichtet ist und die dafür relevanten Daten auswertet. Der Aspekt zeitkritisch beschreibt, dass zumeist überwiegend aktuelle Inhalte einfließen, dies meist in Echtzeit oder mit geringer zeitlicher Verzögerung erfolgt und die Verarbeitung in der Regel wiederholt durchgeführt wird, um das Monitoring-Objekt im Verlauf der Zeit betrachten zu können. Die vorgestellten Definitionen lassen jedoch unberücksichtigt, dass im Rahmen eines Monitorings ausschließlich frei verfügbare Daten aus dem Web einbezogen werden können.[60] Dieser Umstand lässt sich, obwohl er von zentraler Bedeutung für das Verständnis ist, lediglich implizit einigen Ausführungen zum Monitoring, nicht aber den Definitionen entnehmen.[61] Im Ergebnis wird daher folgende Definition vorgeschlagen:

Web-Monitoring ist die zeitkritische und zielgerichtete Erfassung und Auswertung von öffentlichen Daten aus dem Web zur Gewinnung tiefergehender Informationen zu einem vorab festgelegten Untersuchungsgegenstand (Monitoring-Objekt).

Im Kontext des Monitorings fällt oftmals auch der Begriff des Social Media-Monitorings. Darunter wird allgemeinhin die Beobachtung und Analyse von nutzergenerierten Inhalten zu bestimmten Themen und Begriffen in sozialen Medien verstanden.[62] Es handelt sich damit um eine Unterart des Monitorings,[63] die lediglich eine spezifischere Ausrichtung aufweist.[64] Der Prozess des Monitorings und des Social Media Monitorings unterscheidet sich dabei kaum,[65] weswegen die Literatur zum Social Media Monitoring dem Grunde nach ebenfalls zur Erläuterung des Monitorings herangezogen werden kann. An dieser Stelle ist zudem darauf hinzuweisen, dass die Begriffe Social Media Monitoring und Monitoring teilweise synonym verwendet werden,[66] um beispielsweise Verwechslungen mit anderen Instrumenten vorzubeugen.[67] Dies ist grundsätzlich zwar nachvollziehbar, trägt allerdings nicht zur Schaffung einer einheitlichen Terminologie bei. In der vorliegenden Dissertation ist das Monitoring im Sinne der in diesem Kapitel formulierten Definition zu verstehen.

2.3 Automatisierungsgrade beim Web-Monitoring

In Bezug auf das Monitoring lassen sich drei verschiedene Automatisierungsgrade unterscheiden: manuelles Monitoring, halbautomatisches Monitoring und automatisches Monitoring.

---

[60] Eingehend zur technischen Funktionsweise des Monitorings siehe Kap. 2.4.
[61] Vgl. *Süess*, Evaluation von Web Monitoring Tools zur softwaregestützten Informationsbeschaffung am Beispiel ausgewählter Open Source Web Monitoring Tools, 11 ff.; *Höchstötter/Lewandowski*, in: Höchstötter (Hrsg.), Social Media und Websitemonitoring, 23 (40 ff.).
[62] *Evertz*, Analysiere das Web!, 24; *Blattner/Meier*, HDM 2013, Heft 5, 112 (112); *Werner*, Social Media, 2 f.; *Höchstötter/Lewandowski*, in: Höchstötter (Hrsg.), Social Media und Websitemonitoring, 23 (28).
[63] *Höchstötter/Lewandowski*, in: Höchstötter (Hrsg.), Social Media und Websitemonitoring, 23 (28 f.); *Aßmann/Röbbeln*, Social Media für Unternehmen, 295; *Blattner/Meier*, HDM 2013, Heft 5, 112 (112); *Süess*, Evaluation von Web Monitoring Tools zur softwaregestützten Informationsbeschaffung am Beispiel ausgewählter Open Source Web Monitoring Tools, 9.
[64] Ebenso *Zumstein*, HDM 2013, Heft 5, 4 (4).
[65] Vgl. beispielhaft *Plum*, in: Brauckmann (Hrsg.), Web-Monitoring, 21 (21) und *Zaefferer*, Social Media Research, 94 ff. zu den Kernprozessen des Web- und Social Media Monitorings.
[66] Für eine synonyme Verwendung der Begriffe plädierend *Evertz*, Analysiere das Web!, 25.
[67] *Kasper* et al., Marktstudie Social Media Monitoring Tools, 8. Fn. 3; *Blattner*, HDM 2013, Heft 5, 7 (7); *Evertz*, Analysiere das Web!, 25.

Im Rahmen des manuellen Monitorings wird das Web, auch mithilfe von Suchmaschinen, händisch nach Inhalten durchsucht, die für das Monitoring-Objekt von Relevanz sind.[68] Im Fall eines Treffers werden die Inhalte manuell gespeichert und schließlich ohne Zuhilfenahme automatisierter Verfahren durch Menschen mit Expertise analysiert. Es handelt sich mithin nicht um einen ausschließlich manuellen Vorgang, jedoch erfolgt er ohne den umfangreichen Einsatz von Hilfsmitteln zur automatisierten Datenverarbeitung. Ein solches Vorgehen ist zwar präzise, allerdings sowohl sehr kosten- als auch sehr zeitintensiv. Außerdem können umfangreiche Recherchen im Zuge nur begrenzt zur Verfügung stehender Ressourcen und Kapazitäten zumeist kaum umgesetzt werden, sodass es schnell dazu kommen kann, dass wichtige Inhalte unberücksichtigt bleiben. Die Ergebnisse des manuellen Monitorings sind folglich häufig wenig repräsentativ und nur bedingt aussagekräftig.

Beim halbautomatischen Monitoring wird das Web mittels automatisierter Verfahren nach relevanten Inhalten durchsucht. Diese werden automatisiert gespeichert und schließlich durch Menschen mit Expertise manuell ausgewertet.[69] Diese Form des Monitorings bietet gegenüber dem manuellen Monitoring den Vorteil, dass umfassendere Datenbestände analysiert werden können. Die Ergebnisse des halbautomatischen Monitorings sind mithin nicht nur repräsentativer, sondern auch kosten- und zeitschonender. Allerdings nimmt eine manuelle Auswertung größerer Datenmengen viel Zeit in Anspruch, weswegen die Ergebnisse eines halbautomatisierten Monitorings stets mit einem nicht unerheblichen Zeitverzug verbunden sind und nicht in Echtzeit erfolgen können.

Das automatische Monitoring erfolgt vollständig automatisiert.[70] Die für das Monitoring-Objekt relevanten Inhalte werden dem Web automatisch entnommen, gespeichert und ausgewertet sowie die Ergebnisse der Analysen automatisch in Form von Grafiken oder Ergebnislisten dargestellt. Dieses Vorgehen bietet die Vorteile des halbautomatischen Monitorings und ermöglicht es zudem, Entwicklungen im Web in Echtzeit zu erkennen und zu beobachten. Mit dem Einsatz eines automatisierten Monitorings geht allerdings die Gefahr einher, dass unbrauchbare oder fehlerhafte Inhalte als relevant erkannt und in die Analysen einbezogen werden, wodurch die Ergebnisse des Monitorings verfälscht werden können. Dieser Problematik kann bislang nicht abschließend begegnet werden, weswegen die Ergebnisse eines automatisierten Monitorings stets kritisch hinterfragt werden sollten.[71]

Die Ausführungen der vorliegenden Dissertation beziehen sich aufgrund der zunehmenden Bedeutung der Auswertung von Daten mithilfe automatisierter Verfahren ausschließlich auf den Einsatz des automatisierten Monitorings. Das halbautomatische sowie das manuelle Monitoring finden in den weiteren Ausführungen daher keine nähere Berücksichtigung.

---

[68] Die Ausführungen zu diesem Absatz basieren auf *Aßmann/Pleil*, in: Zerfaß/Piwinger (Hrsg.), Handbuch Unternehmenskommunikation, 585 (595); *Höchstötter/Lewandowski*, in: Höchstötter (Hrsg.), Social Media und Websitemonitoring, 23 (29); *Noé*, Innovation 2.0, 203; *Gerbracht*, in: Bär/Borcherding/Keller (Hrsg.), Fundraising im Non-Profit-Sektor, 297 (302 f.).

[69] *Noé*, Innovation 2.0, 202; *Aßmann/Pleil*, in: Zerfaß/Piwinger (Hrsg.), Handbuch Unternehmenskommunikation, 585 (598).

[70] Die Ausführungen zu diesem Absatz basieren auf *Aßmann/Pleil*, in: Zerfaß/Piwinger (Hrsg.), Handbuch Unternehmenskommunikation, 585 (565 ff.); *König/Gügi*, HDM 2014, 424 (424 f.); *Höchstötter/Lewandowski*, in: Höchstötter (Hrsg.), Social Media und Websitemonitoring, 23 (29).

[71] Zur Zuverlässigkeit des Monitorings siehe Kap. 2.6.3.

2.4 Prozess des Web-Monitorings

Aus der Definition[72] des Monitorings geht hervor, dass es sich beim Monitoring um einen mehrstufigen Prozess handelt. Dieser kann in vier voneinander abhängige Stufen gegliedert werden: Zieldefinition, Datenakquise, Datenauswertung und Ergebnispräsentation.[73]

2.4.1 Zieldefinition

Zu Beginn eines Monitoring-Projekts ist zunächst das Monitoring-Objekt sowie das konkret angestrebte Ziel festzulegen.[74] In Betracht kommt hierfür beispielsweise die Ermittlung eines Stimmungsbilds (=Ziel) zu einem bestimmten Gesetzesvorhaben (=Monitoring-Objekt).

Wurden sowohl das Ziel des Monitorings als auch das Monitoring-Objekt bestimmt, sind die diesbezüglich relevanten Quellen zu identifizieren. Auf diese ist der Prozess der Datenakquise zu beschränken.[75] Eine Einbeziehung weiterer Datenquellen würde zu einer Erhöhung des Datenrauschens und weniger signifikanten Ergebnissen führen, weswegen ein solches Vorgehen nicht zielführend wäre. Aus dem gleichen Grund sowie wegen der mangelnden Möglichkeiten, dies technisch umzusetzen, kommt es ebenfalls nicht in Betracht, im Rahmen der Datenakquise das gesamte Web zu durchsuchen.[76] Im Optimalfall werden dem Monitoring daher möglichst wenige, aber alle voraussichtlich aussagekräftigen Quellen zugrunde gelegt, sodass die Menge der zu analysierenden Daten begrenzt, aber eine signifikante Menge relevanter Informationen enthalten ist.[77]

2.4.2 Datenakquise

Für die Beschaffung von Daten kommen im Wesentlichen zwei voneinander zu unterscheidende Vorgehensweisen in Betracht: zum einen der Einsatz eines eigenständigen Web-Crawlers, zum anderen die Nutzung von Schnittstellen.[78]

2.4.2.1 Datenakquise mittels Crawling

Das Auffinden und Erfassen relevanter Daten erfolgt häufig unter Zuhilfenahme eines Web-Crawlers (fortan Crawler),[79] oftmals auch als Robots oder Spider bezeichnet.[80] Bei diesem handelt es sich um ein Programm, das automatisch öffentliche Webseiten besucht, deren Inhalte herunterlädt und kurzfristig im Arbeitsspeicher speichert (Indexierung).[81] Hierfür wird der Crawler an mehreren URLs oder einer spezifischen URL eingesetzt und dringt über die dort

---

[72] Zur Definition des Monitorings siehe Kap. 2.2.
[73] *Blattner*, HDM 2013, Heft 5, 7 (7); *Plum*, in: Brauckmann (Hrsg.), Web-Monitoring, 21 (22 ff.); nur geringfügig abweichend *König/Gügi*, HDM 2014, 424 (425); *Werner*, Social Media, 161; *Stiller*, Social media monitoring, 41; *Aßmann/Röbbeln*, Social Media für Unternehmen, 300; *Süess*, Evaluation von Web Monitoring Tools zur softwaregestützten Informationsbeschaffung am Beispiel ausgewählter Open Source Web Monitoring Tools, 17; *Kasper* et al., Marktstudie Social Media Monitoring Tools, 19.
[74] *Blattner*, HDM 2013, Heft 5, 7 (7); *Zaefferer*, Social Media Research, 94 ff.; *Gerbracht*, in: Bär/Borcherding/Keller (Hrsg.), Fundraising im Non-Profit-Sektor, 297 (303).
[75] *Fiege*, Social Media Balanced Scorecard, 66 f.; *Blattner*, HDM 2013, Heft 5, 7 (8); *Aßmann*, Instrumente des Social-Media-Monitoring, 34.
[76] Hierzu auch *Höchstötter/Lewandowski*, in: Höchstötter (Hrsg.), Social Media und Websitemonitoring, 23 (42).
[77] *Zaefferer*, Social Media Research, 48.
[78] Vgl. *Petz*, Opinion Mining im Web 2.0, 170 ff.; *Hahn* et al., Twitter-Dash, 2.
[79] *Blattner*, HDM 2013, Heft 5, 7 (9); *König/Gügi*, HDM 2014, 424 (426); *Plum*, in: Brauckmann (Hrsg.), Web-Monitoring, 21 (31); *Martini/Kolain*, in: Bertelsmann Stiftung (Hrsg.), Automatisch erlaubt?, 63 (66); *Rat für Sozial- und Wirtschaftsdaten*, Big Data in den Sozial-, Verhaltens- und Wirtschaftswissenschaften, 13.
[80] *Alpar/Koczy/Metzen*, SEO – Strategie, Taktik und Technik, 47; *König/Gügi*, HDM 2014, 424 (430); *Menczer*, in: Liu (Hrsg.), Web data mining, 273 (273).
[81] *Denev*, Models and Methods for Web Archive Crawling, 22; *Shestakov*, in: Hutchison/Kanade/Kittler (Hrsg.), Web Engineering, 518 (518); *Aggarwal*, Data mining, 591.

verfügbaren Hyperlinks auf weitere Webseiten vor.[82] Dies erfolgt entweder dauerhaft oder so lange, bis eine vordefinierte Endbestimmung eintritt, beispielsweise eine bestimmte Anzahl von Webseiten durchsucht wurde oder die festgelegten Quellen abgearbeitet sind.[83]

Ein Crawler dringt allerdings nicht zwingend auf sämtliche Webseiten vor. So kann der Quellcode einer Webseite entsprechende Befehle enthalten, die durch einen Crawler interpretiert und ausgeführt werden können. Beispielsweise wird durch das Setzen eines *robots.txt* mitgeteilt, für welche Bereiche der Webseite ein Crawling nicht gewünscht ist. Mithilfe der Meta-Robots-Angabe *noindex* kann angegeben werden, dass eine Webseite nicht mehr indexiert werden soll und eine möglicherweise bereits vorausgegangene Indexierung zu löschen ist. Wird die Meta-Robots-Angabe *nofollow* verwendet, wird zum Ausdruck gebracht, dass der Crawler nicht auf die verlinkten Webseiten vordringen soll.[84] Bei sämtlichen dieser Möglichkeiten handelt es sich jedoch nicht um eine technische Sicherung, die unmittelbar Wirkung entfaltet, sondern schlicht um eine Mitteilung des Webseitenbetreibers. Ein Crawler berücksichtigt diese Vorgaben nur dann, wenn er entsprechend konfiguriert worden ist.[85] Die Möglichkeit, Crawling vollumfänglich technisch zu unterbinden, existiert bislang nicht.[86]

Wie bereits der Definition des Monitorings entnommen werden kann,[87] geht es beim Monitoring nicht darum, die gesamten Inhalte einer Quelle zu erfassen und auszuwerten, sondern ausschließlich um die gezielte Erhebung und Auswertung relevanter Inhalte. Technisch bedingt müssen im ersten Schritt der Datenakquise dennoch zunächst sämtliche Inhalte aus den festgelegten Quellen abgerufen und zumindest temporär im Arbeitsspeicher gespeichert werden. Erst auf dieser Grundlage ist es im zweiten Schritt möglich, die für das Monitoring-Objekt relevanten Inhalte herauszufiltern. Eine ausschließliche Erhebung relevanter Inhalte ist daher technisch nicht realisierbar. Die Beschaffung der Inhalte erfolgt in der Regel auf Basis eines Scrapers, welcher auf den Crawler aufgesetzt ist.[88] Durch diesen können Daten und Informationen, die ursprünglich für den menschlichen Nutzer visuell aufbereitet und dargestellt sind, automatisiert exzerpiert werden.[89] Die anschließende Relevanzfilterung erfolgt dabei oftmals anhand von Schlagworten.[90] Für den Erfolg des Monitorings ist es daher von besonderer Wichtigkeit, die Schlagworte eingehend zu durchdenken und sorgfältig auszuwählen.[91] Um die Datenakquise weiter zu präzisieren, kommt zudem in Betracht, Ausschlusskriterien, beispielsweise in Form von Domains, die für das konkrete Monitoring unberücksichtigt bleiben können, zu formulieren oder eine Liste mit Schlagworten festzulegen, über die irrelevante Inhalte von der Analyse

---

[82] *Rat für Sozial- und Wirtschaftsdaten*, Big Data in den Sozial-, Verhaltens- und Wirtschaftswissenschaften, 13; *Alpar/Koczy/Metzen*, SEO – Strategie, Taktik und Technik, 216; *Menczer*, in: Liu (Hrsg.), Web data mining, 273 (274).

[83] *Menczer*, in: Liu (Hrsg.), Web data mining, 273 (274 f.).

[84] *Erlhofer*, Suchmaschinen-Optimierung, 682 f.; *Alpar/Koczy/Metzen*, SEO – Strategie, Taktik und Technik, 194 ff.

[85] *Alpar/Koczy/Metzen*, SEO – Strategie, Taktik und Technik, 195; *Conrad/Schubert*, GRUR 2018, 350 (350); *Paal*, ZfDR 2023, 325 (327); vgl. auch *David*, Now you can block OpenAI's web crawler.

[86] Ebenso *Paal*, ZfDR 2023, 325 (327).

[87] Zur Definition des Monitorings siehe Kap. 2.2.

[88] *O'Reilly*, Loyola Consumer Law Review 2007, 273 (277); vgl. *Halvani* et al., in: Steinebach et al. (Hrsg.), Desinformation aufdecken und bekämpfen, 101 (112); *von Schönfeld*, Screen Scraping und Informationsfreiheit, 52; *Gausling*, CR 2021, 609 (609 Rn. 2).

[89] *von Schönfeld*, Screen Scraping und Informationsfreiheit, 25; *Halvani* et al., in: Steinebach et al. (Hrsg.), Desinformation aufdecken und bekämpfen, 101 (112); *Rat für Sozial- und Wirtschaftsdaten*, Big Data in den Sozial-, Verhaltens- und Wirtschaftswissenschaften, 13.

[90] *Blattner*, HDM 2013, Heft 5, 7 (9); *Fiege*, Social Media Balanced Scorecard, 68; *Rat für Sozial- und Wirtschaftsdaten*, Big Data in den Sozial-, Verhaltens- und Wirtschaftswissenschaften, 73.

[91] So auch *Gerbracht*, in: Bär/Borcherding/Keller (Hrsg.), Fundraising im Non-Profit-Sektor, 297 (303); eingehender zur Auswahl der Schlagworte *Evertz*, Analysiere das Web!, 77 ff.

2.4 Prozess des Web-Monitorings

ausgeschlossen werden können.[92] Wird ein Datum als relevant klassifiziert, wird es persistent gespeichert. Hingegen wird der Speicherplatz von irrelevanten Daten im Arbeitsspeicher in der Regel frei gegeben und durch neue zu filternde Inhalte überschrieben. Eine persistente Speicherung dieser Daten findet folglich gewöhnlich nicht statt.[93]

Neben der Filterung der Daten mithilfe von Schlagworten existiert zudem die Möglichkeit, Machine Learning Algorithmen aus dem Bereich des Natural Language Processings einzusetzen.[94] Hierfür ist insbesondere BERT (Bidirectional Encoder Representations from Transformers) geeignet.[95] Bei BERT handelt es sich um ein Modell, das in der Lage ist, mehrdeutige Sprache in Texten inhaltlich zu verstehen, indem der sich aus den umliegenden Worten ergebende Kontext berücksichtigt wird.[96] Dies ermöglicht, verglichen mit der Nutzung von Schlagworten, eine zuverlässigere Relevanzfilterung. Grund hierfür ist die Polysemie vieler Worte. So kann beispielsweise das Wort „Brücke" sowohl einen Verkehrsweg als auch einen Zahnersatz, eine Gymnastikübung, einen kleinen Teppich oder einen Teil des Gehirns bezeichnen.[97] Welche Bedeutung das Wort im jeweiligen Einzelfall hat, lässt sich dabei nur dem Kontext entnehmen. Während dieser im Rahmen von BERT einbezogen wird, bleibt er bei einer Schlagwortfilterung unberücksichtigt. Bei letzterer kann es daher – abhängig von den verwendeten Schlagworten – vermehrt dazu kommen, dass Daten als relevant klassifiziert werden, die tatsächlich aber keinen Bezug zum Monitoring-Objekt aufweisen. Machine Learning Algorithmen wie BERT können für das Monitoring folglich einen großen Mehrwert bieten, erfordern aber einen deutlich höheren Rechenaufwand, weswegen schlagwortbasierte Verfahren noch immer häufig eingesetzt werden.

2.4.2.2 Datenakquise über Schnittstellen

Zur Beschaffung von Daten für das Monitoring kommt neben dem Crawling auch die Verwendung von öffentlich zugänglichen Web-Schnittstellen in Betracht, die durch die Entwickler oder Anbieter einer Webseite bereitgestellt werden.[98] Diese sind unter anderem bei den gängigen sozialen Netzwerken in Form einer API (Web Application Programming Interface) zu finden.

Bei einer API handelt es sich um eine Schnittstelle, die es Anwendungen unter anderem ermöglicht, die Dienste und Funktionen von anderen Anwendungen oder Softwareprogrammen zu nutzen.[99] Hierdurch können Anwendungen beispielsweise miteinander kommunizieren, Daten austauschen, Inhalte abrufen oder Informationen aus fremden Quellen integrieren.[100] Mittels eines entsprechenden http-request über eine API an eine Webseite ist es daher auch möglich,

---

[92] *Fiege*, Social Media Balanced Scorecard, 68.
[93] Zu eine Ausnahme hiervon kann es aber etwa im Rahmen von Forschungstätigkeiten kommen.
[94] Näher zu weiteren Möglichkeiten der Relevanzfilterung *Petz*, Opinion Mining im Web 2.0, 172 ff.
[95] Vgl. *Blomeier/Schmidt/Resch*, Information 2024, Beitragsnr. 149, 1; *Mukhtiar* et al., arXiv 2023, Beitragsnr. 2301.00320, 1.
[96] Initial hierzu *Devlin* et al., in: Burstein/Doran/Solorio (Hrsg.), NAACL-HLT 2019, 4171 (4171 ff.); siehe auch *Campesato*, Natural Language Processing Fundamentals for Developers, 256 f.; *Paaß/Giesselbach*, Foundation Models for Natural Language Processing, 20 f.; *Liu/Lin/Sun*, Representation Learning for Natural Language Processing, 11 f.
[97] Vgl. für den englischen Begriff „bank" *Paaß/Giesselbach*, Foundation Models for Natural Language Processing, 20 f.
[98] *Rat für Sozial- und Wirtschaftsdaten*, Big Data in den Sozial-, Verhaltens- und Wirtschaftswissenschaften, 9 ff.; *Petz*, Opinion Mining im Web 2.0, 170; vgl. *Blomeier/Schmidt/Resch*, Information 2024, Beitragsnr. 149, 1.
[99] *Saigh*, The international dictionary of data communications, 9 f.; *Vaccari* et al., Application programming interfaces in governments: why, what and how, 19.
[100] Vgl. *Saigh*, The international dictionary of data communications, 9 f.; *Vaccari* et al., Application programming interfaces in governments: why, what and how, 19.

die dort verfügbaren öffentlichen Daten strukturiert[101] oder semistrukturiert[102] abzurufen.[103] Inwieweit das im Einzelfall tatsächlich möglich ist, hängt von der konkreten Ausgestaltung der jeweiligen API ab. So kann der Zugang zu den Daten über eine API technisch sowohl nahezu vollumfänglich gewährt als auch besonders eingeschränkt ausgestaltet sein.[104] Hinzu kommt, dass die Nutzung einer API meist eine Registrierung und/oder Zustimmung zu Nutzungsbedingungen voraussetzt, wodurch sowohl die Möglichkeiten des Gebrauchs der API als auch die Verwendung der über sie erlangten Daten vertraglich begrenzt oder an Geldzahlungen geknüpft sein kann.[105] Obwohl die Nutzung einer API für gewöhnlich mit einem deutlich geringeren Programmieraufwand verbunden ist, kommt sie daher aus technischen oder finanziellen Gründen nicht immer für die Beschaffung von Daten in Betracht.[106]

Wurden Daten für das Monitoring mithilfe einer API akquiriert, sind sie in Bezug auf ihre Relevanz für das Monitoring-Objekt zu filtern. Zwar können im Rahmen eines http-request an eine API grundsätzlich verschiedene Parameter und Kriterien festgelegt werden, um zu steuern, welche Daten ausgegeben werden. Jedoch können nur diejenigen Spezifikationen umgesetzt werden, die von den Entwicklern der API vorgesehen wurden. Es handelt sich mithin bei einer API nicht um eine universelle Lösung, um gezielt beliebige Daten abzurufen. Eine Steuerung der Datenausgabe ist vielmehr nur in engen Grenzen möglich. Es bedarf daher stets der Relevanzfilterung. Diese erfolgt bei der Datenbeschaffung über eine API ebenso wie beim Crawling, insoweit wird auf die diesbezüglichen Ausführungen verwiesen.[107] Zu berücksichtigen ist allerdings, dass die Filterung im Unterschied zum Crawling in der Regel nicht im Arbeitsspeicher vorgenommen werden kann. Dies resultiert aus dem Umstand, dass über eine API häufig so umfangreiche Datenmengen ausgegeben werden, dass diese entweder nicht effizient im Arbeitsspeicher verarbeitet werden können oder die gängigen Rechenkapazitäten eines Arbeitsspeichers überschritten werden. Ist die ausgegebene Datenmenge dagegen gering, kann die Relevanzklassifizierung auch bei einer Datengewinnung mittels API im Arbeitsspeicher erfolgen.

2.4.2.3 Output der Datenakquise

Als Ergebnis der Datenakquise liegen häufig unstrukturierte[108] oder semistrukturierte Rohdaten vor. Damit diese in Bezug auf ihren Inhalt im Rahmen des nachfolgenden Schritts der

---

[101] Unter strukturierten Daten sind Daten zu verstehen, für die eine bestimmte Anordnung oder Struktur in semantischen Einheiten vorgegeben ist. Innerhalb dieser Einheiten liegen immer die gleichen Attribute im gleichen Format vor. Ein Beispiel hierfür sind Datenbanken, bei denen die Daten einem festen Schema genügen müssen. Zum Begriffsverständnis strukturierter Daten siehe *Lay*, Entwurf eines Objektmodells für semistrukturierte Daten im Kontext von XML Content Management Systemen, 7.
[102] Semistrukturierte Daten sind ebenso wie strukturierte Daten in semantische Einheiten gegliedert, innerhalb dieser Einheiten treten allerdings unterschiedliche Attribute auf. Als Beispiel hierfür sind E-Mails zu nennen. Diese sind zwar in einer vorgegebenen Struktur gegliedert, der Inhalt der Eingabefelder unterscheidet sich aber von Fall zu Fall. Näher zu semistrukturierten Daten siehe *Lay*, Entwurf eines Objektmodells für semistrukturierte Daten im Kontext von XML Content Management Systemen, 7 f.
[103] *Petz*, Opinion Mining im Web 2.0, 170; *Rat für Sozial- und Wirtschaftsdaten*, Big Data in den Sozial-, Verhaltens- und Wirtschaftswissenschaften, 9.
[104] *Rat für Sozial- und Wirtschaftsdaten*, Big Data in den Sozial-, Verhaltens- und Wirtschaftswissenschaften, 9; *Halvani* et al., in: Steinebach et al. (Hrsg.), Desinformation aufdecken und bekämpfen, 101 (115); vgl. *Havas/Resch*, Natural Hazards 2021, Volume 108, 2939 (2942).
[105] *Halvani* et al., in: Steinebach et al. (Hrsg.), Desinformation aufdecken und bekämpfen, 101 (115); *Rat für Sozial- und Wirtschaftsdaten*, Big Data in den Sozial-, Verhaltens- und Wirtschaftswissenschaften, 9.
[106] *Halvani* et al., in: Steinebach et al. (Hrsg.), Desinformation aufdecken und bekämpfen, 101 (115).
[107] Zur Datenakquise mithilfe von Crawling siehe Kap. 2.4.2.1.
[108] Bei unstrukturierten Daten handelt es sich um Daten, die anders als (semi-)strukturierte Daten sowohl in Bezug auf ihre Struktur als auch in Bezug auf ihre Art nicht vorhersehbar sind und keinem konkreten Schema zugeordnet werden können. Beispiele hierfür sind Musik, Bilder oder Freitexte. Siehe *Lay*, Entwurf eines Objektmodells für semistrukturierte Daten im Kontext von XML Content Management Systemen, 7 ff.

2.4 Prozess des Web-Monitorings

Datenauswertung analysiert werden können, müssen sie aufbereitet werden.[109] Hierfür werden die aus dem Web entnommenen Textinhalte auf ein einheitliches Datenformat gebracht (Datennormalisierung),[110] einzelne Wörter identifiziert (Tokenization),[111] die Sprache erkannt,[112] die Worte auf ihre Grundform reduziert (Stemming),[113] Mehrwortgruppen identifiziert[114] und informationsleere Wörter eliminiert (Verwerfung von Stoppwörtern)[115].[116]

2.4.3 Datenauswertung

An die Datenakquise schließt sich im Monitoring-Prozess der Schritt der Auswertung der beschafften Daten an. Mithilfe welcher konkreten Verfahren diese letztlich vorgenommen wird, hängt stark vom individuellen Einzelfall ab.[117] Grundsätzlich stehen in der Praxis eine Vielzahl von Auswertungsmethoden zur Verfügung, die sich allerdings hinsichtlich ihrer Herangehensweise, den verwendeten Techniken und den Zielen, die sie erreichen sollen, deutlich unterscheiden.[118] Bei der Auswahl der geeigneten Methoden für ein Monitoring müssen daher verschiedene Faktoren, insbesondere Objekt und Ziel des Monitorings, berücksichtigt werden.[119]

Im Rahmen der Datenakquise wird meist eine besonders große, vielfältige und durch die Kontinuität des Monitorings stetig wachsende Datenmenge, häufig als Big Data[120] bezeichnet, gewonnen. Die Verarbeitung solcher Datenmengen ist mit herkömmlichen Datenverarbeitungstechniken in der Regel nicht realisierbar. Daher finden für das Monitoring vermehrt Verfahren wie Data-, Text-, und Web-Mining Anwendung.[121]

Data-Mining bezeichnet die Erfassung, Bereinigung, Analyse und Gewinnung nützlicher Erkenntnisse aus Datenbeständen.[122] Dies erfolgt mittels Analysemethoden zur Erkennung von Beziehungsmustern, durch welche nicht triviale, versteckte Strukturen und Zusammenhänge automatisch erkannt werden können.[123] Die Methode wurde ursprünglich für die Verarbeitung

---

[109] *Erlhofer*, Suchmaschinen-Optimierung, 294; *Blattner*, HDM 2013, Heft 5, 7 (9); *König/Gügi*, HDM 2014, 424 (426).

[110] Eingehender hierzu *Erlhofer*, Suchmaschinen-Optimierung, 295 f.

[111] Eingehender hierzu *Petz*, Opinion Mining im Web 2.0, 178 ff.; *Erlhofer*, Suchmaschinen-Optimierung, 297 ff.

[112] Eingehender hierzu *Petz*, Opinion Mining im Web 2.0, 191 ff.; *Erlhofer*, Suchmaschinen-Optimierung, 299 ff.

[113] Eingehender hierzu *Petz*, Opinion Mining im Web 2.0, 198 ff.; *Erlhofer*, Suchmaschinen-Optimierung, 304 ff.

[114] Eingehender hierzu *Erlhofer*, Suchmaschinen-Optimierung, 308.

[115] Eingehender hierzu *Petz*, Opinion Mining im Web 2.0, 210 ff.; *Erlhofer*, Suchmaschinen-Optimierung, 309 ff.

[116] *Blattner*, HDM 2013, Heft 5, 7 (9 f.); vgl. auch *Erlhofer*, Suchmaschinen-Optimierung, 295; *Koch*, Suchmaschinen-Optimierung, 30 ff.

[117] Vgl. *Plum*, in: Brauckmann (Hrsg.), Web-Monitoring, 21 (23 f. und 34 ff.).

[118] *Plum*, in: Brauckmann (Hrsg.), Web-Monitoring, 21 (23 f.); *Fan/Gordon*, Communications of the ACM 2014, Heft 6, 74 (77); *Furman*, in: Bilić/Primorac/Valtýsson (Hrsg.), Technologies of labour and the politics of contradiction, 77 (81 ff.).

[119] So gibt es beispielsweise Trend-, Issue-, Autoren-, Inhalts-, Influencer-, Buzz-, sowie Sedimentanalysen, näher hierzu *Plum*, in: Brauckmann (Hrsg.), Web-Monitoring, 21 (34 f.); *Blattner*, HDM 2013, Heft 5, 7 (10).

[120] Zum Begriff *Plattner*, Big Data; *Adrian*, Teradata Magazine 2011, Heft 1, 2 (3); *Desoi*, Big Data und allgemein zugängliche Daten im Krisenmanagement, 13 ff.; eingehender *Fasel/Meier*, in: Fasel/Meier (Hrsg.), Big Data, 3 (3 ff.).

[121] *Plum*, in: Brauckmann (Hrsg.), Web-Monitoring, 21 (24); *Blattner*, HDM 2013, Heft 5, 7 (8); vgl. auch *Furman*, in: Bilić/Primorac/Valtýsson (Hrsg.), Technologies of labour and the politics of contradiction, 77 (84 f.); *Fan/Gordon*, Communications of the ACM 2014, Heft 6, 74 (76 f.); *Ahlemeyer-Stubbe*, in: Ceyp/Scupin (Hrsg.), Erfolgreiches Social Media Marketing, 189 (192).

[122] *Aggarwal*, Data mining, 1; *Heuberger-Götsch*, in: Fasel/Meier (Hrsg.), Big Data, 83 (86); *Müller*, in: Fasel/Meier (Hrsg.), Big Data, 139 (142); *Bitkom*, Big-Data-Technologien, 62.

[123] *Cleve/Lämmel*, Data Mining, 42; *o.A.*, HDM 2009, Heft 4, 111 (111); *Runkler*, Data Mining, 2; *Gorunescu*, Data mining, 4.

strukturierter Daten entwickelt. Auf unstrukturierte Daten, wie sie zumeist im Web zu finden sind, können sie daher nur begrenzt Anwendung finden.[124]

Beim Text-Mining handelt es sich um eine Methode, um aus natürlichsprachlichen Texten, also unstrukturierten Daten, Muster und Zusammenhänge zu erkennen und neue Erkenntnisse zu gewinnen. Hierfür wird der Text mittels geeigneter Software in seine einzelnen Bestandteile zerlegt und anhand vorgegebener oder dynamisch trainierter Regeln im Hinblick auf seine Syntax und Semantik untersucht.[125]

Das Web-Mining wird als eine Unterart des Text-Mining verstanden.[126] Im Unterschied zum Text-Mining werden beim Web-Mining jedoch vornehmlich semistrukturierte Daten verarbeitet.[127] Zentraler Ausgangspunkt ist dabei, wie der Begriff bereits vermuten lässt, das Web. So werden Data-Mining-Techniken eingesetzt, um den Inhalt, die Struktur oder die Nutzung von Webseiten zu analysieren.[128] Ziel ist dabei das Extrahieren nützlicher Informationen aus den Inhalten von Webseiten, dem Nutzungsverhalten oder der Web-Struktur.[129] Dementsprechend sind drei verschiedene Bereiche des Web-Mining zu unterscheiden: Content-Mining, Structure-Mining und Usage-Mining.[130] Beim Content-Mining werden Webseiteninhalte mit dem Ziel untersucht, nützliche Informationen zu gewinnen. Beim Structure-Mining erfolgt eine Typisierung[131] von Webdokumenten auf Basis der Struktur von Hyperlinks. Dagegen bezeichnet Usage-Mining den Vorgang, bei dem das Verhalten von Web-Nutzern analysiert und versucht wird, Muster in Nutzungsstatistiken von Webseiten zu erkennen. Für das Monitoring ist folglich hauptsächlich das Web-Mining in seiner Ausprägung als Content-Mining von Relevanz.

Zusätzlich zu den bereits genannten Arten des Mining ist außerdem das Opinion-Mining, auch unter dem Begriff der Sentimentanalyse bekannt, zu berücksichtigen.[132] Das Opinion-Mining ist ebenfalls als Teilgebiet des Text-Mining zu verstehen und hat in der Regel zum Ziel, die Meinung, Einschätzung oder Stimmungslage einer bestimmten Personengruppe zu ermitteln. Zu diesem Zweck werden im Rahmen des Opinion-Mining Texte analysiert und die darin enthaltenen Meinungen und Stimmungen identifiziert und klassifiziert, beispielsweise als positiv oder negativ.[133]

Das Monitoring umfasst in der Regel eine Kombination verschiedener Methoden.[134] Welche im Einzelfall zur Anwendung kommen, hängt regelmäßig vom Monitoring-Objekt, den zugrundeliegenden Quellen sowie dem mit dem Monitoring verfolgten Ziel ab. So muss die

---

[124] *Witte/Mülle*, Text Mining, 42; *Klass*, Wirtschaftsinformatik & Management 2019, 267 (268); *Cleve/Lämmel*, Data Mining, 43; *Stoffel*, HDM 2009, Heft 4, 6 (9).

[125] *Klass*, Wirtschaftsinformatik & Management 2019, 267 (267 f.); *o.A.*, HDM 2009, Heft 4, 111 (111); *Witte/Mülle*, Text Mining, 43.

[126] *Mehler/Wolff*, Zeitschrift für Computerlinguistik und Sprachtechnologie 2005, Heft 1, 1 (5); *o.A.*, HDM 2009, Heft 4, 111 (111); *Xu/Zhang/Li*, Web mining and social networking, 5 f.

[127] *Cleve/Lämmel*, Data Mining, 43.

[128] *Berendt/Hotho/Stumme*, in: Horrocks/Hendler (Hrsg.), The Semantic Web, 264 (265 f.).

[129] *Xu/Zhang/Li*, Web mining and social networking, 6; *Petz*, Opinion Mining im Web 2.0, 25.

[130] Diese sowie die weiteren Ausführungen in Bezug auf die Arten des Web Mining basieren auf *Petz*, Opinion Mining im Web 2.0, 26; *Stoffel*, HDM 2009, Heft 4, 6 (9); *Mehler/Wolff*, Zeitschrift für Computerlinguistik und Sprachtechnologie 2005, Heft 1, 1 (7 f.); *Berendt/Hotho/Stumme*, in: Horrocks/Hendler (Hrsg.), The Semantic Web, 264 (267 f.).

[131] Beispielsweise kann mithilfe von Structure-Mining der PageRank eines Suchergebnisses berechnet oder inhaltlich ähnliche oder verwandte Seiten aufgefunden werden, hierzu *Stoffel*, HDM 2009, Heft 4, 6 (11).

[132] *Petz*, Opinion Mining im Web 2.0, 22; *o.A.*, HDM 2009, Heft 4, 111 (111).

[133] *Vaidya*, Scholars Journal of Engineering and Technology 2015, 71 (72 ff.); *Petz*, Opinion Mining im Web 2.0, 22; *o.A.*, HDM 2009, Heft 4, 111 (111); vgl. *Hahn* et al., Twitter-Dash, 4.

[134] *Fan/Gordon*, Communications of the ACM 2014, Heft 6, 74 (77); *Furman*, in: Bilić/Primorac/Valtýsson (Hrsg.), Technologies of labour and the politics of contradiction, 77 (81 ff.).

Datenanalyse im Rahmen eines Monitorings zur Verbesserung der Kundenkommunikation anders gestaltet werden als im Rahmen eines Monitorings zur Ermittlung der Meinungen von Personen zu einem Produkt.

2.4.4 Ergebnispräsentation

Im Anschluss an die Analyse der Datenbestände müssen die gewonnenen Erkenntnisse für den Anwender nachvollziehbar, übersichtlich und verständlich präsentiert werden.[135] Üblich hierfür sind Dashboards oder Cockpits, welche dem Nutzer die ausgewerteten Informationen in einem leicht verständlichen Format präsentieren.[136] Häufig werden aber auch Darstellungsformen wie Grafiken, Diagramme und Tabellen genutzt.[137] Denkbar ist zudem, dass eine Alarmfunktion integriert wird, sodass ein Nutzer beispielsweise darüber informiert wird, wenn die Häufigkeit der Nennung eines seiner Produkte den Durchschnittswert übersteigt.[138]

An dieser Stelle sei angemerkt, dass bei der Interpretation der Ergebnisse berücksichtigt werden sollte, dass die Art und Weise der Präsentation Einfluss nehmen kann. Die Größe eines Bildschirms, die Verwendung bestimmter Farben sowie die Anordnung der Elemente im Dashboard beeinflussen potenziell, wie dargebotene Informationen aufgefasst und interpretiert werden.[139] Denkbar ist somit auch eine Manipulation oder zumindest das Hinleiten eines Nutzers zu einer bestimmten Wahrnehmung. Dies kann sowohl positiv sein, wenn die Nutzer hierdurch die wichtigsten Fakten schnellstmöglich aufnehmen können, allerdings kann dies auch negative Effekte mit sich bringen, wenn komplexe Informationen zu vereinfacht dargestellt und dadurch missverstanden werden. Mangels Relevanz für den Untersuchungsgegenstand dieser Dissertation wird auf eine eingehendere Analyse dieses möglichen Problembereichs allerdings verzichtet.[140]

2.5 Abgrenzung zu anderen Verfahren

Neben dem Monitoring existieren weitere Instrumente, die zur Erschließung des Web eingesetzt werden können. Im Folgenden werden diese vorgestellt und die bestehenden Unterschiede zum Monitoring aufgezeigt.

2.5.1 Web-Suchmaschinen

Eine Web-Suchmaschine (fortan Suchmaschine) ist ein System, das Inhalte aus dem Internet erfasst und es über eine Schnittstelle, welche die Eingabe eines Suchauftrags durch einen

---

[135] *Süess,* Evaluation von Web Monitoring Tools zur softwaregestützten Informationsbeschaffung am Beispiel ausgewählter Open Source Web Monitoring Tools, 19; *Stiller,* Social media monitoring, 43; vgl. *Blattner,* HDM 2013, Heft 5, 7 (10); *Plum,* in: Brauckmann (Hrsg.), Web-Monitoring, 21 (25 f.).

[136] *Blattner,* HDM 2013, Heft 5, 7 (10); *Kasper* et al., Marktstudie Social Media Monitoring Tools, 27 f.; *Süess,* Evaluation von Web Monitoring Tools zur softwaregestützten Informationsbeschaffung am Beispiel ausgewählter Open Source Web Monitoring Tools, 19; *Stiller,* Social media monitoring, 43 f.; vgl. *Aßmann/Röbbeln,* Social Media für Unternehmen, 305; *Plum,* in: Brauckmann (Hrsg.), Web-Monitoring, 21 (25); näher zur Ausgestaltung eines Dashboards siehe *Sen,* Social Media Monitoring für Unternehmen, 165 ff.

[137] *Fan/Gordon,* Communications of the ACM 2014, Heft 6, 74 (77); *Furman,* in: Bilić/Primorac/Valtýsson (Hrsg.), Technologies of labour and the politics of contradiction, 77 (86); *König/Gügi,* HDM 2014, 424 (425); *Stiller,* Social media monitoring, 44.

[138] Vgl. *Plum,* in: Brauckmann (Hrsg.), Web-Monitoring, 21 (26); *Furman,* in: Bilić/Primorac/Valtýsson (Hrsg.), Technologies of labour and the politics of contradiction, 77 (86); *König/Gügi,* HDM 2014, 424 (425).

[139] *Furman,* in: Bilić/Primorac/Valtýsson (Hrsg.), Technologies of labour and the politics of contradiction, 77 (88).

[140] Verwiesen sei an dieser Stelle auf das sogenannte „Nudging". Darunter wird eine Methode verstanden, welche Individuen durch einen äußeren Reiz (allerdings ohne Ge- oder Verbote sowie ohne Änderung der ökonomischen Rahmenbedingungen) in ihrem Handeln beeinflussen soll. Dem Individuum bleiben dabei aber stets jegliche Handlungsalternativen offen, sodass es sich nach wie vor frei entscheiden kann. Denkbar ist, dass beispielsweise ein Nutzer eines Monitorings durch die Art und Weise der Präsentation der Ergebnisse auf einem Dashboard unterbewusst beeinflusst wird. Dies sollte bei der Gestaltung oder der Auswahl eines Systems berücksichtigt werden; näher hierzu *Thaler/Sunstein,* Nudge, Teil 1 ff.

menschlichen Nutzer ermöglicht, durchsuchbar macht. Dabei werden die Ergebnisse nach einer systemseitig angenommenen Relevanz geordnet und entsprechend ausgegeben.[141]

Damit eine Suchmaschine ihre Aufgabe erfüllen kann, müssen zunächst Inhalte aus dem Internet möglichst umfassend erfasst werden. Dies kann über verschiedene Mechanismen erfolgen, geschieht jedoch wie auch beim Monitoring meist über einen Crawler.[142] Dieser lädt Webseiten oder Teile deren Inhalts herunter, speichert sie in einer lokalen Datenbank und untersucht die vorgefundenen Datensätze auf weitere Links, welche ihn zur nächsten Webseite führen.[143] Die so gesammelten Daten werden normalisiert, in indexierbare Einheiten (in Form von Worten oder Wortstämmen), zerlegt und deren Vorkommen innerhalb eines Inhalts verzeichnet. Hierdurch entsteht ein sogenannter invertierter Index, welcher für jede indexierte Einheit die Inhalte auflistet, in denen sie vorkommt.[144] Sucht ein Nutzer mithilfe einer Suchmaschine nach einem Wort, wird diese Suchanfrage in eine für die Datenbank verständliche Form übersetzt und mit dem Index abgeglichen. Der Nutzer erhält im Ergebnis die sich hieraus ergebende Trefferliste.[145] Die Suchergebnisse werden bei den gängigen Suchmaschinen zudem noch nach deren voraussichtlicher Relevanz für die Suchanfrage gerankt.[146]

Das Vorgehen einer Suchmaschine ist der des Monitorings damit zwar ähnlich, allerdings unterscheidet sich die Herangehensweise grundlegend. Eine Suchmaschine crawlt als Grundprozess Webseiten ungezielt und dauerhaft und speichert die Ergebnisse schließlich in einem invertierten Index. Wird ein Suchauftrag gestartet, wird dieser lediglich mit den indexierten Ergebnissen des vorangegangenen Grundprozesses abgeglichen und als Ergebnis die relevantesten Ergebnisse ausgegeben. Das Monitoring hingegen ist von Anfang an auf ein spezifisches Monitoring-Objekt sowie auf spezifische Quellen beschränkt, die zu Beginn festgelegt wurden. Erst nachdem die Zieldefinition erfolgt ist, startet beim Monitoring die Datenakquise.

Hiermit geht eine unterschiedliche Schnelligkeit der beiden Instrumente einher. Da der Grundprozess der Indexierung einer Suchmaschine dauerhaft abläuft, erhält der Nutzer der Suchmaschine innerhalb weniger Sekundenbruchteile das Suchergebnis zu einem Suchauftrag. Beim Monitoring liegen die Ergebnisse nicht in dieser Geschwindigkeit vor, da die Datenakquise erst nach der Konfiguration des konkreten Monitoring-Systems startet.[147]

Weiterhin besitzen Monitoring-Systeme, da sie entsprechend des jeweiligen Ziels des Monitorings konfiguriert werden, in der Regel einen höheren Grad an Individualisierbarkeit. Dieser ist bei vielen Suchmaschinen zwar auch, aber in der Regel nicht in diesem Detailgrad gegeben. Insbesondere kann bei Suchmaschinen nicht eingesehen werden, wie die Suchergebnisse zustande kommen, weswegen Suchanfragen nicht entsprechend angepasst werden können.

Darüber hinaus befriedigen Suchmaschinen und Monitoring-Tools grundsätzlich unterschiedliche Informationsbedürfnisse. Während das Monitoring meist eher strategische Bereiche wie das Reputationsmanagement von Unternehmen, Resonanzanalysen oder Marktforschung betrifft, dienen Suchmaschinen eher der Befriedigung von operativen und sehr individuellen

---

[141] *Fahrig*, Suchmaschinen, 35; *Lewandowski*, in: Kuhlen/Semar/Strauch (Hrsg.), Grundlagen der praktischen Information und Dokumentation, 495 (495); *Hartl*, Suchmaschinen, Algorithmen und Meinungsmacht, 6.

[142] *Fahrig*, Suchmaschinen, 58; *Hartl*, Suchmaschinen, Algorithmen und Meinungsmacht, 10; *Lewandowski*, in: Kuhlen/Semar/Strauch (Hrsg.), Grundlagen der praktischen Information und Dokumentation, 495 (498 f.).

[143] *Stoffel*, HDM 2009, Heft 4, 6 (15); *Fahrig*, Suchmaschinen, 58; *Hartl*, Suchmaschinen, Algorithmen und Meinungsmacht, 10.

[144] *Lewandowski*, in: Kuhlen/Semar/Strauch (Hrsg.), Grundlagen der praktischen Information und Dokumentation, 495 (501); *Hartl*, Suchmaschinen, Algorithmen und Meinungsmacht, 12; *Fahrig*, Suchmaschinen, 63 m.w.N.

[145] *Lewandowski*, in: Kuhlen/Semar/Strauch (Hrsg.), Grundlagen der praktischen Information und Dokumentation, 495 (501); *Hartl*, Suchmaschinen, Algorithmen und Meinungsmacht, 14.

[146] Näher hierzu siehe *Hartl*, Suchmaschinen, Algorithmen und Meinungsmacht, 14 ff.

[147] *Höchstötter/Lewandowski*, in: Höchstötter (Hrsg.), Social Media und Websitemonitoring, 23 (43).

2.5 Abgrenzung zu anderen Verfahren

Bedürfnissen.[148] So werden Suchmaschinen meist zur Navigation zu bestimmten Webseiten, zur Suche nach Produkten oder dazu verwendet, sich näher zu einem Thema zu informieren. Bei letzterem geht es im Unterschied zum Monitoring allerdings nicht um die Gewinnung umfassender und tiefgehender strategischer Einblicke, sondern um eine allgemeine Information oder ein besseres Verständnis zu einem Themenbereich.[149]

2.5.2 Web-Analytics

Web-Analytics bezeichnet die Sammlung, Analyse, Auswertung und Bewertung quantitativer Daten des Nutzungsverhaltens im Web.[150] Synonym verwendet werde oftmals die Begriffe Web-Analyse, Traffic-Analyse, Web-Controlling, Web-Tracking und Clickstream-Analyse.[151]

Mithilfe von Web-Analytics wird typischerweise untersucht, wer welche Webseite aufruft, woher aus dem Web die Nutzer kommen, welche Bereiche einer Webseite sie aufsuchen sowie wie lange und wie oft welche Kategorien von Webseiten angeschaut werden.[152] Dies ist sowohl in Bezug auf eine einzelne Webseite als auch über verschiedene Webseiten hinweg möglich (sogenanntes Cross-Domain-Tracking).[153] Ziel hierbei ist die Nutzung eines Web-Angebots besser zu verstehen und Webseiten sowie das Marketing zu optimieren.[154] Web-Analytics wird vielfach aber auch zur Reichweitenanalyse und zur Individualisierung von Werbung genutzt.[155]

Für die technische Umsetzung von Web-Analytics existieren zahlreiche Methoden und Verfahren.[156] Welche davon angewandt werden ist letztlich davon abhängig, welches konkrete Ziel verfolgt wird. Eine mögliche Variante stellen sogenannte LogFile-Analysen dar. Logfiles sind kleine vom Server erstellte Dateien, meist Textdateien, die Anfragen (http-requests) von Clients automatisch dokumentieren.[157] Stellt ein Nutzer über einen Browser beispielsweise einen http-request zum Aufrufen einer Webseite und erhält vom Server die entsprechende http-response, wird dies vom Server protokolliert. Solchen Protokollen können zum Beispiel die IP-Adresse des Nutzers, Zeitpunkt, Datum und Zeitzone der Anfrage, Name und Art des Clients sowie die angefragten Dateien entnommen werden.[158] Hierdurch wird ein Abbild dessen geschaffen, wie, wann und durch wen eine Webseite verwendet wird. Auf dieser Basis können dann Maßnahmen

---

[148] *Höchstötter/Lewandowski*, in: Höchstötter (Hrsg.), Social Media und Websitemonitoring, 23 (33 ff.); *Aßmann/Pleil*, in: Zerfaß/Piwinger (Hrsg.), Handbuch Unternehmenskommunikation, 585 (587).

[149] *Quirmbach*, Suchmaschinen, 1 f.; *Höchstötter/Lewandowski*, in: Höchstötter (Hrsg.), Social Media und Websitemonitoring, 23 (32 ff.); *Lewandowski*, Suchmaschinen verstehen, 13 f.

[150] *Blattner/Meier*, HDM 2013, Heft 5, 112 (112); *Hassler*, Web Analytics, 28; *Karg*, in: Jandt/Steidle (Hrsg.), Datenschutz im Internet, 274 (274 Rn. 134); *Zumstein*, HDM 2013, Heft 5, 4 (4).

[151] *Reese*, Web Analytics – damit aus Traffic Umsatz wird, 16; *Zumstein*, HDM 2013, Heft 5, 4 (4); vgl. *Evertz*, Analysiere das Web!, 21 ff.

[152] *Jandt*, in: Jandt/Steidle (Hrsg.), Datenschutz im Internet, 65 (76 Rn. 34); *Evertz*, Analysiere das Web!, 27.

[153] *Schneider/Enzmann/Stopczynski*, Web-Tracking-Report 2014, 7; *Jandt*, in: Jandt/Steidle (Hrsg.), Datenschutz im Internet, 65 (76 Rn. 34).

[154] *Zumstein/Meier*, in: Schumann et al. (Hrsg.), Multikonferenz Wirtschaftsinformatik 2010, 299 (299); *Schulz*, Usability in digitalen Kooperationsnetzwerken Nutzertests und Logfile-Analyse als kombinierte Methode, 13.

[155] *Jandt*, in: Jandt/Steidle (Hrsg.), Datenschutz im Internet, 65 (77 Rn. 35); *Meier/Zumstein*, Web Analytics & Web Controlling, Kapitel 4.

[156] Beispielhaft zu nennen sind hier Analysen mittels Page-Tags, Beacons und Logfiles; vgl. *Schneider/Enzmann/Stopczynski*, Web-Tracking-Report 2014, 39 ff.; *Zumstein/Meier*, in: Schumann et al. (Hrsg.), Multikonferenz Wirtschaftsinformatik 2010, 299 (302); *Ammicht Quinn* et al., White Paper Tracking, 11 ff.; *Reese*, Web Analytics – damit aus Traffic Umsatz wird, 197 ff.

[157] *Schwickert/Wendt*, Web Site Monitoring, 8 f.; *Reese*, Web Analytics – damit aus Traffic Umsatz wird, 198; *Hansen/Neumann*, Arbeitsbuch Wirtschaftsinformatik, 316.

[158] *Zumstein/Meier*, in: Schumann et al. (Hrsg.), Multikonferenz Wirtschaftsinformatik 2010, 299 (302); *Schulz*, Usability in digitalen Kooperationsnetzwerken Nutzertests und Logfile-Analyse als kombinierte Methode, 15; *Reese*, Web Analytics – damit aus Traffic Umsatz wird, 200; *Schwickert/Wendt*, Web Site Monitoring, 9.

zur Verbesserung der Webseiten-Struktur und der Benutzerfreundlichkeit vorgenommen werden.
Die Unterschiedlichkeit von Web-Analytics und dem Monitoring liegt damit klar auf der Hand. Der Fokus von Web-Analytics liegt auf der Interaktion der Web-Nutzer mit den angebotenen Webseiten, wohingegen das Monitoring die Inhaltsebene in Form von öffentlich verfügbaren Inhalten betrifft. Zudem unterscheiden sich die Wege der Informationsgewinnung. Während das Monitoring vorwiegend über Crawling oder eine API läuft, sind für die Umsetzung von Web-Analytics andersartige Verfahren wie beispielsweise das der Logfile-Analyse notwendig. Darüber hinaus ist beim Web-Analytics sowohl die Menge als auch die Vielfalt und Komplexität der Daten wesentlich geringer als beim Monitoring. So werden im Rahmen vom Web-Analytics vorwiegend strukturierte Daten verarbeitet, beim Monitoring meist unstrukturierte Daten. Damit einhergehend ist auch, dass die Entwicklung und Implementierung von Web-Analytics in der Regel einfacher ist als beim Monitoring. Dafür sind allerdings auch die Anwendungsbereiche von Web-Analytics begrenzter.[159]

2.5.3 Web-Scraping

Web Scraping (fortan Scraping), auch Screen-Scraping, Web-Data-Scraping, Web-Harvesting oder Web-Extraction genannt,[160] bezeichnet aus technischer Sicht einen Prozess, bei dem über http oder mithilfe eines Crawlers Inhalte von einer Webseite entnommen und so aufbereitet werden, dass sie für eine spätere Analyse verwendet werden können.[161]

Das Scraping beschreibt mithin den Prozess, wie er beim Monitoring im Rahmen des Schritts der Datenakquise abläuft.[162] Es ist damit nicht als ein eigenständiges, vom Monitoring abgrenzbares Instrument zu verstehen, sondern als ein Prozess, der im Monitoring bereits enthalten ist. Dennoch wird das Scraping in der nichttechnischen Literatur teilweise als Synonym für das Monitoring, wie es in der vorliegenden Dissertation herausgearbeitet wurde,[163] gebraucht.[164] Unter anderem wird der Begriff sogar so weit vereinfacht verwendet, dass seine eigentliche Bedeutung verloren geht.[165]

2.6 Anwendungsfelder

Das Monitoring ist – wie den vorangegangenen Ausführungen entnehmbar – flexibel gestaltbar und kann daher individuell an den jeweilig angestrebten Informationsmehrwert angepasst werden. Die Anwendungsfelder sind dementsprechend vielfältig und entziehen sich einer abschließenden Aufzählung. Im Weiteren wird daher lediglich ein exemplarischer Überblick über die Möglichkeiten der monitoringgestützten Verarbeitung öffentlicher Daten gegeben. Dabei wird zwischen den möglichen Anwendungsfeldern für öffentliche und nichtöffentliche Stellen

---

[159] *Zumstein*, HDM 2013, Heft 5, 4 (4 f.); *Evertz*, Analysiere das Web!, 23.
[160] *Zhao*, in: Schintler/McNeely (Hrsg.), Encyclopedia of Big Data, 951 (951); *Sirisuriya*, in: General Sir John Kotelawala Defence University (Hrsg.), Proceedings of 8th International Research Conference, 135 (135); *von Schönfeld*, Screen Scraping und Informationsfreiheit, 25.
[161] *Zhao*, in: Schintler/McNeely (Hrsg.), Encyclopedia of Big Data, 951 (951); *Khder*, International Journal of Advances in Soft Computing and its Applications 2021, Heft 3, 144 (147 ff.); *Sirisuriya*, in: General Sir John Kotelawala Defence University (Hrsg.), Proceedings of 8th International Research Conference, 135 (135); *O'Reilly*, Loyola Consumer Law Review 2007, 273 (277).
[162] Eingehend zur Datenakquise siehe Kap. 2.4.2.
[163] Zur Definition des Monitorings siehe Kap. 2.2.
[164] Vgl. *von Schönfeld*, Screen Scraping und Informationsfreiheit, 58; Rat für Sozial- und Wirtschaftsdaten, Big Data in den Sozial-, Verhaltens- und Wirtschaftswissenschaften, 13.
[165] Vgl. *Elteste*, CR 2015, 447 (447); *Boegershausen* et al., Journal of Marketing 2022, Heft 5, 1 (1); *Kianfar*, in: Taeger (Hrsg.), Big Data & Co, 821 (823).

differenziert. Vor diesem Hintergrund wird zudem dargelegt, welche Grenzen bei einem Einsatz von Monitoring zu berücksichtigen sind.

2.6.1 Öffentliche Stellen

Obgleich das Monitoring auf den ersten Blick ein Instrument zur Umsatz- und Gewinnmaximierung von Unternehmen zu sein scheint, existieren ebenfalls zahlreiche Anwendungsfelder für den öffentlichen Sektor. Insbesondere eröffnet die monitoringgestützte Auswertung öffentlicher Daten neue Möglichkeiten der Aufgabenerfüllung. Dies ist bereits von vielen öffentlichen Stellen erkannt worden, welche die Möglichkeit des Einsatzes von Monitoring entweder prüfen oder es bereits einsetzen.

Die deutsche Bundeswehr erforscht seit einigen Jahren Verfahren, welche auf der Basis von öffentlich zugänglichen Informationen die Meinungs- und Stimmungslagen der Bevölkerung ermitteln und so die Entstehung von Krisen vorhersehen sollen. Das Ziel besteht insbesondere darin, bevorstehende Unruhen, Revolten oder Anschläge zu erkennen, um dann die diesbezüglichen Handlungsalternativen frühzeitig abwägen und die Lage einer bestimmten Region besser einschätzen und managen zu können.[166]

Das Bundeskriminalamt, das Bundesamt für Verfassungsschutz und der Militärische Abschirmdienst verwenden bereits seit 2012 die Kooperationsplattform „Koordinierte Internetauswertung Rechtsextremismus" (KIA-R). Etwas später kamen die „Koordinierte Internetauswertung Linksextremismus" (KIA-L) sowie die „Koordinierte Internetauswertung Ausländerextremismus" (KIA-A) hinzu.[167] Dafür werden im Rahmen von Monitoring mehrere hundert relevante Webpräsenzen, Profile und Kanäle der einschlägigen Szenen, sowohl in sozialen Netzwerken als auch bei Kurznachrichtendiensten und auf Videoplattformen, erfasst und ausgewertet. Die Verarbeitung erfolgt dabei sowohl anlassbezogen als auch anlassunabhängig und verfolgt den Zweck, Sachverhalte und Ereignisse mit extremistischen Bezügen zu ermitteln. Werden hierbei strafrechtlich oder gefährdungsrelevante Handlungen aufgedeckt, erstattet das Bundeskriminalamt Anzeige.[168]

Die Finanzverwaltung und der Zoll verwenden schon seit einigen Jahren den sogenannten Xpider. Dabei handelt es sich um ein lernfähiges Instrument, welches Verkaufsplattformen als solche identifiziert und durchsucht, Querverbindungen zwischen An- und Verkäufern herstellt und diese Informationen mit Handelsregistern und anderen Datenbanken abgleicht. Hierfür wurden bereits 2008 etwa 100.000 Webseiten täglich auf steuerlich relevante unternehmerische Aktivitäten geprüft. Ziel des Xpider ist zum einen, Steuersünder zu entlarven und neue Steuerquellen zu erschließen, zum anderen die Herstellung von Wettbewerbsgerechtigkeit. So soll unterbunden werden, dass Unternehmen, die keine Steuern zahlen, ihre Waren und Dienstleistungen kostengünstiger anbieten können als steuerzahlende Unternehmen. Darüber hinaus werden dem Bundesamt für Verbraucherschutz und Lebensmittelsicherheit die über Lebensmittelhändler gewonnenen Informationen zur Verfügung gestellt, um dieses bei der Ausübung seiner Aufsichtspflicht zu unterstützen.[169]

---

[166] Diese Forschungsarbeiten erfolgen im Rahmen der Forschungs- und Technologiestudie „IT-Unterstützung Krisenfrüherkennung" des Bundesministeriums der Verteidigung (vgl. BT-Drs. 19/3459); zur medialen Berichterstattung siehe *Monroy,* Blick in die Glaskugel: Bundeswehr will politische Ereignisse vorhersehen; *Urban,* Der berechnete Krieg; ähnliche Bestrebungen hat zudem das Auswärtige Amt, siehe *Wissenschaftlicher Dienst des deutschen Bundestages,* Az. WD 2 - 3000 - 070/20, 11 ff.

[167] *Bundeskriminalamt,* Koordinierte Internetauswertung (KIA).

[168] BT-Drs. 19/3552.

[169] *BZSt,* Umsatzsteuer-Betrugsbekämpfung; BT-Drs. 16/7978.

Im Jahr 2013 zog die Bundesagentur für Arbeit die Überwachung von Onlineaktivitäten zur Untersuchung der Leistungsberechtigung von Arbeitslosengeldempfängern in Betracht.[170] Dass ein solches Monitoring inzwischen tatsächlich zum Einsatz kommt, ist allerdings nicht bekannt. Fest steht lediglich, dass 2014 eine Ausschreibung für ein Instrument zur automatisierten Identifikation und Analyse von Diskussionen und Kommentaren, die inhaltlich die Bundesagentur für Arbeit betreffen, vorgenommen wurde. Gemäß dieser Ausschreibung sollten auf diesem Weg Kundenbedürfnisse und Optimierungspotenziale aufgedeckt sowie die Kundenzufriedenheit und Außenwahrnehmung der Bundesagentur für Arbeit verbessert werden.[171]

Das Bundesamt für Bevölkerungsschutz und Katastrophenhilfe sieht im Monitoring einen großen potenziellen Mehrwert. Dieser bezieht sich nach Ansicht des Bundesamts insbesondere auf die Früherkennung einer Lage, die Gewinnung lagerelevanter Informationen, die Unterstützung bei der Lageerhebung sowie die Erstellung eines öffentlichen Stimmungsbilds. Vor allem bei Schadensgebieten, die aufgrund von Infrastrukturschäden nur schwer zugänglich sind und in Lagen, in denen mit vielen Spontanhelfern zu rechnen ist, wird die Beobachtung sozialer Medien als sinnvolles Instrument erachtet. Durch dieses sollen Einsatzkräfte frühzeitig informiert sowie die Überschaubarkeit von Hilfsgesuchen und -angeboten gewährleistet werden.[172]

Darüber hinaus eröffnet Monitoring öffentlichen Stellen allgemein die Möglichkeit, die Bürger stärker am politischen Geschehen partizipieren zu lassen. So kann beispielsweise eine öffentliche Stelle, die ein konkretes Vorhaben realisieren möchte, die diesbezüglichen Reaktionen der Gesellschaft mithilfe von Monitoring ermitteln und ergründen. Auf diesem Weg können Informationen über die Bedeutung eines Themas für die Bürger gewonnen und Multiplikatoren sowie zentrale Kritikpunkte identifiziert werden. Dies ermöglicht es, frühzeitig Handlungsoptionen abzuwägen und zu ergreifen. Hierfür kommt es sowohl in Betracht, berechtigte Kritik anzunehmen und umzusetzen als auch Kompromisslösungen zu erarbeiten, mit den Bürgern in den Dialog zu treten oder bei Verständnisproblemen gezielte Informationskampagnen zu starten und so eine breitere Akzeptanz zu schaffen.[173]

Weiterhin bietet sich für öffentliche Stellen das Monitoring von Stakeholdern an. Hierbei wird eine zuvor festgelegte Interessen- oder Personengruppe mithilfe von Monitoring im Web beobachtet. Im Rahmen dessen können Aktivitätsmuster erstellt, bestehende Forderungen gelistet sowie relevante Themen identifiziert werden. Öffentlichen Stellen erhalten somit die Möglichkeit, eine bestehende Interessenlage zu ermitteln, diese besser nachzuvollziehen und ihre Handlungen passgenauer vorzunehmen.[174]

Die angeführten Beispiele veranschaulichen die mannigfaltigen Möglichkeiten, die sich öffentlichen Stellen beim Einsatz von Monitoring bieten. Das Spektrum möglicher Anwendungsbereiche ist breit gefächert und reicht von der Vorhersage militärischer Gefahrenlagen über die die Bekämpfung von Extremismus bis hin zur Verbesserung der Bürgerpartizipation. Aufgrund der stetigen Weiterentwicklungen und der damit einhergehenden zunehmenden Zuverlässigkeit der Technologien ist davon auszugehen, dass das Monitoring im öffentlichen Sektor weiter an Bedeutung gewinnen wird. Ein rückläufiger Trend oder gar eine ablehnende Haltung öffentlicher Stellen ist dabei weder zu erkennen noch zu erwarten.

---

[170] *AFP*, Arbeitsagentur will Hartz-IV-Empfänger im Netz überwachen.
[171] BT-PlPr. 18/78, S. 7466.
[172] *BBK*, Social Media im BBK, 5; *BBK*, Rahmenempfehlungen für den Einsatz von Social Media im Bevölkerungsschutz, 45 ff.; vgl. auch *Reuter/Kaufhold*, in: Reuter (Hrsg.), Sicherheitskritische Mensch-Computer-Interaktion, 409 (418 f.).
[173] Vgl. *Martini*, VerwArch 2016, 307 (318 f.); *Brauckmann*, in: Brauckmann (Hrsg.), Web-Monitoring, 47 (59).
[174] *Brauckmann*, in: Brauckmann (Hrsg.), Web-Monitoring, 47 (59).

2.6 Anwendungsfelder

2.6.2 Nichtöffentliche Stellen

Unternehmen haben bereits vor einigen Jahren erkannt, welchen Mehrwert ein Monitoring bieten kann. Unlängst hat es Einzug in zahlreiche Unternehmensbereiche gefunden und gewinnt seither weiter an Bedeutung.[175] Eine tragende Rolle nimmt das Monitoring insbesondere im Bereich des Reputations- und Krisenmanagements ein. Beiträge, Videos und Kommentare auf relevanten Plattformen, Webseiten und Foren können mithilfe von Monitoring daraufhin analysiert werden, welche Worte oder Werturteile am häufigsten mit einem Unternehmen, einer Marke oder einem Produkt in Verbindung gebracht werden. Hierdurch wird die Erstellung eines durchschnittlichen Stimmungsbilds möglich. Besondere Problematiken oder Abweichungen können dann frühzeitig identifiziert und lokalisiert werden. Somit wird es einem Unternehmen möglich, in nahezu Echtzeit über das aktuelle Geschehen informiert zu sein, erforderlichenfalls passende Maßnahmen einzuleiten oder kommunikative Prävention zu betreiben, wenn sich ein Konflikt anbahnt. Der Eskalation eines Konflikts kann dadurch vorgebeugt und die Reputation erhalten oder sogar verbessert werden.[176]

Des Weiteren kann das Monitoring zum Zweck der Wettbewerbsbeobachtung zum Einsatz kommen. So erlaubt beispielsweise eine monitoringgestützte Analyse von Mitbewerbern die Ermittlung relevanter Informationen zu Konkurrenten, Konkurrenzprodukten oder wissenschaftlichen Trends. Zudem kann ein Unternehmen mithilfe von Monitoring evaluieren, welche Marktposition es im Verhältnis zu den Mitbewerbern – beispielsweise in Bezug auf Preise, Kommunikationsanteile, Interaktionen in sozialen Medien oder die im Internet erhaltenen Bewertungen – einnimmt. Darüber hinaus kann Monitoring den Unternehmen als Instrument dienen, um frühzeitig über neue Mitbewerber und Patente informiert zu sein sowie einen Überblick über aktuelle Marktentwicklungen zu gewinnen.[177]

Die Anwendungsmöglichkeiten des Monitorings erstrecken sich auch auf den Bereich Markt- und Meinungsforschung. In diesem Kontext kann es beispielsweise eingesetzt werden, um die online stattfindende Kommunikation potenzieller Kunden zu analysieren, damit auf dieser Basis dann Konzepte und Strategien für den Lebenszyklus eines Produkts oder einer Dienstleistung entwickelt werden können.[178] Des Weiteren erlaubt die monitoringgestützte Auswertung einschlägiger Internetkommunikation den Unternehmen, die Bedürfnisse der Zielgruppe zu ermitteln sowie die Marktlage zu analysieren. Dadurch können neue Trends frühzeitig antizipiert und Erkenntnisse zum Nutzungserlebnis oder dem Meinungsbild der Kunden gewonnen werden. Dies ermöglicht den Unternehmen eine flexible Adaption von Angeboten und Dienstleistungen an die Gegebenheiten des Marktes und dadurch einen Vorteil im Wettbewerb.[179]

Darüber hinaus kann das Monitoring im Personalwesen zum Einsatz kommen. Mithilfe monitoringgestützter Sentimentanalysen lässt sich beispielsweise auswerten, wie ein Unternehmen

---

[175] Vgl. für eine nicht abschließende Übersicht der Einsatzfelder von Monitoring im Unternehmen *Bundesverband Digitale Wirtschaft*, Social Media Monitoring in der Praxis, 15.

[176] Näher zum Reputationsmanagement *Fuhrmann/Wewezow*, in: Brauckmann (Hrsg.), Web-Monitoring, 363 (363 ff.); *Stiller*, Social media monitoring, 36 ff.; *Aßmann/Pleil*, in: Zerfaß/Piwinger (Hrsg.), Handbuch Unternehmenskommunikation, 585 (593); *Gentsch/Zahn*, in: Brauckmann (Hrsg.), Web-Monitoring, 97 (106 ff.); *Bundesverband Digitale Wirtschaft*, Social Media Monitoring in der Praxis, 26 f.

[177] Näher zur Wettbewerbsbeobachtung *Gentsch/Zahn*, in: Brauckmann (Hrsg.), Web-Monitoring, 97 (110 f.); *Fiege*, Social Media Balanced Scorecard, 72; *Aßmann/Röbbeln*, Social Media für Unternehmen, 313; *Bundesverband Digitale Wirtschaft*, Social Media Monitoring in der Praxis, 18 ff.

[178] Vgl. *Fan/Gordon*, Communications of the ACM 2014, Heft 6, 74 (79 f.).

[179] Näher zur Marktforschung siehe *Gentsch/Zahn*, in: Brauckmann (Hrsg.), Web-Monitoring, 97 (112 f.); *Evertz*, Analysiere das Web!, 183; *Bundesverband Digitale Wirtschaft*, Social Media Monitoring in der Praxis, 34 f.

als Arbeitgeber wahrgenommen wird.[180] Auf Basis der dabei gewonnenen Erkenntnisse lässt sich ableiten, welche Angebote und Konditionen beibehalten oder neu geschaffen werden müssen, um weiterhin oder zukünftig als attraktiver Arbeitgeber zu gelten. Zudem können im Fall akuter negativer Kritik unmittelbar Kampagnen initiiert oder anderweitige Maßnahmen ergriffen werden, um die Wertschätzung der Arbeitnehmer und der potenziellen Bewerber wiederherzustellen.

Die Liste der potenziellen Anwendungsfelder des Monitorings ist aufgrund der gegebenen Flexibilität und der damit einhergehenden Möglichkeit, das Monitoring in unterschiedlichsten Bereichen zur Anwendung zu bringen, nahezu unbegrenzt erweiterbar. Die dargelegten Beispiele machen dabei deutlich, dass der potenzielle Mehrwert für nichtöffentliche Stellen enorm ist. Daher ist anzunehmen, dass das Monitoring zukünftig intensiver genutzt wird und zudem weitere Nutzungsmöglichkeiten erschlossen werden. Insgesamt ist damit auch in Bezug auf nichtöffentliche Stellen nicht erkennbar, dass die Relevanz des Monitorings abnehmen wird. Vielmehr ist davon auszugehen, dass es sich in vielen Bereich als Instrument fest etablieren wird.

2.6.3 Grenzen des Web-Monitorings

Das Monitoring kann sich in den verschiedensten Anwendungsbereichen als hilfreich oder sogar unverzichtbar erweisen. Dennoch darf nicht außer Acht gelassen werden, das dem Prozess des Monitorings nicht uneingeschränkt vertraut werden darf. Vielmehr zwingend zu berücksichtigen, dass dem Monitoring Grenzen immanent sind, die bei dessen Nutzung nicht unberücksichtigt bleiben dürfen.

Zuvorderst ist zu bedenken, dass online veröffentlichte Beiträge, Videos und Bilder nicht zwingend ein umfassendes Abbild der tatsächlichen Gegebenheiten darstellen. Wird ein Thema im Web stark diskutiert, während ein anderes wenig Aufmerksamkeit erfährt, erlaubt dies beispielsweise keinen unmittelbaren Rückschluss auf das tatsächliche Meinungsbild der Gesamtbevölkerung. Zum einen ist dies darauf zurückzuführen, dass nicht jeder das Internet zu Zwecken des Meinungsaustauschs nutzt. Zum anderen kommt es im Internet regelmäßig dazu, dass Themen oder Meinungen – beispielsweise durch Bots oder Personen, die immer wieder in großem Umfang die gleichen Themen bespielen – aufgebläht und so ursprünglich unkontroverse Themen künstlich in den Vordergrund gerückt werden. Hinzu kommt außerdem, dass das Monitoring ausschließlich die zuvor definierten Quellen berücksichtigt und dabei lediglich öffentlich zugängliche Daten umfasst. Darüber hinaus kommt es im Internet häufig zur Entstehung von Filterblasen oder der Verbreitung von Desinformationen, wodurch die tatsächliche Relevanz eines Themas oder einer Meinung zusätzlich verzerrt werden kann. Vor diesem Hintergrund kann nicht ausgeschlossen werden, dass im Rahmen eines Monitorings Informationen verarbeitet werden, die verzerrt, unrichtig oder überrepräsentiert sind.[181] Die Ergebnisse am Ende eines Monitoring-Prozesses sind daher stets auf Validität zu prüfen und dürfen nicht losgelöst von den genannten Aspekten betrachtet werden.[182]

Darüber hinaus besteht die Gefahr, dass nicht die nötige kritische Masse von Daten bezüglich des jeweiligen Monitoring-Objekts gewonnen werden kann. Gibt es beispielsweise entgegen den ursprünglichen Erwartungen zu wenige relevante Inhalte, kann es dazu kommen, dass die

---

[180] Näher zum Anwendungsbereich Personalwesen *Evertz*, Analysiere das Web!, 173 f.; *Bundesverband Digitale Wirtschaft*, Social Media Monitoring in der Praxis, 28.

[181] *Elgün/Karla*, Controlling & Management Review 2013, Heft 1, 50 (55); *Strehlitz*, Social Analytics – Möglichkeiten und Grenzen.

[182] *Steimel/Halemba/Dimitrova*, Praxisleitfaden Social Media Monitoring, 64; *Elgün/Karla*, Controlling & Management Review 2013, Heft 1, 50 (55).

2.6 Anwendungsfelder

Ergebnisse nicht die nötige statistische Signifikanz erreichen und daher keine hinreichende Aussagekraft aufweisen.[183]

Weiterhin ist einzubeziehen, dass die Auswertung der online gewonnenen Daten – insbesondere der natürlichsprachigen Texte – technisch herausfordernd ist und es daher zu Fehlinterpretationen kommen kann.[184] So können Web-Inhalte bislang nur begrenzt mithilfe von Technologie verstanden werden, sodass beispielsweise bei der Analyse einer Stimmungslage der Sarkasmus oder Ironie eines Textes nicht immer erkannt und richtig eingeordnet werden kann. Auch kann es dazu kommen, dass Begrifflichkeiten aus der Jugend- oder Umgangssprache im Rahmen eines Monitorings nicht ausgewertet werden können.

Trotz der dargelegten Restriktionen kann das Monitoring einen erheblichen Mehrwert für öffentliche wie nichtöffentliche Stellen bieten. Dabei ist es jedoch wichtig, die Ergebnisse nicht als Fakten hinzunehmen, sondern sie zu hinterfragen und mit gesundem Menschenverstand zu betrachten.[185] Werden wichtige Entscheidungen auf Basis der über ein Monitoring gewonnenen Informationen getroffen, sollten die aufgeführten Aspekte hinreichend bei der Entscheidungsfindung berücksichtigt werden.

---

[183] *Blattner*, HDM 2013, Heft 5, 7 (11).

[184] *Elgün/Karla*, Controlling & Management Review 2013, Heft 1, 50 (55); *Blattner*, HDM 2013, Heft 5, 7 (11).

[185] Ebenso *Steimel/Halemba/Dimitrova*, Praxisleitfaden Social Media Monitoring, 64; *Süess*, Evaluation von Web Monitoring Tools zur softwaregestützten Informationsbeschaffung am Beispiel ausgewählter Open Source Web Monitoring Tools, 27 f.

3 Umgang mit Privatsphäre im Internet

Die Verfügbarkeit öffentlicher Daten im Web ist die entscheidende Voraussetzung für den erfolgreichen Einsatz von Monitoring. Nur mit einer hinreichenden Menge Daten kann dieses einen Informationsmehrwert schaffen, der es etwa ermöglicht, neue Erkenntnisse zu gewinnen, Trends zu analysieren oder fundiertere Entscheidungen zu treffen.[186] Das Monitoring bedingt folglich, dass eine Vielzahl von Menschen Inhalte im Web öffentlich teilen. Der technische Grundstein für eine solche Öffentlichkeitskultur wurde durch die Entwicklung des Web zum Web 2.0 gelegt. Dieses ermöglichte nicht mehr nur wenigen, sondern sämtlichen Nutzern, aktiv an der Erstellung oder Gestaltung von Inhalten mitzuwirken.[187] Zusammen mit der Verbreitung des Internets in nahezu jeden Haushalt kam es schließlich dazu, dass immer mehr Menschen das Web nutzten, um einen nicht näher bestimmten Personenkreis an den eigenen Gedanken, Ansichten oder sogar dem gesamten eigenen Leben teilhaben zu lassen. Dieser Trend setzt sich bis heute fort. Auch wenn der damit einhergehende Verzicht auf Privatsphäre auf Unverständnis stoßen mag, hat sich so im Internet über die Zeit hinweg eine breite Kultur der Öffentlichkeit etabliert. Um diese und damit auch die zentrale Bedingung des Monitorings besser zu verstehen, wird nachfolgend unter Einbezug psychologischer Erkenntnisse dargelegt, wie sich Menschen in Bezug auf ihre Privatsphäre im Internet verhalten.

3.1 Privatsphäre in der Psychologie

Die Psychologie[188] versteht Privatsphäre als einen individuellen Zustand der Abgeschiedenheit und Intimität, der einer stetigen Regulierung von Zuviel und Zuwenig unterliegt, wobei sich zu jedem Zeitpunkt vier verschiedene Privatsphäredimensionen[189] unterscheiden lassen: physische, soziale, psychische und informationale Privatsphäre.[190] Privatsphäre wird also als Rückzug aus gesellschaftlichen Interaktionen betrachtet,[191] welcher nicht dauerhaft ist, sondern stetig der aktuell gegebenen Situation angepasst wird.[192]

Die physische Privatsphäre betrifft dabei die Kontrolle über die räumliche Zugänglichkeit.[193] Der Grad physischer Privatsphäre richtet sich daher danach, in welchem Maße eine Person die sie betreffenden territorialen Grenzen kontrollieren und somit entscheiden kann, wer in die Kommunikation einbezogen wird.[194] Bei einem Gefängnisinsassen etwa ist die physische Privatsphäre niedrig, da dieser in seiner territorialen Herrschaftsgewalt stark eingeschränkt ist.

Die soziale Privatsphäre bezieht sich dagegen auf die Möglichkeit einer Person, sich aus dem gesellschaftlichen Umgang zurückzuziehen und die Kommunikationspartner frei auszuwählen.[195] Ist eine Person in der Lage, die Interaktionen mit anderen zu kontrollieren und

---

[186] Zu den Anwendungsfeldern des Monitorings siehe Kap. 2.6.
[187] Eingehend zum Web 2.0 siehe Kap. 2.1.3.
[188] Zum Verständnis der Privatsphäre in den Rechtswissenschaften siehe *Gemini/Roßnagel*, JZ 2015, 703 (703 ff.).
[189] Näher zu den Privatsphäredimensionen siehe *Trepte*, in: Schmidt/Weichert (Hrsg.), Datenschutz, 59 (61 f.).
[190] *Trepte/Dienlin*, in: Porsch/Pieschl (Hrsg.), Neue Medien und deren Schatten, 53 (54 ff.) welche drei Definitionen der Privatsphäre zu einer Gesamtdefinition zusammenfügt; für die drei zugrunde gelegten Definitionen siehe: *Burgoon*, in: Burgoon (Hrsg.), Communication Year Book, 206 (207 ff.); *Altman*, The Environment and Social Behavior, 50; *Westin*, Privacy and Freedom, 33 ff.; zum allgemeinen Problem der Definition der Privatsphäre in der Psychologie siehe *Paine* et al., International Journal of Human-Computer Studies 2007, 526 (526 f.).
[191] Vgl. *Westin*, Privacy and Freedom, 33 ff.
[192] *Altman*, The Environment and Social Behavior, 50.
[193] *Burgoon*, in: Burgoon (Hrsg.), Communication Year Book, 206 (211).
[194] *Burgoon*, in: Burgoon (Hrsg.), Communication Year Book, 206 (215).
[195] *Burgoon*, in: Burgoon (Hrsg.), Communication Year Book, 206 (216).

© Der/die Autor(en), exklusiv lizenziert an Springer
Fachmedien Wiesbaden GmbH, ein Teil von Springer Nature 2025
C. Gilga, *Die Rechtmäßigkeit der Verarbeitung von öffentlichen Personenbezogenen Daten aus dem Internet*, DuD-Fachbeiträge, https://doi.org/10.1007/978-3-658-48663-1_3

3.1 Privatsphäre in der Psychologie

einzuschränken, ist die soziale Privatsphäre hoch.[196] Befindet sie sich jedoch zum Beispiel auf einem öffentlichen Empfang und hat die Verpflichtung, formale Gespräche zu führen, ist die soziale Privatsphäre niedrig.[197] Die soziale Privatsphäre umfasst jedoch nicht nur die Kontrolle über die tatsächliche Interaktion, sondern auch den sozialen Druck, der möglicherweise auf eine Person einwirkt. So mangelt es unter anderem auch an sozialer Privatsphäre, wenn nach einem Gottesdienst die Kollekte eingesammelt wird. In der Regel wird sich der Einzelne hier aufgrund der möglichen Beobachtung durch andere Besucher des Gottesdienstes zu einer Spende verpflichtet fühlen.[198] Die soziale Privatsphäre korreliert dabei mit der physischen Privatsphäre. So besteht bei maximaler physischer Privatsphäre, also kompletter Isolation, gleichfalls maximale soziale Privatsphäre, da soziale Interaktionen ausgeschlossen sind. Bei öffentlichen oder interaktionalen Veranstaltungen besitzt eine Person dagegen kaum oder gar keine Kontrolle darüber, wer sich ihr nähert und eine Konversation beginnt.[199]

Psychologische Privatsphäre bezeichnet den Grad, zu dem sich eine Person in einer Situation befindet, in der sie intime und private Informationen offenbaren möchte.[200] Je weniger eine Person bereit ist, Persönliches über sich preiszugeben, umso niedriger ist die psychologische Privatsphäre. Wird hingegen über Intimes und Geheimnisse berichtet, ist die psychologische Privatsphäre als hoch zu verstehen.[201] Sie richtet sich folglich danach, inwieweit eine Person zur Preisgabe privater Informationen bereit ist.

Anders als die psychologische Privatsphäre bezieht sich die informationale Privatsphäre nicht nur auf die Preisgabe von Informationen durch die betroffene Person selbst. Sie betrifft ebenso Informationen, die von Dritten über die betroffene Person gesammelt und verbreitet werden.[202] Ausschlaggebend für die Einstufung der informationalen Privatsphäre ist, ob der Einzelne eine Bedrohung seiner Privatsphäre wahrnimmt. Dabei ist insbesondere entscheidend, welche Kontrolle die Person über die anfängliche Freigabe sowie die anschließende Verbreitung und Nutzung der Informationen hat.[203] So liegt in sämtlichen Fällen, in denen Menschen, ohne dass sie hierüber bestimmen könnten, überwacht oder Informationen über sie protokolliert werden, eine geringe informationale Privatsphäre vor. Als Beispiel hierfür können Bewohner eines Altenheims angeführt werden. Für deren optimale Versorgung werden zahlreiche (Gesundheits-)Informationen gesammelt, ohne dass die Bewohner hierauf einen maßgeblichen Einfluss hätten.[204] Darüber hinaus ist für die informationale Privatsphäre relevant, welche Datenmengen sich in den Händen anderer befinden, welche Anzahl von Personen Zugriff auf diese Daten hat, welchen Inhalts die Daten sind und welche Beziehung die betroffene Person zu den Personen hat, die Zugang zu den sie betreffenden Informationen haben.[205]

Wie Menschen letztlich in Bezug auf ihre Privatsphäre interagieren, ist sowohl vom Kontext, in welchem sie sich bewegen, als auch von der individuellen Wahrnehmung der Dimensionen

---

[196] *Burgoon,* in: Burgoon (Hrsg.), Communication Year Book, 206 (221).
[197] *Trepte/Dienlin,* in: Porsch/Pieschl (Hrsg.), Neue Medien und deren Schatten, 53 (56).
[198] *Burgoon,* in: Burgoon (Hrsg.), Communication Year Book, 206 (223).
[199] *Burgoon,* in: Burgoon (Hrsg.), Communication Year Book, 206 (221).
[200] *Dienlin,* The psychology of privacy, 31; grundlegend hierzu *Burgoon,* in: Burgoon (Hrsg.), Communication Year Book, 206 (224).
[201] *Trepte/Dienlin,* in: Porsch/Pieschl (Hrsg.), Neue Medien und deren Schatten, 53 (55 f.); *Dienlin,* The psychology of privacy, 31.
[202] *Burgoon,* in: Burgoon (Hrsg.), Communication Year Book, 206 (229).
[203] *Burgoon,* in: Burgoon (Hrsg.), Communication Year Book, 206 (230).
[204] *Trepte/Dienlin,* in: Porsch/Pieschl (Hrsg.), Neue Medien und deren Schatten, 53 (56).
[205] *Burgoon,* in: Burgoon (Hrsg.), Communication Year Book, 206 (230 f.).

der Privatsphäre abhängig.[206] Kontext meint in diesem Zusammenhang die Situation, in der sich eine Person befindet. So unterscheidet sich das Verhalten einer Person, wenn sie sich im Kreise ihrer Familie befindet, von dem Verhalten bei einem Geschäftsessen oder in der Kirche. Im Rahmen dieses objektiven Kontexts entsteht die subjektive Privatsphärewahrnehmung einer Person. Diese lässt sich allerdings nicht zwingend logisch aus dem Privatsphärekontext ableiten. So kann die informationale Privatsphäre bei einem Gespräch unter vier Augen als groß empfunden werden, obwohl der Kommunikationspartner das Gespräch, ohne dies mitzuteilen, aufzeichnet und damit objektiv ein geringer informationaler Privatsphärekontext vorliegt. Im Internet ist eine solche Divergenz zwischen Privatsphärekontext und -wahrnehmung regelmäßig zu beobachten.[207] Um zu verstehen, wie Menschen im Internet und insbesondere in sozialen Netzwerken mit ihrer Privatsphäre umgehen, ist es daher erforderlich, die Privatsphärewahrnehmung einzubeziehen.

3.2 Besonderheiten der Privatsphäre im Internet

Die Struktur der digitalen Kommunikation im Web zeichnet sich vor allem durch Persistenz, Replizierbarkeit, Skalierbarkeit und Durchsuchbarkeit aus. Das bedeutet, dass Informationen im Internet automatisch erfasst und in der Regel langfristig vorgehalten werden, sie sich leicht vervielfältigen lassen, Veröffentlichtes für eine nicht erfassbare Anzahl von Personen verfügbar ist und Informationen, beispielsweise mittels Suchmaschinen, aufgefunden werden können.[208] Diese Eigenschaften unterscheiden sich deutlich von der herkömmlichen synchronen Kommunikation und beeinflussen den Privatsphärekontext erheblich.

Das Internet hat unmittelbaren Einfluss auf die informationale Privatsphäre; sie ist aufgrund der Struktur des Internets deutlich reduziert.[209] Vor allem in sozialen Netzwerken haben die Nutzer kaum die Möglichkeit, den Privatsphärekontext zu beeinflussen. Um den gewünschten Grad informationaler Privatsphäre zu erreichen, müssten sie daher ihr Verhalten anpassen. Diese Möglichkeit wird allerdings oftmals nicht wahrgenommen.[210] Kann nicht beeinflusst werden, wer die Daten online einsehen kann, ist die soziale Privatsphäre niedrig. Häufig erhalten die Nutzer jedoch die Option, über Privatsphäre-Einstellungen den Zugang zu ihren Informationen und damit ihre soziale Privatsphäre zu regulieren. In welchem Umfang dies Einfluss auf den Grad der sozialen Privatsphäre nimmt, hängt davon ab, welche Einstellungen konkret vorgenommen werden. Sind die Personen, denen die Informationen zugänglich werden, beispielsweise einzeln durch den Nutzer ausgewählt, ist die soziale Privatsphäre größer, als wenn ein Inhalt durch die gesamte Freundesliste eingesehen werden kann. Das Konstrukt der physischen Privatsphäre lässt sich im Unterschied zur psychischen Privatsphäre nur schwer auf das Internet übertragen und wird aufgrund seiner Schnittmengen zur sozialen und psychischen Privatsphäre hier nicht explizit berücksichtigt.

3.3 Privatsphäreverhalten im Internet

Insbesondere im Internet sind die Themen Privatsphäre und Datenschutz von großer Bedeutung. Dem sind sich die meisten Internetnutzer bewusst. So ist es nur 3% der Deutschen egal, was mit ihren Daten im Internet geschieht.[211] Hingegen haben 66% Angst, die Kontrolle über

---

[206] Die Ausführungen dieses Absatzes basieren auf *Trepte/Dienlin,* in: Porsch/Pieschl (Hrsg.), Neue Medien und deren Schatten, 53 (57 f.).
[207] Eingehend hierzu Kap. 3.3.
[208] *Boyd,* Taken Out of Context, 27.
[209] Die Ausführungen in diesem Absatz basieren, soweit nicht anders gekennzeichnet, auf *Trepte/Dienlin,* in: Porsch/Pieschl (Hrsg.), Neue Medien und deren Schatten, 53 (63 f.).
[210] Siehe *Wilson/Gosling/Graham,* Perspectives on Psychological Science 2012, 203 (212 f.) m.w.N.
[211] *Bitkom,* Datenschutz in der digitalen Welt, 2.

3.3 Privatsphäreverhalten im Internet

den Schutz ihrer Privatsphäre zu verlieren.[212] Weniger als 30% sind davon überzeugt, dass die von ihnen zugänglich gemachten Daten sicher sind.[213] Entsprechend achten über 60% der deutschen Internetnutzer laut eigener Aussagen darauf, welche Informationen sie über sich im Internet zur Verfügung stellen.[214] Diese Einstellung spiegelt sich jedoch nicht vollumfänglich in ihrem Verhalten wider. Auch wenn zwei Drittel der Deutschen angaben, die Datenschutzerklärung von Online-Diensten zu lesen, setzen sich nur 14% tatsächlich vollumfänglich mit den Bestimmungen auseinander, wohingegen 21% ausschließlich nach bestimmten Informationen suchen und 32% sie nur kurz überfliegen.[215] Über 20% der deutschen Internetnutzer beschäftigen sich sogar nie oder nur selten mit den Datenschutzbestimmungen.[216] Darüber hinaus konnte festgestellt werden, dass fast die Hälfte der Deutschen bei einem für sie besonders nutzenbringenden oder praktischen Online-Dienst eher bereit sind, ihre Daten zur Verfügung zu stellen.[217] Außerdem zeigt sich, dass 87% einen Online-Dienst nutzen, obwohl Misstrauen darüber bestand, ob die personenbezogenen Daten entsprechend den gesetzlichen Vorgaben gehandhabt werden.[218]

Ein ähnliches Bild lässt sich auch auf internationaler Ebene zeichnen. Laut einer repräsentativen Studie ist mit 56% die Mehrheit der Internetnutzer besorgt über ihre Privatsphäre.[219] Jedoch zeigt sich gleichfalls, dass knapp 20% dieser Menschen keine Vorkehrungen treffen, um bestehende Risiken zu minimieren und die Privatsphäre zu schützen.[220] Diese Erkenntnis wurde bereits durch eine weitere Studie bestätigt. In dieser wurde festgestellt, dass nur ein geringer Zusammenhang zwischen den Privatsphäre-Präferenzen der Nutzer und ihrem tatsächlichen Verhalten im Internet hergestellt werden kann.[221]

Dieses widersprüchliche Verhalten, das sich einerseits darin zeigt, dass Menschen ihre Privatsphäre allgemein als wichtig einstufen und sie andererseits im Alltag dennoch nachlässig mit ihr umgehen, wird als Privacy-Paradoxon bezeichnet.[222] In Bezug auf die Privatsphäre existieren weitere solcher Paradoxa. Beispielhaft zu nennen ist an dieser Stelle das sogenannte Risiko-Paradoxon.[223] Im Rahmen dessen wurde festgestellt, dass Internetnutzer trotz konkreter negativer Privatsphäre-Erfahrungen weiterhin persönliche Informationen teilen, anstatt eine bestehende Möglichkeit zur Verhinderung eines erneuten Vorfalls zu ergreifen und die Privatsphäre-Einstellungen entsprechend anzupassen.[224]

Offen ist jedoch, warum die Internetnutzer trotz grundsätzlich vorhandener Sensibilität für das Thema der Privatsphäre keine geeigneten Maßnahmen ergreifen, um selbige zu schützen. Eine mögliche Erklärung dieses Verhaltens bietet die Rational-Choice-Theorie.[225] Diese besagt, dass

---

[212] *Bitkom*, Datenschutz in der digitalen Welt, 3.
[213] *Deloitte*, Die Transparenzlücke, 9.
[214] *Deloitte*, Die Transparenzlücke, 9.
[215] *Bitkom*, Datenschutz in der digitalen Welt, 10.
[216] *Deloitte*, Die Generationenlücke, 9; *Bitkom*, Datenschutz in der digitalen Welt, 10.
[217] *Bitkom*, Datenschutz in der digitalen Welt, 4.
[218] *Bitkom*, Datenschutz in der digitalen Welt, 12.
[219] *Paine* et al., International Journal of Human-Computer Studies 2007, 526 (530).
[220] *Paine* et al., International Journal of Human-Computer Studies 2007, 526 (533).
[221] *Acquisti/Gross*, in: Danezis/Golle (Hrsg.), Privacy Enhancing Technologies, 36 (50 f.).
[222] Vgl. *Brown*, Studying the Internet Experience, HP Laboratories Technical Report 2001-49; *Athey/Catalini/Tucker*, The Digital Privacy Paradox, 17; *Smith/Dinev/Xu*, Management Information Systems Quarterly 2011, 989 (1000) m.w.N.
[223] *Trepte/Dienlin*, in: Porsch/Pieschl (Hrsg.), Neue Medien und deren Schatten, 53 (71).
[224] *Trepte/Dienlin/Reinecke*, in: Stark/Quiring/Jackob (Hrsg.), Von der Gutenberg-Galaxis zur Google-Galaxis, 225 (238).
[225] *Trepte/Dienlin*, in: Porsch/Pieschl (Hrsg.), Neue Medien und deren Schatten, 53 (68).

sämtliche menschliche Entscheidungen auf rationalen Überlegungen basieren. Demnach wählt ein Mensch in einer Entscheidungssituation zunächst aus allen ihm offenstehenden Entscheidungsvarianten diejenigen aus, welche tatsächlich realisierbar sind. Daraufhin entscheidet er anhand der für ihn bestehenden finanziellen, rechtlichen, sozialen, physischen und emotionalen Restriktionen, welche dieser Varianten für ihn die beste ist und setzt diese in die Tat um.[226] Es wird also davon ausgegangen, dass Menschen den Nutzen und die Kosten einer Handlung gegeneinander abwägen, bevor sie sich für ein bestimmtes Verhalten entscheiden. In Anlehnung an den Homo Oeconomicus wird in diesem Zusammenhang auch vom sogenannten Privacy-Calculus gesprochen.[227]

Wird dieses Konzept auf das Verhalten im Internet übertragen, lässt sich darauf schließen, dass Menschen ihre Informationen nur offenbaren, wenn sie sich im Gegenzug einen entsprechenden Nutzen erhoffen.[228] Als solcher kommt insbesondere die soziale Unterstützung, das Generieren von Sozialkapital, das Identitätsmanagement, die Möglichkeit zur Selbstdarstellung sowie die Beteiligung am sozialen Leben in Betracht.[229] Aufgrund der Strukturen von sogenannten Internetangeboten spielt im Internet insbesondere die soziale Unterstützung, also das Erleichtern des Aufrechterhaltens von Beziehungen und die Möglichkeit, eine breitere Aufmerksamkeit zu erzielen, eine zentrale Rolle.[230] Dementsprechend lässt sich vermuten, dass Menschen Informationen teilen, weil sie sich wünschen, zu einem bestimmten Personenkreis dazuzugehören und Angst haben, sich anderenfalls zu isolieren.[231]

An die Rational-Choice-Theorie schließt sich die sogenannte Impression-Management-Theorie an. Diese besagt, dass Menschen bewusst oder unbewusst versuchen, die Wahrnehmung, die andere von einer Person, einem Objekt oder einem Ereignis haben, zu beeinflussen.[232] Ist es einer Person nun bewusst oder unbewusst wichtig, sich eine gewisse öffentliche Reputation aufzubauen, bedarf es hierfür unfraglich der Offenbarung einiger persönlicher Informationen. Im Sinne der Rational-Choice-Theorie wird sich die Person dann trotz der Sorgen um ihre Privatsphäre für das Teilen von personenbezogenen Daten entscheiden, da die Möglichkeit zur Selbstdarstellung für sie schwerer wiegt als die möglichen Risiken für ihre Privatsphäre. Zu diesem Umstand kommt hinzu, dass insbesondere soziale Netzwerke strukturell so ausgerichtet sind, dass sie es dem Nutzer besonders leicht machen, Informationen zu teilen und sich selbst darzustellen.[233] Die Nutzer werden durch die Ausgestaltung sozialer Netzwerke geradezu dazu angeregt, persönliche Informationen mitzuteilen.

Eine weitere Erklärung für das Privacy-Paradoxon kann aus dem sogenannten Kontroll-Paradoxon abgeleitet werden.[234] Demnach geben Menschen mehr persönliche Informationen über sich preis, wenn sie Kontrolle darüber besitzen, wem die Daten zugänglich gemacht werden. Umgekehrt lässt sich beobachten, dass weniger Informationen mitgeteilt werden, wenn der

---

[226] Statt vieler *Jonge*, Rethinking Rational Choice Theory, 8.

[227] Vgl. *Karlsruher Institut für Technologie*, Privacy Paradox m.w.N.; *Lee/Kwon*, Expert Systems with Applications 2015, 2764 (2765) m.w.N.

[228] Vgl. *Ellison* et al., in: Trepte/Reinecke (Hrsg.), Privacy Online, 19 (24) wonach die Gewinnung von sogenanntem Sozialkapital nur unter Offenlegung eines gewissen Maßes an persönlichen Informationen möglich ist.

[229] *Trepte/Dienlin*, in: Porsch/Pieschl (Hrsg.), Neue Medien und deren Schatten, 53 (68); näher hierzu *Taddicken/Jers*, in: Trepte/Reinecke (Hrsg.), Privacy Online, 143 (149 ff.).

[230] *Trepte/Dienlin*, in: Porsch/Pieschl (Hrsg.), Neue Medien und deren Schatten, 53 (68).

[231] Siehe *Bahrke*, Über den öffentlichen Umgang mit privaten Daten am Beispiel Facebook, 51 m.w.N.

[232] Näher hierzu *Bazil*, Impression Management, 28 ff.

[233] *Bahrke*, Über den öffentlichen Umgang mit privaten Daten am Beispiel Facebook, 51.

[234] *Trepte/Dienlin*, in: Porsch/Pieschl (Hrsg.), Neue Medien und deren Schatten, 53 (71).

Rezipientenkreis der Informationen nicht beeinflusst werden kann.[235] Hieraus kann geschlossen werden, dass insbesondere Internetangebote, welche die Konfiguration von Privatsphäre-Einstellungen ermöglichen, ein Gefühl der Sicherheit beim Nutzer erzeugen. Dieses Sicherheitsgefühl entsteht jedoch unabhängig davon, ob der Nutzer sich mit den Konfigurationsmöglichkeiten auseinandersetzt und seine Privatsphäre tatsächlich aktiv schützt. So kann es dazu kommen, dass aufgrund eines trügerischen Sicherheitsgefühls vermehrt Informationen geteilt werden, obwohl diese faktisch keinem ausreichenden Schutz unterliegen.[236]

Ein ähnliches Resultat ergibt sich durch den sogenannten Context-Collapse. Dieser Begriff bezeichnet ein insbesondere in sozialen Netzwerken vorkommendes Phänomen, bei welchem eine Person einen Inhalt mit vielen Menschen teilt, jedoch nicht jeder dieser Menschen auf den Inhalt reagiert und die teilende Person dadurch das Bewusstsein darüber verliert, wem die Daten tatsächlich zugänglich sind. Die durch sie geteilten Inhalte werden in der Folge nicht mehr an den sozialen Kontext angepasst, in dem sie sich eigentlich befinden. Es kann also dazu kommen, dass von einer höheren (sozialen) Privatsphäre ausgegangen wird, als tatsächlich der Fall ist, und daher mehr Informationen preisgegeben werden.[237]

Allgemein hat sich zudem in Studien gezeigt, dass Menschen im Internet eine größere psychische Privatsphäre empfinden, als tatsächlich gegeben ist, und daher, sobald sie über einen digitalen Weg kommunizieren, mehr über sich preisgeben.[238]

Über die aufgeführten Theorien und Phänomene hinaus gibt es weitere, vom Internet unabhängige Einflüsse, welche sich auf das Privatsphäreverhalten im Internet auswirken können. Diesbezüglich hervorzuheben sind insbesondere kognitive Verzerrungen, sogenannte Bias, sowie die unterbewussten menschlichen Methoden trotz mangelnden Wissens sowie begrenzter Zeit Entscheidungen zu treffen, sogenannte Heuristiken. Da es sich bei diesen um allgemeine und für die Privatsphäre im Internet unspezifische Phänomene handelt, werden sie im Weiteren nicht näher erläutert.[239]

---

[235] *Brandimarte* et al., Privacy Concerns and Information Disclosure: An Illusion of Control Hypothesis.
[236] *Trepte/Dienlin,* in: Porsch/Pieschl (Hrsg.), Neue Medien und deren Schatten, 53 (72).
[237] *Trepte/Dienlin,* in: Porsch/Pieschl (Hrsg.), Neue Medien und deren Schatten, 53 (65); *Boyd,* Taken Out of Context, 26; näher zum Context Collapse *Wesch,* Explorations in Media Ecology 2009, 19 (22 ff.).
[238] *Qui* et al., CyberPsychology, Behavior and Social Networking 2012, 569 (571); *Joinson,* European Journal of Social Psychology 2001, 177 (178 ff.).
[239] Insoweit wird auf die weiterführende Literatur verwiesen. Siehe hierfür *Karlsruher Institut für Technologie,* Privacy Paradox; eingehender zu Heuristiken *Pfister/Jungermann/Fischer,* Die Psychologie der Entscheidung, 132 ff. m.w.N.

4 Öffentliche und nichtöffentliche Daten

Die im Internet weit verbreitete Öffentlichkeitskultur sowie das Privatsphäreverhalten der Internetnutzer stellen entscheidende Faktoren für die Entstehung großer Mengen von Daten dar, die grundsätzlich jedem ohne Einschränkungen zum Abruf im Web zur Verfügung stehen. Diese Daten, welche notwendige Voraussetzung für die Durchführung von Monitoring sind,[240] werden im allgemeinen Sprachgebrauch als öffentlich bezeichnet. Dieses grundsätzlich plausible umgangssprachliche Verständnis von Öffentlichkeit ist aus dogmatischen Gründen allerdings zwingend vom rechtlichen Begriff der Öffentlichkeit zu trennen, da dieser je nach Rechtsgebiet unterschiedliche Ausprägungen annehmen und voneinander abweichende Rechtsfolgen nach sich ziehen kann.[241] Vorgelagert der Untersuchung der Anforderungen an die Verarbeitung von öffentlichen personenbezogenen Daten ist daher zunächst zu ermitteln, welche rechtliche Bedeutung der Zustand der Öffentlichkeit im Datenschutzrecht grundsätzlich einnimmt. Hierzu muss eruiert werden, wie der Begriff der öffentlichen Daten rechtlich zu verstehen ist sowie in welchen typischen Praxiskonstellationen Daten im Web dementsprechend als öffentlich zu klassifizieren sind.

4.1 Begriff der öffentlichen Daten

Der Begriff der öffentlichen Daten ist derzeit weder im europäischen noch im nationalen Recht legaldefiniert. Zwar existieren einige Rechtsnormen, die allgemein auf einen Zustand der Öffentlichkeit abstellen, allerdings stets außerhalb eines datenschutzbezogenen Kontexts und ohne eine Definition vorzunehmen.[242] Eine Ausnahme bildet das Urheberrecht, jedoch lediglich insoweit es sich nicht nur auf den Begriff der Öffentlichkeit bezieht, sondern ihn auch definiert. Zwar scheint der Begriff der öffentlichen Wiedergabe, wie er sich aus § 15 Abs. 3 UrhG ergibt, auf den ersten Blick als Referenzpunkt für die Auslegung des Begriffs der öffentlichen Daten geeignet. Allerdings bezieht sich das Urheberrecht gem. § 2 Abs. 2 UrhG ausschließlich auf persönliche geistige Schöpfungen und besitzt damit eine vom Datenschutzrecht deutlich abweichende Schutzrichtung. Dementsprechend hat die Definition des § 15 Abs. 3 UrhG „Zur Öffentlichkeit gehört jeder, der nicht mit demjenigen, der das Werk verwertet, oder mit den anderen Personen, denen das Werk in unkörperlicher Form wahrnehmbar oder zugänglich gemacht wird, durch persönliche Beziehungen verbunden ist." im Hinblick auf die nähere Bestimmung des datenschutzrechtlichen Begriffs der öffentlichen Daten keinen nennenswerten Mehrwert. Im Weiteren wird zur Bestimmung des Begriffsverständnisses daher allein auf das Datenschutzrecht abgestellt.

4.1.1 Öffentliche Daten im Datenschutzrecht

Die DSGVO ist aufgrund ihres Verordnungscharakters und ihres umfassenden Anwendungsbereichs der derzeit bedeutendste Rechtsakt im europäischen Datenschutzrecht. Sie gilt gem. Art. 288 Abs. 2 AEUV sowohl allgemein als auch unmittelbar in jedem Mitgliedstaat und ist in allen Teilen verbindlich. Sie genießt außerdem Anwendungsvorrang[243] vor nationalem Recht. Mitgliedstaatliche datenschutzrechtliche Ausformungen dürfen im Anwendungsbereich der DSGVO daher ausschließlich im Rahmen von Öffnungsklauseln und Regelungsaufträgen der DSGVO geschaffen werden. In Deutschland stellt das BDSG eine solche nationale Ausformung dar. Diese betrifft die DSGVO allerdings nur in ihrem Teil 1 und 2, wohingegen Teil 3 die JI-

---

[240] Zur Funktionsweise des Monitorings siehe Kap. 2.4.
[241] Die Öffentlichkeit wird beispielsweise in den §§ 185-187 StGB als ein Kriterium für die Strafbarkeit und das Strafmaß herangezogen, bestimmt über § 12 Abs. 3a SÜG den zulässigen Umfang einer Sicherheitsüberprüfung mit und ist in § 12 UrhG zentrales Element eines Urheberrechts.
[242] Siehe beispielsweise § 201 StGB, § 3 BauGB, § 1 Abs. 1 UrhDaG.
[243] Eingehend zum Anwendungsvorrang in Kap. 5.1.

© Der/die Autor(en), exklusiv lizenziert an Springer
Fachmedien Wiesbaden GmbH, ein Teil von Springer Nature 2025
C. Gilga, *Die Rechtmäßigkeit der Verarbeitung von öffentlichen Personenbezogenen Daten aus dem Internet*, DuD-Fachbeiträge, https://doi.org/10.1007/978-3-658-48663-1_4

RL umsetzt und Teil 4 die Verarbeitung von personenbezogenen Daten regelt, die nicht in den Anwendungsbereich von DSGVO oder JI-RL fallen.

Die DSGVO adressiert die Öffentlichkeit von Daten lediglich in zwei Normen ausdrücklich, jedoch mit unterschiedlicher Regelungswirkung. Gem. Art. 9 Abs. 2 lit. e DSGVO gilt das Verbot der Verarbeitung besonderer Kategorien personenbezogener Daten nicht, wenn die betroffene Person die Daten offensichtlich öffentlich gemacht hat. Die Norm bezieht sich also auf die Rechtmäßigkeit einer Datenverarbeitung. Nach Art. 17 Abs. 2 DSGVO muss ein Verantwortlicher, der zur Löschung der durch ihn veröffentlichten Daten verpflichtet ist, Maßnahmen ergreifen, um andere Verantwortliche, die diese Daten verarbeiten, zu informieren, dass die betroffene Person die Löschung aller Links, Kopien oder Replikationen ihrer personenbezogenen Daten verlangt hat. Die Norm betrifft also die Umsetzung von Betroffenenrechten. Sowohl in Art. 9 Abs. 2 lit. e DSGVO als auch in Art. 17 Abs. 2 DSGVO wird der Zustand der Öffentlichkeit von Daten allerdings lediglich benannt, nicht aber näher bestimmt oder gar definiert.

Neben den beiden genannten Normen findet sich mit Art. 14 Abs. 2 lit. f DSGVO lediglich eine einzige weitere Regelung innerhalb der DSGVO, in der der Begriff der Öffentlichkeit von Belang ist. Diese verpflichtet einen Verantwortlichen, der personenbezogene Daten nicht bei der betroffenen Person erhebt, die betroffene Person darüber zu informieren, aus welcher Quelle die Daten stammen und gegebenenfalls, ob diese öffentlich zugänglich ist. Anders als Art. 9 Abs. 2 lit. e DSGVO und Art. 17 Abs. 2 DSGVO bezieht sich Art. 14 Abs. 2 lit. f DSGVO damit nicht auf Daten, sondern Datenquellen, hat jedoch mit den genannten Normen gemein, dass der Begriff der Öffentlichkeit nicht konkretisiert wird.

Ein vergleichbares Bild zeichnet sich auch auf nationaler Ebene. Im BDSG findet zwar der Begriff der öffentlichen Daten keine Erwähnung, jedoch wird im zweiten Teil des Gesetzes in § 42 Abs. 1 und Abs. 2 der Begriff der allgemein zugänglichen Daten verwendet. Demnach finden die Strafvorschriften des BDSG nur auf solche Daten Anwendung, die nicht allgemein zugänglich sind. Inhaltlich unterscheiden sich die Begriffe der allgemeinen Zugänglichkeit und der Öffentlichkeit – wenigstens im vorliegenden Kontext – nicht.[244] Zwar ist „allgemein zugänglich" eher räumlich-physisch konnotiert und bezieht sich daher mehr auf den Zugriff auf etwas durch eine Person, während „öffentlich" den Zustand von etwas beschreibt und somit eher sachbezogen ist. Demnach ist es faktisch durchaus möglich, dass etwas öffentlich, aber nicht allgemein zugänglich ist.[245] Normativ zeichnet sich jedoch ein anderes Bild. Eine Auslegung der allgemeinen Zugänglichkeit in einem solchen Sinne würde in Konsequenz zu einer Bedeutungsverschiebung und den Begriff damit ad absurdum führen.[246] Die allgemeine Zugänglichkeit muss begrifflich vielmehr funktional verstanden werden. Insofern ist nicht auf die individuellen Zugangsmöglichkeiten des Einzelnen abzustellen, sondern darauf, ob der Zugang aktiv für bestimmte Personen begrenzt wurde. Nur so kann gewährleistet werden, dass Normen, die wie etwa § 42 Abs. 1 und Abs. 2 BDSG an die allgemeine Zugänglichkeit anknüpfen, ihre intendierte Wirkung entfalten. Normativ impliziert die Eigenschaft der Öffentlichkeit von Daten folglich stets deren allgemeine Zugänglichkeit, während die Allgemeinzugänglichkeit der

---

[244] Wohl im Ergebnis übereinstimmend *Petri*, in: Simitis/Hornung/Spiecker gen. Döhmann (Hrsg.), DSR, Art. 9 DSGVO Rn. 57, welcher die Begriffe Synonym verwendet; *Kampert*, in: Sydow/Marsch (Hrsg.), DSGVO/BDSG, Art. 9 DSGVO Rn. 30, welcher zur Bestimmung der Öffentlichkeit auf die Zugänglichkeit abstellt; *Schulz*, in: Gola/Heckmann (Hrsg.), DSGVO/BDSG, Art. 9 DSGVO Rn. 33, welcher frei zugängliche Bereiche des Internets als öffentlich beschreibt.

[245] Beispielsweise sind Hauptverhandlungen in Strafsachen in der Regel öffentlich (eingehend hierzu *Gierhake*, JZ 2013, 1030), können aber – sofern keine Aufzeichnung oder Übertragung stattfindet – aufgrund begrenzter räumlicher Kapazitäten nicht als allgemein zugänglich bewertet werden.

[246] Beispielsweise wären dann sämtliche Daten, die im Internet ohne Begrenzung auf einen konkreten Personenkreis abrufbar sind, nicht als allgemein zugänglich zu klassifizieren, weil nicht jeder Mensch einen Zugang zum Internet hat.

Daten deren Öffentlichkeit bedingt. Die Begriffe „öffentlich" und „allgemein zugänglich" beschreiben rechtlich demnach ein und dieselbe Begebenheit, wobei lediglich unterschiedliche Perspektiven eingenommen werden. Einer Unterscheidung der Begriffe bedarf es im hier gegebenen Kontext daher nicht.[247]

Das BDSG präzisiert den Begriff „allgemein zugänglich", wie er in § 42 Abs. 1 und Abs. 2 BDSG verwendet wird, nicht. Weder wird er im Gesetz mit Kriterien konturiert noch eine Definition vorgenommen. Auch existieren keine weiteren Regelungen im BDSG, die allgemein zugängliche Daten zum Gegenstand hätten. Mit § 4 Abs. 1 BDSG findet sich lediglich eine Norm, die auf die Beobachtung „öffentlich zugänglicher Räume" mittels Videoüberwachung abstellt. Doch weder legt diese fest, wann ein Raum als öffentlich zugänglich gilt, noch ließe sich eine etwaige Begriffsbestimmung aufgrund des starken physisch-räumlichen Bezugs des § 4 Abs. 1 BDSG unmittelbar auf den Begriff der allgemein zugänglichen Daten übertragen. Nicht unerwähnt bleiben kann an dieser Stelle, dass außerhalb des BDSG spezialgesetzliche Regelungen existieren, die in einem datenschutzrechtlichen Kontext auf die allgemeine Zugänglichkeit abstellen.[248] Ebenso wie im BDSG wird der Begriff dort allerdings nicht konkreter gefasst, sodass diese Regelungen im Rahmen der Begriffsbestimmung nicht weiter zu berücksichtigen sind.

Insgesamt ergeben sich damit weder aus dem europäischen noch dem nationalen Datenschutzrecht ausdrückliche Vorgaben dafür, unter welchen Bedingungen Daten als öffentlich verstanden werden müssen. Dennoch zeigt sich anhand der vorangegangenen Ausführungen, dass in Bezug auf die Kategorie „öffentliche Daten" zwei Unterkategorien zu unterscheiden sind: einfache öffentlichen Daten und offensichtlich durch die betroffene Person öffentlich gemachte Daten. Dem Wortlaut nach unterscheiden sich die beiden Unterkategorien im Wesentlichen durch den Umstand, wer die Daten veröffentlicht hat. Dabei bleibt jedoch offen, wann Daten als offensichtlich durch die betroffene Person veröffentlicht gelten, sowie grundlegender, wann Daten überhaupt als öffentlich zu klassifizieren sind.

4.1.1.1 Einfache öffentliche Daten

Der Begriff der einfachen öffentlichen Daten beschreibt allgemein Daten, die öffentlich verfügbar sind, aber nicht zwingend durch die betroffene Person offensichtlich öffentlich gemacht wurden. Um den Begriff näher bestimmen zu können, ist zunächst zu untersuchen, unter welchen Bedingungen Daten als öffentlich zu verstehen sind.

4.1.1.1.1 Allgemeines Begriffsverständnis

In Bezug auf das Verständnis der Öffentlichkeit lassen sich grundsätzlich zwei Auffassungen unterscheiden. Nach der ersten Auffassung sind Daten als öffentlich zu bewerten, wenn sie sich an einen individuell nicht bestimmbaren Personenkreis richten.[249] Entscheidend für die

---

[247] Dies galt schon unter der alten Rechtslage, siehe hierzu *Klas*, Grenzen der Erhebung und Speicherung allgemein zugänglicher Daten, 9; dem folgend *Kramer*, in: Eßer/Kramer/von Lewinski (Hrsg.), BDSG, Altauflage, § 29 BDSG a.F. Rn. 31 ff.; vgl. auch *Gola/Klug/Körffer*, in: Gola/Schomerus (Hrsg.), BDSG, Altauflage, § 28 BDSG a.F. Rn. 31, wo allgemein zugängliche Daten als Daten definiert werden, welche öffentlich zugänglichen Quellen entnommen wurden.

[248] Beispielsweise § 7b Abs. 2 Satz 1 PreisStatG, § 10 Abs. 2 Satz 5 Nr. 4 KWG oder § 8 Abs. 1 Nr. 11 ThürJVollzDSG.

[249] *Schiff*, in: Ehmann/Selmayr (Hrsg.), DSGVO, Art. 9 Rn. 46; *Spindler/Dalby*, in: Spindler/Schuster (Hrsg.), Recht el. Medien, Art. 9 DSGVO Rn. 14; *Mester*, in: Taeger/Gabel (Hrsg.), DSGVO/BDSG, Art. 9 DSGVO Rn. 25; *Petri*, in: Simitis/Hornung/Spiecker gen. Döhmann (Hrsg.), DSR, Art. 9 DSGVO Rn. 58; sinninhaltlich kaum abweichend auf einen nicht bestimmten Personenkreis abstellend *Jaspers/Mühlenbeck/Schwartmann*, in: Schwartmann et al. (Hrsg.), DS-GVO/BDSG, Art. 9 DSGVO Rn. 166; *Wedde*, in: Däubler et al. (Hrsg.), DSGVO/BDSG/TTDSG, Art. 9 DSGVO Rn. 84; *Weichert*, in: Kühling/Buchner (Hrsg.), DSGVO/BDSG, Art. 9 DSGVO Rn. 78; *Busse/Dallmann*, ZD 2019, 394 (395).

4.1 Begriff der öffentlichen Daten

Öffentlichkeit ist demnach, ob die einzelnen dem Rezipientenkreis angehörenden Personen identifiziert werden können. Dabei ist auf die Perspektive desjenigen abzustellen, der die Daten teilt (fortan Teilender). Gehören die Rezipienten seinem sozialen Umfeld an und können durch ihn namentlich benannt werden, sind sie als identifizierbar zu klassifizieren. Dies ist regelmäßig der Fall, wenn der Teilende den Zugang zu den Daten auf konkrete Personen begrenzt. Sind die Daten hingegen für Personen verfügbar, die dem Teilenden nicht bekannt sind, können diese nicht durch ihn identifiziert werden, weshalb die Daten als öffentlich zu klassifizieren sind. Dies ist regelmäßig der Fall, wenn der Teilende den Zugang zu seinen Daten nicht auf bestimmte Personen begrenzt. Gemäß dieser Begriffsauffassung ist somit im Ergebnis ausschlaggebend, ob der Teilende Maßnahmen ergriffen hat, um die Verfügbarkeit seiner Daten auf einen konkreten Personenkreis zu beschränken.[250]

Nach zweiter Auffassung werden Daten als öffentlich verstanden, die einer unbestimmten Anzahl von Personen ohne wesentliche Zulassungsschranke zugänglich sind.[251] Ebenso wie bei der ersten Auffassung ist der Rezipientenkreis damit zentraler Anknüpfungspunkt, allerdings mit anderer Stoßrichtung. Im Gegensatz zur ersten Auffassung, die eher subjektiv orientiert auf die individuelle Bestimmbarkeit abstellt, knüpft die zweite Auffassung mit der uneingeschränkten Zugänglichkeit für eine unbestimmte Personenanzahl an ein objektiveres, von der Person des Teilenden losgelöstes Kriterium an. Bei eingehender Betrachtung zeigt sich jedoch, dass diese Differenzierung lediglich auf formaler Ebene vorgenommen werden kann, in der Anwendung aber nicht von Bedeutung ist. Vielmehr beruhen beide Auffassungen auf dem gleichen Verständnis von Öffentlichkeit und führen daher stets zum gleichen Ergebnis. Begründet liegt dies darin, dass im Rahmen der ersten Auffassung letztlich kein subjektiver Maßstab anzulegen ist, sondern zur Prüfung des individuell nicht bestimmbaren Personenkreises darauf abzustellen ist, ob eine Beschränkung des Datenzugangs auf konkrete Personen vorgenommen wurde. Das Fehlen eines individuell bestimmbaren Personenkreises stellt in seiner Anwendung mithin das Pendant zum Zugriff einer unbestimmten Anzahl von Personen ohne wesentliche Zulassungsschranke dar.[252]

Beide Auffassungen sind in ihrer Anwendung somit kongruent. In der Praxis ist es daher nicht relevant, welcher der beiden Auffassungen zugrunde gelegt wird. Dennoch kann die Bestimmung von Daten als öffentlich praktisch herausfordernd sein. Dies zeigt sich insbesondere im Hinblick darauf, wann ein Zugang zu Daten tatsächlich eine Beschränkung auf einen konkreten Personenkreis bewirkt.[253] Diesbezüglich kann lediglich festgestellt werden, dass eine solche Beschränkung nicht vorliegt, wenn der Zugang zu den Daten an eine Voraussetzung geknüpft ist, die grundsätzlich durch jeden ohne unverhältnismäßigen Aufwand und ohne Verstoß gegen Gesetze erfüllt werden kann. Eine Registrierung, wie sie etwa bei den gängigen sozialen Netzwerken notwendig ist, stellt mithin keine Beschränkung dar, weil sie jeder Person offensteht sowie ohne besonderen Aufwand und im Einklang mit den Gesetzen vorgenommen werden kann. Dementsprechend sind Inhalte, die in einem dieser sozialen Netzwerke ohne Begrenzung

---

[250] Sprachlich minimal abweichend auf „nicht bestimmt" statt „bestimmbar" abstellend und im daher im Ergebnis wohl übereinstimmend *Jaspers/Mühlenbeck/Schwartmann*, in: Schwartmann et al. (Hrsg.), DS-GVO/BDSG, Art. 9 DSGVO Rn. 166; *Wedde*, in: Däubler et al. (Hrsg.), DSGVO/BDSG/TTDSG, Art. 9 DSGVO Rn. 84; *Weichert*, in: Kühling/Buchner (Hrsg.), DSGVO/BDSG, Art. 9 DSGVO Rn. 78; *Busse/Dallmann*, ZD 2019, 394 (395).

[251] OVG Hamburg Urt. v. 07.10.2019, Az. 5 Bf 279/17, BeckRS 2019, 36126 Rn. 73; *Schulz*, in: Gola/Heckmann (Hrsg.), DSGVO/BDSG, Art. 9 DSGVO Rn. 33; *Kampert*, in: Sydow/Marsch (Hrsg.), DSGVO/BDSG, Art. 9 DSGVO Rn. 30; *Gola*, NZA 2019, 654 (656).

[252] Vgl. *Greve*, in: Eßer/Kramer/von Lewinski (Hrsg.), DSGVO/BDSG, Art. 9 DSGVO Rn. 42.

[253] Zur Einordnung von Daten als datenschutzrechtlich öffentlich siehe Kap. 4.2.

mit anderen geteilt werden, trotz des Registrierungserfordernisses als öffentlich zu verstehen.[254] Bedarf es für den Datenzugang hingegen eines nicht allgemein bekannten Passworts oder einer bestimmten Berechtigung, kann grundsätzlich nicht von einer Öffentlichkeit der Daten ausgegangen werden.[255]

Insoweit hat sich das Verständnis von Öffentlichkeit im Vergleich zur alten datenschutzrechtlichen Rechtslage, wie sie durch die DSRL und das BDSG a.f. geformt wurde, nicht verändert. Die DSRL enthielt ebenso wie heute die DSGVO keine Definition der öffentlichen Daten und berücksichtigte die Öffentlichkeit von Daten ausschließlich in dem mit Art. 9 Abs. 2 lit. e DSGVO inhaltlich deckungsgleichen[256] Art. 8 Abs. 2 lit. e Alt. 1 DSRL. Im Zuge der insbesondere über § 13 Abs. 2 Nr. 4 und § 28 Abs. 6 Nr. 2 BDSG a.f. erfolgten Umsetzung des Art. 8 Abs. 2 lit. e Alt. 1 DSRL in deutsches Recht sowie im Rahmen der über die ausdrücklichen europarechtlichen Vorgaben hinausgehenden nationalen Privilegierung[257] öffentlicher Daten wurde zudem nicht präzisiert, wann Daten als öffentlich verstanden werden mussten. Im BDSG a.F. fand sich mit § 10 Abs. 5 Satz 2 allerdings zumindest eine einfachgesetzliche Regelung, die allgemein zugängliche Daten definierte und im Zuge der datenschutzrechtlichen Synonymie[258] von Öffentlichkeit und allgemeiner Zugänglichkeit für die Bestimmung öffentlicher Daten Anwendung finden konnte. Demnach waren Daten als öffentlich zu verstehen, die jedermann, ohne oder nach vorheriger Anmeldung, Zulassung oder Entrichtung eines Entgelts nutzen konnte. Folglich wurde bereits vor Anwendbarkeit der DSGVO auf die Unbestimmtheit des Rezipientenkreises abgestellt und eine Zulassungsschranke, soweit sie den Zugang nicht tatsächlich begrenzt, als der Öffentlichkeit von Daten nicht entgegenstehend verstanden.[259]

Ebenso deckt sich die dargelegte Auffassung von Öffentlichkeit mit dem Verständnis der allgemeinen Zugänglichkeit, wie es im Rahmen der durch Art. 5 Abs. 1 Satz 1 HS 2 GG und Art. 11 Abs. 1 Satz 2 GRCh grundrechtlich geschützten Informationsfreiheit zum Ausdruck kommt. Gemäß dieser hat jede Person das Recht, sich anhand von allgemein zugänglichen Quellen eine Meinung zu bilden oder sich zu informieren.[260] Dabei wird eine Informationsquelle als allgemein zugänglich verstanden, wenn sie technisch geeignet und bestimmt ist, einem individuell nicht bestimmbaren Personenkreis Informationen zu verschaffen.[261] Diese

---

[254] Vgl. OVG Hamburg Urt. v. 07.10.2019, Az. 5 Bf 279/17, BeckRS 2019, 36126 Rn. 73; *Schiff,* in: Ehmann/Selmayr (Hrsg.), DSGVO, Art. 9 Rn. 46; *Petri,* in: Simitis/Hornung/Spiecker gen. Döhmann (Hrsg.), DSR, Art. 9 DSGVO Rn. 58; *Spindler/Dalby,* in: Spindler/Schuster (Hrsg.), Recht el. Medien, Art. 9 DSGVO Rn. 14; *Schulz,* in: Gola/Heckmann (Hrsg.), DSGVO/BDSG, Art. 9 DSGVO Rn. 33.

[255] Vgl. *Greve,* in: Eßer/Kramer/von Lewinski (Hrsg.), DSGVO/BDSG, Art. 9 DSGVO Rn. 42.

[256] *Korge,* in: Gierschmann et al. (Hrsg.), DSGVO, Art. 9 Rn. 30 f.; *Hornung/Gilga,* CR 2020, 367 (368 Rn. 2).

[257] Vgl. zur über die europarechtlichen Vorgaben hinausgehenden Privilegierung § 10 Abs. 5 Satz 2, § 13 Abs. 2 Nr. 4, § 14 Abs. 2 Nr. 5, § 28 Abs. 1 Satz 1 Nr. 3, Abs. 3 Satz 2 Nr. 1, § 29 Abs. 1 Nr. 2, § 30 Abs. 2 Nr. 2, § 30a Abs. 1 Nr. 2, Abs. 2, § 33 Abs. 2 Satz 1 Nr. 7 lit. a, Nr. 8 lit. a, Nr. 9, § 35 Abs. 6, § 43 Abs. 2 Nr. 1-4 BDSG a.F.

[258] Hierzu bereits unter Kap. 4.1.1; explizit zur alten Rechtslage außerdem *Klas,* Grenzen der Erhebung und Speicherung allgemein zugänglicher Daten, 9; dem folgend *Kramer,* in: Eßer/Kramer/von Lewinski (Hrsg.), BDSG, Altauflage, § 29 BDSG a.F. Rn. 31 ff.; vgl. auch *Gola/Klug/Körffer,* in: Gola/Schomerus (Hrsg.), BDSG, Altauflage, § 28 BDSG a.F. Rn. 31, wo allgemein zugängliche Daten als Daten definiert werden, welche öffentlich zugänglichen Quellen entnommen wurden.

[259] Vgl. zum inhaltlich übereinstimmenden Begriffsverständnis *Simitis,* in: Simitis (Hrsg.), BDSG, Altauflage, § 28 BDSG a.F. Rn. 151; *Gola/Klug/Körffer,* in: Gola/Schomerus (Hrsg.), BDSG, Altauflage, § 28 BDSG a.F. Rn. 32; *Wolff,* in: Wolff/Brink (Hrsg.), BeckOK DSR, Altauflage, § 28 BDSG a.F. Rn. 80; so auch die Rspr. hierzu BVerfGE 120, 274 (344 f.); BGH, Urt. v. 04.06.2013, Az. 1 StR 32/13, NJW 2013, 2530 (2533 Rn. 54).

[260] Zwar stellt Art. 11 Abs. 1 Satz 2 GRCh anders als Art. 5 Abs. 1 Satz 1 HS 2 GG nicht ausdrücklich auf die allgemeine Zugänglichkeit ab, wird dahingehend jedoch ebenso ausgelegt, siehe *Thiele,* in: Pechstein/Nowak/Häde (Hrsg.), Frankfurter Kommentar, Band I, 11 GRCh Rn. 13; *Jarass,* in: Jarass (Hrsg.), GRCh, Art. 11 GRCh Rn. 15; *Calliess,* in: Calliess/Ruffert (Hrsg.), EUV/AEUV, 11 GRCh Rn. 13.

[261] In ständiger Rspr. BVerfGE 27, 71 (83); BVerfGE 103, 44 (60); BVerfGE 145, 365 (372).

4.1 Begriff der öffentlichen Daten

inhaltliche Übereinstimmung mit dem datenschutzrechtlichen Verständnis ist letztlich nur plausibel, da der auf die Privatsphäre fokussierte Datenschutz und die transparenzorientierte Informationsfreiheit in einem natürlichen Spannungsverhältnis zueinander stehen[262] und somit eine möglichst weitgehende Übereinstimmung des Verständnisses von privat und öffentlich zur Herstellung praktischer Konkordanz notwendig ist.

4.1.1.1.2 Überschaubarkeit als Zusatzkriterium

Die Einordnung von Daten als öffentlich oder privat kann auch dann in Frage stehen, wenn der Teilende eine Beschränkung vorgenommen hat, der Rezipientenkreis aber dennoch sehr groß ist. Teilweise wird daher vertreten, dass von privaten Inhalten nicht ausgegangen werden kann, wenn die Anzahl der Rezipienten für die betroffene Person nicht mehr überschaubar ist.[263] Diesbezüglich ist zunächst festzustellen, dass die Überschaubarkeit und die Bestimmtheit eines Personenkreises voneinander zu differenzieren sind. Während die Bestimmtheit ein objektives Kriterium darstellt, das die mögliche Größe eines Rezipientenkreises nicht begrenzt, sondern sich objektiv darauf bezieht, ob eine Anzahl feststellbar ist, handelt es sich bei der Überschaubarkeit um ein subjektiver ausgerichtetes Kriterium, das den Umfang des Rezipientenkreises auf das Maß beschränkt, das einer konkreten Vorstellung noch zugänglich ist.[264] Der Unterschied der beiden Begriffe zeigt sich anhand eines Beispiels deutlich: Die Menschen, die sich zu einem bestimmten Zeitpunkt innerhalb des Sicherheitsbereichs des Frankfurter Flughafens befinden, lassen sich aufgrund der strengen Zugangs- und Personalkontrollen zwar bestimmen, können jedoch nicht durch eine einzelne Person individuell überschaut werden. Wird der Begriff der Bestimmtheit entsprechend dem dargelegten Wortsinn verstanden, würde dies dazu führen, dass die mit einem durch den Teilenden bestimmten Rezipientenkreis geteilten Inhalte auch dann als privat verstanden werden müssten, wenn der Teilende nicht überschauen kann, wem die Daten eigentlich zugänglich sind und inwieweit zu den Rezipienten ein Vertrauensverhältnis besteht. In solchen Fällen begibt sich der Teilende folglich in eine Lage, in der er seine Daten auch Personen zugänglich macht, zu denen er eine nur lose oder möglicherweise gar keine nähere Beziehung besitzt. Er kann mithin nicht wissen, ob seine privaten Daten tatsächlich als solche behandelt und nicht weitergegeben werden und setzt sich somit einem gewissen Risiko aus. Eine solche Situation kommt für den Teilenden somit faktisch einer Veröffentlichung der Daten gleich, da er bei einer solchen den Rezipientenkreis ebenfalls nicht überschauen kann und nicht zwingend zu jedem Rezipienten eine Beziehung unterhält, die das Teilen persönlicher Daten begründen könnte. Es ist daher nicht ersichtlich, warum das Teilen von Daten mit einem nicht überschaubaren Personenkreis als privat verstanden werden sollte.[265] Der dargelegten Auffassung, wonach die Überschaubarkeit bei der Einordnung von Daten als öffentlich oder privat zwingend zu berücksichtigen ist, ist daher zuzustimmen.

Eine Quantifizierung des Kriteriums der Überschaubarkeit ist nicht unmittelbar möglich. Grundsätzlich bedarf es daher einer Betrachtung des individuellen Einzelfalls. Allenfalls in den wenigen Ausnahmefällen, in denen ein Rezipientenkreis wahllos zusammengestellt wird, also keine Selektion der einzelnen Rezipienten stattfindet, ist ohne Einzelfallbetrachtung von einer Unüberschaubarkeit auszugehen.[266] Ist allerdings eine Einzelfallbetrachtung vorzunehmen,

---

[262] Die verdeutlicht insbesondere Art. 85 Abs. 1, 2 DSGVO, wonach das durch die DSGVO gewährleistete Recht auf Datenschutz in Einklang mit der Informationsfreiheit zu bringen ist.
[263] *Weichert*, in: Kühling/Buchner (Hrsg.), DSGVO/BDSG, Art. 9 DSGVO Rn. 78; *Wedde*, in: Däubler et al. (Hrsg.), DSGVO/BDSG/TTDSG, Art. 9 DSGVO Rn. 87; *Jaspers/Mühlenbeck/Schwartmann*, in: Schwartmann et al. (Hrsg.), DS-GVO/BDSG, Art. 9 DSGVO Rn. 167; in der Sache ähnlich: *Henrichs*, Kriminalistik 2011, 622 (625).
[264] Vgl. zum Begriff *Dudenredaktion,* Das Bedeutungswörterbuch, Stichwort „überschaubar".
[265] Wohl übereinstimmend BGH, Beschl. v. 19.08.2014, Az. 3 StR 88/14, BeckRS 2014, 21651 Rn. 17.
[266] *Hornung/Gilga*, CR 2020, 367 (370 Rn. 15).

stellt sich dies vielfach als herausfordernd dar. Deutlich wird das insbesondere am Beispiel sozialer Netzwerke. Diese werden durch ihre Nutzer meist über viele Jahre und regelmäßig in Anspruch genommen.[267] Da sich über eine solche Zeitspanne hinweg der Freundes- und Bekanntenkreis für gewöhnlich verändert, verbinden sich die Nutzer im Laufe der Zeit immer wieder mit neuen Kontakten. Gleichzeitig werden einmal geknüpfte Kontakte häufig nicht entfernt,[268] wodurch die Anzahl der Personen, mit denen ein Nutzer über ein soziales Netzwerk vernetzt ist, regelmäßig stetig zunimmt. In der Folge ist es daher eher Regel als Ausnahme, dass die Nutzer eines sozialen Netzwerks über dieses mit einer großen Anzahl von Personen im Austausch stehen.[269] Es wäre daher nicht sachgerecht, die mit einem großen Personenkreis geteilten Inhalte stets als öffentlich einzuordnen. So kann weder pauschal unterstellt werden, dass der Teilende seine Kontakte wahllos ausgewählt hat, noch, dass der Personenkreis für ihn nicht überschaubar ist. In Fällen wie diesem ist es daher näher zu prüfen, inwieweit eine Vertrauensbeziehung zu den Rezipienten besteht, durch welche der Teilende darauf vertrauen darf, dass die durch ihn geteilten Informationen nicht an Dritte weitergegeben werden. Die Anzahl von Rezipienten, bis zu der von einer Überschaubarkeit ausgegangen werden kann, ist folglich individuell und kann nicht pauschal festgelegt werden. Es stellt sich allerdings die Frage, ob nicht zumindest eine Obergrenze ermittelbar ist, ab der ein Personenkreis nicht mehr als überschaubar verstanden werden kann. Zur Bestimmung einer solchen Obergrenze kommt es freilich nicht in Betracht, einen willkürlichen Zahlenwert festzulegen. Vielmehr muss, um eine sachgerechte Handhabung zu gewährleisten, auf wissenschaftliche Erkenntnisse abgestellt werden.

Als Anknüpfungspunkt hierfür kommt zunächst das Konzept der sogenannten Dunbar-Zahl in Betracht. Demnach ist die Anzahl von Menschen, mit denen eine Person zeitgleich eine aktive soziale Beziehung aufrechterhalten kann, kognitiv auf etwa 150 Personen begrenzt.[270] Die Dunbar-Zahl beschreibt folglich die theoretische Grenze, bis zu der das menschliche Gehirn soziale Kontakte parallel unterhalten kann. Dieses Konzept lässt sich, auch wenn es ursprünglich nicht entsprechend angelegt war, auf den digitalen Raum übertragen. Zwar interagieren Menschen im Internet häufig mit größeren Gruppen, jedoch besteht eine enge und aktive Beziehung nachweislich nur zu einem Personenkreis, der einen Umfang von 150 Personen nicht überschreitet.[271] Die Dunbar-Zahl kann folglich grundsätzlich als Obergrenze für die Überschaubarkeit eines Personenkreises in Erwägung gezogen werden. Gleichwohl zeigt sich bei genauerer Betrachtung, dass die Annahme einer Unüberschaubarkeit bei Überschreiten der Dunbar-Zahl aus praktischer Perspektive nicht überzeugt. Zum einen handelt es sich um einen Durchschnittswert, der von Mensch zu Mensch variieren und daher nicht als hinreichend zuverlässig angesehen werden kann. Es ist daher zu erwarten, dass in einigen Fällen die Überschaubarkeit ohne sachliche Begründung als nicht gegeben angesehen wird. Zum anderen bezieht sich die Dunbar-Zahl ausschließlich auf die Anzahl von Personen, zu denen zeitgleich eine soziale Beziehung aktiv aufrechterhalten werden kann. Daraus kann jedoch nicht geschlossen werden, dass die von diesem Personenkreis nicht umfassten Personen dem Teilenden fremd sind und dieser daher damit rechnen muss, dass die geteilten Inhalte nicht privat bleiben. So bedeutet beispielsweise eine Freundschaft, die aufgrund von zeitlichen oder räumlichen Gründen nachlässt und ohne aktiven und regelmäßigen Kontakt auskommt, nicht automatisch den Verlust des gegenseitigen Vertrauensverhältnisses. Damit ist zu resümieren, dass die Dunbar-Zahl nicht als Obergrenze für die Überschaubarkeit geeignet ist.

---

[267] Vgl. *DataReportal*, Global Overview Report, 219; *Europäische Kommission*, Public opinion in the European Union, 212; *Deloitte*, Mobile & Digital Consumer Survey, 20.
[268] Vgl. *Bitkom*, Social-Media-Nutzer räumen ihre Freundesliste auf.
[269] Vgl. *Bitkom*, Soziale Netzwerke, 12; *Yellow*, Social Media Report 2018, 22.
[270] Vgl. *Gamble/Gowlett/Dunbar*, Evolution, Denken, Kultur, 17 ff.; *Dunbar*, Behavioural and Brain Sciences 1993, 681 (682 ff.); *Dambeck*, Neue Freunde verdrängen alte Freunde.
[271] *Fuchs/Sornette/Thurner*, Scientific Reports 2014, Beitragsnr. 6526, 1 (2).

4.1 Begriff der öffentlichen Daten

Neben der Dunbar-Zahl kann in Erwägung gezogen werden, die obere Grenze der Überschaubarkeit anhand der Anzahl der Gesichter zu bestimmen, die einer Person bekannt sein können. Gemäß einer britischen Studie sind Menschen dazu in der Lage, im Durchschnitt etwa 5.000 Gesichter zu erkennen.[272] Kennen meint in diesem Zusammenhang allerdings nicht die Identifikation der einzelnen Personen mit Namen, sondern die Fähigkeit, ein Gesicht wiederzuerkennen und einem bestimmten Bereich wie Familie, Schule oder Arbeit zuzuordnen.[273] Eine tatsächlich bestehende soziale Beziehung zu diesen Personen ist dabei nicht vorausgesetzt. Übertragen auf die hier gegenständliche Situation, in der Inhalte im Web mit anderen geteilt werden, bedeutet dies, dass zwischen dem Teilenden und den ihm grundsätzlich bekannten Personen nicht notwendigerweise eine Vertrauensbeziehung besteht, die die Erwartung, dass die geteilten Inhalte nicht weitergegeben werden und privat bleiben, rechtfertigen würde. Dies wird durch das nachfolgende Beispiel deutlich: Verlässt ein Arbeitnehmer jeden Tag um dieselbe Uhrzeit das Haus und begegnet auf seinem Weg zur Arbeitsstätte meist den gleichen Menschen, ist anzunehmen, dass er sich an deren Gesichter erinnern und diese zuordnen kann, sie also im Sinne der britischen Studie kennt. Allein dadurch entsteht jedoch keine soziale Beziehung zu diesen Menschen. Es ist daher kaum vorstellbar, dass der Arbeitnehmer – sofern überhaupt unmittelbar in Kontakt getreten wird – mit diesen Personen persönliche Dinge teilt und dann damit rechnet, dass diese Informationen privat gehalten werden. Der Wert von 5.000 Personen übersteigt damit unzweifelhaft die Anzahl von Personen, zu denen der Teilende ein Vertrauensverhältnis besitzen kann und kann daher nicht als obere Grenze für die Überschaubarkeit herangezogen werden.

Alternativ kommt es in Betracht, die Obergrenze der Überschaubarkeit auf die Zahl von 1.500 Personen festzulegen. Dieser Wert entspricht der maximalen Anzahl von Gesichtern, die ein Mensch nicht nur erkennen, sondern denen er auch einen Namen zuordnen kann.[274] Von diesem Personenkreis sind neben persönlichen Freunden, der Familie und anderen nahestehenden Personen auch Menschen erfasst, zu denen lediglich lose, aber für ein gemeinsames Gespräch noch hinreichend enge Verbindungen bestehen.[275] Zwar kann über einen Rezipientenkreis, der bis zu 1.500 Personen umfasst, nicht zwangsläufig darauf geschlossen werden, dass dieser mit den Personen übereinstimmt, denen der Teilende einen Namen zuordnen kann. Allerdings lässt sich konstatieren, dass ein Rezipientenkreis von mehr als 1.500 Personen durch den Teilenden definitiv nicht mehr überschaut werden kann. Eine Vertrauensbeziehung zwischen den einzelnen Rezipienten und dem Teilenden kann in solchen Fällen folglich nicht bestehen. Vielmehr muss der Teilende angesichts eines so umfangreichen Rezipientenkreises damit rechnen, dass die durch ihn geteilten Daten nicht als privat verstanden werden. Die Zahl von 1.500 Personen stellt mithin eine taugliche Obergrenze für das Kriterium der Überschaubarkeit dar. Unterhalb dieser Schwelle kann eine Überschaubarkeit gegeben sein, dies ist aber nicht zwangsläufig der Fall. Bei weniger als 1.500 Personen bedarf es daher einer individuellen Betrachtung, inwieweit der Teilende den Rezipientenkreis überschauen kann.[276]

Im Rahmen einer solchen individuellen Betrachtung ist zu bestimmen, inwieweit sich aus dem Kontext des jeweiligen Einzelfalls entnehmen lässt, dass der Rezipientenkreis überschaubar ist und dem Teilenden daher eine berechtigte Vertraulichkeitserwartung zukommt. Als relevanter Anknüpfungspunkt hierfür bietet sich insbesondere der Umfang des Rezipientenkreises an.

---

[272] *Jenkins/Dowsett/Burton,* Proceedings of the Royal Society B: Biological Sciences 2018, Heft 1888, Beitragsnr. 20181319, 1 (5).

[273] *Jenkins/Dowsett/Burton,* Proceedings of the Royal Society B: Biological Sciences 2018, Heft 1888, Beitragsnr. 20181319, 1 (3).

[274] *Gamble/Gowlett/Dunbar,* Evolution, Denken, Kultur, 18, 57; *Dunbar,* Current Directions in Psychological Science 2014, 109 (110 f.).

[275] *Dunbar,* Royal Society Open Science 2016, Beitragsnr. 150292, 1 (2).

[276] *Hornung/Gilga,* CR 2020, 367 (370 Rn. 15).

Diesbezüglich kann als Faustregel zugrunde gelegt werden, dass die Wahrscheinlichkeit, dass die geteilten Inhalte nicht mehr als überschaubar verstanden werden können, sich mit steigender Rezipientenzahl erhöht. Feste Zahlenwerte, wie beispielsweise die bereits erwähnte Dunbar-Zahl, können in diesem Zusammenhang allerdings nicht herangezogen werden. So lässt sich diesen keine Information über die Zusammenstellung des Rezipientenkreises entnehmen; es sind somit keine Rückschlüsse auf die Überschaubarkeit möglich. Neben dem Umfang des Rezipientenkreises kann – soweit feststellbar – die Beziehung des Teilenden zu den einzelnen Rezipienten als Anknüpfungspunkt im Rahmen der Einzelfallbetrachtung dienen. Handelt es sich bei den Rezipienten beispielsweise ausschließlich um Familienmitglieder, kann davon ausgegangen werden, dass der Teilende diese überschauen kann. Besteht der Rezipientenkreis hingegen aus nicht näher bekannten Personen, beispielsweise Nachbarn, Freundes-Freunden oder geschäftlichen Kontakten, spricht dies gegen eine berechtigte Vertraulichkeitserwartung und damit gegen die Überschaubarkeit. Darüber hinaus kommt es zur Bewertung der Überschaubarkeit in Betracht, die Interaktionshäufigkeit als Anknüpfungspunkt zu berücksichtigen. So lässt der Umstand, dass ein Teilender mit den Rezipienten regelmäßig in individuellem gegenseitigem Kontakt steht, die Annahme zu, dass die Rezipienten dem Teilenden tatsächlich bekannt sind und dieser berechtigterweise darauf vertrauen darf, dass die geteilten Daten privat gehalten werden. Davon kann jedoch nicht ausgegangen werden, wenn der Teilende und die Rezipienten nur selten oder gar nicht interagieren. Zusätzlich zu den hier exemplarisch genannten, aber nicht zwingend einzubeziehenden Anknüpfungspunkten können sich im Rahmen einer individuellen Betrachtung weitere Umstände ergeben, die bei der Bewertung der Überschaubarkeit berücksichtigt werden können. Dabei ist jedoch zu beachten, dass keiner der Anknüpfungspunkte als hartes Kriterium verstanden werden darf, das allein über die Überschaubarkeit eines Rezipientenkreises entscheidet. Vielmehr sind sämtliche relevanten Umstände des Einzelfalls in die Bewertung einzubeziehen und miteinander abzuwägen, um zu einem sachgerechten Ergebnis zu gelangen. Inwieweit ein Rezipientenkreis als überschaubar verstanden wird, ist daher stets durch Abwägung zu entscheiden.

4.1.1.2 Offensichtlich durch die betroffene Person öffentlich gemachte Daten

Die offensichtlich durch die betroffene Person öffentlich gemachten Daten i.S.v. Art. 9 Abs. 2 lit. e DSGVO stellen, wie bereits angedeutet, eine inhaltlich wesentlich enger gefasste Unterform der einfachen öffentlichen Daten dar.[277] So setzt der Begriff neben der Öffentlichkeit der Daten außerdem voraus, dass die Veröffentlichung offensichtlich der betroffenen Person zugerechnet werden kann.

4.1.1.2.1 Zurechenbarkeit der Veröffentlichung

Eine Veröffentlichung ist der betroffenen Person nicht nur dann zuzurechnen, wenn sie diese selbst vorgenommen hat, sondern auch dann, wenn sie die Veröffentlichung lediglich veranlasst hat, sie aber durch einen Dritten erfolgt ist.[278] Diese Auslegung geht zwar über den strengen Wortlaut des Art. 9 Abs. 2 lit. e DSGVO hinaus, ist aber geboten, da es aus teleologischer Sicht auf den autonomen Willen der betroffenen Person ankommt und dieser in solchen Fällen mit der Handlung des Dritten übereinstimmt.[279] In jedem Fall muss die Veröffentlichung daher auf einen eindeutigen und freien Willensakt der betroffenen Person zurückgeführt werden können.[280] Werden Daten hingegen ohne oder gegen den Willen oder ohne Kenntnis der

---

[277] *Hornung/Gilga*, CR 2020, 367 (369 Rn. 9).
[278] *Korge*, in: Gierschmann et al. (Hrsg.), DSGVO, Art. 9 Rn. 30; *Jaspers/Mühlenbeck/Schwartmann*, in: Schwartmann et al. (Hrsg.), DS-GVO/BDSG, Art. 9 DSGVO Rn. 168; wohl im Ergebnis zustimmend *Greve*, in: Eßer/Kramer/von Lewinski (Hrsg.), DSGVO/BDSG, Art. 9 DSGVO Rn. 43.
[279] *Hornung/Gilga*, CR 2020, 367 (369 Rn. 10).
[280] EuGH, Urt. v. 04.07.2023, Az. C-252/21, GRUR 2023, 1131 (1187 Rn. 77).

4.1 Begriff der öffentlichen Daten

betroffenen Person veröffentlicht, liegen keine offensichtlich durch die betroffene Person öffentlich gemachten Daten vor.[281]

Anders als teilweise vertreten,[282] reicht es hingegen nicht aus, wenn eine betroffene Person die Veröffentlichung lediglich duldet. So lässt sich einer Duldung kein ausdrücklicher Entschluss entnehmen, weswegen das Vorliegen eines eindeutigen Willensakts hier verneint werden muss. Dies ist plausibel, wenn bedacht wird, dass eine betroffene Person die allgemeine Zugänglichkeit ihrer Daten möglicherweise bloß in Ermangelung des Wissens, wie sie gegen eine Veröffentlichung vorgehen kann, duldet oder weil ihr die monetären Mittel zur Durchsetzung ihres Anspruches fehlen. Hinzu kommt, dass Art. 9 Abs. 2 lit. e DSGVO einen Ausnahmetatbestand darstellt und somit eng zu verstehen ist. Dem liefe es zuwider, wäre die bloße Duldung umfasst.[283]

4.1.1.2.2 Offensichtlichkeit

Mit dem Kriterium „offensichtlich" qualifiziert der Gesetzgeber die Einordnung von Daten als durch die betroffene Person selbst veröffentlicht.[284] Demnach muss sich unmittelbar aus dem Kontext der Daten ergeben, dass die betroffene Person die Daten selbst veröffentlicht hat. Muss zunächst recherchiert werden, durch wen die Veröffentlichung erfolgt ist, besteht mithin keine Offensichtlichkeit. Ebenso verhält es sich, wenn Zweifel vorhanden sind, ob die Veröffentlichung der betroffenen Person zuzurechnen ist.[285]

Ausgangspunkt für die Beurteilung der Offensichtlichkeit ist dabei stets die Perspektive eines außenstehenden, objektiven Beobachters.[286] Ist für einen solchen Beobachter offensichtlich, dass Daten durch die betroffene Person selbst veröffentlicht wurden, ist die Voraussetzung der Offensichtlichkeit auch dann erfüllt, wenn der beim Beobachter hervorgerufene Anschein nicht den tatsächlichen Gegebenheiten entspricht.[287] Wäre dem nicht so, liefe dies erheblich zu Lasten des Verantwortlichen. Würde erst im Anschluss an eine Verarbeitung klar, dass das Kriterium nicht tatsächlich vorlag, wäre die Verarbeitung bei einer solchen Auslegung rückwirkend als rechtswidrig zu beurteilen. Dem Verantwortlichen würden dann empfindliche Sanktionen drohen, ohne dass er sein Verhalten im Vorhinein darauf hätte einrichten können.[288]

4.1.1.2.3 Sonderfälle Zwang und gesetzliche Pflicht

Fraglich ist die Beurteilung der Daten als öffentlich, wenn die Veröffentlichung auf Zwang oder einer gesetzlichen Verpflichtung beruht. Liegt ein Zwang vor, kann aufgrund mangelnder

---

[281] Vgl. *Greve*, in: Eßer/Kramer/von Lewinski (Hrsg.), DSGVO/BDSG, Art. 9 DSGVO Rn. 43; *Petri*, in: Simitis/Hornung/Spiecker gen. Döhmann (Hrsg.), DSR, Art. 9 DSGVO Rn. 57; *Schiff*, in: Ehmann/Selmayr (Hrsg.), DSGVO, Art. 9 Rn. 46; *Kampert*, in: Sydow/Marsch (Hrsg.), DSGVO/BDSG, Art. 9 DSGVO Rn. 32; vgl. auch *Albers/Veit*, in: Wolff/Brink/von Ungern-Sternberg (Hrsg.), BeckOK DSR, Art. 9 DSGVO Rn. 77.

[282] So beispielsweise *Greve*, in: Eßer/Kramer/von Lewinski (Hrsg.), DSGVO/BDSG, Art. 9 DSGVO Rn. 43.

[283] Im Ergebnis ebenso *Petri*, in: Simitis/Hornung/Spiecker gen. Döhmann (Hrsg.), DSR, Art. 9 DSGVO Rn. 59; vgl. auch *Frenzel*, in: Paal/Pauly (Hrsg.), DSGVO/BDSG, Art. 9 DSGVO Rn. 36.

[284] *Frenzel*, in: Paal/Pauly (Hrsg.), DSGVO/BDSG, Art. 9 DSGVO Rn. 36.

[285] *Kampert*, in: Sydow/Marsch (Hrsg.), DSGVO/BDSG, Art. 9 DSGVO Rn. 33; *Wedde*, in: Däubler et al. (Hrsg.), DSGVO/BDSG/TTDSG, Art. 9 DSGVO Rn. 92; *Weichert*, in: Kühling/Buchner (Hrsg.), DSGVO/BDSG, Art. 9 DSGVO Rn. 80.

[286] *Petri*, in: Simitis/Hornung/Spiecker gen. Döhmann (Hrsg.), DSR, Art. 9 DSGVO Rn. 59; *Frenzel*, in: Paal/Pauly (Hrsg.), DSGVO/BDSG, Art. 9 DSGVO Rn. 36; *Weichert*, in: Kühling/Buchner (Hrsg.), DSGVO/BDSG, Art. 9 DSGVO Rn. 80; dem folgend *Schiff*, in: Ehmann/Selmayr (Hrsg.), DSGVO, Art. 9 Rn. 46; *Wedde*, in: Däubler et al. (Hrsg.), DSGVO/BDSG/TTDSG, Art. 9 DSGVO Rn. 91; *Albers/Veit*, in: Wolff/Brink/von Ungern-Sternberg (Hrsg.), BeckOK DSR, Art. 9 DSGVO Rn. 77.

[287] *Weichert*, in: Kühling/Buchner (Hrsg.), DSGVO/BDSG, Art. 9 DSGVO Rn. 80.

[288] *Hornung/Gilga*, CR 2020, 367 (369 Rn. 9).

Freiwilligkeit lediglich von einfachen öffentlichen Daten ausgegangen werden.[289] Ebenso verhält es sich bei einer gesetzlichen Pflicht zur Veröffentlichung. Zwar ist es der Sinn und Zweck von gesetzlichen Publikationspflichten, dass die veröffentlichten Daten allen Menschen zugänglich gemacht werden, die an diesen ein Interesse haben. Allerdings ist die Veröffentlichung in solchen Fällen nicht auf einen persönlichen Entschluss der betroffenen Person zurückzuführen, sondern auf gesetzliche Vorschriften, welche Zuwiderhandlungen in der Regel sanktionieren. Die betroffene Person hat mithin kaum die Möglichkeit einer Wahl. Ein eindeutiger und freier Willensakt kann hierin nicht gesehen werden.[290]

4.1.2 Datenschutzrechtliche Definition

Die vorangegangenen Ausführungen haben gezeigt, dass zwei voneinander differenzierbare grundsätzliche Auffassungen existieren, anhand derer die datenschutzrechtliche Einordnung von Daten als öffentlich oder nichtöffentlich vorgenommen werden kann. Wie dargelegt ist diese Differenzierung jedoch allenfalls formal zu berücksichtigen, da in der Anwendung letztlich beide Auffassungen darauf abstellen, ob der Zugang zu den Daten begrenzt wurde. Aufgrund sprachlicher Klarheit ist allerdings die Auffassung mit objektiverer Ausrichtung zu präferieren, da diese in der Rechtsanwendung voraussichtlich leichter zu handhaben sein wird als die subjektiver ausgerichtete Auffassung, die möglicherweise den Eindruck erweckt, zur Bestimmung der Öffentlichkeit sei ausschließlich auf die individuelle Perspektive des Teilenden abzustellen. Des Weiteren ergab sich im Rahmen der vorangehenden Betrachtung, dass neben der Bestimmtheit auch die Überschaubarkeit des Rezipientenkreises berücksichtigt werden muss und die Begriffe „allgemein zugänglich" sowie „öffentlich" im gegebenen Kontext den gleichen Zustand beschreiben und daher inhaltlich synonym zu verstehen sind.

Insgesamt ergeben sich somit folgende Definitionen, die der weiteren Arbeit zugrunde gelegt werden:

Allgemein zugängliche oder öffentliche Daten sind Daten, die für einen unbestimmten und nicht überschaubaren Personenkreis frei zugänglich sind. Etwaige Zugangsvoraussetzungen stehen dem nicht entgegen, soweit hierdurch keine Beschränkung auf eine oder mehrere bestimmte Personen vorgenommen wird.

Offenkundig durch die betroffene Person öffentlich gemachte Daten sind öffentliche oder allgemein zugängliche Daten, deren Veröffentlichung durch einen außenstehenden Dritten unmittelbar der betroffenen Person zugerechnet werden kann.

4.2 Einordnung von Daten als datenschutzrechtlich öffentlich

Die Einordnung von Daten als öffentlich kann, wie bereits erwähnt, in der praktischen Handhabung trotz belastbarer Begriffsdefinition eine komplexe Aufgabe darstellen. Insbesondere im Web existieren zahlreiche Konstellationen, welche eine eindeutige Kategorisierung nicht zulassen. Nachfolgend werden daher typische Szenarien vorgestellt und analysiert.[291]

4.2.1 Daten aus sozialen Netzwerken

Eine besondere Relevanz besitzen im Web unfraglich die verschiedenen sozialen Netzwerke wie Facebook, Instagram oder TikTok ein.[292] Unter einem sozialen Netzwerk sind webbasierte

---

[289] *Petri*, in: Simitis/Hornung/Spiecker gen. Döhmann (Hrsg.), DSR, Art. 9 DSGVO Rn. 61; *Wedde*, in: Däubler et al. (Hrsg.), DSGVO/BDSG/TTDSG, Art. 9 DSGVO Rn. 91.

[290] Im Ergebnis ebenso *Kampert*, in: Sydow/Marsch (Hrsg.), DSGVO/BDSG, Art. 9 DSGVO Rn. 31; dem folgend *Petri*, in: Simitis/Hornung/Spiecker gen. Döhmann (Hrsg.), DSR, Art. 9 DSGVO Rn. 59.

[291] Grundlage des folgenden Texts sind die Ausführungen von *Hornung/Gilga*, CR 2020, 367, die in einigen Punkten ergänzt und erweitert wurden.

[292] Vgl. hierzu *DataReportal*, Global Overview Report, 211.

4.2 Einordnung von Daten als datenschutzrechtlich öffentlich 47

Kommunikationsplattformen zu verstehen, die es einer Person ermöglichen, ein öffentliches oder halböffentliches Profil innerhalb eines begrenzten Systems zu erstellen und innerhalb dessen eine Liste mit anderen Nutzern der Plattform einzurichten, anhand welcher zum einen (selbst)gestaltete Inhalte mit anderen geteilt werden können und zum anderen eine Navigation durch das System möglich ist.[293] Dabei setzen die gängigen sozialen Netzwerke eine Registrierung durch den Nutzer voraus und schaffen somit eine Zugangshürde. Diese bewirkt allerdings keine Begrenzung auf einen bestimmten Personenkreis im Sinne der im Vorangehenden dargelegten Begriffsdefinition, weswegen sie einer Einordnung der innerhalb des sozialen Netzwerks geteilten Informationen als öffentlich nicht entgegensteht.[294] Für die Bewertung, ob die in einem sozialen Netzwerk verfügbaren Daten als öffentlich anzusehen sind, empfiehlt es sich allerdings, die vom Teilenden gewählten Privatsphäre-Einstellungen zu berücksichtigen.[295] Unter Berücksichtigung der Tatsache, dass den heutigen Internetnutzern wenigstens in sozialen Netzwerken unterstellt werden kann, dass ihnen die Möglichkeiten zum Schutz ihrer Privatsphäre bekannt sind, kann ihnen, sofern keine gegenläufigen Vorkehrungen getroffen wurden, eine gewollte Öffentlichkeit unterstellt werden.

4.2.1.1 Eindeutige Privatsphäre-Einstellungen

Wurde in den Privatsphäre-Einstellungen durch den Teilenden die Einstellung „öffentlich" gewählt, handelt es sich bei den so geteilten Daten um einfache öffentliche Daten. Ein Zugriff auf diese ist häufig ohne Registrierung möglich, weswegen sie zumeist nicht nur für alle Nutzer des jeweiligen sozialen Netzwerks, sondern für sämtliche Internetnutzer zugänglich sind. Darüber hinaus kommt es in Betracht, dass die unter der Einstellung „öffentlich" geteilten Daten offensichtlich durch die betroffene Person öffentlich gemacht wurden und somit Daten i.S.v. Art. 9 Abs. 2 lit. e DSGVO sind. Dies lässt sich allerdings nicht anhand der getroffenen Privatsphäre-Einstellung feststellen, sondern hängt davon ab, ob der geteilte Inhalt sich ausschließlich auf den Teilenden oder auch auf Dritte bezieht.

Eine weitere regelmäßig anzutreffende Einstellungsmöglichkeit ist die Einschränkung der Verfügbarkeit eines Inhalts auf bestimmte, für diese Information einzeln ausgewählte Personen(-gruppen).[296] Durch diese Handlung wird der Rezipientenkreis ausdrücklich eingeschränkt, die Daten sind daher nicht als öffentlich zu kategorisieren. Dies ist auch darauf zurückzuführen, dass sich in der Auswahl der Rezipienten der Wille des Teilenden widerspiegelt, die im Beitrag enthaltenen Informationen nicht jedermann zugänglich zu machen, sondern sie privat,[297] also der Öffentlichkeit entzogen, zu halten.[298]

4.2.1.2 Zugänglichkeit für „Freunde"

Bei vielen sozialen Netzwerken kann eingestellt werden, dass die geteilten Inhalte ausschließlich Personen zur Verfügung stehen, die zuvor vom Nutzer akzeptiert und in eine entsprechende

---

[293] *Boyd/Ellison*, Journal of Computer-Mediated Communication 2007, 210 (211); *Artikel 29 Datenschutzgruppe*, Working Paper 163, 5; näher zu Begriff und Eigenschaften sozialer Netzwerke *Niemann*, Risiken und Nutzen der Kommunikation auf Social Networking Sites, 32 ff.
[294] Zur grundsätzlichen Unbeachtlichkeit des Registrierungserfordernisses bereits unter Kap. 4.1.1.1.1.
[295] Ebenso *Schiff*, in: Ehmann/Selmayr (Hrsg.), DSGVO, Art. 9 Rn. 46.
[296] Entsprechende Einstellungsmöglichkeiten existieren beispielsweise bei Facebook („bestimmte Freunde", „Freunde außer") oder YouTube („privat", „nicht gelistet").
[297] Der Begriff „privat" wird innerhalb dieser Dissertation als „der Öffentlichkeit entzogen" verstanden.
[298] In Bezug auf die Privatsphäre kann es allerdings zu einer Diskrepanz zwischen dem eigentlichen Willen und dem tatsächlichen Verhalten einer Person kommen, vgl. hierzu Kap. 3.3.

virtuelle Liste (fortan Freundesliste) aufgenommen wurden. Die in diesen Listen aufgeführten Personen werden im Weiteren als Freunde bezeichnet.[299]

Setzt der Nutzer die Privatsphäre-Einstellung auf „Freunde", richtet sich der von ihm geteilte Inhalt an einen über die Freundesliste unmittelbar bestimmten Personenkreis. Daher könnte grundsätzlich argumentiert werden, dass die unter dieser Einstellung geteilten Inhalte stets als privat anzusehen sind. In Anbetracht der Komplexität der Unterscheidung zwischen öffentlich und nichtöffentlich verbietet sich eine solche pauschale Einordnung allerdings. Allein dem Umstand, dass ein Nutzer die seiner Freundesliste zugehörigen Personen als „Freunde" akzeptiert und somit den Rezipientenkreis seiner Inhalte bestimmt hat, lässt sich nicht entnehmen, dass die Inhalte als nichtöffentlich verstanden werden müssen. Vielmehr muss zusätzlich berücksichtigt werden, ob die Freundesliste überschaubar ist.[300] Dabei ist Überschaubarkeit immer dann nicht gegeben, wenn der Nutzer willkürlich Personen als „Freunde" ausgewählt und akzeptiert hat, die Freundesliste also wahllos zusammengestellt wurde.[301] Die Überschaubarkeit ist außerdem abzulehnen, wenn die Freundesliste mehr als 1.500 Personen umfasst.[302] Ist weder willkürliches Verhalten des Nutzers noch eine Freundesliste mit mehr als 1.500 Personen gegeben, bedarf es einer individuellen Betrachtung des Einzelfalls. Im Rahmen dieser kann unter anderem an den Umfang des Rezipientenkreises, die Beziehung des Teilenden zu den Rezipienten sowie die Interaktionshäufigkeit zwischen Teilendem und Rezipienten angeknüpft werden.[303]

4.2.1.3 Zugänglichkeit für „Freundesfreunde"

Neben der Privatsphäre-Einstellung „Freunde" existierte zumindest auf dem sozialen Netzwerk Facebook einige Zeit die sogenannte „Freundesfreunde"-Einstellung.[304] Wurde diese gewählt, war ein geteilter Inhalt nicht nur den „Freunden" des Nutzers zugänglich, sondern auch den Personen aus den Freundeslisten der „Freunde". Der Umfang des Rezipientenkreises war folglich über die Freundeslisten festgelegt und konnte grundsätzlich als bestimmt verstanden werden. Das galt allerdings nur für den Moment, in dem der Nutzer seinen Inhalt teilte. Erweiterten seine „Freunde" später jedoch – wovon regelmäßig auszugehen war – ihre Freundesliste, wurde dadurch automatisch auch der Rezipientenkreis des geteilten Inhalts erweitert, ohne dass der Nutzer dies beeinflussen konnte. Folglich war eine abschließende Beschränkung des Rezipientenkreises und damit dessen Bestimmtheit nicht gegeben. Zwar bestand prinzipiell die Möglichkeit, die Freundeslisten der „Freunde" einzusehen, dies war allerdings angesichts der fehlenden Beständigkeit der Freundeslisten kaum zielführend. Hinzu kam außerdem, dass Freundeslisten der „Freunde" nicht immer vollumfänglich einsehbar waren, sodass der Nutzer in diesen Fällen keine Möglichkeit hatte, den tatsächlich festzustellen, wen die Daten zugänglich waren. Zusätzlich war es dem Nutzer aufgrund der dargelegten Umstände nicht möglich, den Rezipientenkreis final zu überschauen, weswegen auch nicht von einer berechtigten Vertraulichkeitserwartung ausgegangen werden konnte. Insgesamt war der Rezipientenkreis unter der „Freundes-Freunde"-Einstellung somit weder bestimmt noch überschaubar. Die so geteilten Inhalte mussten als öffentlich verstanden werden.

---

[299] Der Begriff „Freunde" wird beispielsweise bei Facebook oder Snapchat verwendet, besitzt allerdings die gleiche Wortbedeutung wie ähnlich gelagerte Begriffe in anderen Sozialen Netzwerken, etwa der Begriff „Kontakt" bei Xing oder LinkedIn. Inhaltlich nicht übereinstimmend sind jedoch die Begriffe „Follower" und „Abonnenten", wie sie bei Instagram oder YouTube verwendet werden.
[300] Eingehend zur Überschaubarkeit siehe Kap. 4.1.1.1.2.
[301] Zur Wahllosigkeit bereits unter Kap. 4.1.1.1.2.
[302] Zur Bewertung umfangreicher Freundeslisten bereits unter Kap. 4.1.1.1.2.
[303] Zu den Kriterien für die Bewertung des Einzelfalls bereits unter Kap. 4.1.1.1.2.
[304] Hierzu bereits *Hornung/Gilga*, CR 2020, 367 (369 f. Rn. 14).

4.2.1.4 Daten innerhalb von „Gruppen"

In einigen sozialen Netzwerken, etwa Facebook oder LinkedIn, besteht die Möglichkeit, unabhängig von Freundeslisten sogenannten „Gruppen" beizutreten. Dabei bezeichnet der Begriff „Gruppe" allgemeinhin einen virtueller Raum, in dem sich die Nutzer des jeweiligen sozialen Netzwerks über gemeinsame Interessen oder bestimmte Themen austauschen können.

Der Ersteller einer solchen „Gruppe" kann in der Regel darüber entscheiden, ob eine „Gruppe" geheim, geschlossen oder öffentlich ist. Als geheim ist eine „Gruppe" zu verstehen, die für Dritte nicht einsehbar ist und auch im Rahmen einer Suche nicht aufgefunden werden kann. Um Teil einer solchen „Gruppe" zu werden, muss ein Nutzer von dem Ersteller der „Gruppe" (fortan Administrator) oder einer von ihm bestimmten Person (fortan Moderator) hierzu eingeladen werden. Als geschlossen sind „Gruppen" zu bezeichnen, die durch Dritte nicht eingesehen, aber über eine Suche gefunden werden können. Um geschlossenen „Gruppen" beitreten zu können, muss ein Nutzer entweder durch den Administrator oder einen Moderator eingeladen werden oder eine Beitrittsanfrage stellen, über die der Administrator oder ein Moderator entscheidet.[305] Bei öffentlichen „Gruppen" handelt es sich um „Gruppen", die für jeden frei zugänglich und einsehbar sind.

Werden Inhalte in einer öffentlichen „Gruppe" geteilt, sind diese als öffentlich zu verstehen.[306] In diesen Fällen wurde der Zugang zu den Inhalten nicht beschränkt, weswegen sie einer nicht näher definierbaren Anzahl von Personen zugänglich sind. Der Rezipientenkreis kann somit weder als bestimmt noch als überschaubar verstanden werden.

Inhalte, die in geschlossenen „Gruppen" geteilt werden, können sowohl als öffentlich als auch als nichtöffentlich zu bewerten sein.[307] Die Erwägungen, wie sie bereits im Rahmen der Ausführungen zur Privatsphäre-Einstellung „Freunde" dargelegt wurden, können hier analog zur Anwendung kommen.[308] Der Rezipientenkreis eines in einer „Gruppe" geteilten Inhalts ist mithin aufgrund der stets einsehbaren Mitgliederliste zwar als bestimmt, allerdings nicht zwingend als überschaubar zu bewerten. So ist Überschaubarkeit insbesondere dann nicht gegeben, wenn der Administrator oder ein Moderator der „Gruppe" wahllos Mitglieder hinzufügt oder akzeptiert oder die „Gruppe" mehr als 1.500 Personen umfasst.[309] Ist dies nicht gegeben, bedarf es einer Betrachtung des Einzelfalls, in deren Rahmen eruiert werden muss, inwieweit die „Gruppen"-Mitglieder individuell ausgewählt wurden und untereinander soziale Bindungen besitzen, die auf eine berechtigte Vertraulichkeitserwartung schließen lassen. Dabei gilt allgemein, dass die Wahrscheinlichkeit einer fehlenden Überschaubarkeit umso höher ist, je mehr Administratoren und Moderatoren über eine „Gruppe" bestimmen.[310] Zudem können der Umfang der Mitgliederliste, die Beziehung der Mitglieder untereinander sowie die Interaktionshäufigkeit als Anknüpfungspunkte zur Bewertung der Überschaubarkeit herangezogen werden.[311]

Die in geheimen „Gruppen" geteilten Inhalte sind regelmäßig nicht als öffentlich einzuordnen.[312] Geheime „Gruppen" werden meist zur Planung privater Veranstaltungen oder gemeinsamer Aktivitäten genutzt. Dabei ist die Anzahl der „Gruppen"-Mitglieder für gewöhnlich

---

[305] In manchen Fällen ist es auch Gruppenmitgliedern möglich, Dritte in die Gruppe einzuladen. Allerdings liegt auch in diesen Fällen die finale Entscheidung über die Aufnahme des Dritten beim Administrator oder einem Moderator, sodass sich kein wesentlicher Unterschied zur dargestellten Situation ergibt.

[306] Ebenso *Ihwas*, Strafverfolgung in Sozialen Netzwerken, 133.

[307] Ebenso *Ihwas*, Strafverfolgung in Sozialen Netzwerken, 133.

[308] Siehe hierzu Kap. 4.2.1.2.

[309] Zur Bewertung umfangreicher Freundeslisten bereits unter Kap. 4.1.1.1.2.

[310] Vgl. *Henrichs*, Kriminalistik 2011, 622 (625); *Ihwas*, Strafverfolgung in Sozialen Netzwerken, 134.

[311] Vgl. hierzu Kap. 4.1.1.1.2.

[312] Ebenso *Ihwas*, Strafverfolgung in Sozialen Netzwerken, 134.

moderat und bleibt konstant. Außerdem ist anzunehmen, dass die Mitglieder einander kennen, wodurch auf eine gruppenbezogene Intimität sowie berechtigte Vertraulichkeitserwartungen und damit auf die Überschaubarkeit des Rezipientenkreises geschlossen werden kann.[313] An dieser Stelle ist jedoch darauf hinzuweisen, dass unter Umständen auch die in geheimen „Gruppen" geteilten Inhalte als öffentlich verstanden werden müssen. Dies ist – ebenso wie bei geschlossenen „Gruppen" – insbesondere dann der Fall, wenn einer „Gruppe" Mitglieder wahllos hinzugefügt werden oder sie mehr als 1.500 Personen umfasst.[314]

4.2.2 Daten von einfachen Webseiten, Foren und Blogs

Neben den klassischen sozialen Netzwerken, die sich weiterhin großer Beliebtheit erfreuen,[315] sind einfache Webseiten[316], Foren[317] und Blogs[318] nach wie vor von bedeutender Relevanz.[319]

Die dort geteilten Daten sind entsprechend der bereits dargelegten Definition als öffentlich zu kategorisieren, wenn der Kreis der Rezipienten weder bestimmt noch überschaubar ist.[320] Wie schon an anderer Stelle ausgeführt, fehlt es vor allem dann an der Bestimmtheit eines Rezipientenkreises, wenn der Zugang zu den geteilten Inhalten nicht beschränkt wurde und diese somit jedermann offenstehen.[321] Insbesondere eine Pflicht zur Registrierung ist dabei allerdings nicht als Beschränkung zu verstehen, sofern hierbei nicht an zusätzliche Voraussetzungen angeknüpft wird, die den Zugang tatsächlich auf einen bestimmten Personenkreis begrenzen.[322] Wurde die Bestimmtheit des Rezipientenkreises festgestellt, ist zur Ermittlung, ob die geteilten Inhalte als öffentlich zu verstehen sind, die Überschaubarkeit des Rezipientenkreises in den Blick zu nehmen. Die Prüfung dieses Kriteriums verhält sich in Bezug auf Webseiten, Foren und Blogs ebenso wie in Bezug auf die „Freunde"-Einstellung in sozialen Netzwerken. An dieser Stelle wird daher auf weitere Ausführungen verzichtet und auf die diesbezüglichen Erläuterungen verwiesen.[323]

4.2.3 Zeitlich begrenzte Veröffentlichung

Wurde ein Inhalt einmal veröffentlicht, ist dessen Verfügbarkeit nicht zwingend dauerhaft gegeben, sondern kann durch späteres Löschen zeitlich begrenzt sein. Es stellt sich daher die Frage, inwiefern einst öffentliche Daten, die nicht mehr abrufbar sind, einer Neubewertung unterzogen werden müssen.

Bereits unter der alten Rechtslage war diese Frage nicht unumstritten. Überwiegend wurde allerdings vertreten, dass einmal veröffentlichte Daten ihre Eigenschaft als öffentlich nicht

---

[313] Siehe zur Gruppenintimität *Henrichs*, Kriminalistik 2011, 622 (625).
[314] Zur Wahllosigkeit bereits unter Kap. 4.1.1.1.2.
[315] Vgl. *DataReportal*, Global Overview Report, 207.
[316] Webseiten sind durch HTML erstellte und strukturierte Web-Objekte, die digitale Informationen in Form von Dokumenten oder Datenbeständen enthalten, welche ein Nutzer über einen Webbrowser einsehen kann, hierzu bereits unter Kap. 2.1.2.
[317] Foren sind Webseiten, die auf den Meinungs- und Informationsaustausch zwischen beliebig vielen Personen zu einem bestimmten Thema ausgerichtet sind, siehe *Ceyp/Scupin*, in: Ceyp/Scupin (Hrsg.), Erfolgreiches Social Media Marketing, 23 (40); *Lackes*, Begriffsdefinition Forum.
[318] Ein Blog ist eine Webseite mit chronologisch sortierten Beiträgen, die ähnlich einem Tagebuch regelmäßig aktualisiert werden und sich inhaltlich mit diversen Themen (etwa dem Privatleben des Blogautors oder gesellschaftlichen Anliegen) befassen, siehe *Ceyp/Scupin*, in: Ceyp/Scupin (Hrsg.), Erfolgreiches Social Media Marketing, 23 (23 ff.); *Ihwas*, Strafverfolgung in Sozialen Netzwerken, 47.
[319] Vgl. *Faktenkontor*, Umfrage zur Nutzung von Blogs nach Altersgruppen in Deutschland 2017; *Faktenkontor*, Umfrage zur Nutzung von Internetforen nach Altersgruppen in Deutschland 2017.
[320] Zur datenschutzrechtlichen Definition des Begriffs Öffentlichkeit siehe Kap. 4.1.2.
[321] Hierzu bereits unter Kap. 4.1.1.1.1.
[322] Zur grundsätzlichen Unbeachtlichkeit des Registrierungserfordernisses bereits unter Kap. 4.1.1.1.1.
[323] Siehe hierzu Kap. 4.2.1.2.

4.2 Einordnung von Daten als datenschutzrechtlich öffentlich

verlieren.[324] Dieser Auffassung ist sowohl nach alter als auch nach aktueller Rechtslage zu folgen. Andernfalls wäre vor einer Verwendung ursprünglich öffentlicher Daten stets zu prüfen, ob diese noch immer frei verfügbar sind. Hierdurch ergäbe sich eine erhebliche Belastung für den Verantwortlichen. Eine solche ist allerdings in Anbetracht des Umstands, dass der veröffentlichenden Person das Bewusstsein unterstellt werden kann, dass Dritte von ihren öffentlichen Daten Kenntnis nehmen und sie gegebenenfalls verarbeiten, nicht vertretbar. Vielmehr ist es daher geboten, einmal veröffentlichte Daten auch nach einer Löschung weiterhin als öffentlich einzuordnen. Allerdings kann der Umstand der Löschung bei der datenschutzrechtlichen Bewertung der Verarbeitung einbezogen werden.[325]

Eine Ausnahme vom Prinzip der anhaften bleibenden Öffentlichkeit könnte allenfalls dann vorliegen, wenn von vornherein ersichtlich ist, dass die Veröffentlichung nur für eine begrenzte Zeitspanne vorgesehen ist. Dies ist beispielsweise bei sogenannten „Storys" auf Instagram[326], Facebook[327] oder TikTok[328] der Fall, im Rahmen welcher Fotos oder Videos stets nur für eine Dauer von 24 Stunden verfügbar sind und anschließend vom Profil des Teilenden verschwinden. Hierbei macht die veröffentlichende Person die Daten zwar zunächst einem unbestimmten Rezipientenkreis zugänglich. Gleichzeitig jedoch ist offensichtlich, dass es in ihrer Absicht liegt, den Zugang zeitlich zu begrenzen.[329] Im Unterschied zur nachträglichen Löschung von ursprünglich dauerhaft veröffentlichten Daten würde der Verantwortliche somit nicht unverhältnismäßig mit der Feststellung belastet, ob die Daten noch immer frei zugänglich sind. Dies legt nahe, die Inhalte nach Zeitablauf nicht mehr als öffentlich zu verstehen. Wird allerdings einbezogen, dass die veröffentlichende Person auch im Falle einer zeitlich begrenzten Veröffentlichung keine berechtigten Vertraulichkeitserwartungen besitzen kann, verbietet sich eine solche Einordnung. So kann die veröffentlichende Person letztlich nicht absehen, welche und wie viele Personen ihren Inhalt innerhalb der vorgesehenen Öffentlichkeit abrufen. Für sie ist es folglich unerheblich, ob die Daten während oder nach dem Ablauf der vorgesehenen Zeitspanne eingesehen werden. Die Öffentlichkeit bleibt den Daten somit auch bei einer zeitlich begrenzten Veröffentlichung anhaften. Der Umstand der zeitlichen Begrenzung kann allerdings bei der datenschutzrechtlichen Bewertung der Verarbeitung berücksichtigt werden,[330] um der eindeutigen Handlung der veröffentlichenden Person ausreichend Rechnung zu tragen.[331]

4.2.4 Einordnung als offensichtlich durch die betroffene Person veröffentlicht

Wurde festgestellt, dass es sich um öffentliche Daten handelt, stellt sich im zweiten Schritt die Frage, ob diese durch die betroffene Person selbst veröffentlicht wurden und somit Daten i.S.v. Art. 9 Abs. 2 lit. e DSGVO vorliegen.

Für einen außenstehenden Beobachter wird im Falle von sozialen Netzwerken, Webseiten, Blogs und Foren häufig offensichtlich erkennbar sein, ob die betroffene Person selbst oder ein

---

[324] *Kammergericht Berlin*, ZD 2013, 189 (190); *LG Dessau-Roßlau*, BeckRS 2014, 6747; *Klas*, Grenzen der Erhebung und Speicherung allgemein zugänglicher Daten, 35; *Ehmann*, in: Simitis (Hrsg.), BDSG, Altauflage, § 29 BDSG a.F. Rn. 192; a.A. *Kramer*, in: Eßer/Kramer/von Lewinski (Hrsg.), BDSG, Altauflage, § 28 BDSG a.F. Rn. 15; *Wolff*, in: Wolff/Brink (Hrsg.), BeckOK DSR, Altauflage, § 28 BDSG a.F. Rn. 85.
[325] *Hornung/Gilga*, CR 2020, 367 (370 Rn. 18).
[326] Vgl. *Instagram*, Stories.
[327] Vgl. *Facebook*, Stories.
[328] Vgl. *TikTok*, TikTok Stories.
[329] Im Falle einer Instagram-„Story" kann dies zum einen der „Story" selbst entnommen werden, da innerhalb dieser angezeigt wird, wie lange der Inhalt noch verfügbar ist. Zum anderen liegt es in der Natur der „Story", die Inhalte zeitlich begrenzt sichtbar zu machen, weswegen schon aus der Nutzung dieser Interaktionsmöglichkeit darauf geschlossen werden kann, dass eine zeitliche Begrenzung beabsichtigt ist.
[330] Eingehend zur Rechtmäßigkeit der Verarbeitung öffentlicher personenbezogener Daten unter Kap. 8.
[331] *Hornung/Gilga*, CR 2020, 367 (370 Rn. 18).

Dritter die Daten bereitgestellt hat. So werden die Beiträge auf diesen Plattformen meist direkt unter dem Namen des Autors veröffentlicht. Zwar ist es in der Regel nicht möglich, sämtliche Restzweifel in Bezug auf die tatsächliche Identität des Veröffentlichenden auszuräumen. So ist beispielsweise denkbar, dass eine Person online den Namen eines anderen annimmt und dadurch bei Dritten den fehlgeleiteten Anschein erweckt, die Inhalte würden von diesem stammen. Da sich die gleiche Problematik jedoch auch bei analogen Medien ergibt, kann nicht davon ausgegangen werden, dass bei der Einordnung von Daten als offensichtlich durch die betroffene Person veröffentlicht keine Restzweifel bestehen bleiben dürfen. Vielmehr muss ausreichen, wenn alle verfügbaren Informationen bei einem außenstehenden Beobachter den berechtigten Anschein erwecken, dass die Veröffentlichung durch die betroffene Person selbst vorgenommen wurde.[332]

Handelt es sich hingegen um eine Webseite oder einen Blog, bei dem (grundsätzlich) personenbezogene Daten Dritter veröffentlicht werden und nicht die Autoren selbst im Mittelpunkt ihrer Beiträge stehen, liegen in der Regel einfache öffentliche Daten vor. Um Daten i.S.v. Art. 9 Abs. 2 lit. e DSGVO handelt es sich nur, wenn unmittelbar ersichtlich ist, dass die betroffene Person die Veröffentlichung selbst veranlasst hat.[333]

4.3 Bedeutung öffentlicher Daten im Datenschutzrecht

In Bezug auf die Bedeutung der öffentlichen personenbezogenen Daten ist nach der praktischen sowie der rechtlichen Relevanz zu differenzieren. Auf praktischer Ebene lässt sich eine hohe Relevanz öffentlicher personenbezogener Daten konstatieren, die sich insbesondere aus zwei Umständen ergibt. Zum einen existiert im Web eine unüberschaubar große Menge frei verfügbarer personenbezogener Daten, die im Zuge der weltweit großen Verbreitung[334] des Internets und der zunehmenden Bereitschaft[335] von Menschen, persönlich Inhalte öffentlich zu teilen, stetig anwächst.[336] Zum anderen haben viele öffentliche[337] wie nichtöffentliche[338] Stellen bereits seit einiger Zeit erkannt, dass öffentlichen Daten ein signifikanter Informationsmehrwert innewohnt. In der Folge rückt der Fokus der Aufmerksamkeit zunehmend auf die Möglichkeiten zur Nutzbarmachung dieser Daten. Technologien, die wie das Monitoring[339] die Auswertung öffentlicher Daten automatisiert und zielgerichtet vornehmen, kommen daher vermehrt zum Einsatz. Im Zusammenspiel mit der anwachsenden Menge öffentlicher Daten ist daher davon auszugehen, dass die praktische Bedeutung öffentlicher Daten in Zukunft weiter zunehmen wird.

Auf rechtlicher Ebene ist zunächst festzuhalten, dass öffentliche Daten innerhalb der DSGVO lediglich in Art. 9 Abs. 2 lit. e und Art. 17 Abs. 2 Berücksichtigung finden. Die erstgenannte Norm hebt das Verbot der Verarbeitung besonderer Kategorien personenbezogener Daten auf, sofern diese offensichtlich durch die betroffene Person öffentlich gemacht wurden. Die zweitgenannte Norm verpflichtet einen Verantwortlichen, der personenbezogene Daten veröffentlicht hat, im Falle einer Löschpflicht andere Verantwortliche zu informieren. Die Öffentlichkeit von Daten bewirkt somit zum einen – die Veröffentlichung durch die betroffene Person vorausgesetzt – eine gewisse Privilegierung bei der Verarbeitung besonderer Kategorien

---

[332] *Hornung/Gilga*, CR 2020, 367 (370 Rn. 16); vgl. auch Kap. 4.1.1.2.2.
[333] Eingehender zur Offensichtlichkeit siehe Kap. 4.1.1.2.2.
[334] Eingehender zur Verbreitung des Internets siehe Kap. 1.
[335] Zu den psychologischen Hintergründen der Öffnung des Privatlebens für die Öffentlichkeit siehe Kap. 3.3.
[336] Vgl. *IDC*, Volumen der jährlich generierten/replizierten digitalen Datenmenge weltweit von 2010 bis 2022 und Prognose bis 2027.
[337] Zu der Verwendung öffentlicher Daten durch öffentliche Stellen siehe Kap. 2.6.1.
[338] Zu der Verwendung öffentlicher Daten durch nichtöffentliche Stellen siehe Kap. 2.6.2.
[339] Eingehend zum Monitoring und seiner Funktionsweise siehe Kap. 2.2 und 2.4.

4.3 Bedeutung öffentlicher Daten im Datenschutzrecht

personenbezogener Daten. Zum anderen resultiert sie, sofern die betreffenden Daten durch einen Verantwortlichen veröffentlicht wurden, im Fall einer Löschpflicht in einer Nachberichtspflicht. Vor diesem Hintergrund und insbesondere da sich – anders als nach der alten Rechtslage – keine allgemeine Privilegierung für die Verarbeitung von öffentlichen Daten findet,[340] scheint die rechtliche Bedeutung öffentlicher Daten somit zunächst sehr begrenzt. Bei genauerer Betrachtung ergibt sich jedoch ein differenzierteres Bild.

Dem Art. 9 Abs. 2 lit. e DSGVO liegt das allgemeine Verständnis zugrunde, dass Personen, die ihre Daten eigenständig im Internet veröffentlichen, ein geringer ausgeprägtes Schutzbedürfnis bezüglich dieser besitzen.[341] Diese Wertung ist faktisch plausibel, da davon ausgegangen werden kann, dass eine Person, die Details über ihr Privatleben öffentlich preisgibt, damit rechnet, dass diese durch eine Vielzahl von ihr auch unbekannten Menschen wahrgenommen und möglicherweise verwendet werden. Dagegen erwartet eine Person, die ihre persönlichen Informationen nicht der Öffentlichkeit preisgibt, dass diese privat bleiben, weswegen ihr grundsätzlich eine höhere Schutzwürdigkeit zuzusprechen ist. Über Art. 9 Abs. 2 lit. e DSGVO erkennt der europäische Gesetzgeber somit normativ eine faktische Abstufung des Schutzbedürfnisses infolge der durch die betroffene Person gewollten Öffentlichkeit an. Dieses steht auch im Einklang mit der in Art. 5 Abs. 1 Satz 1 HS 2 GG und Art. 11 Abs. 1 Satz 2 GRCh statuierten Informationsfreiheit, durch welche der Verantwortliche zumindest grundsätzlich davon ausgehen darf, dass er Daten, auf die er ohne wesentliche Zugangsbeschränkung zugreifen kann,[342] verarbeiten darf.[343]

Die Wertung des europäischen Gesetzgebers bezieht sich im Gesetzestext zwar lediglich auf die Aufhebung des Verarbeitungsverbots nach Art. 9 Abs. 1 DSGVO. Daraus lässt sich jedoch nicht schließen, dass eine durch die betroffene Person vorgenommene Veröffentlichung nur in diesem Kontext von Bedeutung ist. Vielmehr muss der Gedanke der verminderten Schutzwürdigkeit der betroffenen Person bei selbst vorgenommener Veröffentlichung, da er sogar für die besonders geschützten besonderen Kategorien personenbezogener Daten gilt,[344] erst recht in Bezug auf einfache personenbezogene Daten im Rahmen der allgemeinen Rechtmäßigkeitstatbestände[345] als ein Kriterium berücksichtigt werden.[346] Dabei ist jedoch zu betonen, dass die Tatsache, dass Daten durch die betroffene Person veröffentlicht wurden, nicht zwangsläufig zur Rechtmäßigkeit der jeweiligen Verarbeitung führt. Dieser Umstand ist vielmehr lediglich einer von vielen Aspekten einer Verarbeitung, die bei der Bewertung der Rechtmäßigkeit einbezogen werden müssen. Insofern kann Verarbeitung solcher Daten durchaus auch unzulässig sein.

Im Unterschied zu offensichtlich durch die betroffene Person öffentlich gemachten Daten wurden einfache öffentliche Daten nicht ausdrücklich in der DSGVO berücksichtigt. Vor dem Hintergrund des dem Art. 9 Abs. 2 lit. e DSGVO zugrundeliegenden Gedanken ist allerdings auch in Bezug auf einfache öffentliche Daten von einer verminderten Schutzbedürftigkeit der

---

[340] Zur Privilegierung nach alter Rechtslage vgl. § 10 Abs. 5 Satz 2, § 13 Abs. 2 Nr. 4, § 14 Abs. 2 Nr. 5, § 28 Abs. 1 Satz 1 Nr. 3, Abs. 3 Satz 2 Nr. 1, § 29 Abs. 1 Satz 1 Nr. 2, § 30 Abs. 2 Nr. 2, § 30a Abs. 1 Satz 1 Nr. 2, Abs. 2, § 33 Abs. 2 Satz 1 Nr. 7 lit. a, Nr. 8 lit. a, Nr. 9, § 35 Abs. 6, § 43 Abs. 2 Nr. 1-4 BDSG a.F.

[341] Vgl. OVG Hamburg Urt. v. 07.10.2019, Az. 5 Bf 279/17, BeckRS 2019, 36126 Rn. 73.

[342] Zur Begrenzung der Informationsfreiheit auf allgemein zugängliche Inhalte *Thiele*, in: Pechstein/Nowak/Häde (Hrsg.), Frankfurter Kommentar, Band I, 11 GRCh Rn. 13; *Jarass*, in: Jarass (Hrsg.), GRCh, Art. 11 Rn. 15; *Calliess*, in: Calliess/Ruffert (Hrsg.), EUV/AEUV, 11 GRCh Rn. 13.

[343] Vgl. hierzu *Hornung/Gilga*, CR 2020, 367 (376 Rn. 54).

[344] Eingehend zu den Anforderungen an die Verarbeitung besonderer Kategorien personenbezogener Daten siehe Kap. 8.2.

[345] Eingehend zur Rechtmäßigkeit der Verarbeitung öffentlicher personenbezogener Daten unter Kap. 8.

[346] Vgl. *Schwarz*, ZD 2018, 353 (355); *Hornung/Gilga*, CR 2020, 367 (376 Rn. 54); *Busse/Dallmann*, ZD 2019, 394 (395 f.); *Gola*, NZA 2019, 654 (656).

betroffenen Person auszugehen,[347] wenn auch in geringerem Umfang als bei einer Veröffentlichung durch die betroffene Person selbst.[348] Dies ergibt sich zum einen aus logischen Erwägungen. So ist es nur plausibel, dass das Schutzbedürfnis in Bezug auf privat gehaltene Daten größer ist als in Bezug auf öffentliche Daten, während das Schutzbedürfnis in Bezug auf Daten, die durch die betroffene Person öffentlich gemacht wurden, geringer ist als in Bezug auf Daten, über deren Veröffentlichung die betroffene Person nicht selbst entschieden hat. Zum anderen machte der EuGH bereits mehrfach deutlich, dass ein Eingriff in die Grundrechte aus Art. 7 und 8 GRCh[349] weniger schwer wiegt, wenn die personenbezogenen Daten öffentlich sind.[350] Das Gericht differenziert dabei nicht danach, wer die Veröffentlichung vorgenommen hat, sondern stellte allgemein auf die Öffentlichkeit der Daten ab. Das verringerte Eingriffsgewicht begründete der EuGH mit einer verringerten Bedeutung öffentlicher Daten für die Privatsphäre der betroffenen Person und erkennt somit die hinter den dargelegten faktischen Erwägungen stehende Logik normativ an. Dieser Logik folgt auch der deutsche Gesetzgeber. Indem er gem. Art. 42 Abs. 1 und Abs. 2 BDSG die Strafbarkeit für eine Verarbeitung ausschließt, wenn die Daten allgemein zugänglich sind, macht er deutlich, dass einfache öffentliche Daten auch nach seiner Auffassung nicht in selbem Maße ein Vertraulichkeitsbedürfnis hervorrufen wie privat gehaltene Daten.[351] Hinzu kommt außerdem, dass die über Art. 5 Abs. 1 Satz 1 HS 2 GG und Art. 11 Abs. 1 GRCh garantierte Informationsfreiheit öffentliche Daten unabhängig davon erfasst, wer sie veröffentlicht hat.[352] Auch vor diesem Hintergrund ist es daher grundsätzlich nicht geboten, einfache öffentliche Daten wie privat gehaltene Daten zu behandeln.

Insgesamt ist damit die Öffentlichkeit von Daten, die nicht durch die betroffene Person veröffentlicht wurden, ebenfalls bei der datenschutzrechtlichen Bewertung der Rechtmäßigkeit im Rahmen der allgemeinen Erlaubnistatbestände als ein Kriterium zugunsten des Verantwortlichen zu berücksichtigen. Dabei gilt jedoch – entsprechend der dargelegten abgestuften Schutzwürdigkeit –, dass die Schutzwürdigkeit der betroffenen Person in Bezug auf durch sie öffentlich gemachten Daten erheblicher verringert wird als in Bezug auf einfache öffentliche Daten.

Im Ergebnis ist somit festzuhalten, dass die Öffentlichkeit von personenbezogenen Daten stets die Rechtmäßigkeit einer Datenverarbeitung – wenn auch nur als ein Kriterium unter mehreren – beeinflusst. In welchem Umfang dieser Einfluss wirkt, ist im weiteren Verlauf dieser Arbeit Gegenstand der Untersuchung.

---

[347] Vgl. *Venzke-Caprarese,* in: Schläger/Thode (Hrsg.), Handbuch Datenschutz und IT-Sicherheit, 449 (485 Rn. 301).
[348] Vgl. *Hornung/Gilga,* CR 2020, 367 (377 Rn. 56).
[349] Näher zu Art. 7 und 8 GRCh siehe Kap. 6.2.2 und Kap. 6.2.3.
[350] EuGH, Urt. v. 11.12.2019, Az. C-708/18, ZD 2020, 148 (150 Rn. 54 f.); EuGH, Urt. v. 04.05.2017, Az. C-13/16, DAR 2017, 698 (700 Rn. 32); EuGH, Urt. v. 24.11.2011, Az. C-468/10 und C-469/10, ZD 2012, 33 (35 Rn. 44 f.).
[351] *Brodowski/Nowak,* in: Wolff/Brink/von Ungern-Sternberg (Hrsg.), BeckOK DSR, § 42 BDSG Rn. 25.
[352] Hierzu *Hornung/Gilga,* CR 2020, 367 (377 Rn. 56) m.w.N.

ABSCHNITT 3
GRUNDRECHTLICHER RAHMEN

5 Grundlegendes zu den Grundrechten

Die rechtliche Bewertung des Monitorings wird maßgeblich durch die Grundrechte bestimmt. Nachfolgend wird daher untersucht, welche Grundrechte beim Einsatz von Monitoring zum Tragen kommen können und welche Vorgaben sich hieraus für die Rechtmäßigkeit der mit dem Monitoring einhergehenden Datenverarbeitung ergeben. Zwar wird das Datenschutzrecht in erster Linie durch europäisches Recht bestimmt, allerdings lässt dieses den Mitgliedstaaten einige Gestaltungsräume, in welchen nationale Grundrechte relevant werden können.[353] Daher sind sowohl die grundrechtlichen Vorgaben auf deutscher als auch auf europäischer Ebene zu berücksichtigen. Im Vordergrund der Untersuchung steht dabei der Einfluss des Umstands, dass sämtliche beim Monitoring verarbeiteten (personenbezogenen) Daten öffentlich im Web zugänglich sind. Bevor jedoch auf die einzelnen Grundrechte eingegangen wird, erfolgt zunächst eine kurze Darstellung des Verhältnisses der einzelnen Grundrechtsquellen zueinander sowie der Wirkung der Grundrechte.

5.1 Zusammenspiel nationaler und europäischer Grundrechte

Wie sich die Rechtsordnungen der Mitgliedstaaten zum Unionsrecht verhalten, ist bislang nicht in einem formellen Rechtsakt geregelt. Lediglich den Erklärungen zur Schlussakte der Regierungskonferenz, die den am 13. Dezember 2007 unterzeichneten Vertrag von Lissabon angenommen hat, ist unter Punkt 17 zu entnehmen, dass dem Unionsrecht Vorrang vor dem nationalen Recht zukommt.[354] Trotz der fehlenden gesetzlichen Verankerung ist dieser Anwendungsvorrang allgemeinhin anerkannt.[355] Es handelt sich hierbei um ein ungeschriebenes Grundprinzip des Unionsrechts, welches sich sowohl auf einfachgesetzliches Recht als auch auf Recht von Verfassungsrang erstreckt.[356]

Da es keine ausdrückliche Regelung gibt, die den Anwendungsvorrang näher bestimmt, existiert für diesen keine einheitliche Herleitung. Die Erklärungen zur Schlussakte der Regierungskonferenz orientierten sich allerdings an der Rechtsprechung des EuGH. Dieser stellte bereits frühzeitig heraus, dass das Unionsrecht als autonome Rechtsordnung zu verstehen ist, welche von den Mitgliedstaaten bewusst unter Aufgabe von Souveränitätsrechten geschaffen wurde. Um die Verwirklichung der für die Mitgliedstaaten verbindlichen Vertragsziele nicht zu gefährden,[357] entschied der EuGH daher, entgegenstehende Normen nicht anzuwenden.[358]

Auch in Deutschland ist anerkannt, dass durch den Zusammenschluss zur Union eine eigenständige Rechtsordnung entstanden ist, die in die innerstaatliche Rechtsordnung hineinwirkt und von den deutschen Gerichten zu berücksichtigen ist.[359] Damit sich dieses europäische Recht wirksam entfalten kann, hat nationales Recht hinter europäischem Recht zurückzutreten.[360] Eine solche Wirkung von supranationalem Recht ist aus verfassungsrechtlicher Sicht jedoch

---

[353] Eingehend zum Zusammenspiel nationaler und europäischer Grundrechte siehe Kap. 5.1.
[354] Erklärungen zur Schlussakte der Regierungskonferenz, ABl. (EU), C 326/337 (346).
[355] EuGH, Urt. v. 15.07.1964, Az. C-6/64, BeckRS 1964, 105086 Rn. 48; EuGH, Urt. v. 09.03.1978, Az. 106/77, BeckRS 2004, 70669 Rn. 21/23; BVerfGE 73, 339 (374 f.); 118, 79 (95); 121, 1 (15); 123, 267 (398); *Herdegen*, Europarecht, § 10 Rn. 1; *Hakenberg*, Europarecht, Rn. 232 ff.; *Streinz*, Europarecht, Rn. 209 ff.; *Roßnagel*, MMR 2015, 359 (359 f.); *Hwang*, EuR 2016, 355 (356 f.).
[356] EuGH, Urt. v. 17.12.1970, Az. 11/70, NJW 1971, 343 (343); BVerfGE 73, 339 (374 f.); 118, 79 (95); 121, 1 (15); 123, 267 (398); *Ruffert*, in: Calliess/Ruffert (Hrsg.), EUV/AEUV, Art. 1 AEUV Rn. 16; *Herdegen*, Europarecht, § 10 Rn. 1 f.; näher zum Verhältnis nationaler Grundrechte und Unionsgrundrechte *Hakenberg*, Europarecht, 240 f.
[357] EuGH, Urt. v. 15.07.1964, Az. 6/64, NJW 1964, 2371 (2372).
[358] EuGH, Urt. v. 15.07.1964, Az. C-6/64, BeckRS 1964, 105086 Rn. 44 ff.
[359] BVerfGE 22, 293 (296); 21, 145 (173 f.).
[360] BVerfGE 126, 286 (301).

© Der/die Autor(en), exklusiv lizenziert an Springer
Fachmedien Wiesbaden GmbH, ein Teil von Springer Nature 2025
C. Gilga, *Die Rechtmäßigkeit der Verarbeitung von öffentlichen Personenbezogenen Daten aus dem Internet*, DuD-Fachbeiträge, https://doi.org/10.1007/978-3-658-48663-1_5

5.1 Zusammenspiel nationaler und europäischer Grundrechte

nur zulässig, wenn eine entsprechende gesetzliche Ermächtigungsgrundlage dies gestattet. Eine solche wurde mit Art. 23 Abs. 1 GG geschaffen. Demnach ist es zur Verwirklichung eines geeinten Europas erlaubt, Hoheitsrechte auf eine zwischenstaatliche Einrichtung zu übertragen.[361]

Im Zuge des Anwendungsvorrangs wird grundsätzlich zwischen direkten und indirekten Normkollisionen unterschieden. Sehen das Unionsrecht und das nationale Recht auf demselben Rechtsgebiet einander widersprechende Rechtsfolgen vor, ist eine direkte Normenkollision gegeben.[362] In diesen Fällen sieht der Anwendungsvorrang vor, dass ausschließlich europäisches Recht anzuwenden ist.[363] Regeln nationale und europäische Normen unterschiedliche Sachmaterien, finden aber auf den gleichen Sachverhalt Anwendung und sehen für diesen unterschiedliche Rechtsfolgen vor, liegt hierin eine indirekte Normkollision.[364] Auch hier muss das nationale Recht aufgrund des Anwendungsvorrangs unangewendet bleiben.[365]

In Deutschland[366] wird der Anwendungsvorrang jedoch nicht schrankenlos gewährleistet. So endet dieser laut der Rechtsprechung des BVerfG, wenn durch eine europäische Regelung in die tragende Grundstruktur und Identität der Verfassung eingegriffen wird (Identitätskontrolle).[367] Ebenso kommt der Anwendungsvorrang nach Auffassung des BVerfG nicht zur Geltung, wenn gegen das Prinzip der begrenzten Einzelermächtigung gem. Art. 5 EUV verstoßen wird, also die Organe der Union außerhalb der ihr vom nationalen Gesetzgeber übertragenen Kompetenzen handeln (Ultra-vires-Kontrolle).[368]

Des Weiteren führt der Anwendungsvorrang nicht dazu, dass europäisch geprägtes Recht einer Überprüfung durch das BVerfG entzogen wäre. Soweit den Mitgliedstaaten bei der Umsetzung von Unionsrecht durch Umsetzungsspielräume eigene Regelungskompetenzen zukommen, prüft das BVerfG das auf dieser Grundlage geschaffene deutsche Recht anhand der deutschen Grundrechte,[369] legt diese allerdings im Zuge ihrer Völker- und Europarechtsfreundlichkeit im Lichte der GRCh aus.[370] Sieht das Unionsrecht hingegen keine Gestaltungsspielräume für die Mitgliedstaaten vor, regelt also eine Materie abschließend, kann es nicht anhand nationaler Grundrechte geprüft werden. Dies gilt, solange auf Unionsebene ein angemessener Grundrechtsschutz gewährleistet ist.[371] Angesichts der in Art. 23 Abs. 1 GG verankerten Integrationsverantwortung behält sich das BVerfG jedoch vor, vollständig determiniertes Unionsrecht im Rahmen einer Verfassungsbeschwerde anhand von europäischen Grundrechten zu prüfen.[372]

---

[361] BVerfGE 89, 155 (172); 123, 276 (397); 126, 286 (302); *Herdegen*, Europarecht, § 10 Rn. 19.

[362] *Ehlers*, in: Schulze/Janssen/Kadelbach (Hrsg.), Europarecht, § 11 Rn. 12; *Frenz*, Europarecht, Rn. 144; *Ruffert*, in: Calliess/Ruffert (Hrsg.), EUV/AEUV, Art. 11 EUV Rn. 22; *Roßnagel*, MMR 2015, 359 (360).

[363] *Kruis*, Der Anwendungsvorrang des EU-Rechts in Theorie und Praxis, 99; *Frenz*, Europarecht, Rn. 144; *Ruffert*, in: Calliess/Ruffert (Hrsg.), EUV/AEUV, Art. 11 EUV Rn. 22.

[364] *Frenz*, Europarecht, Rn. 144; *Ehlers*, in: Schulze/Janssen/Kadelbach (Hrsg.), Europarecht, § 11 Rn. 12; dem folgend *Kruis*, Der Anwendungsvorrang des EU-Rechts in Theorie und Praxis, 100.

[365] *Frenz*, Europarecht, Rn. 144; *Ruffert*, in: Calliess/Ruffert (Hrsg.), EUV/AEUV, Art. 11 EUV Rn. 21 f.; *Jarass/Beljin*, NVwZ 2004, 1 (4); differenzierter *Ehlers*, in: Schulze/Janssen/Kadelbach (Hrsg.), Europarecht, § 11 Rn. 44.

[366] Siehe zur Anerkennung des Anwendungsvorrangs in den anderen Mitgliedstaaten *Kruis*, Der Anwendungsvorrang des EU-Rechts in Theorie und Praxis, 54 ff.

[367] BVerfGE 37, 271 (279); 73, 339 (387); 123, 267 (353 f.); 140, 317 (341); 154, 17 (86, 93 f.).

[368] BVerfGE 89, 155 (188); 123, 267 (353 f.); 126, 286 (308); 142, 123 (207); 154, 17 (88 ff.).

[369] BVerfGE 121, 1 (15); 125, 260 (306 f.); 152, 152 (168 Rn. 39).

[370] BVerfGE 152, 152 (177 ff.).

[371] Grundlegend hierzu BVerfGE 37, 271 (285); 73, 339 (387); diese Rspr. weiterführend BVerfGE 118, 79 (95); 102, 147 (162); 121, 1 (15).

[372] BVerfGE 152, 216 (237 ff.).

5.2 Zusammenspiel europäischer Grundrechte

Auf europäischer Ebene sind bei einer Betrachtung der Grundrechte neben den Bestimmungen der GRCh auch diejenigen der EMRK einzubeziehen. Dabei steht die GRCh gem. Art. 6 Abs. 1 HS 2 UAbs. 1 EUV den Gründungsverträgen der Union gleich und ist daher als verbindlicher Teil des europäischen Primärrechts zu verstehen. Die Regelungen der EMRK hingegen sind gem. Art. 6 Abs. 3 EUV lediglich als allgemeine Grundsätze des Unionsrechts anerkannt. Sie sind daher der GRCh nachrangig, haben aber Vorrang vor europäischem Sekundärrecht.[373] Solange die EMRK nicht europäischen Primär- oder Sekundärrechts ist, ist sie nicht als Rechtsquelle zu verstehen, sondern stellt bloß eine Rechtserkenntnisquelle dar, die von den Mitgliedstaaten der Union bei der Auslegung und Anwendung des Unionsrechts zu berücksichtigen ist.[374] Sie bildet mithin den Referenzpunkt zur autonomen Anwendung und Auslegung der GRCh.[375]

Soweit die in der GRCh vorgesehenen Rechte denen der EMRK entsprechen, kommt ihnen gem. Art. 52 Abs. 3 Satz 1 GRCh die gleiche Bedeutung und Tragweite zu wie im Rahmen der EMRK.[376] Dies gilt sowohl hinsichtlich des jeweiligen Schutzumfangs als auch hinsichtlich der Schrankenregelungen.[377] Dabei gilt, dass die GRCh den in der EMRK gewährten Schutz nicht unterschreiten sowie nicht hinter den Regelungen der EMRK zurückbleiben darf.[378] Die EMRK bildet folglich die Untergrenzen des europäischen Grundrechtsschutzes ab.[379] Um beurteilen zu können, welchen konkreten Schutz die EMRK im Einzelfall gewährleistet, ist nicht nur auf die jeweilige Norm selbst, sondern auch auf die dazugehörige Rechtsprechung des EGMR abzustellen.[380] Insoweit handelt es sich bei Art. 52 Abs. 3 GRCh um eine dynamische Verweisung, die sich sowohl auf die vorausgegangene als auch die zukünftige Rechtsprechung des EGMR bezieht.[381] Im Rahmen der nachfolgenden Untersuchung der relevanten Grundrechte werden die einzelnen Grundrechte der EMRK sowie die dazugehörige Rechtsprechung ausschließlich als Auslegungshilfe für die Grundrechte nach der GRCh genutzt, jedoch nicht im Einzelnen und für sich genommen betrachtet.

---

[373] *Pache/Rösch*, EuR 2009, 769 (285); dem folgend *Hatje*, in: Schwarze et al. (Hrsg.), EU-Kommentar, Art. 6 EUV Rn. 11.

[374] *Streinz*, in: Streinz (Hrsg.), EUV/AEUV, Art. 6 EUV Rn. 25; *Jarass*, in: Jarass (Hrsg.), GRCh, Einleitung Rn. 40; *Kingreen*, in: Calliess/Ruffert (Hrsg.), EUV/AEUV, Art. 6 EUV Rn. 7; dem folgend *Hatje*, in: Schwarze et al. (Hrsg.), EU-Kommentar, Art. 6 EUV Rn. 11; vgl. EuGH, Urt. v. 29.05.1997, Az. C 299/95, BeckRS 2004, 76129 Rn. 14.

[375] *Schorkopf*, in: Grabitz/Hilf/Nettesheim (Hrsg.), EU-Recht, Art. 6 EUV Rn. 57.

[376] Siehe hierzu auch die Erläuterungen zur Charta der Grundrechte, Abl. (EU), C 303/17 (33).

[377] Erläuterungen zur Charta der Grundrechte, Abl. (EU), C 303/17 (33); *Jarass*, in: Jarass (Hrsg.), GRCh, Art. 52 Rn. 62; *Schwerdtfeger*, in: Meyer/Hölscheidt (Hrsg.), GRCh, Art. 52 Rn. 59 f.; *Dorf*, JZ 2005, 126 (128).

[378] Erläuterungen zur Charta der Grundrechte, Abl. (EU), C 303/17 (33).

[379] Schlussanträge GA Trstenjak v. 27.06.2012, Az. C 245/11, BeckRS 2012, 81313 Rn. 85 ;*Schwerdtfeger*, in: Meyer/Hölscheidt (Hrsg.), GRCh, Art. 52 Rn. 66; *Lenaerts*, EuR 2012, 3 (12); *Jarass*, in: Jarass (Hrsg.), GRCh, Art. 52 Rn. 63.

[380] Erläuterungen zur Charta der Grundrechte, Abl. (EU), C 303/17 (33).

[381] *Schwerdtfeger*, in: Meyer/Hölscheidt (Hrsg.), GRCh, Art. 52 Rn. 61; *Terhechte*, in: von der Groeben/Schwarze/Hatje (Hrsg.), EU-Recht, Art. 52 GRCh Rn. 15; *von Danwitz*, in: Grabenwarter (Hrsg.), Europäischer Grundrechteschutz, § 27 Rn. 45.

5.3 Wirkung von Grundrechten

Die Grundrechte weisen verschiedene Funktionen auf.[382] So können sie etwa als Abwehrrechte, als Leistungsrechte oder als Beteiligungsrechte ausgestaltet sein.[383] Von herausgehobener Bedeutung ist dabei die Funktion der Grundrechte als Abwehrrechte gegen den Staat,[384] da den Bürgern hierdurch ein Mittel an die Hand gegeben ist, sich gegen staatliche Grundrechtseingriffe zur Wehr zu setzen und einem übermächtigen Staat vorzubeugen.

Ungeachtet ihrer spezifischen Funktionen haben die Grundrechte gemein, dass sie ausschließlich die öffentliche Gewalt unmittelbar binden. Dies ergibt sich auf deutscher Ebene insbesondere aus Art. 1 Abs. 3 GG[385], auf Unionsebene aus Art. 51 Abs. 1 GRCh[386] sowie auf Ebene der EMRK[387] durch Art. 1 EMRK. Nicht ausdrücklich verpflichtet sind hingegen Private, weswegen Grundrechte in Privatrechtsverhältnissen keine unmittelbare Wirkung entfalten können.[388] Vielmehr sind Private prinzipiell als Grundrechtsberechtigte, nicht aber als Grundrechtsverpflichtete zu verstehen, sodass sie ihre Rechtsbeziehungen grundsätzlich frei gestalten können.

Die Wirkung der Grundrechte erschöpft sich jedoch nicht im Bürger-Staat-Verhältnis. Vielmehr können sie auch in Privatrechtsverhältnissen zum Tragen kommen, wenn auch lediglich in mittelbarer Weise. Konkret bedeutet das, dass die Grundrechte in Privatrechtsverhältnissen zwar nicht unmittelbar geltend gemacht werden können, aber das im konkreten Fall zur Anwendung kommende einfachgesetzliche Recht im Lichte der jeweils anwendbaren[389]

---

[382] Eingehend und grundlegend zu den Funktionen (sogenannte Status) von Grundrechten siehe *Jellinek,* System der subjektiven öffentlichen Rechte, 89 ff.

[383] Zum GG: *Epping/Lenz/Leydecker,* Grundrechte, Rn. 14 ff.; *Sachs,* in: Sachs (Hrsg.), GG, Vorbemerkungen zu Abschnitt I Rn. 42 ff.; *Augsberg,* in: Huber/Voßkuhle (Hrsg.), GG, Art. 1 Rn. 182 ff.; *Jarass,* in: Jarass/Pieroth (Hrsg.), GG, Vorbemerkung Art. 1 Rn. 2 ff.; zur GRCh: *Kingreen,* in: Calliess/Ruffert (Hrsg.), EUV/AEUV, Art. 51 GRCh Rn. 28 ff.; *Jarass,* in: Jarass (Hrsg.), GRCh, Art. 51 Rn. 4 ff.; *Hatje,* in: Schwarze et al. (Hrsg.), EU-Kommentar, Art. 51 GRCh Rn. 23 ff.; zur EMRK: *Johann,* in: Karpenstein/Mayer (Hrsg.), EMRK, Art. 1 Rn. 5; *Krieger,* in: Dörr/Grote/Marauhn (Hrsg.), EMRK/GG, Kap. 6 Rn. 6 ff.; *Grabenwarter/Pabel,* Europäische Menschenrechtskonvention, § 19 Rn. 1 ff.

[384] Zum GG: BVerfGE 7, 198 (204 f.); *Jarass,* in: Jarass/Pieroth (Hrsg.), GG, Vorbemerkung Art. 1 Rn. 3; *Sauer,* in: Brosius-Gersdorf (Hrsg.), GG, Vorbemerkungen vor Art. 1 GG Rn. 95; *Antoni,* in: Hömig/Wolff (Hrsg.), GG, Vorbemerkung zu den Grundrechten Rn. 3; *Sachs,* in: Sachs (Hrsg.), GG, Vorbemerkungen zu Abschnitt I Rn. 42; zur GRCh: *Schwerdtfeger,* in: Meyer/Hölscheidt (Hrsg.), GRCh, Art. 51 GRCh Rn. 67; *Hatje,* in: Schwarze et al. (Hrsg.), EU-Kommentar, Art. 51 GRCh Rn. 24; *Kingreen,* in: Calliess/Ruffert (Hrsg.), EUV/AEUV, Art. 51 GRCh Rn. 28; zur EMRK: *Krieger,* in: Dörr/Grote/Marauhn (Hrsg.), EMRK/GG, Kap. 6 Rn. 11; *Grabenwarter/Pabel,* Europäische Menschenrechtskonvention, § 19 Rn. 1; *Nettesheim,* in: Meyer-Ladewig/Nettesheim/von Raumer (Hrsg.), EMRK, Einleitung Rn. 30.

[385] Eingehender *Höfling,* in: Sachs (Hrsg.), GG, Art. 1 Rn. 116 ff.; *Augsberg,* in: Huber/Voßkuhle (Hrsg.), GG, Art. 1 Rn. 221 ff.; *Herdegen,* in: Dürig/Herzog/Scholz (Hrsg.), GG, Art. 1 Abs. 3 Rn. 1 ff.

[386] *Kingreen,* in: Calliess/Ruffert (Hrsg.), EUV/AEUV, Art. 51 GRCh Rn. 3 ff.; *Hatje,* in: Schwarze et al. (Hrsg.), EU-Kommentar, Art. 51 GRCh Rn. 8 ff.; *Terhechte,* in: von der Groeben/Schwarze/Hatje (Hrsg.), EU-Recht, Art. 51 GRCh Rn. 3 ff.

[387] *Grabenwarter/Pabel,* Europäische Menschenrechtskonvention, § 17 Rn. 6; *Nettesheim,* in: Meyer-Ladewig/Nettesheim/von Raumer (Hrsg.), EMRK, Art. 1 Rn. 6 ff.; *Röben,* in: Dörr/Grote/Marauhn (Hrsg.), EMRK/GG, Kap. 5 Rn. 74 ff.

[388] Zum GG in ständiger Rspr.: BVerfGE 148, 267 (280); zur GRCh: *Pache,* in: Pechstein/Nowak/Häde (Hrsg.), Frankfurter Kommentar, Band I, Art. 51 GRCh Rn. 38; *Folz,* in: Vedder/Heintschel von Heinegg (Hrsg.), EUR, Art. 51 GRCh Rn. 16; *Schwerdtfeger,* in: Meyer/Hölscheidt (Hrsg.), GRCh, Art. 51 GRCh Rn. 57; eingehend *Jarass,* ZEuP 2017, 310 (175 ff.); zur EMRK: *Grabenwarter/Pabel,* Europäische Menschenrechtskonvention, § 19 Rn. 8; *Johann,* in: Karpenstein/Mayer (Hrsg.), EMRK, Art. 1 Rn. 9; *Nettesheim,* in: Meyer-Ladewig/Nettesheim/von Raumer (Hrsg.), EMRK, Art. 1 Rn. 19.

[389] Zur Frage der Anwendbarkeit nationaler oder europäischer Grundrechte siehe Kap. 5.1 sowie Kap. 5.2.

Grundrechte auszulegen ist.[390] Diese Ausstrahlungswirkung firmiert im deutschen Recht unter dem Begriff der mittelbaren Drittwirkung und hat sich im Rahmen ständiger Rechtsprechung verfestigt.[391] Der GRCh[392] und der EMRK[393] ist die Lehre der mittelbaren Drittwirkung als solche zwar nicht bekannt. Allerdings wird auch der Auslegung der GRCh[394] und der EMRK[395] eine Form der Ausstrahlungswirkung zugrunde gelegt, die privatrechtliche Rechtsverhältnisse in ähnlicher Weise beeinflusst wie die mittelbare Drittwirkung. Die Wirkung der Grundrechte, wie sie sich aus GG, GRCh und EMRK ergeben, unterscheidet sich mithin hinsichtlich Privatrechtsverhältnissen nur unwesentlich.

Aus den vorangegangenen Ausführungen lässt sich zusammenfassen, dass die Grundrechte des GG, der GRCh sowie der EMRK im Rahmen von Staat-Bürger-Verhältnissen unmittelbar sowie im Rahmen von privatrechtlichen Verhältnissen im Wege der grundrechtskonformen Auslegung mittelbar wirken. Bei der Bewertung der Rechtmäßigkeit des Einsatzes von Monitoring spielen sie daher in jedem Fall eine entscheidende Rolle und sind dementsprechend gebührend zu berücksichtigen.

---

[390] Zum GG: *Papier,* in: Merten/Papier (Hrsg.), Handbuch der Grundrechte in Deutschland und Europa, § 55 Rn. 11 ff.; *Sauer,* in: Brosius-Gersdorf (Hrsg.), GG, Art. 1 Abs. 3 Rn. 40; *Jarass,* in: Jarass/Pieroth (Hrsg.), GG, Art. 1 GG Rn. 48 ff.; zur GRCh: *Folz,* in: Vedder/Heintschel von Heinegg (Hrsg.), EUR, Art. 51 GRCh Rn. 16; *Jarass,* in: Jarass (Hrsg.), GRCh, Art. 51 Rn. 38 ff.; *Hatje,* in: Schwarze et al. (Hrsg.), EU-Kommentar, Art. 51 GRCh Rn. 22; zur EMRK: *Grabenwarter/Pabel,* Europäische Menschenrechtskonvention, § 19 Rn. 9; *Roßnagel,* NJW 2019, 1 (3); *Röben,* in: Dörr/Grote/Marauhn (Hrsg.), EMRK/GG, Kap. 5 Rn. 149.

[391] In ständiger Rspr. BVerfGE 7, 198 (205 ff.); 152, 152 (185).

[392] BVerfGE 152, 216 (254); *Krieger,* in: Dörr/Grote/Marauhn (Hrsg.), EMRK/GG, Kap. 6 Rn. 92 ff.; *Pache,* in: Pechstein/Nowak/Häde (Hrsg.), Frankfurter Kommentar, Band I, Art. 51 GRCh Rn. 38.

[393] Vgl. *Krieger,* in: Dörr/Grote/Marauhn (Hrsg.), EMRK/GG, Kap. 6 Rn. 86 ff.; *Grabenwarter/Pabel,* Europäische Menschenrechtskonvention, § 19 Rn. 8 ff.; *Johann,* in: Karpenstein/Mayer (Hrsg.), EMRK, Art. 1 Rn. 9

[394] Vgl. EuGH, Urt. v. 20.01.2009, Az. C-275/06, EuZW 2008, 113 (116 Rn. 65 ff.); EuGH, Urt. v. 16.07.2015, Az. C-580/13, GRUR 2015, 894 (895 Rn. 33 ff.); EuGH, Urt. v. 29.07.2019, Az. C-516/17, GRUR 2019, 940 (942 Rn. 38 und 51ff.), wonach die Grundrechte über die Auslegung von Sekundärrecht auch in Privatrechtsverhältnisse ausstrahlt.

[395] Vgl. EGMR, Urt. v. 16.06.2005, Rs. 61603/00, (S./Deutschland) Rn. 92 f.; EGMR, Urt. v. 28.06.2001, Rs. 24699/94 (Verein gegen Tierfabriken/Schweiz) Rn. 47; *Giegerich,* in: Dörr/Grote/Marauhn (Hrsg.), EMRK/GG, Kap. 2 Rn. 20 ff.; siehe auch *Grabenwarter/Pabel,* Europäische Menschenrechtskonvention, § 19 Rn. 8; *Roßnagel,* NJW 2019, 1 (3).

6 Grundrechtlicher Rahmen des Web-Monitorings

In unionsrechtlich geregelten Bereichen kommen grundsätzlich sowohl die GRCh als auch die EMRK und das GG zur Anwendung.[396] Die hierüber gewährten Rechte entfalten nicht nur gegenüber öffentlichen Stellen, sondern im Wege der mittelbaren Drittwirkung auch gegenüber nichtöffentlichen Stellen ihre Wirkung.[397] Zur Beurteilung der Rechtmäßigkeit der monitoringgestützten Verarbeitung öffentlicher Daten bedarf es daher einer verfassungsrechtlichen Einordnung. Die sich hieraus ergebenden Erkenntnisse begrenzen den diesbezüglichen Handlungsrahmen für öffentliche Stellen und sind durch nichtöffentliche Stellen insbesondere im Rahmen von Abwägungsentscheidungen hinreichend zu berücksichtigen.

6.1 Deutsche Grundrechte

Die deutschen Grundrechte sind trotz des Anwendungsvorrangs des Europarechts zu berücksichtigen, wenn eine deutsche Norm im Rahmen der Wahrnehmung einer europarechtlichen Öffnungsklausel zur Anwendung kommt.[398] Dies ist in Bezug auf die DSGVO regelmäßig der Fall, beispielsweise hinsichtlich Art. 6 Abs. 1 UAbs. 1 lit. c und e DSGVO. Daher ist zu untersuchen, inwieweit durch das Monitoring deutsche Grundrechte beeinträchtigt sein können und welche Vorgaben an die Rechtfertigung etwaiger Eingriffe gestellt werden.

6.1.1 Menschenwürde, Art. 1 Abs. 1 GG

Die Würde des Menschen ist aufgrund ihrer besonderen Bedeutung für die freiheitliche und demokratische Grundordnung allen weiteren Grundrechten vorangestellt. Sie spiegelt den obersten Wert des Grundgesetzes wider und gibt Aufschluss über das der Verfassung zugrundeliegende Staatsverständnis.[399] Art. 1 Abs. 1 GG ist wichtigster Grundpfeiler des Grundgesetzes und daher durch Art. 79 Abs. 3 GG auf Ewigkeit vor Veränderung geschützt. Für den rechtskonformen Einsatz von Monitoring ist somit Grundvoraussetzung, dass nicht gegen dieses grundsätzliche Werteprinzip der demokratischen Gesellschaft verstoßen wird.

6.1.1.1 Schutzbereich

Vom Schutz des Art. 1 Abs. 1 GG sind alle natürlichen Personen erfasst.[400] Dabei ist es nicht erforderlich, dass dem Einzelnen dieses Recht bewusst ist.[401] Das Grundgesetz gewährt die Menschenwürde jedem Menschen unabhängig von seinen Eigenschaften, seiner Leistung oder seinem sozialen Status. Ebenso führen ein beeinträchtigter körperlicher oder geistiger Zustand sowie unwürdiges Verhalten nicht zum Verlust der Menschenwürde.[402] Sie erstreckt sich somit auch auf natürliche Personen, die ihre personenbezogenen Daten öffentlich im Web teilen. Ebenso erfasst sind natürliche Personen, die zwar selbst keine Inhalte veröffentlichen, über die aber personenbezogene Informationen im Web frei verfügbar sind.

Sachlicher Gegenstand des Art. 1 Abs. 1 GG ist die Menschenwürde. Diese ist als „tragendes Konstitutionsprinzip im System der Grundrechte" anerkannt, mit dem der „soziale Wert- und Achtungsanspruch des Menschen" verbunden ist.[403] Einer konkreteren Definition ist die

---

[396] Zum Zusammenspiel dieser Grundrechtsakte siehe Kap. 5.1 und 5.2.
[397] Zur mittelbaren Drittwirkung der Grundrechte siehe Kap. 5.3.
[398] Zur Anwendbarkeit deutscher Grundrechte in europäisch geregelten Bereiche Kap. 5.1.
[399] *Herdegen*, in: Dürig/Herzog/Scholz (Hrsg.), GG, Art. 1 Rn. 1; *Hillgruber*, in: Epping/Hillgruber (Hrsg.), BeckOK GG, Art. 1 Rn. 1; BVerfGE 6, 32 (41).
[400] BVerfGE 87, 209 (228); *Epping/Lenz/Leydecker*, Grundrechte, Rn. 599; *Sachs*, Verfassungsrecht II, 224 Rn. 24.
[401] BVerfGE 39, 1 (42).
[402] BVerfGE 87, 209 (228).
[403] BVerfGE 87, 209 (228).

© Der/die Autor(en), exklusiv lizenziert an Springer
Fachmedien Wiesbaden GmbH, ein Teil von Springer Nature 2025
C. Gilga, *Die Rechtmäßigkeit der Verarbeitung von öffentlichen Personenbezogenen
Daten aus dem Internet*, DuD-Fachbeiträge, https://doi.org/10.1007/978-3-658-48663-1_6

Menschenwürde nicht zugänglich.[404] Die Mannigfaltigkeit der vergangenen und gegenwärtigen Vorstellungen darüber, was unter der Menschenwürde zu verstehen ist, schließen es aus, der Begriffsbestimmung eine Trennschärfe zu geben, welche eine schlichte Subsumtion ermöglichen würde.[405] Folglich stellt sich der Umgang mit diesem Begriff sowie die Bestimmung seines normativen Aussagegehaltes in der Praxis zumeist als herausfordernd dar. Dabei besteht allerdings Einigkeit darüber, dass der Begriff der Menschenwürde restriktiv zu verstehen und keine „kleine Münze" ist, durch welche bereits Geschmacklosigkeiten als Verletzung klassifiziert werden könnten.[406]

Das BVerfG statuierte, dass die Menschenwürde nicht absolut bestimmt werden kann. Vielmehr sind nach seiner Auffassung die jeweiligen Umstände des Sachverhalts zu berücksichtigen und eine abschließende Beurteilung immer nur in Ansehung des konkreten Falls möglich. Gleichzeitig hob es hervor, dass eine Verletzung der Menschenwürde anhand allgemeiner Formeln nicht abschließend festgestellt, sondern nur eine Richtung angedeutet werden kann.[407] Dem Aussagegehalt der Objekt-Formel, wonach die Menschenwürde als solche betroffen ist, wenn der konkrete Mensch zum Objekt, zu einem bloßen Mittel herabgewürdigt wird,[408] schränkte das BVerfG hierdurch ein. Begründet wurde dies damit, dass ein Mensch häufig bloßes Objekt der Verhältnisse, der gesellschaftlichen Entwicklungen oder des Rechts ist. Die Verletzung der Menschenwürde könne sich daher nicht allein hierin manifestieren. Vielmehr müsse hinzutreten, dass einem Menschen eine Behandlung widerfährt, welche verächtlicher Natur ist oder seine Subjektqualität grundsätzlich in Frage stellt.[409]

Um den Inhalt der Menschenwürde und ihren Aussagegehalt näher konkretisieren zu können und ihn für Rechtsanwender greifbarer zu machen, wird häufig auf Fallgruppen zurückgegriffen, die sich im Zuge der Rechtsprechung des BVerfG herausgebildet haben.[410] Die Literatur unterscheidet eine Vielzahl solcher Fallgruppen.[411] Diese lassen sich jedoch auf vier übergeordnete Fallgruppen reduzieren: Achtung der körperlichen Integrität, Sicherung elementarer Lebensgrundlagen, Gewährleistung der elementaren Rechtsgleichheit und Schutz der persönlichen Identität und Integrität.[412]

Die Achtung der körperlichen Integrität meint das Verbot von Folter sowie von grausamen, unmenschlichen und erniedrigenden Strafen.[413] Im Rahmen dieser Fallgruppe werden Eingriffe

---

[404] Das BVerfG beschreibt die Menschenwürde lediglich als „allgemeinen Eigenwert, der dem Menschen kraft seines Personseins zukommt", siehe BVerfGE 30, 173 (214); 30, 1 (26).
[405] *Kunig*, in: Kämmerer/Kotzur (Hrsg.), GG, Art. 1 Rn. 30 ff.
[406] *Dürig*, AöR 1956, 117 (124); *Epping/Lenz/Leydecker*, Grundrechte, Rn. 613; *Höfling*, in: Sachs (Hrsg.), GG, Art. 1 Rn. 15 ff.; dem folgend *Herdegen*, in: Dürig/Herzog/Scholz (Hrsg.), GG, Art. 1 Abs. 1 Rn. 44; *Hillgruber*, in: Epping/Hillgruber (Hrsg.), BeckOK GG, Art. 1 Rn. 11; *Schmitt Glaeser*, ZRP 2000, 395 (396).
[407] BVerfGE 30, 1 (25).
[408] *Dürig*, AöR 1956, 117 (127).
[409] BVerfGE 30, 1 (26).
[410] Vgl. BVerfGE 109, 279 (311 f.), wonach der Gewährleistungsgehalt des Art. 1 Abs. 1 GG einer Konkretisierung bedarf, die in der Rspr. insbesondere durch die Herausbildung von Fallgruppen und Regelbeispielen erfolgt, wobei der Begriff der Menschenwürde häufig vom Verletzungsvorgang her beschrieben wird.
[411] Siehe: *Hillgruber*, in: Epping/Hillgruber (Hrsg.), BeckOK GG, Art. 1 Rn. 17 ff.; *Höfling*, in: Sachs (Hrsg.), GG, Art. 1 Rn. 19; *Epping/Lenz/Leydecker*, Grundrechte, Rn. 606 ff.; *Herdegen*, in: Dürig/Herzog/Scholz (Hrsg.), GG, Art. 1 Abs. 1 Rn. 83 ff.
[412] *Höfling*, in: Sachs (Hrsg.), GG, Art. 1 Rn. 19 m.w.N.; *Holzner/Knörr/Rittmann*, Öffentliches Recht, 216; *Wapler*, in: Brosius-Gersdorf (Hrsg.), GG, Art. 1 Abs. 1 Rn. 63.
[413] BVerfGE 109, 133 (150); *Epping/Lenz/Leydecker*, Grundrechte, Rn. 607; *Sachs*, Verfassungsrecht II, 15 Rn. 15; *Höfling*, in: Sachs (Hrsg.), GG, Art. 1 Rn. 20 f.

6.1 Deutsche Grundrechte

in die körperliche und geistige Integrität abgewehrt, die auf die Zufügung von starkem Schmerz, dauerhaftem Leiden oder die Beeinträchtigung der geistigen Leistungskraft zielen.[414]

Die Sicherung elementarer Lebensgrundlagen betrifft die Gewährleistung all derjenigen Mittel, die „zur Aufrechterhaltung eines menschenwürdigen Daseins unbedingt erforderlich sind".[415] Hiervon umfasst sind unter anderem Aufwendungen für Nahrung, Kleidung und Hygiene sowie für Wohnung, Hausrat und Heizung.[416] Zudem erfasst diese Fallgruppe auch die Möglichkeit zur „Pflege zwischenmenschlicher Beziehungen und zu einem Mindestmaß an Teilhabe am gesellschaftlichen, kulturellen und politischen Leben".[417]

Die Fallgruppe der elementaren Rechtsgleichheit beinhaltet ein Verbot der Diskriminierung oder Herabwürdigung von Menschen, der Sklaverei sowie der demütigenden Ungleichbehandlung.[418] Das BVerfG statuierte hierzu: „Da Menschenwürde und Freiheit jedem Menschen zukommen, die Menschen insoweit gleich sind, ist das Prinzip der Gleichbehandlung aller für die freiheitliche Demokratie ein selbstverständliches Postulat".[419] In einer ungerechtfertigten Ungleichbehandlung kann damit nicht nur ein Verstoß gegen Art. 3 GG,[420] sondern auch gegen die Menschenwürde zu sehen sein.[421]

Die vierte Fallgruppe des Schutzes der persönlichen Identität und Integrität betrifft das Recht eines Menschen, seine persönliche sowie psychische, seelische und intellektuelle Integrität zu wahren.[422] Umfasst wird hiervon sowohl der Innen- als auch der Außenbezug eines Menschen und das damit einhergehende Spannungsverhältnis zwischen dem Mensch im Privaten und dem Menschen im Miteinander mit anderen Menschen.[423] Im Rahmen dieser Fallgruppe statuierte das BVerfG, dass die Menschenwürde einen unantastbaren Kernbereich der privaten Lebensgestaltung umfasst, welcher der Einwirkung der gesamten staatlichen Gewalt entzogen ist.[424] Ebenso konstatierte es, dass eine Erstellung umfassender Persönlichkeitsprofile nicht mit der Menschenwürde vereinbar ist.[425]

In Anbetracht der vorangegangenen Erwägungen zeigt sich, dass mögliche Verstöße gegen Art. 1 Abs. 1 GG durch das Monitoring allenfalls im Bereich des Schutzes der persönlichen Identität und Integrität bewegen. Weiter konkretisierend ergibt sich aus der Rechtsprechung, dass im Rahmen einer Verarbeitung personenbezogener Daten, wie sie beim Monitoring erfolgt, insbesondere der Kernbereich privater Lebensgestaltung[426] sowie das Verbot der Erstellung umfassender Persönlichkeitsprofile zu berücksichtigen ist.

6.1.1.2 Kernbereich privater Lebensgestaltung

Der Kernbereich privater Lebensgestaltung wird durch das BVerfG als „ein letzter unantastbarer Bereich menschlicher Freiheit" definiert, welcher „der Einwirkung der gesamten öffentlichen Gewalt entzogen ist." Das BVerfG führt hierzu aus, dass ein Eingriff in diesen Bereich

---

[414] *Herdegen*, in: Dürig/Herzog/Scholz (Hrsg.), GG, Art. 1 Abs. 1 Rn. 95.
[415] BVerfGE 125, 175 (223).
[416] BVerfGE 120, 125 (155).
[417] BVerfGE 125, 175 (223).
[418] *Epping/Lenz/Leydecker*, Grundrechte, Rn. 612; *Höfling*, in: Sachs (Hrsg.), GG, Art. 1 Rn. 35.
[419] BVerfGE 5, 86 (205).
[420] Eingehend zu Art. 3 GG siehe Kap. 6.1.5.
[421] *Sachs*, Verfassungsrecht II, 223 Rn. 20; *Herdegen*, in: Dürig/Herzog/Scholz (Hrsg.), GG, Art. 1 Abs. 1 Rn. 120
[422] *Höfling*, in: Sachs (Hrsg.), GG, Art. 1 Rn. 37.
[423] *Höfling*, in: Sachs (Hrsg.), GG, Art. 1 Rn. 38.
[424] BVerfGE 6, 32 (41); 6, 389 (433); 27, 1 (6); 32, 373 (378 f.); 27, 344 (350); 109, 279 (313); 141, 220 (276); 150, 1 (107).
[425] BVerfGE 27, 1 (6); 65, 1 (53).
[426] Vgl. in diesem Kontext *Hornung*, AöR 2022, 1 (34).

niemals Bestandteil der verfassungsgemäßen Ordnung sein und folglich nicht gerechtfertigt werden kann.[427] Durch diesen absoluten Schutz soll den Menschen die Möglichkeit gegeben werden, innere Vorgänge wie Empfindungen und Gefühle sowie Überlegungen, Ansichten und Erlebnisse höchstpersönlicher Art zum Ausdruck zu bringen, und zwar ohne Angst, dass staatliche Stellen dies überwachen.[428] Weiterhin soll hierdurch die unbedingte Achtung einer Sphäre der privaten und höchstpersönlichen Entfaltung des Einzelnen gewährleistet werden.[429]

Grundsätzlich hat der Einzelne das Recht, selbst zu entscheiden, wann und in welchem Umfang persönliche Lebenssachverhalte offenbart werden. Dieses Recht kann jedoch eingeschränkt werden, wenn in Kommunikation mit anderen eingetreten oder auf andere eingewirkt und somit die Sphäre von Mitmenschen oder der Gesellschaft berührt wird.[430] Dies bedeutet jedoch nicht, dass die Kommunikation mit anderen grundsätzlich nicht dem Kernbereich privater Lebensgestaltung zugeordnet werden kann und in solchen Fällen kein Eingriff vorliegt. Vielmehr ist darauf abzustellen, ob der Inhalt höchstpersönlichen Charakters[431] ist und in welcher Art und Intensität die Sphäre anderer oder die Belange der Gemeinschaft berührt werden.[432] Ebenso ist zu berücksichtigen, ob die betroffene Person eine Information geheim halten möchte, denn „dort, wo der Betroffene auf Geheimhaltung selbst keinen Wert legt, ist der Kernbereich schon wegen dieses Umstands in aller Regel nicht berührt."[433]

Beim Monitoring werden ausschließlich öffentliche Daten verarbeitet.[434] Dieser Umstand führt in Anbetracht des Kriteriums des Geheimhaltungswillens zunächst zu der Tendenz, das Monitoring nicht dem Kernbereich privater Lebensgestaltung zuzuordnen. Allerdings kommt es insbesondere bei Internetsachverhalten in Betracht, dass nicht die betroffene Person selbst, sondern Dritte die Informationen im Internet zur Verfügung gestellt haben. Folglich kann nicht pauschal auf einen fehlenden Geheimhaltungswillen der betroffenen Person geschlossen werden. Vielmehr ist etwa denkbar, dass einer betroffenen Person die Veröffentlichung der sie betreffenden Informationen nicht bekannt ist und sie dementsprechend keine Möglichkeiten wahrnehmen kann, diese Informationen aus dem Internet zu entfernen. Damit ist ein Eingriff in den Kernbereich privater Lebensgestaltung zwar grundsätzlich möglich. Zur Feststellung einer Verletzung bedarf es jedoch der Betrachtung der Besonderheiten des konkreten Einzelfalls.[435]

Im Rahmen einer solchen Einzelfallprüfung ist stets hinreichend zu berücksichtigen, ob die datenverarbeitungsbezogene Maßnahme, in Rahmen derer Monitoring zum Einsatz kommt, auf die Erhebung kernbereichsrelevanter Inhalte abzielt, oder diese aus technischer Sicht lediglich ungewollten Beifang darstellen. Handelt es sich um eine gezielt auf Inhalte aus dem Kernbereich gerichtete Maßnahme, führt dies unmittelbar zur Verletzung der Menschenwürde und somit zur Unzulässigkeit des konkreten Monitorings. Werden die kernbereichsrelevanten Daten technisch bedingt und ungewollt miterhoben, ist danach zu differenzieren, ob sie ohne Kenntnisnahme ausgesondert oder weiterverarbeitet und gegebenenfalls genutzt werden. Während die Menschenwürde bei unmittelbarer Aussonderung der kernbereichsrelevanten Daten nicht

---

[427] BVerfGE 6, 32 (41); 27, 1 (6);
[428] BVerfGE 109, 279 (313); 120, 274 (335); 141, 220 (276).
[429] BVerfGE 109, 279 (313).
[430] BVerfGE 80, 367 (373).
[431] Ein höchstpersönlicher Charakter ist regelmäßig bei der Kommunikation mit Personen des höchstpersönlichen Vertrauens (etwa dem Ehepartner oder Verwandten in gerader Linie) sowie mit Personen des besonderen Vertrauens (etwa einem Seelsorger, einem Strafverteidiger oder gegebenenfalls einem Arzt) gegeben, siehe BVerfGE 109, 279 (312 f.).
[432] BVerfGE 80, 367 (374); 109, 279 (314).
[433] BVerfGE 80, 367 (374).
[434] Eingehender zur Funktionsweise des Monitorings siehe Kap. 2.4.
[435] BVerfGE 34, 238 (248); 80, 367 (374).

als berührt anzusehen ist,[436] ist hiervon hingegen auszugehen, wenn die Daten gespeichert und somit zugriffsbereit gehalten werden. Zielt das Monitoring beispielsweise darauf ab, Informationen über das soziale Umfeld einer Person zu ermitteln, und werden dabei von Dritten veröffentlichte Inhalte zu expliziten sexuellen Vorlieben dieser Person erhoben, müssen diese ohne tatsächliche Kenntnisnahme technisch herausgefiltert und aus dem Datenbestand entfernt werden. Erfolgt jedoch keine Löschung, ist eine Kenntnisnahme der Daten möglich und ein Eingriff in Kernbereich privater Lebensgestaltung zu bejahen. Das Monitoring ist in solchen Fällen folglich als unzulässig zu bewerten.

6.1.1.3 Erstellung umfassender Persönlichkeitsprofile

Nach der Rechtsprechung des BVerfG ist es mit der Menschenwürde nicht vereinbar, wenn der Staat für sich das Recht beansprucht, „den Menschen zwangsweise in seiner ganzen Persönlichkeit zu registrieren und zu katalogisieren […] und ihn damit wie eine Sache zu behandeln, die einer Bestandsaufnahme in jeder Beziehung zugänglich ist."[437] Dies gilt auch dann, wenn die Zusammenführung einzelner Lebens- und Personaldaten zur Erstellung von Persönlichkeitsprofilen in der Anonymität einer statistischen Erhebung erfolgt.[438]

Bislang führte das BVerfG nicht näher aus, wann ein Persönlichkeitsprofil als so umfassend zu bewerten ist, dass in seiner Erstellung ein Eingriff in die Menschenwürde liegt. Seiner Rechtsprechung lässt sich lediglich entnehmen, dass es nicht ausreicht, wenn bloß einzelne Lebensbereiche, beispielsweise der Wohnbereich, betroffen sind. Vielmehr muss es sich um eine Erfassung handeln, anhand derer die Persönlichkeit eines Menschen in ihrer Gesamtheit[439] oder zumindest zum Teil[440] umfassend abgebildet werden kann.

Beim Monitoring werden ausschließlich Daten erhoben, die frei im Internet zugänglich sind. Ein Vordringen in geschützte Bereiche sowie ein Zugriff auf geheim gehaltene Informationen findet daher schon technisch bedingt nicht statt.[441] Dennoch ist es im Rahmen von Monitoring grundsätzlich möglich, Informationen zu bestimmten Aspekten einer Persönlichkeit – beispielsweise das soziale Umfeld, die berufliche Laufbahn oder den kulturellen Hintergrund – zu gewinnen. Dabei ist allerdings nicht anzunehmen, dass diese Daten einen solchen Umfang erreichen, dass sie sich zu einem (Teil-)Abbild einer Persönlichkeit verdichten lassen, durch welches die Menschenwürde berührt sein könnte. Selbst wenn sich das Monitoring unmittelbar auf die Ermittlung von Informationen zu einer bestimmten Person bezieht, ist nicht zu erwarten, dass anhand dessen ein umfassendes Persönlichkeitsprofil erstellt werden kann. Vielmehr kann es lediglich Informationen liefern, die durch eine Verknüpfung mit weiteren Informationen aus anderen Datenquellen zu einem umfassenden Persönlichkeitsbild zusammengefügt werden können. Insoweit ist daher zu konstatieren, dass das Monitoring für sich genommen zur Erstellung umfassender Persönlichkeitsprofile nicht geeignet ist und somit das Verbot der Erstellung umfassender Persönlichkeitsprofile nicht tangiert.

6.1.1.4 Conclusio

Eine abstrakte Prüfung des Kernbereichs der privaten Lebensgestaltung verbietet sich, da diese ausschließlich anhand eines konkreten Einzelfalls vorgenommen werden kann.[442] In Bezug auf

---

[436] Vgl. hierzu BVerfGE 150, 244 (266).
[437] BVerfGE 27, 1 (6).
[438] BVerfGE 27, 1 (6); 65, 1 (53).
[439] BVerfGE 65, 1 (53).
[440] BVerfGE 65, 1 (53).
[441] Eingehender zur Funktionsweise des Monitorings siehe Kap. 2.4.
[442] BVerfGE 80, 367 (374); eine Ausnahme von diesem Prinzip bildet die Kommunikation, die unmittelbar der Planung oder Begehung von Straftaten dient; diese wird aufgrund ihres Sozialbezugs nicht dem Kernbereich der privaten Lebensgestaltung zugeordnet, hierzu BVerfGE 141, 220 (277).

das Monitoring ist dennoch festzustellen, dass ein Eingriff in den Kernbereich privater Lebensgestaltung und damit ein Verstoß gegen Art. 1 Abs. 1 GG nicht grundsätzlich ausgeschlossen werden kann. Inwieweit dies durch das Monitoring im jeweiligen Einzelfall gegeben ist, richtet sich insbesondere nach dem Inhalt der verarbeiteten Daten sowie nach der Art und Intensität, in welcher die Sphäre anderer oder der Gemeinschaft tangiert wird. Ebenso ist der Geheimhaltungswille der betroffenen Person in die Bewertung einzubeziehen. An dieser Stelle sei ergänzend darauf hingewiesen, dass die Verarbeitung von möglicherweise kernbereichsrelevanten Daten technisch zu vermeiden ist und, soweit dies nicht möglich ist, eine Aussonderung dieser Daten vor dem Schritt der Datenauswertung erfolgen muss.[443]

6.1.2 Allgemein Handlungsfreiheit, Art. 2 Abs. 1 GG, und allgemeines Persönlichkeitsrecht, Art. 2 Abs. 1 i.V.m. Art. 1 Abs. 1 GG

Gem. Art. 2 Abs. 1 GG hat jeder das Recht auf freie Entfaltung seiner Persönlichkeit, soweit weder die Rechte anderer verletzt noch gegen die verfassungsgemäße Ordnung oder die Sittengesetze verstoßen wird. Das Recht auf freie Entfaltung der Persönlichkeit ist die allgemeinste im Grundgesetz vorgesehene Freiheitsgewährleistung.[444] Sie steht in erster Linie natürlichen Personen zu[445] und beinhaltet vornehmlich den Grundsatz der allgemeinen Handlungsfreiheit. Diese schützt die Möglichkeit einer jeden natürlichen Person, das zu tun und zu lassen, was sie möchte. Dabei ist sie, sofern nicht das Recht eines anderen oder Sittengesetze verletzt werden, nur an die verfassungsmäßige Ordnung gebunden.[446]

Der Schutzgegenstand der allgemeinen Handlungsfreiheit steht jedoch nicht allein, sondern wurde im Rahmen der Rechtsprechung des BVerfG unter Einbezug des Art. 1 Abs. 1 GG um das allgemeine Persönlichkeitsrecht erweitert.[447] Obwohl sich dieser Gewährleistungsgehalt nur im Kontext zur Menschenwürde ergibt, ist er als eigenständige Grundrechtsgarantie zu betrachten.[448] Das allgemeine Persönlichkeitsrecht soll – die speziell benannten Freiheitsrechte ergänzend – als unbenanntes Freiheitsrecht die Wahrung der engeren persönlichen Lebenssphäre und die Erhaltung ihrer Grundbedingungen gewährleisten.[449] Geschützt sind beispielsweise Privat-, Geheim- und Intimsphäre, die persönliche Ehre sowie das Verfügungsrecht über die Darstellung der eigenen Person.[450] Während sich die allgemeine Handlungsfreiheit eher aktiv entfaltet, geht es beim allgemeinen Persönlichkeitsrecht folglich mehr um einen passiven Schutz.[451]

Aus dem allgemeinen Persönlichkeitsrecht sind im Laufe der Zeit durch richterliche Rechtsfortbildung verschiedene Gewährleistungsgehalte und tatbestandliche Konkretisierungen,

---

[443] Vgl. *Hornung*, AöR 2022, 1 (56).

[444] *Di Fabio*, in: Dürig/Herzog/Scholz (Hrsg.), GG, Art. 2 Abs. 1 Rn. 1; ähnlich *Ipsen*, Staatsrecht II, Rn. 767.

[445] *Eichberger*, in: Huber/Voßkuhle (Hrsg.), GG, Art. 2 Rn. 42; *Di Fabio*, in: Dürig/Herzog/Scholz (Hrsg.), GG, Art. 2 Abs. 1 Rn. 10; *Jarass*, in: Jarass/Pieroth (Hrsg.), GG, Art. 2 GG Rn. 6; das Grundrecht gilt außerdem für juristische Personen, soweit es i.S.v. Art. 19 Abs. 3 GG seinem Wesen nach auf diese anwendbar ist, hierzu *Lang*, in: Epping/Hillgruber (Hrsg.), BeckOK GG, Art. 2 Rn. 43 m.w.N.

[446] BVerfGE 6, 32 (36 f.); 90, 145 (171); 91, 335 (338); wobei den Schranken des Sittengesetzes und der verfassungsmäßigen Ordnung im Allgemeinen keine besondere Bedeutung beigemessen wird, siehe *Rixen*, in: Sachs (Hrsg.), GG, Art. 2 Rn. 89 ff..

[447] *Barczak*, in: Brosius-Gersdorf (Hrsg.), GG, Art. 2 Abs. 1 Rn. 76; *Holzner/Knörr/Rittmann*, Öffentliches Recht, 218; *Kunig/Kämmerer*, in: Kämmerer/Kotzur (Hrsg.), GG, Art. 2 Rn. 51.

[448] *Kunig/Kämmerer*, in: Kämmerer/Kotzur (Hrsg.), GG, Art. 2 Rn. 52; *Kahl*, in: Merten/Papier (Hrsg.), Handbuch der Grundrechte in Deutschland und Europa, § 124 Rn. 64; *Barczak*, in: Brosius-Gersdorf (Hrsg.), GG, Art. 2 Abs. 1 Rn. 27.

[449] BVerfGE 54, 148 (153).

[450] In ständiger Rspr. BVerfGE 54, 148 (154).

[451] *Barczak*, in: Brosius-Gersdorf (Hrsg.), GG, Art. 2 Abs. 1 Rn. 27; *Eichberger*, in: Huber/Voßkuhle (Hrsg.), GG, Art. 2 Rn. 18; BVerfGE 54, 148 (153).

beispielsweise das Recht am eigenen Bild, herausgearbeitet worden.[452] Besonders relevant für eine monitoringgestützte Verarbeitung öffentlicher Daten aus dem Web ist dabei das allgemeine Persönlichkeitsrecht in seiner Ausprägung als Recht auf informationelle Selbstbestimmung[453] sowie in seiner Ausprägung als Recht auf Vertraulichkeit und Integrität informationstechnischer Systeme.[454]

6.1.3 Informationelle Selbstbestimmung, Art. 2 Abs. 1 i.V.m. Art. 1 Abs. 1 GG

Das Recht auf informationelle Selbstbestimmung wurde im Rahmen des Volkszählungsurteils[455] im Jahr 1983 aus dem allgemeinen Persönlichkeitsrecht entwickelt und hat sich inzwischen sowohl in der Wissenschaft als auch in der Praxis breit etabliert. Im Gegensatz zur allgemeinen Handlungsfreiheit besitzt das allgemeine Persönlichkeitsrecht und damit auch das Recht auf informationelle Selbstbestimmung keinen subsidiären Charakter, sondern tritt als eigenständiges Grundrecht neben die im Grundgesetz ausdrücklich benannten Freiheitsgrundrechte.[456] Es ist mithin Lex specialis zur allgemeinen Handlungsfreiheit.[457]

Das Recht auf informationelle Selbstbestimmung verleiht jeder grundrechtsberechtigten Person die Befugnis, grundsätzlich selbst über die Preisgabe und Verwendung ihrer persönlichen Daten zu bestimmen und zielt außerdem drauf ab, sie in die Lage zu versetzen, dass sie Gewissheit darüber hat, wer was wann und bei welcher Gelegenheit über sie weiß.[458] Da beim Monitoring automatisiert und massenhaft potenziell personenbezogene Daten aus dem Web erhoben, gespeichert und verarbeitet werden,[459] ist eine nähere Betrachtung des Rechts auf informationelle Selbstbestimmung hier zwingend geboten.

6.1.3.1 Schutzbereich

Das Recht auf informationelle Selbstbestimmung umfasst „die Befugnis des Einzelnen, grundsätzlich selbst über die Preisgabe und Verwendung seiner persönlichen Daten zu bestimmen".[460] Schutzgegenstand dieses Rechts ist damit die Entscheidungsfreiheit des Einzelnen in Bezug auf seine personenbezogenen Daten, also bezüglich der Verarbeitung der Informationen, die sich auf ihn als identifizierte oder identifizierbare natürliche Person beziehen.[461] Für die Eröffnung des Schutzbereichs ist es dabei unerheblich, wie hoch die Persönlichkeitsrelevanz der Daten ist. Eine Einordnung der Daten in die Intim-, Privat- oder Individualsphäre ist daher nicht erforderlich.[462] Vielmehr gibt es im Zuge der zunehmenden Möglichkeiten der technischen Datenverarbeitung und der damit einhergehenden Verknüpfungsmöglichkeiten keine belanglosen Daten.[463]

---

[452] Vgl. *Barczak*, in: Brosius-Gersdorf (Hrsg.), GG, Art. 2 Abs. 1 Rn. 76 ff.; *Rixen*, in: Sachs (Hrsg.), GG, Art. 2 Rn. 121 ff.; *Eichberger*, in: Huber/Voßkuhle (Hrsg.), GG, Art. 2 Rn. 182 ff.

[453] BVerfGE 65, 1 (1 ff.).

[454] BVerfGE 120, 274 (274 ff.).

[455] BVerfGE 65, 1.

[456] Das Recht auf informationelle Selbstbestimmung findet jedoch keine Anwendung, wenn ein spezielleres Grundrecht, wie etwa Art. 10 oder Art. 13 GG, einschlägig ist, siehe BVerfGE 100, 313 (358); 109, 279 (325).

[457] *Jarass*, in: Jarass/Pieroth (Hrsg.), GG, Art. 2 GG Rn. 42; *Rixen*, in: Sachs (Hrsg.), GG, Art. 2 Rn. 137; *Di Fabio*, in: Dürig/Herzog/Scholz (Hrsg.), GG, Art. 2 Abs. 1 Rn. 25.

[458] BVerfGE 65, 1 (43).

[459] Näher zum Personenbezug der beim Monitoring verarbeiteten Daten siehe Kap. 7.1.1.1.

[460] BVerfGE 65, 1 (43).

[461] *Rudolf*, in: Merten/Papier (Hrsg.), Handbuch der Grundrechte in Deutschland und Europa, § 90 Rn. 30; *Barczak*, in: Brosius-Gersdorf (Hrsg.), GG, Art. 2 Abs. 1 Rn. 92; *Ipsen*, Staatsrecht II, Rn. 320.

[462] *Di Fabio*, in: Dürig/Herzog/Scholz (Hrsg.), GG, Art. 2 Abs. 1 Rn. 174; *Barczak*, in: Brosius-Gersdorf (Hrsg.), GG, Art. 2 Abs. 1 Rn. 91.

[463] BVerfGE 65, 1 (45); 118, 168 (185); 120, 378 (398 f.).

Das Monitoring fällt stets in den Schutzbereich des Rechts auf informationelle Selbstbestimmung. Wenngleich nicht gezielt personenbezogene Daten erhoben werden, kann jedoch technisch nicht ausgeschlossen werden, dass es sich bei den betroffenen Daten um solche mit Personenbezug handelt.[464] Auch der Umstand, dass einige Informationen vermeintlich (also nach Ansicht des Veröffentlichenden) anonym oder unter einem Pseudonym öffentlich gemacht werden, führt somit nicht zu einem gegenteiligen Ergebnis. Ebenfalls unschädlich ist der Umstand der Öffentlichkeit der Daten. So entfällt der grundrechtliche Schutz des Rechts auf informationelle Selbstbestimmung nicht allein schon deshalb, weil die betroffenen Informationen allgemein zugänglich sind. Vielmehr ist das Interesse der betroffenen Person daran, dass ihre Daten nicht im Zuge automatisierter Informationserhebung gespeichert und möglicherweise weiterverarbeitet werden, auch dann geschützt, wenn sie in die Öffentlichkeit getragen werden.[465] Darüber hinaus liegt im Monitoring eine Verarbeitung, da hierbei Daten aus dem Web erfasst, gefiltert und ausgewertet werden.[466]

6.1.3.2 Eingriff durch das Web-Monitoring

Ein Eingriff in Grundrechte wird immer dann bejaht, wenn der klassische Eingriffsbegriff erfüllt wird. „Danach wird unter einem Grundrechtseingriff im Allgemeinen ein rechtsförmiger Vorgang verstanden, der unmittelbar und gezielt (final) durch ein vom Staat verfügtes, erforderlichenfalls zwangsweise durchzusetzendes Ge- oder Verbot, also imperativ, zu einer Verkürzung grundrechtlicher Freiheiten führt."[467] Ein solcher Eingriff liegt im Rahmen von Datenverarbeitungsvorgängen jedoch grundsätzlich nicht vor. Somit erfüllt auch das Monitoring den klassischen Eingriffsbegriff nicht. Zum einen stellt es sich nicht als rechtsförmliches, sondern als faktisches Handeln dar und adressiert die Grundrechtsberechtigten nicht unmittelbar. Zum anderen fehlt es an der notwendigen Imperativität.[468] Diese fordert die Inanspruchnahme staatlicher Gewalt, um etwas zu ge- oder verbieten, sowie die Möglichkeit der Durchsetzbarkeit dieses Ge- oder Verbots mit Befehl und Zwang.[469] Dies ist beim Monitoring jedoch nicht gegeben.

Der klassische Eingriffsbegriff lässt faktische, mittelbare und nicht beabsichtigte Wirkungen unberücksichtigt, weswegen er als zu eng kritisiert wird.[470] Aufgrund dessen etablierte sich ein moderner Eingriffsbegriff, im Rahmen dessen die klassischen Merkmale erweitert wurden.[471] Demnach liegt in jedem staatlichen Handeln ein Eingriff, soweit ein Verhalten, das in den Schutzbereich eines Grundrechts fällt, ganz oder teilweise unmöglich gemacht wird. Unerheblich ist dabei, ob diese Wirkung tatsächlich beabsichtigt ist, unmittelbar oder mittelbar eintritt,

---

[464] Eingehender zur Funktionsweise des Monitorings siehe Kap. 2.4.

[465] BVerfGE 120, 351 (361); 120, 378 (399); 150, 244 (264 f.); im Ergebnis ebenso *Desoi*, Big Data und allgemein zugängliche Daten im Krisenmanagement, 75.

[466] Eingehender zur Funktionsweise des Monitorings siehe Kap. 2.4.

[467] BVerfGE 105, 279 (300); eingehender *Peine*, in: Merten/Papier (Hrsg.), Handbuch der Grundrechte in Deutschland und Europa, § 57 Rn. 20 ff; *Sachs*, in: Sachs (Hrsg.), GG, Vorbemerkungen zu Abschnitt I Rn. 78 ff.; *Voßkuhle/Kaiser*, JuS 2009, 313 (313).

[468] Eingehender zur Imperativität *Peine*, in: Merten/Papier (Hrsg.), Handbuch der Grundrechte in Deutschland und Europa, § 57 Rn. 28; *Sachs*, in: Sachs (Hrsg.), GG, Vorbemerkungen zu Abschnitt I Rn. 80.

[469] *Peine*, in: Merten/Papier (Hrsg.), Handbuch der Grundrechte in Deutschland und Europa, § 57 Rn. 23; *Epping/Lenz/Leydecker*, Grundrechte, Rn. 392.

[470] *Peine*, in: Merten/Papier (Hrsg.), Handbuch der Grundrechte in Deutschland und Europa, § 57 Rn. 29 f.; *Voßkuhle/Kaiser*, JuS 2009, 313 (313); *Epping/Lenz/Leydecker*, Grundrechte, Rn. 393.

[471] *Peine*, in: Merten/Papier (Hrsg.), Handbuch der Grundrechte in Deutschland und Europa, § 57 Rn. 31; *Epping/Lenz/Leydecker*, Grundrechte, Rn. 393 ff.; *Di Fabio*, in: Dürig/Herzog/Scholz (Hrsg.), GG, Art. 2 Abs. 1 Rn. 49; *Antoni*, in: Hömig/Wolff (Hrsg.), GG, Vorbemerkung zu den Grundrechten Rn. 9; *Jarass*, in: Jarass/Pieroth (Hrsg.), GG, Vorbemerkung Art. 1 Rn. 28 f.; *Sauer*, in: Brosius-Gersdorf (Hrsg.), GG, Vorbemerkungen vor Art. 1 GG Rn. 145 ff.

6.1 Deutsche Grundrechte

rechtlich oder tatsächlich erfolgt sowie ob sie mit Befehl und Zwang durchsetzbar ist.[472] Das BVerfG widersprach dieser Auslegung bislang nicht, sondern führte aus, dass der klassische Eingriffsbegriff nicht durch das Grundgesetz vorgegeben und somit die Beurteilung eines Grundrechtseingriffs nicht an diesen gebunden ist.[473] Somit erkannte das BVerfG ausdrücklich an, dass auch mittelbar faktische Wirkungen staatlichen Handelns zu einer rechtfertigungsbedürftigen Beeinträchtigung eines Grundrechts führen können.[474] Dies ist insbesondere gegeben, wenn die staatliche Handlung eine einem Eingriff gleichkommende Intensität besitzt und somit ein „funktionales Äquivalent eines Eingriffs" vorliegt.[475] Um festzustellen, ob eine staatliche Einwirkung als eingriffsgleich zu qualifizieren ist, wird vornehmlich darauf abgestellt, ob die Maßnahme auf die belastende Wirkung zielt (objektive Zielrichtung),[476] in welcher Intensität diese Wirkung eintritt (Intensität der Beeinträchtigung)[477] und inwieweit die Wirkung der handelnden Stelle zurechenbar ist (Kausalität)[478].

In Bezug auf Datenverarbeitungen spricht das BVerfG jedoch weder von einem faktischen Grundrechtseingriff noch stellt es auf die genannten Kriterien ab oder prüft, ob ein „funktionales Äquivalent eines Eingriffs" vorliegt. Vielmehr sieht es grundsätzlich in jeder Verwendung personenbezogener Daten einen Eingriff in das Recht auf informationelle Selbstbestimmung.[479] Dies ist auch nur plausibel, wird berücksichtigt, dass personenbezogene Daten im Rahmen einer staatlichen Datenverarbeitung entgegen dem Schutzgehalt des Rechts auf informationelle Selbstbestimmung der Einflusssphäre der betroffenen Person unmittelbar entzogen sind. Im Ergebnis stellt damit auch jede mit dem Monitoring einhergehende Datenverarbeitung einen Eingriff dar, der einer spezifischen gesetzlichen Grundlage bedarf.[480]

6.1.3.2.1 Unterscheidung der Verarbeitungsschritte

Die Rechtsprechung unterscheidet auf der Eingriffsebene zwischen den einzelnen Schritten einer Datenverarbeitung,[481] sodass jeder einzelne Schritt für sich genommen einen Eingriff darstellen kann. Entsprechendes gebietet sich auch beim Monitoring. Dieses setzt sich aus mehreren Verarbeitungsschritten zusammen: Erhebung, (temporärer) Speicherung, Filterung, persistente Speicherung sowie Auswertung der Daten.[482]

Die Gewinnung der Daten kann grundsätzlich auf zwei unterschiedlichen Wegen durchgeführt werden. In Betracht kommt einerseits die gezieltere Extraktion von Informationen aus dem Web

---

[472] *Kingreen/Poscher*, Grundrechte, § 6 Rn. 339; *Peine*, in: Merten/Papier (Hrsg.), Handbuch der Grundrechte in Deutschland und Europa, § 57 Rn. 29 ff.; *Kloepfer*, Verfassungsrecht, Band II, § 51 Rn. 31; *Klement*, in: Stern/Sodan/Möstl (Hrsg.), Das Staatsrecht der Bundesrepublik Deutschland im europäischen Staatenverbund, § 80 Rn. 59.

[473] BVerfGE 105, 279 (300 f.); 116, 202 (222).

[474] BVerfGE 105, 279 (303); 105, 252 (273); 110, 177 (191); 113, 63 (76).

[475] BVerfGE 105, 252 (273); 105, 279 (303).

[476] *Murswiek*, NVwZ 2003, 1 (6); *Jarass*, in: Jarass/Pieroth (Hrsg.), GG, Vorbemerkung Art. 1 Rn. 29.

[477] *Jarass*, in: Jarass/Pieroth (Hrsg.), GG, Vorbemerkung Art. 1 Rn. 29; *Epping/Lenz/Leydecker*, Grundrechte, Rn. 397; *Voßkuhle/Kaiser*, JuS 2009, 313 (314).

[478] *Klement*, in: Stern/Sodan/Möstl (Hrsg.), Das Staatsrecht der Bundesrepublik Deutschland im europäischen Staatenverbund, § 80 Rn. 60.

[479] In ständiger Rspr. BVerfGE 78, 77 (84); vgl. auch BVerfGE 141, 220 (286); 130, 151 (184); 150, 244 (266 f.); 154, 152 (266); eine Ausnahme von diesem Grundsatz bildet die Verarbeitung von Daten, die allein technikbedingt zunächst miterfasst, aber unmittelbar nach der Erfassung anonym, spurenlos und ohne Erkenntnisinteresse für die Behörden ausgesondert werden (hierzu BVerfGE 100, 313 (366); 115, 320 (343); 150, 244 (266)) sowie die Kenntnisnahme von frei zugänglichen Inhalten aus dem Internet über den technisch hierfür vorgesehenen Weg (hierzu BVerfGE 120, 274 (276)).

[480] Vgl. in ständiger Rspr. BVerfGE 154, 152 (266); 141, 220 (324); 130, 151 (184); 120, 351 (369).

[481] Vgl. BVerfGE 100, 113 (366); 130, 151 (184); 150, 244 (265 f.).

[482] Eingehender zur Funktionsweise des Monitorings siehe Kap. 2.4.

unter Zuhilfenahme eines Crawlers.[483] Andererseits können Daten in ungezielterer Weise über eine API gewonnen werden, meist ohne dass vor einer persistenten Speicherung eine Relevanzfilterung möglich ist.[484] Es ist mithin grundsätzlich zwischen der gezielteren und der ungezielteren Datengewinnung zu unterscheiden.[485]

Im Falle der Nutzung eines Crawlers fällt die Erhebung der Daten mit der zeitlich limitierten Speicherung der Daten im Arbeitsspeicher zusammen. Aus technischer Sicht ist es nicht möglich, die Erhebung der Daten von der Speicherung im Arbeitsspeicher abzugrenzen. Die Inhalte werden vielmehr erfasst und unmittelbar temporär gespeichert und dann nach Relevanz gefiltert. Ist ein Datum nicht relevant, wird der Speicherplatz des Datensatzes im Arbeitsspeicher freigegeben. Im anderen Fall erfolgt eine persistente Speicherung. Auf Basis der persistent gespeicherten Daten wird schließlich die Auswertung durchgeführt.

Im Unterschied hierzu findet bei der Datengewinnung über eine API die Erhebung der Daten meist gleichzeitig mit einer persistenten Speicherung statt. In der Regel können die Daten erst im Anschluss entsprechend ihrer Relevanz gefiltert und in den nächsten Verarbeitungsschritt der Auswertung übergeben werden.[486]

In Anbetracht der Funktionsweise des Monitorings und trotz der aufgezeigten Unterschiede zwischen gezielterer und ungezielterer Datengewinnung ist technisch gesehen in beiden Fällen die Erhebung und Speicherung von der darauffolgenden Verarbeitung in Form von Filterung und Auswertung zu trennen. Einer entsprechenden Sichtweise bedarf es auch aus juristischer Sicht, sodass sowohl in der Erfassung der Daten als auch in der weiteren Verarbeitung jeweils ein Grundrechtseingriff liegt.[487] Eine getrennte Prüfung dieser Verarbeitungsschritte ist allerdings nicht erforderlich.[488] Die Erfassung der Daten erfolgt unmittelbar zum Zweck der Relevanzfilterung sowie der Weiterverarbeitung der als relevant eingestuften Daten. Somit zielt schon die Erfassung der Daten final auf die Speicherung und Weiterverarbeitung der Daten ab.[489] Die Verarbeitungsschritte können mithin nicht getrennt betrachtet werden.[490]

6.1.3.2.2 Unterscheidung relevanter und irrelevanter Daten

In der Erfassung sowie in der anschließenden Filterung und Auswertung der Daten liegt jeweils ein Eingriff in das Recht auf informationelle Selbstbestimmung. Eindeutig ist dies bei den Daten gegeben, die als relevant klassifiziert und in der Folge persistent gespeichert und weiterverarbeitet werden. Es stellt sich hingegen die Frage, ob ein Grundrechtseingriff auch im Hinblick auf die als nicht relevant eingestuften Daten vorliegt. Nach der Rechtsprechung des BVerfG ist dies in den Fällen nicht gegeben, in denen Daten ungezielt und allein technikbedingt zunächst miterfasst, aber unmittelbar nach der Erfassung technisch wieder anonym und ohne Erkenntnisgewinn ausgesondert werden.[491]

---

[483] Zur Datenakquise mittels Crawler siehe Kap. 2.4.2.1.
[484] Zur Datengewinnung mittels API siehe Kap. 2.4.2.2.
[485] Ebenso zwischen gezielter und ungezielter Datenerhebung unterscheidend *Desoi, Big Data und allgemein zugängliche Daten im Krisenmanagement*, 76.
[486] Zur persistenten Speicherung von Daten bei der Datengewinnung mittels API siehe Kap. 2.4.2.2.
[487] Ebenso geht auch das BVerfG in seiner Entscheidung zur Kfz-Kennzeichenerfassung vor, siehe BVerfGE 150, 244 (265 ff.).
[488] Trotz der Feststellung, dass sowohl die Erfassung von Kfz-Kennzeichen als auch die anschließende Verarbeitung jeweils eigene Grundrechtseingriffe darstellen, verfährt das BVerfG in seiner Entscheidung zur Kfz-Kennzeichenerfassung ebenso, siehe BVerfGE 150, 244 (267 ff.).
[489] In ähnlichem Kontext ebenso *Desoi, Big Data und allgemein zugängliche Daten im Krisenmanagement*, 86.
[490] Die Grundrechtseingriffe ebenfalls nebeneinander prüfend BVerfGE 150, 244 (267 ff.).
[491] BVerfGE 100, 313 (366); 115, 320 (343); 150, 244 (266).

6.1 Deutsche Grundrechte

Beim Monitoring mit gezielterer Datengewinnung ist es technischer gesehen nicht möglich, ausschließlich relevante Daten aus dem Web zu verarbeiten.[492] Es bedarf in jedem Fall der Erfassung sämtlicher gecrawlter Inhalte im Arbeitsspeicher; erst auf dieser Grundlage kann eine Relevanzfilterung vorgenommen werden. Die Miterfassung nicht relevanter Daten ist insoweit technisch bedingt. Inwieweit die Datenerhebung gezielt erfolgt, ist jedoch von der Ausgestaltung des Monitorings abhängig. Wird der Crawler einfach an einer oder mehreren URL eingesetzt und bewegt sich über die dortigen Hyperlinks weiter durch das Web, kann nicht von einem gezielten Vorgehen gesprochen werden. Jedoch besteht ebenfalls die Möglichkeit, den Crawler eine vordefinierte Quelle bearbeiten zu lassen. Inwieweit hierin ein gezieltes Vorgehen zu sehen ist, kann allerdings dahinstehen, da die Daten nach ihrer Erfassung nicht unmittelbar und ohne Erkenntnisgewinn ausgesondert werden. So tritt vor den Zeitpunkt der Aussonderung in Form der Freigabe des entsprechenden Speicherplatzes im Arbeitsspeicher die Kategorisierung der Daten als relevant oder irrelevant. Bei irrelevanten Daten liegt ein Erkenntnisgewinn insoweit vor, als die Relevanz der Daten für das Monitoring-Objekt zu verneinen ist. Es liegt somit keine allein technikbedingte Miterfassung von Daten vor, welche unmittelbar nach der Erfassung technisch wieder anonym und ohne Erkenntnisgewinn ausgesondert werden. Ein Eingriff kann auf dieser Grundlage nicht verneint werden.[493]

Dieses Ergebnis steht im Einklang mit der Rechtsprechung des BVerfG, wonach ein Eingriff auch dann vorliegen kann, wenn die Erfassung eines größeren Datenbestands nur Mittel zum Zweck ist, um die Datenmenge auf die Daten zu beschränken, die relevant sind.[494] Das Gericht stellt in diesem Zusammenhang insbesondere darauf ab, ob im Rahmen einer Gesamtschau das Interesse an den betroffenen Daten bereits derart verdichtet ist, dass ein Betroffensein in einer einen „Grundrechtseingriff auslösenden Qualität" zu bejahen ist.[495] Genauere Ausführungen hierzu machte das BVerfG bislang jedoch nicht. Inwieweit ein verdichtetes Interesse besteht, wird in der Praxis zunächst vom jeweiligen Anlass und dem konkreten Sachverhalt abhängen, in welchem das Monitoring betrieben wird. Werden beispielsweise ohne konkreten Anlass gezielt die Onlineaktivitäten von Arbeitslosengeldempfängern mithilfe des Monitorings daraufhin analysiert, ob sie tatsächlich leistungsberechtigt sind, wird die Eingriffsqualität einfacher zu bejahen sein, als wenn die Stimmung in der Bevölkerung in Bezug auf ein konkretes Vorhaben durch Sentiment-Analysen evaluiert wird. Ein wesentlicher Faktor dabei ist, inwieweit personen- oder sachorientiertes Monitoring stattfindet.

Zu berücksichtigen ist in diesem Kontext stets auch der besondere Charakter des Monitorings. Die Erhebung der Daten findet nicht so statt, dass die betroffenen Personen unmittelbar Kenntnis von dem Vorgang erlangen. Weiterhin kann selbst beim Wissen um das Monitoring durch die potenziell betroffenen Personen nicht abgeschätzt werden, ob und in welchen Fällen ihre Daten erfasst werden. Gleichzeitig ist auch für die Anwender des Monitorings nicht vorhersehbar, welche konkreten Einzelinformationen in den Verarbeitungsvorgang eingebunden werden. Zu diesem Umstand tritt verstärkend hinzu, dass ein fehlerfrei agierendes System technisch bislang nicht realisierbar ist und es somit nicht unwahrscheinlich ist, dass Daten fälschlicherweise als relevant eingestuft und in der Folge persistent gespeichert und weiterverarbeitet werden. Ebenso wird die Relevanzfilterung in der Regel immer wieder überarbeitet und aktualisiert, sodass sich stets verändern kann, was als relevant klassifiziert wird. Damit sowie mit der Fehleranfälligkeit der Kategorisierung geht zudem einher, dass zunächst nicht relevante Daten zu einem späteren Zeitpunkt als relevant eingestuft werden könnten. Ein verdichtetes Interesse in Bezug auf solche Daten, die zunächst als nicht relevant qualifiziert wurden, kann damit nicht

---

[492] Zur Datenakquise mittels Crawler siehe Kap. 2.4.2.1.
[493] Vgl. *Cornils*, JURA 2010, 443 (445); *Breyer*, NVwZ 2008, 824 (825); *Martínez Soria*, DÖV 2007, 779 (783).
[494] BVerfGE 115, 320 (343); 120, 378 (398); 150, 244 (266).
[495] BVerfGE 115, 320 (343); 120, 378 (398); 150, 244 (266).

grundsätzlich ausgeschlossen werden. Die genannten Aspekte sprechen in ihrer Gesamtheit daher dafür, dass ein mithilfe eines Crawlers umgesetztes Monitoring grundsätzlich eine einen Grundrechtseingriff auslösende Qualität aufweist.

Gleiches ergibt sich in Bezug auf das Monitoring, das die Datenakquise mithilfe einer API vornimmt. Ebenso wie auch bei der gezielteren Datenerhebung werden die als nicht relevant eingestuften Daten nicht unmittelbar nach ihrer Erfassung und ohne Erkenntnisgewinn ausgesondert.[496] Der Prozess beim gezielteren und ungezielteren Monitoring bleibt – die Datenerfassung ausgenommen – grundsätzlich der gleiche, weswegen ein Eingriff nicht auf der Grundlage negiert werden kann, dass die Daten ungezielt und allein technisch bedingt miterfasst, aber unmittelbar nach der Erfassung technisch wieder anonym und ohne Erkenntnisgewinn ausgesondert werden. Weiterhin kann aufgrund des bereits beschriebenen Charakters des Monitorings grundsätzlich davon ausgegangen werden, dass auch an den zunächst als nicht relevant eingestuften Daten ein verdichtetes Interesse besteht. Somit ist im Ergebnis von einem Verfahren auszugehen, das grundsätzlich eine einen Grundrechtseingriff auslösende Qualität aufweist.

Im Ergebnis liegt damit in jeder monitoringgestützten Erfassung personenbezogener Daten sowie in den nachfolgenden Verarbeitungsschritten jeweils ein Eingriff in das Recht auf informationelle Selbstbestimmung.

Dem läuft auch die Entscheidung des BVerfG zur Onlinedurchsuchung nicht zuwider. Dieser Rechtsprechung zufolge greift Internetaufklärung nicht in das Recht auf informationelle Selbstbestimmung ein, wenn im Internet frei verfügbare Kommunikationsinhalte erhoben werden, die sich an einen nicht weiter abgegrenzten Personenkreis richten. Weiterhin führte das BVerfG aus, dass dies nicht gilt, wenn die hierbei gewonnenen Informationen gezielt zusammengetragen, gespeichert und gegebenenfalls unter Hinzuziehung weiterer Daten ausgewertet werden, sodass sich eine besondere Gefahrenlage für die Persönlichkeit der betroffenen Personen ergibt.[497]

Der normative Gehalt dieser Entscheidung ist nicht auf das Monitoring übertragbar. So bezieht sich die Passage, welche die genannten Aussagen enthält, auf eine landesrechtliche Norm, die es der Verfassungsschutzbehörde erlaubt, heimlich Internetaufklärung zu betreiben, wenn dies zur Erfüllung ihrer Aufgaben erforderlich ist und Tatsachen vorliegen, die die Annahme rechtfertigen, dass ein Tätigwerden zu den spezifisch im Gesetz genannten Zwecken erforderlich ist. Im Sachverhalt ging es folglich um einzelfallbezogene Maßnahmen, die dadurch legitimiert werden sollten, dass die Internetaufklärung in Bezug auf das konkrete, im Gesetz aufgeführte Aufklärungsziel zur Aufgabenerfüllung erforderlich ist. Im Gegensatz hierzu ist Monitoring grundsätzlich nicht auf den konkreten Einzelfall bezogen und nicht an eine Erforderlichkeit zur Aufgabenerfüllung geknüpft. Vielmehr handelt es sich hierbei um die systematische Auswertung von Inhalten verschiedener Dienste, teilweise nicht einmal zuvor festgelegter Quellen, um einen möglichst umfangreichen Informationsmehrwert zu schaffen. Darüber hinaus wird im Rahmen des Urteils unter Internetaufklärung die Kenntnisnahme von frei zugänglichen Inhalten aus dem Internet über den technisch hierfür vorgesehenen Weg verstanden.[498] Gemeint ist damit beispielsweise das Aufrufen einer nicht zugangsgesicherten Webseite mithilfe eines Webbrowsers oder das Beobachten eines offenen Chats.[499] Eine solche bloße Kenntnisnahme kann in der Erfassung der Daten beim Monitoring jedoch nicht gesehen werden. Die Daten werden nicht bloß zur Kenntnis genommen. Vielmehr erfolgt mit der Erhebung gleichzeitig wenigstens eine Speicherung im Arbeitsspeicher, welche die Filterung der Daten zur Weiterverarbeitung zum

---

[496] Andere Ansicht *Desoi,* Big Data und allgemein zugängliche Daten im Krisenmanagement, 88.
[497] BVerfGE 120, 278 (344 f.).
[498] BVerfGE 120, 274 (276).
[499] BVerfGE 120, 274 (345).

Zweck hat. Die Erhebung der Daten erfolgt also unmittelbar mit der Absicht, relevante Daten zusammenzutragen und auszuwerten. Eine einfache Kenntnisnahme ist hierin nicht zu sehen.

6.1.3.3 Rechtfertigung eines Eingriffs

Das Grundrecht auf informationelle Selbstbestimmung wird nicht schrankenlos gewährleistet. Eine Einschränkung ist vielmehr hinzunehmen, wenn sie auf einer verfassungsmäßigen gesetzlichen Grundlage basiert und die jeweilige datenverarbeitungsbezogene Maßnahme dem Grundsatz der Verhältnismäßigkeit genügt.[500]

6.1.3.3.1 Gesetzliche Grundlage

Die gesetzliche Grundlage muss insbesondere dem Bestimmtheitsgebot genügen. Demnach müssen aus ihr sowohl die Voraussetzungen und der mögliche Umfang der Beschränkung als auch der konkrete Zweck der Datenverarbeitung klar erkennbar hervorgehen.[501] Dabei ist die Erhebung und Verwendung der Daten auf das zu diesem Zweck Erforderliche zu begrenzen.[502]

Zweck und Umfang der Datenverarbeitung müssen nicht ausdrücklich in der gesetzlichen Grundlage genannt werden. Vielmehr kann es bereits genügen, wenn diese Aspekte der gesetzlichen Grundlage zumindest mittelbar – beispielsweise über den Kontext zu anderen Normen – entnommen werden können.[503] Die Anforderungen an die Bestimmtheit und die Klarheit der gesetzlichen Grundlage und des verfolgten Zwecks ergeben sich dabei vor allem in Anbetracht der Umstände des konkreten Einzelfalls. Es lässt sich jedoch grundlegend konstatieren, dass eine gesetzliche Grundlage so ausgestaltet sein muss, dass weder die Vorhersehbarkeit noch die Justiziabilität einer auf ihr basierenden Maßnahme gefährdet ist.[504]

Als „Ausdruck des allgemeinen Freiheitsanspruchs des Bürgers gegenüber dem Staat" durch die öffentliche Gewalt nur insoweit beschränkt zu werden, „als es zum Schutz öffentlicher Interessen unerlässlich ist", muss die gesetzliche Grundlage außerdem den Anforderungen der Verhältnismäßigkeit entsprechen.[505] Hieraus ergibt insbesondere, dass generalklauselartig gefasste gesetzliche Grundlagen grundsätzlich nicht zur Rechtfertigung grundrechtsintensiver Eingriffe geeignet sind.[506]

6.1.3.3.2 Verhältnismäßigkeit der Maßnahme

Im Rahmen der Verhältnismäßigkeit ist zu prüfen, ob eine datenverarbeitungsbezogene Maßnahme einem legitimen Zweck[507] dient, der mit geeigneten und erforderlichen Mitteln verfolgt wird, und sich als verhältnismäßig im engeren Sinne erweist.[508] Demnach sind Eingriffe in das Recht auf informationelle Selbstbestimmung nur dann rechtmäßig, wenn der verfolgte Zweck

---

[500] In ständiger Rspr. BVerfGE 65, 1 (44, 54); 67, 100 (143); 78, 77 (85); 103, 21 (33, 40).
[501] BVerfGE 65, 1 (44); 100, 313 (359 f.); 110, 33 (53); 113, 348 (375).
[502] BVerfGE 65, 1 (46); 84, 239 (280); 113, 29 (58); 118, 168 (188).
[503] BVerfGE 92, 191 (197 f.).
[504] BVerfGE 110, 33 (57); 118, 168 (188); 133, 277 (356).
[505] BVerfGE 65, 1 (44)
[506] Eingriffe, die etwa im Rahmen der allgemeinen Ermittlungsbefugnis der Staatsanwaltschaft i.S.v. § 161 StPO erfolgen, können hingegen auf Generalklauseln gestützt werden.
[507] Als solche anerkannt sind beispielsweise die Planmäßigkeit staatlichen Handelns (BVerfGE 27, 1 (7); 65, 1 (54 f.)), das zuverlässige Funktionieren des Rechtsverkehrs (BVerfGE 78, 77 (85)), die Gleichmäßigkeit der Besteuerung (BVerfGE 84, 239 (280); 63, 312 (330)) sowie die Erleichterung der Aufklärung künftiger Straftaten von erheblicher Bedeutung (BVerfG, Beschl. v. 15.03.2001, Az. 2 BvR 1841/00, 2 BvR 1841/00, 2 BvR 1876/00, 2 BvR 2132/00, 2 BvR 2307/00, NJW 2001, 2320 (2321)).
[508] In ständiger Rspr. BVerfGE 7, 377 (407); 109, 279 (335); 115, 320 (345).

und die zu erwartende Zweckerreichung nicht außer Verhältnis zur Intensität des Eingriffs stehen.[509]

6.1.3.3.2.1 Eingriffsintensität

In Abhängigkeit von der Intensität des Eingriffs sind im Rahmen der Prüfung der Verhältnismäßigkeit unterschiedlich strenge Anforderungen zu stellen.[510] So steigen die Anforderungen an die Rechtfertigung eines Eingriffs mit der Schwere des Eingriffs. Um die Verhältnismäßigkeitsprüfung vornehmen zu können, bedarf es daher zunächst der Bewertung der Intensität des Eingriffs. Nachfolgend wird dargelegt, welche Faktoren hierfür zu berücksichtigen sind.

6.1.3.3.2.1.1 Persönlichkeitsrelevanz und drohende Nachteile

Für die Bestimmung der Eingriffsintensität ist insbesondere die Persönlichkeitsrelevanz der verarbeiteten personenbezogenen Daten maßgeblich.[511] Dabei sind nicht nur die unmittelbar erhobenen Daten einzubeziehen, sondern auch die Daten, welche durch eine weitergehende Verarbeitung, beispielsweise durch Verknüpfung von Datenbeständen, gewonnen werden können.[512] Es gilt der Grundsatz: Je sensibler die verarbeiteten personenbezogenen Daten sind, umso schwerwiegender ist das von der Datenverarbeitung ausgehende Eingriffsgewicht. Als sensibel sind insbesondere die Daten zu qualifizieren, die intime Vorgänge[513] betreffen sowie solche Daten, die unter besonderem Grundrechtsschutz,[514] beispielsweise durch Art. 3 Abs. 3 GG oder Art. 4 Abs. 1 GG, stehen. Dagegen weisen Daten, die keine besondere Relevanz für die Privatheit oder die Entscheidungsfreiheit der betroffenen Person besitzen, wie beispielsweise Kontostammdaten, keine besondere Persönlichkeitsrelevanz auf.[515] Zudem nimmt die Herkunft der Daten keinen Einfluss auf die Persönlichkeitsrelevanz – wohl aber auf die Eingriffsintensität an sich.[516] Für die betroffenen Personen macht es keinen Unterschied, ob die Daten einer öffentlich zugänglichen Quelle oder ihrem privaten Datenbestand entnommen wurde.[517] Daher bleibt etwa ein im Web allgemein zugängliches personenbezogenes Datum zum Sexualleben von hoher Persönlichkeitsrelevanz, obgleich ein Zugriff hierauf ohne Weiteres möglich ist.

Im Kontext der Persönlichkeitsrelevanz richtet sich die Intensität eines Eingriffs zudem danach, ob die betroffenen Personen anonym bleiben, welche persönlichkeitsbezogenen Informationen erfasst werden sowie welche Nachteile den betroffenen Personen potenziell durch die Verarbeitung drohen oder von ihnen nicht ohne Grund befürchtet werden.[518] So nimmt die Schwere des Eingriffs beispielsweise mit der Möglichkeit der Nutzung der Daten für Folgeeingriffe in die Grundrechte der betroffenen Personen sowie mit der Möglichkeit der Verknüpfung mit anderen Daten, welche wiederum weitere Verarbeitungsverfahren nach sich ziehen können, zu.[519]

---

[509] BVerfGE 141, 220 (267); 148, 40 (57 f.); 155, 119 (179);
[510] BVerfGE 115, 320 (345); 118, 168 (195); 120, 378 (401).
[511] BVerfGE 100, 313 (376); 109, 279 (353); 113, 348 (382); 115, 320 (347); 118, 168 (197); 120, 378 (401).
[512] BVerfGE 65, 1 (45); 115, 320 (348); 120, 378 (402).
[513] BVerfGE 65, 1 (45).
[514] BVerfGE 115, 320 (348).
[515] BVerfGE 118, 168 (198).
[516] Zur Bedeutung der Herkunft eines Datums für die Eingriffsintensität siehe Kap. 6.1.3.3.2.1.4.
[517] *Johannes*, in: Roßnagel/Friedewald/Hansen (Hrsg.), Die Fortentwicklung des Datenschutzes, 151 (159 f.).
[518] BVerfGE 67, 157 (178 f.); 100, 313 (376); 109, 279 (353); 113, 348 (382); 115, 320 (347); 120, 378 (402); 125, 260 (320).
[519] BVerfGE 120, 378 (403).

6.1.3.3.2.1.2 Streubreite und Anlass zur Datenverarbeitung

Ein weiterer wichtiger Aspekt bei der Beurteilung der Eingriffsintensität ist die Streubreite des Verfahrens.[520] Damit gemeint ist die Anzahl der von einer Datenverarbeitung möglicherweise oder tatsächlich betroffenen Personen.[521] Verfahren, die zahlreiche Personen einbeziehen, ohne dass die Personen die Erfassung ihrer Daten durch ihr Verhalten veranlasst haben, weisen grundsätzlich eine hohe Eingriffsintensität auf.[522] Die Streubreite steht somit unmittelbar in Zusammenhang damit, inwieweit eine Maßnahme darauf beruht, dass die betroffenen Personen Anlass zur Datenverarbeitung gegeben haben. So kann bei anlasslosen Verarbeitungen praktisch jeder von der Verarbeitung erfasst werden, wohingegen der Kreis der betroffenen Personen bei anlassbezogenem Vorgehen von vornherein begrenzt ist. In Fällen ohne Anlassbezug ist grundsätzlich von einer höheren Eingriffsintensität auszugehen als bei anlassbezogenen Fällen,[523] da von anlasslosem Vorgehen allgemeine Einschüchterungseffekte ausgehen können, die potenziell zu einer Beeinträchtigung der Ausübung von Grundrechten führen kann.[524] Allgemein kann damit die Faustregel angewandt werden: Je höher die Streubreite ist, umso schwerer wiegt der Grundrechtseingriff.

6.1.3.3.2.1.3 Modus der Datenerhebung

Ebenfalls von Bedeutung ist der Modus der Datenerhebung und -verarbeitung.[525] So ist die Schwere eines Eingriffs deutlich erhöht, wenn Daten heimlich erhoben und verarbeitet werden.[526] Dies liegt insbesondere darin begründet, dass es den betroffenen Personen im Falle heimlicher Datenverarbeitung faktisch verwehrt ist, sich im Voraus mittels gerichtlichen Rechtsschutzes zur Wehr zu setzen. Zudem wird es erschwert bis unmöglich gemacht, im Nachhinein mit rechtlichen Mitteln zu reagieren und somit die eigenen Interessen zu wahren.[527]

6.1.3.3.2.1.4 Herkunft der Daten

Überdies ist grundsätzlich einzubeziehen, ob die Erhebung der Daten aus einem öffentlichen oder privaten Bereich erfolgt.[528] Dem liegt die elementare Annahme zugrunde, dass bezüglich privat gehaltener Daten ein höheres Schutzbedürfnis besteht.[529] Inwieweit diese Annahme greift, ist dabei vom spezifischen Einzelfall abhängig. So ist zu differenzieren, ob eine Person die Daten beispielsweise selbst im Internet veröffentlicht hat, dies durch Dritte geschah oder ob sie sich selbst in einen öffentlichen Raum begeben und hierdurch beispielsweise ihr KFZ-Kennzeichen für alle erkennbar gemacht hat.

6.1.3.3.2.1.5 Kontext der Datenverarbeitung

Darüber hinaus ist die vorgenommene Datenverarbeitung stets in den Kontext zum angestrebten Zweck zu setzen. So berücksichtigt das BVerfG etwa bei den Entscheidungen zur automatisierten Kennzeichenerfassung, welcher konkrete Zweck mit der Datenverarbeitung verfolgt wird, und geht von einem weniger intensiven Grundrechtseingriff aus, wenn durch die Verarbeitung

---

[520] BVerfGE 109, 279 (308); 100, 313 (393); 113, 348 (383); 115, 320 (354); 118, 168 (197); 120, 378 (402); 125, 260 (318 ff.); 150, 244 (269, 283).

[521] *Desoi*, Big Data und allgemein zugängliche Daten im Krisenmanagement, 93; vgl. hierzu auch BVerfGE 67, 157 (178); 100, 313 (376).

[522] BVerfGE 109, 279 (353); 113, 348 (382); 115, 320 (354), 120, 378 (402), 125, 260 (316 f.).

[523] BVerfGE 100, 313 (376); 109, 279 (353); 115, 320 (347); 120, 378 (402); 150, 244 (284).

[524] BVerfGE 65, 1 (42); 113, 29 (46); 120, 378 (402).

[525] BVerfGE 115, 166 (194); 115, 320 (353); 118, 168 (197); 120, 378 (402 f.); 150, 244 (269, 283).

[526] BVerfGE 110, 33 (53); 115, 166 (194); 115, 320 (353); 118, 168 (197 f.); 120, 378 (402 f.); 125, 260 (320).

[527] BVerfGE 113, 348 (384 f.); 115, 320 (354); 118, 168 (197 f.).

[528] BVerfGE 109, 279 (353); 150, 244 (283).

[529] Vgl. hierzu die Ausführungen unter Kap. 4.3.

selbst weder Schlüsse auf das Verhalten der betroffenen Personen gezogen werden können noch die gewonnenen Informationen gesammelt und verknüpft werden sollen.[530]

6.1.3.3.2.1.6 Systematisierung der Eingriffsintensität

Zur Systematisierung der von einer datenverarbeitungsbezogenen Maßnahme ausgehenden Eingriffsintensität kann – basierend auf den dargelegten Faktoren – im Sinne eines Vier-Stufen-Modells zwischen niedriger, mittlerer, hoher und höchster Eingriffsintensität unterschieden werden.[531] Eine solche Einteilung wird bislang zwar nicht vom BVerfG vorgenommen, ist aber insoweit sinnvoll, als die Zulässigkeit einer Maßnahme über ihre Eingriffsintensität bestimmt wird und sich die Handhabbarkeit von Grundrechtseingriffen verbessert, wenn die Eingriffsintensität einer Stufe zugeordnet wird, über die auf die grundsätzlichen Anforderungen an die Rechtmäßigkeit der Maßnahme geschlossen werden kann.

Im Kontext datenverarbeitungsbezogener Maßnahmen wurde eine solche Systematisierung bereits vorgenommen. Diese bezog sich zwar spezifisch auf die von staatlichen Überwachungsmaßnahmen ausgehende Eingriffsintensität.[532] Aufgrund der inhaltlichen Nähe dieses Bereichs zum Monitoring – welches prinzipiell selbst eine Überwachungsmaßnahme darstellen kann – können die diesbezüglichen Ausführungen allerdings auch zur Systematisierung der Eingriffsintensität des Monitorings herangezogen werden.

Eine Datenverarbeitung niedriger Intensität ist demnach grundsätzlich dadurch gekennzeichnet, dass die Privatsphäre einer betroffenen Person durch den Verarbeitungsvorgang in nur geringem Umfang beeinträchtigt ist, beispielsweise weil die betroffenen Daten keine besondere Persönlichkeitsrelevanz[533] aufweisen oder die Daten öffentlichen Quellen[534] entstammen und lediglich zur Kenntnis genommen, nicht aber systematisch zusammengetragen und ausgewertet werden.[535]

Mittlere Intensität ist grundsätzlich gegeben, wenn sensiblere Informationen gewonnen werden können. Bei Datenverarbeitungen mittlerer Intensität ist ein tieferes Eindringen in die Privatsphäre, aber keine Erstellung von Persönlichkeitsprofilen möglich. Dies ist beispielsweise gegeben, wenn Kontoinhalte- und Bewegungen eingesehen werden,[536] offene Videoüberwachung im öffentlichen Raum stattfindet[537] oder Kennzeichen[538] im Straßenverkehr automatisiert kontrolliert werden.[539] Hierbei wird häufig ein nicht näher bestimmter Personenkreis erfasst.

Von hoher Intensität sind grundsätzlich sämtliche Vorgänge, anhand derer auf wesentliche Persönlichkeitsaspekte der betroffenen Person geschlossen werden kann und die einen Einblick in die Privatsphäre der betroffenen Person erlauben. Umfasst sind hiervon unter anderem staatliche Überwachungsmaßnahmen wie die Telekommunikationsüberwachung,[540] der Einsatz eines

---

[530] BVerfGE 120, 378 (403 f); 150, 244 (283 f.).
[531] Vgl. *Bäcker,* in: Herdegen et al. (Hrsg.), Handbuch des Verfassungsrechts, § 28 Rn. 93 ff.; drei Stufen unterscheidend *Rusteberg,* KritV 2017, 24 (29 ff.).
[532] Die nachfolgenden Ausführungen basieren auf *Bäcker,* in: Herdegen et al. (Hrsg.), Handbuch des Verfassungsrechts, § 28 Rn. 93 ff.
[533] Vgl. BVerfGE 118, 168 (198 f.).
[534] Vgl. BVerfGE 120, 274 (344 f.); 120, 351 (361 f.); 142, 234 (251 f.).
[535] *Bäcker,* in: Herdegen et al. (Hrsg.), Handbuch des Verfassungsrechts, § 28 Rn. 93.
[536] Vgl. BVerfGE 120, 274 (347 f.); 118, 168 (198 f.).
[537] Vgl. BVerfG, Beschl. v. 23.02.2007, Az. 1 BvR 2368/06, NVwZ 2007, 688 (691).
[538] Vgl. BVerfGE 120, 378 (403 f.); 150, 244 (283 f.).
[539] *Bäcker,* in: Herdegen et al. (Hrsg.), Handbuch des Verfassungsrechts, § 28 Rn. 93.
[540] Vgl. BVerfGE 113, 348 (382 ff.); 129, 208 (240 ff.); 141, 220 (310).

verdeckten Ermittlers[541] sowie heimlich angefertigte längerfristige Ton- und Bildaufzeichnungen[542] außerhalb von Wohnräumen.[543]
Eine Datenverarbeitung höchster Intensität liegt vor, wenn eine besondere Nähe zum Kernbereich privater Lebensgestaltung hergestellt wird. Diese liegt insbesondere vor, wenn Daten verdeckt aus dem privaten Wohnraum oder einem informationstechnischen System der betroffenen Person erhoben werden. Dies ist unter anderem bei Wohnraumüberwachungen[544] und Online-Durchsuchungen[545] der Fall.[546]

6.1.3.3.2.2 Technische und organisatorische Maßnahmen

Im Rahmen der Verhältnismäßigkeit sind nicht nur die datenverarbeitungsbezogenen Maßnahmen selbst, sondern auch die gegebenenfalls getroffenen technischen und organisatorischen Maßnahmen zu berücksichtigen, die der Gefahr einer Verletzung der informationellen Selbstbestimmung entgegenwirken.[547] Solche technischen und organisatorischen Maßnahmen können die Intensität eines mit einer datenverarbeitungsbezogenen Maßnahme einhergehenden Eingriffs reduzieren. In Bezug auf besonders intensive Eingriffe kann es sogar dazu kommen, dass Verhältnismäßigkeit erst durch die Ergreifung von Maßnahmen technischer oder organisatorischer Natur herstellbar ist.[548]

Als relevante organisatorische Maßnahmen kommen in diesem Kontext etwa Zutritts-, Zugangs-, Zugriffs-, Weitergabe- und Eingabekontrollen sowie die Einstellung von IT-Experten und die Dokumentation der Zurverfügungstellung der Informationen in Betracht.[549] Zu den technischen Maßnahmen zählt insbesondere die getrennte Speicherung von Daten auf physisch voneinander getrennten und vom Internet entkoppelten Rechnern, die Anwendung asymmetrischer kryptografischer Verschlüsselung unter getrennter Verwahrung der Schlüssel, die Vorgabe des Vier-Augen-Prinzips für den Zugriff auf die Daten verbunden mit fortschrittlichen Verfahren zur Authentifizierung für den Zugang zu den Schlüsseln, die revisionssichere Protokollierung des Zugriffs auf die Daten und deren Löschung sowie der Einsatz von automatisierten Fehlerkorrektur- und Plausibilitätsverfahren.[550]

6.1.3.4 Conclusio

Durch Monitoring wird regelmäßig in das Recht auf informationelle Selbstbestimmung eingegriffen. Da das Recht auf informationelle Selbstbestimmung nicht schrankenlos gewährleistet wird, kann dieser Eingriff gerechtfertigt sein, wenn er sich auf eine hinreichende gesetzliche Grundlage stützt und verhältnismäßig ist. Im Rahmen der Verhältnismäßigkeit ist dabei insbesondere zu berücksichtigen, welche Intensität der Eingriff aufweist sowie welche technischen und organisatorischen Maßnahmen zum Schutz des Rechts auf informationelle Selbstbestimmung ergriffen wurden.

---

[541] Vgl. BVerfGE 141, 220 (290).
[542] Vgl. BVerfGE 141, 220 (287).
[543] *Bäcker,* in: Herdegen et al. (Hrsg.), Handbuch des Verfassungsrechts, § 28 Rn. 93.
[544] Vgl. BVerfGE 109, 279 (353); 141, 220 (295).
[545] Vgl. BVerfGE 120, 274 (322 ff.); 141, 220 (304).
[546] *Bäcker,* in: Herdegen et al. (Hrsg.), Handbuch des Verfassungsrechts, § 28 Rn. 93.
[547] Vgl. BVerfGE 65, 1 (44 ff.); 113, 29 (58); 125, 260 (325 ff.); 155, 119 (211); 156, 11 (46); 162, 1 (132).
[548] Vgl. *Eichberger,* in: Huber/Voßkuhle (Hrsg.), GG, Art. 2 Rn. 311 m.w.N.
[549] Vgl. LAG Baden-Württemberg, Beschl. v. 22.09.2023, Az. 7 Ta 1/22, BeckRS 2023, 26430 Rn. 21; LAG Düsseldorf, Urt. v. 11.03.2020, Az. 12 Sa 186/19, NZA-RR 2020, 348 BeckRS 2020, 9941 Rn. 82.
[550] Vgl. BVerfGE 125, 260 (325 f.).

6.1.4 Integrität und Vertraulichkeit informationstechnischer Systeme, Art. 2 Abs. 1 GG i.V.m. Art. 1 Abs. 1 GG

Das Grundrecht auf Integrität und Vertraulichkeit informationstechnischer Systeme (fortan IT-Grundrecht) ist ein junges Grundrecht, welches das BVerfG in seinem Urteil zur Online-Durchsuchung im Jahr 2008 aus dem allgemeinen Persönlichkeitsrecht abgeleitet hat.[551] Es greift, wenn andere Grundrechte – etwa das Brief-, Post- oder Fernmeldegeheimnis, die Unverletzlichkeit der Wohnung oder das Recht auf informationelle Selbstbestimmung – einen Sachverhalt nicht hinreichend abdecken.[552] Insofern adressiert das IT-Grundrecht ausschließlich Situationen, in denen bereits existierende Grundrechte dem besonderen persönlichkeitsrechtlichen Schutzbedürfnis des Grundrechtsträgers nicht in ausreichendem Maße genügen, sodass ohne seine Anwendung eine Schutzlücke entstünde.

6.1.4.1 Schutzbereich

Das IT-Grundrecht schützt zum einen das Interesse der Nutzer von informationstechnischen Systemen, dass die im System erfassten, erzeugten, verarbeiteten und gespeicherten Daten vertraulich bleiben (Vertraulichkeit). Zum anderen zielt es auf den Schutz vor Angriffen, durch welche so auf ein informationstechnisches System zugegriffen wird, dass dessen Leistungen, Funktionen und Speicherinhalte durch Dritte genutzt werden können (Integrität).[553]

Zentraler Ausgangspunkt für die Anwendbarkeit des IT-Grundrechts ist somit zunächst das Vorliegen eines informationstechnischen Systems. Des Weiteren bedarf es berechtigter Vertraulichkeits- oder Integritätserwartungen an das informationstechnische System, welche durch einen Zugriff auf das System beeinträchtigt werden.

6.1.4.1.1 Informationstechnisches System

Der Begriff des informationstechnischen Systems wurde nicht legaldefiniert. Allerdings lassen sich dem Urteil des BVerfG zur Onlinedurchsuchung Anhaltspunkte entnehmen, anhand derer ein informationstechnisches System als solches beschrieben werden kann. So führt das Gericht aus, dass das IT-Grundrecht ausschließlich für Systeme Anwendung findet, „die allein oder in ihrer technischen Vernetzung personenbezogene Daten des Betroffenen in einem Umfang und in einer Vielfalt enthalten können, dass ein Zugriff auf das System es ermöglicht, einen Einblick in wesentliche Teile der Lebensgestaltung einer Person zu gewinnen oder gar ein aussagekräftiges Bild der Persönlichkeit zu erhalten."[554] Zudem formuliert es ausdrücklich, dass Systeme mit nur punktuellem Bezug zu einem bestimmten Lebensbereich, wie etwa unvernetzte elektronische Steuerungssysteme der Haustechnik, nicht erfasst werden.[555]

Für die Eröffnung des Schutzbereichs bedarf es folglich eines hinreichend komplexen Systems,[556] das ein breites Spektrum von Möglichkeiten der Nutzung eröffnet, die mit der Erzeugung, Verarbeitung und Speicherung von persönlichkeitsrelevanten[557] Daten verbunden sind.[558] Dabei muss das System nicht aus sich heraus eine hinreichende Komplexität aufweisen.

---

[551] Siehe BVerfGE 120, 274 (302 ff.).
[552] BVerfGE 120, 274 (302).
[553] BVerfGE 120, 274 (314).
[554] BVerfGE 120, 274 (314).
[555] BVerfGE 120, 274 (313).
[556] *Hoffmann-Riem*, JZ 2008, 1009 (1012); *Taraz*, Das Grundrecht auf Gewährleistung der Vertraulichkeit und Integrität informationstechnischer Systeme und die Gewährleistung digitaler Privatheit im grundrechtlichen Kontext, 25; *Hoffmann* et al., Die digitale Dimension der Grundrechte, 72; *Bäcker*, in: Rensen/Brink (Hrsg.), Linien der Rechtsprechung des Bundesverfassungsgerichts, 99 (127).
[557] Näher zur Persönlichkeitsrelevanz *Hoffmann-Riem*, JZ 2008, 1009 (1012); *Herrmann*, Das Grundrecht auf Gewährleistung der Vertraulichkeit und Integrität informationstechnischer Systeme, 121.
[558] BVerfGE 120, 274 (305).

6.1 Deutsche Grundrechte

Vielmehr reicht es bereits aus, wenn sich diese aus seiner technischen Vernetzung ergibt.[559] Ebenso wird nicht vorausgesetzt, dass tatsächlich Daten mit Persönlichkeitsrelevanz im System gespeichert werden; es genügt bereits, dass solche Daten enthalten sein können.[560] Hierbei spielt es zudem keine Rolle, ob ein System diese Daten persistent, temporär oder flüchtig vorhalten kann.[561] Es ist folglich ausschließlich auf das System, nicht aber die Daten abzustellen.[562]

Inwieweit im Einzelfall tatsächlich ein informationstechnisches System vorliegt, ist meist eine Wertungsfrage, die in Anbetracht des konkreten Systems entschieden werden muss. Allerdings benennt das BVerfG in seinem Urteil zur Online-Durchsuchung Personalcomputer,[563] Laptops, Personal Digital Assistants und Mobiltelefone[564] sowie das gesamte Internet und selbstständige Rechnernetzwerke[565] als mögliche Beispiele für informationstechnische Systeme.

Im Rahmen des Monitorings wird auf das Web, also einen Dienst des Internets, zugegriffen. Bei diesem handelt es sich, wie dem Urteil zur Online-Durchsuchung ausdrücklich entnommen werden kann,[566] um ein informationstechnisches System. Das Web als informationstechnisches System zu sehen, entspricht zwar grundsätzlich dem Ansinnen des BVerfG, jedoch erscheint es sinnvoll, konkreter auf die durch das Monitoring adressierten Bereiche abzustellen.[567]

In der Regel werden mithilfe von Monitoring Daten aus sozialen Netzwerken, Foren, Blogs oder von einfachen Webseiten entnommen. Bei sozialen Netzwerken handelt es sich um webbasierte Kommunikationsplattformen, die darauf angelegt sind, dass ihre Nutzer möglichst viele private Informationen teilen und sich virtuell miteinander verbinden.[568] Dementsprechend sind soziale Netzwerke auf die umfangreiche Verarbeitung und Speicherung persönlichkeitsrelevanter Informationen ausgelegt und können auch Daten mit erheblicher Persönlichkeitsrelevanz enthalten. Sie bieten zudem vielfältige Vernetzungsmöglichkeiten[569] und können in unterschiedlichster Weise[570] durch den Nutzer verwendet werden. Bei sozialen Netzwerken handelt

---

[559] *Heckmann/Paschke*, in: Stern/Sodan/Möstl (Hrsg.), Das Staatsrecht der Bundesrepublik Deutschland im europäischen Staatenverbund, § 103 Rn. 18; eingehender *Taraz*, Das Grundrecht auf Gewährleistung der Vertraulichkeit und Integrität informationstechnischer Systeme und die Gewährleistung digitaler Privatheit im grundrechtlichen Kontext, 24; *Hornung*, CR 2008, 299 (302); *Herrmann*, Das Grundrecht auf Gewährleistung der Vertraulichkeit und Integrität informationstechnischer Systeme, 120.

[560] *Hornung*, CR 2008, 299 (302); *Herrmann*, Das Grundrecht auf Gewährleistung der Vertraulichkeit und Integrität informationstechnischer Systeme, 116 f.; *Taraz*, Das Grundrecht auf Gewährleistung der Vertraulichkeit und Integrität informationstechnischer Systeme und die Gewährleistung digitaler Privatheit im grundrechtlichen Kontext, 25.

[561] BVerfGE 120, 274 (314 f.).

[562] *Bäcker*, in: Rensen/Brink (Hrsg.), Linien der Rechtsprechung des Bundesverfassungsgerichts, 99 (123); *Wehage*, Das Grundrecht auf Gewährleistung der Vertraulichkeit und Integrität informationstechnischer Systeme und seine Auswirkungen auf das Bürgerliche Recht, 50.

[563] BVerfGE 120, 274 (305).

[564] BVerfGE 120, 274 (311).

[565] BVerfGE 120, 274 (276).

[566] Siehe BVerfGE 120, 274 (276).

[567] Vgl. ebenfalls nicht pauschal auf das Internet als informationstechnisches System abstellend, sondern eine differenziertere Betrachtung vornehmend *Ihwas*, Strafverfolgung in Sozialen Netzwerken, 92 ff.; *Bauer*, Soziale Netzwerke und strafprozessuale Ermittlungen, 108 f.

[568] Zur Definition sozialer Netzwerke siehe Kap. 4.2.1.

[569] Eine Vernetzung ist beispielsweise in Form der Einbettung von Inhalten aus sozialen Netzwerken in einfache Webseiten, durch die Verwendung von Widgets oder Plugins eines sozialen Netzwerks auf einer Webseite oder durch die Möglichkeit der Anmeldung auf einer Webseite mit einem auf einem sozialen Netzwerk angelegten Profil möglich.

[570] Über soziale Netzwerke können unter anderem Kontakte geknüpft, Informationen beschafft oder Inhalte erstellt und geteilt werden. Zudem bieten viele soziale Netzwerke einen Messenger an, über den die Nutzer individuell miteinander kommunizieren können.

es sich mithin um komplexe Systeme, die Daten mit Persönlichkeitsrelevanz enthalten können, die einen Einblick in wesentliche Teile der Lebensgestaltung einer Person gewähren. Sie stellen folglich informationstechnische Systeme im Sinne des IT-Grundrechts dar.[571]

Blogs, Foren und einfache Webseiten weisen regelmäßig keine mit sozialen Netzwerken vergleichbare Komplexität auf, insbesondere die Vernetzungs-[572] und Nutzungsmöglichkeiten[573] sind deutlich begrenzter. Dementsprechend besitzen ihre Inhalte einen eher statischen und weniger interaktiven Charakter. Da Blogs, Foren und einfache Webseiten aber dennoch Netzwerkpunkte des Internets sind, sind sie ebenso wie soziale Netzwerke als informationstechnische Systeme zu verstehen. Dies gilt umso mehr, als die grundrechtliche Bedeutung der in Blogs, Foren und auf einfachen Webseiten potenziell verarbeiteten Daten im Rahmen des Vertraulichkeitsschutzes derjenigen sozialer Netzwerke gleichkommt. So besteht zum einen grundsätzlich die technische Möglichkeit zur Speicherung und Verarbeitung umfassender persönlichkeitsrelevanter Informationen. Zum anderen eröffnen Foren, Blogs und Webseiten durchaus Nutzungsmöglichkeiten, im Rahmen derer persönlichkeitsrelevante Daten geteilt werden können, die Einblicke in Teile der Lebensgestaltung einer Person gewähren.[574] Mithin ist trotz der Unterschiede zu sozialen Netzwerken von hinreichender Komplexität auszugehen. Insgesamt sind damit auch Blogs, Foren und einfache Webseiten als informationstechnische Systeme im Sinne des IT-Grundrechts zu bewerten.

6.1.4.1.2 Berechtigte Erwartungen an Vertraulichkeit und Integrität

Das informationstechnische System muss geeignet sein, berechtigte Erwartungen hinsichtlich der Vertraulichkeit oder Integrität[575] der von ihm erzeugten, verarbeiteten und gespeicherten Daten zu erwecken.[576] Grundvoraussetzung hierfür ist, dass die betroffene Person das informationstechnische System als „eigenes" nutzt.[577]

Ein als „eigenes" genutztes System liegt vor, wenn die betroffene Person allein oder zusammen mit anderen zur Nutzung berechtigten Personen selbstbestimmt über das informationstechnische System verfügt.[578] Auch wenn dies aufgrund der Wortwahl naheliegt,[579] ist in diesem Zusammenhang nicht die sachenrechtliche Zuordnung, sondern vielmehr die tatsächliche und selbstbestimmte Nutzung ausschlaggebend.[580] Zudem ist nicht relevant, ob der Zugriff auf das

---

[571] Übereinstimmend BVerfGE 141, 220 (304); *Ihwas*, Strafverfolgung in Sozialen Netzwerken, 92 ff.

[572] Obgleich in Blogs, Foren und einfachen Webseiten grundsätzlich Links gesetzt und RSS-Feeds angeboten werden können, fehlen in der Regel umfangreiche Vernetzungsfunktionen wie etwa Freundeslisten oder Follower-Systeme.

[573] Die Funktionalität von Foren, Blogs und einfachen Webseiten ist in der Regel auf einfache Interaktionen beschränkt und umfasst keine sozialen und multimedialen Funktionen, wie sie in sozialen Netzwerken verfügbar sind.

[574] Eine hohe Persönlichkeitsrelevanz kann sich beispielsweise bei einem Blog zum Thema Religion, einem Forum zur Suizidprävention oder einer Webseite für politisches Engagement ergeben.

[575] Näher zu den Begriffen Vertraulichkeit und Integrität siehe *Wehage*, Das Grundrecht auf Gewährleistung der Vertraulichkeit und Integrität informationstechnischer Systeme und seine Auswirkungen auf das Bürgerliche Recht, 50 ff.

[576] BVerfGE 120, 274 (306, 314 f.); *Hornung*, CR 2008, 299 (303); *Oermann/Staben*, Staat 2013, 630 (633); *Hoffmann* et al., Die digitale Dimension der Grundrechte, 70.

[577] BVerfGE 120, 274 (315).

[578] BVerfGE 120, 274 (315); *Herrmann*, Das Grundrecht auf Gewährleistung der Vertraulichkeit und Integrität informationstechnischer Systeme, 117; *Bäcker*, in: Rensen/Brink (Hrsg.), Linien der Rechtsprechung des Bundesverfassungsgerichts, 99 (127).

[579] Kritisch insoweit zum Begriff *Hoffmann-Riem*, JZ 2008, 1009 (1019 Fn. 96), welcher zur Vermeidung von Missverständnissen dafür plädiert, vom „eigengenutzten" Informationstechnischen System zu sprechen.

[580] *Hoeren*, MMR 2008, 365 (366); *Hornung*, CR 2008, 299 (303); dem folgend *Herrmann*, Das Grundrecht auf Gewährleistung der Vertraulichkeit und Integrität informationstechnischer Systeme, 117.

als „eigenes" genutzte informationstechnische System über informationstechnische Systeme stattfindet, die sich in der Verfügungsgewalt anderer befinden.[581]

Grundsätzlich ist es eine Frage des Einzelfalls, wann eine selbstbestimmte Nutzung und damit ein als „eigenes" genutztes System vorliegt. Es bietet sich jedoch an, auf gegebenenfalls bestehende Sicherheitsmaßnahmen rechtlicher, technischer oder sozialer Art gegen den Zugriff Dritter abzustellen. So können beispielsweise bestehende sachenrechtliche Abwehransprüche ebenso wie eine mögliche Verschlüsselung und Verschleierung der Daten durch die betroffene Person, der Standort des Systems sowie die Kontrolle der betroffenen Person über den körperlichen Zugriff Anhaltspunkte dafür bieten, ob das System als „eigenes" genutzt wird.[582]

Allgemein darf die Schwelle zum als „eigenes" genutzten System jedoch nicht zu hoch angesetzt werden. So argumentierte das BVerfG, dass die Sicherung der zunehmend komplexer werdenden Systeme den durchschnittlichen Nutzer überfordert und die Anwendbarkeit des IT-Grundrechts daher insbesondere nicht davon abhängig sein darf, mit welchem Aufwand eine Infiltration möglich ist.[583] Zwingend ist jedoch, dass die betroffene Person sich überhaupt in einer Lage befindet, in der sie technische Schutzmaßnahmen ergreifen kann. Ist dies der betroffenen Person nicht möglich, fehlt es an der für die Anwendung des IT-Grundrechts vorausgesetzten selbstbestimmten Nutzung des Systems sowie einer berechtigten Vertraulichkeitserwartung.[584]

Die durch das Monitoring adressierten Systeme sind keine Systeme, die als „eigene" gebraucht werden. Vielmehr werden zur Nutzung von sozialen Netzwerken, Foren, Blogs und einfachen Webseiten fremde informationstechnische Systeme verwendet. Die Nutzer haben dabei keinen Zugriff auf diese Systeme und ihre funktionalen Bestandteile, sie können lediglich mit der vom jeweiligen Inhaber des Systems bereitgestellten Oberfläche interagieren. Im Rahmen der Nutzung von sozialen Netzwerken, Foren, Blogs und einfachen Webseiten findet damit ausschließlich eine Kommunikation zwischen dem System des Nutzers und dem System des Inhabers statt, durch welche die beiden Systeme allerdings nicht zu einem durch den Nutzer „eigenen" genutzten System verschmelzen.

Selbst bei gegenläufiger Auffassung[585] zeigt sich spätestens bei genauerer Betrachtung des Monitoring-Prozesses, dass eine berechtigte Vertraulichkeitserwartung nicht gegeben sein kann. Zum einen erstreckt sich Monitoring nur auf die öffentlichen Bereiche eines Systems.[586] In Bezug auf diese können regelmäßig keine berechtigten Vertraulichkeitserwartungen begründet werden.[587] Zum anderen wird im Rahmen des Monitorings faktisch nicht in ein System

---

[581] BVerfGE 120, 274 (315); näher zum Fernzugriff *Wehage,* Das Grundrecht auf Gewährleistung der Vertraulichkeit und Integrität informationstechnischer Systeme und seine Auswirkungen auf das Bürgerliche Recht, 122.

[582] *Wehage,* Das Grundrecht auf Gewährleistung der Vertraulichkeit und Integrität informationstechnischer Systeme und seine Auswirkungen auf das Bürgerliche Recht, 120; ausschließlich auf technische und rechtliche Kriterien eingehend *Hornung,* CR 2008, 299 (303); *Herrmann,* Das Grundrecht auf Gewährleistung der Vertraulichkeit und Integrität informationstechnischer Systeme, 117.

[583] BVerfGE 120, 274 (306, 315); *Wehage,* Das Grundrecht auf Gewährleistung der Vertraulichkeit und Integrität informationstechnischer Systeme und seine Auswirkungen auf das Bürgerliche Recht, 121.

[584] *Wehage,* Das Grundrecht auf Gewährleistung der Vertraulichkeit und Integrität informationstechnischer Systeme und seine Auswirkungen auf das Bürgerliche Recht, 121.

[585] Unklar ist, inwieweit das BVerfG eine solche gegenläufige Auffassung vertreten würde, vgl. hierzu BVerfGE 141, 220 (304).

[586] Eingehender zur Funktionsweise des Monitorings siehe Kap. 2.4.

[587] Übereinstimmend *Oermann/Staben,* Staat 2013, 630 (633); *Bauer,* Soziale Netzwerke und strafprozessuale Ermittlungen, 109; vgl. auch BVerfGE 120, 274 (344), wonach das IT-Grundrecht nicht berührt ist, wenn Daten, die der Inhaber eines Systems für die Internetkommunikation vorgesehen hat, auf dem dafür technisch vorgesehenen Weg erhoben werden.

vorgedrungen. Dies gilt sowohl für die Datenerhebung mittels Crawler als auch für die Datenerhebung mittels API. Bei einem Crawler handelt es sich um ein Programm, welches sich lediglich an die oberflächliche Codestruktur eines Systems anheftet und die dort verfügbaren Daten abgreift.[588] Ein Zugriff auf das System selbst erfolgt hierdurch mithin nicht. Eine API stellt eine vom Inhaber des Systems bereitgestellte Schnittstelle zu einem System dar, die allerdings nicht Teil des Systems selbst ist.[589] Folglich wird auch bei der Datenerhebung mittels API nicht in das eigentliche System vorgedrungen. Da das IT-Grundrecht allerdings nur die Vertraulichkeit von Daten erfasst, die in einem informationstechnischen System vor Zugriffen geschützt vorliegen, kann es im Ergebnis nicht für das Monitoring zur Anwendung kommen. Das Monitoring greift vielmehr – wie dargelegt – lediglich auf Daten zu, die die Systeme gewollt und gezielt allgemein zugänglich wiedergeben.

6.1.4.2 Conclusio

Das Grundrecht auf Integrität und Vertraulichkeit informationstechnischer Systeme wird durch die Durchführung von Monitoring nicht berührt. Zwar betrifft das Monitoring grundsätzlich informationstechnische Systeme, jedoch werden diese durch die betroffenen Personen nicht als „eigene" genutzt, weswegen keine berechtigten Erwartungen hinsichtlich der Vertraulichkeit und der Integrität angenommen werden können. Hinzu kommt außerdem, dass in keinem der Schritte im Monitoring-Prozess ein Zugriff auf das System selbst erfolgt, sondern lediglich solche Daten verarbeitet werden, die von dem System allgemein zugänglich zur Verfügung gestellt werden.

6.1.5 Gleichheitsgrundsatz, Art. 3 GG

Das zentrale Gleichheitsrecht, welches in Art. 3 GG statuiert ist, verbietet Ungleichbehandlungen und Diskriminierungen. In Abs. 1 wird hierfür grundlegend klargestellt, dass vor dem Gesetz alle Menschen gleich sind (allgemeiner Gleichheitssatz). Die nachfolgenden Absätze adressieren spezifischere Aspekte der Gleichheit (besondere Gleichheitssätze). So sieht Abs. 2 die Gleichberechtigung der Geschlechter und Abs. 3 das Verbot der Diskriminierung aufgrund von Geschlecht, Abstammung, Rasse, Sprache, Heimat und Herkunft, Glauben, religiösen Ansichten oder politischen Anschauungen oder Behinderung vor. Träger der Rechte aus Art. 3 GG sind insbesondere[590] natürliche Person, unabhängig von ihrer Staatsangehörigkeit oder Herkunft.[591]

Auf den ersten Blick mag eine Verletzung des Art. 3 GG durch eine monitoringgestützte Verarbeitung öffentlicher Daten nicht unmittelbar ersichtlich sein. Bei eingehenderer Betrachtung der im Rahmen des Monitorings ablaufenden Prozessschritte – insbesondere der Datenakquise – wird jedoch deutlich, dass eine solche Verletzung durchaus möglich ist.

6.1.5.1 Allgemeiner Gleichheitssatz

Art. 3 Abs. 1 GG gebietet, „Gleiches gleich" und „Ungleiches seiner Eigenart entsprechend verschieden" zu behandeln.[592] Eine Beeinträchtigung des Gleichheitssatzes kann somit nicht nur aus einer Ungleichbehandlung, sondern auch aus einer Gleichbehandlung von wesentlich Ungleichem resultieren. Zudem adressiert Art. 3 Abs. 1 GG sowohl belastende als auch

---

[588] Vgl. auch *Paal*, ZfDR 2023, 325 (327).

[589] Im Ergebnis ebenso *Desoi*, Big Data und allgemein zugängliche Daten im Krisenmanagement, 44.

[590] Auch für inländische juristische Personen kann der Gleichheitsgrundsatz i.S.v. Art. 19 Abs. 3 GG zum Tragen kommen, soweit er seinem Wesen nach auf diese anwendbar ist, siehe BVerfGE 3, 383 (390); 4, 7 (12); 3, 359 (363).

[591] *Kischel*, in: Epping/Hillgruber (Hrsg.), BeckOK GG, Art. 3 Rn. 6; *Nußberger*, in: Sachs (Hrsg.), GG, Art. 3 Rn. 69, 238; *Wollenschläger*, in: Huber/Voßkuhle (Hrsg.), GG, Art. 3 Rn. 64.

[592] In ständiger Rspr. BVerfGE 1, 14 (52); 3, 383 (391 f.); 42, 64 (72); 103, 242 (358); 110, 141 (167).

6.1 Deutsche Grundrechte

begünstigende Regelungen.[593] Dabei ist nicht relevant, in welcher Intensität der Grundrechtsberechtigte beeinflusst wird. So werden auch geringfügige Beeinträchtigungen vom Schutzbereich erfasst.[594] Diese müssen sich allerdings aus den Handlungen desselben Hoheitsträgers[595] oder Spruchkörpers[596] ergeben.[597] Erfasst wird dabei nicht nur rechtsförmiges, sondern auch faktisches Handeln.[598] Ebenso ist nicht ausschlaggebend, ob die Beeinträchtigung unmittelbar bezweckt wird oder nur eine Nebenfolge des Handelns darstellt.[599] Allgemeinhin ist darüber hinaus zu berücksichtigen, dass Art. 3 Abs. 1 GG im Verhältnis zu den spezielleren Gleichheitssätzen eine Auffangfunktion erfüllt. Der allgemeine Gleichheitssatz ist folglich nur anwendbar, wenn ein Sachverhalt durch die spezielleren Gleichheitssätze nicht oder nicht vollständig erfasst wird.[600]

Ausgangspunkt für die Prüfung des Art. 3 Abs. 1 GG ist die Schaffung eines Bezugspunkts, um den Ausgangsfall allgemein vergleichbar zu machen. Hierfür ist mindestens eine Vergleichsgruppe zu bilden.[601] Nach den Vorgaben des BVerfG sind dabei Sachverhalte abzubilden, die dem Ausgangsfall im Wesentlichen gleich sind.[602] Diese Anforderung wird erfüllt, wenn die Vergleichsgruppen abschließend und vollständig unter einen tauglichen gemeinsamen Oberbegriff oder eine gemeinsame Eigenschaft gefasst werden können.[603] Des Weiteren müssen sich die Fallgruppen anhand eines Differenzierungskriteriums, an welchem die Ungleichbehandlung festgemacht werden kann, voneinander unterscheiden.[604] Wird im Rahmen dieser Prüfung festgestellt, dass der Ausgangsfall im Verhältnis zu vergleichbaren Sachverhalten ungleich behandelt oder im Verhältnis zu ungleichen Sachverhalten gleich behandelt wurde, liegt eine Ungleichbehandlung und somit eine Beeinträchtigung des Art. 3 Abs. 1 GG vor.

Entgegen dem Wortlaut des allgemeinen Gleichheitssatzes geht eine Ungleichbehandlung allerdings nicht zwingend mit einer Verletzung einher. Vielmehr kann diese gerechtfertigt sein.[605] Eine Rechtfertigung ist allerdings nach der sogenannten Willkürformel des BVerfG ausgeschlossen, wenn „die gleiche oder ungleiche Behandlung der geregelten Sachverhalte mit Gesetzlichkeiten, die in der Natur der Sache selbst liegen, und mit einer am Gerechtigkeitsgedanken orientierten Betrachtungsweise nicht mehr vereinbar ist, wenn also bezogen auf den jeweils in Rede stehenden Sachbereich und seine Eigenart ein vernünftiger, einleuchtender Grund für die Regelung fehlt, kurzum, wenn die Maßnahme als willkürlich bezeichnet werden muss".[606]

---

[593] In ständiger Rspr. BVerfGE 110, 412 (431); 116, 164 (180); 121, 108 (119); 121, 317 (370); 126, 400 (416); 129, 49 (68); 130, 240 (252); 134, 1 (20); 138, 136 (180).

[594] Vgl. BVerfGE 13, 331 (341) m.w.N.

[595] In ständiger Rspr. BVerfGE 10, 354 (371); 12, 319 (324); 17, 319 (331); 32, 346 (360); 138, 261 (288).

[596] BVerfGE 87, 273 (278).

[597] Zur Ausnahme von dieser Regel siehe *Wollenschläger,* in: Huber/Voßkuhle (Hrsg.), GG, Art. 3 Rn. 71.

[598] *Boysen,* in: Kämmerer/Kotzur (Hrsg.), GG, Art. 3 Rn. 63; *Wollenschläger,* in: Huber/Voßkuhle (Hrsg.), GG, Art. 3 Rn. 77.

[599] BVerfGE 13, 331 (341) m.w.N.; 85, 191 (206); 97, 35 (43).

[600] *Nußberger,* in: Sachs (Hrsg.), GG, Art. 3 Rn. 77 ff.; *Wollenschläger,* in: Huber/Voßkuhle (Hrsg.), GG, Art. 3 Rn. 328 m.w.N.; *Sachs,* in: Isensee/Kirchhof (Hrsg.), Handbuch des Staatsrechts der Bundesrepublik Deutschland, § 182 Rn. 19.

[601] *Wollenschläger,* in: Huber/Voßkuhle (Hrsg.), GG, Art. 3 Rn. 79; *Hufen,* Staatsrecht II, § 39 Rn. 4; *Nußberger,* in: Sachs (Hrsg.), GG, Art. 3 Rn. 80.

[602] BVerfGE 130, 151 (174 f.); vgl. auch BVerfGE 142, 1 (20).

[603] *Detterbeck,* Öffentliches Recht, 345; *Wollenschläger,* in: Huber/Voßkuhle (Hrsg.), GG, Art. 3 Rn. 80; *Holzner/Knörr/Rittmann,* Öffentliches Recht, 223.

[604] *Wollenschläger,* in: Huber/Voßkuhle (Hrsg.), GG, Art. 3 Rn. 80; *Kingreen/Poscher,* Grundrechte, § 11 Rn. 615 ff.

[605] *Epping/Lenz/Leydecker,* Grundrechte, Rn. 794.

[606] BVerfGE 103, 310 (318) m.w.N.

Von Willkür darf allerdings nicht schon dann gesprochen werden, wenn unter mehreren möglichen Lösungen im konkreten Fall nicht die zweckmäßigste, vernünftigste oder gerechteste gewählt wurde, sondern erst dann, wenn sich kein sachgerechter Grund erkennen lässt.[607] Nach der Willkürformel endet der Spielraum erst dort, wo die ungleiche Behandlung der geregelten Sachverhalte nicht mehr mit einer am Gerechtigkeitsgedanken orientierten Betrachtungsweise vereinbar ist, wo also ein einleuchtender Grund für die Differenzierung fehlt.[608] Es bedarf mithin einer tatsächlichen und eindeutigen Unangemessenheit der Ungleichbehandlung.[609]

Da die Willkürformel vielfach als zu unbestimmt und wertungsoffen kritisiert wurde,[610] wurde die sogenannte „neue Formel" geschaffen, welche die Willkürformel ergänzt. Demnach liegt eine Verletzung vor, „wenn eine Gruppe von Normadressaten im Vergleich zu anderen Normadressaten anders behandelt wird, obwohl zwischen beiden Gruppen keine Unterschiede von solcher Art und solchem Gewicht bestehen, daß sie die ungleiche Behandlung rechtfertigen könnten".[611] Hierdurch wurde eine Verbindung zwischen der Intensität der Beeinträchtigung und der dafür notwendigen Rechtfertigungsgründe hergestellt.[612] Der Kontrollmaßstab wurde somit inhaltlich parallel zur freiheitsrechtlichen Verhältnismäßigkeitsprüfung konkretisiert.[613] So muss der Zweck der Ungleichbehandlung immer im angemessenen Verhältnis zur Schwere des Eingriffs in Art. 3 Abs. 1 GG stehen.

Unter Anwendung der beiden vorgestellten Formeln wird inzwischen mithilfe einer gleitenden Skala geprüft, ob eine Ungleichbehandlung gerechtfertigt ist. Die Skala reicht dabei je nach Intensität der Ungleichbehandlung von einem bloßen Willkürverbot bis hin zu einer strengen Verhältnismäßigkeitsprüfung.[614]

Inwieweit Monitoring das durch Art. 3 Abs. 1 GG statuierte Grundrecht beeinträchtigt und verletzt, kann an dieser Stelle nicht pauschal ermittelt werden. So bedarf es stets einer an den konkreten Sach- und Regelungsbereich angepassten Prüfung, um zu einem sachgerechten und belastbaren Ergebnis zu kommen.[615] Realistisch betrachtet kann jedoch eine Verletzung des Art. 3 Abs. 1 GG nicht grundsätzlich ausgeschlossen werden.[616] So kommt es beispielsweise in Betracht, dass der Algorithmus des Monitorings eine Scheinkorrelation zwischen der Haarfarbe und der Solvenz einer Person herstellt und ausschließlich auf dieser Grundlage gewisse Personen gegenüber anderen benachteiligt, indem ihnen nur Sofortzahlung, nicht aber Rechnungszahlung angeboten wird.

6.1.5.2 Besondere Gleichheitssätze

Ziel und Funktion der besonderen Gleichheitssätze ist nicht nur die Bekräftigung der sich aus dem allgemeinen Gleichheitssatz ergebenden Vorgaben. Vielmehr besitzen sie eine eigenständige normative Funktion, um den durch den allgemeinen Gleichheitssatz begründeten

---

[607] BVerfGE 1, 14 (52); 3, 162 (182); 4, 144 (155); 36, 174 (187); 55, 72 (90); 91, 118 (123); 116, 135 (161).
[608] BVerfGE 9, 334 (337); 55, 72 (90); 115, 381 (389); 145, 106 (143).
[609] BVerfGE 4, 144 (155); 55, 72 (90); 145, 106 (143); vgl. auch BVerfGE 12, 326 (333).
[610] *Wollenschläger*, in: Huber/Voßkuhle (Hrsg.), GG, Art. 3 Rn. 91 m.w.N.
[611] BVerfGE 55, 72 (88); 58, 369 (374); 60, 123 (133); 70, 230 (239 f.); 81, 1 (8); 100, 195 (205); 129, 49 (69).
[612] Vgl. *Boysen*, in: Kämmerer/Kotzur (Hrsg.), GG, Art. 3 Rn. 54; *Kischel*, in: Epping/Hillgruber (Hrsg.), BeckOK GG, Art. 3 Rn. 29.
[613] Vgl. BVerfGE 74, 9 (30).
[614] Vgl. *Boysen*, in: Kämmerer/Kotzur (Hrsg.), GG, Art. 3 Rn. 104; *Nußberger*, in: Sachs (Hrsg.), GG, Art. 3 Rn. 25 f.
[615] In ständiger Rspr. BVerfGE 17, 122 (130); 75, 108 (157); 90, 145 (196); 93, 319 (348 f.); 103, 310 (318); 105, 73 (111) m.w.N.; 107, 27 (46) m.w.N.; 110, 412 (432); 113, 167 (215).
[616] Zu möglichen Kollisionen des Monitorings mit dem Gleichheitsgrundsatz siehe Kap. 6.1.5.3.

6.1 Deutsche Grundrechte

Grundrechtsschutz durch Konkretisierung anzuheben.[617] So knüpfen sowohl Art. 3 Abs. 2 GG als auch Abs. 3 GG im Gegensatz zu Art. 3 Abs. 1 GG an konkrete Differenzierungskriterien an, auf welche eine Ungleichbehandlung, Benachteiligung oder Bevorzugung nicht gestützt werden darf.[618] Überdies kommen auch dann zur Anwendung, wenn die Ungleichbehandlung nicht unmittelbar erfolgt, sondern Nebenfolge einer Maßnahme oder Handlung ist.[619]

Die Art. 3 Abs. 2, 3 GG verbieten somit grundsätzlich Ungleichbehandlungen „wegen" einem der verpönten Merkmale. Umstritten ist allerdings, welche Konsequenz mit dieser Vorgabe einhergeht. Gegenüber stehen sich dabei die Theorie des Anknüpfungsverbots, wonach eine Anknüpfung an die verpönten Merkmale generell unzulässig ist, die Theorie des Begründungsverbots, wonach eine Ungleichbehandlung nicht allein mit einem der verpönten Merkmale begründet werden kann, sowie die Theorie des relativen Differenzierungsverbots, wonach eine Verletzung vorliegt, wenn die Rechtsfolge nur Angehörige einer Gruppe betrifft, die sich über die in Art. 3 Abs. 2, 3 genannten Kriterien abbilden lassen.[620] Zu folgen ist der durch die herrschende Meinung[621] und mehrheitlich durch das BVerfG[622] vertretenen Theorie des Anknüpfungsverbots. Schließlich kann nur so gewährleistet werden, dass den speziellen Gleichheitssätzen größtmögliche Effektivität zukommt.[623] Anderenfalls würde die Möglichkeit eröffnet, den durch Art. 3 GG gewährleisteten Schutz zu umgehen.[624] Grundsätzlich unumstritten ist, dass aufgrund der Spezifizierung der besonderen Gleichheitssätze ein besonders strenger Prüfmaßstab anzulegen ist,[625] bei welchem die Kontrolldichte mit zunehmender Eingriffsintensität ansteigt.[626]

6.1.5.3 Mögliche Ungleichbehandlungen durch das Web-Monitoring

Wie bereits ausgeführt verbietet sich die abstrakte Prüfung einer Ungleichbehandlung.[627] Dennoch ist festzustellen, dass dem Monitoring grundsätzlich ein nicht unerhebliches Diskriminierungsrisiko innewohnt. Dieses kann nicht nur bei allen Automatisierungsgraden, sondern auch in allen Teilschritten des Monitoring-Prozesses auftreten.

Ein allgemeines und monitoringunspezifisches Diskriminierungsrisiko besteht darin, dass die Handlungen und Entscheidungen von Menschen von individuellen Faktoren wie persönlichen Einstellungen, Wertvorstellungen, der aktuellen Verfassung sowie vom sozialen und

---

[617] *Sachs,* in: Isensee/Kirchhof (Hrsg.), Handbuch des Staatsrechts der Bundesrepublik Deutschland, § 182 Rn. 17; ähnlich *Boysen,* in: Kämmerer/Kotzur (Hrsg.), GG, Art. 3 Rn. 117.

[618] *Kischel,* in: Epping/Hillgruber (Hrsg.), BeckOK GG, Art. 3 Rn. 212; *Epping/Lenz/Leydecker,* Grundrechte, Rn. 822; *Ipsen,* Staatsrecht II, Rn. 845.

[619] BVerfGE 85, 191 (206).

[620] Vgl. näher *Machado,* Verhältnismäßigkeitsprinzip vs. Willkürverbot, 132; *Sachs,* in: Isensee/Kirchhof (Hrsg.), Handbuch des Staatsrechts der Bundesrepublik Deutschland, § 182 Rn. 68 ff.

[621] *Langenfeld,* in: Dürig/Herzog/Scholz (Hrsg.), GG, Art. 3 Abs. 3 Rn. 25; *Kischel,* in: Epping/Hillgruber (Hrsg.), BeckOK GG, Art. 3 Rn. 212; *Sachs,* in: Isensee/Kirchhof (Hrsg.), Handbuch des Staatsrechts der Bundesrepublik Deutschland, § 182 Rn. 73; *Wendt,* in: Merten/Papier (Hrsg.), Handbuch der Grundrechte in Deutschland und Europa, § 127 Rn. 5; *Jarass,* in: Jarass (Hrsg.), GRCh, Art. 3 Rn. 136.

[622] BVerfGE 85, 191 (206 f.); 96, 288 (302); 97, 35 (43); 107, 257 (269); 114, 357 (364).

[623] *Langenfeld,* in: Dürig/Herzog/Scholz (Hrsg.), GG, Art. 3 Abs. 3 Rn. 25; *Sachs,* in: Isensee/Kirchhof (Hrsg.), Handbuch des Staatsrechts der Bundesrepublik Deutschland, § 182 Rn. 77.

[624] *Langenfeld,* in: Dürig/Herzog/Scholz (Hrsg.), GG, Art. 3 Abs. 3 Rn. 23; *Sachs,* in: Isensee/Kirchhof (Hrsg.), Handbuch des Staatsrechts der Bundesrepublik Deutschland, § 182 Rn. 77.

[625] *Langenfeld,* in: Dürig/Herzog/Scholz (Hrsg.), GG, Art. 3 Abs. 3 Rn. 41; *Kischel,* in: Epping/Hillgruber (Hrsg.), BeckOK GG, Art. 3 Rn. 214.

[626] *Kischel,* in: Epping/Hillgruber (Hrsg.), BeckOK GG, Art. 3 Rn. 26; *Epping/Lenz/Leydecker,* Grundrechte, Rn. 840.

[627] Hierzu bereits unter Kap. 6.1.5.1.

gesellschaftlichen Umfeld beeinflusst werden.[628] Dementsprechend sind Menschen bei der Wahrnehmung, Beurteilung und Entscheidungsfindung häufig voreingenommen, wodurch sie mitunter irrational handeln und entscheiden. Dieses Phänomen kognitiver Verzerrungen ist bereits seit geraumer Zeit Gegenstand der Forschung und wird unter anderem unter dem Begriff Bias zusammengefasst.[629] Solche Bias können sich auch auf das Monitoring auswirken. Dies zeigt sich exemplarisch am sogenannten Confirmation Bias. Dieser beschreibt einen Prozess, bei dem eine Person Informationen so auswählt, interpretiert oder erinnert, dass diese ihre Erwartungen bestätigen. Informationen, die dem zuwiderlaufen, werden dabei ausgeblendet.[630] Dies kann erhebliche Auswirkungen haben. Führt beispielsweise ein Mitarbeiter eines Versicherungsunternehmens eine monitoringgestützte Recherche durch, um mehr Informationen über PKW-Unfälle mit Personenschaden zu erhalten und stößt bei der Interpretation der Analyseergebnisse seinem Vorurteil „Frau am Steuer, Ungeheuer!" entsprechend auf durch von Frauen verursachte Unfälle, fühlt er sich in seinem Denken bestätigt. Die Tatsache, dass das Monitoring ebenfalls Informationen zu männlichen Unfallverursachern zutage gefördert hat, wird von ihm als Ausnahme abgetan und ignoriert. In der Folge könnte zur Diskussion stehen, die Versicherungsbeiträge für Frauen zu erhöhen, obwohl dies aus objektiver Sicht eine ungerechtfertigte Benachteiligung des weiblichen Geschlechts darstellen würde.[631]

Ein monitoringspezifischeres Diskriminierungsrisiko ergibt sich aus der zur Automatisierung des Monitorings notwendigen Verwendung von Algorithmen[632]. Obwohl sich diesbezüglich zunächst die Vermutung aufdrängen mag, dass Algorithmen objektiv und losgelöst von jeglichem individuellen Befinden agieren, ist dies in der Praxis derzeit keinesfalls gegeben.[633] Vielmehr ist deren potenziell diskriminierende Wirkung bereits durch diverse empirische Untersuchungen belegt worden.[634] Demzufolge kann eine Diskriminierung beispielsweise im Rahmen der individuellen Preisbestimmung,[635] der automatisierten Bewerberauswahl,[636] der Kreditvergabe[637] sowie bei der Berechnung der Rückfallwahrscheinlichkeit[638] von Straftätern stattfinden.[639] Die Diskriminierung können dabei sowohl unmittelbar als auch mittelbar erfolgen.[640] In diesem Kontext ist darauf zu hinzuweisen, dass eine Diskriminierung durch Algorithmen nicht allein anhand eines diskriminierenden Ergebnisses festgestellt werden kann. Vielmehr

---

[628] So besteht beispielsweise ein statistischer Zusammenhang zwischen der Tageszeit und der Höhe der Strafe sowie der Wahrscheinlichkeit, dass einem Angeklagten Bewährung gewährt wird, siehe hierzu *Martini,* Blackbox Algorithmus, 47 m.w.N.

[629] *Datenethikkommission,* Gutachten der Datenethikkommission, 168; hierzu außerdem bereits unter Kap. 3.3.

[630] *Oswald/Grosjean,* in: Pohl (Hrsg.), Cognitive illusions, 79 (79 ff.); *Dreger,* Diagnose: Confirmation bias, 9 ff.; ausführlicher *Nickerson,* Review of General Psychology 1998, 175 (175 ff.).

[631] Vgl. zu den tatsächlichen Zahlen *Statistisches Bundesamt, Verkehrsunfälle,* 34.

[632] Unter Algorithmen versteht man allgemeinhin eine Arbeitsanweisung, welche eingesetzt wird, um eine spezifische Aufgabe zu lösen, siehe *von Rimscha,* Algorithmik kompakt und verständlich, 3; näher zu den Eigenschaften von Algorithmen siehe *Knebl,* Algorithmen und Datenstrukturen, 1 ff.

[633] Die Datenethikkommission sieht jedoch die Chance, dass künftig Algorithmen entwickelt werden können, die die heute bestehenden fehlerhaften Prozesse optimieren und die Rechte der Betroffenen wahren, siehe *Datenethikkommission,* Gutachten der Datenethikkommission, 167.

[634] *Wischmeyer,* AöR 2018, 1 (26) m.w.N.

[635] *Martini,* Blackbox Algorithmus, 52 f.

[636] *Martini,* Blackbox Algorithmus, 51 f.

[637] *Datenethikkommission,* Gutachten der Datenethikkommission, 194.

[638] *Martini,* Blackbox Algorithmus, 55 ff.

[639] Für weitere Beispielfälle siehe *Orwat,* Diskriminierungsrisiken durch Verwendung von Algorithmen, 34 ff.

[640] Vgl. *Wischmeyer,* AöR 2018, 1 (28); *Datenethikkommission,* Gutachten der Datenethikkommission, 167; *Martini,* Blackbox Algorithmus, 55 ff.

muss diese aus dem Algorithmus selbst resultieren, beispielsweise aus den verwendeten Kriterien(bündeln) oder dem fehlerhaften Einfluss eines Programmierers.[641]

In Bezug auf das von Algorithmen ausgehende Diskriminierungsrisiko ist zudem zu berücksichtigen, dass sich dieses im Zuge der mit dem Monitoring einhergehenden massenhaften Verarbeitung von Daten erheblich perpetuiert. Im Gegensatz zu Menschen ermüden Algorithmen nicht und benötigen aufgrund ihrer präzisen Arbeitsanweisungen keine Zeit für Überlegungen oder Reflexion. Sie sind daher in der Lage, eine weitaus größere Anzahl von Vorgängen zu bearbeiten, als es Menschen möglich wäre. Diese besondere Breitenwirkung führt dazu, dass sich mögliche Beeinträchtigungen des Gleichbehandlungsgrundsatzes besonders intensiv und weitreichend auswirken können.[642]

Die Gründe für das mit Algorithmen verbundene große Diskriminierungsrisiko sind vielfältig. Einer der zentralen Punkte ist es, dass Algorithmen von Menschen modelliert werden. Diese werden – wie im Vorangehenden ausgeführt – durch diverse individuelle Faktoren und kognitive Verzerrungen beeinflusst, die sich unweigerlich auf die Erstellung eines Algorithmus auswirken.[643] In der Folge kann es im Rahmen des Modellierungsprozesses dazu kommen, dass sowohl gewollt als auch ungewollt Ansichten, Neigungen und Wertmuster einfließen,[644] sodass der Algorithmus im Ergebnis weder als objektiv noch als wertneutral angesehen werden kann. Beim Monitoring kann sich dies sowohl bei der Datenakquise als auch bei der Datenauswertung zeigen. Beispielsweise kommt es in Betracht, dass im Rahmen des Monitorings zum Zweck des Auffindens geeigneter Bewerber Personen bestimmten Muttersprachen gar nicht erst einbezogen oder bei der Auswertung als wenig relevant bewertet werden.

Ein weiterer bei der Verwendung von algorithmenbasierten Systemen und damit auch beim Monitoring zu berücksichtigender Aspekt ist, dass Korrelationen technisch nicht von Kausalzusammenhängen unterschieden werden können.[645] Die bloße Existenz einer Korrelation lässt allerdings keinen unmittelbaren Rückschluss auf einen Kausalzusammenhang zu.[646] Werden die mithilfe eines Algorithmus gewonnenen Informationen unreflektiert durch menschliche Entscheider übernommen, kann es somit zu einer Verzerrung der tatsächlichen Begebenheiten kommen.[647] Folglich ist es von essenzieller Bedeutung, dass eine Überprüfung der Ergebnisse des Monitorings durch eine fachkundige Person vorgenommen wird.[648] Erfolgt diese nicht, wäre theoretisch denkbar, dass eine Krankenversicherung aufgrund einer starken Korrelation von Diabeteserkrankungen und sexueller Orientierung die Versicherungsbeiträge für Personen bestimmter sexueller Orientierung anpasst.

Ein weiteres Problem ergibt sich, sobald mit maschinellen Lernverfahren, also selbstlernenden Systemen, gearbeitet wird. Damit diese die ihnen gestellte Aufgabe erfüllen können, müssen

---

[641] *Kischel,* in: Epping/Hillgruber (Hrsg.), BeckOK GG, Art. 3 Rn. 218d.2.

[642] *Wischmeyer,* AöR 2018, 1 (26); *Datenethikkommission,* Gutachten der Datenethikkommission, 167; ähnlich auch *Martini/Nink,* NVwZ-Extra 2017, Heft 10, 1 (10); *Martini,* Blackbox Algorithmus, 89.

[643] *Datenethikkommission,* Gutachten der Datenethikkommission, 168; *Dzida/Groh,* NJW 2018, 1917 (1917); *Martini,* Blackbox Algorithmus, 48 f.

[644] *Martini,* JZ 2017, 1017 (1018); *Wischmeyer,* AöR 2018, 1 (28); *Härtel,* LKV 2019, 49 (56); *Martini,* Blackbox Algorithmus, 48 f.; *Datenethikkommission,* Gutachten der Datenethikkommission, 168.

[645] *Martini,* JZ 2017, 1017 (1018); *Dzida/Groh,* NJW 2018, 1917 (1917); *Martini/Nink,* NVwZ-Extra 2017, Heft 10, 1 (9); *Martini,* Blackbox Algorithmus, 60.

[646] Dies zeigt sich beispielsweise daran, dass im US-Bundesstaat Maine eine 99-prozentige Korrelation zwischen der Scheidungsrate und dem Pro-Kopf-Verbrauch von Margarine besteht, obwohl zwischen diesen Variablen offensichtlich kein kausaler Zusammenhang besteht, siehe *Vigen,* Per capita consumtion of margarine correlates with the divorce rate in Maine.

[647] *Wischmeyer,* AöR 2018, 1 (27).

[648] *Martini,* Blackbox Algorithmus, 49.

sie zunächst mit Probedaten trainiert und iterativ immer wieder verbessert werden. Die gewissenhafte Auswahl der Daten, welche dem Training zugrundeliegen, ist essenziell für ein den rechtlichen Anforderungen entsprechendes Endprodukt.[649] Sind die Daten nicht von ausreichender Qualität und Quantität, kann es dazu kommen, dass Spezifika einer bestimmten Gruppe nicht ausreichend erkannt werden[650] oder bestehende Vorurteile, Verzerrungen und Diskriminierungen aus der Gesellschaft perpetuiert und somit Fehler oder Ungleichbehandlungen fortgeschrieben werden.[651] In der Monitoring-Praxis könnte sich das etwa im Rahmen des monitoringgestützten Active Sourcings, also der automatisierten Suche nach passenden Kandidaten für eine offene Stelle,[652] zeigen. Soll beispielsweise eine Führungsposition neu besetzt werden und wird das Monitoring zugrundeliegende algorithmische System mit Daten von bisher erfolgreichen Führungskräften trainiert, die überwiegend Männer waren, sind Frauen in diesen Trainingsdaten unterrepräsentiert. Das System übernimmt die Korrelation zwischen Geschlecht und Erfolg in Führungspositionen und überträgt diese auf die aktuelle Suche, wodurch weibliche Kandidaten entweder gar nicht berücksichtigt oder schlechter bewertet werden als gleich qualifizierte Männer.[653]

Darüber hinaus besteht die Gefahr eines Verstoßes gegen den Gleichheitsgrundsatz, wenn Algorithmen in Einsatzkontexte gebracht werden, für die sie nicht vorgesehen sind, oder sich die bestehenden gesellschaftlichen Rahmenbedingungen nach einer Zeit verändern.[654] Algorithmen bleiben letztlich konkrete Arbeitsanweisungen, die eingesetzt werden, um spezifische Aufgaben zu lösen. Kommen sie in neuen Kontexten zur Anwendung, ist die Wahrscheinlichkeit hoch, dass die Ergebnisse falsch sind oder eine verzerrte Realität widerspiegeln. Dies zeigt sich deutlich am vorgenannten Beispiel des monitoringgestützten Active Sourcings. War es bis in die 50er-Jahre noch Standard, dass Frauen nur mit Zustimmung ihres Mannes arbeiten gehen durften, ist eine solche Rechtslage in der heutigen Zeit undenkbar. Der beschriebene Algorithmus wäre somit früher nicht als diskriminierend verstanden worden, wohingegen dies unter heutigen Gesichtspunkten erfreulicherweise anders beurteilt würde.

Als Maßnahme gegen ungerechtfertigte Ungleichbehandlungen empfiehlt es sich, die potenzielle Gefahr der Diskriminierung bereits mit der Systemarchitektur und der Ausgestaltung der Relevanzfilterung zu adressieren. Zudem sollten im Fall des maschinellen Lernens hohe Anforderungen an die Trainingsdaten gestellt werden.[655] Dementsprechend sieht die kürzlich in Kraft getretene KI-VO in Art. 10 für Trainings-, Validierungs- und Testdatensätze von Hochrisikosystemen die Anwendung von Daten-Governance- und Datenverwaltungsverfahren vor. Diese müssen gem. Art. 10 Abs. 2 lit. f KI-VO unter anderem die Untersuchung möglicher Verzerrungen, die zu einer nach den Rechtsvorschriften der Union verbotenen Diskriminierung führen könnten, beinhalten. In Bezug auf die ermittelten Verzerrungen sind gem. Art. 10 Abs. 2 lit. g KI-VO zudem geeignete Maßnahmen zur Erkennung, Verhinderung und Abschwächung zu ergreifen.

Weitere Möglichkeiten zur Verhinderung ungerechtfertigter Ungleichbehandlungen bestehen in der transparenten Gestaltung des Systems, der Implementierung technologischer Kontrollmechanismen, der Etablierung einer algorithmischen Rechenschaftspflicht und der Einführung

---

[649] *Martini*, Blackbox Algorithmus, 50 f.; *Wischmeyer*, AöR 2018, 1 (28); *Dzida/Groh*, NJW 2018, 1917 (1917).
[650] *Martini*, JZ 2017, 1017 (1019); *Datenethikkommission*, Gutachten der Datenethikkommission, 169.
[651] *Martini*, Blackbox Algorithmus, 50 f.
[652] Näher zum Begriff *Keber*, RDV 2014, 190 (191); *Dannhäuser*, Praxishandbuch Social Media Recruiting, 329.
[653] Beispiel angelehnt an *Datenethikkommission*, Gutachten der Datenethikkommission, 167; vgl. auch *Holland*, Amazon: KI zur Bewerbungsprüfung benachteiligte Frauen.
[654] *Datenethikkommission*, Gutachten der Datenethikkommission, 168.
[655] *Wischmeyer*, AöR 2018, 1 (28 f.).

einer Pflicht zur Erklärbarkeit.[656] Zur Schaffung von Transparenz sieht beispielsweise die KI-VO in Art. 11 Abs. 1 i.V.m. Anhang IV Nr. 2 KI-VO für Hochrisikosysteme unter anderem eine detaillierte Beschreibung der Bestandteile des Systems und seines Entwicklungsprozesses vor, welche auch die Pflicht zur Beschreibung der Parameter umfasst, die zur Messung potenziell diskriminierender Auswirkungen verwendet werden. Zudem sind gem. Art. 11 Abs. 1 i.V.m. Anhang IV Nr. 3 KI-VO detaillierte Informationen zur Überwachung, Funktionsweise und Kontrolle des Systems bereitzustellen, die insbesondere auch Angaben zu den angesichts der Zweckbestimmung des KI-Systems vorhersehbaren Quellen von Risiken in Bezug auf Diskriminierung umfassen.

Ebenfalls kommt in Betracht, Algorithmen so zu modellieren, dass sie auf keines der in Art. 3 Abs. 2, 3 GG genannten Merkmale abstellen.[657] Problematisch ist in Bezug auf diese Maßnahme jedoch, dass so ausschließlich unmittelbare Diskriminierungen vermieden werden können.[658] Mittelbare Diskriminierungen bleiben hingegen weiterhin möglich. So kann auch von per se nichtdiskriminierenden Merkmalen auf diskriminierende Merkmale geschlossen werden.[659] Beispielsweise könnte über die Haut- und Haarfarbe oder die Augenform einer Person auf ihre Heimat oder Herkunft geschlossen werden.

Insgesamt ist festzustellen, dass es bislang keinen Maßnahmenkatalog gibt, der eine vollumfänglich mit dem Gleichbehandlungsgrundsatz vereinbare Anwendung von Algorithmen gewährleisten könnte. Dies liegt zum einen an dem derzeit begrenzten technischen Umsetzungsmöglichkeiten, zum anderen an den zahlreichen Zielkonflikten, wie sie sich etwa zwischen Daten- und Diskriminierungsschutz ergeben[660] und algorithmischen Systemen grundsätzlich anhaften.[661]

6.1.5.4 Conclusio

Zum jetzigen Zeitpunkt kann nicht abschließend sichergestellt werden, dass im Rahmen des Monitorings nicht gegen den Gleichheitsgrundsatz verstoßen wird. Um den Einsatz von Algorithmen im Zusammenhang mit dem Monitoring so zu gestalten, dass den gleichheitsrechtlichen Anforderungen möglichst umfassend Rechnung getragen wird, müssen die Gefahren, die sich aus dem konkreten Anwendungsfall ergeben, ermittelt und Maßnahmen ergriffen werden, um ihnen entgegenzuwirken. Dies betrifft in Bezug auf das Monitoring insbesondere die Ausgestaltung der Datenakquise sowie die Auswertung der als relevant ermittelten Daten.

Für den Untersuchungsgegenstand dieser Dissertation ist die Frage nach der Gewährleistung des Gleichbehandlungsgrundsatzes von untergeordneter Bedeutung, weshalb im Folgenden keine eingehendere Betrachtung dieser Thematik erfolgt. Da die Aspekte der Gleichbehandlung bei automatisierten Datenverarbeitungen jedoch häufig unterschätzt werden oder gar unberücksichtigt bleiben, war es dennoch geboten, sie zumindest in die Analyse des grundlegenden Rechtsrahmens des Monitorings zu integrieren.

6.1.6 Brief-, Post- und Fernmeldegeheimnis, Art. 10 GG

Bei dem in Art. 10 GG statuierten Brief-, Post- und Fernmeldegeheimnis handelt es sich um eine grundrechtlich ausgeformte Spezifikation des bereits teilweise betrachteten allgemeinen

---

[656] *Härtel*, LKV 2019, 49 (57).
[657] *Kischel*, in: Epping/Hillgruber (Hrsg.), BeckOK GG, Art. 3 Rn. 218c; *Wischmeyer*, AöR 2018, 1 (28); *Martini*, Blackbox Algorithmus, 77 ff.
[658] *Wischmeyer*, AöR 2018, 1 (28).
[659] *Dzida/Groh*, NJW 2018, 1917 (1920); *Martini/Nink*, NVwZ-Extra 2017, Heft 10, 1 (9); *Datenethikkommission*, Gutachten der Datenethikkommission, 168.
[660] *Wischmeyer*, AöR 2018, 1 (31 f.); *Datenethikkommission*, Gutachten der Datenethikkommission, 169.
[661] Vgl. *Datenethikkommission*, Gutachten der Datenethikkommission, 169.

Persönlichkeitsrechts.[662] Dabei ist Art. 10 GG aufgrund des steten technischen Fortschritts mit einem besonderen zeitlichen Wandel konfrontiert. Während der Anwendungsbereich dieses Grundrechts sich vor der Verbreitung des Internets hauptsächlich auf Briefe und die Post erstreckte, nahm im Zuge der Digitalisierung auch die Kommunikation über digitale Dienste und damit die Anzahl der Fälle zu, in denen neben dem Brief- und Postgeheimnis auch das Fernmeldegeheimnis zur Anwendung kam. Da die Kommunikation im Web zentraler Ausgangspunkt der vorliegenden Untersuchung ist, ist zu prüfen, inwieweit sich aus Art. 10 GG Vorgaben für eine monitoringgestützte Verarbeitung öffentlicher Daten ergeben.

6.1.6.1 Schutzbereich

Art. 10 Abs. 1 GG schützt insbesondere den Inhalt jeglichen Informationsaustauschs, der mittels eines Kommunikationsmittels über eine gewisse Distanz erfolgt.[663] Damit wird die „freie Entfaltung der Persönlichkeit durch einen privaten, vor der Öffentlichkeit verborgenen Austausch von Informationen" gewährleistet und „zugleich die Würde des Menschen" geschützt.[664] Träger dieses Grundrechts sind vor allem[665] in- und ausländische natürliche Personen, die Teilnehmer eines solchen Informationsvorgangs sind.[666]

Das Briefgeheimnis schützt den Einzelnen vor der Einsichtnahme und Öffnung von schriftlich erfolgender Kommunikation mittels eines Briefs.[667] Unter einem Brief wird allgemeinhin jede den mündlichen Verkehr ersetzende schriftliche und körperliche Nachricht verstanden.[668] Nicht durch das Briefgeheimnis erfasst ist damit die elektronische Kommunikation, auf welche im Zuge des Monitorings zugegriffen wird.

Das Postgeheimnis schützt die Vertraulichkeit sämtlicher körperlicher Transport- und Kommunikationsvorgänge, die durch einen Dritten erbracht werden.[669] Das Grundrecht soll somit „jener Gefahr für die Vertraulichkeit der Mitteilung begegnen, die sich gerade aus der Einschaltung eines Übermittlers ergibt".[670] Da das Monitoring ausschließlich auf digitalem Weg erfolgt und keinen Bezug zu einer Postdienstleistung aufweist, findet das Postgeheimnis hier keine Anwendung.

Das Fernmeldegeheimnis schützt die unkörperliche Übermittlung von Informationen an einen individuellen Empfänger mittels Fernmeldetechnik.[671] Vom Schutzbereich ausgenommen sind nach herrschender Meinung Vorgänge, die nicht individuell erfolgen, sondern einen

---

[662] *Ogorek*, in: Epping/Hillgruber (Hrsg.), BeckOK GG, Art. 10 Rn. 1.

[663] *Durner*, in: Dürig/Herzog/Scholz (Hrsg.), GG, Art. 10 Rn. 68 f.

[664] BVerfGE 67, 157 (171); 110, 33 (53); 115, 166 (182); *Durner*, in: Dürig/Herzog/Scholz (Hrsg.), GG, Art. 10 Rn. 1.

[665] Auch private inländische juristische Personen sind vom persönlichen Schutzbereich erfasst, soweit sie Teilnehmer eines von Art. 10 Abs. 1 GG erfassten Informationsvorgangs sind, siehe *Durner*, in: Dürig/Herzog/Scholz (Hrsg.), GG, Art. 10 Rn. 129, 133; *Wischmeyer*, in: Brosius-Gersdorf (Hrsg.), GG, Art. 10 Rn. 45; *Jarass*, in: Jarass/Pieroth (Hrsg.), GG, Art. 10 Rn. 10.

[666] *Durner*, in: Dürig/Herzog/Scholz (Hrsg.), GG, Art. 10 Rn. 129, 133; *Wischmeyer*, in: Brosius-Gersdorf (Hrsg.), GG, Art. 10 Rn. 45; *Jarass*, in: Jarass/Pieroth (Hrsg.), GG, Art. 10 Rn. 10.

[667] Ständige Rspr. BVerfGE 33, 1 (11); 67, 157 (171).

[668] *Durner*, in: Dürig/Herzog/Scholz (Hrsg.), GG, Art. 10 Rn. 92; *Pagenkopf*, in: Sachs (Hrsg.), GG, Art. 10 Rn. 12.

[669] BVerfGE 67, 157 (171 f.); *Durner*, in: Dürig/Herzog/Scholz (Hrsg.), GG, Art. 10 Rn. 97.

[670] BVerfGE 85, 386 (396); 115, 166 (182).

[671] BVerfGE 67, 157 (172); 115, 166 (182); 120, 274 (306 f.); 124, 43 (54); 125, 260 (309); 130, 151 (179).

unbestimmten Personenkreis adressieren.[672] Da das Monitoring ausschließlich Daten aus dem Web verarbeitet, die öffentlich sind und sich somit nicht an einen begrenzten Rezipientenkreis richten, findet das Fernmeldegeheimnis keine Anwendung auf das Monitoring. Dies gilt umso mehr, wird berücksichtigt, dass das Monitoring nicht den Übermittlungsvorgang selbst betrifft, sondern ausschließlich auf die als Ergebnis eines solchen Übermittlungsvorgangs verfügbaren Daten zugreift.

6.1.6.2 Conclusio

Das Monitoring wird sachlich weder vom Brief-, Post- noch vom Fernmeldegeheimnis erfasst. Es ergeben sich somit keine grundrechtlich zu berücksichtigenden Vorgaben aus Art. 10 GG. Anders wäre dies nur zu beurteilen sein, sollte im Rahmen des Monitorings nicht nur auf öffentliche, sondern auch auf privat gehaltene Daten zugegriffen werden. Hierauf ist die Technologie des Monitorings jedoch nicht ausgerichtet.[673]

6.2 Europäische Grundrechte

Kommen die deutschen Grundrechte im Zuge des Anwendungsvorrangs nicht zum Tragen, sind allein die europäischen Grundrechte, wie sie der GRCh zu entnehmen sind, maßgeblich.[674] Zur Bestimmung des grundrechtlichen Rahmens des Monitorings bedarf es somit zwingend einer eingehenderen Betrachtung der GRCh, um die hierfür maßgeblichen Vorgaben zu identifizieren und die Maßstäbe für die Rechtfertigung etwaiger Eingriffe[675] zu bestimmen.

6.2.1 Menschenwürde, Art. 1 GRCh

Die Würde des Menschen ist gem. Art. 1 GRCh unantastbar. Ebenso wie im deutschen Rechtssystem stellt die Menschenwürde auch im europäischen Recht den obersten Wertegrundsatz dar.[676] Dabei ist die Menschenwürde nicht nur ein Grundrecht, sondern das Fundament aller europäischen Grundrechte, weshalb sich kein in der GRCh festgelegtes Grundrecht in einer die Menschenwürde beeinträchtigenden Weise auswirken darf.[677]

6.2.1.1 Schutzbereich

Vom Schutzbereich des Art. 1 GRCh sind ausschließlich natürlichen Personen erfasst.[678] Der sachliche Schutzbereich der Menschenwürde ist auf europarechtlicher Ebene weder durch den Grundrechtskonvent noch durch die Rechtsprechung näher bestimmt worden. Bisweilen beschränkte sich der EuGH darauf, ohne nähere Erläuterungen zu entscheiden, ob die

---

[672] *Ogorek*, in: Epping/Hillgruber (Hrsg.), BeckOK GG, Art. 10 Rn. 40; *Jarass*, in: Jarass/Pieroth (Hrsg.), GG, Art. 10 Rn. 6; *Wolff*, in: Hömig/Wolff (Hrsg.), GG, Art. 10 Rn. 6; *Pagenkopf*, in: Sachs (Hrsg.), GG, Art. 10 Rn. 14b; *Martini*, in: Kämmerer/Kotzur (Hrsg.), GG, Art. 10 Rn. 65 ff.; *Durner*, in: Dürig/Herzog/Scholz (Hrsg.), GG, Art. 10 Rn. 118 ff.; *Wischmeyer*, in: Brosius-Gersdorf (Hrsg.), GG, Art. 10 Rn. 27.
[673] Eingehender zur Funktionsweise des Monitorings siehe Kap. 2.4.
[674] Eingehend zum Verhältnis europäischer und deutscher Grundrechte siehe Kap. 5.1.
[675] Auf europäischer Ebene wird der Eingriffsbegriff weder durch die GRCh definiert noch durch die Rspr. konkretisiert. Ein Eingriff wird jedoch immer dann angenommen, wenn die Handlung eines Grundrechtsverpflichteten die Ausübung eines Grundrechts durch einen Grundrechtsberechtigten nachteilig beeinträchtigt, siehe *Jarass*, in: Jarass (Hrsg.), GRCh, Art. 52 Rn. 11; *Pache*, in: Pechstein/Nowak/Häde (Hrsg.), Frankfurter Kommentar, Band I, Art. 52 GRCh Rn. 15; *Schwerdtfeger*, in: Meyer/Hölscheidt (Hrsg.), GRCh, Art. 52 Rn. 27.
[676] *Heyde*, in: EU Network of Independet Experts on Fundamental Rights (Hrsg.), CFR, Art. 1 Rn. 25; *Jarass*, in: Jarass (Hrsg.), GRCh, Art. 1 Rn. 2; *Borowsky*, in: Meyer/Hölscheidt (Hrsg.), GRCh, Art. 1 Rn. 28; *Augsberg*, in: von der Groeben/Schwarze/Hatje (Hrsg.), EU-Recht, Art. 1 GRCh Rn. 2.
[677] Erläuterungen zur Charta der Grundrechte, ABl. 2007/C 303/17 (17).
[678] *Jarass*, in: Jarass (Hrsg.), GRCh, Art. 1 Rn. 7; *Borowsky*, in: Meyer/Hölscheidt (Hrsg.), GRCh, Art. 1 Rn. 40; *van Voet Vormizeele*, in: Schwarze et al. (Hrsg.), EU-Kommentar, Art. 1 GRCh Rn. 8.

Menschenwürde als verletzt anzusehen ist.[679] Eine abstrakt-generelle Begriffsbestimmung der Menschenwürde wäre – ebenso wie auf deutscher Ebene[680] – letztlich auch nicht möglich. Vielmehr lässt sich ihr Inhalt nur in Anbetracht der anderen Grundrechte und Normen des Unionsrechts konkretisieren.[681] Da die deutsche Verfassung als Vorbild für die GRCh herangezogen wurde, bietet es sich an, die über Jahrzehnte gereifte Rechtsprechung und Dogmatik des BVerfG als Auslegungshilfe heranzuziehen.[682] Insoweit wird bezüglich näherer Ausführungen zu Art. 1 GRCh auf die Erläuterungen zu Art. 1 GG verwiesen.[683]

Als Unterschied zur deutschen Verfassung ist jedoch zu berücksichtigen, dass Art. 1 GRCh nur in seltenen Fällen ein eigenständiger normativer Gehalt zukommt. Dies ergibt sich aus dem Zusammenspiel der Subsidiarität dieser Norm gegenüber den die Menschenwürde konkretisierenden Grundrechten und der hohen Regelungsdichte der Grundrechte der GRCh, die das GG insoweit deutlich übertrifft. Die Anwendbarkeit des Art. 1 GRCh kommt daher, insbesondere im Vergleich zu Art. 1 Abs. 1 GG, nur selten in Betracht.[684]

6.2.1.2 Conclusio

Eine abstrakte Feststellung dahingehend, ob durch Monitoring in den durch Art. 1 GRCh gewährleisteten Schutz eingegriffen wird, verbietet sich ebenso wie in Bezug auf Art. 1 Abs. 1 GG. Erst in Ansehung des konkreten Einzelfalls kann bestimmt werden, ob Art. 1 GRCh beeinträchtigt wird. Mögliche Kriterien, anhand derer das Vorliegen eines Eingriffs bestimmt werden kann, sind der Inhalt der verarbeiteten Daten, die Art und Intensität, in der die Sphäre anderer oder der Gemeinschaft tangiert werden sowie der Geheimhaltungswillen der von der Verarbeitung betroffenen Person.[685] Ebenso gilt wie in Bezug auf Art. 1 Abs. 1 GG, dass eine Verarbeitung von möglicherweise menschenwürderelevanten Inhalten im Rahmen des Monitorings technisch möglichst zu vermeiden ist und, soweit dies nicht umsetzbar ist, eine Aussonderung dieser Daten vor dem Schritt der Datenauswertung erfolgen sollte.[686]

6.2.2 Privat- und Familienleben, Art. 7 GRCh

Nach Art. 7 GRCh hat jede Person das Recht auf Achtung ihres Privat- und Familienlebens, ihrer Wohnung sowie ihrer Kommunikation. Den Trägern des Grundrechts soll hierdurch ein Bereich gesichert werden, in dem sie ihre Persönlichkeit frei entfalten können.[687] Dabei ist Art. 7 GRCh trotz seiner allgemeinen Formulierung nicht als Auffanggrundrecht zu verstehen, sondern besitzt über seine spezifischen Schutzbereiche einen eigenständigen und von anderen Grundrechten abgrenzbaren Gewährleistungsgehalt.[688]

---

[679] Vgl. *Borowsky*, in: Meyer/Hölscheidt (Hrsg.), GRCh, Art. 1 Rn. 39; *Folz*, in: Vedder/Heintschel von Heinegg (Hrsg.), EUR, Art. 1 GRCh Rn. 3.

[680] Zum Begriff der Menschenwürde in Deutschland siehe Kap. 6.1.1.

[681] *van Voet Vormizeele*, in: Schwarze et al. (Hrsg.), EU-Kommentar, Art. 1 GRCh Rn. 6; *Borowsky*, in: Meyer/Hölscheidt (Hrsg.), GRCh, Art. 1 Rn. 39; *Folz*, in: Vedder/Heintschel von Heinegg (Hrsg.), EUR, Art. 1 GRCh Rn. 4.

[682] *Borowsky*, in: Meyer/Hölscheidt (Hrsg.), GRCh, Art. 1 Rn. 27; *Augsberg*, in: von der Groeben/Schwarze/Hatje (Hrsg.), EU-Recht, Art. 1 GRCh Rn. 4; vgl. *van Voet Vormizeele*, in: Schwarze et al. (Hrsg.), EU-Kommentar, Art. 1 GRCh Rn. 6.

[683] Eingehend zu Art. 1 Abs. 1 GG siehe Kap. 6.1.1.

[684] *Borowsky*, in: Meyer/Hölscheidt (Hrsg.), GRCh, Art. 1 Rn. 37; *Jarass*, in: Jarass (Hrsg.), GRCh, Art. 1 Rn. 5; *van Voet Vormizeele*, in: Schwarze et al. (Hrsg.), EU-Kommentar, Art. 1 GRCh Rn. 5.

[685] Vgl. hierzu Kap. 6.1.1.

[686] Vgl. hierzu Kap. 6.1.1.

[687] *Bernsdorff*, in: Meyer/Hölscheidt (Hrsg.), GRCh, Art. 7 Rn. 11; *Nettesheim*, in: Grabenwarter (Hrsg.), Europäischer Grundrechteschutz, § 10 Rn. 3.

[688] *Bernsdorff*, in: Meyer/Hölscheidt (Hrsg.), GRCh, Art. 7 Rn. 10; *Augsberg*, in: von der Groeben/Schwarze/Hatje (Hrsg.), EU-Recht, Art. 7 GRCh Rn. 1; *Jarass*, in: Jarass (Hrsg.), GRCh, Art. 7 Rn. 3.

6.2.2.1 Schutzbereich

Der Schutzbereich des Art. 7 GRCh umfasst vier Teilgewährleistungsgehalte, die vornehmlich[689] natürlichen Personen zukommen:[690] das Recht auf Achtung des Privatlebens, das Recht auf Achtung des Familienlebens, das Recht auf Achtung der Wohnung sowie das Recht auf Achtung der Kommunikation.

Das Recht auf Achtung des Privatlebens gewährleistet dem Einzelnen insbesondere das Recht, frei über seine persönliche Lebensführung, die Gestaltung seiner Identität sowie darüber, ob sein Leben Gegenstand öffentlicher Kenntnis und Erörterung wird, zu entscheiden.[691] Das Recht auf Familienleben dagegen betrifft den Schutz einer bestehenden Familie etwa hinsichtlich des Erziehungs-, Sorge- oder Umgangsrechts sowie in Bezug auf die Ausgestaltung des familiären Lebens und das Leben als Familie.[692] Durch das Recht auf Achtung der Wohnung ist die Unverletzlichkeit der Wohnung als Inbegriff aller Räumlichkeiten, die einer allgemeinen Zugänglichkeit durch eine räumliche Abschottung entzogen und zur Verwirklichung des privaten Lebens und Wirkens genutzt werden, geschützt.[693] Das Recht auf Achtung der Kommunikation gewährleistet hingegen den Schutz der Kommunikation unter Abwesenden, die durch Dritte vermittelt wird.[694]

Inhaltlich entspricht Art. 7 GRCh den durch Art. 8 EMRK garantierten Rechten[695] und besitzt somit gem. Art. 52 Abs. 3 GRCh gleiche Bedeutung und Tragweite.[696] Die Normen unterscheiden sich einzig darin, dass Art. 7 GRCh auf Kommunikation abstellt, während Art. 8 EMRK den Begriff der Korrespondenz verwendet. Hieraus resultiert jedoch kein inhaltlicher Unterschied; die Begriffsanpassung in der GRCh sollte lediglich den inzwischen vorangeschrittenen technischen Entwicklungen Rechnung getragen werden.[697]

6.2.2.2 Eingriff durch das Web-Monitoring

Das Monitoring stellt ein Instrument zur umfassenden Verarbeitung öffentlicher Daten aus dem Internet dar. Während ein Eingriff in das Recht auf Achtung des Familienlebens oder das Recht auf Achtung der Wohnung in diesem Kontext nicht in Betracht kommt, sind hingegen Eingriffe in das Recht auf Achtung der Kommunikation sowie in das Recht auf Achtung der Privatsphäre und des Familienlebens naheliegend und daher zur Bestimmung des grundrechtlichen Rahmens des Monitorings eingehender zu betrachten.

---

[689] Auch juristische Personen können von Art. 7 GRCh erfasst sein, wenn eine Schutzbedürftigkeit besteht, die mit derjenigen natürlicher Personen vergleichbar ist, siehe *Bernsdorff*, in: Meyer/Hölscheidt (Hrsg.), GRCh, Art. 7 Rn. 22; dem folgend: *Knecht*, in: Schwarze et al. (Hrsg.), EU-Kommentar, Art. 7 GRCh Rn. 4; *Augsberg*, in: von der Groeben/Schwarze/Hatje (Hrsg.), EU-Recht, Art. 7 GRCh Rn. 10.

[690] *Bernsdorff*, in: Meyer/Hölscheidt (Hrsg.), GRCh, Art. 7 Rn. 22; *Knecht*, in: Schwarze et al. (Hrsg.), EU-Kommentar, Art. 7 GRCh Rn. 4; *Augsberg*, in: von der Groeben/Schwarze/Hatje (Hrsg.), EU-Recht, Art. 7 GRCh Rn. 10.

[691] *Kingreen*, in: Calliess/Ruffert (Hrsg.), EUV/AEUV, Art. 7 GRCh Rn. 3; *Jarass*, in: Jarass (Hrsg.), GRCh, Art. 7 Rn. 3; *Knecht*, in: Schwarze et al. (Hrsg.), EU-Kommentar, Art. 7 GRCh Rn. 7.

[692] *Bernsdorff*, in: Meyer/Hölscheidt (Hrsg.), GRCh, Art. 7 Rn. 16; *Kingreen*, in: Calliess/Ruffert (Hrsg.), EUV/AEUV, Art. 7 GRCh Rn. 8; *Weber*, in: Stern/Sachs (Hrsg.), GRCh, Art. 7 Rn. 27 ff.

[693] *Bernsdorff*, in: Meyer/Hölscheidt (Hrsg.), GRCh, Art. 7 Rn. 18; *Kingreen*, in: Calliess/Ruffert (Hrsg.), EUV/AEUV, Art. 7 GRCh Rn. 9; *Augsberg*, in: von der Groeben/Schwarze/Hatje (Hrsg.), EU-Recht, Art. 7 GRCh Rn. 8.

[694] *Jarass*, in: Jarass (Hrsg.), GRCh, Art. 7 Rn. 6; *Weber*, in: Stern/Sachs (Hrsg.), GRCh, Art. 7 Rn. 49; *Knecht*, in: Schwarze et al. (Hrsg.), EU-Kommentar, Art. 7 GRCh Rn. 10.

[695] Erläuterungen zur Charta der Grundrechte, ABl. 2007/C 303/17 (33).

[696] Dementsprechend wird nachfolgend sowohl die Literatur als auch die Rspr. zu Art. 8 EMRK einbezogen; näher zum Verhältnis von GRCh und EMRK siehe, Kap. 5.2.

[697] Erläuterungen zur Charta der Grundrechte, ABl. 2007/C 303/17 (20).

6.2.2.2.1 Kommunikation

Das Recht auf Achtung der Kommunikation im Sinne von Art. 7 GRCh umfasst jede Form der Kommunikation, unabhängig davon, ob sie schriftlich oder auf andere Weise erfolgt.[698] Wie bereits erwähnt, findet dieses Grundrecht allerdings nur dann Anwendung, wenn die Kommunikation durch einen Dritten vermittelt wird.[699] Mit Ausnahme von mündlichen Gesprächen unter körperlich anwesenden Personen wird damit grundsätzlich jegliche Kommunikationsform erfasst.[700] Der Anwendungsbereich erstreckt sich mithin auch auf die Kommunikation, die über moderne technische Wege stattfindet. Adressiert wird folglich auch die auf dem Internet basierende Kommunikation im Web, auf die im Rahmen des Monitorings zugegriffen wird.

Des Weiteren setzt die Anwendbarkeit des Rechts auf Achtung der Kommunikation voraus, dass die Kommunikation nicht öffentlich erfolgt, sondern auf individueller Ebene stattfindet.[701] Im Rahmen des Monitorings werden allerdings schon technisch bedingt ausschließlich solche Daten erfasst, die allgemein im Web zugänglich sind. Verarbeitet werden somit ausschließlich Inhalte, die nicht der Individualkommunikation dienen. Daher kann das Recht auf Achtung der Kommunikation gemäß Art. 7 GRCh auf das Monitoring keine Anwendung finden.

6.2.2.2.2 Privatleben

Der Begriff des Privatlebens umfasst zunächst den Grundsatz des „right to be left alone", weswegen die „Achtung des Privatlebens" insbesondere als Gebot der Nichteinmischung durch Dritte zu interpretieren ist.[702] Jedoch erstreckt sich das Recht auf Achtung des Privatlebens nicht ausschließlich auf das Recht allein gelassen zu werden. So sind im weitesten Sinne alle Bereiche des Lebens erfasst, die andere Personen nicht betreffen.[703] Einer abschließenden Definition entzieht sich der Begriff allerdings.[704] Auf Basis der Rechtsprechung ist es dennoch möglich, die Gewährleistungsgehalte des Privatlebens in drei Gruppen zu unterteilen: Das körperliche Selbstbestimmungsrecht, die Privatsphäre und die Gestaltung der persönlichen Lebensführung.[705] Während das körperliche Selbstbestimmungsrecht[706] sowie die Gestaltung der

---

[698] Für Telefonate siehe etwa EGMR, Urt. v. 06.09.1978, Az. 5029/71 (Klaas und andere/Deutschland) Rn. 41; EGMR, Urt v. 02.08.1984, Az. 8691/79 (Malone/Großbritannien) Rn. 61; EGMR, Urt. v. 25.06.1997, Az. 20605/92 (Halford/Großbritannien) Rn. 42. Eingehender siehe *Grabenwarter/Pabel*, Europäische Menschenrechtskonvention, § 22 Rn. 24 f.

[699] Hierzu bereits unter Kap. 6.2.2.1.

[700] *Bernsdorff*, in: Meyer/Hölscheidt (Hrsg.), GRCh, Art. 7 Rn. 20; *Jarass*, in: Jarass (Hrsg.), GRCh, Art. 7 Rn. 25; *Augsberg*, in: von der Groeben/Schwarze/Hatje (Hrsg.), EU-Recht, Art. 7 GRCh Rn. 9; *Knecht*, in: Schwarze et al. (Hrsg.), EU-Kommentar, Art. 7 GRCh Rn. 10; *Weber*, in: Stern/Sachs (Hrsg.), GRCh, Art. 7 Rn. 49.

[701] *Augsberg*, in: von der Groeben/Schwarze/Hatje (Hrsg.), EU-Recht, Art. 7 GRCh Rn. 9; *Jarass*, in: Jarass (Hrsg.), GRCh, Art. 7 Rn. 25; *Grabenwarter/Pabel*, Europäische Menschenrechtskonvention, § 22 Rn. 25.

[702] *Eriksson*, in: EU Network of Independet Experts on Fundamental Rights (Hrsg.), CFR, Art. 7 Rn. 78 f.

[703] *Bernsdorff*, in: Meyer/Hölscheidt (Hrsg.), GRCh, Art. 7 Rn. 15.

[704] *Bernsdorff*, in: Meyer/Hölscheidt (Hrsg.), GRCh, Art. 7 Rn. 15; *Knecht*, in: Schwarze et al. (Hrsg.), EU-Kommentar, Art. 7 GRCh Rn. 7; *Meyer-Ladewig/Nettesheim*, in: Meyer-Ladewig/Nettesheim/von Raumer (Hrsg.), EMRK, Art. 8 Rn. 7.

[705] *Grabenwarter/Pabel*, Europäische Menschenrechtskonvention, § 22 Rn. 6; *Knecht*, in: Schwarze et al. (Hrsg.), EU-Kommentar, Art. 7 GRCh Rn. 7; *Augsberg*, in: von der Groeben/Schwarze/Hatje (Hrsg.), EU-Recht, Art. 7 GRCh Rn. 5.

[706] Die körperliche Selbstbestimmung umfasst die nicht durch ein Monitoring beeinflussbare physische und psychische Integrität des Grundrechtsträgers, vgl. EGMR, Urt. v. 26.03.1985, Az. 8978/80 (X. und Y./Niederlande) Rn. 22; EGMR, Urt. v. 29.04.2002, Az. 2346/02 (Pretty/United Kingdom) Rn. 61; EGMR, Urt. v. 22.07.2003, Az. 24209/94 (Y. F./Turkey) Rn. 33.

persönlichen Lebensführung[707] durch das Monitoring offensichtlich nicht berührt sein können, zeigt sich der Gewährleistungsgehalt der Privatsphäre in Bezug auf Monitoring hingegen als relevant.

Die dem Privatleben inhärente Privatsphäre zielt darauf ab, den Einzelnen vor der Einsichtnahme Dritter in seine privaten Belange zu schützen.[708] Diese Teilgewährleistung des Art. 7 GRCh erfasst nicht nur das unmittelbar Intime und Private, sondern kann sich auch auf öffentliche Bereiche erstrecken.[709] Der Schutz endet jedoch dort, wo die betroffene Person vernünftigerweise nicht mehr erwarten kann, sich innerhalb des durch die Privatsphäre geschützten Bereichs zu bewegen. Um zu beurteilen, wie weit der Schutz der Privatsphäre im Einzelfall reicht, wird in der Rechtsprechung regelmäßig auf die sogenannte „reasonable expectation of privacy" abgestellt.[710] Hierbei geht es insbesondere darum, ob sich ein Mensch wissentlich oder absichtlich in eine Situation begibt, die durch Dritte aufgenommen oder protokolliert werden kann.[711] Dementsprechend greift beispielsweise das Abhören von Telefonaten am Arbeitsplatz in die Privatsphäre ein, da Arbeitnehmer nicht mit einer solchen Überwachung nicht rechnen müssen.[712] Hingegen kommt Art. 7 GRCh nicht zum Tragen, wenn ein öffentlicher Bereich über einen Live-Stream erfasst und einem Wachmann zugänglich gemacht wird.[713] Personen, die sich in öffentlichen Bereichen aufhalten, müssen damit rechnen, von anderen Personen wahrgenommen zu werden, die sich am gleichen Ort befinden. Daher wird durch die Übertragung eines Live-Streams, die einen Wachmann in eine Situation versetzt, der der physischen Anwesenheit im erfassten Bereich gleicht, keine berechtigte Vertraulichkeitserwartung tangiert. Zu einem Eingriff in Art. 7 GRCh könnte es jedoch kommen, wenn der Live-Stream aufgezeichnet und anschließend weiteren Verarbeitungsvorgängen, die etwa der Gesichtserkennung dienen, unterzogen wird.

Die im Rahmen von Monitoring verarbeiteten Daten sind für jedermann zugänglich. Die Öffentlichkeit dieser Daten kann dabei darauf beruhen, dass die Daten durch einen Dritten aufgrund einer rechtlichen Verpflichtung oder aufgrund eines entsprechenden Willens der betroffenen Person veröffentlicht wurden. Im letzteren Fall begibt sich die betroffene Person in eine Situation, in der sie nicht erwarten kann, dass ihre Daten Dritten verschlossen und somit privat blieben. Ebenso verhält es sich, wenn Daten im Rahmen einer gesetzlichen Pflicht veröffentlicht werden. So ist es regelmäßig unmittelbares Ziel einer solchen Verpflichtung, dass die betreffenden Informationen für die breite Öffentlichkeit zugänglich werden.[714] Dementsprechend kann nicht von einer berechtigten Vertraulichkeitserwartung in Bezug auf diese Daten

---

[707] Die persönliche Lebensführung betrifft vorwiegend die nicht durch das Monitoring beeinflussbare Entwicklung und Erfüllung der eigenen Persönlichkeit durch Beziehungen zu anderen Menschen, insbesondere im emotionalen Bereich, vgl. EGMR, Urt. v. 19.05.1976, Az. 6959/75 (Brüggemann und Scheuten/Deutschland) Rn. 5; EGMR, Urt. v. 18.05.1976, Az. 6825/74 (X/Island); EGMR, Urt. v. 29.04.2002, Az. 2346/02 (Pretty/United Kingdom) Rn. 61.

[708] *Grabenwarter/Pabel*, Europäische Menschenrechtskonvention, § 22 Rn. 9.

[709] Vgl. EGMR, Urt. v. 04.05.2000, Az. 28341/95 (Rotaru/Rumänien) Rn. 43 f.; EGMR, Urt. v. 25.09.2001, Az. 44787/98 (P.G. und J.H./Großbritannien) Rn. 56; EGMR, Urt. v. 28.01.2003, Az. 44647/98 (Peck/Großbritannien) Rn. 59; EGMR, Urt. v. 17.07.2003, Az. 63737/00 (Perry/Großbritannien) Rn. 36; EGMR, Urt. v. 02.09.2010, Az. 35623/05 (Uzun/Deutschland) Rn. 43.

[710] EGMR, Urt. v. 25.06.1997, Az. 20605/92 (Halford/Großbritannien) Rn. 43 ff.; EGMR, Urt. v. 26.07.2007, Az. 64209/01 (Peev/Bulgarien) Rn. 38 m.w.N.; EGMR, Urt. v. 02.09.2010, Az. 35623/05 (Uzun/Deutschland) Rn. 44.

[711] EGMR, Urt. v. 02.09.2010, Az. 35623/05 (Uzun/Deutschland) Rn. 44.

[712] EGMR, Urt. v. 25.06.1997, Az. 20605/92 (Halford/Großbritannien) Rn. 44 ff. m.w.N.

[713] EGMR, Urt. v. 02.09.2010, Az. 35623/05 (Uzun/Deutschland) Rn. 44.

[714] Siehe exemplarisch § 5 DDG, welcher insbesondere im Zuge des Verbraucherschutzes die Möglichkeit eröffnet, Rechte und Ansprüche gegenüber dem Verantwortlichen einer Webseite geltend zu machen, hierzu *Paschke/Wernicke*, in: Taeger/Pohle (Hrsg.), Computerrechts-Handbuch, Abschnitt 120.4 Rn. 99.

ausgegangen werden. Erfolgt die Veröffentlichung durch Dritte, sind grundsätzlich zwei Konstellationen zu unterscheiden: die Veröffentlichung auf Veranlassung oder mit Zustimmung der betroffenen Person und die Veröffentlichung ohne Einbindung der betroffenen Person. Im Falle der ersten Konstellation kann ebenso in wie bei der selbst vorgenommenen Veröffentlichung keine berechtigte Vertraulichkeitserwartung bestehen. In der zweiten Konstellation, in der die betroffene Person keinen Einfluss auf die Veröffentlichung hat, ist eine berechtigte Vertraulichkeitserwartung hingegen nicht auszuschließen. Zwar kann eine betroffene Person grundsätzlich recherchieren, welche Informationen öffentlich über sie verfügbar sind, und gegebenenfalls eine Sperrung oder Löschung der Daten erwirken. Allerdings ist es angesichts des Umfangs des Internets unrealistisch zu erwarten, dass bei einer solchen Recherche alle relevanten öffentlichen Daten aufgefunden werden. Dies gilt umso mehr, als sich der Datenbestand im Web sekündlich ändert und es daher einer dauerhaften Beobachtung des Web bedürfte, die der betroffenen Person aufgrund des damit verbundenen Aufwands allerdings nicht zugemutet werden kann. Zudem kann es dazu kommen, dass eine betroffene Person zwar Kenntnis von der Veröffentlichung ihrer Daten hat, jedoch aufgrund mangelnden Wissens oder fehlender finanzieller Mittel nicht gegen die Öffentlichkeit der Daten vorgeht. Da im Rahmen des Monitorings technisch nicht danach differenziert werden kann, welche der genannten Konstellationen vorliegt, sondern schlicht sämtliche für das Monitoring-Objekt relevante Daten erfasst werden, muss zum Schutz der Grundrechte der betroffenen Person stets davon ausgegangen werden, dass berechtigte Vertraulichkeitserwartungen und somit das Recht auf Privatsphäre beeinträchtigt ist. Das Monitoring greift somit grundsätzlich in das durch Art. 7 GRCh gewährleistete Grundrecht auf Privat- und Familienleben ein.

6.2.2.3 Rechtfertigung des Eingriffs

Eingriffe in Art. 7 GRCh sind ausweislich der offiziellen Erläuterungen zur GRCh zulässig, soweit sie den Anforderungen des Art. 8 Abs. 2 EMRK entsprechen.[715] Demnach bedarf es einer gesetzlichen Grundlage, die in einer demokratischen Gesellschaft für die nationale oder öffentliche Sicherheit, für das wirtschaftliche Wohl des Landes, zur Aufrechterhaltung der Ordnung, zur Verhütung von Straftaten, zum Schutz der Gesundheit oder der Moral oder zum Schutz der Rechte und Freiheiten anderer notwendig ist. In der Vergangenheit stellte der EuGH gleichwohl nicht allein auf Art. 8 Abs. 2 EMRK ab, sondern verwendete nahezu durchgehend seinen allgemeinen Rechtfertigungsmaßstab.[716] Entsprechend dieser Rechtsprechung muss ein Eingriff dem Allgemeinwohl dienen, auf einer gesetzlichen Grundlage basieren, verhältnismäßig sein sowie den Wesensgehalt des Art. 7 GRCh unangetastet lassen.[717]

6.2.2.3.1 Dem Allgemeinwohl dienende Interessen

Als dem Allgemeinwohl dienende sind entsprechend dem Wortsinn prinzipiell sämtliche Interessen zu verstehen, die nicht allein Partikularinteressen betreffen, sondern von grundsätzlicher Bedeutung für das Gemeinwesen oder (große Teile) der Gesellschaft sind. Als solche sind vor dem Hintergrund der grundsätzlichen Anwendbarkeit des Art. 8 Abs. 2 EMRK insbesondere die nationale oder öffentliche Sicherheit, das wirtschaftliche Wohl des Landes, die Aufrechterhaltung der Ordnung, die Verhütung von Straftaten, der Schutz der Gesundheit oder der Moral oder der Schutz der Rechte und Freiheiten anderer anerkannt.

---

[715] Erläuterungen zur Charta der Grundrechte, ABl. 2007/C 303/17 (20).
[716] *Bernsdorff*, in: Meyer/Hölscheidt (Hrsg.), GRCh, Art. 7 Rn. 14; *Augsberg*, in: von der Groeben/Schwarze/Hatje (Hrsg.), EU-Recht, Art. 7 GRCh Rn. 13; *Knecht*, in: Schwarze et al. (Hrsg.), EU-Kommentar, Art. 7 GRCh Rn. 11.
[717] *Knecht*, in: Schwarze et al. (Hrsg.), EU-Kommentar, Art. 7 GRCh Rn. 11; *Augsberg*, in: von der Groeben/Schwarze/Hatje (Hrsg.), EU-Recht, Art. 7 GRCh Rn. 13.

6.2.2.3.2 Gesetzliche Grundlage

Die gesetzliche Grundlage muss dem Gebot der Bestimmtheit genügen. Dies setzt eine hinreichend klare und genaue Formulierung voraus, die es dem Grundrechtsträger ermöglicht, die sich ergebenden Beschränkungen vorauszusehen und sein Verhalten entsprechend auszurichten.[718] Insofern müssen insbesondere Anwendung und Tragweite der gesetzlichen Grundlage ausreichend präzise gesetzlich festgelegt sein.[719] Dabei ist zu berücksichtigen, dass die Anforderungen an die Bestimmtheit mit zunehmender Intensität des Grundrechtseingriffs steigen,[720] die gesetzliche Grundlage also umso konkreter auszugestalten ist, je mehr sie ein Vordringen in ein Grundrecht erlaubt. Zum grundrechtskonformen Einsatz von Monitoring bedarf es daher stets einer gesetzlichen Grundlage, die hinreichende Garantien zur Begrenzung der Anwendbarkeit und des Umfangs des Monitorings vorsieht. Die gesetzliche Grundlage muss dem Einzelnen dabei außerdem zugänglich sein, da ihm nur so die Möglichkeit verschafft wird, sich über die Rechtslage zu informieren.[721]

Formelle Anforderungen an die gesetzliche Grundlage formulieren weder GRCh noch EMRK. Vor dem Hintergrund der Rechtsprechung des EGMR zu Art. 8 EMRK ist allerdings auf die Eigenheiten der jeweils anzuwendenden Rechtsordnung abzustellen.[722] Folglich kann in Rechtsordnungen, in welchen kaum geschriebenes Recht existiert, schon Gewohnheits- oder Richterrecht eine taugliche Grundlage bieten, während es etwa auf deutscher Ebene eines formellen Gesetzes bedürfte.[723]

6.2.2.3.3 Verhältnismäßigkeit der Maßnahme

Grundvoraussetzung für die Verhältnismäßigkeit einer Maßnahme ist zunächst das Vorliegen eines legitimen Ziels. Als solche sind über Art. 52 Abs. 1 GRCh das Allgemeinwohl und der Schutz der Rechte und Freiheiten anderer anerkannt. Da diese Schutzgüter jedoch abstrakt und daher inhaltlich schwer fassbar sind, bedarf es einer Konkretisierung. Für diese kann Art. 8 Abs. 2 EMRK herangezogen werden.[724] Demnach sind die nationale oder öffentliche Sicherheit, das wirtschaftliche Wohl des Landes, die Aufrechterhaltung der Ordnung, die Verhütung von Straftaten, der Schutz der Gesundheit oder der Moral oder der Schutz der Rechte und Freiheiten als legitime Ziele anzuerkennen. Da in der Prüfung des legitimen Ziels allerdings zumeist ein weites Verständnis angelegt wird, wurde die Zulässigkeit einer Maßnahme bislang nur selten auf dieser Grundlage abgelehnt.[725]

---

[718] EuGH, Urt. v. 17.12.2015, Az. C-419/14, MMR 2016, 342 (346 Rn. 81); EGMR, Urt v. 02.08.1984, Az. 8691/79 (Malone/Großbritannien) Rn. 66 f.; EGMR, Urt. v. 04.12.2008, Az. 30562/04 und 30566/04 (S. und Marper/Großbritannien) Rn. 95 f.; EGMR, Urt. v. 12.01.2010, Az. 4158/05 (Gillian und Quintion/Großbritannien) Rn. 76 f.

[719] EuGH, Urt. v. 08.04.2014, Az. C-293/12, C-594/12, NJW 2014, 2169 (2172 Rn. 54).

[720] Vgl. EGMR, Urt. v. 26.09.1995, Az. 17851/91 (Vogt/Germany) Rn. 48.

[721] EGMR, Urt. v. 02.09.2010, Az. 35623/05 (Uzun/Deutschland) Rn. 60 m.w.N.; *Jarass*, in: Jarass (Hrsg.), GRCh, Art. 52 Rn. 27; *Pache*, in: Pechstein/Nowak/Häde (Hrsg.), Frankfurter Kommentar, Band I, Art. 52 GRCh Rn. 23 m.w.N.

[722] Vgl. *Pätzold*, in: Karpenstein/Mayer (Hrsg.), EMRK, Art. 8 Rn. 92; *Grabenwarter/Pabel*, Europäische Menschenrechtskonvention, § 18 Rn. 8.

[723] *Jung*, Grundrechtsschutz auf europäischer Ebene, 165 f.; *Kingreen*, in: Calliess/Ruffert (Hrsg.), EUV/AEUV, Art. 52 GRCh Rn. 62 f.; *Jarass*, in: Jarass (Hrsg.), GRCh, Art. 52 Rn. 26; vgl. auch *Pache*, in: Pechstein/Nowak/Häde (Hrsg.), Frankfurter Kommentar, Band I, Art. 52 GRCh Rn. 21 f. und Art. 8 GRCh Rn. 32; *Pätzold*, in: Karpenstein/Mayer (Hrsg.), EMRK, Art. 8 Rn. 92 m.w.N.; *Gersdorf*, in: Gersdorf/Paal (Hrsg.), BeckOK Inf/MedR, Art. 8 EMRK Rn. 53.

[724] Hierzu bereits unter Kap. 6.2.2.3.

[725] *Böhringer/Marauhn*, in: Dörr/Grote/Marauhn (Hrsg.), EMRK/GG, Kap. 16 Rn. 89; *Gersdorf*, in: Gersdorf/Paal (Hrsg.), BeckOK Inf/MedR, Art. 8 EMRK Rn. 55; *Meyer-Ladewig/Nettesheim*, in: Meyer-Ladewig/Nettesheim/von Raumer (Hrsg.), EMRK, Art. 8 Rn. 109.

Der Schwerpunkt der Prüfung liegt somit auf der Verhältnismäßigkeit selbst. Dabei werden auf europäischer Ebene die zentralen Prüfungspunkte der Erforderlichkeit und Angemessenheit vielfach nicht wie im deutschen Recht getrennt betrachtet, sondern gemeinsam geprüft.[726] Im Ergebnis unterscheidet sich die Prüfung der Verhältnismäßigkeit durch den EuGH jedoch nicht grundsätzlich von der des BVerfG. So darf auch hier die ergriffene Maßnahme nicht die Grenzen dessen überschreiten, was zur Erreichung der verfolgten legitimen Ziele geeignet und erforderlich ist. Ebenso ist stets die mildeste mögliche Maßnahme mit gleicher Geeignetheit zu ergreifen und die durch die Maßnahme verursachten Nachteile müssen im angemessenen Verhältnis zum angestrebten Ziel stehen.[727]

6.2.2.3.4 Wesensgehalt

Durch die Verpflichtung zur Achtung des Wesensgehalts soll der feste Kernbereich eines Grundrechts vor Veränderung geschützt werden.[728] Was dies inhaltlich bedeutet, wurde bislang weder durch die GRCh noch durch den Grundrechtskonvent oder den EuGH näher bestimmt. Der Rechtsprechung lässt sich lediglich entnehmen, dass die Gewährleistung des jeweiligen Grundrechts nicht grundsätzlich in Frage gestellt werden darf.[729] Das ist etwa der Fall, wenn die einem jeden Grundrecht inhärente Menschenwürde verletzt wird.[730]

Hinsichtlich des Schutzes der Privatsphäre hat der EuGH entschieden, dass eine Verletzung des Wesensgehalts von Art. 7 GRCh insbesondere dann vorliegt, wenn eine Regelung den Behörden einen generellen Zugriff auf die Inhalte elektronischer Kommunikation gestattet.[731] Dagegen wird der Wesensgehalt nicht berührt, wenn ein Zugriff auf diese Inhalte an hinreichende Voraussetzungen geknüpft ist.[732]

6.2.2.4 Conclusio

Durch Monitoring wird regelmäßig in das über Art. 7 GRCh gewährleistete Recht auf Achtung des Privat- und Familienlebens eingegriffen. Dies ist insbesondere darauf zurückzuführen, dass die Öffentlichkeit der dem Monitoring zugrundeliegenden Daten nicht zwangsläufig im Widerspruch zu einer berechtigten Vertraulichkeitserwartung steht. Ein solcher Eingriff in Art. 7 GRCh kann jedoch gerechtfertigt sein, wenn er dem Allgemeinwohl dient, verhältnismäßig ist und den Wesensgehalt des Grundrechts unberührt lässt.

6.2.3 Personenbezogene Daten, Art. 8 GRCh

Art. 8 GRCh adressiert den Schutz personenbezogener Daten. Diesbezüglich formuliert Abs. 1, dass jede Person das Recht auf Schutz der sie betreffenden personenbezogenen Daten hat. Die Norm erfasst damit einen wesentlichen Teilbereich der ebenfalls von Art. 7 GRCh erfassten Privatsphäre. Der Schutz der Privatsphäre aus Art. 7 GRCh ist allerdings wesentlich

---

[726] *Hilf*, in: Merten/Papier (Hrsg.), Handbuch der Grundrechte in Deutschland und Europa, § 164 Rn. 65; *Schwerdtfeger*, in: Meyer/Hölscheidt (Hrsg.), GRCh, Art. 52 Rn. 39 m.w.N.; *Kingreen*, in: Calliess/Ruffert (Hrsg.), EUV/AEUV, Art. 52 GRCh Rn. 71 m.w.N.; *Terhechte*, in: von der Groeben/Schwarze/Hatje (Hrsg.), EU-Recht, Art. 52 GRCh Rn. 8.

[727] Vgl. etwa EuGH, Urt. v. 12.07.2001, Az. C-189/01, NVwZ 2001, 1145 (1145 f. Rn. 81); EuGH, Urt. v. 17.01.2008, Az. C-37/06, C-58/06, BeckRS 2008, 70030 Rn. 33, 35; EuGH, Urt. v. 05.06.2008, Az. C-534/06, BeckRS 2008, 70622 Rn. 25; EuGH, Urt. v. 09.03.2019, Az. C-379/08, EuZW 2010, 388 (393 Rn. 86).

[728] *Jarass*, in: Jarass (Hrsg.), GRCh, Art. 52 Rn. 28; *Pache*, in: Pechstein/Nowak/Häde (Hrsg.), Frankfurter Kommentar, Band I, Art. 52 GRCh Rn. 31.

[729] EuGH, Urt. v. 15.02.2016, Az. C-601/15, NVwZ 2016, 1789 (1790 Rn. 52).

[730] Vgl. Erläuterungen zur Charta der Grundrechte, ABl. 2007/C 303/17 (17).

[731] EuGH, Urt. v. 06.10.2015, Az. C262/14, NJW 2015, 3151 (3175 Rn. 94).

[732] EuGH, Urt. v. 08.04.2015, Az. C-293/12, C-594/12, NJW 2014, 2169 (2171 Rn. 39).

allgemeiner gefasst und tritt aus diesem Grund im Sinne der Subsidiarität hinter Art. 8 GRCh zurück.[733] In Bezug auf die Verarbeitung personenbezogener Daten kann Art. 7 GRCh somit allenfalls im Rahmen einer Idealkonkurrenz wirken.[734] In der Rechtspraxis ist diese Einordnung jedoch von untergeordneter Relevanz. So unterscheidet der EuGH nicht zwischen der Anwendbarkeit von Art. 7 und Art. 8 GRCh, sondern führt die beiden Grundrechte im Kontext des Datenschutzes stets gemeinsam ins Feld.[735]

Das durch die Charta gewährte Grundrecht auf Datenschutz wird über Art. 52 Abs. 3 GRCh durch Art. 8 EMRK flankiert. Wie bereits ausgeführt, bestimmt Art. 52 Abs. 3 GRCh, dass die in der Charta festgelegten Rechte die der EMRK inhaltlich nicht unterschreiten dürfen.[736] Zwar gewährleistet Art. 8 EMRK nicht ausdrücklich das Recht auf Schutz personenbezogener Daten und ist folglich auch nicht auf der Entsprechungsliste[737] zu den Rechten von EMRK und GRCh zu finden. Allerdings erkennen sowohl die Literatur[738] als auch der EGMR das Grundrecht auf Datenschutz als Teilgewährleistungsgehalt der durch Art. 8 EMRK gewährleisteten Privatsphäre an.[739] Insofern ist eine Anwendbarkeit der Schrankenbestimmungen des Art. 8 Abs. 2 EMRK i.S.v. Art. 52 Abs. 3 GRCh gegeben.[740] Folglich sind auch die sich aus Art. 8 EMRK ergebenden datenschutzrechtlichen Vorgaben[741] sowie die dazugehörige Rechtsprechung des EGMR bei der Betrachtung des Art. 8 GRCh einzubeziehen.[742]

6.2.3.1 Schutzbereich

Der Schutzbereich des Art. 8 GRCh adressiert in persönlicher Hinsicht alle natürlichen Personen,[743] juristische Personen werden hingegen nur in Ausnahmefällen[744] erfasst. In sachlicher Hinsicht wird jede Form der Verarbeitung von Daten, die eine bestimmte oder bestimmbare natürliche Person betreffen, geschützt.[745]

---

[733] *Bernsdorff,* in: Meyer/Hölscheidt (Hrsg.), GRCh, Art. 8 Rn. 13; dem folgend *Augsberg,* in: von der Groeben/Schwarze/Hatje (Hrsg.), EU-Recht, Art. 8 GRCh Rn. 1; *Johlen,* in: Stern/Sachs (Hrsg.), GRCh, Art. 8 Rn. 24; *Jung,* Grundrechtsschutz auf europäischer Ebene, 89.

[734] *Johlen,* in: Stern/Sachs (Hrsg.), GRCh, Art. 8 Rn. 24; ausführlich zum Verhältnis von Art. 7 und 8 GRCh siehe *Michl,* DuD 2017, 349 (349 ff.).

[735] Vgl. EuGH, Urt. v. 09.11.2010, Az. C-92/09 und C-93/09, EuZW 2010, 939 (941 Rn. 53 ff.); EuGH, Urt. v. 24.11.2011, Az. C-468/10, EuZW 2012, 37 (40 Rn. 42); EuGH, Urt. v. 17.10.2013, Az. C-291/13, ZD 2013, 608 (609 Rn. 24 ff.); siehe auch *Streinz,* in: Streinz (Hrsg.), EUV/AEUV, Art. 8 GRCh Rn. 7 m.w.N.

[736] Zum Verhältnis von GRCh und EMRK siehe Kap. 5.2.

[737] Erläuterungen zur Charta der Grundrechte (2007/C 303/02), EU-ABl. C 303/17 (33 f.).

[738] Vgl. *Johlen,* in: Stern/Sachs (Hrsg.), GRCh, Art. 8 Rn. 14 m.w.N.; *Bernsdorff,* in: Meyer/Hölscheidt (Hrsg.), GRCh, Art. 8 Rn. 26 m.w.N.

[739] Ausführlich hierzu *Paefgen,* Der von Art. 8 EMRK gewährleistete Schutz vor staatlichen Eingriffen in die Persönlichkeitsrechte im Internet, 52 ff.

[740] *Johlen,* in: Stern/Sachs (Hrsg.), GRCh, Art. 8 Rn. 43; *Streinz,* in: Streinz (Hrsg.), EUV/AEUV, Art. 8 GRCh Rn. 11; a.A. *Jung,* Grundrechtsschutz auf europäischer Ebene, 194 ff.; uneindeutig *Jarass,* in: Jarass (Hrsg.), GRCh, Art. 8 Rn. 11.

[741] Der datenschutzrechtliche Regelungsgehalt ergibt sich zwar nicht ausdrücklich aus Art. 8 EMRK, wird jedoch in ihn hineingelesen, siehe *Johlen,* in: Stern/Sachs (Hrsg.), GRCh, Art. 8 Rn. 14; näher *Jung,* Grundrechtsschutz auf europäischer Ebene, 43 ff.

[742] Näher *Kingreen,* in: Calliess/Ruffert (Hrsg.), EUV/AEUV, Art. 8 GRCh Rn. 5 m.w.N.; siehe auch *Schiedermair,* in: Simitis/Hornung/Spiecker gen. Döhmann (Hrsg.), DSR, Einleitung Rn. 163.

[743] *Jarass,* in: Jarass (Hrsg.), GRCh, Art. 8 Rn. 8; *Augsberg,* in: von der Groeben/Schwarze/Hatje (Hrsg.), EU-Recht, Art. 8 GRCh Rn. 7; *Bernsdorff,* in: Meyer/Hölscheidt (Hrsg.), GRCh, Art. 8 Rn. 25.

[744] Vgl. EuGH, Urt. v. 09.11.2010, Az. C-92/09, C-93/09, EuZW 2010, 939 (941 Rn. 53); EuGH, Urt. v. 17.12.2015, Az. C-419/14, MMR 2016, 343 (346 Rn. 79), wonach sich juristische Personen nur auf den Schutz personenbezogener Daten berufen können, soweit der Name der juristischen Person eine oder mehrere natürliche Personen bestimmbar macht.

[745] EuGH, Urt. v. 09.11.2010, Az. C-92/09, C-93/09, EuZW 2010, 939 (941 Rn. 52); EuGH, Urt. v. 17.10.2013, Az. C-291/12, ZD 2013, 608 (609 Rn. 25).

Ausweislich der Erläuterungen zur GRCh besteht dabei ein enger Zusammenhang zwischen Art. 8 GRCh und dem sekundärrechtlichen Datenschutzrecht der Union.[746] Es ist daher anzunehmen, dass der in den Erläuterungen zur GRCh enthaltene Verweis auf die inzwischen veraltete Rechtslage dynamisch und somit heute als auf die DSGVO abstellend zu verstehen ist. Zur Ermittlung, ob im Rahmen einer Maßnahme der Schutzbereich des Art. 8 GRCh berührt wird, können daher die entsprechenden sekundärrechtlichen Regelungen herangezogen werden.[747] Werden diese zugrunde gelegt, ergibt sich, dass die im Rahmen des Monitorings verarbeiteten Daten regelmäßig vom Anwendungsbereich des Art. 8 GRCh erfasst werden.[748] Es ist somit zu konstatieren, dass das Monitoring grundsätzlich den Schutzbereich des Art. 8 GRCh berührt.

6.2.3.2 Einwilligung als eingriffsausschließendes Instrument

Nach Art. 8 Abs. 2 GRCh dürfen personenbezogene Daten nur verarbeitet werden, wenn eine gesetzliche Grundlage existiert oder eine Einwilligung der betroffenen Person vorliegt. Letztere ist jedoch im Unterschied zur gesetzlichen Grundlage nicht als Instrument zur Rechtfertigung eines Eingriffs in das Recht auf Datenschutz zu verstehen. Vielmehr lässt eine rechtswirksam erteilte Einwilligung einen Eingriff gar nicht erst entstehen, ist also eine die Eingriffsqualität ausschließende Tatsache, die eine Rechtfertigung überflüssig macht.[749]

Spezifischere Anforderungen an die rechtskonforme Einwilligung lassen sich Art. 8 Abs. 2 GRCh zwar nicht entnehmen, jedoch können aus dem Schutzzweck Mindestforderungen abgeleitet werden. Demnach muss eine Einwilligung immer für den konkreten Fall erfolgen.[750] Sie ist mithin immer an den jeweiligen Zweck der spezifischen Datenverarbeitung zu knüpfen und muss für jede Verarbeitung, die über den ursprünglichen Zweck hinaus geht, neu erteilt werden. Unzulässig ist daher beispielsweise die pauschale Zustimmung zu sämtlichen durch einen bestimmten Verantwortlichen erfolgenden Verarbeitungsvorgängen.

Weiterhin muss die Erteilung einer Einwilligung freiwillig erfolgen.[751] Sie darf also nicht unter Zwang oder unter Ausübung von Druck abgegeben werden. Die betroffene Person muss eine echte Wahl haben und die Verarbeitung auch ablehnen können.

Ebenfalls ein zentraler Aspekt der Einwilligung ist die Informiertheit der betroffenen Person.[752] Alle i.V.m. der Verarbeitung relevanten Informationen wie Zweck der Datenerhebung, bestehende Risiken und Speicherdauer sind zur Verfügung zu stellen. Die betroffene Person soll die Vor- und Nachteile einer Verarbeitung gegeneinander abwägen können und somit in die Lage versetzt werden, eine bewusste Entscheidung treffen zu können.

---

[746] Vgl. Erläuterungen zur Charta der Grundrechte, ABl. 2007/C 303/17 (20).

[747] So implizit auch *Bernsdorff*, in: Meyer/Hölscheidt (Hrsg.), GRCh, Art. 8 Rn. 22 ff.; *Knecht*, in: Schwarze et al. (Hrsg.), EU-Kommentar, Art. 8 GRCh Rn. 5 ff.; *Johlen*, in: Stern/Sachs (Hrsg.), GRCh, Art. 8 Rn. 29 ff.; *Gersdorf*, in: Gersdorf/Paal (Hrsg.), BeckOK Inf/MedR, Art. 8 GRCh Rn. 13.

[748] Eingehend zur Anwendbarkeit der DSGVO auf das Monitoring siehe Kap. 7.1.

[749] *Frenz*, Handbuch Europarecht, Rn. 1685; *Jarass*, in: Jarass (Hrsg.), GRCh, Art. 8 Rn. 10; *Augsberg*, in: von der Groeben/Schwarze/Hatje (Hrsg.), EU-Recht, Art. 8 GRCh Rn. 12; *Kingreen*, in: Calliess/Ruffert (Hrsg.), EUV/AEUV, Art. 8 GRCh Rn. 14; *Gersdorf*, in: Gersdorf/Paal (Hrsg.), BeckOK Inf/MedR, Art. 8 GRCh Rn. 20; vorsichtiger *Knecht*, in: Schwarze et al. (Hrsg.), EU-Kommentar, Art. 8 GRCh Rn. 7.

[750] *Frenz*, Handbuch Europarecht, Rn. 1686; *Knecht*, in: Schwarze et al. (Hrsg.), EU-Kommentar, Art. 8 GRCh Rn. 7; *Kühling*, in: Pechstein/Nowak/Häde (Hrsg.), Frankfurter Kommentar, Band I, Art. 8 GRCh Rn. 39; *Johlen*, in: Stern/Sachs (Hrsg.), GRCh, Art. 8 Rn. 7.

[751] *Augsberg*, in: von der Groeben/Schwarze/Hatje (Hrsg.), EU-Recht, Art. 8 GRCh Rn. 12; *Jarass*, in: Jarass (Hrsg.), GRCh, Art. 8 Rn. 10; *Kühling*, in: Pechstein/Nowak/Häde (Hrsg.), Frankfurter Kommentar, Band I, Art. 8 GRCh Rn. 35 f.; *Frenz*, Handbuch Europarecht, Rn. 1686.

[752] *Frenz*, Handbuch Europarecht, Rn. 1688; *Jarass*, in: Jarass (Hrsg.), GRCh, Art. 8 Rn. 10; *Kühling*, in: Pechstein/Nowak/Häde (Hrsg.), Frankfurter Kommentar, Band I, Art. 8 GRCh Rn. 35, 38; *Johlen*, in: Stern/Sachs (Hrsg.), GRCh, Art. 8 Rn. 15.

6.2 Europäische Grundrechte

Die Einwilligung ist außerdem ausdrücklich zu erklären. Die Zustimmung zur Datenverarbeitung als solche muss dem Verantwortlichen demnach unmittelbar erkennbar sein. Dabei ist es ausreichend, wenn sich die Einwilligung konkludent aus dem Handeln der betroffenen Person ergibt, unzureichend ist hingegen Schweigen.[753]

6.2.3.3 Eingriff in den Schutzbereich

In den Schutzbereich des Art. 8 GRCh wird immer dann eingegriffen, wenn ein Grundrechtsverpflichteter personenbezogene Daten verarbeitet.[754] In Bezug auf das Grundrecht auf Datenschutz geht mit der Eröffnung des Schutzbereichs folglich stets ein Eingriff einher. Dies liegt darin begründet, dass Art. 8 GRCh ausgehend vom Schutzbereich konzipiert und so formuliert wurde, dass potenzielle Eingriffe durch ihn unmittelbar adressiert werden.[755]

Bei Eingriffen in das Grundrecht auf Datenschutz ist zu berücksichtigen, dass personenbezogene Daten durch jeden Verarbeitungsvorgang in einen neuen Kontext gesetzt werden und so neue Informationen entstehen können. Auf Eingriffsebene ist daher grundsätzlich jeder Verarbeitungsvorgang einzeln zu betrachten, sodass jeder Verarbeitungsschritt für sich genommen einen eigenen Eingriff darstellen kann.[756] Umfassende und als einheitlicher Verarbeitungsvorgang erscheinende Verarbeitungen können allerdings zusammengefasst und gemeinsam geprüft werden, soweit die Schwere der Beeinträchtigung der einzelnen Verarbeitungsschritte gebührend berücksichtigt wird.[757] Ein solches Vorgehen ist auch in Bezug auf das Monitoring geboten. So erfolgt die damit einhergehende Erfassung von Daten unmittelbar zum Zweck der Relevanzfilterung, welche wiederum auf die Weiterverarbeitung der als relevant eingestuften Daten und die hierfür erforderliche persistente Speicherung zielt.[758] Bereits der erste Schritt des Monitoring-Prozesses erfolgt ausschließlich zum Zweck der späteren Analyse der für das Monitoring-Objekt erheblichen Daten. Eine getrennte Betrachtung der einzelnen Verarbeitungsschritte wäre im vorliegenden Fall daher weder sachgerecht noch geboten.[759]

Ein Eingriff ist im Fall des Monitorings eindeutig bei den Daten gegeben, die als relevant klassifiziert und in der Folge persistent gespeichert und weiterverarbeitet werden.[760] Fraglich ist allerdings, ob ein Grundrechtseingriff auch bei den als nicht relevant eingestuften Daten vorliegt, da diese nicht weiterverarbeitet und ohne weiteren Erkenntnisgewinn ausgesondert werden. Zur Beantwortung kann auf die Argumentation des BVerfG im nationalen Datenschutzrecht abgestellt werden, die aufgrund ihrer normativen Ähnlichkeit auf das Unionsrecht übertragbar ist. Anhand derer ergibt sich, dass ein Eingriff auch in Bezug auf die für das Monitoring-Objekt als unerheblich klassifizierten Daten gegeben ist.[761]

---

[753] *Kühling*, in: Pechstein/Nowak/Häde (Hrsg.), Frankfurter Kommentar, Band I, Art. 8 GRCh Rn. 40; *Johlen*, in: Stern/Sachs (Hrsg.), GRCh, Art. 8 Rn. 54.

[754] *Knecht*, in: Schwarze et al. (Hrsg.), EU-Kommentar, Art. 8 GRCh Rn. 6; *Frenz*, Handbuch Europarecht, Rn. 1672; *Kingreen*, in: Calliess/Ruffert (Hrsg.), EUV/AEUV, Art. 8 GRCh Rn. 13; dem folgend *Augsberg*, in: von der Groeben/Schwarze/Hatje (Hrsg.), EU-Recht, Art. 8 GRCh Rn. 11; vgl. auch EuGH, Urt. v. 09.11.2010, Az. C-92/09, C-93/09, EuZW 2010, 939 (942 Rn. 60, 64); EuGH, Urt. v. 08.04.2014, Az. C-293/12, NJW 2014, 2169 (2170 Rn. 36).

[755] Vgl. *Paefgen*, Der von Art. 8 EMRK gewährleistete Schutz vor staatlichen Eingriffen in die Persönlichkeitsrechte im Internet, 52; *Grabenwarter/Pabel*, Europäische Menschenrechtskonvention, § 8 Rn. 6.

[756] *Frenz*, Handbuch Europarecht, Rn. 1676 f.

[757] *Frenz*, Handbuch Europarecht, Rn. 1678.

[758] Eingehender zur Funktionsweise des Monitorings siehe Kap. 2.4.

[759] Vgl. hierzu die Argumentation aus Kap. 6.1.3.2.1.

[760] Vgl. hierzu die Argumentation aus Kap. 6.1.3.2.2.

[761] Vgl. hierzu die Argumentation aus Kap. 6.1.3.2.2.

Darüber hinaus schließt die Öffentlichkeit der durch das Monitoring verarbeiteten Daten einen Eingriff nicht aus.[762] Vielmehr erfasst Art. 8 Abs. 1 GRCh seinem Wortlaut nach allgemein alle personenbezogenen Daten, ohne hierbei bestimmte Datenarten vom Schutzbereich auszunehmen. Dementsprechend lässt sich auch der Rechtsprechung des EuGH und des EGMR entnehmen, dass öffentliche Daten ebenso wie nichtöffentliche Daten vom Grundrecht auf Schutz personenbezogener Daten erfasst sind.[763]

6.2.3.4 Rechtfertigung eines Eingriffs

Eine Einschränkung der Grundrechte der GRCh ist gem. Art. 52 Abs. 1 Satz 1 GRCh nur dann zulässig, soweit sie gesetzlich vorgesehen ist und der Wesensgehalt des jeweiligen Grundrechts geachtet wird. Zudem ist nach Art. 52 Abs. 1 Satz 2 GRCh der Grundsatz der Verhältnismäßigkeit einzuhalten. Demnach darf eine Einschränkung nur vorgenommen werden, wenn sie erforderlich ist und dem Gemeinwohl oder dem Schutz der Rechte und Freiheiten anderer dient. Im Rahmen des Art. 8 Abs. 2 Satz 1 GRCh wird spezifisch für den Schutz bezogener Daten außerdem statuiert, dass eine Verarbeitung gestattet ist, sofern dies nach Treu und Glauben für festgelegte Zwecke und auf Basis einer Einwilligung der betroffenen Person oder einer gesetzlichen Grundlage erfolgt. Darüber hinaus formuliert Art. 8 Abs. 2 EMRK, dass in das Recht auf Achtung des Privat- und Familienlebens nur eingegriffen werden darf, wenn dies gesetzlich vorgesehen und in einer demokratischen Gesellschaft für die in der Norm genannten Zwecke notwendig ist. In diesem Kontext stellt sich somit zunächst die Frage, welcher Maßstab letztlich an die Rechtfertigung von Eingriffen in das Recht auf Schutz personenbezogener Daten anzulegen ist. Nach herrschender Meinung[764] und Rechtsprechung des EuGH[765] stehen Art. 52 Abs. 1 GRCh und Art. 8 Abs. 2 GRCh nicht in Konkurrenz zueinander, sondern ergänzen sich. Inwieweit eine Grundrechtseinschränkung gerechtfertigt ist, ergibt sich demnach aus Art. 52 Abs. 1 GRCh unter Beachtung der zusätzlichen in Art. 8 Abs. 2 GRCh genannten Anforderungen. Ebenso sind aufgrund von Art. 52 Abs. 3 GRCh die Schrankenbestimmungen des Art. 8 Abs. 2 EMRK in die Prüfung einzubeziehen.[766]

Insgesamt ergeben sich damit folgende Anforderungen für die Rechtfertigung: Die Verarbeitung personenbezogener Daten muss auf einer gesetzlichen Grundlage beruhen, den Wesensgehalt des Art. 8 Abs. 1 GRCh achten, in einer demokratischen Gesellschaft zur Erreichung legitimer Ziele notwendig sein, den Grundsatz der Verhältnismäßigkeit wahren sowie nach Treu und Glauben für festgelegte Zwecke erfolgen.

6.2.3.4.1 Gesetzliche Grundlage

Ebenso wie Art. 7 GRCh knüpft auch Art. 8 GRCh an die Schrankenregelung des Art. 8 Abs. 2 EMRK an. Die zur Rechtfertigung eines Eingriffs in Art. 8 GRCh erforderliche gesetzliche Grundlage muss daher den gleichen Anforderungen genügen wie diejenige zur Rechtfertigung

---

[762] Vgl. *Jarass*, in: Jarass (Hrsg.), GRCh, Art. 8 Rn. 7; *Kühling*, in: Pechstein/Nowak/Häde (Hrsg.), Frankfurter Kommentar, Band I, Art. 8 GRCh Rn. 15.

[763] Vgl. EuGH, Urt. v. 24.11.2011, Az. C-468/10, EuZW 2012, 37 (40 Rn. 44 f.); EGMR, Urt. v. 04.05.2000, Az. 28341/95 (Rotaru/Rumänien) Rn. 43; EGMR, Urt. v. 28.01.2003, Az. 44647/98 (Peck/ Großbritannien) Rn. 57 ff.; im Wesentlichen entspricht dies der Linie, die auch das BVerfG verfolgt, vgl. hierzu BVerfGE 120, 274 (345), wonach die Öffentlichkeit von Daten einen Grundrechtseingriff nicht grundsätzlich ausschließt.

[764] *Jarass*, in: Jarass (Hrsg.), GRCh, Art. 8 Rn. 13; *Kingreen*, in: Calliess/Ruffert (Hrsg.), EUV/AEUV, Art. 8 GRCh Rn. 15; *Gersdorf*, in: Gersdorf/Paal (Hrsg.), BeckOK Inf/MedR, Art. 8 GRCh Rn. 22 ff.; *Streinz*, in: Streinz (Hrsg.), EUV/AEUV, Art. 8 GRCh Rn. 11; *Kühling*, in: Pechstein/Nowak/Häde (Hrsg.), Frankfurter Kommentar, Band I, Art. 8 GRCh Rn. 30; a.A. *Bernsdorff*, in: Meyer/Hölscheidt (Hrsg.), GRCh, Art. 8 Rn. 25; *Roßnagel*, NJW 2019, 1 (4).

[765] EuGH, Urt. v. 09.11.2010, Az. C-92/09, C-93/09, EuZW 2010, 939 (941 Rn. 50 ff.); EuGH, Urt. v. 17.10.2013, Az. C-291/12, ZD 2013, 608 (610 Rn. 33).

[766] Hierzu bereits unter Kap. 6.2.3.

eines Eingriffs in Art. 7 GRCh. Für detailliertere Ausführungen zu den Anforderungen an die gesetzliche Grundlage wird an dieser Stelle daher auf die bereits vorgenommenen entsprechenden Erläuterungen zu Art. 7 GRCh verwiesen.[767]

6.2.3.4.2 Wesensgehalt

Die Anforderungen an die Achtung des Wesensgehalts wurden bereits im Kontext zu Art. 7 GRCh umfassender behandelt. Für eine vertiefte Analyse und die daraus ableitbaren Schlussfolgerungen wird auf die entsprechenden Ausführungen verwiesen.[768] In Bezug auf den Schutz personenbezogener Daten ist an dieser Stelle jedoch zu ergänzen, dass der Wesensgehalt des Art. 8 GRCh nicht angetastet wird, soweit die Verpflichtung besteht, die Grundsätze des Datenschutzes und der Datensicherheit umzusetzen und geeignete technische und organisatorische Maßnahmen zum Schutz der betroffenen Personen zu treffen.[769] Daraus lässt sich schließen, dass der Wesensgehalt des Art. 8 GRCh zumindest den Zugriff auf personenbezogene Daten ohne Gewährleistung entsprechender datenschutzrechtlicher Garantien ausschließt.

6.2.3.4.3 Erforderlichkeit in demokratischer Gesellschaft und Verhältnismäßigkeit

Die Erforderlichkeit in einer demokratischen Gesellschaft gem. Art. 8 Abs. 2 EMRK liegt vor, wenn der Eingriff einem dringenden sozialen Bedürfnis entspricht, ein legitimes Ziel adressiert und die angewandten Mittel verhältnismäßig sind.[770] Diese Kriterien decken sich grundsätzlich mit denen der allgemeinen Verhältnismäßigkeitsprüfung. Im Laufe der Zeit ist der EGMR daher dazu übergegangen, im Kontext des Art. 8 Abs. 2 EMRK eine Prüfung der Verhältnismäßigkeit vorzunehmen, wie sie letztlich auch Art. 52 Abs. 1 GRCh vorsieht.[771] Für eine vertiefende Darstellung der Verhältnismäßigkeit wird auf die entsprechenden Ausführungen im Kontext zu Art. 7 GRCh verwiesen.[772]

Diese Ausführungen ergänzend ist an dieser Stelle zu erwähnen, dass die Intensität eines Eingriffs in Art. 8 GRCh anhand der konkreten Umstände der jeweiligen Datenverarbeitung zu ermitteln ist. Hierfür sind sämtliche Aspekte einzubeziehen, durch welche die Datenverarbeitung näher charakterisiert wird. Dabei können insbesondere die Faktoren, die bereits im Rahmen des Rechts auf informationelle Selbstbestimmung dargelegt wurden, analog herangezogen werden.[773] Im europarechtlichen Kontext ist dabei allerdings hervorzuheben, dass der EuGH wiederholt betonte, dass die Öffentlichkeit personenbezogener Daten und die damit verbundene reduzierte Schutzwürdigkeit der betroffenen Personen bei der Bewertung der Intensität eines Eingriffs angemessen Berücksichtigung finden muss.[774]

---

[767] Siehe hierzu Kap. 6.2.2.3.2.
[768] Siehe hierzu Kap. 6.2.2.3.4.
[769] EuGH, Urt. v. 08.04.2015, Az. C-293/12, C-594/12, NJW 2014, 2169 (2171 Rn. 40).
[770] *Böhringer/Marauhn,* in: Dörr/Grote/Marauhn (Hrsg.), EMRK/GG, Kap. 16 Rn. 89; *Meyer-Ladewig/Nettesheim,* in: Meyer-Ladewig/Nettesheim/von Raumer (Hrsg.), EMRK, Art. 8 Rn. 110; *Pätzold,* in: Karpenstein/Mayer (Hrsg.), EMRK, Art. 8 Rn. 96 f.
[771] Vgl. *Frowein,* in: Frowein/Peukert (Hrsg.), EMRK, Vorbemerkungen zu Art. 8-11 Rn. 13 ff.; *Gersdorf,* in: Gersdorf/Paal (Hrsg.), BeckOK Inf/MedR, Art. 8 EMRK Rn. 56.
[772] Siehe hierfür Kap. 6.2.2.3.3.
[773] Zur unionsrechtlichen Anerkennung des Rechts auf informationelle Selbstbestimmung *Johlen,* in: Stern/Sachs (Hrsg.), GRCh, Art. 8 Rn. 14 m.w.N.; *Bernsdorff,* in: Meyer/Hölscheidt (Hrsg.), GRCh, Art. 8 Rn. 14 m.w.N.; *Paefgen,* Der von Art. 8 EMRK gewährleistete Schutz vor staatlichen Eingriffen in die Persönlichkeitsrechte im Internet, 96 ff.; ausführlich zu den Faktoren der Eingriffsintensität siehe Kap. 6.1.3.3.2.1.
[774] EuGH, Urt. v. 17.11.2011, Az. C-468, C-469/10, EuZW 2012, 37 (40 Rn. 45); EuGH, Urt. v. 04.05.2017, Az. C-13/16, CR 2017, 504 (505 Rn. 32); EuGH, Urt. v. 11.12.2019, Az. C-708/18, ZD 2020, 148 (150 Rn. 54).

6.2.3.4.4 Treu und Glauben

Gem. Art. 8 Abs. 2 GRCh muss die Verarbeitung personenbezogener Daten dem Grundsatz von Treu und Glauben entsprechen. Hinsichtlich dieser Anforderung ist zu beachten, dass dieser Grundsatz nicht mit dem aus dem deutschen Zivilrecht bekannten Begriff von Treu und Glauben gleichgesetzt werden darf. Ein solches Vorgehen wäre aufgrund der gebotenen unionsautonomen Auslegung dogmatisch falsch. Zudem zeigt sich in der englischen, italienischen und französischen Fassung der GRCh, dass diese Vorgabe aus Art. 8 Abs. 2 GRCh nicht im deutschen Sinne verstanden werden kann, sondern vielmehr als Fairness zu interpretieren ist.[775] Dementsprechend darf eine betroffene Person durch eine Datenverarbeitung nicht entgegen ihren Erwartungen überrumpelt werden und muss stets in voller Kenntnis der Sachlage sein. Der Grundsatz von Treu und Glauben korreliert folglich mit dem Verhältnismäßigkeitsgrundsatz.[776]

Welche konkreten Anforderungen aus diesem Fairnessgrundsatz abzuleiten sind, ist weder unionsrechtlich noch durch die Rechtsprechung bestimmt worden, sodass diesbezüglich Rechtsunsicherheit besteht. Nicht zu bezweifeln ist jedoch, dass der Grundsatz, wie bereits angedeutet, insbesondere zwei Stoßrichtungen besitzt. Erstens betrifft er die Transparenz, im Rahmen derer eine betroffene Person über die Verarbeitung ihrer Daten zu informieren ist.[777] Dies ist Grundvoraussetzung für ein funktionierendes Datenschutzgrundrecht. Nur wenn die betroffene Person in Kenntnis über die Verarbeitung und die Umstände ihrer Durchführung ist, wird sie in die Lage versetzt, ihre grundrechtlich gewährten Rechte wahrnehmen zu können. Andernfalls würde der Gewährleistungsgehalt des Art. 8 GRCh faktisch untergraben und eine Verletzung des Wesensgehalts der Norm im Raum stehen. Zweitens manifestiert sich der Grundsatz von Treu und Glauben in Form der Vorhersehbarkeit. Demnach kann eine Verarbeitung nur rechtmäßig erfolgen, wenn die betroffene Person in Anbetracht der Umstände mit einer Verarbeitung ihrer Daten rechnen muss.[778]

In Bezug auf das Monitoring kann der unionsrechtliche Grundsatz von Treu und Glauben grundsätzlich tangiert werden. Um festzustellen, ob eine solche Beeinträchtigung vorliegt, ist jedoch eine Prüfung der individuellen Umstände des Einzelfalls vorzunehmen. Dabei ist zu berücksichtigen, dass auch hinsichtlich öffentlicher Daten berechtigte Vertraulichkeitserwartungen bestehen können.[779] Ebenso ist zu berücksichtigen, dass die Verarbeitung öffentlicher Daten grundsätzlich ein geringeres grundrechtliches Gewicht aufweist[780] und gem. Art. 11 Abs. 1 GRCh ein Recht auf Informationsfreiheit besteht, das es jedem grundsätzlich erlaubt, sich anhand von allgemein zugänglichen Quellen eine Meinung zu bilden oder sich zu informieren.[781]

6.2.3.4.5 Festgelegte Zwecke

Gem. Art. 8 Abs. 2 GRCh hat die Verarbeitung personenbezogener Daten für festgelegte Zwecke zu erfolgen. Dieser Anforderung wohnen zwei Erfordernisse inne: Zum einen muss der Verantwortliche einen konkreten Zweck benennen, zum anderen muss dieser Zweck im Zuge

---

[775] Im Ergebnis ebenso *Jung,* Grundrechtsschutz auf europäischer Ebene, 179.

[776] *Johlen,* in: Stern/Sachs (Hrsg.), GRCh, Art. 8 Rn. 50; *Kühling,* in: Pechstein/Nowak/Häde (Hrsg.), Frankfurter Kommentar, Band I, Art. 8 GRCh Rn. 43.

[777] *Johlen,* in: Stern/Sachs (Hrsg.), GRCh, Art. 8 Rn. 49; *Jung,* Grundrechtsschutz auf europäischer Ebene, 179.

[778] *Kühling,* in: Pechstein/Nowak/Häde (Hrsg.), Frankfurter Kommentar, Band I, Art. 8 GRCh Rn. 43.

[779] Zu berechtigten Vertraulichkeitserwartungen bereits ausführlicher unter Kap. 6.2.2.2.2.

[780] EuGH, Urt. v. 17.11.2011, Az. C-468, C-469/10, EuZW 2012, 37 (40 Rn. 45); EuGH, Urt. v. 04.05.2017, Az. C-13/16, CR 2017, 504 (505 Rn. 32); EuGH, Urt. v. 11.12.2019, Az. C-708/18, ZD 2020, 148 (150 Rn. 54).

[781] Zwar stellt Art. 11 Abs. 1 Satz 2 GRCh im Gegensatz zu Art. 5 Abs. 1 Satz 1 HS 2 GG nicht ausdrücklich auf die allgemeine Zugänglichkeit ab, wird jedoch dementsprechend ausgelegt, siehe hierzu *Thiele,* in: Pechstein/Nowak/Häde (Hrsg.), Frankfurter Kommentar, Band I, 11 GRCh Rn. 13; *Jarass,* in: Jarass (Hrsg.), GRCh, Art. 11 Rn. 15; *Calliess,* in: Calliess/Ruffert (Hrsg.), EUV/AEUV, 11 GRCh Rn. 13.

der sogenannten Zweckbindung bei der Datenverarbeitung auch tatsächlich eingehalten werden.[782] Ziel dessen ist es, Ausmaß und Umfang der Datenverarbeitung auf das tatsächlich Erforderliche zu beschränken.[783] Konkretere Anforderungen lassen sich dem Wortlaut des Art. 8 Abs. 2 GRCh nicht unmittelbar entnehmen. Da zum Zeitpunkt des Inkrafttretens der GRCh die DSRL bereits seit über einem Jahrzehnt galt und die GRCh in verschiedenen Sprachfassungen die gleiche Formulierung wie die DSRL wählte, ist davon auszugehen, dass sich das Verständnis der Zweckbindung von DSRL und GRCh nicht unterscheidet. Zur Konkretisierung kann daher auf Erkenntnisse zur DSRL zurückgegriffen werden.[784] Demnach ist der Zweck bereits vor der tatsächlichen Datenverarbeitung festzulegen und so konkret wie möglich zu benennen. Eine vage und unpräzise Zweckfestlegung ist mithin nicht hinreichend.[785] Folglich wird es im Kontext des Monitorings nicht ausreichen, allgemeine Zwecke wie „Marketing" oder „Marktforschung" anzugeben; vielmehr bedarf es eines spezifisch formulierten Zwecks.

6.2.3.5 Conclusio

Die monitoringgestützte Verarbeitung öffentlicher Daten greift in das Recht auf Datenschutz, wie es durch Art. 8 GRCh gewährleistet wird, ein. Inwieweit dieses Eingreifen gerechtfertigt werden kann, richtet sich nach den individuellen Umständen des Einzelfalls. Klar ist jedoch, dass mit zunehmender Eingriffsintensität auch die Anforderungen an die Rechtfertigung steigen. Es ist somit immer zunächst zu identifizieren, von welchem Gewicht der Eingriff ist, sodass auf dieser Grundlage die Rechtmäßigkeit der konkreten Datenverarbeitung sachgerecht geprüft werden kann.

6.2.4 Gleichheitsgrundsatz und Diskriminierungsverbote, Art. 20, 21, 23 GRCh

Ebenso wie das deutsche GG untersagt die GRCh Ungleichbehandlungen und Diskriminierungen. Die entsprechenden Normen finden sich insbesondere in Art. 20, 21, 23 GRCh. Grundlegend statuiert Art. 20 GRCh die allgemeine Gleichheit vor dem Gesetz. Diesen allgemeinen Gleichheitssatz konkretisierend untersagt Art. 21 Abs. 1 GRCh die Diskriminierung aufgrund des Geschlechts, der Rasse, der Hautfarbe, der ethnischen oder sozialen Herkunft, der genetischen Merkmale, der Sprache, der Religion oder der Weltanschauung, der politischen oder sonstigen Anschauung, der Zugehörigkeit zu einer nationalen Minderheit, des Vermögens, der Geburt, einer Behinderung, des Alters oder der sexuellen Ausrichtung. Art. 21 Abs. 2 GRCh untersagt zudem, unbeschadet der besonderen Bestimmungen der Verträge, jede Diskriminierung aus Gründen der Staatsangehörigkeit sowie Art. 23 GRCh die Ungleichbehandlung von Männern und Frauen.

6.2.4.1 Allgemeiner Gleichheitssatz

Die Festlegung der Gleichheit aller vor dem Gesetz gem. Art. 20 GRCh entspricht einer allgemeinen Auffassung, die in allen europäischen Verfassungen verankert und bereits seit langem durch den EuGH als Grundprinzip des Gemeinschaftsrechts anerkannt ist.[786] Grundrechtsverpflichtet sind dabei nicht nur die rechtsanwendenden und rechtsprechenden, sondern auch die rechtsetzenden Stellen, sodass alle drei Gewalten durch den allgemeinen Gleichheitssatz

---

[782] *Kühling*, in: Pechstein/Nowak/Häde (Hrsg.), Frankfurter Kommentar, Band I, Art. 8 GRCh Rn. 44.
[783] *Bernsdorff*, in: Meyer/Hölscheidt (Hrsg.), GRCh, Art. 8 Rn. 28.
[784] Dieser Auffassung scheinbar folgend *Johlen*, in: Stern/Sachs (Hrsg.), GRCh, Art. 8 Rn. 45; *Bernsdorff*, in: Meyer/Hölscheidt (Hrsg.), GRCh, Art. 8 Rn. 28.
[785] *Bernsdorff*, in: Meyer/Hölscheidt (Hrsg.), GRCh, Art. 8 Rn. 40 m.w.N.; *Kühling*, in: Pechstein/Nowak/Häde (Hrsg.), Frankfurter Kommentar, Band I, Art. 8 GRCh Rn. 45 m.w.N.; vgl. auch EuGH, Urt. v. 20.05.2003, Az. C-465/00, C-138/01 und C-139/01, EuR 2004, 276 (286 Rn. 77); *Frenz*, Handbuch Europarecht, Rn. 1700 f.
[786] Erläuterungen zur Charta der Grundrechte, ABl. 2007/C 303/17 (24).

gebunden sind.[787] Der persönliche Anwendungsbereich des Art. 20 GRCh erfasst dabei primär[788] natürliche Personen.[789]

Eine Beeinträchtigung des Art. 20 GRCh liegt im Fall einer Ungleichbehandlung vor. Eine solche ist sowohl gegeben, wenn Sachverhalte, die grundsätzlich ungleich sind, gleich behandelt werden, als auch wenn Sachverhalte, die im Wesentlichen gleich sind, ungleich gehandhabt werden.[790] Zur Feststellung der Ungleichbehandlung bedarf es als zentrale Voraussetzung mithin vergleichbarer Sachverhalte. Vergleichbarkeit i.s.v. Art. 20 GRCh ist gegeben, wenn die betreffenden Sachverhalte unter Berücksichtigung aller sie kennzeichnenden Elemente gleichartig sind. Diese Elemente sind dabei immer im Lichte des Gegenstands und des Zwecks des Rechtsakts zu sehen, auf dem die Ungleichbehandlung beruht.[791] Darüber hinaus wird für einen Eingriff in Art. 20 GRCh vorausgesetzt, dass die Ungleichbehandlung von derselben Stelle vorgenommen wird.[792] Zu berücksichtigen ist außerdem, dass die spezifischeren Gleichheitssätze dem allgemeinen Gleichheitssatz im Zuge seiner Subsidiarität vorgehen, weswegen Art. 20 GRCh nicht zur Anwendung kommt, soweit einer der spezielleren primärrechtlichen Gleichheitssätze einschlägig ist.[793]

Findet eine Ungleichbehandlung statt und ist der allgemeine Gleichheitssatz anwendbar, liegt eine Beeinträchtigung des Art. 20 GRCh vor. Allerdings führt entgegen dem Wortlaut der Norm, welchem keine Beschränkung des Gewährleistungsgehalts entnommen werden kann, nicht jeder Eingriff zu einer Verletzung des Grundrechts.[794] Vielmehr ist grundsätzlich eine Rechtfertigung über Art. 52 Abs. 1 GRCh möglich.[795] Demnach muss jeder Eingriff in ein durch die Charta anerkanntes Recht gesetzlich vorgesehen sein, den Wesensgehalt achten, verhältnismäßig sein sowie einem anerkannten Zweck dienen. Allerdings folgt der EuGH bei seiner Prüfung des Art. 20 GRCh keinem einheitlichen und dem Art. 52 Abs. 1 GRCh

---

[787] *Rossi,* in: Calliess/Ruffert (Hrsg.), EUV/AEUV, Art. 20 GRCh Rn. 7 ff.; *Heselhaus,* in: Pechstein/Nowak/Häde (Hrsg.), Frankfurter Kommentar, Band I, Art. 20 GRCh Rn. 16; *Jarass,* in: Jarass (Hrsg.), GRCh, Art. 20 Rn. 3; *Lemke,* in: von der Groeben/Schwarze/Hatje (Hrsg.), EU-Recht, Art. 20 GRCh Rn. 9; *Hölscheidt,* in: Meyer/Hölscheidt (Hrsg.), GRCh, Art. 20 GRCh Rn. 18.

[788] Der Schutzbereich des Art. 20 GRCh erstreckt sich auch auf juristische Personen, soweit diese i.S.v. Art. 51 Abs. 1 GRCh Träger von Grundrechten sein können und der Gleichheitsgrundsatz seinem Wesen nach Anwendung finden kann, siehe hierzu *Rossi,* in: Calliess/Ruffert (Hrsg.), EUV/AEUV, Art. 20 GRCh Rn. 5; *Lemke,* in: von der Groeben/Schwarze/Hatje (Hrsg.), EU-Recht, Art. 20 GRCh Rn. 10; *Hölscheidt,* in: Meyer/Hölscheidt (Hrsg.), GRCh, Art. 20 GRCh Rn. 14; *Heselhaus,* in: Pechstein/Nowak/Häde (Hrsg.), Frankfurter Kommentar, Band I, Art. 20 GRCh Rn. 31; vgl. auch EuGH, Urt. v. 18.12.1986, Az. 312/85, BeckRS 2004, 70734 Rn. 10; EuGH, Urt. v. 10.03.1998, Az. C-364/95, C-365/95, EuZW 1998, 247 (250 Rn. 70 ff.).

[789] *Rossi,* in: Calliess/Ruffert (Hrsg.), EUV/AEUV, Art. 20 GRCh Rn. 5; *Lemke,* in: von der Groeben/Schwarze/Hatje (Hrsg.), EU-Recht, Art. 20 GRCh Rn. 13; *Hölscheidt* in: Meyer/Hölscheidt (Hrsg.), GRCh, Art. 20 GRCh Rn. 14; *Heselhaus,* in: Pechstein/Nowak/Häde (Hrsg.), Frankfurter Kommentar, Band I, Art. 20 GRCh Rn. 31; vgl. auch EuGH, Urt. v. 18.12.1986, Az. 312/85, BeckRS 2004, 70734 Rn. 10; EuGH, Urt. v. 10.03.1998, Az. C-364/95, C-365/95, EuZW 1998, 247 (250 Rn. 70 ff.).

[790] EuGH, Urt. v. 07.07.1993, Az. C-217/91, BeckRS 2004, 75160 Rn. 37; EuGH, Urt. v. 13.12.1994, Az. C-306/93, GRUR Int, 1995, 251 (252 Rn. 30).

[791] EuGH, Urt. v. 11.07.2013, Az. C-439/11 P, BeckRS 2013, 81819 Rn. 167; EuGH, Urt. v. 16.12.2008, Az. C-127/07, EuZW 2009, 263 (264 Rn. 25 f.) m.w.N.

[792] *Jarass,* in: Jarass (Hrsg.), GRCh, Art. 20 Rn. 9; *Lemke,* in: von der Groeben/Schwarze/Hatje (Hrsg.), EU-Recht, Art. 20 GRCh Rn. 14; *Heselhaus,* in: Pechstein/Nowak/Häde (Hrsg.), Frankfurter Kommentar, Band I, Art. 20 GRCh Rn. 25.

[793] *Lemke,* in: von der Groeben/Schwarze/Hatje (Hrsg.), EU-Recht, Art. 20 GRCh Rn. 6; *Rossi,* in: Calliess/Ruffert (Hrsg.), EUV/AEUV, Art. 20 GRCh Rn. 18; *Jochum,* Europarecht, Rn. 201.

[794] *Kugelmann,* in: Merten/Papier (Hrsg.), Handbuch der Grundrechte in Deutschland und Europa, § 160 Rn. 19.

[795] *Kugelmann,* in: Merten/Papier (Hrsg.), Handbuch der Grundrechte in Deutschland und Europa, § 160 Rn. 19; *Hölscheidt,* in: Meyer/Hölscheidt (Hrsg.), GRCh, Art. 20 GRCh Rn. 25; denen folgend *Jarass,* in: Jarass (Hrsg.), GRCh, Art. 20 Rn. 12.

uneingeschränkt entsprechenden Maßstab.[796] So prüft er zumeist nicht, ob eine gesetzliche Grundlage für den Eingriff existiert, sodass bislang nicht abschließend geklärt ist, inwieweit es einer solchen im Rahmen der Rechtfertigung tatsächlich bedarf.[797]

In Übereinstimmung mit Art. 52 Abs. 1 GRCh fordert der EuGH jedoch, dass eine Ungleichbehandlung in Zusammenhang mit einem rechtlich zulässigen Ziel stehen muss.[798] Zudem müssen die einen Eingriff in Art. 20 GRCh rechtfertigenden Gründe eine gewisse Erheblichkeitsschwelle überschreiten, sodass der Grund für die Ungleichbehandlung nicht außer Verhältnis zu den damit einhergehenden Beeinträchtigungen stehen darf. Eine formelle Verhältnismäßigkeitsprüfung erfolgt durch den EuGH jedoch nicht in jedem Fall.[799] Es wird daher diskutiert, ob die Verhältnismäßigkeit immer zu prüfen ist oder nur geprüft werden muss, wenn der Eingriff in den allgemeinen Gleichheitssatz intensiver Natur ist.[800] Letzteres scheint in Anbetracht der uneinheitlichen Vorgehensweise des EuGH wahrscheinlicher, ist für die vorliegende Untersuchung jedoch nicht entscheidend und wird daher nicht weiter erörtert.

Der ständigen Rechtsprechung lässt sich weiterhin entnehmen, dass eine Beeinträchtigung grundsätzlich nur legitim sein kann, soweit sie auf objektiv rechtfertigenden Gründen beruht, welche von einigem Gewicht sind.[801] Wann genau solche Gründe vorliegen, wurde bislang nicht konkretisiert.[802] Unter Einbezug des Sinns und Zwecks dieses Kriteriums zur Beschränkung der möglichen Rechtfertigungsgründe ist davon auszugehen, dass eine Ungleichbehandlung nicht durch rein subjektive oder willkürliche Begründungen gerechtfertigt werden kann. In diesem Kontext ist darauf hinzuweisen, dass die Gründe für die Ungleichbehandlung zwar nicht willkürlich sein dürfen, eine Prüfung der Willkür, wie sie etwa anhand der Willkürformel im deutschen Recht durchgeführt wird, im Rahmen von Art. 20 GRCh aber keinen Platz hat.[803]

Wird festgestellt, dass das Monitoring den allgemeinen Gleichheitsgrundsatz beeinträchtigt, richtet sich dessen Legitimität mithin danach, inwieweit objektive rechtfertigende Gründe existieren, die den Grundrechtseingriff begründen können. Das Vorliegen solcher Gründe ist dabei immer im individuellen Einzelfall zu untersuchen.

6.2.4.2 Besondere Gleichheitssätze

Die Art. 21, 23 GRCh statuieren spezielle Gleichheitsrechte, welche in Form von Diskriminierungsverboten ausgestaltet sind und den allgemeinen Gleichheitssatz des Art. 20 GRCh ergänzen.

Nach Art. 21 Abs. 1 GRCh sind insbesondere Diskriminierungen wegen des Geschlechts, der Rasse, der Hautfarbe, der ethnischen oder sozialen Herkunft, der genetischen Merkmale, der

---

[796] *Damm,* Menschenwürde, Freiheit, komplexe Gleichheit, 324; *Jochum,* Europarecht, Rn. 203; *Kugelmann,* in: Merten/Papier (Hrsg.), Handbuch der Grundrechte in Deutschland und Europa, § 160 Rn. 35 m.w.N.

[797] Vgl. *Jarass,* in: Jarass (Hrsg.), GRCh, Art. 20 Rn. 12.

[798] Vgl. EuGH, Urt. v. 16.12.2008, Az. C-127/07, EuZW 2009, 263 (265 Rn. 47) m.w.N.

[799] *Jochum,* Europarecht, Rn. 203; *Heselhaus,* in: Pechstein/Nowak/Häde (Hrsg.), Frankfurter Kommentar, Band I, Art. 20 GRCh Rn. 38; *Rossi,* in: Calliess/Ruffert (Hrsg.), EUV/AEUV, Art. 20 GRCh Rn. 27; *Jarass,* in: Jarass (Hrsg.), GRCh, Art. 20 Rn. 15.

[800] *Heselhaus,* in: Pechstein/Nowak/Häde (Hrsg.), Frankfurter Kommentar, Band I, Art. 20 GRCh Rn. 38 m.w.N.

[801] EuGH, Urt. v. 13.07.1962, Az. C-17/61, C-20/61, BeckRS 1962, 104978 Rn. 123; EuGH, Urt. v. 19.10.1977, Az. 117/76, BeckRS 2004, 71315 Rn. 8; EuGH, Urt. v. 15.01.1985, Az. 250/83, BeckRS 2004, 72647 Rn. 8; EuGH, Urt. v. 26.09.2002, Az. C-351/98, BeckRS 2004, 76660 Rn. 57; EuGH, Urt. v. 22.05.2003, Az. C-462/99, BeckRS 2004, 77373 Rn. 115.

[802] Vgl. *Hölscheidt,* in: Meyer/Hölscheidt (Hrsg.), GRCh, Art. 20 GRCh Rn. 25; *Bühler,* Einschränkung von Grundrechten nach der Europäischen Grundrechtecharta, 155; *Rossi,* in: Calliess/Ruffert (Hrsg.), EUV/AEUV, Art. 20 GRCh Rn. 25.

[803] *Rossi,* in: Calliess/Ruffert (Hrsg.), EUV/AEUV, Art. 20 GRCh Rn. 26; *Heselhaus,* in: Pechstein/Nowak/Häde (Hrsg.), Frankfurter Kommentar, Band I, Art. 20 GRCh Rn. 37.

Sprache, der Religion oder der Weltanschauung, der politischen oder sonstigen Anschauung, der Zugehörigkeit zu einer nationalen Minderheit, des Vermögens, der Geburt, einer Behinderung, des Alters oder der sexuellen Ausrichtung verboten. Dieser Katalog ist jedoch nicht abschließend, was die Wortwahl „insbesondere" deutlich zeigt. So können Diskriminierungen i.S.v. Art. 21 Abs. 1 GRCh auch erfolgen, wenn keines der konkret benannten Kriterien verwandt wird. Voraussetzung ist lediglich, dass es sich um ein personengebundenes Kriterium handelt, also ein solches, welches, sofern dies überhaupt möglich ist, ausschließlich unter großen Schwierigkeiten durch die betroffene Person selbst geändert werden kann.[804] Art. 21 Abs. 2 GRCh untersagt zudem unbeschadet besonderer Bestimmungen in den Verträgen jede Diskriminierung aufgrund der Staatsangehörigkeit. Geschützt wird dabei sowohl vor unmittelbaren als auch vor mittelbaren Diskriminierungen.[805]

Obwohl bereits Art. 21 Abs. 1 GRCh die Diskriminierung aufgrund des Geschlechts verbietet, bekräftigt Art. 23 GRCh das Ziel, die Gleichstellung von Männern und Frauen in allen Bereichen zu gewährleisten. Die Norm stellt dabei ausdrücklich klar, dass sie spezifischen Maßnahmen zugunsten des unterrepräsentierten Geschlechts nicht entgegensteht. Sie schützt zudem sowohl vor unmittelbaren als auch vor mittelbaren Beeinträchtigungen.[806]

Die Adressaten und Grundrechtsberechtigten des Art. 21 GRCh entsprechen denen des über Art. 20 GRCh gewährleisteten allgemeinen Gleichheitssatzes.[807] Art. 23 GRCh findet ausschließlich Anwendung auf natürliche Personen.[808] Eine Beeinträchtigung der beiden Gleichheitsgrundrechte kann dabei jedoch nur vorliegen, wenn die betreffenden Sachverhalte im Kompetenzbereich desselben Hoheitsträgers liegen.[809]

Wird eines der besonderen Gleichheitsrechte beeinträchtigt, folgt hieraus nicht unmittelbar eine Verletzungshandlung. Vielmehr handelt es sich bei Art. 21, 23 GRCh nicht um absolute Diskriminierungsverbote. Beeinträchtigungen können daher grundsätzlich gerechtfertigt sein.[810] Die diesbezüglichen Vorgaben sind Art. 52 Abs. 1 GRCh zu entnehmen.[811] Für die Rechtfertigung bedarf es zudem, ebenso wie auch beim allgemeinen Gleichheitssatz, eines objektiv

---

[804] Vgl. *Rossi*, in: Calliess/Ruffert (Hrsg.), EUV/AEUV, Art. 21 GRCh Rn. 3; *Lemke*, in: von der Groeben/Schwarze/Hatje (Hrsg.), EU-Recht, Art. 21 GRCh Rn. 3; *Jarass*, in: Jarass (Hrsg.), GRCh, Art. 21 Rn. 24.

[805] *Lemke*, in: von der Groeben/Schwarze/Hatje (Hrsg.), EU-Recht, Art. 21 GRCh Rn. 6; *Hölscheidt*, in: Meyer/Hölscheidt (Hrsg.), GRCh, Art. 21 Rn. 36; *Jarass*, in: Jarass (Hrsg.), GRCh, Art. 21 Rn. 10 f.; *Streinz*, in: Streinz (Hrsg.), EUV/AEUV, Art. 21 GRCh Rn. 7.

[806] *Frenz*, Europarecht, Rn. 3392; *Rowe*, in: Pechstein/Nowak/Häde (Hrsg.), Frankfurter Kommentar, Band I, 23 GRCh Rn. 37 ff.; *Hölscheidt*, in: Meyer/Hölscheidt (Hrsg.), GRCh, Art. 21 Rn. 21.

[807] Vgl. *Lemke*, in: von der Groeben/Schwarze/Hatje (Hrsg.), EU-Recht, Art. 21 GRCh Rn. 5; *Rossi*, in: Calliess/Ruffert (Hrsg.), EUV/AEUV, Art. 21 GRCh Rn. 4 f.; *Michl*, in: Pechstein/Nowak/Häde (Hrsg.), Frankfurter Kommentar, Band I, Art. 21 GRCh Rn. 12.

[808] *Jarass*, in: Jarass (Hrsg.), GRCh, Art. 23 Rn. 9; *Lemke*, in: von der Groeben/Schwarze/Hatje (Hrsg.), EU-Recht, Art. 23 GRCh Rn. 8.

[809] *Rossi*, in: Calliess/Ruffert (Hrsg.), EUV/AEUV, Art. 21 GRCh Rn. 6; *Jarass*, in: Jarass (Hrsg.), GRCh, Art. 23 Rn. 14.

[810] *Kugelmann*, in: Merten/Papier (Hrsg.), Handbuch der Grundrechte in Deutschland und Europa, § 160 Rn. 19; *Rossi*, in: Calliess/Ruffert (Hrsg.), EUV/AEUV, Art. 21 GRCh Rn. 10; *Lemke*, in: von der Groeben/Schwarze/Hatje (Hrsg.), EU-Recht, Art. 23 GRCh Rn. 12.

[811] *Rossi*, in: Calliess/Ruffert (Hrsg.), EUV/AEUV, Art. 21 GRCh Rn. 10; *Michl*, in: Pechstein/Nowak/Häde (Hrsg.), Frankfurter Kommentar, Band I, Art. 21 GRCh Rn. 10; *Jarass*, in: Jarass (Hrsg.), GRCh, Art. 21 Rn. 26; *Rowe*, in: Pechstein/Nowak/Häde (Hrsg.), Frankfurter Kommentar, Band I, 23 GRCh Rn. 44; *Hölscheidt*, in: Meyer/Hölscheidt (Hrsg.), GRCh, Art. 23 Rn. 24; siehe exemplarisch EuGH, Urt. v. 29.04.2015, Az. C-528/13, BeckRS 2015, 80577 Rn. 52 ff.

rechtfertigenden Grunds.[812] Soweit Art. 21 Abs. 1 GRCh mit Art. 14 EMRK übereinstimmt, darf der Diskriminierungsschutz der Charta gem. Art. 52 Abs. 3 GRCh zudem nicht hinter dem der EMRK zurückbleiben.[813]

6.2.4.3 Mögliche Beeinträchtigungen durch das Web-Monitoring

Obwohl sich die Gefährdung der Gleichheitssätze durch das Monitoring nicht auf den ersten Blick offenbart, zeigt sich bei genauerer Betrachtung seiner Funktionsweise und der Prozessschritte ein erhebliches Konfliktpotenzial.[814] Diesem kann bislang jedoch nicht abschließend mit Gegenmaßnahmen begegnet werden.[815] Um Beeinträchtigungen vorzubeugen, ist es daher empfehlenswert, die Gleichheitsrechte bereits in die Ausgestaltung des Monitorings einzubeziehen.

6.2.4.4 Conclusio

Eine Verletzung der Art. 20, 21, 23 GRCh durch das Monitoring kann nicht mit hinreichender Sicherheit ausgeschlossen werden. Damit die Verwendung von Algorithmen so erfolgt, dass den gleichheitsrechtlichen Anforderungen möglichst umfangreich Rechnung getragen wird, muss stets im Einzelfall geprüft werden, welche Gefahren sich realisieren können und wie diesen entgegengewirkt werden kann. Im Bereich des Monitorings betrifft dies insbesondere die Ausgestaltung der Datenakquise sowie die Auswertung der gesammelten Daten. Im Weiteren wird mangels hinreichender Relevanz für den Untersuchungsgegenstand dieser Dissertation allerdings nicht näher auf gleichheitsrechtliche Vorgaben eingegangen. Diese grundsätzlich wichtige Thematik wurde dennoch hier bedacht, da sie im Kontext automatisierter Datenverarbeitung trotz ihrer wichtigen Bedeutung häufig vernachlässigt wird oder sogar gänzlich unberücksichtigt bleibt.

---

[812] EuGH, Urt. v. 13.12.1984, Az. 106/83, BeckRS 2004, 70673 Rn. 28; EuGH, Urt. v. 02.10.2003, Az. C-148/02, BeckRS 2004, 74436 Rn. 31; EuGH, Urt. v. 10.01.2006, Az. C-344/04, EuZW 2006, 112 (119 Rn. 95); EuGH, Urt. v. 22.05.2014, Az. C-356/12, BeckRS 2014, 80909 Rn. 43; EuGH, Urt. v. 13.05.1986, Az. C-170/84, BeckRS 2004, 71952 Rn. 30; EuGH, Urt. v. 26.06.2001, Az. C-381/99, NZA 2001, 883 (886 Rn. 66); näher zum objektiv rechtfertigenden Grund Kap. 6.2.4.1.

[813] Erläuterungen zur Charta der Grundrechte, ABl. 2007/C 303/24; Folz, in: Vedder/Heintschel von Heinegg (Hrsg.), EUR, Art. 21 GRCh Rn. 6; Sachs, in: Stern/Sachs (Hrsg.), GRCh, Art. 21 Rn. 8

[814] Eingehender zu einer möglichen Verletzung von Gleichheitsrechten mittels Monitoring siehe Kap. 6.1.5.3.

[815] Eingehender zur Unzulänglichkeit der bislang zur Verfügung stehenden Gegenmaßnahmen siehe Kap. 6.1.5.3.

ABSCHNITT 4
DATENSCHUTZRECHTLICHE RECHTMÄßIGKEIT

7 Anwendbarkeit des innereuropäischen Datenschutzrechts auf das Web-Monitoring

Im Rahmen des Monitorings erfolgt eine zeitkritische und zielgerichtete Erfassung und Auswertung von öffentlichen Daten aus dem Web zur Gewinnung tiefergehender Informationen zu einem konkreten, vorab festgelegten Monitoring-Objekt.[816] Dabei kann im Prozessschritt der Datenakquise technisch bedingt nicht nach Inhalt oder Art der Daten unterschieden werden, weshalb zunächst sämtliche Informationen einer zugrundeliegenden Quelle ungefiltert zumindest temporär gespeichert werden.[817] Hinzu kommt, dass das Monitoring auf dem Internet, einem weltumspannenden Netzwerk aus Netzen, basiert,[818] weswegen es räumlich nicht eingeschränkt ist und sich häufig grenzüberschreitende Sachverhalte ergeben. Vor diesem Hintergrund stellt sich die Frage, ob und unter welchen Umständen eine monitoringgestützte Verarbeitung öffentlicher Daten unter das europäische Datenschutzrecht fallen kann.

7.1 Anwendbarkeit der DSGVO

Das zentrale europäische Regelwerk zum Datenschutz ist die DSGVO. Diese hat gem. Art. 1 Abs. 1, 2 DSGVO zum Ziel, natürliche Personen bei der Verarbeitung ihrer personenbezogenen Daten zu schützen und ihre Grundrechte und Grundfreiheiten, insbesondere das Grundrecht auf den Schutz personenbezogener Daten, zu gewährleisten. Die DSGVO findet Anwendung, wenn ihr sachlicher und räumlicher Anwendungsbereich eröffnet ist.

7.1.1 Sachlicher Anwendungsbereich

Gem. Art. 2 Abs. 1 DSGVO gilt die DSGVO materiell für jede ganz oder teilweise automatisierte Verarbeitung personenbezogener Daten sowie für jede nichtautomatisierte Verarbeitung personenbezogener Daten, die in einem Dateisystem gespeichert sind oder gespeichert werden sollen. Sie findet hingegen keine Anwendung, wenn einer der Ausnahmetatbestände des Art. 2 Abs. 2, 3 DSGVO erfüllt ist.

7.1.1.1 Personenbezogenes Datum

Zentrale Voraussetzung für die sachliche Anwendbarkeit der DSGVO ist das Vorliegen eines personenbezogenen Datums. Gem. Art. 4 Nr. 1 HS 1 DSGVO werden hierunter Informationen verstanden, die sich auf eine identifizierte oder identifizierbare natürliche Person beziehen. Die Identifizierbarkeit einer Person ist gem. Art. 4 Nr. 1 HS 2 DSGVO gegeben, wenn eine Information – beispielsweise durch Zuordnung zu einem Namen, zu Standortdaten oder zu einer Onlinekennung – direkt oder indirekt einer konkreten Person zugeordnet werden kann. Insofern ist zunächst zu betrachten, inwieweit eine monitoringgestützte Verarbeitung öffentlicher Daten aus dem Web personenbezogene Daten i.S.v. Art. 4 Nr. 1 DSGVO umfasst.

7.1.1.1.1 Information

Der Begriff der Information aus Art. 4 Nr. 1 HS 1 DSGVO ist weit zu verstehen.[819] Er entspricht damit nicht dem Begriffsverständnis aus der Informatik, wonach Daten lediglich durch Syntax geordnete Zeichen sind, die erst durch Kontext zur Information werden.[820] Vielmehr

---
[816] Eingehender zur Funktionsweise des Monitorings siehe Kap. 2.4.
[817] Eingehend zur Datenakquise siehe Kap. 2.4.2.
[818] Eingehender zum Internet siehe Kap. 2.1.1
[819] EuG, Urt. v. 26.4.2023, Az. T-557/20, ZD 2023, 399 (401 Rn. 68); EuGH Urt. v. 20.12.2017, Az. C-434/16, NJW 2018, 767 (767 f. Rn. 34); *Hermann/Mühlenbeck/Schwartmann*, in: Schwartmann et al. (Hrsg.), DS-GVO/BDSG, Art. 4 DSGVO Rn. 26; *Klar/Kühling*, in: Kühling/Buchner (Hrsg.), DSGVO/BDSG, Art. 4 Nr. 1 DSGVO Rn. 8; *Gola*, in: Gola/Heckmann (Hrsg.), DSGVO/BDSG, Art. 2 DSGVO Rn. 12.
[820] Vgl. *Bodendorf*, Daten- und Wissensmanagement, 1 f.; *Probst/Raub/Romhardt*, Wissen managen, 15 ff.

© Der/die Autor(en), exklusiv lizenziert an Springer Fachmedien Wiesbaden GmbH, ein Teil von Springer Nature 2025
C. Gilga, *Die Rechtmäßigkeit der Verarbeitung von öffentlichen Personenbezogenen Daten aus dem Internet*, DuD-Fachbeiträge, https://doi.org/10.1007/978-3-658-48663-1_7

sind hierunter jegliche denkbaren Angaben oder Aussagen beispielsweise über eine Person, eine Sache oder eine Beziehung zu verstehen.[821] Dabei kommt es zudem nicht darauf an, in welcher Form oder auf welchem Medium eine Information vorliegt.[822]

Im Rahmen des Monitoring-Prozesses werden Inhalte aus dem Web extrahiert, in Bezug auf das Monitoring-Objekt gefiltert, gespeichert und ausgewertet. Diese Inhalte enthalten zweifelsfrei zahlreiche Aussagen oder Angaben, die als Information i.S.v. Art. 4 Nr. 1 DSGVO zu werten sind.

7.1.1.1.2 Identifiziert oder identifizierbar

Lässt sich eine Person anhand einer vorliegenden Information unmittelbar bestimmen, gilt sie als identifiziert. Dafür ist nicht zwingend erforderlich, dass die Information mit einem vollen Namen in Verbindung gebracht wird. Es reicht bereits aus, wenn sie unmittelbar und objektiv einer konkreten Person zugeordnet werden kann, ohne dass ein Rückgriff auf weitere Angaben erfolgen muss.[823] Dies ergibt sich auch unmittelbar aus Art. 4 Nr. 1 HS 2 DSGVO, wonach der Name nur eine von mehreren Möglichkeiten darstellt, um ein Datum einer individuellen Person zuzuordnen.

Die Informationen, welche im Rahmen der Datenakquise des Monitorings aus dem Web entnommen werden, können eine Person häufig unmittelbar erkennbar machen. Dies ist insbesondere bei Daten aus sozialen Netzwerken der Fall. Dort werden Inhalte oftmals unter vollem bürgerlichem Namen veröffentlicht, was meist die unmittelbare Identifikation des jeweiligen Nutzers ermöglicht.[824] Zudem kommt es regelmäßig dazu, dass nicht nur der Autor eines Inhalts direkt erkennbar ist, sondern auch Dritte über einen geteilten Inhalt unmittelbar kenntlich gemacht werden. Das ist beispielsweise der Fall, wenn ein gemeinsames Erlebnis mit einer Person stattgefunden hat und dies online geteilt wird. In dieser Konstellation ist der Dritte als identifiziert zu verstehen, da ihm die im Beitrag enthaltenen Informationen unmittelbar zugeordnet werden können.[825]

In vielen Fällen wird eine Person allerdings nicht direkt, sondern nur unter Hinzuziehung weiterer Informationen identifizierbar sein. Wann ein Datum eine natürliche Person identifizierbar macht, war bereits unter der alten Rechtslage vor der DSGVO umstritten. Zentraler Ausgangspunkt war schon dabei die Frage, welches Wissen und welche Mittel dem Verantwortlichen zuzurechnen sind. Hier standen sich die absolute Theorie (auch objektive Theorie genannt) und die relative Theorie (auch subjektive Theorie genannt) gegenüber.[826] Nach der absoluten Theorie ist ein Personenbezug immer dann zu bejahen, wenn dieser durch den Verarbeiter oder eine beliebige sonstige Person hergestellt werden kann. Demnach ist bei der Beurteilung eines

---

[821] EuGH, Urt. v. 20.12.2017, Az. C-434/16, ZD 2018, 113 (114 Rn. 34); EuG, Urt. v. 26.4.2023, Az. T-557/20, BeckRS 2023, 8240 Rn. 68; siehe auch *Artikel 29 Datenschutzgruppe*, Working Paper 136, 7.

[822] *Ziebarth*, in: Sydow/Marsch (Hrsg.), DSGVO/BDSG, Art. 4 DSGVO Rn. 8; *Klar/Kühling*, in: Kühling/Buchner (Hrsg.), DSGVO/BDSG, Art. 4 Nr. 1 DSGVO Rn. 9; *Artikel 29 Datenschutzgruppe*, Working Paper 136, 8 f.

[823] *Artikel 29 Datenschutzgruppe*, Working Paper 136, 15; *Karg*, in: Simitis/Hornung/Spiecker gen. Döhmann (Hrsg.), DSR, Art. 4 Nr. 1 DSGVO Rn. 54; *Klar/Kühling*, in: Kühling/Buchner (Hrsg.), DSGVO/BDSG, Art. 4 Nr. 1 DSGVO Rn. 18; *Ziebarth*, in: Sydow/Marsch (Hrsg.), DSGVO/BDSG, Art. 4 DSGVO Rn. 17.

[824] *Kampert*, Datenschutz in sozialen Online-Netzwerken de lege lata und de lege ferenda, 50 f.; eine eindeutige Identifikation ist jedoch insbesondere in Fällen, in denen mehrere Personen den gleichen Namen tragen, nicht immer möglich, siehe hierzu *Karg*, in: Simitis/Hornung/Spiecker gen. Döhmann (Hrsg.), DSR, Art. 4 Nr. 1 DSGVO Rn. 51.

[825] Näher *Kampert*, Datenschutz in sozialen Online-Netzwerken de lege lata und de lege ferenda, 52 f.

[826] *Brink/Eckhardt*, ZD 2015, 205 (205 ff.); *Herbst*, NVwZ 2016, 902 (902 ff.); *Bergt*, ZD 2015, 365 (365 ff.); *Kühling/Klar*, NJW 2013, 3611 (3614); *Keppeler*, EnWZ 2016, 99 (100 f.); *Kampert*, Datenschutz in sozialen Online-Netzwerken de lege lata und de lege ferenda, 48 f.

7.1 Anwendbarkeit der DSGVO

Datums als personenbezogen das gesamte verfügbare Wissen sämtlicher Personen zu berücksichtigen.[827] Außer Acht bleibt dabei, ob für den Verantwortlichen tatsächlich die Möglichkeit der Identifikation der betroffenen Person besteht.[828] Mithilfe der absoluten Theorie wäre es damit möglich, pauschal festzulegen, ob ein Datum personenbezogen ist oder nicht. Nach der relativen Theorie hingegen ist ein Datum als personenbezogen einzustufen, wenn der Verantwortliche den Personenbezug durch sein eigenes Zusatzwissen herstellen kann. Kenntnisse und Fähigkeiten Dritter spielen dabei keine Rolle.[829] Ob ein Datum eine Person bestimmbar macht, hängt nach dieser Theorie also ausschließlich vom Verantwortlichen ab und ist individuell je nach Sachverhalt zu bestimmen.

Die Frage, wann ein Datum eine natürliche Person identifizierbar macht, bleibt auch unter der DSGVO bestehen.[830] Dies liegt zum einen daran, dass Art. 4 Nr. 1 DSGVO diesbezüglich keine unmittelbaren Aussagen trifft. Zum anderen lassen sich auch den Erwägungsgründen der DSGVO keine ausdrücklichen Hinweise dazu entnehmen, welcher Theorie der Vorzug zu geben ist. EG 26 Satz 3 DSGVO formuliert allerdings, dass bei der Beurteilung des Personenbezugs alle zur Verfügung stehenden Mittel zu berücksichtigen sind, die von dem Verantwortlichen oder einer anderen Person nach allgemeinem Ermessen wahrscheinlich genutzt werden, um die natürliche Person direkt oder indirekt zu identifizieren. Zur Feststellung, wie hoch die Wahrscheinlichkeit der Nutzung der jeweiligen Mittel sind, ist laut EG 26 Satz 4 DSGVO auf die objektiven Faktoren wie Kosten oder Zeitaufwand abzustellen. Grundsätzlich werden also Elemente der absoluten Theorie mit Elementen der relativen Theorie vermischt.

In der Literatur wird vornehmlich ein vermittelnder Ansatz vertreten.[831] Demnach sind sämtliche Kenntnisse, Möglichkeiten und Mittel zu berücksichtigen, die es dem Verantwortlichen theoretisch erlauben, einen Personenbezug herzustellen, und deren Nutzung grundsätzlich möglich und hinreichend wahrscheinlich ist.[832] Hierbei ist auch die Möglichkeit des Verantwortlichen einzubeziehen, entsprechende Informationen von Dritten einzuholen.

Eine damit übereinstimmende Auffassung wird auch vom EuGH vertreten. Dieser machte bislang zwar keine ausdrücklichen Aussagen diesbezüglich, bestärkte durch seine Rechtsprechung aber die vermittelnde Ansicht. So statuierte er, dass sich nicht alle zur Identifikation erforderlichen Informationen in der Hand des Verantwortlichen befinden müssen.[833] Das Gericht stellt

---

[827] LG Berlin, Urt. v. 31.1.2013, Az. 57 S 87/08, ZD 2013, 618 (619); *Herbst*, NVwZ 2016, 902 (904).

[828] *LG Berlin*, Urt. v. 31.1.2013, Az. 57 S 87/08, ZD 2013, 618 (620); *Herbst*, NVwZ 2016, 902 (904); *Kühling/Klar*, NJW 2013, 3611 (3614); m.w.N. *Voigt*, MMR 2009, 377 (378 f.).

[829] *Meyerdierks*, MMR 2009, 8 (9); *Kühling/Klar*, NJW 2013, 3611 (3615); *Roßnagel/Scholz*, MMR 2000, 721 (723); *Krüger/Maucher*, MMR 2011, 433 (434); *Voigt*, MMR 2009, 377 (378 f.) m.w.N.

[830] Vgl. *Schantz*, NJW 2016, 1841 (1842 f.); *Hofmann/Johannes*, ZD 2017, 221 (222 ff.); *Klar/Kühling*, in: Kühling/Buchner (Hrsg.), DSGVO/BDSG, Art. 4 Nr. 1 DSGVO Rn. 26; *Buchholtz/Stentzel*, in: Gierschmann et al. (Hrsg.), DSGVO, Artikel 4 Nr. 1 Rn. 8; *Buchner*, in: Tinnefeld et al. (Hrsg.), Einführung in das Datenschutzrecht, 215 (225 f.); *Hermann/Mühlenbeck/Schwartmann*, in: Schwartmann et al. (Hrsg.), DS-GVO/BDSG, Art. 4 DSGVO Rn. 35 ff.; *Ziebarth*, in: Sydow/Marsch (Hrsg.), DSGVO/BDSG, Art. 4 DSGVO Rn. 33 ff.; *Spindler/Dalby*, in: Spindler/Schuster (Hrsg.), Recht d. Medien, Art. 4 DSGVO Rn. 7; *von Lewinski/Rüpke/Eckhardt*, Datenschutzrecht, § 10 Rn. 30 ff.

[831] Vgl. auch zum Rest des Absatzes *Hermann/Mühlenbeck/Schwartmann*, in: Schwartmann et al. (Hrsg.), DS-GVO/BDSG, Art. 4 DSGVO Rn. 40; *Klar/Kühling*, in: Kühling/Buchner (Hrsg.), DSGVO/BDSG, Art. 4 Nr. 1 DSGVO Rn. 26 ff.; *Gola*, in: Gola/Heckmann (Hrsg.), DSGVO/BDSG, Art. 4 DSGVO Rn. 21; *Weichert*, in: Däubler et al. (Hrsg.), DSGVO/BDSG/TTDSG, Art. 4 DSGVO Rn. 19; *Buchholtz/Stentzel*, in: Gierschmann et al. (Hrsg.), DSGVO, Artikel 4 Nr. 1 Rn. 12; *Ziebarth*, in: Sydow/Marsch (Hrsg.), DSGVO/BDSG, Art. 4 DSGVO Rn. 37 ff.

[832] Auch der Artikel 29 Datenschutzgruppe ist die rein hypothetische Möglichkeit zur Bestimmung einer Person nicht ausreichend, sie fordert daher die Berücksichtigung sämtlicher relevanter Faktoren, siehe *Artikel 29 Datenschutzgruppe*, Working Paper 136, 17 f.

[833] EuGH, Urt. v. 19.10.2016, Az. C-582/14, ZD 2017, 24 (26 Rn. 43).

vielmehr darauf ab, ob ein Mittel gegeben ist, von dem vernünftigerweise erwartet werden kann, dass es zur Identifizierung der betroffenen Person verwendet wird.[834] Weiterhin führte es aus, dass das Merkmal der vernünftigen Erwartungen nicht erfüllt ist, wenn die Identifizierung der betreffenden Person gesetzlich verboten oder praktisch nicht durchführbar wäre, beispielsweise weil dies einen unverhältnismäßigen Aufwand an Zeit, Kosten und Arbeitskräften erfordern würde. Das Gericht geht in solchen Fällen davon aus, dass das Risiko einer Identifizierung de facto vernachlässigbar ist.[835] Entsprechend dieser Auslegung urteilte der EuGH im Fall von IP-Adressen, dass diese für Dienstanbieter als personenbezogen einzustufen sind, wenn sich diese beispielsweise im Falle von Cyberattacken an eine Behörde wenden können, um die für eine Identifizierung erforderlichen Informationen vom Internetzugangsanbieter zu erlangen.[836] Das Gericht sieht somit Konstellationen vom Personenbezug erfasst, in denen der Verantwortliche die zur Identifizierung der betroffenen Person erforderlichen Informationen über einen Dritten erhält.

Unabhängig davon, welche Theorie im Ergebnis zu vertreten ist, lässt sich in Bezug auf die monitoringgestützte Verarbeitung öffentlicher Daten festhalten, dass nicht generell ausgeschlossen werden kann, dass betroffene Personen aus den gewonnenen Daten zumindest mittelbar bestimmt werden können. Dies ergibt sich sowohl unter Anwendung der absoluten als auch der relativen Theorie sowie aus dem vermittelnden Ansatz. Wird beim Monitoring zum Beispiel ein unter einem Alias verfasster Blogbeitrag aus dem Web extrahiert, sind die darin enthaltenen Informationen nach der absoluten Theorie als personenbezogen einzustufen, da anzunehmen ist, dass wenigstens ein kleiner Personenkreis die Informationen einer konkreten Einzelperson zuordnen kann. Nach der vermittelnden Theorie und dem relativen Ansatz könnte eine indirekte Identifizierbarkeit der betroffenen Person zumindest nicht ausgeschlossen werden, da die Identität des Autors vermutlich aus weiteren Blog-Beiträgen, dem Impressum des Blogs oder im Zuge einer Recherche ermittelt werden kann. Hierbei muss der Verantwortliche keinen unverhältnismäßigen Aufwand betreiben oder hohe Kosten auf sich nehmen, um an die für die Identifikation erforderlichen Informationen zu kommen. Zudem kann nicht ausgeschlossen werden, dass sich dem Inhalt des Blogbeitrags selbst unmittelbar entnehmen lässt, wer ihn verfasst hat. Zu berücksichtigen ist außerdem, dass in den veröffentlichten Inhalten auch personenbezogene Informationen über Dritte enthalten sein können. Insgesamt muss daher in jedem Fall ein Personenbezug unterstellt werden.

Ergänzend ist in diesem Kontext anzumerken, dass die Öffentlichkeit der im Rahmen vom Monitoring verarbeiteten Daten kein Ausschlusskriterium für eine Personenbeziehbarkeit ist. So ist der Begriff des personenbezogenen Datums gem. Art. 4 Nr. 1 DSGVO nicht auf bestimmte Datenarten beschränkt, sondern umfasst unabhängig vom Grad der Öffentlichkeit jegliche Daten, die einen Personenbezug aufweisen.[837]

7.1.1.1.3 Natürliche Person

Gem. Art. 4 Nr. 1 DSGVO kann ein personenbezogenes Datum nur vorliegen, wenn sich die Information auf eine natürliche Person bezieht. Damit fallen juristische Personen des privaten und des öffentlichen Rechts aus dem Anwendungsbereich heraus.[838] Eine Ausnahme von dieser

---

[834] EuGH, Urt. v. 19.10.2016, Az. C-582/14, ZD 2017, 24 (26 Rn. 45); übereinstimmend EuG, Urt. v. 26.04.2023, Az. T-557/20, ZD 2023, 399 (401 Rn. 97 ff.).
[835] EuGH, Urt. v. 19.10.2016, Az. C-582/14, ZD 2017, 24 (26 Rn. 46).
[836] EuGH, Urt. v. 19.10.2016, Az. C-582/14, ZD 2017, 24 (26 Rn. 47 f.).
[837] Dies ergibt sich unmittelbar daraus, dass die Definition des Begriffs der personenbezogenen Daten in Art. 4 Nr. 1 DSGVO umfassend formuliert und nicht auf eine bestimmte Datenart oder -kategorie begrenzt ist.
[838] *Karg*, in: Simitis/Hornung/Spiecker gen. Döhmann (Hrsg.), DSR, Art. 4 Nr. 1 DSGVO Rn. 38; *Ernst*, in: Paal/Pauly (Hrsg.), DSGVO/BDSG, Art. 4 DSGVO Rn. 5; *Klabunde/Horváth*, in: Ehmann/Selmayr (Hrsg.), DSGVO, Art. 4 Rn. 14.

7.1 Anwendbarkeit der DSGVO

Regel gilt, wenn die Informationen über eine juristische Person auf eine natürliche Person „durchschlagen".[839] Das wäre beispielsweise bei Informationen zu einem Ein-Personen-Unternehmen der Fall. Allerdings sind diese Daten nicht als personenbezogene Daten juristischer Personen zu verstehen, sondern als solche der dahinterstehenden natürlichen Personen.

Darüber hinaus wird durch die weite Formulierung des Art. 4 Nr. 1 DSGVO deutlich, dass die Herkunft einer Person für das Vorliegen eines personenbezogenen Datums nicht ausschlaggebend ist. Somit kann davon ausgegangen werden, dass jeder Schutz genießt, dessen personenbezogenen Daten im sachlichen und räumlichen Anwendungsbereich der DSGVO verarbeitet werden. An dieser Stelle sei erwähnt, dass dies keinesfalls selbstverständlich ist. So wurde beispielsweise die Anwendbarkeit des US-amerikanischen Privacy Act von 1974[840] durch eine Executive Order des US-Präsidenten auf die Bürger der USA beschränkt.[841]

Wie bereits dargelegt, werden bei der Datenakquise zunächst sämtliche Daten einer Quelle ungefiltert erfasst.[842] Zu Beginn eines Monitorings ist daher nicht absehbar, ob bei nur Sachdaten erhoben werden oder auch Daten, die sich auf eine natürliche Person beziehen. Zudem existieren bislang keine technischen Möglichkeiten, um die Erhebung personenbezogener Daten zuverlässig auszuschließen. Daher ist nach allgemeiner Lebenserfahrung davon auszugehen, dass beim Monitoring auch Informationen verwendet werden, die sich auf einzelne natürliche Personen beziehen.

7.1.1.1.4 Zwischenergebnis

Insgesamt ist daher – auch wenn ein Monitoring nicht notwendigerweise auf personenbezogenen Daten beruht – zu unterstellen, dass bei einer monitoringgestützten Verarbeitung öffentlicher Daten auch personenbezogene Daten erfasst werden. Dies ist insbesondere darauf zurückzuführen, dass die zugrundeliegenden Quellen im Rahmen der Datenakquise möglichst umfassend einbezogen werden und daher vernünftigerweise damit zu rechnen ist, dass die dort vorzufindenden Daten zumindest teilweise personenbezogen sind.

7.1.1.2 Ganz oder teilweise automatisierte Verarbeitung

Eine weiteres Tatbestandsmerkmal des sachlichen Anwendungsbereichs der DSGVO ist das Vorliegen einer ganz oder teilweise automatisierten Verarbeitung. Eine Verarbeitung ist gem. Art. 4 Nr. 2 DSGVO jeder mit oder ohne Hilfe automatisierter Verfahren ausgeführte Vorgang oder jede solche Vorgangsreihe im Zusammenhang mit personenbezogenen Daten wie beispielsweise das Erheben, das Erfassen oder die Speicherung von personenbezogenen Daten. Beim Monitoring erfolgt eine automatisierte Erhebung auch personenbezogener Daten aus dem Web. Die erhobenen Daten werden in Bezug auf das Monitoring-Objekt gefiltert und, sofern sie als relevant eingestuft werden, gespeichert und ausgewertet.[843] Dies ist als Vorgangsreihe im Sinne des Art. 4 Nr. 2 DSGVO zu bewerten.[844]

7.1.1.3 Ausnahmen

Der durch Art. 2 Abs. 1 DSGVO recht weit gefasste sachliche Anwendungsbereich wird über Art. 2 Abs. 2 DSGVO begrenzt. Demnach findet die DSGVO keine Anwendung auf eine

---

[839] EuGH, Urt. v. 09.11.2010, Az. C-92, 93/09, EuZW 2010, 393 (941 Rn. 53); *Artikel 29 Datenschutzgruppe*, Working Paper 136, 27; dem folgend *Klar/Kühling*, in: Kühling/Buchner (Hrsg.), DSGVO/BDSG, Art. 4 Nr. 1 DSGVO Rn. 4; *Weichert*, in: Däubler et al. (Hrsg.), DSGVO/BDSG/TTDSG, Art. 4 DSGVO Rn. 14; a.A. *Karg*, in: Simitis/Hornung/Spiecker gen. Döhmann (Hrsg.), DSR, Art. 4 Nr. 1 DSGVO Rn. 45.

[840] Title 5 United States Code § 552a.

[841] Executive Order 13768, Enhancing Public Safety in the Interior of the United States, Section 14.

[842] Eingehend zur Datenakquise siehe Kap. 2.4.2.

[843] Eingehender zur Funktionsweise des Monitorings siehe Kap. 2.4.

[844] Vgl. *Herbst*, in: Kühling/Buchner (Hrsg.), DSGVO/BDSG, Art. 4 Nr. 2 DSGVO Rn. 15.

Verarbeitung personenbezogener Daten außerhalb des Anwendungsbereichs des Unionsrechts (lit. a), bei einer durch die Mitgliedstaaten im Rahmen der gemeinsamen Außen- und Sicherheitspolitik der Union vorgenommenen Verarbeitung (lit. b), bei der Ausübung privater und familiärer Tätigkeiten (lit. c) sowie bei der Verarbeitung zur Aufdeckung von Straftaten und zur Strafvollstreckung (lit. d). Zudem gilt die DSGVO gem. Art. 2 Abs. 3 DSGVO nicht für die Verarbeitung personenbezogener Daten durch Organe, Einrichtungen, Ämter und Agenturen der Europäischen Union.

Inwieweit einer der in Art. 2 Abs. 2, 3 DSGVO genannten Ausnahmetatbestände auf das Monitoring anwendbar ist, richtet sich nach den Umständen des individuellen Einzelfalls und kann nicht pauschal bewertet werden. Fest steht lediglich, dass die Ausnahmeregelung des Art. 2 Abs. 2 lit. c DSGVO, wonach die DSGVO nicht für persönliche oder familiäre Tätigkeiten gilt, nicht auf allgemein zugängliche Webseiten und damit auch nicht für das Monitoring anwendbar ist.[845]

7.1.1.4 Zwischenergebnis

Der sachliche Anwendungsbereich der DSGVO ist für das Monitoring regelmäßig eröffnet, soweit keiner der in Art. 2 Abs. 2, 3 genannten Ausnahmetatbestände Anwendung findet.

7.1.2 Räumlicher Anwendungsbereich

Der räumliche Anwendungsbereich der DSGVO wird in Art. 3 DSGVO bestimmt. Dabei statuiert Abs. 1 das Niederlassungsprinzip für innerhalb der Union niedergelassene Verantwortliche und Auftragsverarbeiter. Abs. 2 legt die Anwendbarkeit der DSGVO für nicht in der Union niedergelassene Verantwortliche und Auftragsverarbeiter fest (extraterritoriale Anwendbarkeit), soweit eine Verarbeitung im Zusammenhang damit steht, betroffenen Personen in der Union Waren und Dienstleistungen anzubieten (Marktortprinzip)[846] oder das innerhalb der Union erfolgende Verhalten von Personen zu beobachten.

7.1.2.1 Niederlassungsprinzip

Das Niederlassungsprinzip gem. Art. 3 Abs. 1 DSGVO besagt, dass die DSGVO Anwendung auf die Verarbeitung personenbezogener Daten findet, wenn diese im Rahmen der Tätigkeit einer Niederlassung eines Verantwortlichen oder eines Auftragsverarbeiters in der Union erfolgt. Dies gilt unabhängig davon, ob die Verarbeitung tatsächlich in der Union stattfindet. Das Monitoring wird folglich immer dann von Art. 3 Abs. 1 DSGVO erfasst, wenn es durch eine in der Union niedergelassene Stelle eingesetzt wird.

Eine Niederlassung i.S.v. Art. 3 Abs. 1 DSGVO liegt gem. EG 22 Satz 2 DSGVO vor, wenn eine effektive und tatsächliche Ausübung einer Tätigkeit durch eine feste Einrichtung erfolgt. Welche Rechtsform eine solche Einrichtung hat, ist dabei gem. EG 22 Satz 3 DSGVO nicht ausschlaggebend.

An die tatsächliche und effektive Tätigkeitsausübung werden keine hohen Anforderungen gestellt. Es bedarf unter Berücksichtigung des besonderen Charakters der Tätigkeit und der zur Rede stehenden Verarbeitung lediglich einer beständigen und effektiven wirtschaftlichen Tätigkeit.[847] Diese Anforderung ist bereits bei einer nur geringfügigen Tätigkeit erfüllt.[848] Auch die Schwelle für das Vorliegen einer festen Einrichtung liegt niedrig. So kann diese unter Umständen bereits aus nur einem einzigen Vertreter bestehen, wenn dieser mit hinreichender

---

[845] Vgl. VG Wiesbaden, Urt. v. 21.05.2021, Az. 6 K 330/21.WI, BeckRS 2021, 46419.
[846] Allein Art. 3 Abs. 2 lit. a DSGVO entspricht terminologisch einem Marktortprinzip, nicht aber Art. 3 Abs. 1 lit. b DSGVO, so bereits *Roßnagel*, DuD 2019, 467 (468 Fn. 8).
[847] EuGH, Urt. v. 01.10.2015, Az. C-230/14, ZD 2015, 580 (582 Rn. 29).
[848] EuGH, Urt. v. 01.10.2015, Az. C-230/14, ZD 2015, 580 (582 Rn. 31).

Beständigkeit und den für die Erbringung der konkreten Leistung erforderlichen Mitteln in dem betreffenden Mitgliedstaat tätig ist.[849]

Wann eine Verarbeitung im Rahmen der Tätigkeit einer Niederlassung erfolgt, wurde bislang nicht abschließend bestimmt. Der EuGH sprach sich unter der alten Rechtslage in seinen Urteilen *Google Spain* und *Weltimmo* für ein weites Begriffsverständnis aus.[850] Er bejahte die Eröffnung des räumlichen Anwendungsbereichs und das Vorliegen einer im Rahmen der Tätigkeit einer Niederlassung erfolgenden Verarbeitung, auch wenn die eigentliche Verarbeitung nicht durch die in der Union ansässige Niederlassung selbst, sondern durch den Mutterkonzern in einem Drittstaat veranlasst und durchgeführt wird. Als Voraussetzung hierfür wurde eine untrennbare Verbindung zwischen den Tätigkeiten des Mutterunternehmens und der Niederlassung sowie die Ausrichtung der Tätigkeit auf die Bürger eines Mitgliedstaats der Union genannt.[851] Demnach wird nicht gefordert, dass die jeweilige Niederlassung selbst die Datenverarbeitung vornimmt oder veranlasst, sondern nur, dass sie im Rahmen ihrer Tätigkeiten ausgeführt wird.[852] So wurde es beispielsweise bereits als ausreichend betrachtet, wenn eine Niederlassung mit ihrer Werbe- und Vertriebstätigkeit die Tätigkeit des Mutterkonzerns erst wirtschaftlich rentabel macht.[853] Eine Fortführung dieser Auslegung unter der DSGVO ist allerdings nicht geboten. Der EuGH las in den genannten Urteilen in den Begriff der Niederlassung marktortbezogene Kriterien hinein, welche in der DSRL nicht aufgeführt wurden, nunmehr aber ausdrücklich in Art. 3 Abs. 2 DSGVO verortet sind.[854] Eine weitläufige Interpretation der Verarbeitung „im Rahmen der Tätigkeit" einer Niederlassung wäre folglich nicht mehr sachgerecht, es bedarf mithin einer Verengung des bisherigen Verständnisses.[855]

7.1.2.2 Extraterritoriale Anwendbarkeit

Gemäß der in Art. 3 Abs. 2 DSGVO statuierten extraterritorialen Anwendbarkeit findet die Verordnung auch auf nicht in der Union niedergelassene Verantwortliche und Auftragsverarbeiter Anwendung, die personenbezogene Daten von Personen verarbeiten, die sich in der Union befinden. Voraussetzung hierfür ist, dass die Datenverarbeitung entweder in Zusammenhang damit steht, den betroffenen Personen innerhalb der Union Waren und Dienstleistungen anzubieten (lit. a) oder das Verhalten der betroffenen Personen in der Union zu beobachten (lit. b). Die Anwendbarkeit des Art. 3 Abs. 2 DSGVO bedingt dabei nicht, dass sich die betroffene Person in der Union befindet, weil sich dort ihr Lebensmittelpunkt befindet. Vielmehr ist bereits ein kurzzeitiger Aufenthalt ausreichend.[856]

Die Anwendung des Art. 3 Abs. 2 lit. a DSGVO kommt im Rahmen einer monitoringgestützten Verarbeitung öffentlicher Daten nicht in Betracht. Zwar kann das Monitoring Teil einer angebotenen Dienstleistung sein. Allerdings ergibt sich der Anwendungsbereich des Art. 3 Abs. 2 lit. a DSGVO nicht aus der mit der angebotenen Ware oder Dienstleistung einhergehenden

---

[849] EuGH, Urt. v. 01.10.2015, Az. C-230/14, ZD 2015, 580 (582 Rn. 30).
[850] EuGH, Urt. v. 12.07.2005, Az. C-131/12, NJW 2014, 2257 (2260 Rn. 54); EuGH, Urt. v. 01.10.2015, Az. C-230/14, ZD 2015, 580 (581 Rn. 25).
[851] EuGH, Urt. v. 12.07.2005, Az. C-131/12, NJW 2014, 2257 (2260 Rn. 55 ff.).
[852] EuGH, Urt. v. 12.07.2005, Az. C-131/12, NJW 2014, 2257 (2260 Rn. 52).
[853] EuGH, Urt. v. 12.07.2005, Az. C-131/12, NJW 2014, 2257 (2260 Rn. 56).
[854] *Hornung*, in: Simitis/Hornung/Spiecker gen. Döhmann (Hrsg.), DSR, Art. 3 DSGVO Rn. 30; *Ennöckl*, in: Sydow/Marsch (Hrsg.), DSGVO/BDSG, Art. 3 DSGVO Rn. 1; *Hanloser*, in: Wolff/Brink/von Ungern-Sternberg (Hrsg.), BeckOK DSR, Art. 3 DSGVO Rn. 14.
[855] *Hornung*, in: Simitis/Hornung/Spiecker gen. Döhmann (Hrsg.), DSR, Art. 3 DSGVO Rn. 30; *von Lewinski*, in: Eßer/Kramer/von Lewinski (Hrsg.), DSGVO/BDSG, Art. 3 DSGVO Rn. 10.
[856] *Plath/Struck*, in: Plath (Hrsg.), DSGVO/BDSG/TTDSG, Art. 3 DSGVO Rn. 17; *Pabst*, in: Schwartmann et al. (Hrsg.), DS-GVO/BDSG, Art. 3 DSGVO Rn. 28; *Hornung*, in: Simitis/Hornung/Spiecker gen. Döhmann (Hrsg.), DSR, Art. 3 DSGVO Rn. 41.

Verarbeitung, sondern aus der Verarbeitung, um diese Ware oder Dienstleistung einer Person innerhalb der EU anzubieten. Das Monitoring selbst erfüllt die Anforderungen des Art. 3 Abs. 2 lit. a DSGVO jedoch nicht. So werden hierbei lediglich öffentliche Daten aus dem Web verarbeitet, um in Bezug auf das Monitoring-Objekt einen Informationsmehrwert zu generieren. Dies erfüllt das Tatbestandsmerkmal des Anbietens aus Art. 3 Abs. 1 lit. a DSGVO, welches eine auf einen Vertragsschluss gerichtete Willenserklärung oder eine invitatio ad offerendum meint,[857] nicht. Zwar könnte argumentiert werden, dass ein Monitoring zu Marktforschungszwecken letztlich in Zusammenhang mit dem Anbieten von Waren oder Dienstleistungen steht. Allerdings werden die betroffenen Personen in dieser Konstellation nicht durch ein Angebot adressiert. Wenn überhaupt, geschieht dies nur im Rahmen allgemeiner Marketingaktivitäten, die auf den durch das Monitoring gewonnenen Erkenntnissen basieren. Der hierbei bestehende Bezug zu einem Angebot ist aber zu vage, als dass eine Anwendbarkeit des Art. 3 Abs. 2 lit. a DSGVO bejaht werden könnte.

Die Anwendbarkeit des Art. 3 Abs. 2 lit. b DSGVO setzt voraus, dass das Verhalten der betroffenen Personen innerhalb der Union beobachtet wird. Unter dem Begriff des Verhaltens werden in diesem Zusammenhang jegliche Formen der Äußerung und Kommunikation verstanden.[858] Da insbesondere die nutzergenerierten Inhalte des Web zentral für ein Monitoring sind, ist das Vorliegen dieses Tatbestandsmerkmals zu bejahen. Der Begriff des Beobachtens bezeichnet das zielgerichtete Erfassen des Verhaltens einer Person und die Speicherung des Erfassten als personenbezogene Daten.[859] Dabei spielt es keine Rolle, zu welchen Zwecken die Beobachtung erfolgt.[860] Auch werden bezüglich der geforderten Dauer und Intensität der Beobachtung keine hohen Anforderungen gestellt. Zwar reicht allein die punktuelle Erfassung eines Verhaltens nicht aus, allerdings wird ebenfalls keine systematische Überwachung der betroffenen Personen gefordert.[861] Ziel des Monitorings ist in der Regel jedoch nicht das Beobachten von individuellen Personen, sondern das Sammeln von Informationen zu einem sachbezogenen Monitoring-Objekt. Im Rahmen dessen kann es zwar dazu kommen, dass das Verhalten von Personen einbezogen wird. Jedoch wird hierbei nicht die erforderliche Schwelle an Intensität und Dauer überschritten, da eine solche Erfassung weder zielgerichtet erfolgt noch durch den Verantwortlichen gewünscht ist. Soweit das Monitoring sachbezogen ausgerichtet ist, ist die räumliche Anwendbarkeit der Verordnung auf das Monitoring auf Grundlage des Art. 3 Abs. 2 lit. b DSGVO damit ausgeschlossen. Erfolgt mithilfe des Monitorings jedoch eine gezielte Beobachtung einzelner Personen oder bestimmter Personengruppen, ist von einer Anwendbarkeit des Art. 3 Abs. 1 lit. b DSGVO auszugehen.

7.1.2.3 Anwendbarkeit aufgrund von Völkerrecht

Gem. Art. 3 Abs. 3 DSGVO findet die DSGVO auch Anwendung auf die Verarbeitung personenbezogener Daten durch einen nicht in der Union niedergelassenen Verantwortlichen, sofern dieser die Verarbeitung an einem Ort vornimmt, der aufgrund des Völkerrechts dem Recht eines Mitgliedstaats unterliegt. Dies umfasst nach EG 25 DSGVO insbesondere diplomatische und konsularische Vertretungen eines Mitgliedstaats. Die Relevanz des Art. 3 Abs. 3 DSGVO für das Monitoring ist jedoch als gering einzuschätzen.

---

[857] Näher *Hornung*, in: Simitis/Hornung/Spiecker gen. Döhmann (Hrsg.), DSR, Art. 3 DSGVO Rn. 50; *Klar*, in: Kühling/Buchner (Hrsg.), DSGVO/BDSG, Art. 3 DSGVO Rn. 66 ff.

[858] *Hornung*, in: Simitis/Hornung/Spiecker gen. Döhmann (Hrsg.), DSR, Art. 3 DSGVO Rn. 56.

[859] *Hornung*, in: Simitis/Hornung/Spiecker gen. Döhmann (Hrsg.), DSR, Art. 3 DSGVO Rn. 57.

[860] *Hornung*, in: Simitis/Hornung/Spiecker gen. Döhmann (Hrsg.), DSR, Art. 3 DSGVO Rn. 57; *Uecker*, ZD 2019, 67 (69).

[861] *Klar*, in: Kühling/Buchner (Hrsg.), DSGVO/BDSG, Art. 3 DSGVO Rn. 95; *Hornung*, in: Simitis/Hornung/Spiecker gen. Döhmann (Hrsg.), DSR, Art. 3 DSGVO Rn. 57; *Uecker*, ZD 2019, 67 (69).

7.1.3 Conclusio

Im Ergebnis ist festzuhalten, dass die mit dem Monitoring einhergehende Verarbeitung öffentlicher Daten grundsätzlich vom sachlichen Anwendungsbereich der DSGVO erfasst wird. Der räumliche Anwendungsbereich ist zudem eröffnet, wenn das Monitoring von einer in der Union niedergelassenen Stelle durchgeführt wird, auf die Beobachtung von Personen oder Personengruppen innerhalb der Union abzielt oder an einem Ort erfolgt, der aufgrund des Völkerrechts dem Recht eines Mitgliedstaats unterliegt.

7.2 Anwendbarkeit anderer datenschutzrechtlicher Normen

Zusätzlich zur DSGVO können im Rahmen von Öffnungsklauseln nationale Rechtsakte, die den Datenschutz betreffen, zur Anwendung kommen.[862] Auf deutscher Ebene ist diesbezüglich das TDDDG hervorzuheben, welches aus einer Anpassung des TTDSG gem. Art. 8 des Gesetzes Durchführung der VO (EU) 2022/2065 vom 06.05.2024[863] hervorgegangen ist. Die Vorschriften des TTDSG wurden dabei beibehalten und lediglich die Bezeichnung des Gesetzes geändert sowie der Begriff der „Telemedien" durch „digitale Dienste"[864] ersetzt.[865] Das TTDSG diente der Anpassung der Datenschutzbestimmungen des inzwischen durch das DDG abgelösten TMG und der nicht der Umsetzung der ePrivacyRL dienenden Regelungen des TKG an die DSGVO, der Übernahme der datenschutzrechtlichen Regelungen des TKG zur Umsetzung der ePrivacyRL[866] sowie der Zusammenführung dieser Regelungen in einem gemeinsamen Gesetz.[867] Mit seiner Änderung zum TDDDG behielt das Gesetz diese Ausrichtung im Zuge der nur geringfügigen Anpassungen bei,[868] wurde aber an die Terminologie der Verordnung (EU) 2022/2065 über digitale Dienste und der Verordnung (EU) 2019/1150 über die Förderung von Fairness und Transparenz für gewerbliche Nutzer von Online-Vermittlungsdiensten angeglichen.

Neben dem TDDDG ist zu berücksichtigen, dass auf europäischer Ebene bereits vor einiger Zeit beschlossen wurde, eine Verordnung über die Achtung des Privatlebens und den Schutz personenbezogener Daten in der elektronischen Kommunikation zu erlassen.[869] Dieser geplante Rechtsakt, die sogenannte ePrivacyVO, befindet sich allerdings seit geraumer Zeit im Gesetzgebungsverfahren;[870] ob und wann es zu einem Kompromiss kommt, ist bislang nicht absehbar. Sollte es dazu kommen, würde die ePrivacyVO nach ihrem Inkrafttreten die Regelungen des TDDDG in großen Teilen verdrängen[871] sowie als Lex specialis[872] zur DSGVO fungieren.

---

[862] Zum Anwendungsvorrang bereits unter Kap. 4.1.1 und Kap. 5.1.
[863] Gesetz zur Durchführung der Verordnung (EU) 2022/2065 des Europäischen Parlaments und des Rates vom 19. Oktober 2022 über einen Binnenmarkt für digitale Dienste und zur Änderung der Richtlinie 2000/31/EG sowie zur Durchführung der Verordnung (EU) 2019/1150 des Europäischen Parlaments und des Rates vom 20. Juni 2019 zur Förderung von Fairness und Transparenz für gewerbliche Nutzer von Online-Vermittlungsdiensten und zur Änderung weiterer Gesetze.
[864] Der Begriff der digitalen Dienste ist dabei nicht vollständig deckungsgleich mit dem Begriff des Telemediums, hierzu *Wissenschaftlicher Dienst des deutschen Bundestages*, Az. WD 7 - 3000 - 011/24.
[865] BT-Drs. 676/23, S. 101.
[866] Das Verhältnis einzelner Vorschriften zur DSGVO ist jedoch weiterhin strittig, vgl. *Schreiber*, in: Geppert/Schütz (Hrsg.), TKG/TTDSG, § 19 TTDSG Rn. 7 ff.
[867] BT-Drs. 19/27441, S. 1 f.
[868] In der Gesetzesbegründung wird insoweit von „Folgeänderungen" gesprochen, siehe BT-Drs. 20/10031, S. 92.
[869] COM(2017) 10 final.
[870] Vgl. *EUR-Lex*, Procedure 2017/0003/COD; *CMS*, E-Privacy; *BfDI*, E-Privacy-Verordnung; siehe auch COM(2017) 10 final v. 10.01.2017; Ministerrat, ST 6087 2021 INIT v. 04.11.2021
[871] Vgl. *Braun*, in: Assion et al. (Hrsg.), TTDSG, § 1 Rn. 13; *Bortnikov*, in: Geppert/Schütz (Hrsg.), TKG/TTDSG, Vorbemerkung zum TTDSG Rn. 27.
[872] COM(2017) 10 final, S. 3.

Nachfolgend wird sowohl de lege lata das TDDDG als auch de lege ferenda die ePrivacyVO im Hinblick auf den Einsatz von Monitoring kurz beleuchtet.

7.2.1 TDDDG

Das TDDDG richtet sich, wie seinem § 1 implizit entnommen werden kann, an zwei Adressaten: an die Anbieter von öffentlichen Telekommunikationsdiensten sowie an die Anbieter von digitalen Diensten.

Anbieter von Telekommunikationsdiensten ist gem. § 2 Abs. 1 TDDDG i.V.m. § 3 Nr. 1 TKG jeder, der Telekommunikationsdienste erbringt. Ein Telekommunikationsdienst ist gem. § 2 Abs. 1 TDDDG i.V.m. § 3 Nr. 61 TKG ein in der Regel gegen Entgelt über Telekommunikationsnetze erbrachter Dienst, der – mit der Ausnahme von Diensten, die Inhalte über Telekommunikationsnetze und -dienste anbieten oder eine redaktionelle Kontrolle über sie ausüben – folgende Dienste umfasst: Internetzugangsdienste, interpersonelle Telekommunikationsdienste und Dienste, die ganz oder überwiegend in der Übertragung von Signalen bestehen. Beim Monitoring handelt es sich jedoch nicht um einen solchen Dienst. So ist das Monitoring kein Internetdienst, also nicht i.s.v. § 2 Abs. 1 TDDDG i.V.m. § 1 Nr. 23 TKG, Art. 2 Abs. 2 Nr. 2 der Verordnung 2015/2120 als öffentlich zugänglicher elektronischer Kommunikationsdienst zu verstehen, der Zugang zum Internet bietet. Vielmehr wird im Rahmen des Monitorings selbst auf einen solchen Dienst zugegriffen, um die Erhebung der öffentlich im Web verfügbaren Daten überhaupt vornehmen zu können. Dies bewirkt jedoch keine Einordnung des Monitorings als Internetdienst.[873] Ebenso handelt es sich beim Monitoring nicht um einen interpersonellen Telekommunikationsdienst i.S.v. § 2 Abs. 1 TDDDG i.V.m. § 3 Abs. 1 Nr. 24 TKG, da es keinen direkten interpersonellen und interaktiven Informationsaustausch über Telekommunikationsnetze zwischen einer endlichen Zahl von Personen ermöglicht. Des Weiteren kann das Monitoring auch nicht als Dienst verstanden werden, der ganz oder überwiegend in der Übertragung von Signalen besteht. Zwar findet im Zuge des Monitorings unbestritten eine Übertragung von Signalen statt, jedoch stellt diese nicht, wie beispielsweise bei einer Übertragung von Rundfunk, die eigentliche Hauptleistung dar. Vielmehr ist die Signalübertragung erforderliches Mittel, um die eigentliche Hauptleistung, die Verarbeitung öffentlicher Daten aus dem Internet, vornehmen zu können. Das Monitoring ist mithin nicht als ganz oder überwiegend in der Signalübertragung liegender Dienst einzuordnen.[874] Eine Stelle, die das Monitoring zur Verarbeitung öffentlicher Daten zum Einsatz bringt, ist mithin nicht Anbieter von Telekommunikationsdiensten.

Anbieter von digitalen Diensten ist gem. § 2 Abs. 2 Nr. 1 TDDDG jede natürliche oder juristische Person, die eigene oder fremde digitale Dienste erbringt, an der Erbringung mitwirkt oder den Zugang zur Nutzung von eigenen oder fremden digitalen Diensten vermittelt. Unter digitalen Diensten werden gem. § 2 Abs. 1 TDDDG i.V.m. § 1 Abs. 4 Nr. 1 DDG, Art. 1 Abs. 1 lit. b der Richtlinie (EU) 2015/1535 wird ein in der Regel gegen Entgelt elektronisch im Fernabsatz und auf individuellen Abruf eines Empfängers erbrachte Dienstleistungen verstanden, ein sogenannter Dienst der Informationsgesellschaft. Bei näherer Betrachtung ist festzustellen, dass das Monitoring schon mangels Dienstleistungscharakter nicht als Dienst der Informationsgesellschaft klassifiziert werden kann. Vielmehr ist es als Instrument zu verstehen, mit dessen Hilfe die öffentlich verfügbaren Daten aus einigen Diensten der Informationsgesellschaft, etwa sozialen Medien, erschlossen werden können. Zwar ist das Monitoring grundsätzlich eine

---

[873] Vgl. EuGH, Urt. v. 30.04.2017, Az. C-475/12, MMR 2015, 339 (241 Rn. 43), wonach der Umstand, dass die Übertragung des Signals über eine Infrastruktur erfolgt, unerheblich ist, soweit keine Verantwortlichkeit für die Übertragung dieses Signals besteht.

[874] Vgl. EuGH, Urt. v. 13.06.2019, Az. C-193/18, NVwZ 2019, 1118 (1120 Rn. 37), wonach ein überwiegend in der Übertragung von Signalen liegender Dienst nicht vorliegt, soweit kein Zugang zum Internet vermittelt, sondern dieses nur verwendet wird, um Datenpakete zu senden und zu empfangen.

Technologie, die im Rahmen einer Dienstleistung eingesetzt werden kann. Dabei wirkt es allerdings lediglich unterstützend zur Erbringung der Dienstleistung. So handelt es sich beim Monitoring um ein Instrument zur dynamischen und flexiblen Informationsgewinnung, das individuell an das konkrete situative Informationsbedürfnis angepasst wird. Erst die Auswertung und Verwendung dieser Informationen kann Ziel und Zweck einer Dienstleistung sein. Das Monitoring hat also keinen Selbstzweck und kann daher auch keine (auf seine Erbringung ausgerichtete) Dienstleistung sein. Eine Stelle, die Monitoring zur Verarbeitung öffentlicher Daten einsetzt, ist daher nicht allein deshalb als Anbieter eines Dienstes der Informationsgesellschaft und damit nicht als Anbieter eines digitalen Dienstes zu qualifizieren.

Insgesamt ist das Monitoring damit nicht vom Anwendungsbereich des TDDDG erfasst. Die sich aus dem Gesetz ergebenden Bestimmungen sind für eine monitoringgestützte Verarbeitung öffentlicher Daten aus dem Web folglich nicht anwendbar.

7.2.2 Geplante ePrivacy-Verordnung

Ziel der geplanten ePrivacyVO ist der Schutz der Grundrechte und Grundfreiheiten natürlicher und juristischer Personen im Bereich der elektronischen Kommunikationsdienste, insbesondere die Achtung des Privatlebens, die Wahrung der Vertraulichkeit der Kommunikation und der Schutz personenbezogener Daten.[875] Der sachliche Anwendungsbereich der ePrivacyVO erfasst dementsprechend sowohl gem. Art. 1 Abs. 1 des Vorschlags der EU-Kommission (ePrivacyVO-KomE) als auch gem. Art. 1 Abs. 1 des Ratsentwurfs (ePrivacyVO-RatE) die Verarbeitung von Daten elektronischer Kommunikation, die im Zusammenhang mit der Bereitstellung und Nutzung von elektronischen Kommunikationsdiensten erfolgt sowie die Verarbeitung von Informationen bezüglich der Endgeräte der Nutzer.

Zentraler Anknüpfungspunkt der ePrivacyVO ist damit voraussichtlich das Vorliegen eines elektronischen Kommunikationsdienstes. Dabei beziehen sich sowohl Art. 4 Abs. 1 lit. b ePrivacyVO-KomE als auch Art. 4 Abs. 1 lit. b ePrivacyVO-RatE (ebenso wie die ePrivacyRL in ihrem Art. 2 Abs. 1) auf die Definition des elektronischen Kommunikationsdienstes der KodexRL.[876] Elektronische Kommunikationsdienste sind gem. Art. 2 Nr. 4 KodexRL gewöhnlich gegen Entgelt über elektronische Kommunikationsnetze erbrachte Dienste, die – mit der Ausnahme von Diensten, die Inhalte über elektronische Kommunikationsnetze und -dienste anbieten oder eine redaktionelle Kontrolle über sie ausüben – folgende Dienste umfassen: Internetzugangsdienste, interpersonelle Kommunikationsdienste und Dienste, die ganz oder überwiegend in der Übertragung von Signalen bestehen. Diese Definition entspricht inhaltlich dem Begriff des Telekommunikationsdienstes, wie er sich aus § 2 Abs. 1 TDDDG i.V.m. § 3 Nr. 61 TKG ergibt. Da das Monitoring – wie bereits dargelegt[877] – kein solcher Dienst ist, kann auch hier das Vorliegen eines elektronischen Kommunikationsdienstes gem. Art. 2 Nr. 4 KodexRL nicht bejaht werden. Im Ergebnis fällt das Monitoring somit nicht in den Anwendungsbereich der ePrivacyVO. Die ePrivacyVO wird somit voraussichtlich keine Anwendung auf die monitoringgestützte Verarbeitung öffentlicher Daten finden.

7.3 Conclusio

Für die Beurteilung der datenschutzrechtlichen Rechtmäßigkeit einer monitoringgestützten Verarbeitung öffentlicher Daten innerhalb des Anwendungsbereichs der DSGVO ist allein die

---

[875] COM(2017) 10 final, S. 2.
[876] Die ePrivacyRL verweist eigentlich auf die Begriffsbestimmungen der seit Dezember 2020 nicht mehr anzuwendenden und durch die KodexRL abgelösten RahmenRL. Insofern ist ein Verweis auf die RahmenRL als Verweis auf die KodexRL zu verstehen.
[877] Siehe hierzu Kap. 7.2.1.

DSGVO maßgeblich. Weder wird das Monitoring vom derzeit geltenden TDDDG erfasst noch wird es voraussichtlich unter die ePrivacyVO fallen.

8 Grundsätzliches zur datenschutzrechtlichen Rechtmäßigkeit

Das im vorangehenden Abschnitt dargelegte grundrechtliche Fundament bildet den grundsätzlichen Rahmen, in welchem sich das Monitoring bewegen muss, um rechtskonform eingesetzt werden zu können. Von zentraler Bedeutung ist hierbei das sowohl auf nationaler als auch auf europäischer Ebene gewährleistete Grundrecht auf Datenschutz, in welches durch das Monitoring eingegriffen wird.[878] Zwar sind nur öffentliche Stellen unmittelbar durch Grundrechte gebunden, allerdings finden diese als Auslegungsmaßstab für die einfachgesetzlichen Rechtsakte Eingang in die Rechtsbeziehungen Privater.[879] Zur Wahrung der Rechtmäßigkeit einer Verarbeitung personenbezogener Daten bedarf es daher gem. Art. 8 Abs. 2 Satz 1 GRCh sowie gem. des Rechts auf informationelle Selbstbestimmung immer einer Einwilligung der betroffenen Person oder einer gesetzlich geregelten Grundlage.[880] Eine konkretisierende Ausgestaltung dieser grundrechtlichen Bestimmung findet sich in den einfachgesetzlichen Regelungen, wie sie sich aus dem Sekundärrecht sowie dem nationalen Recht ergeben. Inwieweit diese eine hinreichende Grundlage für die mit dem Monitoring einhergehende Verarbeitung bieten, ist Gegenstand der weiteren Untersuchungen.

Den weiteren Untersuchungen vorgelagert ist zunächst zu berücksichtigen, dass der Begriff der datenschutzrechtlichen Rechtmäßigkeit nicht legaldefiniert ist und daher in unterschiedlicher Weise verstanden werden kann.[881] Im Sinne eines weiten Verständnisses bedingt die Rechtmäßigkeit die strikte Einhaltung sämtlicher Vorgaben, die sich aus der DSGVO ergeben.[882] Demgemäß müssten sowohl die sich aus dem zweiten Kapitel der DSGVO ergebenden Grundsätze als auch die Bestimmungen zu den Rechten der betroffenen Person, die Pflichten der Verantwortlichen sowie die Bestimmungen zur Übermittlung von Daten an Drittländer oder internationale Organisationen berücksichtigt werden. Wird der Begriff der Rechtmäßigkeit der Datenverarbeitung hingegen eng verstanden, betrifft er ausschließlich die Frage, ob eine Datenverarbeitung stattfinden darf.[883] Entscheidend wäre demnach allein das Vorhandensein einer einschlägigen Rechtsgrundlage.

Der finale Entscheid dieses Meinungsstreits ist bislang ausgeblieben.[884] In Anbetracht aller Umstände ist jedoch die Auffassung, wonach der Begriff der Rechtmäßigkeit eng verstanden werden muss, zu bevorzugen. Dies ergibt sich insbesondere aus der Formulierung des Gesetzestexts. So ist Art. 6 Abs. 1 DSGVO ausdrücklich sowie Art. 8 Abs. 2 GRCh und EG 40, 44,

---

[878] Siehe zum grundrechtlichen Datenschutz Kap. 6.1.3 und Kap. 6.2.3.

[879] BVerfGE 7, 198 (205 f.); 84, 192 (194); 117, 202 (229); *Johlen*, in: Stern/Sachs (Hrsg.), GRCh, Art. 8 Rn. 22 f.; *Kingreen*, in: Calliess/Ruffert (Hrsg.), EUV/AEUV, Art. 8 GRCh Rn. 13; *Roßnagel*, NJW 2019, 1 (3).

[880] Eingehend zur Rechtfertigung eines Eingriffs in das Grundrecht auf Datenschutz und das Recht auf informationelle Selbstbestimmung siehe Kap. 6.1.3.0 und Kap. 6.2.3.4.

[881] Vgl. *Frenzel*, in: Paal/Pauly (Hrsg.), DSGVO/BDSG, Art. 5 DSGVO Rn. 14; *Spindler/Dalby*, in: Spindler/Schuster (Hrsg.), Recht el. Medien, Art. 5 DSGVO Rn. 4; *Plath*, in: Plath (Hrsg.), DSGVO/BDSG/TTDSG, Art. 5 DSGVO Rn. 4; *Hermann/Jaspers/Schwartmann*, in: Schwartmann et al. (Hrsg.), DS-GVO/BDSG, Art. 5 DSGVO Rn. 19; eingehend *Herbst*, in: Kühling/Buchner (Hrsg.), DSGVO/BDSG, Art. 5 DSGVO Rn. 8 ff.

[882] Diesem Verständnis folgend *Reimer*, in: Sydow/Marsch (Hrsg.), DSGVO/BDSG, Art. 6 DSGVO Rn. 1; *Albers/Veit*, in: Wolff/Brink/von Ungern-Sternberg (Hrsg.), BeckOK DSR, Art. 6 DSGVO Rn. 10; *Taeger*, in: Taeger/Gabel (Hrsg.), DSGVO/BDSG, Art. 6 DSGVO Rn. 12; *Roßnagel*, in: Simitis/Hornung/Spiecker gen. Döhmann (Hrsg.), DSR, Art. 5 DSGVO Rn. 38.

[883] Diesem Verständnis folgend *Schulz*, in: Gola/Heckmann (Hrsg.), DSGVO/BDSG, Art. 6 DSGVO Rn. 1; *Spindler/Dalby*, in: Spindler/Schuster (Hrsg.), Recht el. Medien, Art. 5 DSGVO Rn. 4; *Schantz*, in: Wolff/Brink/von Ungern-Sternberg (Hrsg.), BeckOK DSR, Art. 6 DSGVO Rn. 5; *Plath*, in: Plath (Hrsg.), DSGVO/BDSG/TTDSG, Art. 5 DSGVO Rn. 4; wohl auch *Herbst*, in: Kühling/Buchner (Hrsg.), DSGVO/BDSG, Art. 5 DSGVO Rn. 11 f.

[884] Für einen vermittelnden Ansatz argumentierend *Hermann/Jaspers/Schwartmann*, in: Schwartmann et al. (Hrsg.), DS-GVO/BDSG, Art. 5 DSGVO Rn. 21.

© Der/die Autor(en), exklusiv lizenziert an Springer Fachmedien Wiesbaden GmbH, ein Teil von Springer Nature 2025
C. Gilga, *Die Rechtmäßigkeit der Verarbeitung von öffentlichen Personenbezogenen Daten aus dem Internet*, DuD-Fachbeiträge, https://doi.org/10.1007/978-3-658-48663-1_8

46, 47, 69 Satz 1, 112 Satz 2 DSGVO implizit zu entnehmen, dass eine Verarbeitung immer dann rechtmäßig ist, wenn sie auf eine Einwilligung oder eine Rechtsgrundlage gestützt werden kann.[885] Hinzu kommt, dass es bei einem weiten Begriffsverständnis deutlich häufiger und schneller zu einem Verstoß gegen den in Art. 5 Abs. 1 lit. a DSGVO statuierten Grundsatz der Rechtmäßigkeit käme. Hierdurch wäre ein Verantwortlicher bereits bei nur geringfügigen Verstößen gegen datenschutzrechtliche Vorgaben mit erheblichen Sanktionen gem. Art. 83 Abs. 5 lit. a DSGVO konfrontiert. Da dies weder dem Schutz betroffener Personen dienlich wäre noch als verhältnismäßig bezeichnet werden könnte,[886] ist die weite Auslegung abzulehnen. Dementsprechend konzentriert sich die hier gegenständliche Untersuchung allein auf die Analyse und Bewertung der Rechtmäßigkeit der mit dem Monitoring einhergehenden Datenverarbeitung im Hinblick auf die einzelnen Rechtsgrundlagen. Insoweit wird die Rechtmäßigkeit der Datenverarbeitung wenigstens im Rahmen dieser Arbeit eng verstanden. Bevor jedoch die einzelnen Rechtsgrundlagen im Detail untersucht werden, erfolgt eine tiefergehende Betrachtung der Normen, aus denen sie sich ergeben.

8.1 Rechtmäßigkeit nach Art. 6 DSGVO

Die Rechtmäßigkeit einer Verarbeitung personenbezogener Daten setzt – entsprechend den grundrechtlichen Vorgaben – auch auf einfachgesetzlicher Ebene das Vorliegen einer Rechtsgrundlage voraus.[887] Diese Notwendigkeit erstreckt sich folglich auch auf das Monitoring, da hierbei eine datenschutzrelevante Verarbeitung grundsätzlich nicht ausgeschlossen werden kann.[888] Insofern ist zur Bewertung der Rechtmäßigkeit des Monitorings auf Art. 6 Abs. 1 UAbs. 1 DSGVO als zentrale die Rechtsgrundlagen betreffende Vorschrift abzustellen.

Art. 6 Abs. 1 UAbs. 1 DSGVO statuiert, dass eine Verarbeitung nur rechtmäßig ist, wenn mindestens eine der in UAbs. 1 lit. a-f DSGVO normierten Bedingungen erfüllt ist. Demnach bedarf es einer Einwilligung der betroffenen Person (lit. a) oder der Erforderlichkeit der Verarbeitung entweder zur Erfüllung eines Vertrags (lit. b), zur Erfüllung einer rechtlichen Verpflichtung (lit. c), zum Schutz lebenswichtiger Interessen (lit. d), zur Wahrnehmung einer öffentlichen Aufgabe (lit. e) oder zur Wahrung eines überwiegenden berechtigten Interesses des Verantwortlichen oder eines Dritten (lit. f).[889] Die sogenannten Bedingungen formen mithin die einzelnen anwendbaren Rechtsgrundlagen aus, auf deren Grundlage eine Datenverarbeitung gerechtfertigt und in der Folge rechtmäßig vorgenommen werden kann. Dabei lassen sich unterschiedliche Kategorien von Bedingungen unterscheiden. Einerseits solche, die bereits für sich genommen eine Rechtsgrundlage bieten (lit. a, b, d und f). Andererseits solche, die ein einschlägiges mitgliedstaatliches oder europäisches Recht voraussetzen und den Mitgliedstaaten somit einen Regelungsspielraum eröffnen (lit. c und e).

8.1.1 Systematik des Art. 6 Abs. 1 UAbs. 1 DSGVO

Aus der Systematik des Art. 6 Abs. 1 UAbs. 1 DSGVO ergibt sich implizit, dass die DSGVO die Verarbeitung personenbezogener Daten grundsätzlich zunächst als nicht rechtmäßig einstuft.[890] Da die Norm indes sechs unterschiedliche Erlaubnisse für Abweichungen von diesem

---

[885] Insoweit zu Art. 8 Abs. 2 GRCh *Herbst,* in: Kühling/Buchner (Hrsg.), DSGVO/BDSG, Art. 5 DSGVO Rn. 10.
[886] *Herbst,* in: Kühling/Buchner (Hrsg.), DSGVO/BDSG, Art. 5 DSGVO Rn. 10; *Spindler/Dalby,* in: Spindler/Schuster (Hrsg.), Recht el. Medien, Art. 5 DSGVO Rn. 4; *Frenzel,* in: Paal/Pauly (Hrsg.), DSGVO/BDSG, Art. 83 DSGVO Rn. 24.
[887] Siehe exemplarisch Art. 8 JI-RL; Art. 5 DSVO-EU-Organe; Art. 6 DSGVO.
[888] Zur Anwendbarkeit der DSGVO siehe Kap. 7.1.
[889] Eine eingehende Betrachtung der einzelnen Erlaubnistatbestände erfolgt im Rahmen der sich an dieses Kap. anschließenden Untersuchung.
[890] *Reimer,* in: Sydow/Marsch (Hrsg.), DSGVO/BDSG, Art. 6 DSGVO Rn. 2; *Albers/Veit,* in: Wolff/Brink/von Ungern-Sternberg (Hrsg.), BeckOK DSR, Art. 6 DSGVO Rn. 11.

Grundsatz vorsieht, wird das rechtskonforme Verarbeiten personenbezogener Daten für eine Vielzahl von Anwendungsfällen dennoch ermöglicht.

Vor dem Hintergrund der grundsätzlich fehlenden Rechtmäßigkeit wird häufig formuliert, Art. 6 Abs. 1 UAbs. 1 DSGVO normiere ein Verbotsprinzip oder ein Verbot mit Erlaubnisvorbehalt.[891] Terminologisch sowie dogmatisch sind beide Bezeichnungen jedoch falsch.[892] So wird durch das Verbotsprinzip respektive das Verbot mit Erlaubnisvorbehalt das Erfordernis einer behördlichen Genehmigung für ein gesetzlich untersagtes Handeln beschrieben.[893] Ein solches Rechtsprinzip kommt allerdings im Rahmen von Art. 6 Abs. 1 UAbs. 1 DSGVO nicht zum Tragen. So ist die systematische Ausgestaltung der Norm darauf zurückzuführen, dass es in Anbetracht der fortschreitenden Entwicklung der Informationstechnologie keine belanglosen[894] personenbezogenen Daten gibt und daher ein für alle personenbezogenen Daten umfassender Rechtsrahmen geschaffen werden musste.[895] Insoweit ist der erste Satz des Art. 6 Abs. 1 UAbs. 1 DSGVO per se nicht als Verbot zu verstehen. Vielmehr verwirklicht sich hierin das allgemeine und universelle Rechtsprinzip, dass Eingriffe in die Rechtsgüter von Personen einer Rechtsgrundlage bedürfen. Insbesondere in Anbetracht des umfangreichen Katalogs an Rechtsgrundlagen ist Art. 6 Abs. 1 UAbs. 1 DSGVO vielmehr als Erlaubnisnorm zu verstehen.[896] Zudem setzt die Norm für eine rechtmäßige Datenverarbeitung keine administrative Genehmigung voraus. Vielmehr ergibt sich die Rechtmäßigkeit der Verarbeitung für den Verantwortlichen bereits unmittelbar aus dem Gesetz.[897] Um sowohl die terminologische als auch die dogmatische Richtigkeit zu wahren, sollte im Kontext von Art. 6 Abs. 1 UAbs. 1 DSGVO daher vom Erlaubnisprinzip oder Erlaubnisvorbehalt gesprochen werden.[898]

8.1.2 Weiterverarbeitung im Rahmen einer Zweckänderung

Im Kontext der Rechtmäßigkeit der Verarbeitung sind neben den Erlaubnistatbeständen aus Art. 6 Abs. 1 UAbs. 1 DSGVO auch die Regelung des Art. 6 Abs. 4 DSGVO zur Weiterverarbeitung von Daten einzubeziehen. Demzufolge hat der Verantwortliche im Fall einer Verarbeitung, die zu einem anderen Zweck als dem der ursprünglichen Erhebung erfolgt und nicht bereits durch eine Einwilligung oder eine unions- oder mitgliedstaatliche Rechtsvorschrift legitimiert ist, insbesondere die in Art. 6 Abs. 4 lit. a bis e DSGVO genannten Kriterien zu berücksichtigen, um festzustellen, ob der neue Zweck mit dem ursprünglichen vereinbar ist.

---

[891] So etwa *Hermann/Jaspers/Schwartmann*, in: Schwartmann et al. (Hrsg.), DS-GVO/BDSG, Art. 5 DSGVO Rn. 23; *Spindler/Dalby*, in: Spindler/Schuster (Hrsg.), Recht el. Medien, Art. 6 DSGVO Rn. 1; *Heberlein*, in: Ehmann/Selmayr (Hrsg.), DSGVO, Art. 6 Rn. 1; *Schulz*, in: Gola/Heckmann (Hrsg.), DSGVO/BDSG, Art. 6 DSGVO Rn. 2; *Reimer*, in: Sydow/Marsch (Hrsg.), DSGVO/BDSG, Art. 6 DSGVO Rn. 2; *Plath/Struck*, in: Plath (Hrsg.), DSGVO/TTDSG, Art. 6 DSGVO Rn. 2; *Buchner/Petri*, in: Kühling/Buchner (Hrsg.), DSGVO/BDSG, Art. 6 DSGVO Rn. 1; *Jacquemain* et al., in: Schwartmann et al. (Hrsg.), DS-GVO/BDSG, Art. 6 DSGVO Rn. 6; *Taeger*, in: Taeger/Gabel (Hrsg.), DSGVO/BDSG, Art. 6 DSGVO Rn. 4.

[892] Eingehend *Roßnagel*, NJW 2019, 1 (1 ff.); zum gleichen Ergebnis kommend *Albers/Veit*, in: Wolff/Brink/von Ungern-Sternberg (Hrsg.), BeckOK DSR, Art. 6 DSGVO Rn. 11; *Albrecht*, in: Simitis/Hornung/Spiecker gen. Döhmann (Hrsg.), DSR, Einführung zu Artikel 6 DSGVO Rn. 1 Fn. 1.

[893] *Roßnagel*, NJW 2019, 1 (5) m.w.N.; *Albers/Veit*, in: Wolff/Brink/von Ungern-Sternberg (Hrsg.), BeckOK DSR, Art. 6 DSGVO Rn. 11; siehe als Beispiel zu einem tatsächlichen datenschutzrechtlichen Verbot mit Erlaubnisvorbehalt § 287 Abs. 1 SGB V und § 75 Abs. 4 SGB X.

[894] BVerfGE 65, 1 (45).

[895] *Albers/Veit*, in: Wolff/Brink/von Ungern-Sternberg (Hrsg.), BeckOK DSR, Art. 6 DSGVO Rn. 11; ähnlich *Roßnagel*, NJW 2019, 1 (1 ff.).

[896] *Albrecht*, in: Simitis/Hornung/Spiecker gen. Döhmann (Hrsg.), DSR, Einführung zu Artikel 6 DSGVO Rn. 1 Fußnote 1.

[897] *Roßnagel*, NJW 2019, 1 (5); *Albers/Veit*, in: Wolff/Brink/von Ungern-Sternberg (Hrsg.), BeckOK DSR, Art. 6 DSGVO Rn. 11.

[898] *Albrecht*, in: Simitis/Hornung/Spiecker gen. Döhmann (Hrsg.), DSR, Einführung zu Artikel 6 DSGVO Rn. 1; *Roßnagel*, NJW 2019, 1 (3 ff.).

Die Norm wird zu Recht als unglücklich formuliert[899] oder misslungen[900] rezipiert. Dies ist insbesondere darauf zurückzuführen, dass nicht ausdrücklich bestimmt wird, welche Rechtsfolgen mit einer Zweckvereinbarkeit einhergehen. Es ist daher allgemein umstritten, ob die Norm lediglich eine unselbstständige Vereinbarkeitsprüfung regelt[901] oder ob sie im Falle einer Zweckvereinbarkeit das Erfordernis einer gesonderten Rechtsgrundlage ausschließt[902] und die Verarbeitung in der Folge auf Grundlage des ursprünglichen Zwecks weiterverarbeitet werden kann.

Die Entscheidung dieses Meinungsstreits kann an dieser Stelle allerdings mangels Relevanz für die vorliegende Arbeit dahinstehen. So findet beim Monitoring keine Weiterverarbeitung, also die Fortführung[903] einer bereits begonnenen Datenverarbeitung, statt. Vielmehr werden die im Rahmen der Datenakquise erfassten Daten erstmalig durch den Verantwortlichen erhoben. Es erfolgt mithin eine Neuerhebung, nicht aber eine Weiterverarbeitung, wodurch eine Anwendbarkeit des Art. 6 Abs. 4 DSGVO bereits von vornherein nicht in Betracht kommt. Selbst wenn entgegen der hier vertretenen Ansicht der Auffassung vertreten würde, dass das Monitoring als Weiterverarbeitung zu verstehen sei, könnte eine Datenverarbeitung nicht über Art. 6 Abs. 4 DSGVO gerechtfertigt werden. Dies resultiert aus dem Umstand, dass in Bezug auf die aus dem Web erhobenen Daten nicht festgestellt werden kann, zu welchen Zwecken sie veröffentlicht wurden. Eine Prüfung der Zweckvereinbarkeit kann somit gar nicht erst stattfinden und Art. 6 Abs. 4 DSGVO somit nicht zum Tragen kommen. Dementsprechend findet die Norm in den weiteren Ausführungen dieser Arbeit keine weitere Berücksichtigung.

8.2 Rechtmäßigkeit nach Art. 9 DSGVO

Der Einsatz von Monitoring ist immer mit einer massenhaften und kaum zielgerichteten Erfassung von öffentlichen Daten aus dem Web verbunden. Dabei ist es, wie bereits dargelegt, technisch nicht realisierbar, ausschließlich Daten zu verarbeiten, die für die Erreichung des Verarbeitungszwecks tatsächlich relevant und notwendig sind.[904] Im Zuge der umfassenden Datenerfassung im Rahmen der Datenakquise kann es, auch wenn dies nicht intendiert ist, dazu kommen, dass neben gewöhnlichen auch besondere Kategorien personenbezogener Daten i.S.v. Art. 9 DSGVO verarbeitet werden. In diesem Fall sieht sich der Verantwortliche mit der Frage konfrontiert, unter welchen Voraussetzungen eine solche Datenverarbeitung rechtmäßig ist.

---

[899] *Roßnagel,* in: Simitis/Hornung/Spiecker gen. Döhmann (Hrsg.), DSR, Art. 6 Abs. 4 DSGVO Rn. 17; die Norm als zu unterschiedlichen Interpretationen herausfordernd bezeichnend *Schulz,* in: Gola/Heckmann (Hrsg.), DSGVO/BDSG, Art. 6 DSGVO Rn. 150.

[900] *Schulz,* in: Gola/Heckmann (Hrsg.), DSGVO/BDSG, Art. 6 DSGVO Rn. 134; von einem fehlenden systematischen Konzept sprechend *Assion/Nolte/Veil,* in: Gierschmann et al. (Hrsg.), DSGVO, Art. 6 Rn. 200; *Albers/Veit,* in: Wolff/Brink/von Ungern-Sternberg (Hrsg.), BeckOK DSR, Art. 6 DSGVO Rn. 109.

[901] So *Buchner/Petri,* in: Kühling/Buchner (Hrsg.), DSGVO/BDSG, Art. 6 DSGVO Rn. 183; *Albers/Veit,* in: Wolff/Brink/von Ungern-Sternberg (Hrsg.), BeckOK DSR, Art. 6 DSGVO Rn. 107 f.; *Heberlein,* in: Ehmann/Selmayr (Hrsg.), DSGVO, Art. 6 Rn. 69; *Sartor,* in: Spiecker gen. Döhmann et al. (Hrsg.), GDPR, Art. 6 Rn. 88; *Reimer,* in: Sydow/Marsch (Hrsg.), DSGVO/BDSG, Art. 6 DSGVO Rn. 93; *Albrecht/Jotzo,* Das neue Datenschutzrecht der EU, Teil 3 Rn. 54; *Schantz,* NJW 2016, 1841 (1844).

[902] So *Kramer,* in: Eßer/Kramer/von Lewinski (Hrsg.), DSGVO/BDSG, Art. 6 DSGVO Rn. 98 ff.; *Schulz,* in: Gola/Heckmann (Hrsg.), DSGVO/BDSG, Art. 6 DSGVO Rn. 142; *Roßnagel,* in: Simitis/Hornung/Spiecker gen. Döhmann (Hrsg.), DSR, Art. 6 Abs. 4 DSGVO Rn. 12; *Spindler/Dalby,* in: Spindler/Schuster (Hrsg.), Recht el. Medien, Art. 6 DSGVO Rn. 22; *Plath/Struck,* in: Plath (Hrsg.), DSGVO/BDSG/TTDSG, Art. 6 DSGVO Rn. 157; *Assion/Nolte/Veil,* in: Gierschmann et al. (Hrsg.), DSGVO, Art. 6 Rn. 207 ff.; *Hornung/Hofmann,* ZD-Beil. 2017, 1 (7 f.); *Monreal,* ZD 2016, 507 (510); *Kühling/Martini,* EuZW 2016, 448 (451); *Ziegenhorn/von Heckel,* NVwZ 2016, 1585 (1589); *Taeger,* in: Taeger/Gabel (Hrsg.), DSGVO/BDSG, Art. 6 DSGVO Rn. 173; *Jacquemain* et al., in: Schwartmann et al. (Hrsg.), DS-GVO/BDSG, Art. 6 DSGVO Rn. 239.

[903] Zur Definition des Begriffs der Weiterverarbeitung *Monreal,* ZD 2016, 507 (510).

[904] Eingehender zur Funktionsweise des Monitorings siehe Kap. 2.4.

Hierfür ist zunächst in den Blick zu nehmen, wann Art. 9 DSGVO zur Anwendung kommt, welche Vorgaben die Norm hinsichtlich der Rechtmäßigkeit formuliert und wie sich die Regelung zu Art. 6 DSGVO verhält.

8.2.1 Allgemeines zu Art. 9 DSGVO

Die Norm des Art. 9 DSGVO legt spezifischere Vorgaben hinsichtlich der Rechtmäßigkeit der Verarbeitung besonderer Kategorien personenbezogener Daten (fortan entsprechend EG 10 Satz 6 DSGVO auch als sensible Daten bezeichnet) fest. Hierfür wird in Art. 9 Abs. 1 DSGVO der Begriff der besonderen Kategorien personenbezogener Daten zunächst legaldefiniert sowie die Verarbeitung dieser Daten allgemein verboten. Art. 9 Abs. 2 DSGVO formuliert jedoch Ausnahmen von diesem Verbot.

8.2.1.1 Anwendbarkeit des Verarbeitungsverbots

Das Verarbeitungsverbot aus Art. 9 Abs. 1 DSGVO setzt das Vorliegen besonderer Kategorien personenbezogener Daten voraus. Hierunter werden gem. Art. 9 Abs. 1 DSGVO sämtliche Daten verstanden, „aus denen die rassische und ethnische Herkunft, politische Meinungen, religiöse oder weltanschauliche Überzeugungen oder die Gewerkschaftszugehörigkeit hervorgehen" (HS 1) sowie „genetische[...] Daten, biometrische[...] Daten zur eindeutigen Identifizierung einer natürlichen Person, Gesundheitsdaten oder Daten zum Sexualleben oder der sexuellen Orientierung einer natürlichen Person" (HS 2).

Anhand der Definition ließen sich grundsätzlich zwei Arten besonderer Kategorien personenbezogener Daten unterscheiden:[905] erstens Daten gem. Art. 9 Abs. 1 HS 1 DSGVO, aus denen sensible Informationen mittelbar hervorgehen, und zweitens Daten gem. Art. 9 Abs. 1 HS 2 DSGVO, die unmittelbar selbst den besonderen Kategorien personenbezogener Daten zuzuordnen sind. Daraus würde folgen, dass beispielsweise die Veröffentlichung des Namens einer Person und ihres Ehepartners keine Verarbeitung besonderer Kategorien personenbezogener Daten darstellt, obwohl hierüber zumeist auf die sexuelle Orientierung dieser Personen geschlossen werden kann. Ein solches Normverständnis liefe allerdings dem Zweck des Art. 9 DSGVO zuwider, die betroffenen Personen vor den erheblichen Gefahren zu schützen, die mit den in Art. 9 Abs. 1 DSGVO genannten diskriminierungsrelevanten Informationen einhergehen.[906] Da die in der Norm genannten Datenkategorien gleichermaßen Ausgangspunkt für schwerwiegende Diskriminierungen sein können, erschließt sich keine Abstufung des Schutzes innerhalb dieser Kategorien nicht und kann ebenso nicht vom Gesetzgeber gewollt sein. Dementsprechend unterscheidet auch der EuGH nicht zwischen den einzelnen Kategorien des Art. 9 Abs. 1 DSGVO.[907] Es ist daher ein einheitliches Verständnis anzulegen, wonach vom Verarbeitungsverbot auch Daten erfasst sind, aus denen sich Informationen i.S.v. Art. 9 Abs. 1 HS. 2 DSGVO ableiten lassen.[908]

---

[905] Siehe *Plath,* in: Plath (Hrsg.), DSGVO/BDSG/TTDSG, Art. 9 DSGVO Rn. 4; *Frenzel,* in: Paal/Pauly (Hrsg.), DSGVO/BDSG, Art. 9 DSGVO Rn. 8 f.; *Albers/Veit,* in: Wolff/Brink/von Ungern-Sternberg (Hrsg.), BeckOK DSR, Art. 9 DSGVO Rn. 27; *Schiff,* in: Ehmann/Selmayr (Hrsg.), DSGVO, Art. 9 Rn. 14; *Petri,* in: Simitis/Hornung/Spiecker gen. Döhmann (Hrsg.), DSR, Art. 9 DSGVO Rn. 2; *Spindler/Dalby,* in: Spindler/Schuster (Hrsg.), Recht el. Medien, Art. 9 DSGVO Rn. 4; *Jaspers/Mühlenbeck/Schwartmann,* in: Schwartmann et al. (Hrsg.), DS-GVO/BDSG, Art. 9 DSGVO Rn. 26; *Schneider,* ZD 2017, 303 (303); *Matejek/Mäusezahl,* ZD 2019, 551 (552); *Britz/Indenhuck/Langerhans,* ZD 2021, 559 (562).

[906] EG 51 Satz 1 DSGVO; Schlussanträge GA Rantos v. 20.09.2022, Az. C-252/21, GRUR-RS 2022, 24109 Rn. 41.

[907] EuGH, Urt. v. 01.08.2022, Az. C-184/20, ZD 2022, 611 (614 Rn. 123 f.).

[908] Siehe auch *Petri,* in: Simitis/Hornung/Spiecker gen. Döhmann (Hrsg.), DSR, Art. 9 DSGVO Rn. 2, wonach vieles dafür spricht, dass die Unterscheidung nicht semantisch, sondern lediglich sprachlich vorgenommen wird; *Matejek/Mäusezahl,* ZD 2019, 551 (553); wohl a.A. *Schneider,* ZD 2017, 303 (304).

Der Begriff der besonderen Kategorien personenbezogener Daten ist grundsätzlich weit zu verstehen.[909] So lässt sich auch der Formulierung „hervorgehen" des Art. 9 Abs. 1 DSGVO entnehmen, dass sich die sensiblen Informationen nicht unmittelbar aus den verarbeiteten Daten ergeben müssen,[910] sondern es bereits genügt, wenn sich diese für einen durchschnittlichen objektiven Dritten zumindest mittelbar erkennen lassen.[911] Dabei wird nicht die Korrektheit des Rückschlusses vorausgesetzt.[912] Vielmehr genügt nach herrschender Meinung bereits die hinreichende Wahrscheinlichkeit, dass ein Bezug zu besonderen Kategorien personenbezogener Daten hergestellt werden kann.[913] Hingegen reicht allein die abstrakte Möglichkeit, auf besondere Kategorien personenbezogener Daten zu schließen, nicht aus.[914] So kann etwa aus dem Besuch eines Sakralbaus keine Aussage über eine religiöse Überzeugung abgeleitet werden.[915]

Die hinreichende Wahrscheinlichkeit des Rückschlusses allein kann jedoch nicht ausschlaggebend für die Anwendbarkeit des Art. 9 Abs. 1 DSGVO sein. Dies ergibt sich zunächst aus grundrechtlichen Erwägungen:[916] Bei einer Verarbeitung besonderer Kategorien personenbezogener Daten durch nichtöffentliche Stellen stehen vor allem die über Art. 8, 10 und 21 Abs. 1 GRCh verbürgten Grundrechte auf Seiten der betroffenen Personen, insbesondere dem über Art. 16 GRCh statuierten Grundrecht auf unternehmerische Freiheit auf Seiten des Verantwortlichen gegenüber. Jeder Eingriff in eines dieser Grundrechte ist gem. 52 Abs. 1 GRCh am Grundsatz der Verhältnismäßigkeit zu messen. Entsprechend darf auch eine Begrenzung des Art. 16 GRCh, welche im Zuge des Art. 9 DSGVO insbesondere daraus resultiert, dass eine Verarbeitung besonderer Kategorien personenbezogener Daten nicht auf einen Vertrag gestützt werden kann, nur erfolgen, soweit dies im Hinblick auf die Beschränkung der Grundrechte der betroffenen Person angemessen ist. Aus Sicht der Grundrechte bedarf es mithin eines Ausgleichs der sich gegenüberstehenden Interessen. Ein solcher würde auf sekundärrechtlicher Ebene jedoch zu stark verkürzt, wenn die Verarbeitung von Daten, aus denen grundsätzlich besondere Kategorien personenbezogener Daten abgeleitet werden könnten, nach Art. 9 Abs. 1 DSGVO generell verboten ist, auch wenn die Grundrechte der betroffenen Personen faktisch nicht tangiert werden. Ein solches Verständnis wäre nicht konform mit den europäischen Grundrechten und ist daher abzulehnen.[917] Gegen diese Einschätzung kann auch nicht vorgebracht werden, dass Art. 9 Abs. 2 DSGVO Ausnahmetatbestände vorsieht und die Verarbeitung somit grundsätzlich rechtskonform erfolgen kann. So werden durch Art. 9 Abs. 2 DSGVO

---

[909] EuGH, Urt. v. 01.08.2022, Az. C-184/20, ZD 2022, 611 (614 Rn. 124 f.); *Schiff*, in: Ehmann/Selmayr (Hrsg.), DSGVO, Art. 9 Rn. 14; *Greve*, in: Eßer/Kramer/von Lewinski (Hrsg.), DSGVO/BDSG, Art. 9 DSGVO Rn. 1.
[910] Für Beispiele zur Sensibilität unsensibler Daten siehe *Wagner*, Konnektivität von Assistenzsystemen, 190 ff. m.w.N.
[911] EuGH, Urt. v. 01.08.2022, Az. C-184/20, ZD 2022, 611 (614 Rn. 127 f.); EuGH, Urt. v. 04.07.2023, Az. C-252/21, GRUR 2023, 1132 (1137 Rn. 69); *Schiff*, in: Ehmann/Selmayr (Hrsg.), DSGVO, Art. 9 Rn. 14; *Petri*, in: Simitis/Hornung/Spiecker gen. Döhmann (Hrsg.), DSR, Art. 9 DSGVO Rn. 12; *Spindler/Dalby*, in: Spindler/Schuster (Hrsg.), Recht el. Medien, Art. 9 DSGVO Rn. 4; *Jaspers/Mühlenbeck/Schwartmann*, in: Schwartmann et al. (Hrsg.), DS-GVO/BDSG, Art. 9 DSGVO Rn. 26; *Weichert*, in: Kühling/Buchner (Hrsg.), DSGVO/BDSG, Art. 9 DSGVO Rn. 22.
[912] EuGH, Urt. v. 01.08.2022, Az. C-184/20, ZD 2022, 611 (614 Rn. 127 f.); *Kohn/Schleper*, ZD 2023, 723 (725); *EDPB*, Leitlinien 8/2020, 40 Rn. 125; *Schneider*, ZD 2017, 303 (305).
[913] *Kohn/Schleper*, ZD 2023, 723 (725); *Petri*, in: Simitis/Hornung/Spiecker gen. Döhmann (Hrsg.), DSR, Art. 9 DSGVO Rn. 12; *Schneider*, ZD 2017, 303 (305); *Matejek/Kremer*, CR 2023, 218 (223 Rn. 27); *Britz/Indenhuck/Langerhans*, ZD 2021, 559 (562); *Arlt/Brink/von Ungern-Sternberg* (Hrsg.), BeckOK DSR, Art. 9 DSGVO Rn. 30; a.A. *Schiff*, in: Ehmann/Selmayr (Hrsg.), DSGVO, Art. 9 Rn. 15, wonach eine hinreichende Wahrscheinlichkeit für die inhaltliche Richtigkeit bestehen muss.
[914] *Kohn/Schleper*, ZD 2023, 723 (725); *Schiff*, in: Ehmann/Selmayr (Hrsg.), DSGVO, Art. 9 Rn. 15; wohl a.A. *Schneider*, ZD 2017, 303 (305).
[915] *DSK*, Kurzpapier Nr. 17, 1.
[916] Siehe hierzu auch *Britz/Indenhuck/Langerhans*, ZD 2021, 559 (559 f.).
[917] So auch *Britz/Indenhuck/Langerhans*, ZD 2021, 559 (560).

höhere Anforderungen an die Datenverarbeitung formuliert als durch Art. 6 Abs. 1 DSGVO, obwohl dies im Einzelfall nicht durch eine sachgerechte Interessenauslegung begründet werden könnte.

Zudem wäre ein Verständnis, wonach allein die hinreichende Wahrscheinlichkeit einer Ableitung für die Anwendbarkeit des Art. 9 Abs. 1 DSGVO genügt, ausufernd. In Zeiten moderner Datenverarbeitungstechnologien können besondere Kategorien personenbezogener Daten ohne größeren Aufwand aus gewöhnlichen und für sich genommen wenig aussagekräftigen Daten abgeleitet werden. Bereits 2013 war es möglich, anhand der Gefällt-Mir-Angaben einer Person auf Facebook deren sexuelle Orientierung, ethnische Zugehörigkeit oder politische Überzeugung zu ermitteln.[918] Durch die inzwischen weit verbreitete Nutzung von Big Data und dem zunehmenden Einsatz Künstlicher Intelligenz werden derartige Rückschlüsse nicht nur immer leichter, sondern auch immer zuverlässiger. In der Folge können aus nahezu jedem Datensatz besondere Kategorien personenbezogener Daten hervorgehen, wodurch Art. 9 Abs. 1 DSGVO fast immer zur Anwendung kommen müsste.[919] Eine solche pauschalisierende Bewertung stünde jedoch einerseits dem der Verordnung inhärenten risikobasierten Ansatz entgegen und würde andererseits dazu führen, dass das in der Verordnung eigentlich angelegte Regel-Ausnahme-Verhältnis von Art. 6 DSGVO und Art. 9 DSGVO umgekehrt wird und die allgemeinen Rechtfertigungstatbestände des Art. 6 Abs. 1 DSGVO praktisch gegenstandslos werden.[920] Dies kann nicht im Interesse des Gesetzgebers liegen und ist daher abzulehnen.

Im Zuge einer sachgerechten Anwendung des Art. 9 Abs. 1 DSGVO sind deshalb nicht nur die Daten selbst in den Blick zu nehmen, sondern ebenfalls der Kontext der Datenverarbeitung, welcher das Risiko für die betroffenen Personen maßgeblich mitbestimmt.[921] Bei der Ermittlung des Verarbeitungskontexts ist ein objektivierender Maßstab anzusetzen, weswegen – entsprechend der Rechtsprechung des EuGH und der Schutzrichtung des Art. 9 DSGVO – die individuelle Auswertungsabsicht außer Acht bleiben muss.[922] Vielmehr ist auf die objektiv bestimmbaren Verarbeitungsumstände wie die eingesetzten Verarbeitungstechniken, die informationstechnische Infrastruktur, die Verarbeitungsabläufe, das Auswertungspotenzial, das Zusammenspiel unterschiedlicher Akteure sowie das Verarbeitungsumfeld, etwa die Einbeziehung von Big Data oder Künstlicher Intelligenz, abzustellen.[923] Darüber hinaus wird der Verarbeitungskontext auch dadurch bestimmt, inwieweit die mittelbar sensiblen Daten tatsächlich

---

[918] *Kosinski/Stillwell/Graepel,* Proceedings of the National Academy of Sciences of the United States of America 2013, 5802 (5802 f.).

[919] So auch *Kohn/Schleper,* ZD 2023, 723 (724).

[920] *Kohn/Schleper,* ZD 2023, 723 (724); *Schneider,* ZD 2017, 303 (307); siehe auch *Matejek/Mäusezahl,* ZD 2019, 551 (552).

[921] *Albers/Veit,* in: Wolff/Brink/von Ungern-Sternberg (Hrsg.), BeckOK DSR, Art. 9 DSGVO Rn. 30; *Greve,* in: Eßer/Kramer/von Lewinski (Hrsg.), DSGVO/BDSG, Art. 9 DSGVO Rn. 21 f.; *Plath,* in: Plath (Hrsg.), DSGVO/BDSG/TTDSG, Art. 9 DSGVO Rn. 3 ff.; *Weichert,* in: Kühling/Buchner (Hrsg.), DSGVO/BDSG, Art. 9 DSGVO Rn. 3 und 22; *Mester,* in: Taeger/Gabel (Hrsg.), DSGVO/BDSG, Art. 9 DSGVO Rn. 6; *Schulz,* in: Gola/Heckmann (Hrsg.), DSGVO/BDSG, Art. 9 DSGVO Rn. 13; *Matejek/Mäusezahl,* ZD 2019, 551 (553); *Kohn/Schleper,* ZD 2023, 723 (725); *Britz/Indenhuck/Langerhans,* ZD 2021, 559 (559); siehe auch das Volkszählungsurteil BVerfGE 65, 1 (45), wonach nicht allein auf die Art der Angaben abgestellt werden kann, sondern die Nutzbarkeit und Verwendungsmöglichkeit der Daten berücksichtigt werden muss, welche sich insbesondere aus dem Verarbeitungszweck und den der Informationstechnologie eigenen Verarbeitungs- und Verknüpfungsmöglichkeiten ergibt.

[922] EuGH, Urt. v. 04.07.2023, Az. C-252/21, GRUR 2023, 1132 (1137 Rn. 69 f.); *Weichert,* in: Kühling/Buchner (Hrsg.), DSGVO/BDSG, Art. 9 DSGVO Rn. 3; dem widersprechend *Plath,* in: Plath (Hrsg.), DSGVO/BDSG/TTDSG, Art. 9 DSGVO Rn. 5; *Britz/Indenhuck/Langerhans,* ZD 2021, 559 (562); a.A. *Kohn/Schleper,* ZD 2023, 723 (726).

[923] Ebenfalls auf den Verarbeitungskontext abstellend, aber die Auswertungsabsicht einbeziehend: *Weichert,* in: Kühling/Buchner (Hrsg.), DSGVO/BDSG, Art. 9 DSGVO Rn. 22; *Albers/Veit,* in: Wolff/Brink/von Ungern-Sternberg (Hrsg.), BeckOK DSR, Art. 9 DSGVO Rn. 30.

nutzbar gemacht werden[924] und ob sie in der Sphäre des Verantwortlichen verbleiben, an Dritte weitergegeben werden oder sie in die Öffentlichkeit gelangen.[925] Der Bewertung des Verarbeitungskontexts sind die genannten Kriterien in einer Gesamtschau zugrunde zu legen.

Anhand dieser Kriterien ergibt sich beispielsweise, dass eine Veröffentlichung von Daten, über die auf Informationen i.S.v. Art. 9 Abs. 1 DSGVO geschlossen werden kann, zu einem nicht eingrenzbaren Verarbeitungskontext führt. So kann unter anderem nicht bestimmt werden, wer die Daten im Rahmen welcher informationstechnischen Infrastruktur verwendet, inwieweit besondere Verarbeitungstechnologien zur Anwendung kommen sowie ob die mittelbar sensiblen Daten tatsächlich nutzbar gemacht werden. Das von der Verarbeitung potenziell ausgehende Risiko für die betroffenen Personen ist mithin hoch und ein Rückschluss auf sensible Informationen hinreichend wahrscheinlich. In der Folge greift das Verarbeitungsverbot nach Art. 9 Abs. 1 DSGVO.[926] Hingegen besteht keine hinreichende Wahrscheinlichkeit, dass auf sensible Informationen geschlossen wird, wenn eine Bank von einem Kunden regelmäßig Überweisungsaufträge zugunsten einer politischen Organisation entgegennimmt, sofern die Bank lediglich die Überweisung ausführt und weitere Verarbeitungsvorgänge wie die Auswertung der Kontobewegungen unterlässt. Zwar besteht hier grundsätzlich unter anderem ein Auswertungspotenzial hinsichtlich der politischen Ausrichtung des Kunden, allerdings sind die Verarbeitungsabläufe hierauf nicht ausgerichtet. Ausschließlich der Empfänger der Überweisung sowie dessen Bank erhalten die Daten, besondere Verarbeitungstechnologien werden nicht eingesetzt und die mittelbar sensiblen Daten werden nicht nutzbar gemacht. Dem Verarbeitungskontext lässt sich mithin kein besonderes Risiko für die betroffenen Personen entnehmen,[927] welches die Anwendbarkeit des Art. 9 Abs. 1 DSGVO rechtfertigen würde.

Insgesamt ergibt sich damit, dass Art. 9 Abs. 1 DSGVO lediglich dann anwendbar ist, wenn unter Berücksichtigung des Verarbeitungskontexts eine hinreichende Wahrscheinlichkeit besteht, dass zuverlässig auf Informationen geschlossen werden kann, die besonderen Kategorien personenbezogener Daten zugeordnet werden können.

8.2.1.2 Ausnahmen vom Verarbeitungsverbot

Von dem in Art. 9 Abs. 1 DSGVO statuierten Verbot der Verarbeitung besonderer Kategorien personenbezogener Daten sehen Art. 9 Abs. 2 lit. a bis j DSGVO zahlreiche Ausnahmen vor. Diese betreffen die Verarbeitung sensibler Daten auf Grundlage einer Einwilligung (lit. a), im Zuge des Arbeitsrechts oder des Rechts der sozialen Sicherheit (lit. b), zum Schutz lebenswichtiger Interessen (lit. c), im Rahmen der rechtmäßigen Tätigkeit einer Organisation ohne Gewinnerzielungsabsicht in Bezug auf mit ihr eng verbundene Personen (lit. d), die Verarbeitung von offensichtlich durch die betroffene Person öffentlich gemachten sensiblen Daten (lit. e) sowie die Verarbeitung sensibler Daten im Rahmen von Rechtsansprüchen oder justiziellen Tätigkeiten (lit. f), im erheblichen öffentlichen Interesse (lit. g), zu Zwecken der Gesundheitsvorsorge oder Arbeitsmedizin (lit. h), auf Grundlage eines öffentlichen Interesses im Bereich der öffentlichen Gesundheit (lit. i) und zu Forschungs-, archivarischen oder statistischen Zwecken (lit. j).

---

[924] *Kohn/Schleper,* ZD 2023, 723 (726); *Britz/Indenhuck/Langerhans,* ZD 2021, 559 (562); *Matejek/Mäusezahl,* ZD 2019, 551 (553).

[925] *Kohn/Schleper,* ZD 2023, 723 (725).

[926] Vgl. EuGH, Urt. v. 01.08.2022, Az. C-184/20, ZD 2022, 611 (614 Rn. 128); *Albers/Veit,* in: Wolff/Brink/von Ungern-Sternberg (Hrsg.), BeckOK DSR, Art. 9 DSGVO Rn. 30.

[927] Zu diesem Beispiel siehe *Britz/Indenhuck/Langerhans,* ZD 2021, 559 (560).

Die in Art. 9 Abs. 2 DSGVO formulierten Ausnahmetatbestände besitzen abschließenden Charakter.[928] Abweichungen durch die Mitgliedstaaten sind lediglich im Rahmen der Öffnungsklauseln zulässig, die in den einzelnen Ausnahmen sowie in Art. 9 Abs. 3 und 4 DSGVO ausdrücklich formuliert sind. Von diesen hat der deutsche Gesetzgeber bereits Gebrauch gemacht. So werden beispielsweise mit § 22 BDSG zusätzliche Regelungen bezüglich der Verarbeitung besonderer Kategorien personenbezogener Daten getroffen (Abs. 1) sowie das Erfordernis angemessener und spezifischer Maßnahmen zur Wahrung der Interessen der betroffenen Person konkretisiert (Abs. 2).[929]

Ziel des Art. 9 Abs. 2 DSGVO ist die Gewährleistung einer schutzbedarfsgerechten Verarbeitung personenbezogener Daten durch die Formulierung adäquater normativer Vorgaben.[930] Um dem hinreichend Rechnung zu tragen, müssen die Ausnahmetatbestände des Art. 9 Abs. 2 DSGVO restriktiv ausgelegt werden.[931] Anderenfalls würde auch die Möglichkeit zur Verarbeitung massiv diskriminierungs- und missbrauchsanfälliger Daten unverhältnismäßig erweitert. Im Zuge dessen ist zudem die Bildung abstrakter Fallgruppen, anhand derer die Einschlägigkeit der Ausnahmetatbestände pauschal bewertet werden könnten, nicht zulässig. Dies verbietet sich im Zuge der Schutzrichtung des Art. 9 Abs. 1 DSGVO ebenso wie die Differenzierung zwischen den einzelnen besonderen Kategorien personenbezogener Daten. In der Praxis ist daher stets auf die individuellen Umstände des Einzelfalls abzustellen, um zu einem sachgerechten Ergebnis i.S.v. Art. 9 DSGVO zu kommen.

8.2.1.3 Verhältnis von Art. 9 DSGVO und Art. 6 DSGVO

Da sich Art. 9 DSGVO ebenso wie Art. 6 DSGVO auf die datenschutzrechtliche Zulässigkeit der Verarbeitung personenbezogener Daten bezieht, ist das Verhältnis der beiden Normen zueinander in der Literatur bislang umstritten.

Zum einen wird vertreten, Art. 9 DSGVO diene als Ergänzung des Art. 6 DSGVO.[932] Nach dieser Ansicht wird Art. 6 DSGVO durch Art. 9 DSGVO normativ überlagert, nicht aber verdrängt, weswegen für eine rechtmäßige Datenverarbeitung stets auch die Bedingungen für die

---

[928] *Greve*, in: Eßer/Kramer/von Lewinski (Hrsg.), DSGVO/BDSG, Art. 9 DSGVO Rn. 24; *Albers/Veit*, in: Wolff/Brink/von Ungern-Sternberg (Hrsg.), BeckOK DSR, Art. 9 DSGVO Rn. 52; *Weichert*, in: Kühling/Buchner (Hrsg.), DSGVO/BDSG, Art. 9 DSGVO Rn. 46; *Petri*, in: Simitis/Hornung/Spiecker gen. Döhmann (Hrsg.), DSR, Art. 9 DSGVO Rn. 24; *Kampert*, in: Sydow/Marsch (Hrsg.), DSGVO/BDSG, Art. 9 DSGVO Rn. 11.

[929] BT-Drs. 18/11325, S. 94 f.

[930] *Albers/Veit*, in: Wolff/Brink/von Ungern-Sternberg (Hrsg.), BeckOK DSR, Art. 9 DSGVO Rn. 51.

[931] *Weichert*, in: Kühling/Buchner (Hrsg.), DSGVO/BDSG, Art. 9 DSGVO Rn. 46; *Frenzel*, in: Paal/Pauly (Hrsg.), DSGVO/BDSG, Art. 9 DSGVO Rn. 18; *Jaspers/Mühlenbeck/Schwartmann*, in: Schwartmann et al. (Hrsg.), DS-GVO/BDSG, Art. 9 DSGVO Rn. 125; *Korge*, in: Gierschmann et al. (Hrsg.), DSGVO, Art. 9 Rn. 19; *Mester*, in: Taeger/Gabel (Hrsg.), DSGVO/BDSG, Art. 9 DSGVO Rn. 17; *Schiff*, in: Ehmann/Selmayr (Hrsg.), DSGVO, Art. 9 Rn. 33; a.A. *Albers/Veit*, in: Wolff/Brink/von Ungern-Sternberg (Hrsg.), BeckOK DSR, Art. 9 DSGVO Rn. 51.

[932] *Weichert*, in: Kühling/Buchner (Hrsg.), DSGVO/BDSG, Art. 9 DSGVO Rn. 4; *Petri*, in: Simitis/Hornung/Spiecker gen. Döhmann (Hrsg.), DSR, Art. 9 DSGVO Rn. 2; *Albers/Veit*, in: Wolff/Brink/von Ungern-Sternberg (Hrsg.), BeckOK DSR, Art. 9 DSGVO Rn. 19; *Jóri*, in: Spiecker gen. Döhmann et al. (Hrsg.), GDPR, Art. 9 Rn. 16; *Plath*, in: Plath (Hrsg.), DSGVO/BDSG/TTDSG, Art. 9 DSGVO Rn. 19; *Bundesministerium für Wirtschaft und Energie*, Orientierungshilfe zum Gesundheitsdatenschutz, 20; *EDPB*, Leitlinien 8/2020, 37 Rn. 114; *EDPB*, Leitlinien 3/2019, 18 Rn. 68; *Hornung/Gilga*, CR 2020, 367 (374 Rn. 40); *Golla/Hofmann/Bäcker*, DuD 2018, 89 (92 f.); *Robrahn/Bremert*, ZD 2018, 291 (295); BT-Drs. 18/11325, S. 94; wohl auch *Schulz*, in: Gola/Heckmann (Hrsg.), DSGVO/BDSG, Art. 9 DSGVO Rn. 5; *Wedde*, in: Däubler et al. (Hrsg.), DSGVO/BDSG/TTDSG, Art. 9 DSGVO Rn. 4; *Jaspers/Mühlenbeck/Schwartmann*, in: Schwartmann et al. (Hrsg.), DS-GVO/BDSG, Art. 9 DSGVO Rn. 21; *Kampert*, in: Sydow/Marsch (Hrsg.), DSGVO/BDSG, Art. 9 DSGVO Rn. 62; *Schneider*, ZD 2017, 303 (305); *Matejek/Mäusezahl*, ZD 2019, 551 (554).

Rechtmäßigkeit aus Art. 6 DSGVO erfüllt sein müssen.[933] Als Begründung für diese Auslegung wird insbesondere EG 51 Satz 5 DSGVO herangezogen.[934] Dieser statuiert, dass „[z]usätzlich zu den speziellen Anforderungen an eine [...] Verarbeitung [...] die allgemeinen Grundsätze und andere Bestimmungen dieser Verordnung, insbesondere hinsichtlich der Bedingungen für eine rechtmäßige Verarbeitung, gelten [sollten]."

Gemäß einer anderen Auffassung verdrängt Art. 9 DSGVO die allgemeinere Regelung des Art. 6 DSGVO, weswegen deren Vorgaben bei besonderen Kategorien personenbezogener Daten nicht zur Anwendung kommen dürfen.[935] Teilweise wird diese Auslegung des Art. 9 DSGVO lediglich formuliert, nicht aber näher begründet.[936] Vereinzelt wird allerdings der Standpunkt[937] des Rats der Europäischen Union zur ersten Lesung der DSGVO als Argument angeführt, wonach die Verarbeitung besonderer Kategorien personenbezogener Daten abweichend von Art. 9 Abs. 1 DSGVO „unter bestimmten, erschöpfend aufgelisteten Umständen zulässig [ist], beispielsweise wenn die betroffene Person ausdrücklich eingewilligt hat [...]".[938]

Es vermag nicht zu überzeugen, dass Art. 6 DSGVO durch Art. 9 DSGVO verdrängt wird. Einerseits bezieht der Rat seine Aussage lediglich auf die Ausnahmen zum Verbot der Verarbeitung besonderer Kategorien personenbezogener Daten, adressiert also nicht die grundsätzliche Rechtmäßigkeit einer Datenverarbeitung. Andererseits ergibt sich auch aus der Norm des Art. 9 DSGVO ausdrücklich nur, dass die Verarbeitungsverbot gem. Art. 9 Abs. 1 DSGVO bei Verwirklichung eines Ausnahmetatbestands gem. Art. 9 Abs. 2 DSGVO nicht gilt.[939] Ein Ausschluss der Anwendbarkeit des Art. 6 DSGVO lässt sich dem nicht entnehmen. Würde dies anders gesehen werden, hätte dies unter anderem zur Folge, dass offensichtlich öffentlich gemachte sensible Daten im Zuge des Art. 9 Abs. 2 lit. e DSGVO unter geringerem Schutz stünden als offensichtlich öffentlich gemachte gewöhnliche Daten, die sich an den weitergehenden Anforderungen des Art. 6 Abs. 1 DSGVO messen lassen müssen.[940] Eine solche Auslegung würde nicht dem Regelungs- und Schutzzweck der DSGVO entsprechen und ist daher abzulehnen.

Entsprechend der hier vertretenen Auffassung entschied inzwischen auch der EuGH.[941] Das diesbezügliche Urteil betraf insbesondere die Frage, inwieweit die Rechtmäßigkeit einer Verarbeitung von Gesundheitsdaten nicht nur von dem im Ausgangsverfahren gegenständlichen Ausnahmetatbestand nach Art. 9 Abs. 2 lit. h DSGVO, sondern auch von Art. 6 Abs. 1 DSGVO abhängt.[942] Der EuGH stellte diesbezüglich fest, dass eine auf Art. 9 Abs. 2 lit. h DSGVO gestützte Verarbeitung besonderer Kategorien personenbezogener Daten nur dann rechtmäßig ist, wenn auch mindestens eine der in Art. 6 Abs. 1 DSGVO genannten

---

[933] *Albers/Veit*, in: Wolff/Brink/von Ungern-Sternberg (Hrsg.), BeckOK DSR, Art. 9 DSGVO Rn. 11.
[934] So beispielsweise *Albers/Veit*, in: Wolff/Brink/von Ungern-Sternberg (Hrsg.), BeckOK DSR, Art. 9 DSGVO Rn. 11; *Jóri*, in: Spiecker gen. Döhmann et al. (Hrsg.), GDPR, Art. 9 Rn. 16.
[935] *Weiß*, Öffnungsklauseln in der DSGVO und nationale Verwirklichung im BDSG, 179 ff.; *Korge*, in: Gierschmann et al. (Hrsg.), DSGVO, Art. 9 Rn. 3; *Greve*, in: Eßer/Kramer/von Lewinski (Hrsg.), DSGVO/BDSG, Art. 9 DSGVO Rn. 24; *Frenzel*, in: Paal/Pauly (Hrsg.), DSGVO/BDSG, Art. 9 DSGVO Rn. 18; *Albrecht/Jotzo*, Das neue Datenschutzrecht der EU, Teil 3 Rn. 58; *Schantz*, in: Schantz/Wolff (Hrsg.), Das neue Datenschutzrecht, 220 (222 Rn. 705).
[936] So beispielsweise *Albrecht/Jotzo*, Das neue Datenschutzrecht der EU, Teil 3 Rn. 58; *Korge*, in: Gierschmann et al. (Hrsg.), DSGVO, Art. 9 Rn. 3; *Frenzel*, in: Paal/Pauly (Hrsg.), DSGVO/BDSG, Art. 9 DSGVO Rn. 18; *Schantz*, in: Schantz/Wolff (Hrsg.), Das neue Datenschutzrecht, 220 (222 Rn. 705).
[937] Rat der Europäischen Union, Standpunkt (EU) Nr. 6/2016, ABl. 2016 C 159/83 (87).
[938] So beispielsweise *Korge*, in: Gierschmann et al. (Hrsg.), DSGVO, Art. 9 Rn. 3.
[939] So auch *Golla/Hofmann/Bäcker*, DuD 2018, 89 (92 f.).
[940] *Golla/Hofmann/Bäcker*, DuD 2018, 89 (92 f.); *Hornung/Gilga*, CR 2020, 367 (374 Rn. 41).
[941] EuGH, Urt. v. 21.12.2023, Az. C-667/21, GRUR-RS 2023, 36822 Rn. 71 ff.
[942] EuGH, Urt. v. 21.12.2023, Az. C-667/21, GRUR-RS 2023, 36822 Rn. 35 Vorlagefrage 3.

8.2 Rechtmäßigkeit nach Art. 9 DSGVO

Rechtmäßigkeitsanforderungen erfüllt ist.[943] Zwar bezieht sich das Urteil grundsätzlich nur auf die Rechtsgrundlage des Art. 9 Abs. 2 lit. h DSGVO, jedoch lassen sich der Entscheidung keine Anhaltspunkte entnehmen, dass die Rechtmäßigkeit der Verarbeitung bei den unterschiedlichen Ausnahmetatbeständen des Art. 9 Abs. 2 DSGVO unterschiedlich zu beurteilen wäre. Vielmehr ist anhand der Argumentationsführung darauf zu schließen, dass bei einer Verarbeitung sensibler Daten neben Art. 9 DSGVO immer auch eine Pflicht zur Anwendung des Art. 6 Abs. 1 DSGVO besteht. So argumentiert der EuGH zunächst mit dem bereits erwähnten und für die Bestimmungen der DSGVO allgemeingültigen EG 51 Satz 5 DSGVO, wonach neben den spezielleren Anforderungen der Verordnung immer auch die allgemeinen Grundsätze zu berücksichtigen sind.[944] Im Weiteren führt er aus, dass Art. 6 Abs. 1 UAbs. 1 DSGVO eine erschöpfende und abschließende Liste der Fälle vorsieht, in denen eine Verarbeitung als rechtmäßig angesehen werden kann und vorangegangene Entscheidungen dementsprechend bereits formuliert haben, dass jede Verarbeitung personenbezogener Daten – unabhängig von ihrer Sensibilität – die in Art. 6 DSGVO aufgeführten Voraussetzungen sowie die speziellen Anforderungen erfüllen muss.[945] Insgesamt ist die Entscheidung des EuGH bezüglich des Art. 9 Abs. 2 lit. h DSGVO damit auf sämtliche Ausnahmetatbestände des Art. 9 Abs. 2 DSGVO übertragbar.

8.2.2 Rechtmäßigkeit der Verarbeitung (zufällig erfasster) besonderer Kategorien personenbezogener Daten

Wie bereits zu Beginn dieses Kapitels dargelegt, kann es bei der mit einem Monitoring einhergehenden Datenverarbeitung dazu kommen, dass im Rahmen der Datenakquise mittelbar oder unmittelbar besondere Kategorien personenbezogener Daten i.S.v. Art. 9 Abs. 1 DSGVO verarbeitet werden. Dem ist bei der Beurteilung der Rechtmäßigkeit der Datenverarbeitung gebührend Rechnung zu tragen.

8.2.2.1 Bewusste Verarbeitung von (un)mittelbar sensiblen Daten

Werden beim Monitoring gezielt besondere Kategorien personenbezogener Daten verarbeitet oder gewöhnliche Daten bewusst so erhoben und kombiniert, dass aus ihnen sensible Daten hervorgehen, ist eine Anwendbarkeit des Art. 9 Art. 1 DSGVO gegeben. Zum einen erfasst die Norm unstreitig die systematische Verarbeitung besonderer Kategorien personenbezogener Daten. Zum anderen werden auch Datenverarbeitungen adressiert, in deren Rahmen aus gewöhnlichen Daten sensible Daten gewonnen werden sollen.[946] In solchen Fällen besteht eine überaus hohe Wahrscheinlichkeit der Offenlegung besonderer Kategorien personenbezogener Daten. Zudem ergibt sich aus dem Verarbeitungskontext ein besonderes Risiko für die betroffenen Personen. So ist davon auszugehen, dass sowohl die technische Infrastruktur als auch die eingesetzten Verarbeitungstechniken und die Verarbeitungsabläufe darauf ausgerichtet sind, durch die Kombination von gewöhnlichen Daten sensible Daten zu ermitteln. Hinzu kommt, dass mittelbar sensible Daten im Rahmen der Verarbeitung auch tatsächlich als solche nutzbar gemacht werden. Angesichts dieser Umstände ist daher nicht mehr entscheidend, wer an der Verarbeitung beteiligt ist oder ob die Daten weitergegeben oder veröffentlicht werden. Vielmehr muss das Verarbeitungsverbot hier bereits ohne Berücksichtigung dieser Kriterien zur Anwendung kommen.

8.2.2.2 Zufällige Verarbeitung unmittelbar sensibler Daten

Werden beim Monitoring zufällig unmittelbar sensible Daten erhoben, sind zur Bewertung der Anwendbarkeit des Art. 9 Abs. 1 DSGVO zwei Konstellationen zu unterscheiden. Die erste

---

[943] EuGH, Urt. v. 21.12.2023, Az. C-667/21, GRUR-RS 2023, 36822 Rn. 79.
[944] EuGH, Urt. v. 21.12.2023, Az. C-667/21, GRUR-RS 2023, 36822 Rn. 73.
[945] EuGH, Urt. v. 21.12.2023, Az. C-667/21, GRUR-RS 2023, 36822 Rn. 74 ff.
[946] Siehe hierzu Kap. 8.2.1.1.

Konstellation erfasst die lediglich kurze Erhebung dieser Daten im Arbeitsspeicher im Rahmen der Datenakquise, wobei das jeweilige Datum lediglich auf Relevanz in Bezug auf das Monitoring-Objekt überprüft und anschließend aufgrund mangelnder Relevanz und ohne Erkenntnisgewinn ausgesondert wird. Die zweite Konstellation beinhaltet die Erfassung sensibler Daten bei der Datenakquise, wobei diese als relevant klassifiziert und zur Verarbeitung im Rahmen der Datenanalyse persistent gespeichert werden.

Im ersten Fall ist eine Anwendbarkeit des Art. 9 Abs. 1 DSGVO nicht gegeben. Obwohl die Verarbeitung hier unmittelbar besondere Kategorien personenbezogener Daten umfasst, ist im Zuge der technischen Besonderheiten des Monitorings die Anwendbarkeit des Verarbeitungsverbots zu verneinen. Die erfassten Daten werden im Arbeitsspeicher vorgehalten und dort von neuen Daten überschrieben, sobald sie als nicht relevant klassifiziert wurden.[947] Diese kurzzeitig erfassten, aber ohne weitere Auswertung ausgesonderten sensiblen Daten offenbaren weder ihren konkreten Inhalt noch erfolgt ein Zugriff durch Menschen. Ein solcher wäre aus pragmatischen Gründen auch nicht realistisch. So ist eine analoge Kenntnisnahme sämtlicher im Prozessschritt der Datenakquise erfassten Daten in der Praxis aufgrund der im Verhältnis zu automatisierten Verfahren deutlich begrenzten Leistungsfähigkeit von Menschen nicht umsetzbar. Darüber hinaus ergibt sich auch aus dem Verarbeitungskontext kein Anhaltspunkt für die Anwendbarkeit des Art. 9 Abs. 1 DSGVO. So sind die im Rahmen des Monitorings erfassten besonderen Kategorien personenbezogener Daten nicht in eine informationstechnische Infrastruktur gebettet, die auf die Verwertung dieser Datenkategorien spezialisiert ist. Ebenfalls sind die eingesetzten Techniken wie auch die Verarbeitungsabläufe und das Verarbeitungsumfeld nicht darauf ausgelegt, sensible Daten zu erheben und weiterzuverarbeiten. Hinzu kommt, dass die besonderen Kategorien personenbezogener Daten nicht Gegenstand des Prozessschritts der Datenauswertung werden, ein zu Nutze machen also nicht gegeben ist. Mithin ist mit einer solchen Verarbeitung insgesamt kein besonderes Risiko für die betroffenen Personen verbunden, welches die Anwendbarkeit des Art. 9 DSGVO zusätzlich zu Art. 6 DSGVO[948] rechtfertigen könnte.[949] Das Verarbeitungsverbot greift daher nicht.

Im zweiten Fall ist der Anwendungsbereich des Art. 9 Abs. 1 DSGVO eröffnet. Zwar ist die Sachlage grundsätzlich mit dem ersten Fall vergleichbar, entscheidender Unterschied ist jedoch, dass die sensiblen Daten nicht ohne Erkenntnisgewinn ausgesondert, sondern für den Prozessschritt der Datenauswertung wenigstens vorläufig persistent gespeichert werden. Dies wirkt sich in besonderer Weise auf den Verarbeitungskontext aus. So findet im Rahmen der Datenauswertung im Unterschied zum ersten Fall unfraglich eine Nutzung der sensiblen Daten statt. Des Weiteren werden die sensiblen Daten durch das Monitoring potenziell in neue Zusammenhänge gesetzt, wodurch zusätzliche Gefahren für die betroffenen Personen entstehen können. Es ergibt sich mithin, dass insgesamt von einem besonderen Risiko für die betroffenen Personen ausgegangen werden und das Verarbeitungsverbot daher zur Anwendung kommen muss. Entsprechend entschied auch der EuGH, dass eine Verarbeitung von Mischdatensätzen – wie sie auch beim hier beschriebenen Monitoring erfolgt – dem Verarbeitungsverbot unterliegt, wenn hierdurch die Offenlegung von Informationen ermöglicht wird, die in eine der

---

[947] Eingehender zur Funktionsweise des Monitorings siehe Kap. 2.4.

[948] Die dargelegte Argumentation hinsichtlich der kurzzeitigen Erhebung sensibler Daten wirkt sich nicht auf die Anwendbarkeit des Art. 6 DSGVO aus, da sie insoweit nicht übertragbar ist. Einerseits kann die Verarbeitung einfacher personenbezogener Daten im Rahmen des Monitorings technisch bislang nicht vollumfänglich ausgeschlossen werden, siehe hierzu Kap. 2.4.2.1. Andererseits liegt auch in Erhebung personenbezogener Daten im Arbeitsspeicher eine datenschutzrelevante Verarbeitung, die einer Rechtfertigung bedarf, vgl. hierzu Kap. 6.1.3.2 und Kap. 6.2.3.3.

[949] Vgl. BVerfGE 150, 244 (266), wonach eine ungezielte und allein technikbedingte Miterfassung nur relevant wird, wenn ein verdichtetes Interesse an der Auswertung dieser Daten besteht.

besonderen Kategorien personenbezogener Daten fallen.[950] Um die Anwendbarkeit des Art. 9 DSGVO auszuschließen, ist es bei der Konfiguration des Monitorings daher geboten, die Datenakquise möglichst so auszugestalten, dass sensible Daten nicht als relevant klassifiziert und in den nächsten Prozessschritt der Datenanalyse überführt werden.

8.2.2.3 Zufällige Verarbeitung mittelbar sensibler Daten

Werden im Rahmen des Monitorings zufällig gewöhnliche Daten verarbeitet, aus welchen sensible Daten hervorgehen können, ist die Anwendbarkeit des Art. 9 Abs. 1 DSGVO zu verneinen. Auch wenn in diesem Fall grundsätzlich die Möglichkeit zur Offenlegung von Informationen zu besonderen Kategorien personenbezogener Daten besteht, ist die Wahrscheinlichkeit, dass dies tatsächlich stattfindet, äußerst gering. Dies ergibt sich insbesondere aus dem Verarbeitungskontext. So kann vernünftigerweise unterstellt werden, dass weder die informationstechnische Infrastruktur noch die eingesetzten Verarbeitungstechniken oder die Verarbeitungsabläufe geeignet sind, mittelbar sensible Daten in einer Weise zu verarbeiten, dass aus ihnen unmittelbar sensible Daten hervorgehen. Mithin ist nicht davon auszugehen, dass die mittelbar sensiblen Daten als solche auch genutzt werden. Für die betroffenen Personen ergibt sich daher insgesamt kein besonderes Risiko. Das Verarbeitungsverbot muss folglich unangewendet bleiben, soweit keine begründete Vermutung gegeben ist, dass die mittelbar sensiblen Daten im Rahmen der Verarbeitung auch als solche genutzt werden.

Diese Auslegung wird durch EG 51 Satz 3 DSGVO gestützt. Demnach soll die Verarbeitung von Lichtbildern nicht grundsätzlich als Verarbeitung einer besonderen Kategorie personenbezogener Daten angesehen werden, da Lichtbilder nur dann von der Definition des in den Anwendungsbereich des Art. 9 Abs. 1 DSGVO fallenden Begriffs „biometrische Daten" erfasst sind, wenn sie mit speziellen technischen Mitteln verarbeitet werden, die die eindeutige Identifizierung oder Authentifizierung einer natürlichen Person ermöglichen. Wird die dem Erwägungsgrund zugrundeliegende Logik auf das Monitoring übertragen, ergibt sich, dass eine Datenverarbeitung im Rahmen von Monitoring lediglich dann vom Verarbeitungsverbot gem. Art. 9 Abs. 1 DSGVO erfasst ist, wenn tatsächlich Rückschlüsse auf sensible Informationen gezogen werden. Davon ist bei einer unbeabsichtigten Erfassung mittelbar sensibler Daten – wie bereits dargelegt – jedoch nicht auszugehen.

Darüber hinaus ergibt sich aus der Rechtsprechung des EuGH, dass eine Verarbeitung von Datensätzen, die sowohl gewöhnliche als auch sensible Daten enthalten, nur von Art. 9 Abs. 1 DSGVO erfasst ist, wenn hierdurch die Offenlegung von besonderen Kategorien personenbezogener Daten ermöglicht wird.[951] Macht ein Monitoring sich jedoch mittelbar sensible Daten nicht als solche zu Nutze, ist davon auszugehen, dass im Rahmen der Verarbeitung keine sensiblen Informationen entstehen. Folglich ist auch im Sinne der Rechtsprechung die Anwendbarkeit des Verarbeitungsverbots bei der zufälligen Verarbeitung mittelbar sensibler Daten zu verneinen.

8.2.3 Zwischenergebnis

Werden besondere Kategorien personenbezogener Daten verarbeitet, greift grundsätzlich das in Art. 9 Abs. 1 DSGVO verankerte Verarbeitungsverbot. Dies gilt auch für die bewusste Erhebung gewöhnlicher Daten, aus denen durch Kombination sensible Daten hervorgehen können. In diesen Fällen setzt die Rechtmäßigkeit der Datenverarbeitung einen Ausnahmetatbestand nach Art. 9 Abs. 2 DSGVO sowie eine Rechtsgrundlage aus Art. 6 Abs. 1 UAbs. 1 DSGVO voraus.

---

[950] EuGH, Urt. v. 04.07.2023, Az. C-252/21, GRUR 2023, 1132 (1137 Rn. 73).
[951] EuGH, Urt. v. 04.07.2023, Az. C-252/21, GRUR 2023, 1132 (1137 Rn. 73).

Findet im Rahmen des Monitorings eine Verarbeitung sensibler Daten lediglich zufällig als eine Art Beifang statt, ergibt sich insbesondere aus dem Kontext der Verarbeitung, ob das Verarbeitungsverbot aus Art. 9 Abs. 1 DSGVO zur Anwendung kommt. Diesbezüglich sind insgesamt drei Konstellationen zu unterscheiden. Die erste Konstellation umfasst die zufällige Erfassung von Daten, die unmittelbar einer besonderen Kategorie personenbezogener Daten zugeordnet werden können, die jedoch ohne weitere Auswertung als für das Monitoring-Objekt irrelevant ausgesondert werden. Hier greift Art. 9 Abs. 1 DSGVO mangels Erkenntnisgewinn aus diesen Daten und dem folglich nicht erhöhten Risiko für die betroffenen Personen nicht. Die zweite Konstellation betrifft die zufällige Erfassung unmittelbar sensibler Daten, die nicht ohne Erkenntnisgewinn ausgesondert, sondern im Rahmen der Datenanalyse ausgewertet werden. In diesen Fällen kommt das Verarbeitungsverbot aus Art. 9 Abs. 1 DSGVO, da die sensiblen Daten als solche genutzt werden und dadurch das Risiko für die betroffenen Personen in besonderem Maße steigt. Die dritte Konstellation bezieht sich auf die zufällige Verarbeitung mittelbar sensibler Daten, die jedoch nicht als solche genutzt werden. Diese Konstellation wird nicht von Art. 9 Abs. 1 DSGVO erfasst, da die eigentlich gewöhnlichen Daten im Rahmen des Verarbeitungsvorgangs nicht auf eine Weise genutzt werden, dass aus ihnen tatsächlich sensible Informationen abgeleitet werden.

Sofern eine Anwendbarkeit des Verarbeitungsverbots nach Art. 9 Abs. 1 DSGVO ausgeschlossen werden soll, muss der für das Monitoring Verantwortliche mithin dafür Sorge tragen, dass in Folge der Datenakquise möglichst nur solche Daten in den Prozessschritt der Datenanalyse überführt werden, die nicht unmittelbar sensibel sind. Dies ist grundsätzlich umsetzbar, indem die Datenakquise so ausgestaltet wird, dass unmittelbar sensible Daten nicht als relevant klassifiziert und dementsprechend ohne weitere Analysen ausgesondert werden. In solchen Fällen richtet sich die Rechtmäßigkeit der mit dem Monitoring einhergehenden Datenverarbeitung dann ausschließlich nach den allgemeinen Rechtsgrundlagen, wie sie sich aus Art. 6 Abs. 1 DSGVO ergeben.

8.3 Conclusio

Allgemein ist festzustellen, dass Art. 6 DSGVO die zentrale Norm für die Bewertung der Rechtmäßigkeit einer Verarbeitung gewöhnlicher personenbezogener Daten darstellt. Demnach muss jede Verarbeitung, ungeachtet der Sensibilität der involvierten Daten, den Vorgaben dieser Regelung genügen. Infolgedessen bildet Art. 6 DSGVO inhaltlich wie strukturell den Ausgangspunkt für die im Rahmen dieser Arbeit erfolgende Untersuchung der Rechtmäßigkeit der mit Monitoring einhergehenden Datenverarbeitung.

Neben Art. 6 DSGVO kann auch Art. 9 DSGVO großen Einfluss auf die Rechtmäßigkeit der Datenverarbeitung nehmen. Dieser verbietet in Abs. 1 eine Verarbeitung grundsätzlich, soweit sie besondere Kategorien personenbezogener Daten umfasst. Eine Verarbeitung solcher Daten kann nur dann rechtmäßig erfolgen, wenn wenigstens einer der in Abs. 2 normierten Ausnahmetatbestände greift. Da Art. 9 DSGVO die Anforderungen des Art. 6 DSGVO lediglich ergänzt und nur im Zusammenhang mit der Verarbeitung besonderer Kategorien personenbezogener Daten relevant wird, wird in den nachfolgenden Ausführungen zu den einzelnen Rechtsgrundlagen nur im Bedarfsfall eingehender auf die Bestimmungen des Art. 9 DSGVO eingegangen.

9 Web-Monitoring auf Grundlage einer Einwilligung

Die Einwilligung als der „genuine Ausdruck des Rechts auf informationelle Selbstbestimmung"[952] wird durch Art. 6 Abs. 1 UAbs. 1 DSGVO zuvorderst als eines der möglichen Instrumente zur rechtmäßigen Datenverarbeitung benannt. Demnach erfolgt eine Verarbeitung rechtskonform, wenn die betroffene Person ihre Einwilligung hierzu erteilt hat. Näheres ergibt sich aus Art. 6 DSGVO nicht, kann jedoch der Begriffsbestimmung in Art. 4 Nr. 11 DSGVO sowie Art. 7 und 8 DSGVO entnommen werden.

9.1 Voraussetzungen für die Einwilligung

Gemäß Art. 4 Nr. 11 DSGVO bezeichnet der Ausdruck „Einwilligung" jede freiwillig für den bestimmten Fall, in informierter Weise und unmissverständlich abgegebene Willensbekundung in Form einer Erklärung oder einer sonstigen eindeutigen bestätigenden Handlung, mit der die betroffene Person zu verstehen gibt, dass sie mit der Verarbeitung der sie betreffenden personenbezogenen Daten einverstanden ist. Der Gesetzgeber formuliert damit ausdrücklich vier zentrale Anforderungen: Freiwilligkeit, Bestimmtheit, Informiertheit sowie Unmissverständlichkeit.[953] Daneben spielt auch der Zeitpunkt der Einwilligungserteilung, obwohl nicht explizit in der Norm erwähnt, eine bedeutende Rolle.[954]

9.1.1 Freiwilligkeit

Von einer freiwilligen Einwilligungserteilung kann nur dann ausgegangen werden, wenn die betroffene Person tatsächlich frei über die Verarbeitung ihrer Daten entscheiden kann und die Kontrolle über die betreffende Datenverarbeitung behält.[955] EG 42 Satz 5 DSGVO spricht in diesem Zusammenhang von einer Wahlfreiheit der betroffenen Person. Grundvoraussetzung ist demnach, dass für die betroffene Person die Möglichkeit besteht, die Einwilligung zu verweigern oder zu widerrufen, ohne dass ihr Nachteile drohen. Da objektiv meist kaum feststellbar ist, inwieweit die betroffene Person tatsächlich aus dem eigenen Willen heraus handelt, wird vornehmlich auf die Umstände der Abgabe der Einwilligung und nicht auf die betroffene Person selbst abgestellt.[956]

Auch wenn dies eine in der Praxis selten auftretende Ausnahme darstellt, mangelt es an der Freiwilligkeit insbesondere in den Fällen, in denen gegenüber der betroffenen Person Gewalt im strafrechtlichen Sinne (vis absoluta oder vis compulsiva) ausgeübt wird, um eine Einwilligung zu erhalten oder den Widerruf einer Einwilligung zu unterbinden.[957] Ebenso verhält es sich, wenn die betroffene Person im Falle der Nichtabgabe der Einwilligung oder des Widerrufs mit Nachteilen konfrontiert ist oder allgemein unter Druck gesetzt wird.[958] Erfasst sind insoweit sowohl die Täuschung, Einschüchterung oder Nötigung der betroffenen Person als auch das Erheben von Gebühren sowie jeglicher sonstiger erheblicher Nachteil für die betroffene

---

[952] *Roßnagel/Pfitzmann/Garstka,* Modernisierung des Datenschutzes, 15.
[953] Vgl. zur grundrechtlichen Perspektive auf die Einwilligung Kap. 6.2.3.2.
[954] *Ingold,* in: Sydow/Marsch (Hrsg.), DSGVO/BDSG, Art. 7 DSGVO Rn. 17; *Heckmann/Paschke,* in: Ehmann/Selmayr (Hrsg.), DSGVO, Art. 7 Rn. 47 f.; *Schulz,* in: Gola/Heckmann (Hrsg.), DSGVO/BDSG, Art. 7 DSGVO Rn. 7; *Stemmer,* in: Wolff/Brink/von Ungern-Sternberg (Hrsg.), BeckOK DSR, Art. 7 DSGVO Rn. 88.
[955] *EDPB,* Leitlinien 05/2020, 8 Rn. 13; *Ernst,* ZD 2017, 110 (111).
[956] *Haase,* InTeR 2019, 113 (115).
[957] *Radlanski,* Das Konzept der Einwilligung in der datenschutzrechtlichen Realität, 13; *Ingold,* in: Sydow/Marsch (Hrsg.), DSGVO/BDSG, Art. 7 DSGVO Rn. 27; *Stemmer,* in: Wolff/Brink/von Ungern-Sternberg (Hrsg.), BeckOK DSR, Art. 7 DSGVO Rn. 41; *Klement,* in: Simitis/Hornung/Spiecker gen. Döhmann (Hrsg.), DSR, Art. 7 DSGVO Rn. 48.
[958] *EDPB,* Leitlinien 05/2020, 14 f. Rn. 46 ff.; *Klement,* in: Simitis/Hornung/Spiecker gen. Döhmann (Hrsg.), DSR, Art. 7 DSGVO Rn. 48; *Ernst,* ZD 2017, 110 (111); dem folgend *Haase,* InTeR 2019, 113 (117).

© Der/die Autor(en), exklusiv lizenziert an Springer
Fachmedien Wiesbaden GmbH, ein Teil von Springer Nature 2025
C. Gilga, *Die Rechtmäßigkeit der Verarbeitung von öffentlichen Personenbezogenen Daten aus dem Internet,* DuD-Fachbeiträge, https://doi.org/10.1007/978-3-658-48663-1_9

Person.[959] Die Erheblichkeit eines Nachteils ist beispielsweise auch dann gegeben, wenn eine App ohne die Zustimmung zu einer nicht für den App-Betrieb erforderlichen Datenverarbeitung nur in begrenztem Umfang funktioniert.[960] Hingegen ist kein Nachteil darin zu sehen, wenn aufgrund der fehlenden Einwilligung Werbung statt in personalisierter nur in unpersonalisierter Form versendet oder angezeigt wird.[961]

Darüber hinaus ist nach EG 43 Satz 1 DSGVO die Beziehung zwischen der betroffenen Person und dem Verantwortlichen in die Beurteilung der Freiwilligkeit einzubeziehen. Besteht ein klares Ungleichgewicht und ist in Anbetracht der Umstände des konkreten Einzelfalls unwahrscheinlich, dass eine Einwilligung freiwillig abgegeben wird, bietet der Erlaubnistatbestand der Einwilligung keine geeignete Rechtsgrundlage.[962] Wie auch dem Wortlaut des genannten Erwägungsgrunds zu entnehmen ist, führt eine solche Machtasymmetrie jedoch nicht zwingend zur Unwirksamkeit der abgegebenen Erklärung, vielmehr sind die konkreten Umstände des Einzelfalls zu betrachten.[963] So sind durchaus Sachverhalte denkbar, in welchen die betroffene Person sich trotz eines zu ihren Ungunsten bestehenden Ungleichgewichts nicht in einer Zwangssituation befindet oder durch die Einwilligung gar Vorteile erlangt.[964]

Eine Einwilligung ist darüber hinaus nicht rechtswirksam, wenn sie im Rahmen einer Überrumpelungssituation abgegeben wurde. Eine solche besteht, wenn die betroffene Person in eine Lage gebracht wird, in der ihr aus zeitlichen oder anderen Gründen die Möglichkeit genommen ist, die erklärende Einwilligung ernsthaft zu durchdenken oder mit einer Vertrauensperson zu besprechen.[965] In diesen Fällen ist es der betroffenen Person nicht möglich, die Bedeutung und Tragweite ihrer Entscheidung zu erfassen. Freiwilligkeit liegt mithin nicht vor.

Freiwilligkeit ist nach EG 32 Satz 5, EG 43 Satz 2 DSGVO außerdem nicht gegeben, wenn eine Datenverarbeitung verschiedenen Zwecken dient, für diese aber nicht gesonderte Einwilligungen eingeholt werden. Diese Anforderung der Granularität ist beispielsweise nicht erfüllt, wenn ein Verkäufer im Web Kundendaten zum Zweck des Marketings verarbeitet und diese Daten mit Partnerunternehmen teilt, hierfür aber nur eine einzige Einwilligung einholt.[966]

In der Literatur wird in Anlehnung an die deutsche Rechtsprechung[967] zur alten Rechtslage teilweise vertreten, dass es an Freiwilligkeit fehlen kann, wenn sich die betroffene Person in einer Situation wirtschaftlicher oder sozialer Schwäche befindet oder mit Anreizen finanzieller oder sonstiger Natur zur Preisgabe ihrer Daten verleitet wird.[968] Vor diesem Hintergrund wird die Freiwilligkeit beispielsweise verneint, wenn die Kassendaten einer Verkäuferin ausgewertet werden, um diejenigen mit der besten Arbeitsleistung zu küren und mit einem Extra-

---

[959] *EDPB*, Leitlinien 05/2020, 14 Rn. 46 f.
[960] *EDPB*, Leitlinien 05/2020, 15 Rn. 49.
[961] *EDPB*, Leitlinien 05/2020, 15 Rn. 50.
[962] EuGH Urt. v. Urt. v. 04.07.2023, Az. C-252/21, GRUR 2023, 1131 (1143 Rn. 144); *EDPB*, Leitlinien 05/2020, 9 Rn. 16.
[963] Ebenso *Ernst*, ZD 2017, 110 (111).
[964] Siehe *EDPB*, Leitlinien 05/2020, 9 f. Rn. 18 ff.; *Gierschmann*, in: Gierschmann et al. (Hrsg.), DSGVO, Art. 7 Rn. 53; *Ernst*, ZD 2017, 110 (112).
[965] *Ernst*, in: Paal/Pauly (Hrsg.), DSGVO/BDSG, Art. 4 DSGVO Rn. 72; *Weichert*, in: Däubler et al. (Hrsg.), DSGVO/BDSG/TTDSG, Art. 4 DSGVO Rn. 111; *Däubler*, in: Däubler et al. (Hrsg.), DSGVO/BDSG/TTDSG, Art. 7 DSGVO Rn. 40.
[966] *EDPB*, Leitlinien 05/2020, 15 Rn. 45.
[967] BGHZ 177, 253 (260 f.); BGH, Urt. v. 11.11.2009, Az. VIII ZR 12/08, MMR 2010, 138 (139 Rn. 21).
[968] *Gierschmann*, in: Gierschmann et al. (Hrsg.), DSGVO, Art. 7 Rn. 59 f.; *Ingold*, in: Sydow/Marsch (Hrsg.), DSGVO/BDSG, Art. 7 DSGVO Rn. 27 f.; *Däubler*, in: Däubler et al. (Hrsg.), DSGVO/BDSG/TTDSG, Art. 7 DSGVO Rn. 43; a. A. *Heckmann/Paschke*, in: Ehmann/Selmayr (Hrsg.), DSGVO, Art. 7 DSGVO Rn. 54 ff.; *Schulz*, in: Gola/Heckmann (Hrsg.), DSGVO/BDSG, Art. 7 DSGVO Rn. 21.

9.1 Voraussetzungen für die Einwilligung

Monatsgehalt zu belohnen.[969] Unfraglich besteht in solchen Fällen eine große Verlockung, die Einwilligung zu erteilen, um das Preisgeld zu erhalten. Allerdings ist die betroffene Person, sofern ihr keine unmittelbaren Nachteile drohen, hierbei nicht außerstande, sich gegen die Teilnahme am Wettbewerb zu entscheiden.[970] Die Einwilligung ist als freiwillig zu klassifizieren. Hiervon zu unterscheiden sind Sachverhalte, bei denen beispielsweise der Erhalt einer Leistung von der Einwilligung zur Datenverarbeitung abhängt. Sucht beispielsweise ein Drogensüchtiger Hilfe bei einer Drogenhilfeeinrichtung und ist dieser Einrichtung vom Leistungsträger vorgegeben, zur Qualitätssicherung mehr als die unbedingt erforderlichen Daten zu erheben, hat der Süchtige aufgrund seiner Notsituation keine andere Wahl als seine Einwilligung zu erteilen.[971] In so gelagerten Fällen führt eine bei der betroffenen Person bestehende Schwäche dazu, dass faktisch keine Wahlmöglichkeit mehr existiert und Freiwilligkeit nicht gegeben sein kann.[972]

Gem. Art. 7 Abs. 4 DSGVO muss bei der Beurteilung, ob die Einwilligung freiwillig erteilt wurde, außerdem in größtmöglichem Umfang berücksichtigt werden, inwieweit der Abschluss oder die Erfüllung eines Vertrags von einer Einwilligung abhängig ist, die sich auf eine für den Vertrag nicht erforderliche Datenverarbeitung bezieht. Der Begriff der Erforderlichkeit ist i.S.v. Art. 7 Abs. 4 DSGVO eng zu verstehen. So bedarf es eines unmittelbaren und objektiven Zusammenhangs zwischen der Datenverarbeitung und dem mit dem Vertrag verfolgten Zweck, um die Erforderlichkeit der Verarbeitung bejahen zu können.[973]

Wie dem Wortlaut „größtmöglichen Umfang"[974] zu entnehmen ist, führt eine Koppelung von Vertrag und Einwilligung in hierfür nicht erforderliche Datenverarbeitungsvorgänge nicht zwingend zur Unwirksamkeit der Einwilligung aufgrund mangelnder Freiwilligkeit. Vielmehr macht der Gesetzgeber deutlich, dass eine Koppelung der Einwilligung grundsätzlich Einfluss auf die Freiwilligkeit nehmen kann und bei der Beurteilung der Freiwilligkeit zwingend zu berücksichtigen ist. Ein anderes Bild ergibt sich auch unter Einbezug des EG 43 Satz 2 DSGVO nicht. Zwar spricht dieser in der deutschen Fassung davon, dass eine Einwilligung nicht als freiwillig gilt, wenn sie, ohne erforderlich zu sein, an die Erbringung einer Leistung gekoppelt ist. Jedoch zeigt ein Blick auf die englische Sprachfassung „presumed not to be freely given" (korrekt übersetzt „mutmaßlich nicht freiwillig erteilt"), dass es sich hierbei um eine fehlerhafte Übersetzung ins Deutsche handelt und der Erwägungsgrund nicht normativ ist, sondern eine Vermutungsregelung enthält. Ein striktes Koppelungsverbot kann Art. 7 Abs. 4 DSGVO mithin nicht entnommen werden.[975]

---

[969] *Däubler*, in: Däubler et al. (Hrsg.), DSGVO/BDSG/TTDSG, Art. 7 DSGVO Rn. 43.
[970] Auf dieser Linie auch *Heckmann/Paschke*, in: Ehmann/Selmayr (Hrsg.), DSGVO, Art. 7 Rn. 56; OLG Frankfurt am Main, Urt. v. 27.06.2019, Az. 6 U 6/19, ZD 2019, 507 (507 Rn. 12).
[971] *Taeger*, in: Taeger/Gabel (Hrsg.), DSGVO/BDSG, Art. 7 DSGVO Rn. 92.
[972] Vgl. hierzu EuGH Urt. v. Urt. v. 04.07.2023, Az. C-252/21, GRUR 2023, 1131 (1143 Rn. 143).
[973] *EDPB*, Leitlinien 05/2020, 12 Rn. 30.
[974] Diese Übersetzung stimmt mit dem Sinninhalt der anderen Sprachfassungen überein: Englisch „utmost account", französisch „le plus grand compte", spanisch „la mayor medida", italienisch „massima considerazione".
[975] Eingehender hierzu *Gierschmann*, in: Gierschmann et al. (Hrsg.), DSGVO, Art. 7 Rn. 62; *Heckmann/Paschke*, in: Ehmann/Selmayr (Hrsg.), DSGVO, Art. 7 Rn. 104 f.; *EDPB*, Leitlinien 05/2020, 12 Rn. 35; a.A. *Dammann*, ZD 2016, 307 (311), welcher ein striktes Koppelungsverbot aus Art. 43 Satz 2 DSGVO ableitet.

In der Literatur wird überwiegend vertreten, dass in Fällen, in denen der Art. 7 Abs. 4 DSGVO zur Anwendung kommt, zumeist keine Freiwilligkeit gegeben ist.[976] Von einem strikten Koppelungsverbot wird allerdings ebenfalls nicht ausgegangen.[977] Vielmehr ist auch nach der herrschenden Meinung eine genaue Prüfung vorzunehmen. Auch wenn die Koppelung ein starkes Indiz für die Unfreiwilligkeit ist, führt diese nicht zwangsläufig zur Unwirksamkeit der Einwilligung. Eine Abwägung der jeweiligen Umstände des konkreten Sachverhalts darf nicht entfallen.[978] In eine solche Prüfung einzubeziehen wäre beispielsweise, ob die betroffene Person auf den Vertrag angewiesen ist,[979] inwieweit alternative und datensparsamere Angebote existieren[980] oder ob sinnvolle, nachvollziehbare und verhältnismäßige Gründe für die Koppelung bestehen.[981]

9.1.2 Bestimmtheit

Anknüpfend an die Anforderung „für den bestimmten Fall" gem. Art. 4 Nr. 11 DSGVO legt Art. 6 Abs. 1 UAbs. 1 lit. a DSGVO fest, dass sich eine Einwilligung auf einen oder mehrere bestimmte Zwecke beziehen muss. Aus einer Einwilligung müssen sich daher sowohl die konkrete Datenverarbeitung als auch der verfolgte Verarbeitungszweck ergeben.

Damit die Datenverarbeitung ausreichend konkret bezeichnet ist, muss aus der Einwilligung wenigstens hervorgehen, wer Verantwortlicher für die Datenverarbeitung ist und welche Art von Daten verarbeitet werden.[982] Dementsprechend ist eine Einwilligungserklärung bereits als unwirksam zu qualifizieren, wenn sie nicht klar erkennen lässt, auf welche konkreten Verarbeitungsvorgänge welches Verantwortlichen sie sich bezieht.[983]

Besonderes Augenmerk ist auf die Bestimmtheit des Zwecks der Datenverarbeitung zu legen. Ausgangspunkt hierfür ist der in Art. 5 lit. b DSGVO statuierte Grundsatz der Zweckbindung.[984] Demnach muss eine Verarbeitung personenbezogener Daten stets zu einem festgelegten, eindeutigen und legitimen Zweck erfolgen. „Festgelegt" bedeutet in diesem Kontext, dass der Zweck der Verarbeitung bereits vor der Verarbeitung der Daten bestimmt wurde.[985] Der Begriff „eindeutig" schreibt weiterhin die präzise und klare Formulierung des

---

[976] *EDPB*, Leitlinien 05/2020, 11 Rn. 26; *Ingold*, in: Sydow/Marsch (Hrsg.), DSGVO/BDSG, Art. 7 DSGVO Rn. 32; *Stemmer*, in: Wolff/Brink/von Ungern-Sternberg (Hrsg.), BeckOK DSR, Art. 7 DSGVO Rn. 49; *Ernst*, in: Paal/Pauly (Hrsg.), DSGVO/BDSG, Art. 7 DSGVO Rn. 73 f.; *Däubler*, in: Däubler et al. (Hrsg.), DSGVO/BDSG/TTDSG, Art. 7 DSGVO Rn. 38; *Spindler/Dalby*, in: Spindler/Schuster (Hrsg.), Recht el. Medien, Art. 7 DSGVO Rn. 14; *Ernst*, ZD 2017, 110 (112); differenzierter *Heckmann/Paschke*, in: Ehmann/Selmayr (Hrsg.), DSGVO, Art. 7 Rn. 104 ff.; *Gierschmann*, in: Gierschmann et al. (Hrsg.), DSGVO, Art. 7 Rn. 91 ff.

[977] Siehe statt vieler *Plath*, in: Plath (Hrsg.), DSGVO/BDSG/TTDSG, Art. 7 DSGVO Rn. 23.

[978] Vgl. *Heckmann/Paschke*, in: Ehmann/Selmayr (Hrsg.), DSGVO, Art. 7 Rn. 103.

[979] *Heckmann/Paschke*, in: Ehmann/Selmayr (Hrsg.), DSGVO, Art. 7 Rn. 104; *Gierschmann*, in: Gierschmann et al. (Hrsg.), DSGVO, Art. 7 Rn. 70; *Taeger*, in: Taeger/Gabel (Hrsg.), DSGVO/BDSG, Art. 7 DSGVO Rn. 93; *Schulz*, in: Gola/Heckmann (Hrsg.), DSGVO/BDSG, Art. 7 DSGVO Rn. 27.

[980] *Plath*, in: Plath (Hrsg.), DSGVO/BDSG/TTDSG, Art. 7 DSGVO Rn. 23; *Taeger*, in: Taeger/Gabel (Hrsg.), DSGVO/BDSG, Art. 7 DSGVO Rn. 93; *Buchner/Kühling*, in: Kühling/Buchner (Hrsg.), DSGVO/BDSG, Art. 7 DSGVO Rn. 52.

[981] *Gierschmann*, in: Gierschmann et al. (Hrsg.), DSGVO, Art. 7 Rn. 64; *Schulz*, in: Gola/Heckmann (Hrsg.), DSGVO/BDSG, Art. 7 DSGVO Rn. 27; *Buchner/Kühling*, in: Kühling/Buchner (Hrsg.), DSGVO/BDSG, Art. 7 DSGVO Rn. 47.

[982] *Heckmann/Paschke*, in: Ehmann/Selmayr (Hrsg.), DSGVO, Art. 7 Rn. 86; EG 42 Satz 4 DSGVO.

[983] OLG Frankfurt am Main, Urt. v. 27.06.2019, Az. 6 U 6/19, ZD 2019, 507 (507 Rn. 14).

[984] *EDPB*, Leitlinien 05/2020, 16 Rn. 56 ff.; *Heckmann/Paschke*, in: Ehmann/Selmayr (Hrsg.), DSGVO, Art. 7 Rn. 70; *Ingold*, in: Sydow/Marsch (Hrsg.), DSGVO/BDSG, Art. 7 DSGVO Rn. 39.

[985] *Roßnagel*, in: Simitis/Hornung/Spiecker gen. Döhmann (Hrsg.), DSR, Art. 5 DSGVO Rn. 74; *Schantz*, in: Wolff/Brink/von Ungern-Sternberg (Hrsg.), BeckOK DSR, Art. 5 DSGVO Rn. 14; *Pötters*, in: Gola/Heckmann (Hrsg.), DSGVO/BDSG, Art. 5 DSGVO Rn. 17.

Verarbeitungszwecks vor. So muss dieser so formuliert sein, dass die betroffene Person weiß, was genau ihre Einwilligung umfasst,[986] und nicht von den tatsächlichen Verarbeitungszwecken überrascht wird.[987] Blankoeinwilligungen[988] sind somit ebenso unzulässig wie die Angabe allgemeiner Zwecke[989] wie „Marketing" oder „wissenschaftliche Forschung". Zulässig ist es aber, im Rahmen einer Einwilligung die Zustimmung zu mehreren Verarbeitungszwecken zu erteilen.[990] Der betroffenen Person muss dabei allerdings stets die Möglichkeit offenstehen, sich mittels eines Opt-In für jeden Verarbeitungszweck einzeln zu entscheiden.[991] Die Anforderung der Legitimität ist zudem erfüllt, sofern durch die Verarbeitung nicht gegen die für den Verantwortlichen geltende Rechtsordnung verstoßen wird.[992]

Grundsätzlich gilt außerdem, dass die Anforderungen an die Bestimmtheit der Einwilligung umso höher sind, je tiefer der dadurch ermöglichte Eingriff in das Persönlichkeitsrecht ist.[993]

9.1.3 Informiertheit

Eine betroffene Person kann eine Einwilligung nur in informierter Weise abgeben, wenn sie zuvor vollständig über die wesentlichen Umstände der Verarbeitung unterrichtet wurde. Erst wenn diese Transparenz hergestellt ist, kann die betroffene Person in echter Selbstbestimmung die Konsequenzen einer etwaigen Einwilligung absehen und bewusst über ihre Daten entscheiden. Diese Anforderung ist als Ausfluss des in Art. 5 lit. a DSGVO statuierten Transparenzgrundsatzes zu verstehen.[994]

Im Rahmen der Informiertheit ist die betroffene Person in die Lage zu versetzen, die Vor- und Nachteile der angedachten Datenverarbeitung abwägen zu können. Es ist daher zwingend, dass die Informationen für den Adressaten verständlich sind.[995] Art. 7 Abs. 2 Satz 1 DSGVO schreibt, die Anforderung der Verständlichkeit aufgreifend, ausdrücklich vor, dass das Ersuchen um die Einwilligung bei schriftlichen Erklärungen, die noch andere Sachverhalte betreffen, in verständlicher und leicht zugänglicher Form sowie in einer klaren und einfachen Sprache erfolgen muss. Diese Vorgabe bezieht sich zwar auf eine Einwilligung, die noch andere Sachverhalte betrifft, ist aber aus dem genannten Grund auf jegliche mit der Einwilligung verbundene Informationspflichten übertragbar.[996]

---

[986] Vgl. EG 42 Satz 2 DSGVO.

[987] *Klement*, in: Simitis/Hornung/Spiecker gen. Döhmann (Hrsg.), DSR, Art. 7 DSGVO Rn. 77.

[988] *Ernst*, ZD 2017, 110 (113); *Ingold*, in: Sydow/Marsch (Hrsg.), DSGVO/BDSG, Art. 7 DSGVO Rn. 39; *Buchner/Kühling*, in: Kühling/Buchner (Hrsg.), DSGVO/BDSG, Art. 7 DSGVO Rn. 62.

[989] *Heberlein*, in: Ehmann/Selmayr (Hrsg.), DSGVO, Art. 5 Rn. 21; *Ingold*, in: Sydow/Marsch (Hrsg.), DSGVO/BDSG, Art. 7 DSGVO Rn. 39; *Voigt*, in: Taeger/Gabel (Hrsg.), DSGVO/BDSG, Art. 5 DSGVO Rn. 24.

[990] Zur Anforderung der Granularität siehe Kap. 9.1.1.

[991] *EDPB*, Leitlinien 05/2020, 17 Rn. 60.

[992] *Heberlein*, in: Ehmann/Selmayr (Hrsg.), DSGVO, Art. 5 Rn. 22; *Voigt*, in: Taeger/Gabel (Hrsg.), DSGVO/BDSG, Art. 5 DSGVO Rn. 25.

[993] *Ernst*, ZD 2017, 110 (113); *Stemmer*, in: Wolff/Brink/von Ungern-Sternberg (Hrsg.), BeckOK DSR, Art. 7 DSGVO Rn. 79; ähnlich *Voigt*, in: Taeger/Gabel (Hrsg.), DSGVO/BDSG, Art. 5 DSGVO Rn. 24, welcher den jeweils erforderlichen Detaillierungsgrad anhand der Anzahl der betroffenen Personen sowie des anhand Umfangs und der Art der Datenverarbeitung bestimmt.

[994] *Stemmer*, in: Wolff/Brink/von Ungern-Sternberg (Hrsg.), BeckOK DSR, Art. 7 DSGVO Rn. 55; *Klement*, in: Simitis/Hornung/Spiecker gen. Döhmann (Hrsg.), DSR, Art. 7 DSGVO Rn. 72.

[995] *Schantz*, in: Schantz/Wolff (Hrsg.), Das neue Datenschutzrecht, 150 (169 f. Rn. 522 f.); *Buchner/Kühling*, in: Kühling/Buchner (Hrsg.), DSGVO/BDSG, Art. 7 DSGVO Rn. 60; *Klement*, in: Simitis/Hornung/Spiecker gen. Döhmann (Hrsg.), DSR, Art. 7 DSGVO Rn. 73.

[996] Schließlich erklärt sich das Hervorheben der Verständlichkeit in Art. 7 Abs. 2 Satz 1 DSGVO durch die in der Norm adressierte Gefahr, dass die betroffene Person unbewusst in eine Verarbeitung einwilligt.

Zudem muss die Kenntnisnahme der Information der betroffenen Person zumutbar sein. Hieran kann es etwa mangeln, wenn die Informationen in einem überlangen Text oder durch entsprechende Textformatierung versteckt werden.[997]

Wie weit die Unterrichtung der betroffenen Person im Rahmen einer Einwilligung konkret gehen muss, ist nicht abschließend geregelt. Dem Art. 7 Abs. 3 Satz 3 DSGVO kann lediglich entnommen werden, dass die betroffene Person von ihrem Recht auf Widerruf in Kenntnis gesetzt werden muss. In EG 42 Satz 4 DSGVO findet sich außerdem, dass wenigstens der Verantwortliche und die Zwecke der Datenverarbeitung bekannt gegeben werden müssen. Weitere Vorgaben hinsichtlich der Informationspflichten finden sich im Verordnungstext nicht. Einen Orientierungsrahmen in Bezug auf Art und Umfang der erforderlichen Informationen können allerdings Art. 13 und 14 DSGVO bieten. Diese können jedoch lediglich als Leitschnur herangezogen werden. So führt eine Nichteinhaltung der in den Normen genannten Informationspflichten nicht zwingend zur Unwirksamkeit einer Einwilligung.[998] Vielmehr muss der konkrete Sachverhalt gesehen werden. Maßgeblich ist dabei letztlich, ob eine Einwilligung den Anforderungen der Art. 7 und 8 GRCh gerecht wird.[999]

9.1.4 Eindeutig bestätigende Handlung

Nach Art. 4 Nr. 11 DSGVO muss die Einwilligung durch eine unmissverständlich abgegebene Willensbekundung in Form einer Erklärung oder einer sonstigen eindeutigen bestätigenden Handlung erfolgen. Wie dem Ausdruck „Willensbekundung" zu entnehmen ist, bedarf es eines aktiven Verhaltens der betroffenen Person, um ihre Einwilligung zum Ausdruck zu bringen. Rein passives Verhalten hingegen kann nicht als Willensbekundung gewertet werden.[1000] Dementsprechend formuliert EG 32 Satz 3 DSGVO, dass Stillschweigen, bereits angekreuzte Kästchen oder Untätigkeit der betroffenen Person keine Einwilligung darstellen können.

Eine unmissverständliche Willensbekundung i.S.v. Art. 4 Nr. 11 DSGVO liegt hingegen insbesondere dann vor, wenn die betroffene Person in Form einer Erklärung ihre Zustimmung zu einer Datenverarbeitung erteilt. Wie EG 32 Satz 1 DSGVO ausführt, muss diese nicht zwingend schriftlich erfolgen. Bereits eine mündliche oder elektronische Erklärung genügt, um das Einverständnis rechtskonform zu erklären. Im Zuge der Nachweissicherheit scheint es für den Verantwortlichen jedoch geboten, bei der Einwilligung zumindest die Textform einzufordern.

Ebenso genügt es, wenn die Einwilligung im Rahmen einer sonstigen eindeutig bestätigenden Handlung zum Ausdruck gebracht wird.[1001] Die betroffene Person muss dabei nicht zwingend eine eigenständige Erklärung formulieren. Vielmehr reicht es bereits aus, wenn sie ein vorgedrucktes Kästchen ankreuzt, nickt oder die Hand hebt.[1002] Es kann also auch durch konkludentes Verhalten eingewilligt werden.[1003] Zentrale Voraussetzung ist hierfür, dass dem Handeln der betroffenen Person unmittelbar und offensichtlich die Zustimmung zur konkreten

---

[997] *Ernst,* ZD 2017, 110 (113); *Gierschmann,* in: Gierschmann et al. (Hrsg.), DSGVO, Art. 7 Rn. 79; *Buchner/Kühling,* in: Kühling/Buchner (Hrsg.), DSGVO/BDSG, Art. 7 DSGVO Rn. 60.

[998] *Schulz,* in: Gola/Heckmann (Hrsg.), DSGVO/BDSG, Art. 7 DSGVO Rn. 37; *Buchner/Kühling,* in: Kühling/Buchner (Hrsg.), DSGVO/BDSG, Art. 7 DSGVO Rn. 59; *Gierschmann,* in: Gierschmann et al. (Hrsg.), DSGVO, Art. 7 Rn. 77.

[999] Näher zu den grundrechtlichen Vorgaben zur Einwilligung Kap. 6.2.3.2.

[1000] EuGH, Urt. v. 01.10.2019, Az. C-673/17, MMR 2019, 733 (735 Rn. 49 ff.).

[1001] Dies gilt jedoch nur, soweit keine besonderen Kategorien personenbezogener Daten i.S.v. Art. 9 Abs. 1 DSGVO verarbeitet werden. In solchen Fällen bedürfte es gem. Art. 9 Abs. 2 lit. a DSGVO einer ausdrücklichen Einwilligung, sodass die Möglichkeit einer konkludenten Zustimmung zur Datenverarbeitung entfällt.

[1002] *Klement,* in: Simitis/Hornung/Spiecker gen. Döhmann (Hrsg.), DSR, Art. 7 DSGVO Rn. 35; *Krohm,* ZD 2016, 368 (371).

[1003] Vgl. EG 32 Satz 2 DSGVO.

Datenverarbeitung entnommen werden kann.[1004] Die Einwilligung muss also auf einer bewussten und gewollten Handlung der betroffenen Person beruhen, die nach außen als solche erkennbar ist.[1005]

9.1.5 Zeitpunkt

Von zentraler Bedeutung ist der Zeitpunkt, in welchem die Einwilligung erklärt werden kann. Dieser ist zwar weder durch die Definition der Einwilligung in Art. 4 Nr. 11 DSGVO noch durch sonstige Normen der Verordnung unmittelbar bestimmt. Dennoch ist unstreitig, dass die Einwilligung vor Durchführung der Verarbeitung einzuholen ist[1006] und erst dann erklärt werden darf, wenn die betroffene Person über die Umstände der Datenverarbeitung informiert worden ist.[1007] Der Einwilligungserteilung ist mithin ein klarer zeitlicher Rahmen gesetzt.

Das der Einwilligung innewohnende zeitliche Element ergibt sich insbesondere im Rahmen der grammatikalischen Auslegung des 6 Abs. 1 UAbs. 1 lit. a DSGVO. Demnach ist eine Verarbeitung personenbezogener Daten zulässig, wenn die betroffene Person ihre Einwilligung erteilt hat. Die Formulierung in der Zeitform Perfekt „hat ihre Einwilligung [...] gegeben" (im Englischen „has given", im Französischen „a consenti") macht deutlich, dass die Einwilligung vor der Datenverarbeitung abgegeben worden sein muss. Für dieses Verständnis spricht auch, dass die Einwilligung im deutschen Recht grundsätzlich als vorherige, nicht aber als nachträgliche Zustimmung verstanden wird.[1008] Gleiches ergibt sich jedoch auch im Rahmen einer teleologischen Auslegung. Die Einwilligung eröffnet den betroffenen Personen die Möglichkeit, im Rahmen ihrer informationellen Selbstbestimmung selbst über die Verarbeitung ihrer persönlichen Daten zu entscheiden. Eine solche Entscheidungsmöglichkeit liefe jedoch faktisch ins Leere, wenn die Einwilligung rückwirkend erteilt werden könnte und Daten somit rechtmäßig vor einer Einwilligung verarbeitet werden dürften. Grund hierfür ist, dass eine einmal durchgeführte Datenverarbeitung nicht rückgängig gemacht werden kann. Somit wäre die betroffene Person in den Fällen, in denen sie der Datenverarbeitung nicht zustimmen möchte, die Verarbeitung aber bereits stattgefunden hat, unweigerlich in ihren Rechten verletzt. Dies kann nicht in der Absicht des Gesetzgebers liegen. Folglich kann eine Einwilligung nur vor der Datenverarbeitung wirksam erteilt werden.

Ebenso ergibt sich im Wege der teleologischen Auslegung, dass die betroffene Person erst dann rechtswirksam in eine Datenverarbeitung einwilligen kann, wenn sie zuvor über diese informiert worden ist. So liefe die Selbstbestimmung über die eigenen Daten ins Leere, wenn einer Verarbeitung ohne vorheriges Zurverfügungstellen von Information über die relevanten Verarbeitungsumstände zugestimmt werden könnte. In solchen Fällen wäre der betroffenen Person die Möglichkeit genommen, Vor- und Nachteile einer Verarbeitung abzuwägen und, wie rechtlich gefordert, eine bewusste, informierte Entscheidung zu treffen. Einwilligungen, die in Unkenntnis über die Umstände der konkreten Datenverarbeitung abgegeben werden, sind daher unwirksam.

[1004] *EDPB,* Leitlinien 05/2020, 20 Rn. 75.

[1005] *EDPB,* Leitlinien 05/2020, 21 Rn. 77.

[1006] *Stemmer,* in: Wolff/Brink/von Ungern-Sternberg (Hrsg.), BeckOK DSR, Art. 7 DSGVO Rn. 88; *Ingold,* in: Sydow/Marsch (Hrsg.), DSGVO/BDSG, Art. 7 DSGVO Rn. 17; *Heckmann/Paschke,* in: Ehmann/Selmayr (Hrsg.), DSGVO, Art. 7 Rn. 47; *Schulz,* in: Gola/Heckmann (Hrsg.), DSGVO/BDSG, Art. 7 DSGVO Rn. 7; *Buchner/Kühling,* in: Kühling/Buchner (Hrsg.), DSGVO/BDSG, Art. 7 DSGVO Rn. 30; *Däubler,* in: Däubler et al. (Hrsg.), DSGVO/BDSG/TTDSG, Art. 7 DSGVO Rn. 12.

[1007] *Heckmann/Paschke,* in: Ehmann/Selmayr (Hrsg.), DSGVO, Art. 7 Rn. 47; *Däubler,* in: Däubler et al. (Hrsg.), DSGVO/BDSG/TTDSG, Art. 7 DSGVO Rn. 15 ff.

[1008] Siehe exemplarisch: für das Strafrecht *Heger,* in: Lackner/Kühl/Heger (Hrsg.), StGB, § 228 Rn. 4; für das Zivilrecht § 183 BGB; für das Urheberrecht *Thum,* in: Wandtke/Bullinger (Hrsg.), UrhR, § 8 UrhG Rn. 88 ff.

9.2 Einwilligung als Rechtsgrundlage für Web-Monitoring

Es stellt sich die Frage, ob die monitoringgestützte Verarbeitung öffentlicher Daten aus dem Web auf die Rechtsgrundlage der Einwilligung gestützt werden kann. In diesem Zusammenhang sind verschiedene Konstellationen denkbar, die im Folgenden einer näheren Betrachtung unterzogen werden.

9.2.1 Einwilligung durch Veröffentlichung

Zunächst kommt es in Betracht, dass die betroffene Person durch eigenständige Veröffentlichung ihrer Daten im Web ihre Einwilligung zum Monitoring erteilt. Fraglich ist damit zuvorderst, inwieweit das Veröffentlichen[1009] eines personenbezogenen Datums durch die betroffene Person, beispielsweise innerhalb eines sozialen Netzwerks, als Einwilligung in die Verarbeitung dieser Daten durch Dritte gewertet werden kann. Hierfür müsste die betroffene Person ihr Einverständnis zur Datenverarbeitung freiwillig, bestimmt, informiert, eindeutig sowie zum richtigen Zeitpunkt erteilt haben.[1010] Insoweit kommt eine Einwilligung durch Veröffentlichung ausschließlich für die Fälle in Betracht, in denen die betroffene Person ihre Daten selbst veröffentlicht hat. Wurde die Veröffentlichung hingegen ohne ihr Zutun durch einen Dritten vorgenommen, scheidet die Einwilligung von vornherein als Rechtsgrundlage aus, da es bereits an der erforderlichen Willensbekundung[1011] der betroffenen Person fehlt. Die nachfolgenden Ausführungen beziehen sich daher ausschließlich auf die Fälle, in welchen die betroffene Person ihre Daten selbst veröffentlicht hat.

Das Kriterium der Freiwilligkeit ist im Fall einer Veröffentlichung durch die betroffene Person regelmäßig zu bejahen. Die betroffene Person kann frei darüber entscheiden, ob sie Informationen über sich frei zugänglich im Web zur Verfügung stellt. Ihr obliegt keine Pflicht hierzu. Die Nutzung von Webseiten, Foren und anderen Plattformen ist weder an das fortlaufende Veröffentlichen von Inhalten gebunden noch drohen der betroffenen Person Nachteile, wenn sie Inhalte lediglich konsumiert, nicht aber selbst schafft. Die betroffene Person hat somit grundsätzlich Wahlfreiheit. Die Möglichkeit der freien Entscheidung wäre lediglich dann nicht gegeben, wenn die betroffene Person rechtlich zur Veröffentlichung verpflichtet ist oder durch äußeren Druck zur Veröffentlichung gedrängt wurde.[1012]

Problematischer stellt sich das Kriterium der Bestimmtheit dar. Demnach muss sich eine Einwilligung unter anderem stets auf einen oder mehrere konkrete Zwecke beziehen.[1013] Werden personenbezogene Daten durch die betroffene Person allgemein zugänglich gemacht, lässt sich diesem Handeln der eindeutige Wille entnehmen, die Inhalte auch unbekannten Dritten gegenüber offenzulegen. Dahinter steht zumeist die Intention des Veröffentlichenden, für so viele Menschen wie möglich sichtbar zu sein, beispielsweise um ein Anliegen möglichst weit zu verbreiten, Bekanntheit zu erlangen oder Bestätigung zu erhalten. Der Veröffentlichungshandlung wohnt damit eine Willensbekundung inne, die als eindeutig bestätigende Handlung zu bewerten ist.[1014] Diese bezieht sich zunächst auf alle Verarbeitungsvorgänge, die notwendig sind, um die konkreten Inhalte öffentlich zu machen sowie auf die Verarbeitungsvorgänge, die erforderlich sind, damit Dritte diese Inhalte visuell wahrnehmen können. Von dem Zweck des Verfügbarmachens der Inhalte werden die jeweiligen Provider und Plattformbetreiber adressiert, unter deren unmittelbarer Schirmherrschaft die Veröffentlichung erfolgen soll. Die Veröffentlichungshandlung ist mithin in Bezug auf die erforderlichen Verarbeitungsvorgänge zur

---

[1009] Näher zum Verständnis von Öffentlichkeit siehe Kap. 4.
[1010] Zu den Voraussetzungen einer rechtswirksamen Einwilligung siehe Kap. 9.1.
[1011] Eingehender zur Voraussetzung der eindeutig bestätigenden Handlung siehe Kap. 9.1.4.
[1012] Eingehender zur Freiwilligkeit der Einwilligung siehe Kap. 9.1.1.
[1013] Eingehender zur Bestimmtheit der Einwilligung siehe Kap. 9.1.2.
[1014] Eingehender zur Voraussetzung der eindeutig bestätigenden Handlung siehe Kap. 9.1.4.

9.2 Einwilligung als Rechtsgrundlage für Web-Monitoring

Veröffentlichung ausreichend bestimmt. Ebenso ist das Tatbestandsmerkmal der Bestimmtheit im Hinblick auf die für die Kenntnisnahme der Inhalte erforderlichen Verarbeitungsvorgänge erfüllt. Zwar adressiert das Handeln der betroffenen Person keinen näher spezifizierbaren Personenkreis und damit keinen konkreten Verantwortlichen. Dieser Umstand ist jedoch in den Fällen, in denen eine Person ihre personenbezogenen Daten selbst veröffentlicht, für die Wirksamkeit der Einwilligung unschädlich. So beinhaltet der Grundgedanke der Veröffentlichung, unbekannte Dritte mit den Inhalten zu erreichen. Würde schließlich aus diesem Grund die Möglichkeit verwehrt bleiben, rechtswirksam in die Kenntnisnahme Dritter einzuwilligen, würde die informationelle Selbstbestimmung ad absurdum geführt. Der betroffenen Person würde für solche Fälle faktisch das Recht genommen, selbst über ihre Daten zu entscheiden.

Verfehlt wäre jedoch die Auffassung, dass die Veröffentlichungshandlung auch im Hinblick auf die Weiterverarbeitung der veröffentlichten Daten im Rahmen des Monitorings hinreichend bestimmt ist. Dies würde voraussetzen, dass das Handeln der betroffenen Person wissentlich und willentlich darauf gerichtet ist, die eigenen Daten für das konkrete Monitoring dem konkreten Verantwortlichen zur Verfügung zu stellen. In der Praxis ist das jedoch kaum realistisch. Wie bereits erläutert, ist das allgemeine Zurverfügungstellen der Inhalte für einen nicht näher bestimmten Personenkreis der Grundgedanke hinter einer Veröffentlichung. Das Monitoring bietet dafür aber keinen Mehrwert. Vielmehr werden die Inhalte nicht verbreitet, sondern im Hinblick auf ein konkretes Monitoring-Objekt systematisch ausgewertet. Das Monitoring wird mit der Veröffentlichungshandlung nicht adressiert und kann somit auch nicht von ihr gedeckt sein. Diese Ansicht verfestigt sich durch den Umstand, dass sich die betroffene Person nicht sicher sein kann, ob ihre Daten überhaupt Gegenstand eines Monitoring-Prozesses werden.[1015] Somit ist nicht klar, ob tatsächlich eine Datenverarbeitung stattfindet. Selbst wenn dies angenommen werden könnte, mangelte es weiterhin an der Kenntnis darüber, welche der öffentlichen Daten letztlich in das Monitoring einfließen sowie wer der Verantwortliche und was der Verarbeitungszweck ist. Folglich kann die Veröffentlichungshandlung in Bezug hierauf erst recht nicht bestimmt sein. Die Veröffentlichungshandlung erfüllt im Hinblick auf das Monitoring mithin nicht die Anforderung der Bestimmtheit, wie sie Art. 4 Nr. 11 DSGVO formuliert.

Dieses Ergebnis lässt sich anhand der EuGH-Entscheidung zur Auslistungspflicht von Suchmaschinenbetreibern bekräftigen. Der EuGH äußerte sich hier zwar ausschließlich zur ausdrücklichen Einwilligung, wie sie Art. 9 Abs. 2 lit. a DSGVO fordert, formuliert aber im Hinblick auf die Bestimmtheit der Einwilligung zur Verarbeitung öffentlicher Daten durch Suchmaschinenbetreiber, dass diese sich unmittelbar auf die Tatsache beziehen muss, dass es Dritten durch die Verarbeitung ermöglicht wird, anhand der Eingabe passender Stichworte in die Suchmaschine eine Ergebnisliste zu erhalten, welche über Links das Aufrufen der veröffentlichten Daten ermöglicht.[1016] Mithin lässt der EuGH nicht genügen, dass die Weiterverarbeitung der öffentlichen Inhalte sich mit dem hinter der Veröffentlichung stehenden Wunsch der betroffenen Person, möglichst vielen auch unbekannten Personen die eigenen Inhalte zur Verfügung zu stellen, deckt. Vielmehr fordert er die Bestimmbarkeit der konkreten vom Suchmaschinenbetreiber durchgeführten Datenverarbeitung. Diese Anforderung lässt sich analog auch auf das Monitoring übertragen. Ist schon der Suchmaschinenbetreiber zur genauen Bezeichnung der konkreten Datenverarbeitung verpflichtet, muss das erst recht für die Verarbeitungsvorgänge im Rahmen des Monitorings gelten. So rechnet die betroffene Person viel eher damit, dass ihre öffentlich verfügbaren Inhalte durch eine Suchmaschine auffindbar gemacht werden als damit, dass ihre und Daten anderer systematisch gesammelt und ausgewertet werden. Folglich muss

---

[1015] Welche Daten erhoben und weiterverarbeitet werden ist letztlich davon abhängig, wie die Datenakquise ausgestaltet ist (eingehender zur Datenakquise siehe Kap. 2.4.2). Die betroffene Person hat darüber regelmäßig keine Kenntnis.

[1016] EuGH, Urt. v. 24.09.2019, Az. C-136/17, ZD 2020, 36 (39 f. Rn. 62).

sich die Veröffentlichungshandlung für eine hinreichende Bestimmtheit auch im Falle des Monitorings unmittelbar auf das konkrete Monitoring beziehen. In der Praxis ist derzeit jedoch keine Situation denkbar, in der diese Anforderung erfüllt werden könnte. Dies liegt insbesondere darin begründet, dass das Monitoring kein Selbstzweck[1017] ist und somit für die betroffenen Personen keinen Anreiz oder Mehrwert besteht, hierfür eine Veröffentlichung von Inhalten vorzunehmen.

In Fällen, in denen entgegen den dargelegten Ausführungen die Meinung vertreten wird, eine Veröffentlichungshandlung sei hinreichend bestimmt, scheitert eine rechtswirksame Einwilligung wenigstens an dem Umstand der fehlenden Informiertheit. Aufgrund der technischen Spezifikationen des Monitoring-Prozesses[1018] ist es nicht möglich, die betroffenen Personen vor der Datenerhebung über den Verarbeitungsvorgang zu informieren. Dies ist zunächst dem Umstand geschuldet, dass der Verantwortliche vor Beginn des Monitorings nicht antizipieren kann, wessen Daten in den Vorgang eingebunden werden. Ihm obliegt zwar die Ausgestaltung der Datenakquise, allerdings es in Anbetracht der riesigen Menge öffentlich verfügbarer Daten im Web dennoch nicht möglich, daraus abzuleiten, wessen Daten verarbeitet werden.

Des Weiteren stellt die Umsetzbarkeit der Information den Verantwortlichen vor erhebliche praktische Probleme. Selbst wenn die betroffenen Personen vorab bekannt sind, ist eine Information über die Datenverarbeitung in der Praxis insbesondere aus technischer Sicht kaum realisierbar. Eine Hürde stellt dabei zunächst die formelle Anforderung des Art. 12 Abs. 1 Satz 1 DSGVO dar. Diesem lässt sich entnehmen, dass die betroffenen Personen in ihrer Landessprache zu informieren sind.[1019] Um das gewährleisten zu können, muss das System[1020] die Sprache der vom Monitoring betroffenen Personen erkennen, die erforderlichen Informationen in den jeweiligen Sprachen vorliegen haben sowie die entsprechende Information an den jeweiligen Adressaten weiterleiten. Technisch ist das grundsätzlich zwar realisierbar, aber mit einem hohen Ressourcenaufwand verbunden und daher wenig praktikabel.

Ein weiteres zentrales Problem bei der Umsetzbarkeit der Information ist, dass aus technischer Sicht derzeit kein geeigneter Weg existiert, alle vom Monitoring betroffenen Personen zu kontaktieren. Die Möglichkeit, über E-Mail zu informieren, entfällt, da die E-Mail-Adressen der betroffenen Personen – anders als die veröffentlichten Inhalte – nicht frei verfügbar sind. Denkbar ist zwar, dass der für das Monitoring Verantwortliche beispielsweise im Falle einer Erhebung aus sozialen Medien mit den jeweiligen Webseitenbetreibern in Kontakt tritt und die E-Mail-Adressen anfragt. Allerdings ist davon auszugehen, dass die Webseitenbetreiber nicht auf derartige Anfragen reagieren oder die Weitergabe der E-Mail-Adressen unter Verweis auf ihre Datenschutzbestimmungen ablehnen. Die alternative Option, die Information über die häufig existierenden webseiteneigenen Nachrichtendienste zu versenden, kommt ebenfalls nicht in Betracht. Zwar ist es technisch grundsätzlich umsetzbar, auf diese Weise Nachrichten an die betroffenen Personen zu verschicken. Allerdings beschränken die Webseitenanbieter die Anzahl der auf diesem Wege versendbaren Nachrichten so, dass sie weit hinter der Anzahl von Personen zurückbleibt, deren Daten beim Monitoring erfasst werden. Über diesen Weg könnten mithin nicht sämtliche betroffenen Personen informiert werden. Des Weiteren stellt es keinen gangbaren Weg dar, die betroffenen Personen, soweit das bei der jeweiligen Webseite möglich ist, über die Kommentarfunktion zu ihren veröffentlichten Inhalten über die Verarbeitung zu

---

[1017] Zum fehlenden Selbstzweck bereits unter Kap. 7.2.1.
[1018] Eingehender zur Funktionsweise des Monitorings siehe Kap. 2.4.
[1019] Siehe hierzu *Dix,* in: Simitis/Hornung/Spiecker gen. Döhmann (Hrsg.), DSR, Art. 12 DSGVO Rn. 15; *Quaas,* in: Wolff/Brink/von Ungern-Sternberg (Hrsg.), BeckOK DSR, Art. 12 DSGVO Rn. 20; *Paal/Hennemann,* in: Paal/Pauly (Hrsg.), DSGVO/BDSG, Art. 12 DSGVO Rn. 35.
[1020] Eine manuelle Durchführung dieses Vorgangs ist aufgrund der enormen Datenmenge kaum realisierbar und würde einen aus wirtschaftlicher Sicht untragbaren Aufwand bedeuten.

9.2 Einwilligung als Rechtsgrundlage für Web-Monitoring

informieren. Einerseits kann diese Art der Information technisch bislang nicht realisiert werden. Andererseits sprechen, selbst wenn eine technische Umsetzbarkeit gewährleistet wäre, rechtliche Erwägungen gegen ein solches Vorgehen. So entspricht es der allgemeinen Erfahrung, dass in Kommentarspalten verfasste Inhalte in der Vielzahl der Kommentare untergehen und so nicht davon ausgegangen werden kann, dass die betroffene Person die Information tatsächlich zur Kenntnis nehmen wird. Folglich kann eine so übermittelte Information nicht wirksam sein. Abseits der dargestellten Informationswege gilt grundsätzlich: Handelt es sich bei den vom Monitoring betroffenen Webseiten um solche, die anonym genutzt werden, scheiden die genannten Möglichkeiten zur Information ohnehin gänzlich aus, da der richtige Adressat nicht ausgemacht werden kann. Insgesamt ist somit derzeit keine Möglichkeit ersichtlich, die betroffenen Personen vor der im Rahmen des Monitorings stattfindenden Datenverarbeitung i.S.v. Art. 4 Nr. 11 DSGVO zu informieren.

In Anbetracht der vorangegangenen Ausführungen stellt die Veröffentlichung von personenbezogenen Daten im Web durch die betroffene Person damit keine Einwilligung in die mit dem Monitoring einhergehende Verarbeitung dar.[1021] Dieses Ergebnis ergibt sich erst recht in Bezug auf Daten, deren Veröffentlichung nicht durch die betroffene Person selbst, sondern durch einen Dritten vorgenommen wurde. In diesen Fällen kommt eine mit der Veröffentlichung einhergehende Einwilligung gar nicht erst in Betracht.

9.2.2 Einwilligung durch Veröffentlichung nach Aufforderung

Wie erläutert, mangelt es bei einer einfachen Veröffentlichungshandlung der betroffenen Person an der für die Einwilligung erforderlichen Bestimmtheit und Informiertheit. Es stellt sich daher die Frage, ob diese Mängel durch eine spezifische Ausgestaltung des Veröffentlichungsprozesses behoben werden könnten. Vorstellbar ist dahingehend, dass für das Monitoring Verantwortliche vor dem Start des Monitoring-Prozesses die Web-Nutzer dazu aufruft, sich unter einer vorgegebenen einzigartigen Kennung zu einem festgelegten Thema auf öffentlichen Kanälen im Web zu äußern und in diesem Rahmen umfassend über die Verwendung der veröffentlichten Inhalte für das konkrete Monitoring informiert. Beispielsweise könnte ein Schuhhändler im Rahmen eines Gewinnspiels dazu aufrufen, unter der Kennung „#laufenwieaufWolkenderNeueXYZMonat13SchuhGmbH!" Bewertungen zu einem kürzlich auf den Markt gekommenen Schuhmodell abzugeben, und dabei den datenschutzrechtlichen Anforderungen entsprechend über die geplante Datenverarbeitung im Rahmen des Monitorings informieren.

Die Handlung der betroffenen Person ist grundsätzlich als freiwillig anzusehen, soweit sie bewusst und willentlich auf den Aufruf des Schuhhändlers reagiert. Es besteht kein Zwang dahingehend, dem Aufruf tatsächlich nachzukommen. Nachteile entstehen nicht. Auch die Ausgestaltung als Gewinnspiel beeinträchtigt die Freiwilligkeit nicht. Zwar werden hierdurch Anreize zur Veröffentlichung von Inhalten gesetzt, allerdings wird der Entscheidungsspielraum der betroffenen Personen nicht maßgeblich verkleinert.[1022] Auch wird durch ein Gewinnspiel keine wirtschaftliche oder soziale Schwäche der betroffenen Personen ausgenutzt.[1023] Insgesamt beeinflusst ein Gewinnspiel eine Person folglich nicht derart, dass ihre Entscheidungsfreiheit im datenschutzrechtlich relevanten Sinne beeinträchtigt ist.

[1021] Unter der alten Rechtslage im Ergebnis ebenso *Schreiber*, PinG 2014, 34 (35); *Desoi*, Big Data und allgemein zugängliche Daten im Krisenmanagement, 85 ff.; *Jung*, PinG 2015, 170 (172); *Schirmbacher*, Online-Marketing- und Social-Media-Recht, 179; *Solmecke/Wahlers*, ZD 2012, 550 (552); *Krügel/Pfeiffenbring/Pieper*, K&R 2014, 699 (701); *Ulbricht*, Hard facts Datenschutz im Social Web, Kap. 1.3.2.2; *Martini*, VerwArch 2016, 307 (328).
[1022] Vgl. OLG Frankfurt, Urt. v. 27.06.2019, Az. 6 U 6/19, ZD 2019, 507 (507 Rn. 12).
[1023] Zur Situation wirtschaftlicher oder sozialer Schwäche im Kontext der Einwilligung siehe Kap. 9.1.1.

Hinsichtlich der Bestimmtheit der Veröffentlichungshandlung ergeben sich hingegen Bedenken. Handelt es sich bei der Kennung um eine neue und bislang einzigartige Zeichenfolge, kann anhand dieser grundsätzlich auf den Aufruf geschlossen werden. Wurde der Aufruf hinreichend ausgestaltet, sodass ihm eindeutig die jeweilige Datenverarbeitung, der Verarbeitungszweck, der Verantwortliche sowie die Art der von der Verarbeitung betroffenen Daten entnommen werden kann, ist die Veröffentlichungshandlung in Bezug auf diese Verarbeitung hinreichend bestimmt. Dies gilt allerdings nur, soweit die betroffene Person dem Aufruf zur Veröffentlichung bewusst nachkommt.

Problematisch ist hingegen, wenn eine Person die Kennung verwendet, ohne zu wissen, dass damit eine Erklärung verbunden ist, die die Datenverarbeitung im Rahmen des konkreten Monitoring-Prozesses legitimiert. Das kann beispielsweise passieren, wenn eine Kennung sich schnell und weit verbreitet (viral geht) und so auch von Menschen verwendet wird, die den Aufruf zur Veröffentlichung nicht kennen. Ähnlich verhält es sich, wenn Inhalte von Personen, die dem Aufruf bewusst gefolgt sind, durch Dritte geteilt und gegebenenfalls kommentiert werden. In diesen Fällen kann nicht davon ausgegangen werden, dass die Handlung der betroffenen Personen die konkrete Datenverarbeitung adressiert und hinreichend bestimmt ist.

Um insoweit Klarheit zu schaffen, wäre es denkbar, die Verwendung der Kennung nicht als alleinigen Umstand für die Rechtmäßigkeit einer Einwilligung ausreichen zu lassen, sondern an eine weitere Handlung, wie beispielsweise das Reagieren auf den Aufruf mit einem „like", zu knüpfen. Dies ist im Rahmen des Monitorings selbst jedoch nur begrenzt umsetzbar. Zwar ermöglichen manche Plattformen, wie beispielsweise X[1024], die automatisierte Abfrage von Nutzern, die einen bestimmten Inhalt mit einem „like" versehen haben. Allerdings wird die Ausgabe dieser Informationen von manchen Plattformen auf eine bestimmte Anzahl von Nutzern begrenzt.[1025] Daher können in der Praxis nicht immer sämtliche Nutzer, welche einen Inhalt „geliked" haben, ausgemacht werden. Wenigstens in diesen Fällen kann die Bestimmtheit nicht hergestellt werden. Doch auch in den Konstellationen, in denen sämtliche Nutzer, die einen Beitrag „geliked" haben, ausgegeben werden, bleibt eine Unsicherheit hinsichtlich der Bestimmtheit der Veröffentlichungshandlung bestehen. So ist beispielsweise denkbar, dass eine Person auf einen Aufruf mit einem „like" reagiert und die Kennung verwendet, ohne die Einwilligung erteilen zu wollen.

Zudem kann grundsätzlich nicht ausgeschlossen werden, dass die Kennung nicht einzigartig ist und bereits anderweitig Verwendung findet. Dieses Risiko kann zwar minimiert werden, indem eine Kennung möglichst komplex gewählt und vor deren Benutzung eingehend recherchiert wird, ob sie bereits im Web existiert. Gänzlich ausschließen lässt sich das aber in Anbetracht der Weite und Schnelllebigkeit des Web sowie der täglich neu erfundenen Kennungen nicht.

In Bezug auf die Informiertheit ergeben sich grundsätzlich die gleichen Bedenken. Zwar ist von Informiertheit auszugehen, soweit der Aufruf entsprechend konkret ausgestaltet ist und die betroffene Person bewusst auf den Aufruf reagiert hat. Allerdings lässt sich nicht ausschließen, dass die Kennung auch von unbeteiligten Dritten verwendet wird (s.o.). Diese werden regelmäßig nicht von dem Aufruf zur Veröffentlichung wissen. Folglich können sie auch die im Aufruf enthaltenen Informationen nicht kennen. Das Kriterium der Informiertheit kann in diesen Fällen mithin nicht vorliegen.

Die Anforderung der Unmissverständlichkeit verlangt, dass die Willensbekundung der betroffenen Person durch ein aktives Tun erfolgt, welches ihren eindeutigen Willen zur Einwilligung in die konkrete Datenverarbeitung zum Ausdruck bringt und nach außen hin erkennen

---

[1024] Vgl. *X Developer Platform*, Likes.
[1025] Beispielsweise die letzten 120 „likes", vgl. *Stack Overflow*, Get a list of users who have liked specific media on Instagram.

9.2 Einwilligung als Rechtsgrundlage für Web-Monitoring

lässt.[1026] In der hier zugrundeliegenden Konstellation gibt die betroffene Person bei der Veröffentlichung ihrer Inhalte keine ausdrückliche Einwilligung zur Verarbeitung ihrer Daten ab. Wie bereits dargelegt, ist dies jedoch für die Wirksamkeit der Einwilligung unschädlich, soweit durch die Veröffentlichungshandlung ihr Einverständnis in die Weiterverarbeitung der Daten im Rahmen des konkreten Monitorings eindeutig sichtbar wird (konkludente Einwilligung).[1027] Fraglich ist insoweit, ob dem Veröffentlichungshandeln der betroffenen Person eindeutig ihre Einwilligung in die Datenverarbeitung entnommen werden kann. In Anbetracht der vorangehenden Ausführungen ist das nicht der Fall. Zwar kann davon ausgegangen werden, dass in einer Vielzahl der Fälle Personen bewusst auf den Aufruf zur Veröffentlichung reagieren und wissen, dass sie damit der konkreten Datenverarbeitung zustimmen. Deren Einwilligung wäre insoweit hinreichend freiwillig, bestimmt, informiert und unmissverständlich. Jedoch kann, wie bereits dargelegt, weder technisch noch organisatorisch sichergestellt werden, dass die verwendete Kennung einzigartig ist und sie nicht von unbeteiligten Dritten genutzt wird. In diesen Fällen käme es dazu, dass betroffene Personen unbewusst und gegebenenfalls ungewollt in die Datenverarbeitung einbezogen werden. Die Veröffentlichungshandlung nach einem Aufruf zur Veröffentlichung bringt folglich nicht in jedem Fall unmissverständlich zum Ausdruck, dass die betroffenen Personen mit der Weiterverarbeitung der Daten einverstanden sind.

Insgesamt stellt die Ausgestaltung des Einwilligungsprozesses in der dargelegten Form damit kein rechtssicheres Vorgehen dar.

9.2.3 Einwilligung durch eine Nutzungsbedingung

Bezieht sich das Monitoring ausschließlich auf Plattformen wie Facebook, Instagram oder LinkedIn, die erst nach Anmeldung und Zustimmung zu Nutzungsbedingungen genutzt werden können, stellt sich die Frage, inwieweit eine Einwilligung zum Monitoring mittels der Nutzungsbedingungen eingeholt werden könnte. So könnten diese eine Klausel beinhalten, mit welcher der Nutzer der Verwendung seiner auf der Plattform veröffentlichten Inhalte für das Monitoring, auch durch Dritte, zustimmt. Eine solche Klausel könnte beispielsweise lauten: „Ich stimme zu, dass meine über *diese Plattform* veröffentlichten Inhalte durch den *Plattformbetreiber* und andere Stellen, mit welchen dieser zusammenarbeitet, für Zwecke des Web-Monitorings verwendet werden dürfen. Web-Monitoring bezeichnet dabei [...]."[1028]

9.2.3.1 Anwendbares Recht

Da die Betreiber von Plattformen ihren Sitz häufig auch außerhalb Deutschlands und der Union haben, ist zunächst zu klären, inwieweit deutsches Recht auf die Nutzungsbedingungen, also den dazugehörigen Vertrag, Anwendung finden kann.[1029] Dies richtet sich vorliegend nach den kollisionsrechtlichen Vorgaben der Rom-I-VO.[1030] Die Rom-I-VO ist gem. ihrem Art. 1 hier

---

[1026] Eingehend zur eindeutig bestätigenden Handlung siehe Kap. 9.1.4.
[1027] Eingehender zur Möglichkeit der konkludenten Einwilligung siehe Kap. 9.1.4.
[1028] Soweit ersichtlich werden etwaig lautende Klauseln nicht verwendet, vielmehr wird der nicht ausdrücklich autorisierte Einsatz automatisierter Methoden zur Erhebung von Daten, wie er auch im Rahmen des Monitorings stattfinden kann, als Verstoß gegen die Nutzungsbedingungen verstanden, siehe exemplarisch *Facebook,* Nutzungsbedingungen, Abschnitt 3.2.3; *Instagram,* Nutzungsbedingungen, Abschnitt „Deine Verpflichtungen"; *TikTok,* Nutzungsbedingungen, Abschnitt 4.5; *X,* Allgemeine Geschäftsbedingungen, Abschnitt 4; eingehender bezüglich Facebook *Clark,* So gehen wir gegen Scraping vor.
[1029] Zur Anwendbarkeit der DSGVO siehe Kap. 7.1.
[1030] Der Anwendungsbereich der CSIG, welche gem. Art. 25 Abs. 1 Rom-I-VO grundsätzlich vorrangig Anwendung finden muss, ist nicht eröffnet, da es sich vorliegend nicht um einen Vertrag über den internationalen Warenverkauf i.S.v. Art. 1 Abs. 1 CISG handelt.

anwendbar, da ein Vertrag schuldrechtlicher Natur gegeben ist, der eine Verbindung zum Recht verschiedener Staaten aufweist.[1031]

Gem. Art. 3 Abs. 1 Rom-I-VO haben die am Vertrag beteiligten Parteien grundsätzlich Rechtswahlfreiheit. Die Rechtswahl muss dabei ausdrücklich erfolgen oder sich aus dem Vertrag oder den Umständen des konkreten Einzelfalls ergeben. Haben die Parteien nicht von der Möglichkeit der Rechtswahl Gebrauch gemacht, kommt Art. 4 Rom-I-VO zur Anwendung. Demnach bestimmt sich das anzuwendende Recht anhand des jeweiligen Vertragstypus. Der hier zugrundeliegende Vertragstypus ist der eines Vertrags sui generis[1032] (fortan als Nutzungsvertrag bezeichnet), welcher unter anderem als Plattformnutzungs-[1033], Netzwerknutzungs-[1034] oder Social-Media-Vertrag[1035] bezeichnet wird.[1036] Teilweise wird auch vertreten, es handele sich um einen Werk-, Dienstleistungs-, Miet- oder einen gemischten Vertrag.[1037] Im Ergebnis spielt dies für das nach Art. 4 Rom-I-VO anzuwendende Recht jedoch keine Rolle, da in jedem Fall das Recht des Staats, in dem der Plattformbetreiber seinen gewöhnlichen Aufenthalt gem. Art. 19 Rom-I-VO hat, anzuwenden ist.[1038] In diesem Falle gälte mithin zumeist ausländisches Recht.

Von diesem grundsätzlichen Vorgehen gibt es allerdings spezifische Ausnahmen, die als Leges speciales den allgemeinen Vorschriften vorgehen. Eine solche existiert für den Verbrauchervertrag. Handelt es sich um einen solchen, darf gem. Art. 6 Abs. 2 Satz 2 ROM-I-VO das nach Art. 3 ROM-I-VO festgelegte Recht nicht dazu führen, dass dem Verbraucher der zwingende Schutz entzogen wird, welcher ihm im Staat seines gewöhnlichen Aufenthaltes gewährleistet würde. Mangelt es an einer Rechtswahl i.S.v. Art. 3 Abs. 1 ROM-I-VO, ist gem. Art. 6 Abs. 1 ROM-I-VO das Recht desjenigen Staats anwendbar, in welchem der Verbraucher seinen gewöhnlichen Aufenthalt i.S.v. Art. 19 ROM-I-VO hat, sofern der Unternehmer seine Tätigkeit in irgendeiner Weise auf den Heimatstaat des Verbrauchers ausrichtet oder dort ausübt.

Es stellt sich somit zunächst die Frage, ob die hier gegebenen Nutzungsverträge als Verbraucherverträge i.S.v. Art. 6 Abs. 1 ROM-I-VO einzuordnen sind. Der Plattformbetreiber lässt sich unproblematisch unter den Begriff des Unternehmers i.S.v. Art. 6 Abs. 1 ROM-I-VO

[1031] Näher hierzu am Beispiel Facebook *Kleiner*, Die urheberrechtliche Wirksamkeit von Nutzungsbedingungen sozialer Netzwerke, 32 f.; ohne näher Auseinandersetzung offensichtlich von einem vertraglichen Schuldverhältnis ausgehend: *Bräutigam/Richter*, in: Hornung/Müller-Terpitz (Hrsg.), Rechtshandbuch Social Media, 81 (94 Rn. 34); *Adelberg*, Rechtspflichten und -grenzen der Betreiber sozialer Netzwerke, 138; *Mayer*, Soziale Netzwerke im Internet im Lichte des Vertragsrechts, 101.

[1032] *Bräutigam/Richter*, in: Hornung/Müller-Terpitz (Hrsg.), Rechtshandbuch Social Media, 81 (91 Rn. 22); *Kleiner*, Die urheberrechtliche Wirksamkeit von Nutzungsbedingungen sozialer Netzwerke, 59 ff.; eingehender *Mayer*, Soziale Netzwerke im Internet im Lichte des Vertragsrechts, 69 m.w.N.

[1033] Vgl. *Kleiner*, Die urheberrechtliche Wirksamkeit von Nutzungsbedingungen sozialer Netzwerke, 40 ff.; *Schmittmann*, in: Hoeren/Sieber/Holznagel (Hrsg.), Handbuch Multimedia-Recht, Teil 9 Rn. 26; *Specht-Riemenschneider/Bernzen*, in: Graf von Westphalen/Haas/Mock (Hrsg.), HGB, Plattformnutzungsverträge Rn. 1 ff.; *Holznagel*, CR 2018, 369 (370); *Häublein*, in: Säcker et al. (Hrsg.), MüKo BGB, Vorbemerkungen zu § 535 Rn. 35.

[1034] Vgl. *Mayer*, Soziale Netzwerke im Internet im Lichte des Vertragsrechts, 69 ff.; *Holznagel*, CR 2018, 369 (370).

[1035] Vgl. *Bräutigam/Richter*, in: Hornung/Müller-Terpitz (Hrsg.), Rechtshandbuch Social Media, 81 (85 ff. Rn. 7 ff.); *Häublein*, in: Säcker et al. (Hrsg.), MüKo BGB, Vorbemerkungen zu § 535 Rn. 35; *Schwartmann/Ohr*, in: Schwartmann et al. (Hrsg.), Praxishandbuch Medien-, IT- und Urheberrecht, Kap. 11 Rn. 30.

[1036] Eine feste Bezeichnung gibt es nicht, da es sich um einen gesetzlich nicht normierten Vertragstypus handelt, der sich aufgrund neuer technologischer Entwicklungen im stetigen Wandel befindet.

[1037] Vgl. *Kleiner*, Die urheberrechtliche Wirksamkeit von Nutzungsbedingungen sozialer Netzwerke, 43 f. m.w.N.; *Adelberg*, Rechtspflichten und -grenzen der Betreiber sozialer Netzwerke, 146 ff. m.w.N.

[1038] Vgl. Art. 4 Abs. 1 lit. b Rom-I-VO für Dienstleistungs- sowie Art. 4 Abs. 2 Rom-I-VO für die anderen denkbaren Vertragstypen.

9.2 Einwilligung als Rechtsgrundlage für Web-Monitoring

subsumieren. Er betreibt die Plattform aus wirtschaftlichen Gründen, nicht aber, um privaten Interessen nachzugehen. Das zeigt sich insbesondere in der Monetarisierung der Plattformen durch das Schalten von Werbung oder in dem Anbieten kostenpflichtiger Dienste. Im Unterschied zum Plattformbetreiber kann der Plattformnutzer sowohl als Unternehmer als auch als Verbraucher i.S.v. Art. 6 Abs. 1 ROM-I-VO auftreten. Die meisten Plattformen sind freizeitorientiert ausgerichtet und wurden für die private Nutzung konzipiert. So erklärt beispielsweise Facebook „Unsere Mission ist es, den Menschen die Möglichkeit zu geben, Gemeinschaften zu bilden, und die Welt näher zusammenzubringen".[1039] Instagram legt als Ziel dar, die Nutzer mit den Menschen und Dingen zu verbinden, die sie lieben,[1040] und TikTok formuliert „Unsere Mission besteht darin, Kreativität zu inspirieren und Freude zu bringen"[1041]. Entsprechend dieser Ausrichtung erfolgt die Nutzung solcher Plattformen vornehmlich zu privaten Zwecken, weswegen die Nutzungsverträge überwiegend als Verbraucherverträge einzuordnen sind.[1042] Auch im Kontext beruflich orientierter Plattformen ist davon auszugehen, dass eine signifikante Anzahl der Nutzungsverträge Verbraucherverträge sind, da ein Großteil der Nutzer Privatpersonen sind, die die Plattform nicht zur Ausübung einer beruflichen oder gewerblichen Tätigkeit verwenden.[1043] An dieser Stelle darf allerdings nicht unberücksichtigt bleiben, dass Plattformen regelmäßig auch mit geschäftlicher Absicht genutzt werden. Beispielsweise erstellen sich viele Unternehmen auf Plattformen eigene Profile,[1044] um ihren Bekanntheitsgrad zu steigern, sich besser im Markt zu positionieren oder neue Kunden zu akquirieren.[1045] Zudem ist auf diversen Plattformen eine nicht unerhebliche Zahl von Influencern zu verzeichnen,[1046] die im Rahmen einer gewerblichen Tätigkeit Produkte und Dienstleistungen bewerben. Liegt eine solche Nutzung vor, ist der Nutzungsvertrag nicht als Verbrauchervertrag einzuordnen.

Unter der Prämisse des Vorliegens eines Verbrauchervertrags ist es für eine Anwendbarkeit des Art. 6 Abs. 1 ROM-I-VO zudem erforderlich, dass der Unternehmer seine Tätigkeit im Staat des gewöhnlichen Aufenthalts des Verbrauchers ausübt (lit. a) oder seine Tätigkeit auf diesen Staat ausrichtet (lit. b). Die Ausübung einer Tätigkeit i.S.v. Art. 6 Abs. 1 lit. a ROM-I-VO liegt vor, wenn der Unternehmer sich aktiv am Wirtschaftsverkehr im Staat des gewöhnlichen Aufenthalts des Verbrauchers beteiligt.[1047] Bei den hier gegenständlichen Plattformen trifft dies in Bezug auf Deutschland regelmäßig zu. Das wird insbesondere daran ersichtlich, dass die Plattformen auch deutschen Unternehmen digitale Werbeflächen zum Verkauf anbieten, über welche Werbung gezielt an spezifische Nutzer(-Gruppen) ausgespielt werden kann. Dieser Verkauf digitaler Werbeflächen verschafft den Plattformen nicht nur erhebliche Einnahmen, sondern beeinflusst zudem das Konsumverhalten sowie die Geschäftstätigkeit, auch innerhalb Deutschlands. Insofern kann von einer aktiven Teilnahme der Plattformen auch am deutschen Wirtschaftsverkehr ausgegangen werden. Besitzt eine Plattform zumindest eine Niederlassung

---

[1039] *Facebook,* Nutzungsbedingungen, Abschnitt 1.

[1040] *Instagram,* Nutzungsbedingungen, Abschnitt „Der Instagram-Dienst".

[1041] *TikTok,* Unsere Mission.

[1042] Zum gleichen Ergebnis kommend *Bräutigam/Richter,* in: Hornung/Müller-Terpitz (Hrsg.), Rechtshandbuch Social Media, 81 (95 Rn. 35); *Kleiner,* Die urheberrechtliche Wirksamkeit von Nutzungsbedingungen sozialer Netzwerke, 65 f.

[1043] *Bräutigam/Richter,* in: Hornung/Müller-Terpitz (Hrsg.), Rechtshandbuch Social Media, 81 (95 Fn. 85).

[1044] Zur breiten Nutzung sozialer Medien durch Unternehmen siehe *Bitkom,* Marketingmaßnahmen- und Budgetstudie 2022, 14.

[1045] *Bitkom,* Marketingmaßnahmen- und Budgetstudie 2022, 23.

[1046] Zur Anzahl von Influencern siehe *trendHERO,* How Many Influencers are There in 2023.

[1047] *Bach,* in: Spindler/Schuster (Hrsg.), Recht el. Medien, Art. 6 ROM-I-VO Rn. 15; *Martiny,* in: Säcker et al. (Hrsg.), MüKo BGB, Art. 6 ROM-I-VO Rn. 38; *Leible,* in: Hüßtege/Mansel (Hrsg.), ROM VO, Art. 6 Rom-I-VO Rn. 52.

innerhalb von Deutschland,[1048] kann außerdem allein aufgrund dieses Umstands eine Teilnahme am deutschen Wirtschaftsverkehr angenommen werden.[1049] Darüber finden sich hinreichende Anhaltspunkte[1050] für die Ausrichtung der hier gegenständlichen Plattformen auf den deutschen Markt i.S.v. Art. 6 Abs. 1 lit. b ROM-I-VO. Hierzu gehört insbesondere, dass die Plattformen in deutscher Sprache verfügbar sind, die Nutzungsbedingungen in deutscher Sprache verfügbar sind, kostenpflichtige Angebote in Euro bezahlt werden können, der Abschluss des Nutzungsvertrags jeder Person unabhängig von ihrem Aufenthalts- oder Herkunftsstaat möglich ist, die angebotenen Werbedienstleistungen auch dem deutschen Markt zur Verfügung gestellt werden und die Plattformbetreiber deutsche und europäische Gesetze grundsätzlich als für sie relevant anerkennen.

Im Ergebnis findet Art. 6 Abs. 1 ROM-I-VO somit auf alle Nutzungsverträge Anwendung, bei denen der Nutzer als Verbraucher auftritt. In diesen Fällen ist gem. Art. 4 ROM-I-VO bei fehlender Rechtswahl i.S.v. Art. 3 Abs. 1 ROM-I-VO das Recht des Staats anzuwenden, in dem der Verbraucher seinen gewöhnlichen Aufenthalt hat. Haben die Vertragsparteien hingegen gem. Art. 3 Abs. 1 ROM-I-VO ausdrücklich das Recht eines Staates ausgewählt, ist das Recht dieses Staats auf den Nutzungsvertrag anzuwenden. Wie bereits ausgeführt, darf dies allerdings gem. Art. 6 Abs. 2 Satz 2 ROM-I-VO nicht dazu führen, dass dem Verbraucher der Schutz entzogen wird, der ihm durch diejenigen Bestimmungen gewährt wird, von denen nach dem Recht des Staats seines gewöhnlichen Aufenthalts nicht durch Vereinbarung abgewichen werden darf. Hierzu zählt für deutsche Nutzer insbesondere das Recht der allgemeinen Geschäftsbedingungen[1051] und des Datenschutzes[1052]. Inwieweit eine Einwilligungserklärung zum Monitoring im Rahmen der Nutzungsbedingungen von Plattformen rechtlich wirksam ist, hängt bei deutschen Verbrauchern mithin von den Bestimmungen des AGB- und Datenschutzrechts ab.

Wird eine Plattform durch den Nutzer zur Ausübung geschäftlicher oder gewerblicher Tätigkeiten genutzt, kann Art. 6 Abs. 1 ROM-I-VO mangels Verbrauchereigenschaft des Nutzers nicht zur Anwendung kommen. Wie bereits dargelegt, ist in einem solchen Fall entweder das durch die Vertragsparteien gem. Art. 3 Abs. 1 ROM-I-VO gewählte Recht anzuwenden, oder, sofern keine Rechtswahl vorgenommen wurde, das Recht des Staats, in dem der Plattformbetreiber seinen gewöhnlichen Aufenthalt hat. Das anzuwendende Recht ergibt sich mithin individuell. Um feststellen zu können, ob eine datenschutzrechtliche Einwilligung wirksam über die Nutzungsbestimmungen einer Plattform eingeholt werden kann, bedürfte es in solchen Fällen daher einer konkreten Betrachtung der jeweiligen Plattform und ihrer Nutzungsbestimmungen sowie einer Prüfung des jeweils anzuwendenden Rechts. Eine abstrakte Prüfung ist insoweit nicht möglich, weswegen sich die nachfolgenden Ausführungen auf Nutzerverträge, die als Verbraucherverträge einzuordnen sind, beschränken.

9.2.3.2 Einwilligungsklausel als AGB

Nachdem festgestellt wurde, dass in der vorliegenden Konstellation bei deutschen Verbrauchern deutsches Recht zur Anwendung kommen kann, stellt sich die grundsätzliche Frage, ob

---

[1048] So etwa Facebook, Instagram, TikTok und LinkedIn.

[1049] Vgl. zur Niederlassung als ausschlaggebendes Kriterium für die Beurteilung der aktiven Teilnahme am Wirtschaftsverkehr *Bach*, in: Spindler/Schuster (Hrsg.), Recht el. Medien, Art. 6 ROM-I-VO Rn. 15.

[1050] Hinsichtlich der Aspekte, die bei der Bewertung, ob ein Unternehmer seine Tätigkeit auf einen Staat ausrichtet, berücksichtigt werden können siehe EuGH, Urt. v. 07.12.2010, Az. C-585/08, C-144/09, NJW 2011, 505 (510 Rn. 93); EG 24 ROM-I-VO.

[1051] Siehe m.w.N. *Martiny*, in: Säcker et al. (Hrsg.), MüKo BGB, Art. 6 ROM-I-VO Rn. 61; *Staudinger*, in: Ferrari et al. (Hrsg.), Int. VertR, Art. 6 ROM-I-VO Rn. 74d; *Adelberg*, Rechtspflichten und -grenzen der Betreiber sozialer Netzwerke, 141; *Kleiner*, Die urheberrechtliche Wirksamkeit von Nutzungsbedingungen sozialer Netzwerke, 66.

[1052] So qualifiziert das UKlaG in § 2 Abs. 2 Nr. 13 die DSGVO als Verbraucherrecht.

in Nutzungsbestimmungen enthaltene Einwilligungsklauseln neben dem Datenschutzrecht auch vom AGB-Recht erfasst werden. Hierfür muss es sich bei der Klausel gem. § 305 Abs. 1 BGB um eine für eine Vielzahl von Verträgen vorformulierte Vertragsbedingung handeln, welche einseitig vom Verwender bei Abschluss des Vertrags gestellt wird. Nach herrschender Meinung ist dies bei vom Verwender vorformulierten und in den Nutzungsbedingungen enthaltenen Einwilligungserklärungen der Fall.[1053] Diese Auffassung wird durch einen Blick in den Verordnungstext bestätigt. So sieht EG 42 Satz 3 DSGVO unter Verweis auf die Richtlinie 93/13/EWG über missbräuchlichen Klauseln in Verbraucherverträgen, welche unter anderem durch das deutsche AGB-Recht umgesetzt wird,[1054] ausdrücklich vor, dass eine Einwilligungserklärung keine missbräuchlichen Klauseln beinhalten darf.[1055] Grundsätzlich sind vorformulierte Einwilligungsklauseln somit als AGB zu verstehen. Dabei spielt es im Übrigen keine Rolle, ob die Klausel unmittelbar in den Nutzungsbedingungen oder der Datenschutzerklärung zum Vertragsschluss enthalten ist.[1056]

9.2.3.3 Wirksame Einbeziehung

Die Einwilligungsklausel müsste außerdem wirksam in den Vertrag einbezogen worden sein. Hierfür bedarf es gem. § 305 Abs. 2 BGB eines ausdrücklichen Hinweises auf die Nutzungsbedingungen, der Möglichkeit der Kenntnisnahme durch den Vertragspartner sowie dessen Einverständnis.

Ein ausdrücklicher Hinweis liegt vor, wenn der Plattformbetreiber gegenüber dem Nutzer bei der Anmeldung zur Plattform unmissverständlich erkennbar macht, dass die Nutzungsbestimmungen und insbesondere die darin enthaltene Einwilligungsklausel in den Vertrag einbezogen werden soll.[1057] Es bedarf also eines expliziten Hinweises auf die Einwilligungsklausel. Fehlte dieser, bliebe für die betroffene Person verborgen, dass sich in den Nutzungsbedingungen eine Einwilligung verbirgt und sie würde im Falle der Zustimmung eine rechtserhebliche Erklärung abgeben, ohne sich darüber bewusst zu sein.[1058]

In der Praxis ist die Hinweispflicht unter anderem als erfüllt anzusehen, wenn die betreffende Klausel deutlich erkennbar eingeblendet wird, über einen bei der Anmeldung deutlich sichtbar hinterlegten Link verfügbar ist oder das Anmeldeformular einen entsprechenden vorgedruckten Hinweis enthält.[1059] Unzureichend ist es hingegen, den Hinweis in wesentlich kleinerer Schrift als den restlichen Text zu drucken oder ihn an einer wenig präsenten Stelle zu platzieren.[1060]

[1053] BGH, Urt. v. 16.07.2009, Az. VIII ZR 248/06, GRUR 2008, 1010 (1012 Rn. 26 ff.); *Albrecht/Jotzo,* Das neue Datenschutzrecht der EU, Teil 3 Rn. 42; *Ingold,* in: Sydow/Marsch (Hrsg.), DSGVO/BDSG, Art. 7 DSGVO Rn. 41; *Hacker,* ZfPW 2019, 148 (184); *Brinkmann,* in: Gsell et al. (Hrsg.), BeckOGK BGB, § 307 Datenschutzklausel Rn. 34; *Schuster,* in: Spindler/Schuster (Hrsg.), Recht el. Medien, § 305 BGB Rn. 6; *Selk,* in: Redeker (Hrsg.), Handbuch der IT-Verträge, Teil 9.1 Rn. 39; abweichend *McColgan,* AcP 2021, 695 (695 ff.).

[1054] Siehe Gesetz zur Regelung des Rechts der Allgemeinen Geschäftsbedingungen (AGB-Gesetz) v. 29.06.2000, BGBl. I 2000, Nr. 29 v. 30.06.2000, S. 946; das AGB-Gesetz wurde schließlich im Rahmen der Schuldrechtsreform ins BGB integriert, siehe: Gesetz zur Modernisierung des Schuldrechts v. 26.11.2001, BGBl. I 2001, Nr. 61 vom 29.11.2001, S. 3138.

[1055] A.a. *McColgan,* AcP 2021, 695 (706 ff.).

[1056] Vgl. *Wendehorst/Graf von Westphalen,* NJW 2016, 3745 (3748); *Hacker,* ZfPW 2019, 148 (184); *Uphues,* in: Hoeren/Sieber/Holznagel (Hrsg.), Handbuch Multimedia-Recht, Teil 15.3 Rn. 51.

[1057] *Lehmann-Richter,* in: Gsell et al. (Hrsg.), BeckOGK BGB, § 305 BGB Rn. 256; *Schuster,* in: Spindler/Schuster (Hrsg.), Recht el. Medien, § 305 BGB Rn. 26; *Schmidt,* NJW 2011, 1633 (1687); BGH, Urt. v. 18.06.1986, Az. VIII ZR 137/85, NJW-RR 1987, 112 (113).

[1058] *Ernst,* ZD 2017, 110 (113); *Nord/Manzel,* NJW 2010, 3756 (3758).

[1059] *Becker,* in: Hau/Poseck (Hrsg.), BeckOK BGB, § 305 BGB Rn. 49.

[1060] *Lehmann-Richter,* in: Graf von Westphalen/Thüsing (Hrsg.), Vertrags- und AGB-Recht, Abonnementvertrag Rn. 9; *Schmidt,* NJW 2011, 1633 (1687).

Ebenso ist es unzulässig, wenn der Hinweis einem unnötig langen Text entnommen werden muss.[1061]

Die Ausnahme des § 305 Abs. 2 Nr. 1 BGB, wonach die Hinweispflicht auch durch einen deutlich sichtbaren Aushang am Ort des Vertragsschlusses erfüllt werden kann, soweit ein ausdrücklicher Hinweis den Verwender vor unverhältnismäßige Schwierigkeiten stellen würde, gilt für elektronische Verträge naturgemäß nicht.[1062] Plattformbetreibern dürfte hierdurch jedoch kein Problem entstehen, da ein ausdrücklicher Hinweis bereits in den Anmeldevorgang integriert werden kann.

Bei der Anmeldung auf einer Plattform besteht die Möglichkeit der Kenntnisnahme, wenn die geltenden Klauseln verfügbar[1063] und lesbar[1064] sowie für den durchschnittlichen Nutzer verständlich[1065] sind. Diese Anforderungen lassen sich in der Praxis zumeist ohne größere Hürden praktisch umsetzen. So wird die Kenntnisnahme bereits bejaht, wenn die Klauseln bei Vertragsschluss unmittelbar über einen Hyperlink aufrufbar sind.[1066] Berücksichtigt werden muss jedoch, dass die Klauseln nicht in unzumutbarer Länge ausgestaltet sein dürfen[1067] und der Plattformbetreiber bei Verbraucherverträgen gem. § 312i Abs. 1 Satz 1 Nr. 4 BGB die Möglichkeit gewähren muss, die Vertragsbestimmungen bei Vertragsschluss abzurufen und in wiedergabefähiger Form zu speichern. Im Fall von Onlineplattformen ist diese Verpflichtung lediglich ein Gestaltungsauftrag und somit in aller Regel unproblematisch umsetzbar.

Das Einverständnis des Nutzers i.S.v. § 305 Abs. 2 BGB in die AGB und die enthaltene Datenschutzklausel liegt konkludent vor, wenn sich der Nutzer, obwohl er auf die Klausel hingewiesen wurde und sie zur Kenntnis nehmen konnte, auf der Plattform anmeldet.[1068]

9.2.3.4 Keine überraschende Klausel

Besitzt eine Vertragsklausel einen für den Vertragspartner überraschenden Charakter, wird sie trotz Einhaltung der Vorgaben aus § 305 Abs. 2 BGB gem. § 305c Abs. 1 BGB nicht Vertragsbestandteil. Als überraschend gilt eine Klausel gem. § 305c Abs. 1 BGB, wenn sie den Umständen nach, insbesondere nach dem äußeren Erscheinungsbild des Vertrags, so ungewöhnlich ist, dass der Vertragspartner des Verwenders nicht mit ihr zu rechnen braucht.

Inwieweit dies im Hinblick auf eine Einwilligungsklausel der Fall ist, richtet sich nach den berechtigten Erwartungen der Nutzer der jeweiligen Plattform. Hinsichtlich dieser Erwartungen ist auf den grundlegenden Charakter des Vertrags abzustellen, welchen der Plattformbetreiber mit dem Nutzer abschließt.[1069] Wie bereits erläutert, ist der hier zugrundeliegende Vertragstypus ein Nutzungsvertrag.[1070] Der genaue Leistungsumfang hängt dabei von der konkreten Plattform ab. Grundsätzlich ist die Hauptleistungspflicht des Plattformbetreibers aber, den Zugang zu einer durch ihn bereitgestellten Web-Infrastruktur zu verschaffen, welche es dem einzelnen Nutzer ermöglicht, mit anderen Nutzern zu kommunizieren sowie Inhalte auszutauschen und

---

[1061] *Ernst*, ZD 2017, 110 (113).
[1062] *Schuster*, in: Spindler/Schuster (Hrsg.), Recht el. Medien, § 305 BGB Rn. 26.
[1063] *Schuster*, in: Spindler/Schuster (Hrsg.), Recht el. Medien, § 305 BGB Rn. 27.
[1064] BT-Drs. 14/6040, S. 151; *Lehmann-Richter*, in: Gsell et al. (Hrsg.), BeckOGK BGB, § 305 BGB Rn. 223 f.; *Kollmann*, in: Dauner-Lieb/Langen (Hrsg.), BGB Schuldrecht, § 305 BGB Rn. 74 f.
[1065] *Lehmann-Richter*, in: Gsell et al. (Hrsg.), BeckOGK BGB, § 305 BGB Rn. 225; *Kollmann*, in: Dauner-Lieb/Langen (Hrsg.), BGB Schuldrecht, § 305 Rn. 82; *Ernst*, ZD 2017, 110 (113).
[1066] BGH, Urt. v. 14.06.2006, Az. I ZR 75/03, NJW 2006, 2976 (2977 Rn. 16).
[1067] *Fornasier*, in: Säcker et al. (Hrsg.), MüKo BGB, § 305 Rn. 80; *Ernst*, ZD 2017, 110 (113).
[1068] *Solmecke/Dam*, MMR 2012, 71 (72); *Lehmann-Richter*, in: Gsell et al. (Hrsg.), BeckOGK BGB, § 305 BGB Rn. 244 ff.
[1069] Vgl. *Ulmer/Schäfer*, in: Ulmer/Brandner/Hensen (Hrsg.), AGB-Recht, § 305c BGB Rn. 13 ff.
[1070] Zur Art des Vertrages siehe Kap. 9.2.3.1.

9.2 Einwilligung als Rechtsgrundlage für Web-Monitoring

öffentlich verfügbar zu machen.[1071] Welche spezifischeren Leistungen der Plattformbetreiber darüber hinaus zur Verfügung stellt, ist den Nutzungsbedingungen der Plattform zu entnehmen.

Vor diesem Hintergrund entspricht es nicht dem Charakter des Vertrags zwischen Plattformbetreiber und Nutzer, dass die auf der Plattform veröffentlichten Daten des Nutzers von Dritten im Rahmen von Monitoring verarbeitet werden. Eine solche Verarbeitung ist zur Vertragserfüllung nicht erforderlich. Insofern ist eine Einwilligungsklausel, welche diese Verarbeitungsvorgänge legitimiert, objektiv ungewöhnlich.

Ebenso ist eine Einwilligungsklausel, wie die hier zugrunde gelegte, auch aus subjektiver Sicht des Nutzers ungewöhnlich. Selbst wenn entgegen der tatsächlichen Lebenserfahrung davon ausgegangen werden würde, dem durchschnittlichen Nutzer wäre die Kommerzialisierung[1072] seiner Daten durch den Plattformbetreiber bekannt, erwartet dieser nicht ohne Weiteres, dass seine Daten aus dem Vertragskontext herausgelöst, durch unbekannte Dritte erhoben und von diesen für eigene Zwecke verarbeitet werden.[1073] Eine Einwilligungsklausel, die dieses Vorgehen legitimiert, ist somit insgesamt als überraschend i.S.v. § 305c Abs. 1 BGB zu qualifizieren.

Die Annahme eines etwaigen Überraschungscharakters ist jedoch hinfällig, soweit die Einwilligungsklausel inhaltlich verständlich abgefasst und drucktechnisch so hervorgehoben ist, dass der Nutzer die Klausel tatsächlich zur Kenntnis nimmt.[1074] Unzureichend ist allerdings der alleinige Hinweis auf die Einwilligungsklausel sowie die bloße Möglichkeit der Kenntnisnahme, wie es im Rahmen der wirksamen Einbeziehung i.S.v. § 305 Abs. 2 BGB gefordert wird. Vielmehr muss der Nutzer die inhaltliche Bedeutung und Tragweite der ungewöhnlichen Klausel tatsächlich erkennen und verstehen können.[1075] Um das zu gewährleisten, kann neben der drucktechnischen Hervorhebung und präsenten Platzierung der Klausel deren Inhalt und Bedeutung kurz und unmissverständlich erläutert und eingeblendet werden. Im vorliegenden Falle wäre als beispielsweise denkbar, dass unter der hervorgehobenen Überschrift der Einwilligungsklausel eine kurze und für juristische und technische Laien verständliche Zusammenfassung der Verarbeitung durch Dritte für Monitoring-Zwecke erfolgt und auf die damit einhergehenden Risiken hingewiesen wird.

Insgesamt ist eine das Monitoring legitimierende Einwilligungsklausel im Rahmen von Nutzungsbedingungen damit nicht in jedem Fall durch § 305c Abs. 1 BGB ausgeschlossen.

9.2.3.5 Inhaltskontrolle

Soweit die Einwilligungsklausel nicht als überraschend im Sinne des § 305c Abs. 1 BGB einzustufen ist, ist im nächsten Schritt zu prüfen, ob sie der Inhaltskontrolle nach § 307 ff. BGB unterliegt. Dies ist gem. § 307 Abs. 3 BGB der Fall, wenn sie von Rechtsvorschriften abweicht oder sie ergänzt. Unter der alten Rechtslage verstand der BGH in den Entscheidungen *Payback*[1076] und *Happy Digits*[1077] das geltende Datenschutzrecht, also aus heutiger Sicht das BDSG in seiner alten Fassung, als alleinigen Prüfmaßstab dafür, ob eine Einwilligung i.S.v. § 307 Abs. 3 Satz 1 BGB von einer Rechtsvorschrift abweicht oder diese ergänzt. Stellte der BGH keine Abweichung oder Ergänzung der im Datenschutzrecht statuierten zwingenden Kriterien

---

[1071] *Bräutigam/Richter*, in: Hornung/Müller-Terpitz (Hrsg.), Rechtshandbuch Social Media, 81 (86 Rn. 9).
[1072] Zur Kommerzialisierung in Form zielgerichteter Werbung *Braun*, NJ 2013, 104 (105); *Erd*, NVwZ 2011, 19 (19 f.)
[1073] Im Ergebnis ebenso *Martini*, VerwArch 2016, 307 (328).
[1074] *Ulmer/Schäfer*, in: Ulmer/Brandner/Hensen (Hrsg.), AGB-Recht, § 305c BGB Rn. 23 f.; *Bonin*, in: Gsell et al. (Hrsg.), BeckOGK BGB, § 305c Rn. 51 f.; *Fornasier*, in: Säcker et al. (Hrsg.), MüKo BGB, § 305c Rn. 10.
[1075] *Ulmer/Schäfer*, in: Ulmer/Brandner/Hensen (Hrsg.), AGB-Recht, § 305c BGB Rn. 24; BGH, Urt. v. 29.01.1982, Az. V ZR 82/81, NJW 1982, 1035 (1036).
[1076] BGH, Urt. v. 16.07.2008, Az. VIII ZR 348/06, NJW 2008, 3055 (3055 Rn. 15 ff.).
[1077] BGH, Urt. v. 11.11.2009, Az. VIII ZR 12/08, NJW 2010, 864 (865 Rn. 16).

zur Einwilligung fest, galt die Einwilligungsklausel als kontrollfest. Konnte hingegen eine Abweichung oder Ergänzung ausgemacht werden, war die Inhaltskontrolle möglich. Da im letzteren Falle im Rahmen der Prüfung des § 307 Abs. 3 Satz 1 BGB bereits ermittelt wurde, dass die zwingenden gesetzlichen Vorgaben zur Einwilligung nicht eingehalten wurden, ging mit dieser Feststellung gleichzeitig die Unwirksamkeit der Klausel einher.

Dieser Auffassung des BGH wurde bereits vielfach widersprochen.[1078] Begründet wird dies zum einen damit, dass eine Einwilligungsklausel keinen rein deklaratorischen Charakter besitze, sondern die Einwilligungserklärung selbst die Rechtslage erst gestalte.[1079] Zum anderen wird in der aktuelleren Literatur mit EG 42 DSGVO gegen eine AGB-Festigkeit argumentiert.[1080] Dieser Erwägungsgrund besagt, dass eine vorgefasste Einwilligungserklärung keine missbräuchlichen Klauseln im Sinne der europäischen Klausel-Richtlinie, welche unter anderem durch die §§ 305 ff. BGB umgesetzt wird,[1081] beinhalten sollte. Daraus ist zu schließen, dass der europäische Gesetzgeber vorformulierte Einwilligungsklauseln nicht als rein deklaratorisch betrachtet, sondern ihnen einen Spielraum zumisst, welcher durch die Gestaltung der Einwilligungserklärung ausgefüllt wird und somit grundsätzlich einer AGB-Kontrolle unterfällt. Dies entspricht auch dem gängigen Verständnis des § 307 Abs. 3 BGB, wonach Erlaubnisnormen, die dem Anwender einen Gestaltungsspielraum eröffnen und deren formularmäßiger Gebrauch nicht bereits gesetzlich normiert ist, der Inhaltskontrolle unterfallen.[1082]

Der Literatur lassen sich zumindest inzwischen die wesentlichen besseren Argumente entnehmen, weswegen im Ergebnis jede vorgefasste Einwilligungsklausel § 307 ff. BGB unterfällt und einer Inhaltskontrolle zu unterziehen ist.

Es ist daher zu untersuchen, ob die hier vorliegende Einwilligungserklärung einer Inhaltskontrolle nach § 307 ff. BGB standhält. Relevant für die AGB-rechtliche Beurteilung einer solchen Klausel sind § 307 Abs. 1 Satz 2 BGB sowie § 307 Abs. 2 Nr. 1 BGB. Ein Verstoß gem. §§ 308, 309[1083] BGB kommt vorliegend hingegen nicht in Betracht.

Eine Klausel kann gem. § 307 Abs. 1 Satz 2 BGB unangemessen benachteiligen, wenn sie nicht klar und verständlich formuliert ist. Da dieser Maßstab an Transparenz im vorliegenden Fall schon im Rahmen der wirksamen Einbeziehung und der Prüfung des überraschenden Charakters der Klausel angelegt wird, bedarf es an dieser Stelle keiner genaueren Untersuchung dieser Anforderung. Vielmehr kann hier davon ausgegangen werden, dass § 307 Abs. 1 Satz 2 BGB nicht zur Anwendung kommt, soweit die Klausel gem. § 305 Abs. 2 BGB wirksam einbezogen wurde und nicht überraschend i.S.v. § 305c Abs. 1 BGB ist.

Relevant für die vorliegende Konstellation ist daher vor allem die Norm des § 307 Abs. 2 Nr. 1 BGB. Diese besagt, dass eine unangemessene Benachteiligung im Zweifel anzunehmen ist, soweit die Klausel mit dem wesentlichen Grundgedanken der gesetzlichen Regelung, von der

---

[1078] *Hanloser*, MMR 2010, 138 (140 f.); *Nord/Manzel*, NJW 2010, 3756 (3756 f.); *Wendehorst/Graf von Westphalen*, NJW 2016, 3745 (3749); *Hacker*, ZfPW 2019, 148 (186); *Klement*, in: Simitis/Hornung/Spiecker gen. Döhmann (Hrsg.), DSR, Art. 7 DSGVO Rn. 80 f.

[1079] *Hanloser*, MMR 2010, 138 (141); *Nord/Manzel*, NJW 2010, 3756 (3756 f.); dem folgend *Hacker*, ZfPW 2019, 148 (186); *Ohly*, "Volenti non fit iniuria", 439.

[1080] *Hacker*, ZfPW 2019, 148 (186); *Wendehorst/Graf von Westphalen*, NJW 2016, 3745 (3749); *Klement*, in: Simitis/Hornung/Spiecker gen. Döhmann (Hrsg.), DSR, Art. 7 DSGVO Rn. 80 f.

[1081] Eingehende Anpassung des AGB-Rechts an die Klausel-RL *Heinrichs*, NJW 1996, 2190; das bis dahin im AGB-Gesetz geregelte AGB-Recht wurde schließlich im Rahmen der Schuldrechtsreform ins BGB eingefügt, siehe: Gesetz zur Modernisierung des Schuldrechts v. 26.11.2001, BGBl. I 2001, Nr. 61 v. 29.11.2001, S. 3138.

[1082] *Wurmnest*, in: Säcker et al. (Hrsg.), MüKo BGB, § 307 Rn. 10 f. m.w.N.; *Kollmann*, in: Dauner-Lieb/Langen (Hrsg.), BGB Schuldrecht, § 307 Rn. 56 m.w.N.

[1083] *Ohly*, "Volenti non fit iniuria", 441 f.

9.2 Einwilligung als Rechtsgrundlage für Web-Monitoring

abgewichen wird, nicht vereinbar ist. Die hier relevanten gesetzlichen Regelungen sind Art. 4 Nr. 11 DSGVO und Art. 7 DSGVO. Den beiden Normen liegt das Leitbild der Einwilligung zugrunde, wonach die betroffene Person in eine Lage zu versetzen ist, in der sie bewusst, informiert und frei über die konkrete Verwendung ihrer personenbezogenen Daten entscheiden kann, um so das Recht an ihren personenbezogenen Daten tatsächlich aktiv ausüben zu können. Eine Abweichung von diesem Kerngehalt widerspräche dem Sinn und Zweck des Instruments der datenschutzrechtlichen Einwilligung. Auch im Rahmen einer Einwilligungsklausel müssen mithin die Anforderungen von Freiwilligkeit, Bestimmtheit, Informiertheit und Unmissverständlichkeit, wie sie Art. 4 Nr. 11 DSGVO ausdrücklich statuiert,[1084] erfüllt sein.

9.2.3.5.1 Freiwilligkeit

Bereits im Punkt der Freiwilligkeit kann sich eine Problemstellung ergeben. Gem. Art. 7 Abs. 4 DSGVO ist die Koppelung der Einwilligung an den Vertragsschluss bei Beurteilung der Freiwilligkeit in größtmöglichen Umfang zu berücksichtigen, soweit die Einwilligung nicht zur Erfüllung des Vertrags erforderlich ist.[1085] Dies ist beim Monitoring der Fall, denn es bedarf zur Erfüllung der Pflichten aus dem Nutzungsvertrag weder mittelbar noch unmittelbar der Durchführung von Monitoring. Das ist aber grundsätzlich in den Fällen unproblematisch, in denen die betroffenen Personen unabhängig vom Vertrag ihre Einwilligung zum Monitoring erteilen können.[1086]

Ist die Zustimmung zum Monitoring hingegen Voraussetzung für das Zustandekommen des Vertrags und somit der Zugang zur Plattform und ihren Funktionen von der Einwilligung abhängig, konfligiert dies gem. Art. 7 Abs. 4 DSGVO potenziell mit der Freiwilligkeit. Zwar ist eine Koppelung von Einwilligung und Vertrag nicht grundsätzlich untersagt, gilt aber als starkes Indiz dafür, dass die betroffene Person keine freie Entscheidung treffen kann.[1087] Um dieses Indiz näher prüfen zu können, bedarf es der Berücksichtigung des konkreten Einzelfalls. Zwar liegt hier nur ein wenig konkreter Sachverhalt zugrunde, dennoch ist es anhand dessen möglich, grundsätzlich einzuschätzen, inwieweit sich eine fehlende Freiwilligkeit argumentieren und die Vermutung der Unfreiwilligkeit bestätigen lässt.

Die Argumente für die Unfreiwilligkeit in solchen Konstellationen werden beispielhaft am Vertrag über die Nutzung eines sozialen Netzwerks deutlich. Zwar ist die betroffene Person nicht derart auf den Nutzungsvertrag mit dem Plattformbetreiber angewiesen wie beispielsweise auf einen Behandlungsvertrag i.S.v. § 630a BGB. Allerdings haben sich soziale Netzwerke über die vergangenen Jahre als wichtiger Bestandteil des sozialen Lebens und des öffentlichen Diskurses etabliert.[1088] Um daran teilnehmen zu können, bedarf es einer Anmeldung in wenigstens einem der gängigen sozialen Netzwerke. Das löst bei Menschen vielfach einen sozialen Druck aus, sich als Nutzer zu registrieren.[1089] In Deutschland[1090] und Europa[1091] sind mehr als die Hälfte aller Bürger in wenigstens einem sozialen Netzwerk angemeldet und nutzen dieses

---

[1084] Eingehend zu den Voraussetzungen einer Einwilligung siehe Kap. 9.1.

[1085] Eingehender zur Koppelung von Einwilligung und Vertrag siehe Kap. 9.1.1

[1086] Hierbei würde es sich dann aber nicht um AGB i.S.v. § 305 Abs. 1 Satz 1 BGB handeln, da diese keinen dispositiven Charakter besitzen.

[1087] Eingehender zur Bedeutung einer Koppelung von Einwilligung und Vertrag siehe Kap. 9.1.1.

[1088] Vgl. *Faktenkontor,* Umfrage zu Gründen für die Nutzung von sozialen Netzwerken in Deutschland 2018, wonach Kontaktpflege, Kommunikation und Information die Hauptgründe für die Nutzung sozialer Netzwerke sind.

[1089] Vgl. *Rothmann,* in: Roßnagel/Friedewald/Hansen (Hrsg.), Die Fortentwicklung des Datenschutzes, 59 (64 f.).

[1090] *Eurostat,* Anteil der Personen in Deutschland, die das Internet zur Teilnahme an sozialen Netzwerken genutzt haben, in den Jahren 2013 bis 2023.

[1091] *Eurostat,* Anteil der Personen, die das Internet zur Teilnahme an sozialen Netzwerken genutzt haben, in ausgewählten Ländern in Europa im Jahr 2023.

regelmäßig[1092]. Der menschliche Wunsch, Teil dieser Mehrheit und eines bestimmten Kollektivs zu sein sowie die Angst, ausgeschlossen zu werden, etwas zu verpassen[1093] oder sich als Außenseiter zu fühlen,[1094] kann eine zentrale Motivation für die Anmeldung in einem sozialen Netzwerk darstellen[1095] und muss daher hinreichend in die Erwägungen einbezogen werden.[1096] Hinzu tritt der Umstand, dass er derzeit kaum datenschutzgerechtere Alternativen[1097] zu den gängigen sozialen Netzwerken gibt. Soweit diese existieren, sind sie nur wenig frequentiert. Begründet liegt das darin, dass sich die weit überwiegende Mehrheit der Nutzer von sozialen Netzwerken auf den großen und erfolgreichen Plattformen wie Facebook oder Instagram bewegt. Das lässt diese Plattformen für potenzielle neue Nutzer besonders attraktiv erscheinen. Im Unterschied zu den kleineren Plattformen lassen sich dort viele bekannte Persönlichkeiten und Menschen aus dem eigenen sozialen Umfeld finden. Folglich hat die bekanntere Plattform einen größeren Zulauf. Dieser sogenannte Netzwerkeffekt[1098] bewirkt, dass die großen sozialen Netzwerke weiter anwachsen, wohingegen kleinere Alternativplattformen im Hinblick auf soziale und gesellschaftliche Teilhabe einen geringeren Mehrwert bieten und somit keine tatsächliche Alternative darstellen. Eine Anmeldung auf einem alternativen und gegebenenfalls datenschutzgerechteren sozialen Netzwerk würde zudem den oben genannten sozialen Druck nicht verringern.

Insgesamt ist daher in Konstellationen wie der hier zugrundeliegenden von einer fehlenden Freiwilligkeit der betroffenen Personen auszugehen.[1099] Die Einwilligungsklausel ist mithin gem. § 307 Abs. 2 Nr. 1 BGB i.V.m. Art. 6 Abs. 1 UAbs. 1 lit. a, 4 Nr. 11, 7 Abs. 4 DSGVO unwirksam.

9.2.3.5.2 Bestimmtheit

Wird entgegen den vorangegangenen Ausführungen vertreten, dass eine an den Nutzungsvertrag gekoppelte Einwilligungsklausel zum Monitoring nicht zur Unfreiwilligkeit der betroffenen Person führt, scheitert die Wirksamkeit der Einwilligungsklausel zumindest am Kriterium der Bestimmtheit[1100].

Dieses Ergebnis rührt insbesondere daher, dass das Monitoring keinen Selbstzweck besitzt, sondern stets einem übergeordneten Hauptzweck dient.[1101] Die Anwendungsfelder sind dabei weitreichend und können von der Aufdeckung extremistischer Handlungen bis hin zu Trendanalysen im Rahmen der Marktforschung eines Unternehmens reichen.[1102] Eine

---

[1092] *Europäische Kommission,* Public opinion in the European Union, 212.
[1093] Dieses Phänomen ist auch als „Fear of Missing Out" bekannt und zeigt sich insbesondere im Kontext sozialer Medien häufig. Näher hierzu *Abel/Buff/Burr,* Journal of Business & Economics Research 2016, 33 (36 f.); *Alutaybi* et al., in: IEEE (Hrsg.), International Conference on Systems, Man and Cybernetics, 3758 (3759 ff); *Gioia* et al., The Effects of the Fear of Missing Out on People's Social Networking Sites Use During the COVID-19 Pandemic.
[1094] *Statista,* Umfrage in Deutschland zu Aussagen über soziale Netzwerke / Medien 2019.
[1095] Bei einer Umfrage unter Schülern zu den Gründen für die Nutzung sozialer Netzwerke wurde beispielsweise der Grund „Weil es alle machen" am zweithäufigsten angeführt. Ebenfalls genannt, aber auf einem niedrigeren Rang, ist die Angst der Befragten, als Außenseiter zu gelten oder ausgelacht zu werden. Siehe hierzu *Bündnis gegen Cybermobbing,* Umfrage unter Schülern zu Gründen der Nutzung von sozialen Netzwerken 2017.
[1096] So auch EuGH Urt. v. Urt. v. 04.07.2023, Az. C-252/21, GRUR 2023, 1131 (1143 Rn. 147 ff.).
[1097] Zum Kriterium alternativer Angebote siehe Kap. 9.1.1.
[1098] *Nocun,* in: Roßnagel/Friedewald/Hansen (Hrsg.), Die Fortentwicklung des Datenschutzes, 39 (46 ff.); *Hoffmann,* The Winner takes it all: Marktkonzentration bei digitalen Plattformen.
[1099] Im Ergebnis ebenso *Ernst,* ZD 2017, 110 (112).
[1100] Eingehender zur Bestimmtheit der Einwilligung siehe Kap. 9.1.2.
[1101] Zum fehlenden Selbstzweck bereits unter Kap. 7.2.1.
[1102] Zu den Anwendungsfeldern des Monitorings siehe Kap. 2.6.

9.2 Einwilligung als Rechtsgrundlage für Web-Monitoring

Einwilligungsklausel, die eine allgemeine Zustimmung zur Verarbeitung öffentlicher Daten im Rahmen von Monitoring enthält, ist daher insbesondere im Hinblick auf die Zweckbestimmtheit der Datenverarbeitung unzureichend. So können die betroffenen Personen auf dieser Grundlage nicht antizipieren, welchen konkreten Zweck das jeweilige Monitoring verfolgt und werden mithin regelmäßig von der Ausrichtung der tatsächlichen Datenverarbeitung überrascht.

Hinzu tritt der Umstand, dass das Monitoring prinzipiell durch jegliche Stelle ohne größere technische Hürden durchgeführt oder in Auftrag gegeben werden kann. Dementsprechend lässt sich einer offen formulierten Einwilligungsklausel weder entnehmen, welcher konkrete Datenverarbeitungsvorgang durchgeführt werden soll, noch wer die Verantwortlichkeit für die Verarbeitung besitzt oder welche Daten(-arten) verarbeitet werden sollen. Auch in Bezug hierauf ist die Formulierung somit zu unbestimmt.

Insgesamt wird eine Einwilligungsklausel, wie die hier zugrunde gelegte, der Anforderung der Bestimmtheit nicht gerecht. Sie wäre als Pauschaleinwilligung zu qualifizieren und somit gem. § 307 Abs. 2 Nr. 1 BGB i.V.m. Art. 6 Abs. 1 UAbs. 1 lit. a und Art. 4 Nr. 11 DSGVO unwirksam.

Zwar käme grundsätzlich in Betracht, die genannten Kritikpunkte aufzunehmen und eine angepasste Klausel zu formulieren. Allerdings setzt dies voraus, dass die Zwecke sämtlicher zukünftiger Monitoring-Aktivitäten sowie deren Verantwortlichkeiten bereits hinreichend konkret bei Vertragsschluss feststehen. Aus praktischer Sicht ist das kaum realistisch. So kann nach menschlichem Ermessen nicht exakt vorausgesehen werden, welche konkreten Zwecke zukünftig unter Zuhilfenahme des Monitorings adressiert werden sollen. Dafür ist die Entwicklung der Informationsbedürfnisse zu individuell und schnelllebig. Würden, was grundsätzlich durchaus umsetzbar ist, entgegen diesen Erwägungen in der Einwilligungsklausel konkrete Verarbeitungsvorgänge festgelegt, käme der eigentliche Vorteil des Monitorings, das schnelle Anpassen an die sich stetig ändernden Informationsbedürfnisse, zudem nicht zum Tragen.

9.2.3.5.3 Informiertheit

Ebenso wie das Kriterium der Bestimmtheit erweist sich auch die Anforderung der Informiertheit als problematisch. So ist es dem Plattformbetreiber nicht möglich, die betroffenen Personen vor der Verarbeitung über die wesentlichen Umstände der Verarbeitung zu unterrichten.[1103] Dies ist zunächst darauf zurückzuführen, dass das Monitoring grundsätzlich durch jeden eingesetzt werden kann und es dem Plattformbetreiber somit nicht möglich ist, abschließend vorherzusehen, durch wen Monitoring vorgenommen wird. Auch ist es ihm nicht möglich, den Zugriff auf die öffentlichen Daten seiner Plattform vollumfänglich zu verhindern.[1104]

Ein weiterer Aspekt, der zu berücksichtigen ist, ist die Tatsache, dass selbst wenn dem Plattformbetreiber bekannt ist, wer auf die öffentlichen Daten seiner Plattform zugreift, er in der Regel keine Kenntnis davon hat, welcher konkrete Zweck dabei verfolgt wird. Dieser ergibt sich mangels Selbstzwecks[1105] nämlich nicht aus dem Monitoring selbst, sondern aus dem jeweiligen Informationsbedürfnis, welches mithilfe des Monitorings gestillt werden soll. Welches dies im Einzelfall ist, kann der Plattformbetreiber jedoch realistisch betrachtet nicht antizipieren. Ihm bleibt somit die Möglichkeit versagt, den Nutzer bei seiner Anmeldung auf der Plattform über dem Verarbeitungszweck zu informieren.

Insgesamt kann der Plattformbetreiber seinen Informationspflichten i.S.v. Art. 4 Nr. 11 DSGVO im Rahmen einer Einwilligungsklausel somit nicht hinreichend nachkommen.

[1103] Hierzu bereits unter Kap. 9.2.1.
[1104] Hierzu bereits unter Kap. 2.4.2.1.
[1105] Zum fehlenden Selbstzweck bereits unter Kap. 7.2.1.

Etwaige Klauseln sind daher gem. § 307 Abs. 2 Nr. 1 BGB i.V.m. Art. 6 Abs. 1 UAbs. 1 lit. a und Art. 4 Nr. 11 DSGVO als unwirksam zu qualifizieren.

9.2.3.6 Ergebnis

In Anbetracht der vorangegangenen Erwägungen lässt sich festhalten, dass die Einbindung einer Einwilligungsklausel in die Nutzungsbedingungen einer Plattform keine hinreichende Grundlage für die datenschutzrechtliche Legitimation eines Monitorings darstellt. Scheitert die Wirksamkeit nicht bereits nach § 305c Abs. 1 BGB am überraschenden Charakter der Klausel oder an der nach Art. 4 Nr. 11 DSGVO vorausgesetzten Freiwilligkeit der betroffenen Personen, ist die Einwilligungsklausel wenigstens im Zuge der in Art. 4 Nr. 11 DSGVO statuierten Anforderungen der Bestimmtheit und Informiertheit als unwirksam zu bewerten.

9.3 Conclusio

Im Ergebnis bietet das Instrument der Einwilligung keine Grundlage für eine monitoringgestützte Verarbeitung öffentlicher Daten. Weder kann der Veröffentlichungshandlung eine Zustimmung der betroffenen Personen zur Weiterverarbeitung ihrer Daten zu diesem Zweck entnommen werden, noch wird die Durchführung von Monitoring anhand von nach einer Aufforderung veröffentlichten Daten den datenschutzrechtlichen Anforderungen gerecht. Ebenso kommt eine rechtswirksame allgemeine Einwilligung in die Verarbeitung der veröffentlichten Daten im Rahmen einer Einwilligungsklausel in den Nutzungsbedingungen einer Plattform nicht in Betracht. Folglich müssen die für ein Monitoring Verantwortlichen auf die gesetzlichen Erlaubnistatbestände zurückgreifen, damit die monitoringgestützte Verarbeitung öffentlicher Daten als datenschutzrechtlich rechtmäßig qualifiziert werden kann.

10 Web-Monitoring zur Erfüllung eines Vertrags

Die Verarbeitung personenbezogener Daten ist gem. Art. 6 Abs. 1 UAbs. 1 lit. b DSGVO rechtmäßig, soweit dies zur Erfüllung eines Vertrags, dessen Vertragspartei die betroffene Person ist, oder zur Durchführung vorvertraglicher Maßnahmen, die auf Anfrage der betroffenen Person erfolgen, erforderlich ist. Strukturell gliedert sich diese Rechtsgrundlage an die Einwilligung i.S.v. Art. 6 Abs. 1 UAbs. 1 lit. a DSGVO an. In beiden Fällen wird die Datenverarbeitung durch eine von der betroffenen Person autonom getroffene Entscheidung legitimiert.[1106] Im Unterschied zu den übrigen Rechtsgrundlagen des Art. 6 Abs. 1 UAbs. 1 DSGVO ist also notwendiges Kernelement, dass die betroffene Person bestimmt, ob und in welchem Umfang eine Verarbeitung ihrer personenbezogenen Daten zulässig ist.

Wie vorangehend dargelegt ist die Einwilligung i.S.v. Art. 6 Abs. 1 UAbs. 1 lit. a DSGVO keine geeignete Grundlage für eine monitoringgestützte Verarbeitung öffentlicher Daten.[1107] Es stellt sich in der Folge die Frage, ob Art. 6 Abs. 1 UAbs. 1 lit. b DSGVO trotz seiner Ähnlichkeit zur Einwilligung eine geeignete Rechtsgrundlage für Monitoring bieten kann.

10.1 Voraussetzungen für Art. 6 Abs. 1 UAbs. 1 lit. b DSGVO

Die Rechtsgrundlage des Art. 6 Abs. 1 UAbs. 1 lit. b DSGVO umfasst zwei voneinander zu unterscheidende Varianten: zum einen die Erfüllung eines Vertrags mit der betroffenen Person, zum anderen die Durchführung vorvertraglicher Maßnahmen auf Anfrage der betroffenen Person. Darüber hinaus ist auf die Möglichkeit der Mitgliedstaaten, abweichende nationale Regelungen zu Art. 6 Abs. 1 UAbs. 1 lit. b DSGVO festzulegen, einzugehen.

10.1.1 Variante Vertragserfüllung

Erstere Variante, Art. 6 Abs. 1 UAbs. 1 lit. b Alt. 1 DSGVO, setzt zum einen voraus, dass eine Datenverarbeitung stattfindet, die zur Erfüllung eines Vertrags dient, dessen Vertragspartei die betroffene Person ist. Zum anderen bedingt sie die Erforderlichkeit der Datenverarbeitung zur Erfüllung des Vertrags.

10.1.1.1 Vertrag

Für den Begriff des Vertrags existiert kein unionseinheitliches Verständnis.[1108] Als Vertrag muss daher gelten, was das jeweilige mitgliedstaatliche Recht als solchen bestimmt[1109] und dem Kernelement des Art. 6 Abs. 1 UAbs. 1 lit. b DSGVO, der autonomen Entscheidung der betroffenen Person, gerecht wird.

Vor diesem Hintergrund meint „Vertrag" aus der Sicht deutschen Rechts sämtliche vertraglichen Schuldverhältnisse i.S.v. § 311 Abs. 1 BGB.[1110] Gesetzliche Schuldverhältnisse werden

---

[1106] *Buchner/Petri*, in: Kühling/Buchner (Hrsg.), DSGVO/BDSG, Art. 6 DSGVO Rn. 26; *Schantz*, in: Simitis/Hornung/Spiecker gen. Döhmann (Hrsg.), DSR, Art. 6 Abs. 1 UAbs. 1 lit. b DSGVO Rn. 15; *Albers/Veit*, in: Wolff/Brink/von Ungern-Sternberg (Hrsg.), BeckOK DSR, Art. 6 DSGVO Rn. 29, 41; *Assion/Nolte/Veil*, in: Gierschmann et al. (Hrsg.), DSGVO, Art. 6 Rn. 85; *Wedde*, in: Däubler et al. (Hrsg.), DSGVO/BDSG/TTDSG, Art. 6 DSGVO Rn. 28; *Schulz*, in: Gola/Heckmann (Hrsg.), DSGVO/BDSG, Art. 6 DSGVO Rn. 27.

[1107] Eingehend zur Rechtsgrundlage der Einwilligung siehe Kap. 9.

[1108] *Jacquemain* et al., in: Schwartmann et al. (Hrsg.), DS-GVO/BDSG, Art. 6 DSGVO Rn. 47; *Taeger*, in: Taeger/Gabel (Hrsg.), DSGVO/BDSG, Art. 6 DSGVO Rn. 70.

[1109] *Reimer*, in: Sydow/Marsch (Hrsg.), DSGVO/BDSG, Art. 6 DSGVO Rn. 22; vgl. *Taeger*, in: Taeger/Gabel (Hrsg.), DSGVO/BDSG, Art. 6 DSGVO Rn. 70.

[1110] *Buchner/Petri*, in: Kühling/Buchner (Hrsg.), DSGVO/BDSG, Art. 6 DSGVO Rn. 27; *Albers/Veit*, in: Wolff/Brink/von Ungern-Sternberg (Hrsg.), BeckOK DSR, Art. 6 DSGVO Rn. 42; *Plath/Struck*, in: Plath (Hrsg.), DSGVO/BDSG/TTDSG, Art. 6 DSGVO Rn. 12; *Assion/Nolte/Veil*, in: Gierschmann et al. (Hrsg.), DSGVO, Art. 6 Rn. 13.

© Der/die Autor(en), exklusiv lizenziert an Springer
Fachmedien Wiesbaden GmbH, ein Teil von Springer Nature 2025
C. Gilga, *Die Rechtmäßigkeit der Verarbeitung von öffentlichen Personenbezogenen Daten aus dem Internet*, DuD-Fachbeiträge, https://doi.org/10.1007/978-3-658-48663-1_10

hingegen nicht erfasst,[1111] da diese nicht auf eine autonome Entscheidung der betroffenen Person zurückgeführt werden können, sondern unabhängig von deren Willen zustande kommen. Grundsätzlich ebenfalls nicht vom Begriffsverständnis des Vertrags i.S.v. Art. 6 Abs. 1 UAbs. 1 lit. b Alt. 1 DSGVO umfasst, sind einseitige Rechtsgeschäfte. Dies gilt zumindest, soweit diese nicht durch den Willen der betroffenen Person zustande kommen.[1112] Initiiert die betroffene Person hingegen das einseitige Rechtsgeschäft, beispielsweise im Rahmen einer Auslobung i.S.v. § 567 BGB, kann die damit einhergehende Datenverarbeitung unter Art. 6 Abs. 1 UAbs. 1 lit. b DSGVO gefasst werden. Ebenso verhält es sich mit vertragsähnlichen Vertrauensverhältnissen wie Vereinsmitgliedschaften. Diese sind unter den Vertragsbegriff des Art. 6 Abs. 1 UAbs. 1 lit. b DSGVO zu subsumieren, soweit die betroffene Person autonom über den Vertragsschluss entscheiden kann.[1113]

10.1.1.2 Erfüllung

Der Begriff der „Erfüllung" eines Vertrags bezieht sich wenigstens auf sämtliche Datenverarbeitungen im Zusammenhang mit den Hauptleistungs- und Nebenpflichten, die sich aus einem geschlossenen Schuldverhältnis ergeben[1114] sowie gem. EG 44 DSGVO auf die für den Abschluss eines Vertrags erforderliche Verarbeitung personenbezogener Daten. Ebenso vom Begriff umfasst sind Verarbeitungsvorgänge im Rahmen der Änderung eines Vertrags,[1115] dessen Abwicklung oder dessen Beendigung.[1116]

Dabei kann ein Vertrag die Datenverarbeitung durch am Vertrag nicht unmittelbar beteiligte Dritte legitimieren, soweit dies für die Erfüllung des Vertrags der betroffenen Person mit dem Verantwortlichen erforderlich ist. Art. 6 Abs. 1 UAbs. 1 lit. b DSGVO setzt insoweit nicht voraus, dass der Verantwortliche und der Datenverarbeiter personenidentisch sind.[1117]

[1111] *Wedde*, in: Däubler et al. (Hrsg.), DSGVO/BDSG/TTDSG, Art. 6 DSGVO Rn. 29; *Schantz*, in: Simitis/Hornung/Spiecker gen. Döhmann (Hrsg.), DSR, Art. 6 Abs. 1 UAbs. 1 lit. b DSGVO Rn. 17; *Wolff*, in: Schantz/Wolff (Hrsg.), Das neue Datenschutzrecht, 175 (177 Rn. 546).

[1112] *Buchner/Petri*, in: Kühling/Buchner (Hrsg.), DSGVO/BDSG, Art. 6 DSGVO Rn. 28; *Albers/Veit*, in: Wolff/Brink/von Ungern-Sternberg (Hrsg.), BeckOK DSR, Art. 6 DSGVO Rn. 42; *Schantz*, in: Simitis/Hornung/Spiecker gen. Döhmann (Hrsg.), DSR, Art. 6 Abs. 1 UAbs. 1 lit. b DSGVO Rn. 16; *Schulz*, in: Gola/Heckmann (Hrsg.), DSGVO/BDSG, Art. 6 DSGVO Rn. 31.

[1113] *Buchner/Petri*, in: Kühling/Buchner (Hrsg.), DSGVO/BDSG, Art. 6 DSGVO Rn. 29 f.; *Albers/Veit*, in: Wolff/Brink/von Ungern-Sternberg (Hrsg.), BeckOK DSR, Art. 6 DSGVO Rn. 42; *Schantz*, in: Simitis/Hornung/Spiecker gen. Döhmann (Hrsg.), DSR, Art. 6 Abs. 1 UAbs. 1 lit. b DSGVO Rn. 16; a.A. *Wedde*, in: Däubler et al. (Hrsg.), DSGVO/BDSG/TTDSG, Art. 6 DSGVO Rn. 28 f.

[1114] *Albers/Veit*, in: Wolff/Brink/von Ungern-Sternberg (Hrsg.), BeckOK DSR, Art. 6 DSGVO Rn. 43; *Assion/Nolte/Veil*, in: Gierschmann et al. (Hrsg.), DSGVO, Art. 6 Rn. 91; *Buchner/Petri*, in: Kühling/Buchner (Hrsg.), DSGVO/BDSG, Art. 6 DSGVO Rn. 33; *Taeger*, in: Taeger/Gabel (Hrsg.), DSGVO/BDSG, Art. 6 DSGVO Rn. 70; *Schantz*, in: Simitis/Hornung/Spiecker gen. Döhmann (Hrsg.), DSR, Art. 6 Abs. 1 UAbs. 1 lit. b DSGVO Rn. 24; *Jacquemain* et al., in: Schwartmann et al. (Hrsg.), DS-GVO/BDSG, Art. 6 DSGVO Rn. 46; *Spindler/Dalby*, in: Spindler/Schuster (Hrsg.), Recht el. Medien, Art. 6 DSGVO Rn. 5; *Wedde*, in: Däubler et al. (Hrsg.), DSGVO/BDSG/TTDSG, Art. 6 DSGVO Rn. 27; *Schulz*, in: Gola/Heckmann (Hrsg.), DSGVO/BDSG, Art. 6 DSGVO Rn. 30.

[1115] *Albers/Veit*, in: Wolff/Brink/von Ungern-Sternberg (Hrsg.), BeckOK DSR, Art. 6 DSGVO Rn. 43; *Taeger*, in: Taeger/Gabel (Hrsg.), DSGVO/BDSG, Art. 6 DSGVO Rn. 70.

[1116] *Albers/Veit*, in: Wolff/Brink/von Ungern-Sternberg (Hrsg.), BeckOK DSR, Art. 6 DSGVO Rn. 43; *Buchner/Petri*, in: Kühling/Buchner (Hrsg.), DSGVO/BDSG, Art. 6 DSGVO Rn. 33; a.A. *Schantz*, in: Simitis/Hornung/Spiecker gen. Döhmann (Hrsg.), DSR, Art. 6 Abs. 1 UAbs. 1 lit. b DSGVO Rn. 30; *Wedde*, in: Däubler et al. (Hrsg.), DSGVO/BDSG/TTDSG, Art. 6 DSGVO Rn. 27; *Schulz*, in: Gola/Heckmann (Hrsg.), DSGVO/BDSG, Art. 6 DSGVO Rn. 30; *Jacquemain* et al., in: Schwartmann et al. (Hrsg.), DS-GVO/BDSG, Art. 6 DSGVO Rn. 45 f.

[1117] *Albers/Veit*, in: Wolff/Brink/von Ungern-Sternberg (Hrsg.), BeckOK DSR, Art. 6 DSGVO Rn. 42; *Schantz*, in: Simitis/Hornung/Spiecker gen. Döhmann (Hrsg.), DSR, Art. 6 Abs. 1 UAbs. 1 lit. b DSGVO Rn. 22; *Plath/Struck*, in: Plath (Hrsg.), DSGVO/BDSG/TTDSG, Art. 6 DSGVO Rn. 15; *Wolff*, in: Schantz/Wolff (Hrsg.), Das neue Datenschutzrecht, 175 (177 Rn. 545).

10.1 Voraussetzungen für Art. 6 Abs. 1 UAbs. 1 lit. b DSGVO

In der Praxis ist darauf zu achten, dass das Schutzniveau nicht dadurch untergraben wird, dass die vertraglichen Leistungen möglichst weit gefasst werden und Art. 6 Abs. 1 UAbs. 1 lit. b Alt. 1 DSGVO dadurch immer weiter an die Stelle der Einwilligung[1118] nach Art. 6 Abs. 1 UAbs. 1 lit. a DSGVO tritt.[1119] Es bedarf daher einer engen Auslegung der Anforderung des Tatbestandsmerkmals der Erforderlichkeit.[1120]

10.1.1.3 Betroffene Person als Vertragspartner

Die betroffene Person selbst muss Vertragspartner sein. Die Verarbeitung personenbezogener Daten Dritter, die nicht unmittelbarer Vertragspartner des Verantwortlichen sind, deren Daten aber im Rahmen des Vertrags benötigt werden, kann nicht auf Art. 6 Abs. 1 UAbs. 1 lit. b Alt. 1 DSGVO gestützt werden.[1121] So führt beispielsweise ein Vertrag zugunsten Dritter i.S.v. § 328 BGB nicht dazu, dass die personenbezogenen Daten des Begünstigten auf der Rechtsgrundlage des Art. 6 Abs. 1 UAbs. 1 lit. b Alt. 1 DSGVO verarbeitet werden dürfen. Hier mangelt es an der wissentlichen und willentlichen Entscheidung der betroffenen Person, den Vertrag einzugehen und die damit einhergehende Datenverarbeitung hinzunehmen.

10.1.2 Variante vorvertragliche Maßnahme

Die zweite Variante des Art. 6 Abs. 1 UAbs. 1 lit. b DSGVO setzt voraus, dass eine Datenverarbeitung stattfindet, welche der Durchführung einer vorvertraglichen Maßnahme dient, die auf Anfrage der betroffenen Person erfolgt, sowie dass die Datenverarbeitung zur Durchführung der vorvertraglichen Maßnahme erforderlich ist.

10.1.2.1 Durchführung vorvertraglicher Maßnahmen

Für den Begriff der vorvertraglichen Maßnahme existiert bislang keine europarechtliche Definition. Es ist entsprechend dem Wortlaut des Begriffs jedoch davon auszugehen, dass sämtliche vorvertraglichen Rechtsverhältnisse erfasst werden, die zwar keine Leistungs-, aber gegenseitige Rücksichtnahme-, Informations- oder Aufklärungspflichten auslösen.[1122] Gemeint ist damit insbesondere die Vorbereitung sowie die Anbahnung eines Vertrags.[1123] Dabei müssen die ergriffenen Maßnahmen in jedem Fall auf die Entstehung eines konkreten Vertragsverhältnisses zielen.[1124] Unerheblich ist jedoch, ob schlussendlich ein Vertrag zustande kommt,[1125] da der Tatbestand allein auf die vorvertraglichen Maßnahmen und nicht den Vertrag selbst abstellt. Wird der Vertrag nicht geschlossen, entfällt Art. 6 Abs. 1 UAbs. 1 lit. b Alt. 2 DSGVO ex nunc

---

[1118] Eingehend zur Rechtsgrundlage der Einwilligung siehe Kap. 9.

[1119] *Buchner/Petri*, in: Kühling/Buchner (Hrsg.), DSGVO/BDSG, Art. 6 DSGVO Rn. 26; *Wendehorst/Graf von Westphalen*, NJW 2016, 3745 (3746 f.); zum Spielraum der Ausgestaltung des Vertrages *Assion/Nolte/Veil*, in: Gierschmann et al. (Hrsg.), DSGVO, Art. 6 Rn. 90.

[1120] *EDPB*, Leitlinien 02/2019, 10 Rn. 28; *Wolff*, in: Schantz/Wolff (Hrsg.), Das neue Datenschutzrecht, 175 (178 Rn. 551); *Albrecht/Jotzo*, Das neue Datenschutzrecht der EU, Teil 3 Rn. 44; *Buchner/Petri*, in: Kühling/Buchner (Hrsg.), DSGVO/BDSG, Art. 6 DSGVO Rn. 26.

[1121] *Buchner/Petri*, in: Kühling/Buchner (Hrsg.), DSGVO/BDSG, Art. 6 DSGVO Rn. 32a; *Assion/Nolte/Veil*, in: Gierschmann et al. (Hrsg.), DSGVO, Art. 6 Rn. 86; *Schantz*, in: Simitis/Hornung/Spiecker gen. Döhmann (Hrsg.), DSR, Art. 6 Abs. 1 UAbs. 1 lit. b DSGVO Rn. 20; *Wedde*, in: Däubler et al. (Hrsg.), DSGVO/BDSG/TTDSG, Art. 6 DSGVO Rn. 32 ff.; a.A. *Taeger*, in: Taeger/Gabel (Hrsg.), DSGVO/BDSG, Art. 6 DSGVO Rn. 72.

[1122] *Schulz*, in: Gola/Heckmann (Hrsg.), DSGVO/BDSG, Art. 6 DSGVO Rn. 31.

[1123] *Albers/Veit*, in: Wolff/Brink/von Ungern-Sternberg (Hrsg.), BeckOK DSR, Art. 6 DSGVO Rn. 47; *Buchner/Petri*, in: Kühling/Buchner (Hrsg.), DSGVO/BDSG, Art. 6 DSGVO Rn. 34.

[1124] *Frenzel*, in: Paal/Pauly (Hrsg.), DSGVO/BDSG, Art. 6 DSGVO Rn. 15; *Wolff*, in: Schantz/Wolff (Hrsg.), Das neue Datenschutzrecht, 175 (182 f. Rn. 566).

[1125] *Buchner/Petri*, in: Kühling/Buchner (Hrsg.), DSGVO/BDSG, Art. 6 DSGVO Rn. 34; *Frenzel*, in: Paal/Pauly (Hrsg.), DSGVO/BDSG, Art. 6 DSGVO Rn. 15; *Spindler/Dalby*, in: Spindler/Schuster (Hrsg.), Recht el. Medien, Art. 6 DSGVO Rn. 5.

als mögliche Rechtsgrundlage.[1126] Der Zeitpunkt, zu dem der Vertrag als nicht geschlossen zu bewerten ist, lässt sich in der Praxis allerdings allenfalls exakt bestimmen, wenn ein befristetes Angebot nach Ablauf der Frist nicht angenommen wurde. Ist eine solche Konstellation nicht gegeben, entfällt Art. 6 Abs. 1 UAbs. 1 lit. b Alt. 2 DSGVO als Rechtsgrundlage, wenn das Zustandekommen eines Vertrags im jeweiligen Fall vernünftigerweise nicht mehr erwartet werden kann. Die Bestimmung dieses Zeitpunktes ist mit einiger Rechtsunsicherheit behaftet. Freilich kommt aber eine fortlaufende Legitimität der Datenverarbeitung außerhalb der Anwendbarkeit des Art. 6 Abs. 1 UAbs. 1 lit. b DSGVO in Betracht, etwa wenn eine rechtliche Aufbewahrungsfrist für die Daten i.S.v. Art. 6 Abs. 1 UAbs. 1 lit. c DSGVO besteht.[1127]

Unter der von der Norm erfassten Vorbereitung eines Vertrags sind insbesondere Vertragsverhandlungen, also Vorgespräche zwischen wenigstens zwei der am möglichen Vertrag beteiligten Vertragsparteien,[1128] zu verstehen.[1129] Die ebenfalls von Art. 6 Abs. 1 UAbs. 1 lit. b Alt. 2 DSGVO erfasste Vertragsanbahnung bezeichnet hingegen die einseitige Initiative einer beteiligten Partei, die auf den Abschluss eines Vertrags zielt.[1130] Denkbar ist beispielsweise, dass eine betroffene Person sich für eine Finanzierung bei einer Bank meldet und die üblichen Konditionen für das von ihr benötigte Darlehen erfragt. Typische Anwendungsfälle vorvertraglicher Maßnahmen sind außerdem die Überprüfung (etwa der Kreditwürdigkeit) des Vertragspartners,[1131] die Versendung und der Empfang notwendiger Vertragsdaten[1132] sowie die Erstellung von Kostenvoranschlägen oder Angeboten.[1133]

Ebenso wie auch bei Art. 6 Abs. 1 UAbs. 1 lit. b Alt. 1 DSGVO müssen im Falle der vorvertraglichen Maßnahmen Verantwortlicher und Datenverarbeiter nicht personenidentisch sein.[1134]

10.1.2.2 Anfrage der betroffenen Person

Die vorvertraglichen Maßnahmen müssen auf Initiative der betroffenen Person erfolgen oder von ihr ausgehen.[1135] Damit sind von Art. 6 Abs. 1 UAbs. 1 lit. b Alt. 2 DSGVO keine Handlungen umfasst, die Dritte zugunsten der betroffenen Person vornehmen, soweit die betroffene Person nicht selbst in Erscheinung tritt und ihr Einverständnis erklärt.[1136] Begründet liegt das darin, dass das Kernelement der Rechtsgrundlage, die autonome Entscheidung der betroffenen Person über den Vertrag, nicht gegeben ist. Es ist daher nicht möglich, die Datenverarbeitung auf Art. 6 Abs. 1 UAbs. 1 lit. b Alt. 2 DSGVO zu stützen, wenn der Verantwortliche Prospekte

---

[1126] *Frenzel*, in: Paal/Pauly (Hrsg.), DSGVO/BDSG, Art. 6 DSGVO Rn. 15; *Albers/Veit*, in: Wolff/Brink/von Ungern-Sternberg (Hrsg.), BeckOK DSR, Art. 6 DSGVO Rn. 47.

[1127] Näher zu Art. 6 Abs. 1 UAbs. 1 lit. c DSGVO siehe Kap. 11.

[1128] *Buchner/Petri*, in: Kühling/Buchner (Hrsg.), DSGVO/BDSG, Art. 6 DSGVO Rn. 35.

[1129] *Albers/Veit*, in: Wolff/Brink/von Ungern-Sternberg (Hrsg.), BeckOK DSR, Art. 6 DSGVO Rn. 47; *Buchner/Petri*, in: Kühling/Buchner (Hrsg.), DSGVO/BDSG, Art. 6 DSGVO Rn. 34.

[1130] *Buchner/Petri*, in: Kühling/Buchner (Hrsg.), DSGVO/BDSG, Art. 6 DSGVO Rn. 36.

[1131] *Assion/Nolte/Veil*, in: Gierschmann et al. (Hrsg.), DSGVO, Art. 6 Rn. 89; *Plath/Struck*, in: Plath (Hrsg.), DSGVO/BDSG/TTDSG, Art. 6 DSGVO Rn. 13; a.A. *Heberlein*, in: Ehmann/Selmayr (Hrsg.), DSGVO, Art. 6 Rn. 27.

[1132] *Assion/Nolte/Veil*, in: Gierschmann et al. (Hrsg.), DSGVO, Art. 6 Rn. 89; vgl. *Jacquemain* et al., in: Schwartmann et al. (Hrsg.), DS-GVO/BDSG, Art. 6 DSGVO Rn. 73.

[1133] *Schulz*, in: Gola/Heckmann (Hrsg.), DSGVO/BDSG, Art. 6 DSGVO Rn. 32; *Reimer*, in: Sydow/Marsch (Hrsg.), DSGVO/BDSG, Art. 6 DSGVO Rn. 33; *Frenzel*, in: Paal/Pauly (Hrsg.), DSGVO/BDSG, Art. 6 DSGVO Rn. 15; *Wedde*, in: Däubler et al. (Hrsg.), DSGVO/BDSG/TTDSG, Art. 6 DSGVO Rn. 38.

[1134] Vgl. hierzu Kap. 10.1.1.2.

[1135] *Wedde*, in: Däubler et al. (Hrsg.), DSGVO/BDSG/TTDSG, Art. 6 DSGVO Rn. 39; *Frenzel*, in: Paal/Pauly (Hrsg.), DSGVO/BDSG, Art. 6 DSGVO Rn. 15; *Wolff*, in: Schantz/Wolff (Hrsg.), Das neue Datenschutzrecht, 175 (182 f. Rn. 566).

[1136] Vgl. *Plath/Struck*, in: Plath (Hrsg.), DSGVO/BDSG/TTDSG, Art. 6 DSGVO Rn. 14.

oder Werbemaßnahmen ohne vorherige Anfrage der betroffenen Person zusendet oder ein Vertrag zugunsten Dritter gem. § 328 BGB geschlossen wurde.[1137]
An die Form der „Anfrage" werden darüber hinaus keine besonderen Anforderungen gestellt. Diese muss daher insbesondere nicht durch einen förmlichen Antrag erfolgen.[1138] Vielmehr reicht es aus, wenn aus der Handlung der betroffenen Person eindeutig hervorgeht, dass sie an einem Vertragsschluss mit dem Verantwortlichen interessiert ist.

10.1.3 Erforderlichkeit i.S.v. Art. 6 Abs. 1 UAbs. 1 lit. b DSGVO

Beide Varianten des Art. 6 Abs. 1 UAbs. 1 lit. b DSGVO setzen voraus, dass die Datenverarbeitung erforderlich ist. Die Erforderlichkeit, die neben Art. 6 Abs. 1 UAbs. 1 lit. b DSGVO auch in den übrigen Erlaubnistatbeständen des Art. 6 Abs. 1 UAbs. 1 lit. c-f DSGVO normiert wird, ist ein autonomer Begriff des Gemeinschaftsrechts, welcher im Sinne der Verwirklichung der Ziele der Verordnung auszulegen ist.[1139] Aufgrund seiner Unbestimmtheit existiert bislang kein einheliges Verständnis. Klar ist allerdings, dass der Begriff der Erforderlichkeit keine Prüfung der Verhältnismäßigkeit in grundrechtlichem Sinne beinhaltet.[1140] Dies entspräche einer über den Wortlaut hinausgehenden extensiven Auslegung, welche insbesondere in Anbetracht des Umstands, dass der Gesetzgeber die Anforderung der Verhältnismäßigkeit als solche unter anderem auch in Art. 6 DSGVO explizit benennt,[1141] kaum haltbar ist.[1142] Die Erforderlichkeit ist vielmehr als eigenständiges datenschutzrechtliches Regelungs- und Tatbestandselement des europäischen Sekundärrechts zu verstehen, welches schon aus dogmatischen Gründen terminologisch nicht unmittelbar mit dem grundrechtlichen Verständnis der Erforderlichkeit in Deutschland oder der Union gleichgesetzt werden kann.[1143] Zwar besteht weitgehend Übereinstimmung zwischen der grundrechtlichen und der datenschutzrechtlichen Erforderlichkeit,[1144] allerdings ist die datenschutzrechtliche Erforderlichkeit im Zusammenspiel mit den in Art. 5 Abs. 1 DSGVO statuierten Grundsätzen der Zweckbindung (lit. b), der Datenminimierung (lit. c) und der Speicherbegrenzung (lit. e) zu sehen.[1145]

Vor diesem Hintergrund ergibt sich die Erforderlichkeit als kombinierte, faktengestützte Bewertung der Verarbeitung mit Blick auf das angestrebte Ziel und im Hinblick auf die Frage, ob die Verarbeitung im Vergleich zu anderen Optionen für das Erreichen desselben Ziels

---

[1137] *Buchner/Petri,* in: Kühling/Buchner (Hrsg.), DSGVO/BDSG, Art. 6 DSGVO Rn. 36.

[1138] *Heberlein,* in: Ehmann/Selmayr (Hrsg.), DSGVO, Art. 6 Rn. 27; *Plath/Struck,* in: Plath (Hrsg.), DSGVO/BDSG/TTDSG, Art. 6 DSGVO Rn. 13; *Wedde,* in: Däubler et al. (Hrsg.), DSGVO/BDSG/TTDSG, Art. 6 DSGVO Rn. 39.

[1139] *Kühling* et al., Die Datenschutz-Grundverordnung und das nationale Recht, 30 f.; *Frenzel,* in: Paal/Pauly (Hrsg.), DSGVO/BDSG, § 3 BDSG Rn. 7; *Starnecker,* in: Gola/Heckmann (Hrsg.), DSGVO/BDSG, § 3 BDSG Rn. 27; vgl. außerdem zur DSRL *Artikel 29 Datenschutzgruppe,* Working Paper 217, 14; EuGH, Urt. v. 16.12.2008, C-524/06, NVwZ 2009, 379 (380 Rn. 52).

[1140] Ebenso *Frenzel,* in: Paal/Pauly (Hrsg.), DSGVO/BDSG, Art. 6 DSGVO Rn. 14; *Assion/Nolte/Veil,* in: Gierschmann et al. (Hrsg.), DSGVO, Art. 6 Rn. 88.

[1141] Siehe beispielsweise Art. 6 Abs. 3 Satz 4 DSGVO sowie Art. 6 Abs. 4 DSGVO.

[1142] Vgl. *EDPS,* Beurteilung der Erforderlichkeit von Maßnahmen, die das Grundrecht auf Schutz personenbezogener Daten einschränken, 5, wonach die Erforderlichkeit „ein in praktisch allen im Datenschutzsekundärrecht der EU formulierten Anforderungen an die Rechtmäßigkeit ein immer wieder auftretender Faktor" und streng von der Verhältnismäßigkeit im engeren Sinne zu unterscheiden ist; *Assion/Nolte/Veil,* in: Gierschmann et al. (Hrsg.), DSGVO, Art. 6 Rn. 88.

[1143] Vgl. *Albers/Veit,* in: Wolff/Brink/von Ungern-Sternberg (Hrsg.), BeckOK DSR, Art. 6 DSGVO Rn. 15 ff.; *Kramer,* in: Eßer/Kramer/von Lewinski (Hrsg.), DSGVO/BDSG, Art. 6 DSGVO Rn. 43.

[1144] *Wolff,* in: Schantz/Wolff (Hrsg.), Das neue Datenschutzrecht, 127 (137 Rn. 430); *Starnecker,* in: Gola/Heckmann (Hrsg.), DSGVO/BDSG, § 3 BDSG Rn. 27.

[1145] *Frenzel,* in: Paal/Pauly (Hrsg.), DSGVO/BDSG, Art. 6 DSGVO Rn. 9; *Richter,* in: Kugelmann (Hrsg.), LDSG RhPf, § 3 Rn. 38; *Albrecht/Jotzo,* Das neue Datenschutzrecht der EU, Teil 2 Rn. 6.

datenschutzfreundlicher ist.[1146] Sie setzt damit voraus, dass die Verarbeitung zur Erreichung des verfolgten Zwecks objektiv tauglich und auf das notwendige Maß beschränkt ist.[1147] Folglich müssen zum einen die verarbeiteten Daten im unmittelbaren Zusammenhang mit dem verfolgten Zweck stehen und zu dessen Erreichung zumindest beitragen.[1148] Zum anderen darf keine zumutbare datenschutzfreundlichere Alternative zur Verfügung stehen.[1149] Das Verständnis des Begriffs der Erforderlichkeit ist in den jeweiligen datenschutzrechtlichen Rechtsgrundlagen des Art. 6 Abs. 1 UAbs. 1 DSGVO damit grundsätzlich identisch, allerdings bestimmen die Rechtsgrundlagen die konkrete Ausprägung der Erforderlichkeit – insbesondere im Hinblick darauf, wie eng die Erforderlichkeit gefasst wird – mit, weswegen nicht immer identische Maßstäbe anzusetzen sind.[1150]

Im Hinblick auf Art. 6 Abs. 1 UAbs. 1 lit. b DSGVO im Konkreten ist zunächst zu konstatieren, dass der Begriff der Erforderlichkeit in Bezug auf beide Tatbestandsvarianten deckungsgleich ist.[1151] Dies gilt, obwohl an unterschiedliche Bezugspunkte angeknüpft wird. So bezieht sich Art. 6 Abs. 1 UAbs. 1 lit. b Alt. 1 DSGVO auf die „Erfüllung" eines Vertrags, wohingegen Art. 6 Abs. 1 UAbs. 1 lit. b Alt. 2 DSGVO auf die „Durchführung" vorvertraglicher Maßnahmen abstellt. Die Erforderlichkeit der ersten Variante bezieht sich folglich auf das vertraglich festgelegte „Programm", wohingegen die zweiten Variante auf die Umsetzung von Maßnahmen mit dem Ziel, einen Vertrag zu schließen, abstellt.[1152]

Der Erforderlichkeitsbegriff des Art. 6 Abs. 1 UAbs. 1 lit. b DSGVO ist, wie bereits in Bezug auf Art. 6 Abs. 1 UAbs. 1 lit. b Alt. 1 DSGVO ausgeführt,[1153] eng auszulegen.[1154] Anderenfalls könnte der Erlaubnistatbestand willkürlich ausgeweitet werden, indem der Verantwortliche den Vertragszweck oder den Begriff der vorvertraglichen Maßnahmen möglichst weit fasst und in der Folge sämtliche ihm nützliche Datenverarbeitungen als erforderlich kategorisiert.[1155]

Erforderlichkeit i.S.v. Art. 6 Abs. 1 UAbs. 1 lit. b DSGVO ist wenigstens dann gegeben, wenn der Vertrag mit seinen Haupt- und Nebenpflichten, so wie er vereinbart wurde oder werden

---

[1146] *EDPS*, Beurteilung der Erforderlichkeit von Maßnahmen, die das Grundrecht auf Schutz personenbezogener Daten einschränken, 5; *EDPB*, Leitlinien 02/2019, 9 Rn. 25.

[1147] *Wolff*, in: Schantz/Wolff (Hrsg.), Das neue Datenschutzrecht, 127 (139 f. Rn. 433 f.); *Schulz*, in: Gola/Heckmann (Hrsg.), DSGVO/BDSG, Art. 6 DSGVO Rn. 20; *Starnecker*, in: Gola/Heckmann (Hrsg.), DSGVO/BDSG, § 3 BDSG Rn. 29.

[1148] *Wolff*, in: Schantz/Wolff (Hrsg.), Das neue Datenschutzrecht, 127 (139 Rn. 433); *Starnecker*, in: Gola/Heckmann (Hrsg.), DSGVO/BDSG, § 3 BDSG Rn. 29.

[1149] *EDPB*, Leitlinien 02/2019, 10 Rn. 27; *Buchner/Petri*, in: Kühling/Buchner (Hrsg.), DSGVO/BDSG, Art. 6 DSGVO Rn. 15; *Wolff*, in: Schantz/Wolff (Hrsg.), Das neue Datenschutzrecht, 127 (140 Rn. 434).

[1150] Ebenfalls in diese Richtung *Albers/Veit*, in: Wolff/Brink/von Ungern-Sternberg (Hrsg.), BeckOK DSR, Art. 6 DSGVO Rn. 16.

[1151] Die Erforderlichkeit der Varianten des Art. 6 Abs. 1 UAbs. 1 lit. b DSGVO ebenfalls nicht unterscheidend *Kramer*, in: Eßer/Kramer/von Lewinski (Hrsg.), DSGVO/BDSG, Art. 6 DSGVO Rn. 43 ff.; *Buchner/Petri*, in: Kühling/Buchner (Hrsg.), DSGVO/BDSG, Art. 6 DSGVO Rn. 38 ff.; *Schulz*, in: Gola/Heckmann (Hrsg.), DSGVO/BDSG, Art. 6 DSGVO Rn. 38 ff.; *Assion/Nolte/Veil*, in: Gierschmann et al. (Hrsg.), DSGVO, Art. 6 Rn. 88; *Schantz*, in: Simitis/Hornung/Spiecker gen. Döhmann (Hrsg.), DSR, Art. 6 Abs. 1 UAbs. 1 lit. b DSGVO Rn. 32 ff.; *Frenzel*, in: Paal/Pauly (Hrsg.), DSGVO/BDSG, Art. 6 DSGVO Rn. 14; *Albers/Veit*, in: Wolff/Brink/von Ungern-Sternberg (Hrsg.), BeckOK DSR, Art. 6 DSGVO Rn. 44 ff.

[1152] *Wolff*, in: Schantz/Wolff (Hrsg.), Das neue Datenschutzrecht, 175 (182 Rn. 569).

[1153] Zur Notwendigkeit der engen Auslegung der Erforderlichkeit bereits unter Kap. 10.1.1.2.

[1154] *EDPB*, Leitlinien 02/2019, 10 Rn. 28; *Wolff*, in: Schantz/Wolff (Hrsg.), Das neue Datenschutzrecht, 175 (178 Rn. 551); *Albrecht/Jotzo*, Das neue Datenschutzrecht der EU, Teil 3 Rn. 44; *Buchner/Petri*, in: Kühling/Buchner (Hrsg.), DSGVO/BDSG, Art. 6 DSGVO Rn. 26.

[1155] *EDPB*, Leitlinien 02/2019, Rn. 31; *Buchner/Petri*, in: Kühling/Buchner (Hrsg.), DSGVO/BDSG, Art. 6 DSGVO Rn. 40a.

soll, aus objektiver Sicht ohne die Datenverarbeitung nicht erfüllt werden könnte.[1156] Um dies beurteilen zu können, müssen die Interessen der beteiligten Vertragsparteien berücksichtigt und abgewogen werden. Dabei ist einzubeziehen, ob die Verarbeitung objektiv sinnvoll ist und sich innerhalb der Grenzen der Zumutbarkeit bewegt.[1157] Dafür ist maßgeblich auf den unmittelbaren Zusammenhang zwischen Verarbeitung und konkretem Zweck des Schuldverhältnisses abzustellen.[1158] Zu berücksichtigen sind hier unter anderem der Vertragstypus[1159] und der Vertragsinhalt[1160]. Auch Natur und Charakteristika der zu erbringenden Leistung, die essenziellen Elemente des Vertrags sowie die gegenseitigen Erwartungen der Vertragsparteien und die vernünftigen Erwartungen eines durchschnittlichen Nutzers sind einzubeziehen.[1161]

Des Weiteren ist nicht jede dem Vertragszweck dienende oder nützliche Verarbeitung erforderlich.[1162] Allerdings ist Erforderlichkeit auch nicht nur dann gegeben, wenn die Verarbeitung für den Vertragszweck unverzichtbar ist.[1163] Zwar erfüllt ein reines „nice to have" die Anforderung der Erforderlichkeit nicht. Jedoch können Verarbeitungsvorgänge, mit denen ein Effizienzgewinn einhergeht, je nach Sachverhalt durchaus erforderlich i.S.v. Art. 6 Abs. 1 UAbs. 1 lit. b DSGVO sein. So kann beispielsweise die Erforderlichkeit einer Datenverarbeitung zu bejahen sein, wenn mit ihr die Beschleunigung eines Prozesses oder die Verminderung von Kosten einhergehen.[1164]

Wie bereits dargelegt, liegt die Erforderlichkeit einer Datenverarbeitung nicht vor, soweit eine weniger belastende Alternative besteht, die ebenso einfach durchzuführen ist und den Vertrag in gleicher Weise erfüllt.[1165] Das gilt in Bezug auf Art. 6 Abs. 1 UAbs. 1 lit. b DSGVO

[1156] *Albers/Veit*, in: Wolff/Brink/von Ungern-Sternberg (Hrsg.), BeckOK DSR, Art. 6 DSGVO Rn. 44 ff.; *Wolff*, in: Schantz/Wolff (Hrsg.), Das neue Datenschutzrecht, 175 (184 Rn. 575); *Buchner/Petri*, in: Kühling/Buchner (Hrsg.), DSGVO/BDSG, Art. 6 DSGVO Rn. 42; *Plath/Struck*, in: Plath (Hrsg.), DSGVO/BDSG/TTDSG, Art. 6 DSGVO Rn. 20; *Reimer*, in: Sydow/Marsch (Hrsg.), DSGVO/BDSG, Art. 6 DSGVO Rn. 27; *Taeger*, in: Taeger/Gabel (Hrsg.), DSGVO, Art. 6 DSGVO Rn. 57.

[1157] *Albers/Veit*, in: Wolff/Brink/von Ungern-Sternberg (Hrsg.), BeckOK DSR, Art. 6 DSGVO Rn. 44; *Wolff*, in: Schantz/Wolff (Hrsg.), Das neue Datenschutzrecht, 175 (184 Rn. 576); *Buchner/Petri*, in: Kühling/Buchner (Hrsg.), DSGVO/BDSG, Art. 6 DSGVO Rn. 45; *Plath/Struck*, in: Plath (Hrsg.), DSGVO/BDSG/TTDSG, Art. 6 DSGVO Rn. 21.

[1158] *Albers/Veit*, in: Wolff/Brink/von Ungern-Sternberg (Hrsg.), BeckOK DSR, Art. 6 DSGVO Rn. 44; *Buchner/Petri*, in: Kühling/Buchner (Hrsg.), DSGVO/BDSG, Art. 6 DSGVO Rn. 39; *Schulz*, in: Gola/Heckmann (Hrsg.), DSGVO/BDSG, Art. 6 DSGVO Rn. 39.

[1159] *Albers/Veit*, in: Wolff/Brink/von Ungern-Sternberg (Hrsg.), BeckOK DSR, Art. 6 DSGVO Rn. 44; *Wolff*, in: Schantz/Wolff (Hrsg.), Das neue Datenschutzrecht, 175 (179 Rn. 552); *Buchner/Petri*, in: Kühling/Buchner (Hrsg.), DSGVO/BDSG, Art. 6 DSGVO Rn. 39.

[1160] *Buchner/Petri*, in: Kühling/Buchner (Hrsg.), DSGVO/BDSG, Art. 6 DSGVO Rn. 39.

[1161] *EDPB*, Leitlinien 02/2019, 11 Rn. 33; ähnlich auch zur alten Rechtslage *Artikel 29 Datenschutzgruppe*, Working Paper 217, 22.

[1162] *Albers/Veit*, in: Wolff/Brink/von Ungern-Sternberg (Hrsg.), BeckOK DSR, Art. 6 DSGVO Rn. 44; *EDPB*, Leitlinien 02/2019, Rn. 28; *Buchner/Petri*, in: Kühling/Buchner (Hrsg.), DSGVO/BDSG, Art. 6 DSGVO Rn. 42; vgl. *Heberlein*, in: Ehmann/Selmayr (Hrsg.), DSGVO, Art. 6 Rn. 25.

[1163] *Kramer*, in: Eßer/Kramer/von Lewinski (Hrsg.), DSGVO/BDSG, Art. 6 DSGVO Rn. 43; *Albers/Veit*, in: Wolff/Brink/von Ungern-Sternberg (Hrsg.), BeckOK DSR, Art. 6 DSGVO Rn. 44; *Wolff*, in: Schantz/Wolff (Hrsg.), Das neue Datenschutzrecht, 175 (184 Rn. 575); *Buchner/Petri*, in: Kühling/Buchner (Hrsg.), DSGVO/BDSG, Art. 6 DSGVO Rn. 45; *Taeger*, in: Taeger/Gabel (Hrsg.), DSGVO, Art. 6 DSGVO Rn. 57.

[1164] *Plath/Struck*, in: Plath (Hrsg.), DSGVO/BDSG/TTDSG, Art. 6 DSGVO Rn. 22; *Taeger*, in: Taeger/Gabel (Hrsg.), DSGVO/BDSG, Art. 6 DSGVO Rn. 57; a.A. *Schantz*, in: Simitis/Hornung/Spiecker gen. Döhmann (Hrsg.), DSR, Art. 6 Abs. 1 UAbs. 1 lit. b DSGVO Rn. 36.

[1165] *EDPB*, Leitlinien 02/2019, 9 Rn. 25; *Wolff*, in: Schantz/Wolff (Hrsg.), Das neue Datenschutzrecht, 175 (184 Rn. 575); *Plath/Struck*, in: Plath (Hrsg.), DSGVO/BDSG/TTDSG, Art. 6 DSGVO Rn. 19.

allerdings nur, insoweit die betroffene Person und der Verantwortliche dadurch keine Nachteile, beispielsweise in Form erheblicher Verzögerungen, erleiden.[1166]

Grundsätzlich nicht erforderlich, zumindest soweit vertraglich nicht explizit festgelegt, sind Verarbeitungstätigkeiten zur Verbesserung der Dienste des Verantwortlichen, zur Betrugsprävention oder zur verhaltensbasierten Online-Werbung.[1167]

10.1.4 Abweichende mitgliedstaatliche Regelungen

Art. 6 Abs. 1 UAbs. 1 lit. b DSGVO findet grundsätzlich auf die Verarbeitung personenbezogener Daten im Rahmen sämtlicher Verträge und vorvertraglicher Maßnahmen Anwendung. Für Datenverarbeitungen im Beschäftigungskontext eröffnet Art. 88 Abs. 1 DSGVO den Mitgliedstaaten allerdings die Möglichkeit, durch Rechtsvorschriften oder Kollektivvereinbarungen spezifischere Vorschriften vorzusehen.[1168] Auf Grundlage dieser Öffnungsklausel[1169] erließ der deutsche Gesetzgeber § 26 BDSG,[1170] welcher die Verarbeitung von Beschäftigtendaten im Rahmen von Beschäftigungsverhältnissen adressiert.

§ 26 Abs. 1 Satz 1 BDSG formuliert eine eigenständige Rechtsgrundlage. Demnach ist die Verarbeitung personenbezogener Daten zulässig, sofern dies für die Entscheidung über die Begründung eines Beschäftigungsverhältnisses oder nach Begründung des Beschäftigungsverhältnisses für dessen Durchführung oder Beendigung oder zur Ausübung oder Erfüllung der sich aus einem Gesetz oder einem Tarifvertrag, einer Betriebs- oder Dienstvereinbarung ergebenden Rechte und Pflichten der Interessenvertretung der Beschäftigten erforderlich ist. Die Europarechtskonformität dieser Norm war vielfach umstritten.[1171] Im Zentrum der Diskussion stand die Frage, ob § 26 BDSG – wie von Art. 88 Abs. 1 DSGVO vorausgesetzt – spezifischere Vorgaben zur Gewährleistung des Schutzes der Rechte und Freiheiten hinsichtlich der Verarbeitung personenbezogener Beschäftigtendaten im Beschäftigungskontext enthält. Dieser Meinungsstreit wurde inzwischen durch eine Entscheidung des EuGH zur Auslegung von Art. 88 DSGVO aufgelöst.[1172] Dort stellte der EuGH klar, dass eine „spezifischere" mitgliedstaatliche Umsetzung von Art. 88 Abs. 1 DSGVO eine Regelung meint, die den Beschäftigtenkontext betrifft und sich von den allgemeinen Regelungen der DSGVO abhebt.[1173] Er konkretisiert des Weiteren, dass eine auf Art. 88 Abs. 1 DSGVO beruhende Regelung nur dann als spezifischer i.S.v. Art. 88 Abs. 1 DSGVO zu werten ist, wenn diese die Vorgaben des Art. 88 Abs. 2 DSGVO erfüllt.[1174] Eine nationale Umsetzungsnorm muss folglich geeignete und besondere Maßnahmen zur Wahrung der menschlichen Würde, der berechtigten Interessen und der

---

[1166] *Plath/Struck*, in: Plath (Hrsg.), DSGVO/BDSG/TTDSG, Art. 6 DSGVO Rn. 22.

[1167] *EDPB*, Leitlinien 02/2019, 15 ff. Rn. 48 ff.; *Wolff*, in: Schantz/Wolff (Hrsg.), Das neue Datenschutzrecht, 175 (181 Rn. 561).

[1168] *Riesenhuber*, in: Wolff/Brink/von Ungern-Sternberg (Hrsg.), BeckOK DSR, Art. 88 DSGVO Rn. 44; *Seifert*, in: Simitis/Hornung/Spiecker gen. Döhmann (Hrsg.), DSR, Art. 88 Rn. 2; *Pauly*, in: Paal/Pauly (Hrsg.), DSGVO/BDSG, Art. 88 DSGVO Rn. 1.

[1169] Zur Qualifikation des Art. 88 DSGVO als Öffnungsklausel siehe EuGH, Urt. v. 30.03.2023, Az. C-34/21, NZA 2023, 487 (489 Rn. 52).

[1170] BT-Drs. 18/11325, S. 96 f.

[1171] Die Europarechtskonformität des § 26 BDSG bejahend: BAG, Urt. v. 07.05.2019, Az. 1 ABR 53/17, BeckRS 2019, 18161 Rn. 47 f. m.w.N.; *Seifert*, in: Simitis/Hornung/Spiecker gen. Döhmann (Hrsg.), DSR, Art. 88 Rn. 62; *Tiedemann*, in: Sydow/Marsch (Hrsg.), DSGVO/BDSG, Art. 88 DSGVO Rn. 33; *Franzen*, in: Franzen/Gallner/Oetker (Hrsg.), EU-ArbR, Art. 88 DSGVO Rn. 31; die Europarechtkonformität des § 26 BDSG verneinend: VG Wiesbaden, Beschluss v. 21.12.2020, Az. K 1360/20.WI.PV, ZD 2021, 393 (393 ff. Rn. 21 ff.); *Maschmann*, in: Kühling/Buchner (Hrsg.), DSGVO/BDSG, § 26 BDSG Rn. 2; *Schild*, ZfPR 2021, 56 (56).

[1172] EuGH, Urt. v. 30.03.2023, Az. C-34/21, NZA 2023, 487.

[1173] EuGH, Urt. v. 30.03.2023, Az. C-34/21, NZA 2023, 487 (490 Rn. 61).

[1174] EuGH, Urt. v. 30.03.2023, Az. C-34/21, NZA 2023, 487 (490 Rn. 63 ff.).

Grundrechte der betroffenen Person vorsehen. Solche Spezifikationen sieht § 26 Abs. 1 Satz 1 BDSG allerdings nicht vor. Die Regelung wiederholt – wenn auch nicht wortgetreu – lediglich Art. 6 Abs. 1 UAbs. 1 lit. b DSGVO und ergänzt ihn um Formulierungen aus Art. 88 Abs. 1 DSGVO. Weder geht § 26 BDSG über die in der DSGVO bereits enthaltenen allgemeinen Bestimmungen hinaus noch sind Maßnahmen zur Wahrung der Menschenwürde oder zu berechtigten Interessen oder den Grundrechten der betroffenen Personen vorgesehen.[1175] Es handelt sich bei § 26 Abs. 1 BDSG mithin um eine unionsrechtswidrige Bestimmung, deren Anwendbarkeit spätestens seit der genannten EuGH-Entscheidung ausgeschlossen ist.[1176] Soweit keine Überarbeitung durch den Gesetzgeber vorgenommen wird,[1177] bleibt es in vertraglichen Kontexten daher allein bei der Anwendung des Art. 6 Abs. 1 UAbs. 1 lit. b DSGVO.

10.2 Web-Monitoring im Rahmen eines Vertrags oder einer vorvertraglichen Maßnahme

Zur Prüfung, inwieweit Art. 6 Abs. 1 UAbs. 1 lit. b DSGVO als Rechtsgrundlage für die mit dem Monitoring einhergehende Datenverarbeitung herangezogen werden kann, scheint zunächst eine Unterscheidung danach sinnvoll, ob das Monitoring zur Erfüllung des Vertrags zum Einsatz kommt oder selbst eine zentrale Leistungspflicht aus dem Vertrag ist. In Anbetracht des Umstands, dass an beide Varianten des Art. 6 Abs. 1 UAbs. 1 lit. b DSGVO an eine autonome Entscheidung der betroffenen Person und die Erforderlichkeit anknüpfen und somit den gleichen Prüfmaßstab anlegen, ist dies jedoch nicht notwendig.

Zur Bestimmung, inwieweit Art. 6 Abs. 1 UAbs. 1 lit. b DSGVO als Rechtsgrundlage für die mit dem Einsatz von Monitoring einhergehenden Datenverarbeitungen herangezogen werden kann, wird nachfolgend auf exemplarisch gewählte Anwendungsfälle abgestellt.

10.2.1 Web-Monitoring im Rahmen von People Analytics

Nie standen so viele Informationen über einen (potenziellen) Vertragspartner zur freien Verfügung wie heute. Das Web stellt dabei die wohl bedeutendste Quelle hierfür dar. Das Sammeln und Auswerten der dort verfügbaren Daten kann einer Vertragspartei die Informationen liefern, die sie benötigt, um zu entscheiden, ob sie ein Vertragsverhältnis eingehen, fortsetzen oder beenden möchte.

Insbesondere Beschäftigtenkontext zeigen sich vielfältige Möglichkeiten der Nutzung öffentlich verfügbarer Daten. Wird das Monitoring in diesem Kontext verwendet, ist es zumeist dem Oberbegriff „People Analytics" zuzuordnen. Dieser bezeichnet die zielgerichtete Nutzung und Analyse von Daten zur Entscheidungsfindung in Personalangelegenheiten.[1178] Konkreter gefasst meint People Analytics auf Personalangelegenheiten ausgerichtete Informationstechnologien, mit deren Hilfe Daten über Personalprozesse, Humankapital, Unternehmensleistung und externe Benchmarks deskriptiv, visuell und statistisch analysiert werden können, um darauf aufbauend geschäftliche Auswirkungen ermitteln und informierte Entscheidungen treffen zu können.[1179]

Die monitoringgestützte Verarbeitung öffentlicher Daten kann im Rahmen von People Analytics für eine Vielzahl von Aufgabenstellungen eingesetzt werden, bietet sich jedoch

---

[1175] So auch *Meinecke*, NZA 2023, 492 (492); *Krimphove*, ArbRAktuell 2023, 227 (228 f.).

[1176] Zu den Folgen Unionsrechtswidrigkeit der Norm siehe EuGH, Urt. v. 30.03.2023, Az. C-34/21, NZA 2023, 487 (491 Rn. 82).

[1177] Derartige Bestrebungen sind bereits zu beobachten, siehe *BMI/BMAS*, Vorschläge für einen modernen Beschäftigtendatenschutz.

[1178] *Huff/Götz*, NZA-Beilage 2019, 73 (73); *Gerlach*, Crashkurs Personalcontrolling, 291; *Dzida*, NZA 2017, 541 (542).

[1179] Vgl. *Marler/Boudreau*, The International Journal of Human Resource Management 2017, 3 (15).

insbesondere für Bewerbungsprozesse an. Dort kann das Monitoring zum Beispiel genutzt werden, um die im Web frei verfügbaren Daten über Bewerber automatisiert dahingehend zu analysieren, ob sie als Mitarbeiter in Betracht kommen.[1180] Dieses Vorgehen wird zumeist als „Pre-Employment-Screening"[1181] bezeichnet.[1182] Das Monitoring übernimmt im Rahmen eines solchen Pre-Employment-Screenings einen Abgleich des gewünschten Stellenprofils mit den online zu den Bewerbern verfügbaren Daten und gibt die Ergebnisse dem Personalverantwortlichen aus. Dabei trifft es jedoch keine eigene Entscheidung über die Einstellung eines Kandidaten. Es handelt sich hierbei folglich nicht um eine ausschließlich auf einer automatisierten Verarbeitung beruhenden Entscheidung i.S.v. Art. 22 DSGVO.[1183]

Neben dem Pre-Employment-Screening kann das Monitoring zudem für die aktive Personalbeschaffung eingesetzt werden.[1184] Im Rahmen des sogenannten „Active Sourcing"[1185] kann es genutzt werden, um im Web anhand eines vorgegebenen Stellenprofils passende Kandidaten für eine vakante Stelle zu identifizieren.[1186] Dabei dient das Monitoring ausschließlich der Ermittlung von Personen, die für die betreffende Stelle in Betracht kommen können, kontaktiert die potenziellen Kandidaten aber (jedenfalls bisher) nicht. Die Aufgabe der Auswahl und Ansprache der in Betracht kommenden Personen obliegt nach wie vor dem Personalverantwortlichen. Eine ausschließlich auf einer automatisierten Verarbeitung beruhende Entscheidung i.S.v. Art. 22 DSGVO liegt damit nicht vor.[1187]

Den folgenden Ausführungen liegt die Prämisse zugrunde, dass sowohl der Betrieb des Monitorings als auch die datenschutzrechtliche Verantwortlichkeit bei derjenigen Stelle liegen, die eine ausgeschriebene Stelle besetzen möchte. Da die Verarbeitung besonderer Kategorien personenbezogener Daten im Bewerbungsverfahren eine seltene Ausnahme darstellt, deren Zulässigkeit besonders einzelfallabhängig ist, wird in Bezug auf die hier betrachteten Anwendungsfälle zudem angenommen, dass weder eine gezielte Verarbeitung (un)mittelbar sensibler Daten noch eine Auswertung zufällig erhobener mittelbar sensibler Daten erfolgt.

10.2.1.1 Web-Monitoring im Rahmen von Pre-Employment-Screening

In den Personalabteilungen von Behörden sowie mittelständischen und großen Unternehmen gehen täglich zahlreiche Bewerbungen zu unterschiedlichsten ausgeschriebenen Stellen ein. Die Durchsicht dieser Bewerbungen und deren Kategorisierung in geeignete und ungeeignete Kandidaten ist mit erheblichem Zeitaufwand verbunden und bindet sowohl personelle als auch finanzielle Ressourcen. Dies gilt im Besonderen für Bewerbungen, die mit dem gewünschten Stellenprofil nicht abgeglichen werden können, da die Unterlagen unvollständig sind, der Lebenslauf Lücken aufweist oder sonstige relevante Angaben fehlen. Zur Beschleunigung der Bearbeitung der Bewerbungen und der Suche nach fehlenden Informationen kommt, wie

---

[1180] Siehe *Däubler*, in: Däubler et al. (Hrsg.), ArbR, § 26 BDSG Rn. 47, der diesen Fall als Beispiel für den Einsatz von Algorithmen im Auswahlverfahren heranzieht.

[1181] Zur Definition des Begriffs *Grützner/Jakob*, in: Grützner/Jakob (Hrsg.), Compliance von A-Z, 192 (192).

[1182] Zur Relevanz des Pre-Employment-Screenings siehe *Mohr*, Die Wirksamkeit des Bewerberdatenschutzes beim Pre-Employment Screening, 24 ff m.w.N.

[1183] Vgl. *Schulz*, in: Gola/Heckmann (Hrsg.), DSGVO/BDSG, Art. 22 DSGVO Rn. 12; *von Lewinski*, in: Wolff/Brink/von Ungern-Sternberg (Hrsg.), BeckOK DSR, Art. 22 DSGVO Rn. 16.

[1184] Vgl. *Witteler/Moll*, NZA 2023, 327 (329).

[1185] Zum Begriff des Active Sourcing siehe *Braehmer*, Praxiswissen Talent Sourcing, 27 f.

[1186] Entsprechende Dienstleistungen werden bereits im Web angeboten, siehe beispielsweise: https://talentwunder.com/sourcing-app/ oder https://www.meffert.de/software/social-media-recruiting/active-sourcing/; siehe außerdem *Redaktion FD-ArbR*, FD-ArbR 2023, 454805; *Beyvers/Gärtner/Kipker*, PinG 2015, 241 (65 ff.); *Tallgauer/Festing/Fleischmann*, in: Verhoeven (Hrsg.), Digitalisierung Im Recruiting, 25 (29 ff.).

[1187] Anders wäre dies etwa zu beurteilen, wenn über die automatisierte Verarbeitung Information gewonnen werden, die nach ständiger Praxis für die Entscheidung über ein Vertragsverhältnis maßgeblich sind, siehe hierzu Schlussanträge GA Pikamäe v. 16.03.2023, Az. C-634/21, BeckRS 2023, 4643 Rn. 59.

dargelegt,[1188] der Einbezug von öffentlichen Quellen aus dem Web in Betracht.[1189] Wird Monitoring hierfür eingesetzt, ermöglicht das, die zu einem Bewerber im öffentlichen Web verfügbaren und für die Bewerbung relevanten Informationen automatisiert zu sammeln und im Hinblick auf das Stellenprofil auszuwerten.

Damit das Monitoring zum Pre-Employment-Screening auf Art. 6 Abs. 1 UAbs. 1 lit. b DSGVO gestützt werden kann, bedarf es eines Vertrags oder einer auf Anfrage der betroffenen Person ergriffenen vorvertraglichen Maßnahme sowie der Erforderlichkeit der Datenverarbeitung zur Erfüllung des Vertrags oder der vorvertraglichen Maßnahme. Einer vorgeschalteten Prüfung des Art. 9 DSGVO bedarf es an dieser Stelle nicht,[1190] da im Rahmen des hier betrachteten Monitorings weder von einer gezielten Verarbeitung, (un)mittelbar sensibler Daten noch von einer Auswertung zufällig erfasster mittelbar sensibler Daten ausgegangen wird.[1191]

10.2.1.1.1 Vertrag oder vorvertragliche Maßnahme

Bewirbt sich eine Person auf eine durch ein Unternehmen oder eine öffentliche Stelle ausgeschriebene Stelle, kommt kein Vertrag zustande. Die Ausschreibung einer Stelle ist nicht als Angebot i.S.v. § 145 BGB zu werten. Es handelt sich hierbei in Anbetracht des fehlenden Rechtsbindungswillens und des Umstands, dass die essentialia negotii (Vertragsparteien, Art und Beginn der Tätigkeit des Arbeitnehmers)[1192] nicht vollumfänglich vorliegen, um eine invitatio ad offerendum.[1193] Ebenso stellt die Bewerbung auf eine konkrete Stelle kein Angebot dar. Auch wenn die Vertragsparteien sowie die Art der Tätigkeit durch ein Bewerbungsschreiben zumeist hinreichend bestimmt sind, fehlt eine Einigung über den Zeitpunkt des Beginns der Tätigkeit. Darüber hinaus mangelt es am Rechtsbindungswillen des Bewerbers. Mit einer Bewerbung beabsichtigt der Bewerber, den möglicherweise zukünftigen Arbeitgeber oder Dienstherren besser kennenzulernen sowie weitergehende Informationen zu dem in der Stellenausschreibung beschriebenen Tätigkeitsfeld zu erhalten. Erst auf dieser Grundlage ist ihm schließlich eine Entscheidung darüber, ob er einen Vertrag eingehen möchte, möglich. Ein Vertrag i.S.v. Art. 6 Abs. 1 UAbs. 1 lit. b Alt. 1 DSGVO ist vorliegend mithin nicht gegeben.

Eine Bewerbung zielt jedoch grundsätzlich auf einen Vertragsschluss ab. Indem sich eine Person bewirbt, stellt sie sich als Kandidat für die ausgeschriebene Stelle vor und signalisiert – wenn auch nicht final – ihr grundsätzliches Interesse. Seinerseits möchte der potenzielle Arbeitgeber oder Dienstherr mithilfe des Pre-Employment-Screenings feststellen, ob der Bewerber das gesuchte Stellenprofil erfüllt und ein Vertrag mit ihm in Erwägung gezogen werden kann. Ähnlich der Prüfung der Kreditwürdigkeit eines potenziellen Kreditnehmers durch den Kreditgeber dient das Pre-Employment-Screening folglich der Einschätzung, inwieweit ein Bewerber als Vertragspartner in Betracht kommt, und ist damit als Instrument zur Vertragsanbahnung[1194] zu werten.[1195] Dieses kommt zudem erst dann zum Einsatz, wenn Bewerbungsunterlagen eingereicht wurden, erfolgt also erst auf Initiative[1196] der betroffenen Person. Das Pre-

---

[1188] Hierzu bereits unter Kap. 10.2.1.
[1189] Bereits im Jahr 2018 ergab eine Studie, dass sich zwei Drittel aller Personaler im Web über Bewerber informieren, siehe *Bitkom*, Zwei von drei Personalern informieren sich online über Bewerber.
[1190] Eingehend zu Art. 9 DSGVO siehe Kap. 8.2.
[1191] Zu dieser Prämisse bereits unter Kap. 10.2.1.
[1192] Hierzu BAG, Urt. v. 15.10.2013, Az. 9 AZR 572/12, NZA 2014, 119 (120 Rn. 18).
[1193] *Preis*, in: Müller-Glöge et al. (Hrsg.), Erfurter Kommentar ArbR, § 611a BGB Rn. 338; *Kreuder/Matthiessen-Kreuder*, in: Däubler et al. (Hrsg.), ArbR, § 611a BGB Rn. 119.
[1194] Eingehender zum Kriterium der Vertragsanbahnung siehe Kap. 10.1.2.1.
[1195] Das Verhältnis zwischen Bewerber und Arbeitgeber oder Dienstherr ebenfalls als Anbahnungsverhältnis wertend *Oberwetter*, BB 2008, 1562 (1563).
[1196] Zum Kriterium der Anfrage der betroffenen Person siehe Kap. 10.1.2.2.

Employment-Screening ist im vorliegenden Fall somit einer vorvertraglichen Maßnahme i.S.v. Art. 6 Abs. 1 UAbs. 1 lit. b Alt. 2 DSGVO zuzurechnen.

10.2.1.1.2 Erforderlichkeit

Um die mit dem Monitoring im Rahmen des Pre-Employment-Screenings einhergehende Datenverarbeitung auf Art. 6 Abs. 1 UAbs. 1 lit. b Alt. 2 DSGVO stützen zu können, muss die Verarbeitung zur Durchführung der vorvertraglichen Maßnahme erforderlich sein. Wie bereits dargelegt handelt es sich bei der Erforderlichkeit um einen unionsautonom auszulegenden Begriff, welcher die objektive Tauglichkeit zur Zweckerreichung sowie die Begrenzung der Verarbeitung auf das notwendige Maß vorgibt und in Bezug auf Art. 6 Abs. 1 UAbs. 1 lit. b DSGVO eng auszulegen ist.[1197]

Aufgrund des hier gegebenen arbeitsrechtlichen Kontexts ist zunächst auf das Fragerecht des Arbeitgebers einzugehen. Dieses umfasst ausschließlich solche Fragen, an deren Beantwortung der Arbeitgeber ein „berechtigtes, billigenswertes und schutzwürdiges Interesse" hat, das objektiv so stark ist, dass „dahinter das Interesse des Arbeitnehmers am Schutz seines Persönlichkeitsrechtes und an der Unverletzbarkeit seiner Individualsphäre zurücktreten muß".[1198] Werden im Rahmen des spezifisch auf Beschäftigungsverhältnisse ausgerichteten Arbeitsrechts bestimmte Informationen nicht als für die Entscheidung über die Einstellung notwendig klassifiziert, kann ihre Verarbeitung erst recht im Rahmen des weniger spezifischen Datenschutzrechts nicht als erforderlich verstanden werden. Eine Verarbeitung, auf deren Grundlage Daten gewonnen werden können, die nicht vom Fragerecht umfasst sind, kann folglich nicht rechtmäßig sein. Grundvoraussetzung für einen datenschutzkonformen Einsatz von Monitoring im Bewerbungskontext ist daher, dass nicht schlicht sämtliche Inhalte zu einem Bewerber verwendet, sondern zielgerichtet nur die Informationen analysiert werden, die für die Besetzung der Stelle tatsächlich relevant sind. Anderenfalls wäre zu erwarten, dass sich im Ergebnis des Monitorings auch Daten zum Bewerber finden, an denen der Arbeitgeber kein berechtigtes, billigenswertes und schutzwürdiges Interesse hat. Da in diesen Fällen die Erforderlichkeit im datenschutzrechtlichen Sinne nicht gegeben sein kann, bedarf es einer eingehenderen Prüfung dieses Tatbestandsmerkmals nur, insoweit das Monitoring zielgerichtet in Bezug auf das konkrete Stellenbesetzungsverfahren eingesetzt wird. Diese Annahme ist den nachfolgenden Ausführungen zugrunde gelegt.

Um beurteilen zu können, inwieweit ein monitoringgestütztes Pre-Employment-Screening erforderlich ist, ist zunächst dessen Eignung zur Zweckerreichung zu eruieren. Hierbei ist zu differenzieren, welche Informationen im Rahmen des Screenings gewonnen werden sollen. Wird auf konkret durch das Stellenprofil vorausgesetzte Kompetenzen abgezielt, kann das Monitoring diese Aufgabe umsetzen. In diesen Fällen können im Rahmen der Datenakquise die hierfür relevanten Inhalte aus dem Web extrahiert und automatisiert mit dem gesuchten Stellenprofil abgeglichen werden.

Soll im Rahmen des Pre-Employment-Screenings – etwa im Zuge der Besetzung einer besonders verantwortungsvollen Position – eine Information wie beispielsweise der Leumund eines Bewerbers ermittelt werden, kann das Monitoring hierfür regelmäßig nicht herangezogen werden. Grund ist, dass eine solche Eigenschaft automatisiert kaum ermittelbar ist, da – im Unterschied zu den in einem Stellenprofil vorausgesetzten Kompetenzen – nicht als Einzelinformation zur Verfügung steht, sondern sich aus unterschiedlichen und individuell zu interpretierenden Informationen zusammensetzt. Welche Informationen dies jeweils sind, kann allerdings meist nicht realistisch antizipiert werden. Auch besteht nicht die Möglichkeit, die für solche Eigenschaften relevanten Informationen gezielt berufsbezogenen Plattformen zu

---

[1197] Zur Auslegung der Erforderlichkeit im Kontext des Art. 6 Abs. 1 UAbs. 1 lit. b DSGVO siehe Kap. 10.1.3.
[1198] In ständiger Rspr. BAG, Urt. v. 07.06.1984, Az. 2 AZR 270/83, NZA 1985, 57 (57).

10.2 Web-Monitoring im Rahmen eines Vertrags oder einer ...

entnehmen, da diese eine Eingabe entsprechender Angaben bislang nicht vorsehen. Die Ermittlung von Informationen wie etwa dem Leumund ist mithilfe des Monitorings insoweit nicht realisierbar. Hat der Arbeitgeber oder Dienstherr hingegen eine konkrete Vorstellung, aus welchen Daten sich die zu ermittelnde Information zusammensetzt, und handelt es sich hierbei um Einzelinformationen, kann das Monitoring diese Aufgabe grundsätzlich umsetzen. In diesen Ausnahmefällen kann das Monitoring herangezogen werden. Es ist also im Einzelfall über die Tauglichkeit des Monitorings zum Pre-Employment-Screening zu entscheiden.

Die Tauglichkeit des Monitorings vorausgesetzt, bedarf es im Weiteren der Beschränkung der Verarbeitung auf das notwendige Maß. Es stellt sich mithin die Frage nach einer datenschutzfreundlicheren sowie zumutbaren Alternative. In Betracht kommt hierfür zum einen die gezielte manuelle Recherche nach den benötigten Informationen im Web, zum anderen, dass die Bewerber, beispielsweise im Rahmen eines persönlichen Gesprächs, direkt befragt werden.

Die mit der manuellen und zielgerichteten Recherche nach Bewerbern im Web einhergehende Datenverarbeitung ist als milderes Mittel zu klassifizieren. Im Gegensatz zum Monitoring erfolgt hierbei keine technisch bedingte und vom Verantwortlichen weder intendierte noch beeinflussbare Miterhebung von Daten,[1199] die für das Stellenbesetzungsverfahren nicht relevant sind. Die manuelle Recherche stellt mithin ein zielgerichteteres und damit datensparsameres Vorgehen dar. Dies setzt allerdings voraus, dass die recherchierende Stelle sich rechtskonform verhält und das ihr zustehende Fragerecht berücksichtigt. Im Zuge dessen dürfen ausschließlich Informationen aus berufsorientierten Bereichen des Web einbezogen werden. Das Konsultieren freizeitorientierter Bereiche ist hingegen in aller Regel unzulässig.[1200] Dort stehen überwiegend Inhalte aus dem Privatleben im Fokus, die nicht vom Fragerecht gedeckt sind und deren Verarbeitung mithin nicht im datenschutzrechtlichen Sinne erforderlich sein kann. Die manuelle Recherche in berufsbezogenen Bereichen des Web stellt jedoch nicht nur ein milderes Mittel dar, sondern ist mindestens ebenso effizient wie das Monitoring. Zwar bietet Letzteres grundsätzlich den Vorteil, schneller einen größeren Bereich abdecken zu können, jedoch ist dieser Mehrwert in der vorliegenden Konstellation hinfällig. In den beruflich orientierten Bereichen des Web sind die gesuchten Informationen weder breit gestreut noch schwer zusammenzutragen. Vielmehr stellen sich die Bewerber bewusst auf eigens dafür erstellten Webpräsenzen vor, die über eine einfache Suchanfrage leicht auffindbar sind. Die manuelle Recherche hat vor diesem Hintergrund vielmehr sogar den Vorteil, dass zuvor nicht als relevant eingestufte Informationen zur Bewertung der Qualifikation des Bewerbers erkannt und in die Auswahlentscheidung einbezogen werden können.

Wird der Bewerber direkt nach den benötigten Daten befragt, werden die Informationen zielgenau und punktuell erhoben. Die Datenverarbeitung ist folglich weniger umfangreich als im Rahmen der beim Monitoring technisch bedingten Miterhebung von nicht relevanten Daten.[1201] Darüber hinaus ermöglicht die direkte Befragung des Bewerbers, dass offene Fragen unmittelbar geklärt und fehlende Informationen zielgerichtet eingeholt werden können. Dabei entsteht – auch wenn dies zunächst nicht intuitiv erscheint – im Verhältnis zum Monitoring kein Informationsdefizit. Da das Monitoring zielgerichtet agiert,[1202] also auf die Ermittlung konkret

---

[1199] Eingehender zur Funktionsweise des Monitorings siehe Kap. 2.4.
[1200] *Brink* et al., Unsere Freiheiten, 29; *Zöll*, in: Taeger/Gabel (Hrsg.), DSGVO/BDSG, § 26 BDSG Rn. 32; vgl. auch *Stamer/Kuhnke*, in: Plath (Hrsg.), DSGVO/BDSG/TTDSG, § 26 BDSG Rn. 27; *Keber*, RDV 2014, 190 (192); *Kania/Sansone*, NZA 2012, 360 (363 f.); *Seifert*, in: Simitis/Hornung/Spiecker gen. Döhmann (Hrsg.), DSR, Art. 88 Rn. 104; *Däubler*, Gläserne Belegschaften, Rn. 249; *König*, Beschäftigtendatenschutz in der Beratungspraxis, § 4 Rn. 29; *Göpfert/Koops*, ArbRAktuell 2017, 185 (186 f.); *Friedemann/Weber*, BB 2017, 2740 (2744); a.A. *Byers/Fischer*, ArbRAktuell 2022, 90 (91 f.); *Henkel*, öAT 2023, 29 (30 f.); *Schemmel*, ZD 2022, 541 (542).
[1201] Eingehender zur Funktionsweise des Monitorings siehe Kap. 2.4.
[1202] Eingehender zur Funktionsweise des Monitorings siehe Kap. 2.4.

festgelegter Informationen zum Bewerber gerichtet ist, stehen im Ergebnis des Monitorings lediglich die jeweiligen zur Erfüllung dieses Informationsbedürfnisses erforderlichen Daten. Zielt das Monitoring nun darauf ab, ein Stellenprofil mit einem Bewerberprofil abzugleichen, werden hierbei auch nur diejenigen Daten berücksichtigt, die einen Bezug zum Stellenprofil haben. Darüber hinaus gehende Daten, die im Web zur Verfügung stehen, werden dagegen nicht einbezogen. Die Befragung des Bewerbers steht dem Monitoring folglich inhaltlich nicht nach und ist damit wenigstens als gleich effizient zu beurteilen. Wird zudem einbezogen, dass bei einer direkten Befragung spontane Rückfragen zu den Antworten des Bewerbers gestellt werden können, ist die Ausübung des Fragerechts sogar als flexiblere und damit effizientere Maßnahme zu bewerten. Der Einwand, die Nachfrage beim Bewerber sei keine zumutbare Alternative, da die Unwahrheit gesagt werden könnte und das Web eine verlässlichere Informationsquelle darstelle, ist wenig überzeugend. So darf – insbesondere da der Bewerber bei zulässigen Fragen zu wahrheitsgemäßen Antworten verpflichtet ist – nicht von vornherein davon ausgegangen werden, die Angaben eines Bewerbers über seine Qualifikation oder seinen Lebenslauf seien unwahr. Besteht bereits im Bewerbungsprozess ein solch beschädigtes Vertrauensverhältnis, kommt eine Einstellung und die daraus folgende längerfristige Bindung des Bewerbers an den potenziellen Arbeitgeber oder Dienstherren unabhängig vom Einsatz eines Monitoring-Tools in der Regel gar nicht erst in Betracht. Insgesamt bringt der Einsatz von Monitoring zum Pre-Employment-Screening somit keinen ersichtlichen Mehrwert gegenüber der Befragung des Bewerbers mit sich.

Beide dargestellten Alternativen sind mithin als weniger belastende und zumutbare Mittel zu werten, durch die die vorvertragliche Maßnahme in gleicher Weise erfüllt werden kann. Der Einsatz von Monitoring zum Pre-Employment Screening ist daher nicht erforderlich i.S.v. Art. 6 Abs. 1 UAbs. 1 lit. b DSGVO.

10.2.1.1.3 Ergebnis

Das Pre-Employment-Screening stellt eine vorvertragliche Maßnahme i.S.v. Art. 6 Abs. 1 UAbs. 1 lit. b DSGVO dar. Der Einsatz von Monitoring kann zudem grundsätzlich tauglich sein, um Informationen über Bewerber zu ermitteln, ist dabei allerdings nicht auf das notwendige Maß begrenzt, weswegen die damit einhergehende Datenverarbeitung nicht der Anforderung der Erforderlichkeit gerecht wird. Folglich kann das Monitoring im Rahmen des Pre-Employment-Screenings nicht auf Art. 6 Abs. 1 UAbs. 1 lit. b Alt. 2 DSGVO gestützt werden.

10.2.1.2 Web-Monitoring für das aktive Recruiting

Die aktive Suche von Unternehmen oder öffentlichen Stellen nach neuem Personal, das bestimmte Schlüsselkompetenzen oder Qualifikationen vorweisen kann, gestaltet sich insbesondere in Anbetracht der vielen berufsorientierten Bereiche im Web als besonders herausfordernd. Eine manuelle Durchsicht der frei verfügbaren Informationen ist innerhalb eines angemessenen Zeitrahmens nicht realistisch umsetzbar. Um den Prozess der Suche nach geeigneten Kandidaten umfassender zu gestalten, kommt es – wie bereits dargelegt –[1203] in Betracht, ihn mithilfe von Monitoring zu automatisieren. Auf diese Weise können potenziell mehr geeignete Kandidaten gefunden werden als auf herkömmlichem Weg. Fraglich ist, ob die mit dem Monitoring zum aktiven Recruiting einhergehende Verarbeitung personenbezogener Daten auf Art. 6 Abs. 1 UAbs. 1 lit. b DSGVO gestützt werden kann. Dies setzt einen Vertrag oder eine auf Anfrage der betroffenen Person erfolgende vorvertragliche Maßnahme voraus, zu dessen Durchführung beziehungsweise zu deren Erfüllung die Datenverarbeitung erforderlich ist. Einer vorgeschalteten Prüfung des Art. 9 DSGVO bedarf es an dieser Stelle nicht,[1204] da im Rahmen des hier betrachteten Monitorings weder von einer gezielten Verarbeitung (un)mittelbar

---

[1203] Hierzu bereits unter Kap. 10.2.1.
[1204] Eingehend zu Art. 9 DSGVO siehe Kap. 8.2.

sensibler Daten noch von einer Auswertung zufällig erfasster mittelbar sensibler Daten ausgegangen wird.[1205]

10.2.1.2.1 Vertrag oder vorvertragliche Maßnahme

Ein Vertrag[1206] i.S.v. Art. 6 Abs. 1 UAbs. 1 lit. b Alt. 1 DSGVO liegt nicht vor. Beim Active Sourcing handelt es sich um eine Maßnahme, die einseitig von einem Unternehmen oder einer öffentlichen Stelle ergriffen wird, um eine möglichst hohe Anzahl vielversprechender Kandidaten für eine vakante Stelle zu ermitteln. In Anbetracht dieses einseitigen Handels kann weder ein vertragliches Schuldverhältnis i.s.v. § 311 Abs. 1 BGB noch ein vertragsähnliches Vertrauensverhältnis entstehen. Ebenso liegt im aktiven Recruiting kein einseitiges, von der betroffenen Person initiiertes Rechtsgeschäft vor.

Darüber hinaus kann das Active Sourcing nicht als vorvertragliche Maßnahme[1207] in Form von Vertragsverhandlung gem. Art. 6 Abs. 1 UAbs. 1 lit. b Alt. 2 DSGVO gewertet werden. Eine solche setzt denklogisch voraus, dass wenigstens zwei der am möglichen Vertrag beteiligten Parteien miteinander in Abstimmung treten. Dies ist aber in Anbetracht des einseitigen Vorgehens im Rahmen des aktiven Recruitings offensichtlich nicht gegeben.

Auch kann die Datenverarbeitung im Rahmen des Monitorings zum aktiven Recruiting nicht auf eine vorvertragliche Maßnahme in Form der Vertragsanbahnung gestützt werden. Zwar handelt es sich vorliegend, was grundsätzlich der Natur einer Vertragsanbahnung entspricht, um eine Maßnahme, die auf Initiative einer Partei erfolgt und auf den Abschluss eines Vertrags gerichtet ist. Allerdings scheitert eine Anwendbarkeit des Art. 6 Abs. 1 UAbs. 1 lit. b Alt. 2 DSGVO daran, dass das aktive Recruiting nicht auf Antrag[1208] der betroffenen Person erfolgt. Selbst wenn die Tatsache des Stellensuchens bewusst auf einer beruflich genutzten Plattform veröffentlicht und relevante Angaben zur Qualifikation gemacht werden, kann dem keine über die Veröffentlichung und die Kenntnisnahme der Informationen durch Dritte hinausgehende Willenserklärung entnommen werden.[1209] Insbesondere zielt eine Veröffentlichung nicht – wie von Art. 6 Abs. 1 UAbs. 1 lit. b Alt. 2 DSGVO vorausgesetzt[1210] – auf die Entstehung eines konkreten Vertragsverhältnisses ab.[1211] Für diese Fälle kommt insoweit lediglich Art. 6 Abs. 1 UAbs. 1 lit. f DSGVO als Rechtsgrundlage in Betracht.[1212]

10.2.1.2.2 Ergebnis

Insgesamt kann das monitoringgestützte aktive Recruiting mithin nicht auf einen Vertrag oder eine vorvertragliche Maßnahme gestützt werden. Die durch das Monitoring im Rahmen des aktiven Recruitings erfolgende Datenverarbeitung kann daher nicht durch die Rechtsgrundlage des Art. 6 Abs. 1 UAbs. 1 lit. b DSGVO gerechtfertigt werden.

10.2.2 Web-Monitoring für das Reputationsmanagement

Der Erfolg der meisten in der Öffentlichkeit stehenden Personen ist stark davon abhängig, welches Bild sie von sich nach außen präsentieren und wie dieses Bild durch andere

---

[1205] Zu dieser Prämisse bereits unter Kap. 10.2.1
[1206] Eingehender zum Vertragsbegriff siehe Kap. 10.1.1.1.
[1207] Eingehender zum Begriff der vorvertraglichen Maßnahme siehe Kap. 10.1.2.1.
[1208] Eingehender zum Begriff des Antrags siehe Kap. 10.1.2.2.
[1209] Zum Inhalt der einer Veröffentlichungshandlung entnehmbaren Willensbekundung vgl. Kap. 9.2.1.
[1210] *Frenzel*, in: Paal/Pauly (Hrsg.), DSGVO/BDSG, Art. 6 DSGVO Rn. 15; *Wolff*, in: Schantz/Wolff (Hrsg.), Das neue Datenschutzrecht, 175 (182 f. Rn. 566).
[1211] Vgl. *Frenzel*, in: Paal/Pauly (Hrsg.), DSGVO/BDSG, Art. 6 DSGVO Rn. 15, wonach eine vorsorgliche Datenverarbeitung auf Initiative des Verantwortlichen und ohne Einbindung der betroffenen Person keine vorvertragliche Maßnahme darstellt.
[1212] Eingehend zur Rechtsgrundlage des Art. 6 Abs. 1 UAbs. 1 lit. f DSGVO siehe Kap. 14.

wahrgenommen wird. Das gilt beispielsweise für hochrangige Politiker, deren Chancen auf eine Wiederwahl sich deutlich verringern können, wenn sie ihre Außendarstellung vernachlässigen und ihr Image nicht hinreichend pflegen. Viele öffentliche Bereiche des Webs, vor allem Nachrichtenplattformen, Blogs und entsprechende offene Gruppen in sozialen Medien, werden zum (politischen) Meinungsaustausch genutzt. Die automatisierte Erfassung und Auswertung dieser Daten im Hinblick auf die positive oder negative öffentliche Wahrnehmung einer in der Öffentlichkeit stehenden Person verspricht daher, wertvolle Informationen für das Reputationsmanagement zu gewinnen. Zur Umsetzung dieses Anliegens kommt der Einsatz von Monitoring in Betracht.[1213]

Lässt eine in der Öffentlichkeit stehende Person eine solche Sentimentanalyse durch ein Unternehmen durchführen und setzt dieses zu diesem Zweck Monitoring ein, stellt sich die Frage, inwieweit Art. 6 Abs. 1 UAbs. 1 lit. b DSGVO als Rechtsgrundlage für die damit einhergehende Datenverarbeitung trägt. Dies setzt voraus, dass die Datenverarbeitung zur Erfüllung eines Vertrags oder zur Durchführung einer auf Anfrage der betroffenen Person erfolgenden vorvertraglichen Maßnahme erforderlich ist. Sofern für die Sentimentanalyse eine gezielte Verarbeitung (un)mittelbar sensibler Daten oder eine Auswertung zufällig erfasster mittelbar sensibler Daten vorgenommen würde, wäre zudem das in Art. 9 Abs. 1 DSGVO statuierte Verarbeitungsverbot zu berücksichtigen und somit vorgeschaltet Art. 9 Abs. 2 DSGVO zu prüfen.[1214] Da solche Daten zur Ermittlung der Reputation einer in der Öffentlichkeit stehenden Person allerdings nicht benötigt werden, kann eine Prüfung des Art. 9 DSGVO an dieser Stelle entfallen.

Ein Vertrag[1215] i.S.v. Art. 6 Abs. 1 UAbs. 1 lit. b Alt. 2 DSGVO ist zwischen der in der Öffentlichkeit stehenden Person und dem Unternehmen gegeben. Mit der Einigung der beiden Parteien über die Erstellung einer Sentimentanalyse bezüglich der in der Öffentlichkeit stehenden Person kommt ein Schuldverhältnis i.s.w. § 311 Abs. 1 BGB zustande. Das Monitoring steht dabei in direktem Zusammenhang mit der Hauptleistung des Vertrags, nämlich der Erstellung der Sentimentanalyse.

Des Weiteren ist der Einsatz von Monitoring zur Erfüllung der Hauptleistungspflicht aus dem Schuldverhältnis erforderlich i.S.v. Art. 6 Abs. 1 UAbs. 1 lit. b DSGVO. Die Tauglichkeit ist vorliegend gegeben, da Personen mit größerer Bekanntheit häufig Gegenstand öffentlicher Diskussionen und Berichterstattungen sind und in der Folge zumeist eine Vielzahl von Web-Inhalten existieren, anhand derer die öffentliche Meinung zur Person abgebildet werden kann. Überdies ist eine datenschutzfreundlichere sowie zumutbare Alternative zum Monitoring nicht gegeben. Als solche kommt lediglich die manuelle Erstellung einer Sentimentanalyse in Betracht. Diese wäre allerdings deutlich weniger effizient. Während beim Monitoring durch die Automatisierung beständig und in kurzer Zeit große Datenmengen verarbeitet werden können, erreicht ein manuelles Vorgehen keine damit vergleichbare Produktivität. Dies ist dem Umstand geschuldet, dass Menschen weder so schnell wie Algorithmen vorgehen noch ununterbrochen und in gleicher Qualität tätig sein können. In der Folge ist eine mithilfe des Monitorings erstellte Sentimentanalyse wesentlich umfassender. Ein manuelles Vorgehen ist damit, auch wenn es in Anbetracht des geringeren Datenumfangs als datenschutzfreundlicher zu werten ist, nicht zumutbar.

[1213] Vgl. *Brauckmann*, in: Brauckmann (Hrsg.), Web-Monitoring, 47 (47 ff.); *Fischoeder* et al., in: Brauckmann (Hrsg.), Web-Monitoring, 349 (349 ff.); *Wendelin*, in: Imhof et al. (Hrsg.), Demokratisierung durch Social Media?, 99 (99 ff.).
[1214] Eingehend zu Art. 9 DSGVO siehe Kap. 8.2.
[1215] Eingehender zum Vertragsbegriff siehe Kap. 10.1.1.1.

Zu berücksichtigen ist an dieser Stelle allerdings, dass das Monitoring zwar auf die Erstellung einer Sentimentanalyse in Bezug auf die in der Öffentlichkeit stehenden Person abzielt, es hierfür aber schon denklogisch der Verarbeitung von Inhalten Dritter bedarf. Schließlich ergibt sich die öffentliche Wahrnehmung einer Person nicht aus der Eigenwahrnehmung der betreffenden Person, sondern aus der Fremdwahrnehmung durch andere. Da allerdings davon auszugehen ist, dass weder das Unternehmen, welches die Sentimentanalyse durchführt, noch die jeweilige in der Öffentlichkeit stehende Person in einer datenschutzrechtlich relevanten Beziehung zu diesen Dritten steht, kommt die Rechtsgrundlage des Art. 6 Abs. 1 UAbs. 1 lit. b DSGVO hier nicht in Betracht. Die im Vorangehenden dargelegten Ausführungen besitzen ausschließlich im Verhältnis zwischen dem Unternehmen und der öffentlichen Person Gültigkeit. In Bezug auf die Personen, welche reputationsrelevante Inhalte öffentlich im Web teilen, bedarf es daher einer anderen Rechtsgrundlage.[1216] Das gilt allerdings nur, soweit die verarbeiteten personenbezogen oder personenbeziehbar sind. Erstreckt sich das Monitoring ausschließlich auf Bereiche im Web, innerhalb derer Inhalte anonym veröffentlicht werden, kann ein Vertrag die vorliegende Datenverarbeitung hinreichend rechtfertigen. In der Praxis sind solche Konstellationen allerdings kaum nicht vorstellbar. Zwar ermöglichen einige Webseiten Anonymität, allerdings machen sie diese nicht zur zwingenden Voraussetzung. Zudem kann nicht ausgeschlossen werden, dass die Inhalte eines Beitrags selbst personenbezogen sind. In solchen Fällen muss daher stets davon ausgegangen werden, dass die innerhalb des Monitoring-Prozesses verarbeiteten Daten einen Personenbezug zu Dritten aufweisen und Art. 6 Abs. 1 UAbs. 1 lit. b DSGVO mithin als (alleinige) Rechtsgrundlage nicht ausreichend ist.

10.3 Conclusio

Im Ergebnis zeigt sich anhand der vorangegangenen Ausführungen, dass Art. 6 Abs. 1 UAbs. 1 lit. b DSGVO nicht als alleinige Rechtsgrundlage für eine monitoringgestützte Verarbeitung öffentlicher Daten herangezogen werden kann. Scheitert die Anwendbarkeit dieser Rechtsgrundlage nicht bereits an der fehlenden Erforderlichkeit der mit dem Monitoring einhergehenden Datenverarbeitung, bewirkt zumindest der Umstand, dass ein Vertrag sowie eine vorvertragliche Maßnahme grundsätzlich nur zwischen den beteiligten Parteien Wirkung entfaltet,[1217] dass nicht die gesamte Datenverarbeitung über Art. 6 Abs. 1 UAbs. 1 lit. b DSGVO legitimiert werden kann, da das Monitoring technisch bedingt auch Inhalte erfasst, die über diesen Personenkreis hinausgehen. Eine umfassende Legitimation des Monitorings über einen Vertrag oder eine vorvertragliche Maßnahme gem. Art. 6 Abs. 1 UAbs. 1 lit. b DSGVO ist folglich nicht möglich. In der Praxis ist das Monitoring daher zumindest zusätzlich auf eine andere in Art. 6 Abs. 1 UAbs. 1 DSGVO genannte Rechtsgrundlage, etwa Art. 6 Abs. 1 UAbs. 1 lit. f DSGVO,[1218] zu stützen. Greift keine dieser Rechtsgrundlagen, kann das Monitoring aus datenschutzrechtlicher Perspektive nicht rechtmäßig durchgeführt werden.

[1216] Hierfür käme etwa Art. 6 Abs. 1 UAbs. 1 lit. f DSGVO in Betracht, näher zu dieser Rechtsgrundlage siehe Kap. 14.
[1217] Eine Ausnahme dieses Grundsatzes bilden Verträge zugunsten Dritter gem. § 328 BGB, die, wie in Kap. 10.1.1.3 und 10.1.2.2 erläutert, allerdings nicht von Art. 6 Abs. 1 UAbs. 1 lit. b DSGVO erfasst werden.
[1218] Näher zur Rechtsgrundlage des Art. 6 Abs. 1 UAbs. 1 lit. f DSGVO siehe Kap. 14.

11 Web-Monitoring zur Erfüllung einer rechtlichen Pflicht

Die Verarbeitung personenbezogener Daten ist gem. Art. 6 Abs. 1 UAbs. 1 lit. c DSGVO rechtmäßig, wenn sie für die Erfüllung einer rechtlichen Pflicht, der der Verantwortliche unterliegt, erforderlich ist. Im Unterschied zu den beiden vorangehenden Erlaubnistatbeständen der Norm in lit. a und b basiert die Rechtmäßigkeit der Verarbeitung nicht auf einer autonom getroffenen Entscheidung der betroffenen Person, sondern auf einer gesetzlich dem Verantwortlichen auferlegten Pflicht.[1219] Die betroffene Person hat mithin keine Mitbestimmungsmöglichkeit hinsichtlich der Durchführung oder des Umfangs der Datenverarbeitung.

Es stellt sich die Frage, inwieweit solche rechtlichen Pflichten das Monitoring einschließen und damit Art. 6 Abs. 1 UAbs. 1 lit. c DSGVO als Rechtsgrundlage für eine monitoringgestützte Verarbeitung öffentlicher Daten dienen kann.

11.1 Datenverarbeitung auf Grundlage einer Rechtspflicht

Die Rechtmäßigkeit einer Datenverarbeitung gem. Art. 6 Abs. 1 UAbs. 1 lit. c DSGVO setzt voraus, dass dem Verantwortlichen eine rechtliche Pflicht obliegt. Diese Pflicht muss sich gem. Art. 6 Abs. 2, 3 und EG 45 Satz 1 DSGVO aus dem unions- oder mitgliedstaatlichen Recht ergeben. Art. 6 Abs. 1 UAbs. 1 lit. c DSGVO ist mithin als Scharniernorm zu verstehen, also als eine Norm, die eine Verarbeitung personenbezogener Daten nicht allein rechtfertigen kann, sondern nur die Tür zu einer weiteren, die Verarbeitung eigentlich legitimierenden Norm öffnet, im Zusammenspiel mit welcher eine Datenverarbeitung schließlich erst rechtmäßig werden kann.[1220] Zur Erfüllung der in der Legitimationsgrundlage statuierten rechtlichen Pflicht muss die Datenverarbeitung überdies erforderlich sein.

11.1.1 Rechtliche Verpflichtung

Der Begriff der rechtlichen Verpflichtung ist in der Verordnung nicht näher definiert. Im Sinne einer systematischen Auslegung ist allerdings davon auszugehen, dass hierunter die aus einer Rechtsnorm resultierende Rechtspflicht zu verstehen ist.[1221] Folglich und im Hinblick auf Art. 6 Abs. 1 UAbs. 1 lit. b, Abs. 2, 3 DSGVO kommt nicht in Betracht, dass der Gesetzgeber mit der Rechtsgrundlage des Art. 6 Abs. 1 UAbs. 1 lit. c DSGVO auch die rechtlichen Verpflichtungen aus rechtsgeschäftlichen Schuldverhältnissen miterfassen wollte.[1222]

Wie eng die normierte Rechtspflicht mit der Datenverarbeitung verbunden sein muss, um Art. 6 Abs. 1 UAbs. 1 lit. c DSGVO zur Anwendung bringen zu können, ist bislang nicht abschließend geklärt.[1223] Soweit diese Problemstellung in der Literatur überhaupt adressiert wird, wird überwiegend vertreten, es bedürfe zwar keines ausdrücklichen, zumindest aber eines

---

[1219] *Albers/Veit*, in: Wolff/Brink/von Ungern-Sternberg (Hrsg.), BeckOK DSR, Art. 6 DSGVO Rn. 48.

[1220] *Roßnagel*, in: Simitis/Hornung/Spiecker gen. Döhmann (Hrsg.), DSR, Art. 6 Abs. 1 UAbs. 1 lit c DSGVO Rn. 52; *Assion/Nolte/Veil*, in: Gierschmann et al. (Hrsg.), DSGVO, Art. 6 Rn. 96; *Buchner/Petri*, in: Kühling/Buchner (Hrsg.), DSGVO/BDSG, Art. 6 DSGVO Rn. 73.

[1221] Ebenso *Buchner/Petri*, in: Kühling/Buchner (Hrsg.), DSGVO/BDSG, Art. 6 DSGVO Rn. 76; *Frenzel*, in: Paal/Pauly (Hrsg.), DSGVO/BDSG, Art. 6 DSGVO Rn. 16; *Jacquemain* et al., in: Schwartmann et al. (Hrsg.), DS-GVO/BDSG, Art. 6 DSGVO Rn. 79.

[1222] *Schulz*, in: Gola/Heckmann (Hrsg.), DSGVO/BDSG, Art. 6 DSGVO Rn. 46; *Frenzel*, in: Paal/Pauly (Hrsg.), DSGVO/BDSG, Art. 6 DSGVO Rn. 16; *Heberlein*, in: Ehmann/Selmayr (Hrsg.), DSGVO, Art. 6 Rn. 30; näher hierzu *Buchner/Petri*, in: Kühling/Buchner (Hrsg.), DSGVO/BDSG, Art. 6 DSGVO Rn. 77.

[1223] Die Ausführungen dieses Absatzes basieren auf *Gilga*, ZD-Aktuell 2022, 01079.

© Der/die Autor(en), exklusiv lizenziert an Springer Fachmedien Wiesbaden GmbH, ein Teil von Springer Nature 2025
C. Gilga, *Die Rechtmäßigkeit der Verarbeitung von öffentlichen Personenbezogenen Daten aus dem Internet*, DuD-Fachbeiträge, https://doi.org/10.1007/978-3-658-48663-1_11

11.1 Datenverarbeitung auf Grundlage einer Rechtspflicht

unmittelbaren Bezugs der Norm zur Datenverarbeitung.[1224] Demnach muss eine Legitimationsgrundlage nicht notwendigerweise inhaltlich eine Rechtspflicht zur Datenverarbeitung formulieren. Vielmehr reicht es aus, wenn es zur Erfüllung der Pflicht zwingend der Verarbeitung personenbezogener Daten bedarf.[1225] Dieser Ansicht ist zu folgen. Nur sie trägt EG 45 Satz 2, 3 DSGVO hinreichend Rechnung, wonach es nicht für jede Verarbeitung eines spezifischen Gesetzes bedarf und ein Gesetz als Grundlage für mehrere Verarbeitungsvorgänge ausreichen kann, soweit die Verarbeitung zur Erfüllung der rechtlichen Pflicht erforderlich ist. Hinzu kommt, dass ein zu restriktives Verständnis der Rechtspflicht in der Praxis zu abwegigen Ergebnissen führen würde.[1226]

Der Begriff der rechtlichen Pflicht ist – insbesondere für die Datenverarbeitung durch öffentliche Stellen – von dem in Art. 6 Abs. 1 UAbs. 1 lit. e DSGVO genannten Begriff der Aufgabe abzugrenzen.[1227] Beide Begriffe scheinen auf den ersten Blick inhaltlich verwandt, allerdings ziehen Art. 6 Abs. 1 UAbs. 1 lit. c und e DSGVO verschiedene Rechtsfolgen nach sich. Während die betroffene Person gem. Art. 21 Abs. 1 Satz 1 DSGVO gegen die Verarbeitung nach Art. 6 Abs. 1 UAbs. 1 lit. e DSGVO Widerspruch einlegen kann, ist ihr diese Option bei einer Datenverarbeitung nach Art. 6 Abs. 1 UAbs. 1 lit. c DSGVO verwehrt. Dieser Umstand ist nur folgerichtig, da ein Wertungswiderspruch entstünde, würden vom Gesetzgeber statuierte Pflichten zur Disposition der betroffenen Person gestellt werden.[1228] Hinzu kommt, dass Art. 6 Abs. 1 UAbs. 1 lit. c DSGVO auch bei systematischer Auslegung, insbesondere vor dem Hintergrund der Art. 6 Abs. 1 UAbs. 1 lit. a und b DSGVO, der betroffenen Person gerade nicht die Autonomie verleiht, selbst über die Verarbeitung ihrer Daten zu entscheiden.[1229] Vielmehr unterliegt die betroffene Person der Datenverarbeitung hier ohne ihr Zutun und auf Grundlage einer dem Verantwortlichen gesetzlich auferlegten Pflicht, weswegen sie die Verarbeitung schlicht zu dulden hat. Dies ist im Fall des Art. 6 Abs. 1 UAbs. 1 lit. e DSGVO hingegen anders gelagert. Hier kommt der Verantwortliche zwar seinen gesetzlich auferlegten Aufgaben nach, ihm kommt hierbei jedoch ein gewisser Handlungsspielraum zu,[1230] in dessen Rahmen keine Pflicht zum Handeln besteht.[1231] Dieser Handlungsspielraum ist durch den Verhältnismäßigkeitsgrundsatz begrenzt, sodass die betroffene Person gem. Art. 21 Abs. 1 DSGVO, sofern sie entsprechende Gründe vorlegt, die Abwägung zu ihren Gunsten beeinflussen und damit die Weiterverarbeitung ihrer Daten verhindern kann.[1232]

[1224] Ebenso *Buchner/Petri*, in: Kühling/Buchner (Hrsg.), DSGVO/BDSG, Art. 6 DSGVO Rn. 76; vgl. auch LSG Hessen, Beschl. v. 29.01.2020, Az. L 4 SO 154/19 B, BeckRS 2020, 1442 Rn. 13; VGH Mannheim, Beschl. v. 15.02.2019, Az. 1 S 188/19, BeckRS 2019, 2625 Rn. 20; *Reimer*, in: Sydow/Marsch (Hrsg.), DSGVO/BDSG, Art. 6 DSGVO Rn. 46 f.; *Taeger*, in: Taeger/Gabel (Hrsg.), DSGVO/BDSG, Art. 6 DSGVO Rn. 81.

[1225] *Reimer*, in: Sydow/Marsch (Hrsg.), DSGVO/BDSG, Art. 6 DSGVO Rn. 46 f.; wenig überzeugend a.A. *Buchner/Petri*, in: Kühling/Buchner (Hrsg.), DSGVO/BDSG, Art. 6 DSGVO Rn. 76.

[1226] Dies zeigt sich anschaulich am Beispiel des § 167 Abs. 2 Satz 1 SGB IX, siehe hierzu *Gilga*, ZD-Aktuell 2022, 01079.

[1227] Die nachfolgenden Ausführungen zur Unterscheidung von Art. 6 Abs. 1 UAbs. 1 lit. c und e DSGVO basieren auf *Gilga*, ZD-Aktuell 2022, 01079.

[1228] *Assion/Nolte/Veil*, in: Gierschmann et al. (Hrsg.), DSGVO, Art. 6 Rn. 95.

[1229] *Albers/Veit*, in: Wolff/Brink/von Ungern-Sternberg (Hrsg.), BeckOK DSR, Art. 6 DSGVO Rn. 48.

[1230] Vgl. *Heberlein*, in: Ehmann/Selmayr (Hrsg.), DSGVO, Art. 6 Rn. 29; *Jahnel*, in: Jahnel/Bergauer (Hrsg.), DSGVO, Art. 6 Rn. 43; *Kotschy*, in: Kuner et al. (Hrsg.), GDPR, Art. 6, S. 333.

[1231] *Artikel 29 Datenschutzgruppe*, Working Paper 217, 27; *Jacquemain* et al., in: Schwartmann et al. (Hrsg.), DSGVO/BDSG, Art. 6 DSGVO Rn. 82; *Reimer*, in: Sydow/Marsch (Hrsg.), DSGVO/BDSG, Art. 6 DSGVO Rn. 65.

[1232] Vgl. *Caspar*, in: Simitis/Hornung/Spiecker gen. Döhmann (Hrsg.), DSR, Art. 21 DSGVO Rn. 12; *Kamann/Braun*, in: Ehmann/Selmayr (Hrsg.), DSGVO, Art. 21 Rn. 22 ff.

In der Literatur finden sich zur Unterscheidung von Art. 6 Abs. 1 UAbs. 1 lit. c und e DSGVO zumeist nur kaum differenzierte Aussagen. So wird zum einen vertreten, Art. 6 Abs. 1 UAbs. 1 lit. c DSGVO sei vor allem für nichtöffentliche Stellen relevant, wohingegen bei einer Verarbeitung durch öffentliche Stellen eher Art. 6 Abs. 1 UAbs. 1 lit. e DSGVO zur Anwendung komme.[1233] Einer anderen Auffassung nach ist die Verarbeitung öffentlicher Stellen sowohl an Art. 6 Abs. 1 UAbs. 1 lit. c als auch lit. e DSGVO zu messen.[1234] Beide Ansichten vermögen jedoch nicht zu überzeugen, bieten sie doch gerade keine geeignete Grundlage für eine eindeutige Unterscheidung der Anwendbarkeit der beiden Rechtsgrundlagen.

Plausibel ist indes ein funktionaler Ansatz, bei dem es hinsichtlich der Wahl der korrekten Rechtsgrundlage nicht darauf ankommt, ob die Datenverarbeitung durch eine öffentliche oder eine nichtöffentliche Stelle durchgeführt wird, sondern bei dem auf die Rechtsfolge der als Legitimationsgrundlage in Betracht kommenden Norm abgestellt wird.[1235] Kann das in der Legitimationsgrundlage Statuierte nicht ohne die konkrete Datenverarbeitung realisiert werden, ist Art. 6 Abs. 1 UAbs. 1 lit. c DSGVO die richtige Rechtsgrundlage.[1236] Ist dies nicht der Fall und eröffnet die Norm ihren Adressaten einen gewissen Handlungsspielraum, in welchem sie entscheiden können, ob und zu welchem konkreten Zweck eine Datenverarbeitung stattfinden soll, kommt im Falle von öffentlichen oder entsprechend beliehenen Stellen Art. 6 Abs. 1 UAbs. 1 lit. e DSGVO in Betracht.[1237]

Überdies ist zur korrekten Abgrenzung der beiden Rechtsgrundlagen im Rahmen des funktionalen Ansatzes der Begriff der Aufgabe aus Art. 6 Abs. 1 UAbs. 1 lit. e DSGVO unionsautonom auszulegen und nicht dem deutschen öffentlichen Recht entsprechend im Sinne einer Aufgaben-Befugnis-Hierarchie zu verstehen, wonach von der Aufgabe einer öffentlichen Stelle nicht auf deren Befugnis geschlossen werden kann. Daraus folgt, dass eine hinreichend konkrete Aufgabenzuschreibung aus dem deutschen Recht i.V.m. der entsprechenden deutschen Befugnisnorm eine Rechtspflicht im Sinne des Art. 6 Abs. 1 UAbs. 1 lit. c DSGVO darstellen kann.[1238] Voraussetzung ist lediglich, dass die Rechtsfolge der Aufgabenzuschreibung i.V.m. der Befugnisnorm eine hinreichend konkrete Handlungspflicht für die öffentliche Stelle statuiert, welche ohne die konkrete Datenverarbeitung nicht realisiert werden kann.

11.1.2 Legitimationsgrundlage

Nicht jede aus einer Rechtsnorm resultierende rechtliche Pflicht zur Verarbeitung kann als Legitimationsgrundlage i.S.v. Art. 6 Abs. 1 UAbs. 1 lit. c DSGVO dienen. Vielmehr formulieren die Absätze 2 und 3 des Art. 6 DSGVO nähere Anforderungen, welche die Legitimationsnorm erfüllen muss.

11.1.2.1 Systematische Stellung von Art. 6 Abs. 2 und 3 DSGVO

In welchem Verhältnis die Absätze 2 und 3 des Art. 6 DSGVO zueinanderstehen, ist bislang nicht geklärt. Laut einer Auffassung stellen sowohl Abs. 2 als auch Abs. 3 Kompetenzgrundlagen dar. Dabei wirke Abs. 3 vor dem Hintergrund der in seinem Satz 3 genannten Möglichkeiten aber als Lex specialis zu Abs. 2. Daher greife Abs. 2 nur, soweit der Abs. 3 keine

---

[1233] *Assion/Nolte/Veil*, in: Gierschmann et al. (Hrsg.), DSGVO, Art. 6 Rn. 92, 95; *Roßnagel*, DuD 2017, 290 (292); dem folgend *Taeger*, in: Taeger/Gabel (Hrsg.), DSGVO/BDSG, Art. 6 DSGVO Rn. 83.
[1234] *Jacquemain* et al., in: Schwartmann et al. (Hrsg.), DS-GVO/BDSG, Art. 6 DSGVO Rn. 78; *Roßnagel*, in: Simitis/Hornung/Spiecker gen. Döhmann (Hrsg.), DSR, Art. 6 Abs. 1 UAbs. 1 lit c DSGVO Rn. 54.
[1235] In diesem Sinne auch EuGH, Urt. v. 01.08.2022, Az. C-184/20, BeckRS 2022, 18630 Rn. 71.
[1236] Ähnlich zur alten Rechtslage *Artikel 29 Datenschutzgruppe*, Working Paper 217, 27 f.
[1237] Im Ergebnis ähnlich: *Jahnel*, in: Jahnel/Bergauer (Hrsg.), DSGVO, Art. 6 Rn. 43; *Heberlein*, in: Ehmann/Selmayr (Hrsg.), DSGVO, Art. 6 Rn. 34.
[1238] Vgl. LSG Hessen, Urt. v. 29.01.2020, Az. L 4 SO 154/19 B, BeckRS 2020, 1442, Rn. 13; *Bieresborn*, NZS 2018, 10 (13).

Anwendung findet.[1239] Diese Ansicht überzeugt nicht. Die Benennung des möglichen Inhalts einer „spezifischen Bestimmung" in Abs. 3 Satz 3 stellt lediglich eine nicht abschließende Aufzählung der Möglichkeiten zur Konkretisierung der Anforderungen an die Rechtmäßigkeit der Verarbeitung dar und kann daher nicht dahingehend verstanden werden, dass hierdurch Abs. 2 in irgendeiner Weise konkretisiert oder beschränkt wird. Auch der Meinung, Abs. 3 wirke gegenüber Abs. 2 ähnlich einer Schranken-Schranke,[1240] kann aus eben diesem Grund nicht gefolgt werden.

Einer weiteren Auffassung nach muss eine Legitimationsgrundlage die Anforderungen aus den beiden Absätzen kumulativ erfüllen. Begründet wird dies damit, dass Abs. 3 die Existenz einer Erlaubnis zum Erlass mitgliedstaatlichen Rechts voraussetze, welche in Abs. 2 zu finden sei.[1241] Dieses Verständnis überzeugt in Anbetracht der Entstehungsgeschichte der beiden Absätze ebenfalls nicht. Der heutige Abs. 3 war im Unterschied zu Abs. 2 bereits im Vorschlag der Kommission für die Verordnung als eigenständige Norm vorgesehen, welcher keiner weiteren Erlaubnisnorm bedurfte. Erst durch Betreiben des Rats wurde der jetzige Abs. 2 in Art. 6 aufgenommen.[1242] Das Argument, es bedürfe Abs. 2, um ergänzendes Recht überhaupt zu erlauben, ist daher verfehlt. Einleuchtend, insbesondere vor dem Hintergrund der Entstehungsgeschichte der beiden Absätze, ist vielmehr die Auffassung, dass Abs. 2 lediglich eine deklaratorische Wirkung besitzt und Abs. 3 die eigentliche Regelungskompetenz darstellt.[1243]

Inwieweit die eine Rechtspflicht statuierende Norm eine geeignete Legitimationsgrundlage i.S.v. Art. 6 Abs. 1 UAbs. 1 lit. c DSGVO darstellt, ist mithin anhand der in Art. 6 Abs. 3 DSGVO aufgeführten Kriterien zu messen.[1244] Demnach muss sich diese aus dem Unionsrecht oder dem Recht der Mitgliedstaaten ergeben (Satz 1), zudem muss der Zweck der Datenverarbeitung in der Rechtsgrundlage festgelegt sein (Satz 2) sowie ein im öffentlichen Interesse liegendes Ziel verfolgt werden und die Norm in einem angemessenen Verhältnis zum verfolgten legitimen Zweck stehen (Satz 4).[1245]

11.1.2.2 Anforderungen an die Legitimationsgrundlage

Die Legitimationsgrundlage muss gem. Art. 6 Abs. 3 Satz 1 DSGVO durch Unionsrecht oder das Recht des Mitgliedstaats, welchem der Verantwortliche unterliegt, festgelegt sein. EG 41 Satz 1 DSGVO erläutert, dass dieses Recht nicht zwingend auf einem von einem Parlament angenommenen Gesetzgebungsakt beruhen muss. Aus deutscher Sicht kann daher auch materielles Recht, beispielsweise in Form von Verordnungen oder Satzungen, eine Rechtspflicht

---

[1239] *Roßnagel*, in: Simitis/Hornung/Spiecker gen. Döhmann (Hrsg.), DSR, Art. 6 Abs. 3 DSGVO Rn. 7.

[1240] *Taeger*, in: Taeger/Gabel (Hrsg.), DSGVO/BDSG, Art. 6 DSGVO Rn. 156; *Benecke/Wagner*, DVBl 2016, Heft 10, 600 (601); dem folgend *Pfeifer*, PinG 2016, 222 (224).

[1241] *Jacquemain* et al., in: Schwartmann et al. (Hrsg.), DS-GVO/BDSG, Art. 6 DSGVO Rn. 220; im Ergebnis ebenso, aber ohne nähere Begründung *Heberlein*, in: Ehmann/Selmayr (Hrsg.), DSGVO, Art. 6 Rn. 59; vgl. auch *Kühling* et al., Die Datenschutz-Grundverordnung und das nationale Recht, 27 ff.

[1242] Vgl. KOM(2012) 11 endgültig v. 25.01.2012; Standpunkt (EU) Nr. 6/2016 des Rates in erster Lesung v. 08.04.2016, ABl. C 159/1; Begründung des Rates: Standpunkt (EU) Nr. 6/2016 v. 03.05.2016, ABl. C 159/83; ausführlicher zur Entstehungsgeschichte: *Albers/Veit*, in: Wolff/Brink/von Ungern-Sternberg (Hrsg.), BeckOK DSR, Art. 6 DSGVO Rn. 86; *Roßnagel*, in: Simitis/Hornung/Spiecker gen. Döhmann (Hrsg.), DSR, Art. 6 Abs. 2 DSGVO Rn. 2 ff.; *Buchner/Petri*, in: Kühling/Buchner (Hrsg.), DSGVO/BDSG, Art. 6 DSGVO Rn. 6.

[1243] *Buchner/Petri*, in: Kühling/Buchner (Hrsg.), DSGVO/BDSG, Art. 6 DSGVO Rn. 93; *Schulz*, in: Gola/Heckmann (Hrsg.), DSGVO/BDSG, Art. 6 DSGVO Rn. 57; a.A. *Helmke/Link*, DuD 2023, 708 (713 f.).

[1244] Im Ergebnis ebenso *Helmke/Link*, DuD 2023, 708 (713 f.); vgl. EuGH, Urt. v. 09.11.2023, Az. C-319/22, ZD 2024, 173 (174 Rn. 53), wo die Rechtsgrundlage ebenfalls an Art. 6 Abs. 3 DSGVO gemessen wird.

[1245] Vgl. EuGH, Urt. v. 09.11.2023, Az. C-319/22, ZD 2024, 173 (174 Rn. 53).

begründen.[1246] In anderen Mitgliedstaaten kann sich eine Legitimationsgrundlage zudem – je nach Rechtsordnung – auch aus Gewohnheits- oder Richterrecht ergeben. Dabei darf sich das nationale Recht jedoch ausschließlich innerhalb des durch die DSGVO festgelegten Rahmens bewegen.[1247] Das Recht von Drittländern oder internationalen Organisationen kann hingegen keine Rechtspflicht i.S.v. Art. 6 Abs. 1 UAbs. 1 lit. c DSGVO begründen.[1248]

Nach Art. 6 Abs. 3 Satz 2 HS 1 DSGVO muss der Zweck der Datenverarbeitung in der Legitimationsgrundlage festgelegt sein. Unter dem Begriff des Zwecks ist die Beschreibung des Zustands zu verstehen, welcher durch das Mittel der Datenverarbeitung erreicht werden soll.[1249] Die Anforderung knüpft damit an den Zweckbindungsgrundsatz i.S.v. Art. 5 Abs. 1 lit. b DSGVO an und spezifiziert ihn dahingehend, dass der Zweck nicht nur existent, eindeutig und legitim sein, sondern sich zudem aus der Legitimationsgrundlage ergeben muss. Zur Erfüllung dieser Anforderung ist nicht zwingend erforderlich, dass die Norm den Zweck unmittelbar benennt. Vielmehr reicht es bereits aus, wenn aus dem Zusammenhang auf den Zweck geschlossen werden kann.[1250] Dabei ist allerdings zu berücksichtigen, dass der Zweck umso einfacher zu erkennen und präzise formuliert sein muss, je höher die von der Datenverarbeitung ausgehende Intensität ist.[1251]

Anknüpfend an diese die Transparenz steigernde Anforderung führt EG 41 Satz 2 aus, dass die eine Rechtspflicht statuierende Norm klar und präzise formuliert sowie vorhersehbar sein sollte. Dieses Kriterium entspricht im Wesentlichen den Vorgaben des deutschen Bestimmtheitsgebots und wirkt somit für den deutschen Gesetzgeber allenfalls deklaratorisch.[1252]

Darüber hinaus muss die Norm gem. Art. 6 Abs. 3 Satz 4 HS 1 DSGVO ein legitimes, im öffentlichen Interesse liegendes Ziel verfolgen. Soweit ersichtlich, existiert für den Begriff des öffentlichen Interesses keine Legaldefinition im Unionsrecht.[1253] Die Verordnung gibt allerdings Hinweise auf das Begriffsverständnis, indem sie an einigen Stellen Beispiele für im öffentlichen Interesse liegende Ziele benennt.[1254] Es ist außerdem davon auszugehen, dass die Gemeinwohlziele der Union als öffentliche Interessen zu qualifizieren sind.[1255] Da es sich bei Art. 6 Abs. 3 DSGVO um eine Öffnungsklausel der Verordnung für mitgliedstaatliches Recht handelt, besitzen die Mitgliedstaaten hinsichtlich der nationalen Rechtsordnung aber die

---

[1246] *Buchner/Petri,* in: Kühling/Buchner (Hrsg.), DSGVO/BDSG, Art. 6 DSGVO Rn. 84; *Frenzel,* in: Paal/Pauly (Hrsg.), DSGVO/BDSG, Art. 6 DSGVO Rn. 16; *Heberlein,* in: Ehmann/Selmayr (Hrsg.), DSGVO, Art. 6 Rn. 29; *Kramer,* in: Eßer/Kramer/von Lewinski (Hrsg.), DSGVO/BDSG, Art. 6 DSGVO Rn. 52; *Jacquemain* et al., in: Schwartmann et al. (Hrsg.), DS-GVO/BDSG, Art. 6 DSGVO Rn. 80; *Schulz,* in: Gola/Heckmann (Hrsg.), DSGVO/BDSG, Art. 6 DSGVO Rn. 56.

[1247] *Assion/Nolte/Veil,* in: Gierschmann et al. (Hrsg.), DSGVO, Art. 6 Rn. 173; *Jacquemain* et al., in: Schwartmann et al. (Hrsg.), DS-GVO/BDSG, Art. 6 DSGVO Rn. 209 f.; *Roßnagel,* in: Simitis/Hornung/Spiecker gen. Döhmann (Hrsg.), DSR, Art. 6 Abs. 3 DSGVO Rn. 19.

[1248] *Heberlein,* in: Ehmann/Selmayr (Hrsg.), DSGVO, Art. 6 Rn. 61; *Assion/Nolte/Veil,* in: Gierschmann et al. (Hrsg.), DSGVO, Art. 6 Rn. 158; *Reimer,* in: Sydow/Marsch (Hrsg.), DSGVO/BDSG, Art. 6 DSGVO Rn. 38.

[1249] *Roßnagel,* in: Simitis/Hornung/Spiecker gen. Döhmann (Hrsg.), DSR, Art. 6 Abs. 3 DSGVO Rn. 29.

[1250] *Reimer,* in: Sydow/Marsch (Hrsg.), DSGVO/BDSG, Art. 6 DSGVO Rn. 41.

[1251] *Heberlein,* in: Ehmann/Selmayr (Hrsg.), DSGVO, Art. 6 Rn. 63; *Assion/Nolte/Veil,* in: Gierschmann et al. (Hrsg.), DSGVO, Art. 6 Rn. 173.

[1252] Siehe hierzu *Assion/Nolte/Veil,* in: Gierschmann et al. (Hrsg.), DSGVO, Art. 6 Rn. 171, welche die Frage stellen, ob das deutsche (Verfassungs-)Recht nicht ohnehin höhere Anforderungen an die Qualität der Rechtsgrundlage zur Datenverarbeitung stellen.

[1253] *Taeger,* in: Taeger/Gabel (Hrsg.), DSGVO/BDSG, Art. 6 DSGVO Rn. 101; *Roßnagel,* in: Simitis/Hornung/Spiecker gen. Döhmann (Hrsg.), DSR, Art. 6 Abs. 1 UAbs. 1 lit. e DSGVO Rn. 71.

[1254] Für eine nicht die Vollständigkeit beanspruchende Auflistung siehe *Veil,* in: Gierschmann et al. (Hrsg.), DSGVO, Art. 18 Rn. 99.

[1255] *Jacquemain* et al., in: Schwartmann et al. (Hrsg.), DS-GVO/BDSG, Art. 6 DSGVO Rn. 101; vgl. auch *Reimer,* in: Sydow/Marsch (Hrsg.), DSGVO/BDSG, Art. 6 DSGVO Rn. 59.

11.1 Datenverarbeitung auf Grundlage einer Rechtspflicht

Befugnis selbst zu entscheiden, welche Ziele als im öffentlichen Interesse liegend gewertet werden.[1256] Im deutschen Recht wurde jedoch ebenso wie im Unionsrecht keine Definition des Begriffs des öffentlichen Interesses vorgenommen. Allgemeinhin wird im vorliegenden Kontext unter einem öffentlichen Interesse jedoch eine Datenverarbeitung verstanden, die nicht im Einzelfall zur Befriedigung von Partikularinteressen durchgeführt wird, sondern mit einer gesetzlichen Zuweisung als Bedingung für die Verarbeitung ein allgemeines Interesse bedient.[1257] Folglich bedarf es in der Praxis einer Abwägung im Einzelfall, inwieweit mit einem Ziel ein öffentliches und nicht bloß individuelles Interesse verfolgt wird.

In Art. 6 Abs. 3 Satz 4 HS 2 DSGVO formuliert der europäische Gesetzgeber zudem, dass die Rechtsgrundlage im angemessenen Verhältnis zum legitimen Zweck stehen muss. Diese Anforderung setzt den Vorgaben von EMRK und GRCh entsprechend voraus, dass die Legitimationsgrundlage verhältnismäßig sein muss und ist insoweit eher deklaratorisch.[1258]

11.1.3 Erforderlichkeit und Verhältnismäßigkeit im engeren Sinne

Neben einer eine rechtliche Pflicht statuierenden Rechtsgrundlage bedarf es gem. Art. 6 Abs. 1 UAbs. 1 lit. c DSGVO der Erforderlichkeit der Datenverarbeitung für die Erfüllung der rechtlichen Pflicht. Wie bereits dargelegt, ist der Begriff der Erforderlichkeit ein unionsautonom auszulegender Begriff, welcher voraussetzt, dass die verarbeiteten Daten zur Erreichung des Verarbeitungszwecks objektiv tauglich sowie auf das notwendige Maß begrenzt sind.[1259] Hierbei ist zu berücksichtigen, dass die jeweilige zugrunde gelegte Rechtsgrundlage die konkrete Ausprägung der Erforderlichkeit – insbesondere im Hinblick darauf, wie eng die Erforderlichkeit gefasst wird – mitbestimmt, weswegen die Maßstäbe jeweils variieren können.[1260] In Bezug auf Art. 6 Abs. 1 UAbs. 1 lit. c DSGVO ergibt sich dahingehend, dass die Anforderung der Erforderlichkeit bereits erfüllt ist, sofern eine konkrete Pflicht zur Verarbeitung bestimmter Daten besteht.[1261] Ist hingegen nur eine abstrakt-typisierende Pflicht zur Verarbeitung gegeben, setzt der Begriff der Erforderlichkeit noch Maßstäbe.[1262] Hier muss die gesetzliche Pflicht die konkrete Datenverarbeitung unmittelbar bedingen. Eine Verarbeitung ist dann nur zulässig, sofern ausschließlich Daten verarbeitet werden, die zwingend zur Erfüllung des sich aus der rechtlichen Pflicht ergebenden Zwecks benötigt werden.[1263]

Zum im Art. 6 Abs. 1 UAbs. 1 lit. c DSGVO statuierten Tatbestandsmerkmal der Erforderlichkeit tritt im Falle öffentlicher Stellen die Anforderung der Angemessenheit hinzu.[1264] Zwar beinhaltet der datenschutzrechtliche Begriff der Erforderlichkeit grundsätzlich keine Verhältnismäßigkeitsprüfung.[1265] Allerdings ist sowohl dem deutschen als auch dem europäischen

---

[1256] *Assion/Nolte/Veil*, in: Gierschmann et al. (Hrsg.), DSGVO, Art. 6 Rn. 165; *Jacquemain* et al., in: Schwartmann et al. (Hrsg.), DS-GVO/BDSG, Art. 6 DSGVO Rn. 203 f.; vgl. auch *Taeger*, in: Taeger/Gabel (Hrsg.), DSGVO/BDSG, Art. 6 DSGVO Rn. 101.

[1257] Vgl. *Taeger*, in: Taeger/Gabel (Hrsg.), DSGVO/BDSG, Art. 6 DSGVO Rn. 99; ähnlich *Assion/Nolte/Veil*, in: Gierschmann et al. (Hrsg.), DSGVO, Art. 6 Rn. 165.

[1258] Eingehend zur Verhältnismäßigkeit siehe Kap. 6.2.3.4.3.

[1259] Eingehend zum Begriff der Erforderlichkeit siehe Kap. 10.1.3.

[1260] *Albers/Veit*, in: Wolff/Brink/von Ungern-Sternberg (Hrsg.), BeckOK DSR, Art. 6 DSGVO Rn. 16.

[1261] *Frenzel*, in: Paal/Pauly (Hrsg.), DSGVO/BDSG, Art. 6 DSGVO Rn. 16; *Albers/Veit*, in: Wolff/Brink/von Ungern-Sternberg (Hrsg.), BeckOK DSR, Art. 6 DSGVO Rn. 50.

[1262] *Albers/Veit*, in: Wolff/Brink/von Ungern-Sternberg (Hrsg.), BeckOK DSR, Art. 6 DSGVO Rn. 50.

[1263] *Taeger*, in: Taeger/Gabel (Hrsg.), DSGVO/BDSG, Art. 6 DSGVO Rn. 81 f.; *Heberlein*, in: Ehmann/Selmayr (Hrsg.), DSGVO, Art. 6 Rn. 88; *Buchner/Petri*, in: Kühling/Buchner (Hrsg.), DSGVO/BDSG, Art. 6 DSGVO Rn. 31.

[1264] Ebenso *Assion/Nolte/Veil*, in: Gierschmann et al. (Hrsg.), DSGVO, Art. 6 Rn. 112; die Verhältnismäßigkeit grundsätzlich in die Erforderlichkeit hineinlesend *Jacquemain* et al., in: Schwartmann et al. (Hrsg.), DS-GVO/BDSG, Art. 6 DSGVO Rn. 83.

[1265] Eingehender hierzu bereits unter Kap. 10.1.3.

Datenschutzrecht im Falle der Datenverarbeitung durch öffentliche Stellen die Anforderung der Verhältnismäßigkeit inhärent.[1266]

11.2 Web-Monitoring im Rahmen einer Rechtspflicht

Im geltenden Recht lassen sich zahlreiche Normen finden, welche im festgelegten Rahmen eine geeignete Rechtsgrundlage für die Verarbeitung personenbezogener Daten bieten können.[1267] Oftmals ergeben sich diese aus den gesetzlichen Dokumentations-, Prüf- oder Meldepflichten, welche in diversen Rechtsgebieten zum Standard gehören. Zum Beispiel sieht § 11 Abs. 1 GewO die Verarbeitung personenbezogener Daten vor, um die Zuverlässigkeit sowie die Berufszulassungs- und -ausübungskriterien im Rahmen gewerberechtlicher Vorschriften und Verfahren beurteilen zu können. Wie bereits dargelegt, können aber nicht nur Bestimmungen, die unmittelbar die Erforderlichkeit einer Datenverarbeitung benennen, Legitimationsgrundlage i.S.v. Art. 6 Abs. 1 UAbs. 1 lit. c DSGVO sein. Enthält eine Norm eine Rechtspflicht, welche ohne die Verarbeitung personenbezogener Daten nicht realisiert werden kann, kann diese ebenso als Legitimationsgrundlage i.S.v. Art. 6 Abs. 1 UAbs. 1 lit. c DSGVO geeignet sein.[1268] Beispielsweise sieht § 167 Abs. 2 Satz 1 SGB IX vor, dass der Arbeitgeber, falls ein Arbeitnehmer innerhalb eines Jahres länger als sechs Wochen arbeitsunfähig ist, mit der zuständigen Interessenvertretung Maßnahmen zum betrieblichen Eingliederungsmanagement ergreift, sofern der Arbeitnehmer dies wünscht. Hierdurch wird zwar nicht unmittelbar eine Datenverarbeitung adressiert, jedoch kann die in der Norm enthaltene Rechtspflicht nur erfüllt werden, wenn die für das betriebliche Eingliederungsmanagement erforderlichen Informationen an die zuständige Interessenvertretung weitergegeben werden.[1269]

Bei der Betrachtung des Art. 6 Abs. 1 UAbs. 1 lit. c DSGVO im Kontext des Monitorings drängt sich zunächst die Frage auf, ob Bestimmungen existieren, die das Monitoring zur Erfüllung einer Rechtspflicht ausdrücklich vorsehen. Soweit ersichtlich, ist dies derzeit nicht der Fall.[1270] Sofern eine Norm eine Verarbeitung personenbezogener Daten adressiert, enthält sie nur selten präzise Vorgaben zur konkreten technischen Umsetzung der Datenverarbeitung.[1271] Dies ist augenscheinlich darauf zurückzuführen, dass der Gesetzgeber die Entscheidungsautonomie, auf welchem Wege und mit welchen Verfahren eine Datenverarbeitung durchgeführt wird, weitestmöglich beim Verantwortlichen belassen will und regelmäßig keine Veranlassung sieht, die möglichen Datenverarbeitungsverfahren zu beschränken. Dieses Vorgehen ist einleuchtend. Insbesondere vor dem Hintergrund der sich stetig und rasant weiterentwickelnden Datenverarbeitungstechnologien wäre es häufig unzweckmäßig, konkrete technische Verfahren

---

[1266] Siehe zum deutschen Recht beispielhaft: BVerfGE 61, 1 (54 f.), siehe zum europäischen Recht beispielhaft: EuGH, Urt. v. 08.04.2014, Az. C-293/12, C-594/12, NJW 2014, 2169 (2171 f. Rn. 38 ff).

[1267] Für Beispiele siehe *Frenzel*, in: Paal/Pauly (Hrsg.), DSGVO/BDSG, Art. 6 DSGVO Rn. 17; *Schulz*, in: Gola/Heckmann (Hrsg.), DSGVO/BDSG, Art. 6 DSGVO Rn. 47; *Buchner/Petri*, in: Kühling/Buchner (Hrsg.), DSGVO/BDSG, Art. 6 DSGVO Rn. 96 ff.

[1268] Näher zum Begriffsverständnis der Rechtspflicht siehe Kap. 11.1.1.

[1269] *Buchner/Petri*, in: Kühling/Buchner (Hrsg.), DSGVO/BDSG, Art. 6 DSGVO Rn. 97.

[1270] Zwar gibt es außerhalb des Anwendungsbereichs der DSGVO mit § 12 Abs. 3a SÜG bereits eine Norm, die den Einbezug sozialer Netzwerke zur Sicherheitsüberprüfung erlaubt, allerdings schreibt diese nicht vor, auf welche Weise die Einsichtnahme erfolgen muss.

[1271] Meist werden in Bezug auf die zu verwendenden Verfahren lediglich allgemeine Vorgaben gemacht (beispielsweise in § 87a Abs. 6 Satz 1 AO „[ist] ein sicheres Verfahren zu verwenden") oder es wird auf einen gewissen Stand der Technik abgestellt (beispielsweise in § 18 Abs. 2 PAuswG „dem jeweiligen Stand der Technik entsprechende Maßnahmen"). Die Vorgabe konkreter Verfahren erfolgt dagegen nur selten und in gewichtigen Ausnahmefällen. So schreibt etwa § 8a Abs. 1a Satz 1 BSIG für kritische Infrastrukturen oder § 165 Abs. 3 Satz 2 TKG für Betreiber öffentlicher Telekommunikationsnetze und Anbieter öffentlich zugänglicher Telekommunikationsdienste mit erhöhtem Gefährdungspotenzial die Anwendung von Systemen zur Angriffserkennung i.S.v. § 2 Abs. 9b BSIG zwingend vor.

verpflichtend gesetzlich vorzuschreiben, da diese schlichtweg zu schnell veralten würden. Aus dem gleichen Grund wäre es in den meisten Fällen nicht zuträglich, dem Verantwortlichen den Einsatz einzelner Verarbeitungsverfahren zu verwehren, soweit diese datenschutzkonform umgesetzt werden können und der Rechtspflicht auf diesem Wege zuverlässiger und effektiver oder effizienter nachgekommen werden kann. Insgesamt ist daher auch zukünftig nicht davon auszugehen, dass das Monitoring zur Erfüllung einer Rechtspflicht ausdrücklich gesetzlich vorgeschrieben oder untersagt wird.

Darüber hinaus kommt es ebenso nicht in Betracht, dass das Monitoring selbst als Rechtspflicht gesetzt wird. Dies ist dem Umstand geschuldet, dass das Monitoring keinen Selbstzweck birgt, sondern stets nur der Erreichung eines individuell festgelegten, übergeordneten Ziels dient.[1272] Der Einsatz dieser Technologie ist deshalb nur im Kontext einer konkreten Fragestellung zu einem festgelegten Untersuchungsgegenstand sinnstiftend. Damit ist die Rechtmäßigkeit des Monitorings i.S.v. Art. 6 Abs. 1 UAbs. 1 lit. c DSGVO keine Frage der Rechtspflicht selbst, sondern eine Frage der Erforderlichkeit zur Erfüllung dieser Rechtspflicht.

Es stellt sich somit im Weiteren die Folgefrage, ob Legitimationsgrundlagen i.S.v. Art. 6 Abs. 1 UAbs. 1 lit. c DSGVO existieren, die eine Rechtspflicht statuieren, für deren Erfüllung das Monitoring erforderlich ist. Dies kommt grundsätzlich nur dann in Betracht, wenn den Verantwortlichen eine mit einer Datenverarbeitung einhergehende Rechtspflicht trifft, für welche die Durchführung von Monitoring überhaupt in Betracht kommt. Das ist vor allem dann nicht gegeben, wenn die Rechtspflicht die Verarbeitung von Daten erfordert, die sich nicht dem öffentlich zugänglichen Bereich des Web entnehmen lassen. So eignet sich das Monitoring beispielsweise grundsätzlich nicht, um die Halterdaten eines falschparkenden Autos zu ermitteln. Allerdings sind durchaus Konstellationen denkbar, bei welchen das mit der rechtlichen Pflicht verfolgte Ziel mithilfe des Monitorings erreicht werden kann. Inwieweit diese Konstellationen den Anforderungen des Art. 6 Abs. 1 UAbs. 1 DSGVO genügen, bedarf stets der Betrachtung der jeweiligen Umstände des Einzelfalls und der konkreten Legitimationsgrundlage. Nachfolgend werde exemplarisch zwei Konstellationen untersucht, anhand derer Kriterien abgeleitet werden, die als allgemeiner Maßstab für die Beurteilung der Zulässigkeit des Einsatzes von Monitoring im Rahmen anderer Legitimationsgrundlagen herangezogen werden können.

11.2.1 Web-Monitoring zur umsatzsteuerlichen Kontrolle – Xpider

Durch das StVBG wurden im Jahr 2001 die im Finanzverwaltungsgesetz aufgeführten Aufgaben des Bundeszentralamts für Steuern (fortan BZSt) erweitert. Im Zuge dessen wurde neben anderen Bestimmungen der bis heute geltende § 5 Abs. 1 Satz 1 Nr. 17 FVG eingeführt. Demnach hat das BZSt die Beobachtung von elektronisch angebotenen Dienstleistungen zur Unterstützung der Landesfinanzverwaltungen bei der Umsatzbesteuerung des elektronischen Handels vorzunehmen. Zur Erfüllung dieser Bestimmung kommt es grundsätzlich in Betracht, Monitoring zum Einsatz zu bringen. Dieses ermöglicht es, relevante Web-Präsenzen – einschließlich digitaler Marktplätze – aufzufinden sowie diese automatisiert nach Anbietern zu durchsuchen, deren Angebot eine steuerliche Relevanz aufweist und dieses auf Ungereimtheiten zu analysieren.

11.2.1.1 Anwendbares Datenschutzrecht

Da es sich vorliegend um eine Aufgabe handelt, welche im Ergebnis Steuerordnungswidrigkeiten sowie Steuerstraftaten ans Licht bringen kann, ist zunächst zu klären, welches Datenschutzrecht zur Anwendung kommen muss. In Betracht kommt insoweit neben der DSGVO[1273] die

---

[1272] Zum fehlenden Selbstzweck bereits unter Kap. 7.2.1.
[1273] Zum Anwendungsbereich der DSGVO siehe Kap. 7.1.

JI-RL.[1274] Letztere gilt gem. Art. 2 Abs. 1 i.V.m. Art. 1 Abs. 1 JI-RL für die Verarbeitung personenbezogener Daten zum Zweck der Verhütung, Ermittlung, Aufdeckung oder Verfolgung von Straftaten oder der Strafvollstreckung durch die zuständige Stelle. Zuständige Stelle ist gem. Art. 3 Nr. 7 lit. a JI-RL jede staatliche Stelle, die für die Verhütung, Untersuchung, Aufdeckung oder Verfolgung von Straftaten zuständig ist. Zwar ist das beim BZSt originär nicht der Fall, jedoch erfasst Art. 3 Nr. 7 lit. b JI-RL auch andere Stellen, denen entsprechende Aufgaben übertragen wurden. Dadurch fallen beispielsweise auch Datenverarbeitungsvorgänge der Steuer- und Zollfahndung unter die JI-RL.[1275] Es stellt sich daher die Frage, ob das BZSt in Wahrnehmung des § 5 Abs. 1 Satz 1 Nr. 17 FVG in solcher Funktion agiert.

Gem. § 208a Abs. 1 i.V.m. § 208 Abs. 1 Satz 1 Nr. 3 AO obliegt dem BZSt die sogenannte Vorfeldermittlung[1276], also die Steuerfahndung zur Aufdeckung und Ermittlung unbekannter Steuerfälle, soweit ihm Aufgaben der Steuerverwaltung übertragen wurden. In Betracht kommt mithin die Zuständigkeit des BZSt für die Verhütung von Straftaten. Unproblematisch für die Anwendbarkeit der JI-RL ist dabei, dass im Rahmen von Vorfeldermittlungen nicht ausschließlich Steuerstraftaten, sondern auch Steuerordnungswidrigkeiten zutage treten können. Der Begriff der Straftat aus der JI-RL entspricht nicht dem Verständnis der deutschen Rechtsordnung, sondern ist EG 13 JI-RL zufolge als eigenständiger Begriff des Unionsrechts zu verstehen. Dadurch sind nach herrschender Meinung nicht nur Sachverhalte erfasst, die nach deutschem Verständnis als Straftat gelten, sondern auch solche, die im deutschen Recht Ordnungswidrigkeiten darstellen.[1277]

Die Befugnis zu Vorfeldermittlungen durch das BZSt nach § 208a Abs. 1 i.V.m. § 208 Abs. 1 Satz 1 Nr. 3 AO erstreckt sich allerdings nicht auf Aufgaben, die in einem Zusammenwirken mit den Ländern oder einer reinen Koordinierung bestehen.[1278] Von dieser Ausnahme erfasst ist gem. § 5 Abs. 1a Satz 2 FVG auch die Beobachtung elektronisch angebotener Dienstleistungen gem. § 5 Abs. 1 Satz 1 Nr. 17 FVG. Die Verarbeitung personenbezogener Daten auf Grundlage dieser Norm erfolgt mithin nicht im Rahmen der Steuerfahndung. Folglich ist das BZSt in dieser Konstellation nicht als zuständige Stelle für die Verhütung von Straftaten zu verstehen.

Gleiches ergibt sich ausweislich der Begründung des Gesetzentwurfs, wonach § 5 Abs. 1 Satz 1 Nr. 17 FVG nicht auf die Verhütung von Straftaten oder Ordnungswidrigkeiten abzielt.[1279] Das wird insbesondere dadurch deutlich, dass das BZSt im Falle von steuerrelevanten Ergebnissen durch die Beobachtung keine Befugnis hat, konkrete Ordnungswidrigkeits- oder Strafverfahren einzuleiten, sondern die erlangten Informationen schlicht an die Finanzbehörden der Länder zur weiteren Kontrolle zu übermitteln hat.[1280] Hinzu kommt außerdem, dass die Aufgabe des § 5 Abs. 1 Satz 1 Nr. 17 FVG dem BZSt aus rein arbeitsökonomischen Gründen und

---

[1274] Die Anwendbarkeit der europäischen Datenschutzvorgaben für nationale Steuerverfahren ist teilweise umstritten, soll hier aber nicht weiter thematisiert werden. Siehe insoweit exemplarisch *von Armansperg*, DStR 2021, 453 (454 ff.), welcher den Meinungsstreit näher beleuchtet und sich im Ergebnis – ebenso wie an dieser Stelle vertreten – für eine Anwendbarkeit ausspricht.

[1275] BT-Drs. 18/11325, S. 110.

[1276] Als Vorfeldermittlung wird die Aufdeckung und Ermittlung unbekannter Steuerfälle unterhalb der Schwelle eines Anfangsverdachts verstanden, siehe hierzu *Koenig*, in: Koenig (Hrsg.), AO, § 208 Rn. 13; *Rüsken*, in: Klein (Hrsg.), AO, § 208 Rn. 40.

[1277] *Hornung/Schindler/Schneider*, ZIS 2018, 566 (570 f.); *Hörauf*, ZIS 2013, 276 (277 ff.); *Wolff*, in: Schantz/Wolff (Hrsg.), Das neue Datenschutzrecht, 65 (75 Rn. 242); *Vogel/Eisele*, in: Grabitz/Hilf/Nettesheim (Hrsg.), EU-Recht, Art. 82 AEUV Rn. 12.

[1278] BT-Drs. 19/22850, S. 156.

[1279] Vgl. BT-Drs. 19/22850, S. 156.

[1280] BT-Drs. 14/6883, S. 10.

11.2 Web-Monitoring im Rahmen einer Rechtspflicht

zur Unterstützung der Finanzbehörden der Länder übertragen wurde. So bedurfte es, da digitale Dienstleistungen vornehmlich bundesweit angeboten werden, für deren effektive Beobachtung einer zentralen Stelle.[1281]

Insgesamt ist das BZSt damit im Hinblick auf § 5 Abs. 1 Satz 1 Nr. 17 FVG nicht für die Verhütung, Ermittlung, Aufdeckung oder Verfolgung von Straftaten oder die Strafvollstreckung zuständig. Vielmehr kommt das BZSt schlicht einer ihm rechtlich auferlegten Aufgabe nach.[1282] Die Datenverarbeitung im Rahmen dieser Norm fällt mithin nicht in den Anwendungsbereich der JI-RL. Die DSGVO ist anzuwenden.

11.2.1.2 Xpider

Diese Frage nach der Zulässigkeit des Monitorings zur Ermittlung steuerunehrlicher Personen ist umso relevanter, als das BZSt bereits seit mindestens 2003 ein entsprechendes Tool – den sogenannten Xpider – einsetzt.[1283] Dieser ermittelt im Web die zur Erfüllung der Aufgabe in § 5 Abs. 1 Satz 1 Nr. 17 FVG erforderlichen Informationen und übermittelt diese an die zuständige Landesfinanzbehörde.[1284]

Der Xpider ist in der Lage, in Deutschland steuerpflichtige Personen zu ermitteln, die ihre Waren und Dienstleistungen im Web anbieten. Hierfür besitzt er die Fähigkeit, im Web steuererhebliche von steuerunerheblichen Tätigkeiten zu unterscheiden.[1285] Diese Unterscheidung geschieht automatisiert anhand einer an den Xpider angebundenen lernfähigen Wissensmanagementkomponente.[1286]

Der Xpider ist dabei insbesondere dafür ausgelegt, Personen herauszufiltern, die steuerlich gar nicht erst registriert sind.[1287] Dafür analysiert er Verkaufsplattformen jedweder Art, stellt Querverbindungen zwischen An- und Verkäufen her und nimmt Abgleiche mit Handelsregistern und Datenbanken der Finanzverwaltung vor.[1288] Außerdem ist er zur Erfüllung dieser Aufgabe in der Lage, Angebote und Verkäufe aus Online-Verkaufs- und Versteigerungsplattformen anbieterbezogen zu aggregieren.[1289]

In nicht vom Bund bestätigten Berichten über den Xpider wird darüber hinaus angeführt, dass das System zur spezifizierten Suche nach steuerlich problematischen Geschäftsbereichen und bekannten Risikobranchen[1290] sowie zur Überprüfung von konkreten Hinweisen auf unternehmerische Tätigkeiten genutzt wird.[1291] Gesichert ist allerdings die Information, dass der Xpider – um etwaigen Steuerverkürzungen möglichst umfassend zu begegnen – nicht auf bestimmte Plattformen oder URLs begrenzt ist, sondern er, nachdem er an einer beliebigen Stelle im Web eingesetzt wurde, von dieser Stelle aus allen Links nachgeht, die er dort und auf den

---

[1281] BT-Drs. 14/6883, S. 10.
[1282] Vgl. hierzu EuGH, Urt. v. 22.06.2021, Az. C-439/19, BeckRS 2021, 15289 Rn. 69 ff., wonach eine Behörde, die personenbezogene Daten über Strafpunkte zu Zwecken der Straßenverkehrssicherheit an die Öffentlichkeit übermittelt, keine „zuständige Behörde" i.S.v. Art. 3 Nr. 7 lit. b JI-RL ist.
[1283] *Schmid*, Online-Handel und Internetauktionen im Visier der Steuerfahndung; vgl. BT-Drs. 16/5560, S. 50.
[1284] BT-Drs. 16/3200, S. 207; BT-Drs. 19/24000, S. 24; *BZSt*, Umsatzsteuer-Betrugsbekämpfung.
[1285] *BZSt*, Umsatzsteuer-Betrugsbekämpfung; *Lindgens/Groß*, DStR 2003, 1915 (1917); *Weimann*, UStB 2008, 56 (57).
[1286] BT-Drs. 16/7978, S. 1 f.
[1287] BT-Drs. 16/7978, S. 1; *Lindgens/Groß*, DStR 2003, 1915 (1917 f.).
[1288] BT-Drs. 16/7978, S. 1; *Hacke*, BB 2008, M16 (M16); *Müller*, StB 2006, 142 (144).
[1289] BT-Drs. 16/7978. S. 1; *Weimann*, UStB 2008, 56 (57).
[1290] *Lindgens/Groß*, DStR 2003, 1915 (1917).
[1291] *Weimann*, UStB 2008, 56 (57).

nachfolgenden Webseiten vorfindet.[1292] Auf diesem Wege wurden im Zeitraum von Februar 2006 bis Januar 2008 täglich 100 000 Webseiten durchsucht und auf steuerlich relevante Aktivitäten überprüft.[1293] Tiefergehende Informationen zu Funktionsweise und -umfang sind jedoch nicht bekannt. Diese werden von den zuständigen Stellen verständlicherweise zurückgehalten und der Öffentlichkeit nicht zur Verfügung gestellt, sodass der Xpider in der Literatur bislang nur oberflächlich beschrieben wurde.[1294]

Eine datenschutzrechtliche Bewertung des Xpiders durch die zuständige Datenschutzaufsicht wurde zuletzt im Jahr 2009 durchgeführt; hier fanden sich keine datenschutzrechtlichen Beanstandungen.[1295] Ein entsprechender Bericht, welcher die Einzelheiten der Prüfung dokumentiert, wurde der Öffentlichkeit allerdings nicht zur Verfügung gestellt. Eine neuerliche Prüfung des Xpiders nach der Reformierung des Datenschutzrechts im Jahr 2018 sah die zuständige Behörde als nicht notwendig an.[1296] In Anbetracht des Umstands, dass sich mit der DSGVO einige Änderungen im Datenschutzrecht ergeben haben, ist eine erneute Prüfung jedoch geboten, um die Rechtmäßigkeit der mit dem Xpider einhergehenden Datenverarbeitung beurteilen zu können.

Als Rechtsgrundlage kommt Art. 6 Abs. 1 UAbs. 1 lit. c DSGVO i.V.m. dem bereits erwähnten § 5 Abs. 1 Satz 1 Nr. 17 FVG in Betracht. Da es sich bei § 5 Abs. 1 Satz 1 Nr. 17 FVG aus deutscher Perspektive allerdings um eine Aufgabenzuweisung für das BZSt handelt, kann entsprechend der Handhabung im deutschen Rechtssystem hierüber nicht auf die zur Erfüllung der Norm erforderlichen Befugnisse geschlossen werden. Vielmehr braucht es zusätzlich einer Befugnisnorm, welche die mit § 5 Abs. 1 Satz 1 Nr. 17 FVG einhergehende Datenverarbeitung legitimieren kann.[1297] Als solche kommt mangels Anwendbarkeit spezifischerer Befugnisnormen des Steuerrechts in Bezug auf das Monitoring lediglich § 29b Abs. 1 AO in Betracht. Demnach ist (ähnlich dem allgemeineren § 3 BDSG) die Verarbeitung personenbezogener Daten durch Finanzbehörden zulässig, soweit sie zur Erfüllung einer auferlegten Aufgabe erforderlich ist.

Es stellt sich daher die Frage, ob die Datenverarbeitung eines im Rahmen von § 5 Abs. 1 Satz 1 Nr. 17 FVG erfolgenden Monitorings auf Art. 6 Abs. 1 UAbs. 1 lit. c DSGVO i.V.m. § 5 Abs. 1 Satz 1 Nr. 17 FVG, § 29b Abs. 1 AO gestützt werden kann.

11.2.1.3 Rechtmäßigkeit des Xpiders

Der rechtmäßige Einsatz des Xpiders nach Art. 6 Abs. 1 UAbs. 1 lit. c DSGVO setzt neben einer Legitimationsgrundlage, die eine entsprechende Rechtspflicht formuliert und die Anforderungen des Art. 6 Abs. 3 DSGVO erfüllt, die Erforderlichkeit und Verhältnismäßigkeit der mit dem Xpider einhergehenden Datenverarbeitung voraus. Einer der Prüfung dieser Voraussetzungen vorangestellten Berücksichtigung der Vorgaben des Art. 9 DSGVO bedarf es an dieser Stelle nicht, da sich das hier zugrundeliegenden Monitoring lediglich auf Daten zur

---

[1292] *BZSt*, Umsatzsteuer-Betrugsbekämpfung; *Weimann*, UStB 2008, 56 (57); *von Lewinski/Schmidt*, beck.digitax 2020, 229 (232); dieses Vorgehen entspricht auch der herkömmlichen Funktionsweise des Monitorings, siehe hierzu Kap. 2.4.
[1293] BT-Drs. 16/7978. S 1.
[1294] So auch *Müller*, beck.digitax 2020, 247 (247).
[1295] Diese Informationen erhielt die Autorin auf Anfrage beim zuständigen Referat des BfDI.
[1296] Diese Informationen erhielt die Autorin auf Anfrage beim zuständigen Referat des BfDI.
[1297] Siehe *Drüen*, in: Tipke/Kruse (Hrsg.), AO/FGO, § 29b AO Rn. 9; vgl. auch dahingehend gleichlaufenden Art. 6 Abs. 1 UAbs. 1 lit. e DSGVO: *Albers/Veit*, in: Wolff/Brink/von Ungern-Sternberg (Hrsg.), BeckOK DSR, Art. 6 DSGVO Rn. 57; *Wolff*, in: Schantz/Wolff (Hrsg.), Das neue Datenschutzrecht, 196 (198 Rn. 617), wonach die Terminologie vom deutschen Begriffsverständnis abweicht und die Aufgabenwahrnehmung nur in der Ausübung der Befugnis und nicht die Aufgabe selbst liegen kann; wohl a.A. *Assion/Nolte/Veil*, in: Gierschmann et al. (Hrsg.), DSGVO, Art. 6 Rn. 111.

Geschäftstätigkeit von Personen auf Verkaufsplattformen erstreckt. Es ist daher weder von einer gezielten Verarbeitung (un)mittelbar sensibler Daten noch von einer Auswertung zufällig erfasster mittelbar sensibler Daten auszugehen.[1298]

11.2.1.3.1 Rechtspflicht für das BZSt

Nach § 5 Abs. 1 Satz 1 Nr. 17 FVG obliegt es dem BZSt, die Landesfinanzverwaltungen durch die Beobachtung elektronisch angebotener Dienstleistungen bei der Umsatzbesteuerung des elektronischen Handels zu unterstützen.[1299] Hierbei handelt es sich um eine bereichsspezifische Gesetzesnorm, welche dem BZSt unmissverständlich auferlegt, entsprechende Maßnahmen zur Erfüllung dieser Aufgabe zu ergreifen. Dabei umfasst der Wortlaut der Norm „Beobachtung elektronisch angebotener Dienstleistungen" nicht ausschließlich das Beobachten umsatzsteuerrelevanter Transaktionen, sondern darüber hinaus auch Ermittlungen zur umsatzsteuerlichen Kontrolle der im Internet angebotenen Dienstleistungen sowie die Übermittlung der hierbei gewonnenen steuerlich relevanten Erkenntnisse an die Finanzbehörden der Länder.[1300]

Auch wenn es sich bei § 5 Abs. 1 Satz 1 Nr. 17 FVG aus deutscher Sicht um eine Aufgabenzuweisung handelt, resultiert aus ihr in Verbindung mit der Befugnisnorm des § 29b Abs. 1 AO eine konkrete Rechtspflicht i.S.v. Art. 6 Abs. 1 UAbs. 1 lit. c DSGVO.[1301] Zwar wird die Verarbeitung personenbezogener Daten nicht ausdrücklich vorgeschrieben, jedoch kann die in § 6 Abs. 1 Satz 1 Nr. 17 FVG statuierte Aufgabe nicht ohne Verarbeitungstätigkeit realisiert werden. Insbesondere bedarf es zur Feststellung, ob eine Person sich der Umsatzsteuerverkürzung schuldig gemacht hat, entsprechender Informationen wie Name und Adresse, anhand welcher ein Abgleich mit den im Steuersystem hinterlegten Daten durchgeführt und eine verdächtige Abweichung festgestellt werden kann. Der Aufgabenzuweisung des § 5 Abs. 1 Satz 1 Nr. 17 FVG i.V.m. § 29b Abs. 1 AO wohnt daher eine Pflicht zur Verarbeitung personenbezogener Daten i.S.v. Art. 6 Abs. 1 UAbs. 1 lit. c DSGVO inne. Dass sich dies nicht ausdrücklich in der Norm widerspiegelt, ist für die Anwendbarkeit des Art. 6 Abs. 1 UAbs. 1 lit. c DSGVO unschädlich.[1302]

Darüber hinaus lässt § 5 Abs. 1 Satz 1 Nr. 17 FVG i.V.m. § 29b Abs. 1 AO keinen Handlungsspielraum für das BZSt. Weder kann es selbst entscheiden, ob es tätig wird, noch ist es bei der Umsetzung der Aufgabe darin frei zu entscheiden, ob personenbezogene Daten verarbeitet werden sollen. Vielmehr ist es ausweislich § 5 Abs. 1 Satz 1 Nr. 17 FVG i.V.m. § 29b Abs. 1 AO allgemein zur Beobachtung zum Zwecke der Unterstützung der Landesfinanzbehörden bei der Umsatzbesteuerung elektronisch angebotener Dienstleistungen und damit zur Datenverarbeitung verpflichtet. Aufgrund des fehlenden Handlungsspielraums kommt für die Verarbeitung personenbezogener Daten auf Grundlage von § 5 Abs. 1 Satz 1 Nr. 17 FVG i.V.m. § 29b Abs. 1 AO die Rechtsgrundlage nach Art. 6 Abs. 1 UAbs. 1 lit. e DSGVO nicht in Betracht.[1303] Vielmehr handelt es sich vorliegend um eine abstrakt-typisierende Rechtspflicht.

11.2.1.3.2 Anforderungen aus Art. 6 Abs. 3 DSGVO

Die förmliche Anforderung des Art. 6 Abs. 3 Satz 1 DSGVO wird durch § 5 Abs. 1 Satz 1 Nr. 17 FVG erfüllt. So handelt es sich hierbei um eine Norm, welche den formellen Vorgaben entsprechend durch den Bundestag und mit der Zustimmung des Bundesrats beschlossen

---

[1298] Eingehend zu Art. 9 DSGVO siehe Kap. 8.2.
[1299] Die Ausführungen dieses Unterkapitels basieren auf *Gilga*, ZD-Aktuell 2022, 01079.
[1300] BT-Drs. 14/6883, S. 10.
[1301] Näher zum Begriffsverständnis der Rechtspflicht siehe Kap. 11.1.1.
[1302] Vgl. hierzu Kap. 11.1.1.
[1303] Vgl. hierzu Kap. 11.1.1.

wurde.[1304] Ebenso handelt es sich auch bei § 29b AO um formelles Recht,[1305] welches der Vorgabe des Art. 6 Abs. 3 Satz 1 DSGVO gerecht wird.

Des Weiteren wird § 5 Abs. 1 Satz 1 Nr. 17 FVG i.V.m. § 29b Abs. 1 AO dem Art. 6 Abs. 3 Satz 2 HS 1 DSGVO gerecht, wonach der Zweck der Datenverarbeitung in der Legitimationsgrundlage festgelegt sein muss. Die Normen formulieren im Zusammenspiel ausdrücklich, dass das Beobachten der elektronisch angebotenen Dienstleistungen durch das BZSt der Unterstützung der Landesfinanzverwaltung bei der Umsatzbesteuerung des elektronischen Handels dient.

Darüber hinaus werden mit § 5 Abs. 1 Satz 1 Nr. 17 FVG legitime, im öffentlichen Interesse liegende Ziele i.S.v. Art. 6 Abs. 3 Satz 4 HS 1 DSGVO verfolgt. Das Internet eröffnet nicht nur die Möglichkeit, Waren und Dienstleistungen ohne größeren Ressourcenaufwand über Ländergrenzen hinweg anzubieten, es offeriert den Akteuren auch eine gewisse Anonymität, welche Umsatzsteuerverkürzungen erleichtert. Gleichzeitig fehlt es der Finanzverwaltung bei Internetsachverhalten oftmals an klassischen Anknüpfungspunkten – wie beispielsweise ein Ladengeschäft oder ein Warenlager –, welche eine steuerrechtliche Prüfung indizieren würden.[1306] Das führt im Ergebnis dazu, dass die Besteuerung im Internet grundsätzlich weniger zuverlässig als im stationären Handel erfolgt. Dieser Umstand kann langfristig zu erheblichen Wettbewerbsverzerrungen[1307] führen, indem steuerehrliche Akteure durch vermeintliche Niedrigpreise von steuerunehrlichen Akteuren unterboten und schließlich vom Markt verdrängt werden. Dieser Effekt bedroht insbesondere kleine und mittlere Unternehmen. Da diese eine herausragende Bedeutung für die deutsche Wirtschaft besitzen, gefährden solche Steuerverkürzungen nicht nur zahlreiche bestehende Arbeitsplätze, sondern verhindern auch die Schaffung neuer Arbeitsplätze.[1308] Um diesen drohenden Nachteilen entgegenzuwirken und die umsatzsteuerliche Besteuerung von elektronisch erbrachten Dienstleistungen zuverlässiger zu gestalten, wurde § 5 Abs. 1 Satz 1 Nr. 17 FVG entworfen.[1309] Die Norm dient folglich nicht nur der Gleichmäßigkeit der Besteuerung und der Erhöhung des Verfolgungsdrucks im Internet, sondern insbesondere auch der Herstellung von Wettbewerbgerechtigkeit im Internet und zumindest mittelbar der Sicherung von Arbeitsplätzen. Dabei bilden die genannten Ziele keine Individualinteressen ab, sondern besitzen nach einhelliger Meinung vielmehr kollektiven Charakter. So ist diese Interesse des Staats an der Gleichmäßigkeit der Erhebung der einzelnen Steuerarten durch das BVerfG als öffentliches Interesse von Verfassungsrang anerkannt.[1310] Der Schutz des Wettbewerbs wird in § 1 Satz 2 UWG ausdrücklich als Interesse der Allgemeinheit bezeichnet und ist überdies auch auf europäischer Ebene über Art. 101 Abs. 1 AEUV höchstrichterlich als solches bestätigt.[1311] Auch die Sicherung von Arbeitsplätzen stellt ein im öffentlichen Interesse liegendes Ziel dar, welches das Unionsrecht über Art. 9, 147, 151 Abs. 1 AEUV als solches anerkennt.

Zudem steht § 5 Abs. 1 Satz 1 Nr. 17 FVG in einem angemessenen Verhältnis zum verfolgten Zweck. Entsprechend der Einschätzungsprärogative des Gesetzgebers sind § 5 Abs. 1 Satz 1

[1304] Vgl. Gesetz zur Bekämpfung von Steuerverkürzungen bei der Umsatzsteuer und zur Änderung anderer Steuergesetze (StVBG) v. 19.12.2001, BGBl. I 2001, Nr. 74 v. 27.12.2001, S. 3922.

[1305] Vgl. Gesetz zur Änderung des Bundesversorgungsgesetzes und anderer Vorschriften v. 17.07.2017, BGBl. I 2017, Nr. 49 v. 24.07.2017, S. 2541

[1306] BT-Drs. 19/24000, S. 23.

[1307] Dies geschieht insbesondere durch sogenannte Karussellgeschäfte, näher hierzu *Oellerich*, Defizitärer Vollzug des Umsatzsteuerrechts, 31 ff.; *Grützner/Jakob*, in: Grützner/Jakob (Hrsg.), Compliance von A-Z, 234 (234); *Kemper*, ZRP 2006, 205 (205 ff.).

[1308] BT-Drs. 14/6883, S. 7.

[1309] Vgl. BT-Drs. 14/6883, S. 7, 10.

[1310] BVerfGE 84, 239 (268 ff.); 110, 94 (111 f.); 118, 168 (196).

[1311] Vgl. EuGH, Urt. v. 04.06.2009, Az. C-8/08, EuZW 2009, 505 (507 Rn. 38f.); EuGH, Urt. v. 06.10.2009, Az. C-501/06 P, GRUR Int 2010, 509 (513 Rn. 63).

Nr. 17 FVG und § 29b Abs. 1 AO als geeignet und erforderlich zu qualifizieren.[1312] Anhaltspunkte, die hiergegen sprechen, sind nicht ersichtlich. Darüber hinaus ist die Regelung auch als angemessen zu klassifizieren. Bei dem der Norm zugrundeliegenden Ziel der Herstellung der steuerlichen Belastungsgleichheit handelt es sich um ein Allgemeingut mit herausgehobener Bedeutung.[1313] Diesem steht insbesondere der Eingriff in das Recht auf informationelle Selbstbestimmung in Form der systematischen Beobachtung und Auswertung von Daten aus Online-Marktplätzen gegenüber. Grund für die Regelung ist, wie im Vorangehenden bereits erläutert, dass Umsatzsteuerverkürzungen im Web leicht unerkannt bleiben, da den Finanzverwaltungen hier kaum Anknüpfungspunkte für eine steuerliche Kontrolle zur Verfügung stehen. Ohne den § 5 Abs. 1 Satz 1 Nr. 17 FVG wären daher die Möglichkeiten, Umsatzsteuerverkürzungen aufzudecken und die steuerliche Belastungsgleichheit zu gewährleisten, stark begrenzt. Zugleich gehen mit § 5 Abs. 1 Satz 1 Nr. 17 FVG voraussichtlich keine Eingriffe mit erheblicher Intensität einher. So bezieht sich die Norm lediglich auf frei verfügbare Daten von Online-Marktplätzen, welche durch den jeweiligen Anbieter dort freiwillig öffentlich gemacht wurden und aufgrund ihres Bezugs zur Sozialsphäre keine gesteigerte Persönlichkeitsrelevanz erwarten lassen. In Anbetracht der besonderen Bedeutung der steuerlichen Belastungsgleichheit für die Allgemeinheit ergibt sich damit, dass das Ziel des § 5 Abs. 1 Satz 1 Nr. 17 FVG nicht außer Verhältnis zu den damit einhergehenden Grundrechtsbeeinträchtigungen steht.

In die Prüfung ist darüber hinaus einzubeziehen, dass es sich bei der Befugnisnorm des § 29b Abs. 1 AO um eine weit gefasste Regelung handelt, die inhaltlich im Wesentlichen die Formulierungen des Art. 6 Abs. 1 UAbs. 1 lit. c und e DSGVO wiederholt und nur beschränkt Konkretisierungen vornimmt.[1314] Vor diesem Hintergrund wird in der Kommentarliteratur teilweise auf die damit einhergehende Frage der Konformität des § 29b Abs. 1 AO mit den Vorgaben der DSGVO und die Problematik des Normwiederholungsverbots hingewiesen.[1315]

Das Normwiederholungsverbot, wonach die Wiederholung von Normtexten europäischer Verordnungen in nationalen Gesetzen unzulässig ist, weil hierdurch die unmittelbare Geltung einer Verordnung in Frage gestellt sowie deren gleichzeitige und einheitliche Anwendung und das Auslegungsmonopol des EuGH gefährdet wird,[1316] kommt vorliegend nicht zum Tragen. Wie bereits dargelegt,[1317] handelt es sich bei Art. 6 Abs. 1 UAbs. 1 lit. c DSGVO nicht um eine unmittelbar in den Mitgliedstaaten gestaltend wirkende Vorschrift der DSGVO.[1318] Vielmehr wird durch die Norm eine Grundlage für die Beibehaltung oder Schaffung mitgliedstaatlichen Rechts geschaffen. Art. 6 Abs. 1 UAbs. 1 lit. c DSGVO fungiert also – wie bereits erwähnt – als Scharniernorm.[1319] Folglich liegt mit dieser Norm – ähnlich wie bei Richtlinien[1320] – kein

---

[1312] In Bezug auf § 29b Abs. 1 AO siehe BFH, Urt. v. 05.09.2023, Az. IX R 32/21, ZD 2024, 279 (282 Rn. 49).
[1313] BVerfGE 118, 168 (196).
[1314] So auch *Rüsken*, in: Klein (Hrsg.), AO, § 29b Rn. 19.
[1315] Siehe *Drüen*, in: Tipke/Kruse (Hrsg.), AO/FGO, § 29b AO Rn. 10; *Rüsken*, in: Klein (Hrsg.), AO, § 29b Rn. 48; *Pätz*, in: Koenig (Hrsg.), AO, § 29b Rn. 7.
[1316] EuGH, Urt. v. 07.02.1973, Az. 39/72, BeckRS 2004, 71063 Rn. 17 f.; EuGH, Urt. v. 28.03.1985, BeckRS 2004, 72839 Rn. 26; EuGH, Urt. v. 10.10.1973, Az. 34/73, BeckRS 2004, 70873 Rn. 9 ff.; siehe auch *Bundesministerium der Justiz*, Handbuch der Rechtsförmlichkeit, Rn. 289.
[1317] Hierzu bereits unter Kap. 11.1.
[1318] Zur parallel laufenden Norm Art. 6 Abs. 1 UAbs. 1 lit. e DSGVO ebenso *Weiß*, Öffnungsklauseln in der DSGVO und nationale Verwirklichung mit BDSG, 119.
[1319] *Roßnagel*, in: Simitis/Hornung/Spiecker gen. Döhmann (Hrsg.), DSR, Art. 6 Abs. 1 UAbs. 1 lit c DSGVO Rn. 52; *Assion/Nolte/Veil*, in: Gierschmann et al. (Hrsg.), DSGVO, Art. 6 Rn. 96; *Buchner/Petri*, in: Kühling/Buchner (Hrsg.), DSGVO/BDSG, Art. 6 DSGVO Rn. 73.
[1320] Siehe näher hierzu *Benecke/Wagner*, DVBl 2016, Heft 10, 600 (607).

europäisches Recht vor, dessen unmittelbare Geltung geschützt werden müsste.[1321] Eine Gefährdung der Durchsetzung europäischen Rechts sowie eine Beschneidung der Kompetenzen des EuGH ist nicht erkennbar.

Eine Verletzung ergibt sich auch nicht, wenn entgegen der hier vertretenen Meinung davon ausgegangen wird, dass das Normwiederholungsverbot in Bezug auf Art. 6 Abs. 1 UAbs. 1 lit. c DSGVO anwendbar ist. § 29b Abs. 1 AO würde hiergegen nämlich nicht verstoßen. So ist es den Mitgliedstaaten in Einklang mit der Rechtsprechung[1322] des EuGH i.V.m. EG 8 DSGVO ausdrücklich erlaubt, Teile der Verordnung in nationales Recht aufzunehmen, soweit dies zur Wahrung der Kohärenz und zur Herstellung der Verständlichkeit der nationalen Rechtsvorschriften erforderlich ist. Diese Schwelle überschreitet § 29b Abs. 1 AO nicht. Die Norm ist im Wortlaut und im Aufbau dem Art. 6 Abs. 1 UAbs. 1 lit. c DSGVO zwar sehr ähnlich, präzisiert jedoch den persönlichen wie den sachlichen Anwendungsbereich, indem dieser auf Finanzbehörden in Wahrnehmung ihrer Aufgaben beschränkt wird.[1323] Dadurch wird die Norm zum einen verständlicher, zum anderen wird – indem das hinter Art. 6 Abs. 1 UAbs. 1 lit. c DSGVO stehende Grundprinzip auch auf nationaler Ebene manifestiert wird – ein Beitrag zur Kohärenz geleistet.[1324] Ein Konflikt mit dem Normwiederholungsverbot ist mithin nicht erkennbar.[1325]

Darüber hinaus wurde die Öffnungsklausel des Art. 6 Abs. 2, 3 DSGVO mit § 29b Abs. 1 AO in zulässiger Weise in Anspruch genommen. Das Argument, hierfür sei eine konkretisierende Norm erforderlich, welche durch § 29b Abs. 1 AO nicht gegeben sei, verfängt nicht. Wie bereits dargelegt,[1326] ergeben sich die Anforderungen an die Legitimationsgrundlage aus Art. 6 Abs. 3 DSGVO. Dieser benennt die Spezifizierung zur Anpassung der Anwendung der Vorgaben der DSGVO in Satz 3 lediglich als eine Möglichkeit, schreibt diese jedoch nicht obligatorisch vor. In der Folge müssen die nationalen oder mitgliedstaatlichen Legitimationsgrundlagen keine spezifischeren Vorgaben formulieren. Selbst wenn dieser Auffassung nicht gefolgt und davon ausgegangen werden würde, dass es einer Spezifizierung bedürfte, ergäbe sich vorliegend dennoch kein Konflikt. So können aufgrund der unpräzise formulierten Anforderung in Art. 6 Abs. 2 DSGVO,[1327] in Anbetracht der bereits angesprochenen Formulierung in Art. 6 Abs. 3 Satz 3 DSGVO sowie unter Einbezug des EG 45 Satz 3 DSGVO, wonach ein Gesetz als Grundlage für mehrere Verarbeitungsvorgänge ausreichend sein kann, keine hohen Anforderungen an die Spezifizität einer nationalen Umsetzungsnorm gestellt werden.[1328] Eine abstrakte Formulierung von Rechtsgrundlagen ist zulässig. Hierfür spricht auch, dass eine Verrechtlichung sämtlicher Anwendungsfälle nicht im Sinne des Gesetzgebers liegen kann, da sich Gesetze hierdurch zu unübersichtlichen und intransparenten Regelwerken entwickeln würden.[1329] Hinzu tritt außerdem der Umstand, dass Art. 6 Abs. 1 UAbs. 1 lit. c DSGVO nicht als eigenständige

---

[1321] *Benecke/Wagner*, DVBl 2016, Heft 10, 600 (607); ebenso im Kontext des § 3 BDSG *Weiß*, Öffnungsklauseln in der DSGVO und nationale Verwirklichung im BDSG, 119.
[1322] EuGH, Urt. v. 28.03.1985, Az. C-272/83, BeckRS 2004, 72839 Rn. 26 f.
[1323] BFH, Urt. v. 05.09.2023, Az. IX R 32/21, ZD 2024, 279 (281 Rn. 47).
[1324] Vgl. BFH, Urt. v. 05.09.2023, Az. IX R 32/21, ZD 2024, 279 (282 Rn. 48).
[1325] Übereinstimmend BFH, Urt. v. 05.09.2023, Az. IX R 32/21, ZD 2024, 279 (281 f. Rn. 47 ff.).
[1326] Zur systematischen Stellung von Art. 6 Abs. 2 und 3 DSGVO siehe Kap. 11.1.2.1.
[1327] Siehe hierzu *Kühling* et al., Die Datenschutz-Grundverordnung und das nationale Recht, 36.
[1328] *Kühling* et al., Die Datenschutz-Grundverordnung und das nationale Recht, 36 f.; *Drüen*, in: Tipke/Kruse (Hrsg.), AO/FGO, § 29b AO Rn. 10; *Wackerbeck*, in: Hübschmann/Hepp/Spitaler (Hrsg.), AO/FGO, § 29b AO Rn. 12.
[1329] *Drüen*, in: Tipke/Kruse (Hrsg.), AO/FGO, § 29b AO Rn. 10; *Kühling* et al., Die Datenschutz-Grundverordnung und das nationale Recht, 37.

11.2 Web-Monitoring im Rahmen einer Rechtspflicht

Rechtsgrundlage, sondern als Scharniernorm zu werten ist,[1330] welche eine die Verarbeitung legitimierende Norm nicht nur erlaubt, sondern sogar voraussetzt.[1331] Art. 6 Abs. 1 UAbs. 1 lit. c DSGVO selbst hat mithin keinen konkreten eigenen Bedeutungsgehalt, weswegen bereits durch das Ausfüllen der Öffnungsklausel durch eine mitgliedstaatliche Regelung eine Spezifizierung der unionsrechtlichen Vorgaben vorliegt. Eine solche mitgliedstaatliche Norm ist zumeist spezifischer als eine unionsweite Regelung.[1332] Folglich wäre im Ergebnis eine hinreichende Konkretisierung bereits zu bejahen, wenn datenschutzrechtliche Befugnisnormen bereichsspezifischer Gesetze den Adressatenkreis und die sachliche Anwendbarkeit auf die dem Adressatenkreis obliegenden Aufgaben beschränken.[1333] Mithin würde § 29b Abs. 1 AO durch die Beschränkung des persönlichen und sachlichen Anwendungsbereichs auf Finanzbehörden und die ihnen gesetzlich zugeschriebenen Aufgaben eine etwaige Konkretisierungspflicht erfüllen.[1334]

Darüber hinaus ist an dieser Stelle auf die Bestimmtheit der Rechtsgrundlage einzugehen. EG 41 Satz 2 DSGVO besagt dahingehend, dass die Rechtsgrundlage klar und präzise sowie ihre Anwendung vorhersehbar sein sollte. Mit § 5 Abs. 1 Satz 1 Nr. 17 FVG i.V.m. § 29b Abs. 1 AO werden die Finanzbehörden befugt, die im Rahmen der Beobachtung von elektronisch angebotenen Dienstleistungen erforderlichen Datenverarbeitungsvorgänge vorzunehmen. Dabei legt die Befugnisnorm § 29b Abs. 1 AO nicht näher fest, zu welchen konkreten Verarbeitungsvorgängen die zuständigen Stellen befugt sind, sondern erlaubt den Finanzbehörden generisch die Datenverarbeitung zur Erfüllung der ihnen obliegenden Aufgaben, zu welchen auch § 5 Abs. 1 Satz 1 Nr. 17 FVG gehört. Mithin besitzt § 29b Abs. 1 AO den Charakter einer Generalklausel.[1335] Die damit einhergehende Unbestimmtheit der Norm führt allerdings nicht zu ihrer Unwirksamkeit. Vielmehr ist in Anbetracht des vielfältigen Aufgabenbereichs der Finanzbehörden eine flexible Rechtsgrundlage erforderlich, auf welche die mit den Aufgaben einhergehenden Datenverarbeitungen gestützt werden können.

Die Schaffung spezifischerer Befugnisnormen ist zwar grundsätzlich denkbar, allerdings kann der Gesetzgeber nicht sämtliche Datenverarbeitungen absehen, die mit der Aufgabenerfüllung einhergehen. Das zeigt sich unter anderem am Beispiel des hier vorliegenden § 5 Abs. 1 Satz 1 Nr. 17 FVG. Die dort statuierte Aufgabe kann auf verschiedenen Wegen wahrgenommen werden. In Betracht kommt neben dem Einsatz von Monitoring beispielsweise auch die manuelle Beobachtung der elektronisch angebotenen Dienstleistungen durch Mitarbeitende des BZSt. Zwar setzen beide Optionen die Verarbeitung personenbezogener Daten voraus; wie der Datenverarbeitungsvorgang abläuft, unterscheidet sich jedoch erheblich. Dem Gesetzgeber ist aber nicht zuzumuten, die mit einer Aufgabenwahrnehmung möglicherweise einhergehenden Datenverarbeitungen zu antizipieren und in eine entsprechende Norm zu fassen. Dies würde zwar dazu führen, dass die Befugnisnormen bestimmter und ihre Anwendung leichter vorauszusehen

---

[1330] *Roßnagel*, in: Simitis/Hornung/Spiecker gen. Döhmann (Hrsg.), DSR, Art. 6 Abs. 1 UAbs. 1 lit c DSGVO Rn. 52; *Assion/Nolte/Veil*, in: Gierschmann et al. (Hrsg.), DSGVO, Art. 6 Rn. 96; *Buchner/Petri*, in: Kühling/Buchner (Hrsg.), DSGVO/BDSG, Art. 6 DSGVO Rn. 73.

[1331] Diesen Standpunkt im Kontext des § 29b Abs. 1 AO ebenfalls vertretend *Wackerbeck*, in: Hübschmann/Hepp/Spitaler (Hrsg.), AO/FGO, § 29b AO Rn. 10.

[1332] So allgemein zur Öffnungsklausel argumentierend *Weiß*, Öffnungsklauseln in der DSGVO und nationale Verwirklichung mit BDSG, 118 f.; übereinstimmend BT-Drs. 18/12611, S. 77 explizit zu § 29b Abs. 1 AO; a.A. *Rüsken*, in: Klein (Hrsg.), AO, § 29b Rn. 21

[1333] *Kühling* et al., Die Datenschutz-Grundverordnung und das nationale Recht, 36.

[1334] So auch *Drüen*, in: Tipke/Kruse (Hrsg.), AO/FGO, § 29b AO Rn. 10; *Wackerbeck*, in: Hübschmann/Hepp/Spitaler (Hrsg.), AO/FGO, § 29b AO Rn. 12; *Mues*, in: Gosch et al. (Hrsg.), AO/FGO, § 29b AO Rn. 29; wohl a. A. *Rüsken*, in: Klein (Hrsg.), AO, § 29b Rn. 21.

[1335] So auch *Drüen*, in: Tipke/Kruse (Hrsg.), AO/FGO, § 29b AO Rn. 1; *Rüsken*, in: Klein (Hrsg.), AO, § 29b Rn. 19.

wären. Gleichzeitig würde eine explizite Verrechtlichung der einzelnen mit den Aufgaben einhergehenden Datenverarbeitungen aber zu überfüllten und damit unübersichtlichen sowie intransparenten Gesetzen führen, was keinen wünschenswerten Zustand darstellt. Das gilt umso mehr, wird einbezogen, dass diese Befugnisnormen in einigen Fällen mangels anderer Anknüpfungspunkte technologiebezogen formuliert sein werden, sich aber die Möglichkeiten der Aufgabenwahrnehmung durch technologischen Fortschritt verändern. Im Laufe der Zeit käme es daher unweigerlich dazu, dass bereits geschaffene Befugnisnormen überaltern, weil sie sich an einem inzwischen veralteten Stand der Technik orientieren. Beispielsweise kommt in Betracht, dass der Einsatz von Monitoring zur Beobachtung des elektronischen Handels zukünftig durch eine fortschrittlichere Technik abgelöst wird, für welche es einer anderen Befugnisnorm bedürfte. Entweder könnte diese Technologie mangels Rechtsgrundlage nicht verwendet werden, was zu Ineffizienz führen und dem Interesse des Staats an der gleichmäßigen Besteuerung[1336] zuwiderlaufen würde, oder es müsste eine gesetzliche Anpassung erfolgen. Letzteres nähme allerdings viele Ressourcen und Zeit in Anspruch. Hinzu kommt, dass das Recht bereits heute kaum mit den technologischen Entwicklungen Schritt halten kann.

Insgesamt ist damit eine Verrechtlichung der einzelnen im Rahmen der Aufgabenerfüllung erforderlichen Datenverarbeitungen nicht wünschenswert. Vielmehr bedarf es der in § 29b Abs. 1 AO statuierten Generalklausel, damit die im Gesetz formulierten Aufgabenzuweisungen dauerhaft zufriedenstellend erfüllt werden können. Die generalklauselartige Ausgestaltung ist somit zumindest teilweise Voraussetzung für die erfolgreiche und effiziente Umsetzung der einer Finanzbehörde obliegenden Aufgabe. Wird darüber hinaus berücksichtigt, dass der persönliche Anwendungsbereich des § 29b Abs. 1 AO auf Finanzbehörden und der sachliche Anwendungsbereich auf deren Aufgaben, welche im Gesetz geregelt sind,[1337] begrenzt ist, ist die Norm nicht derart unbestimmt, dass sie gegen die Anforderungen der DSGVO verstoßen würde. Folge der generalklauselartigen Ausgestaltung ist lediglich, dass auf diese ausschließlich Eingriffe mit niedriger Intensität gestützt werden können. Das ist darauf zurückzuführen, dass die Anforderungen an die Rechtsgrundlage im Sinne der Rechtsstaatlichkeit mit zunehmender Intensität steigen.

Im Ergebnis erfüllt § 5 Abs. 1 Satz 1 Nr. 17 FVG damit die in Art. 6 Abs. 3 DSGVO statuierten Anforderungen an die Legitimationsgrundlage. Fraglich ist jedoch, ob über diese Legitimationsgrundlage die mit dem Xpider einhergehende Datenverarbeitung gerechtfertigt werden kann.

11.2.1.3.3 Erforderlichkeit

Im Weiteren ist zu untersuchen, inwieweit der Einsatz des Xpiders der Anforderung der Erforderlichkeit entspricht. Da § 5 Abs. 1 Satz 1 Nr. 17 FVG die Verarbeitung personenbezogener Daten nicht explizit vorschreibt, sondern lediglich zur Pflichterfüllung voraussetzt, handelt es sich um eine abstrakt-typisierende Pflicht zur Verarbeitung personenbezogener Daten. Vorliegend ist daher zu prüfen, ob die verarbeiteten Daten zur Erreichung des Verarbeitungszwecks objektiv tauglich sowie auf das zwingend notwendige Maß begrenzt sind.[1338]

11.2.1.3.3.1 Objektive Tauglichkeit

Wie bereits dargelegt, zielt § 5 Abs. 1 Satz 1 Nr. 17 FVG über die Zuarbeit des BZSt für die Landesfinanzbehörden insbesondere auf die Herstellung von Wettbewerbsgerechtigkeit, die Sicherung und den Erhalt von Arbeitsplätzen sowie auf das vollständige und rechtzeitige

---

[1336] BVerfGE 84, 239 (268 ff.); 110, 94 (111 f.); 118, 168 (196).
[1337] Vgl. zur gleichlaufenden Argumentation zu § 29b Abs. 2 AO *Drüen*, in: Tipke/Kruse (Hrsg.), AO/FGO, § 29b AO Rn. 16.
[1338] Eingehender hierzu Kap. 11.1.3.

Steueraufkommen ab. Es werden mithin legitime und im überwiegenden Allgemeininteresse liegende Zwecke verfolgt.[1339] Das zur Erreichung dieser Zwecke verwendete Mittel, der Einsatz eines Monitoring-Systems wie das des Xpiders, ist außerdem nicht verboten.

Der Xpider ist grundsätzlich objektiv tauglich, zur Erreichung der genannten Zwecke beizutragen. Zwar ist, wie bereits ausgeführt,[1340] weder die genaue Funktionsweise des Xpiders bekannt noch wurde bislang öffentlich gemacht, wie effektiv das System zur Ermittlung steuerunehrlicher Personen tatsächlich ist. Allerdings kann einer Bemerkung des Bundesrechnungshofs aus dem Jahr 2006[1341] sowie einem Antrag aus dem Deutschen Bundestag aus dem Jahr 2017[1342] implizit entnommen werden, dass der Einsatz des Xpiders sein Ziel zumindest nicht verfehlt und das System grundsätzlich in der Lage ist, steuerunehrliche Personen zu ermitteln. Die Kritik, für die erfolgreiche Ermittlung von Sachverhalten bedürfe es der Erhebung der nicht frei verfügbaren Zahlungs- und Transaktionsdaten von mehrwertsteuerrelevanten Transaktionen von den Webseiten, ist folglich haltlos.[1343] Vielmehr wird, auch wenn der Xpider einige Kritik erfährt, die Möglichkeit, mithilfe dieses Systems steuerunehrliche Personen im Web ausfindig zu machen, nicht grundsätzlich bestritten. Da die objektive Tauglichkeit bereits zu bejahen ist, wenn die verarbeiteten Daten in unmittelbarem Zusammenhang zum angestrebten legitimen Ziel stehen und zu dessen Erreichung zumindest beitragen, ist diese hier gegeben.

11.2.1.3.3.2 Zwingende Notwendigkeit

Im Rahmen der Beschränkung der Verarbeitung auf das zwingend Notwendige bedarf es der Betrachtung möglicher zumutbarer datenschutzfreundlicherer Alternativen zum vorliegenden Monitoring. Als solches kommt zunächst das Sammelauskunftsersuchen gem. § 93 Abs. 1a AO in Betracht. Dies erlaubt den zuständigen Finanzbehörden auch dann Auskunft bei Dritten einzuholen, wenn noch keine konkreten Informationen über steuererhebliche Sachverhalte, wie beispielsweise eine Umsatzsteuerhinterziehung, vorliegen. Beim vorliegenden Anwendungsszenario ist es so zum Beispiel zulässig, von einer Online-Verkaufsplattform Auskunft über Identität, Sitz, Wohnanschrift, Bankverbindung, Verkaufslisten und Pseudonyme aller Nutzer mit Wohn- oder Geschäftssitz innerhalb eines Bundeslandes mit einem Jahresumsatz von mehr als 17.500 € zu verlangen, ohne dass ein konkreter Tatverdacht der Umsatzsteuerverkürzung besteht.[1344]

Sammelauskunftsverlangen dieser Art werden von der Steuerfahndung eingesetzt und unterfallen dem Begriff der Vorfeldermittlung.[1345] Die Vorgaben für eine Vorfeldermittlung ergeben sich aus den §§ 208, 208a AO. Gem. § 208a AO obliegt auch dem BZSt die Aufgabe der Steuerfahndung, sofern eine entsprechende Aufgabenzuweisung vorliegt. Eine solche kann für den Bereich der Umsatzsteuer der zentralen aufgabenzuweisenden Norm für das BZSt, § 5 FVG, aber nicht entnommen werden. Folglich sind Sammelauskunftsersuchen durch das BZSt im Hinblick auf umsatzsteuerrelevante Sachverhalte unzulässig. Stattdessen ist gem. § 24 AO die Finanzbehörde zuständig, in deren Bezirk der Anlass für die Amtshandlung hervortritt.[1346] Welche Behörde dies konkret ist, bestimmt sich nach den Landesgesetzen.[1347] Insgesamt liegt damit

---

[1339] Siehe Kap. 11.2.1.3.2.
[1340] Siehe Kap. 11.2.1.2.
[1341] BT-Drs. 16/3200, S. 37, 206 f.
[1342] BT-Drs. 18/12556, S. 1 f.
[1343] *Müller*, beck.digitax 2020, 247 (249 f.).
[1344] Vgl. BFHE 241, 211.
[1345] So auch *Roth*, Sammelauskunftsersuchen und internationale Gruppenanfragen, 25.
[1346] BFHE 241, 211 (226 Rn. 66).
[1347] Zum Beispiel für Hessen nach §§ 2, 16 HessFAZuVO.

die Zuständigkeit für umsatzsteuerrelevante Sammelauskunftsersuchen bei der jeweiligen Landesfinanzbehörde.

Die Landesfinanzbehörde darf jedoch nicht ohne Weiteres ein entsprechendes Auskunftsersuchen einholen. Vielmehr bedarf es hierfür der Einhaltung der Vorgaben aus § 93 Abs. 1a Satz 2 AO. Demzufolge ist ein Sammelauskunftsersuchen nur zulässig, soweit ein hinreichender Anlass für die Ermittlungen besteht und andere zumutbare Maßnahmen zur Sachverhaltsaufklärung keinen Erfolg versprechen. Die Bundesregierung[1348] führt in ihrem Gesetzesentwurf hierzu unter Rückbezug auf die relevante Rechtsprechung[1349] aus, dass ein hinreichender Anlass für die Ermittlungen gegeben ist, soweit aufgrund konkreter Anhaltspunkte oder allgemeiner Erfahrungen eine Steuerverkürzung in Betracht kommt. Dies ist demnach gegeben, wenn eine Finanzbehörde im Rahmen einer Prognoseentscheidung im Wege einer vorab erfolgenden Beweiswürdigung nach pflichtgemäßem Ermessen zu dem Ergebnis gelangt, dass ein Sammelauskunftsersuchen voraussichtlich steuererhebliche Tatsachen aufdecken wird. Es wird weiter ausgeführt, dass die Schwelle eines strafrechtlichen Anfangsverdachts dabei aber nicht erreicht werden muss. Jedoch werden Presseberichte über Steuerverkürzungen, die keine belastbaren Tatsachen beinhalten, sowie die allgemeine und in jedwedem Zusammenhang gerechtfertigte Vermutung, dass Steuern häufig verkürzt werden, als nicht hinreichend für eine positive Prognose benannt. Als grundsätzlich unzulässig werden überdies Ermittlungen ins Blaue hinein, Rasterfahndung, Ausforschungsdurchsuchungen und ähnliche Ermittlungsmaßnahmen qualifiziert. Angeführt wird weiterhin, dass zu gewährleisten ist, dass der Aufwand der zur Auskunft verpflichteten Partei, die Informationen für die Auskunft zusammen- und zur Verfügung zu stellen, nicht außer Verhältnis stehen darf.[1350] Diese Erwägungen sind nach wie vor einhellig anerkannt.[1351]

Zu diskutieren ist, ob Sammelauskunftsverfahren als datenschutzfreundlichere Alternative zum Xpider zu klassifizieren sind. Grundsätzlich beziehen sich Sammelauskunftsverfahren nur auf unmittelbar steuererhebliche Informationen, weswegen die Persönlichkeitsrelevanz der verarbeiteten Daten als gering einzuschätzen ist. Insbesondere werden im Unterschied zum Xpider keine potenziell persönlichkeitsrelevanteren, aber unerheblichen Daten technikbedingt miterhoben.[1352] Hinzu kommt, dass Sammelauskünfte – anders als beim Xpider – nicht anlasslos erfolgen, sondern einen hinreichenden Anlass für die Ermittlungen voraussetzen. Damit geht einher, dass Sammelauskunftsverfahren gezielter stattfinden und auf einen konkreten Adressatenkreis begrenzt sind. Die Streubreite des Eingriffs ist mithin deutlich kleiner als beim Einsatz des Xpiders. Hingegen entspricht der Modus der Datenverarbeitung grundsätzlich dem des Xpiders; auch wenn die Möglichkeit des Einsatzes von Sammelauskünften allgemein bekannt ist, erfahren die betroffenen Personen nicht unmittelbar von einer Verarbeitung ihrer Daten. Ebenso ist der Kontext der Datenverarbeitung naturgemäß mit dem des Xpiders übereinstimmend. Unabhängig davon sind die Daten, die im Rahmen von Sammelauskunftsverfahren verarbeitet werden, im Unterschied zum Xpider nicht öffentlich zugänglich, sondern werden über Dritte eingeholt, welche Zugang zu den Informationen besitzen. Die Herkunft der Daten ist mithin das einzige Kriterium auf Seiten der Sammelauskünfte, das im Verhältnis zum Xpider ein schwereres Eingriffsgewicht aufweist.[1353] In Anbetracht der dargelegten Erwägungen ergibt sich das

---

[1348] BT-Drs. 18/11132, S. 24.

[1349] BFHE 253, 505; 251, 112; 241, 211; 239, 19.

[1350] BT-Drs. 18/11132, S. 24.

[1351] Vgl. *Baum*, in: Baum et al. (Hrsg.), AO, § 92 Rn. 18.1; *Haselmann*, in: Koenig (Hrsg.), AO, § 93 Rn. 9; *Niewerth*, in: Lippross (Hrsg.), BK StR, § 93 AO Rn. 7; *Roser*, in: Gosch et al. (Hrsg.), AO/FGO, § 93 AO Rn. 26 f.; *Schuster*, in: Hübschmann/Hepp/Spitaler (Hrsg.), AO/FGO, § 93 AO Rn. 102 ff.; *Seer*, in: Tipke/Kruse (Hrsg.), AO/FGO, § 92 AO Rn. 8.

[1352] Eingehender zur Funktionsweise des Monitorings siehe Kap. 2.4.

[1353] Zur vom Xpider ausgehenden Eingriffsintensität siehe Kap. 11.2.1.3.4.1.

11.2 Web-Monitoring im Rahmen einer Rechtspflicht

Einholen von Sammelauskünften als weniger eingriffsintensiv. Auch wenn die Daten nicht aus öffentlich zugänglichen Quellen stammen, bewirken das im Vergleich zum Xpider gezieltere Vorgehen und die damit verminderte Persönlichkeitsrelevanz sowie die geringere Streubreite und der grundrechtsfreundlichere Modus der Datenerhebung, dass das Einholen von Sammelauskünften insgesamt datenschutzfreundlicher ist als der Einsatz des Xpiders.

Sammelauskünfte sind allerdings dennoch keine zumutbare Alternative zum Xpider. Der Xpider dient zuvorderst dazu, eine zuverlässigere umsatzsteuerliche Besteuerung von elektronisch erbrachten Dienstleistungen im Web zu gewährleisten. Vor diesem Hintergrund ist er darauf ausgelegt, das Web zu beobachten und verdächtige umsatzsteuerrelevante Sachverhalte zu ermitteln, auf welche sich bislang keine Hinweise ergaben. Dieses proaktive Element ist zentraler Kerngehalt des mit § 5 Abs. 1 Satz 1 Nr. 17 FVG verfolgten Ziels. Eben dieses Element ist jedoch nicht in § 93 Abs. 1a AO enthalten. Vielmehr hebt dieser in seinem Satz 2 ausdrücklich hervor, dass es eines hinreichenden Anlasses für Ermittlungen bedarf und verbietet damit die proaktive Handhabung von Sammelauskünften. Darüber hinaus ermöglicht der Xpider eine wesentlich umfassendere Beobachtung des Webs, da dieser im Unterschied zu Sammelauskunftsersuchen nicht auf eine Webseite oder Plattform beschränkt ist, sondern die Fähigkeit besitzt, sich über auf Webseiten vorgehaltene Links auf andere Webseiten fortzubewegen. Dadurch ermöglicht der Xpider eine wesentlich umfassendere Beobachtung umsatzsteuerrelevanter Sachverhalte, als sie im Rahmen von Sammelauskünften i.S.v. § 92 Abs. 1a AO zulässig wäre. Hinzu tritt außerdem der Umstand, dass § 5 Abs. 1 Satz 1 Nr. 17 FVG darauf gerichtet ist, die Landesfinanzbehörden in Bezug auf die korrekte Umsatzbesteuerung von elektronisch erbrachten Dienstleistungen zu unterstützen und durch die Zuständigkeit des BZSt arbeitsökonomische Verbesserungen herbeizuführen. Vor diesem Hintergrund wäre es mithin weder zweckdienlich noch sachgemäß, eine entsprechende Aufgabe auf die Landesfinanzbehörden zu übertragen. Vielmehr kommt in Betracht, auf Grundlage der mithilfe des Xpiders gewonnenen Erkenntnisse ein Sammelauskunftsersuchen anzustrengen, um sämtliche für die Feststellung einer Umsatzsteuerverkürzung erforderlichen Informationen heranzuziehen. Die beiden Instrumente ergänzen sich damit eher, als dass sie einander ersetzen könnten. Insgesamt stellen die Sammelauskünfte damit zwar ein datenschutzfreundlicheres Mittel dar, welches jedoch nicht gleich geeignet wie der Xpider und damit nicht zumutbar ist.

Auch die in § 93b i.V.m. § 93 Abs. 7, 8 AO geregelte Möglichkeit des automatisierten Abrufens von Kontoinformationen stellt keine zumutbare datenschutzfreundlichere Alternative zum Einsatz des Xpiders dar. So adressiert die Norm ausschließlich die Festsetzung der Kapitalertragssteuer und ist damit für das vorliegende Anwendungsszenario, welches sich im Bereich der Umsatzsteuer bewegt, nicht relevant.

In Anbetracht der vorangegangenen Erwägungen ist die mit dem Xpider einhergehende Datenverarbeitung damit auf das zwingend Notwendige begrenzt.

11.2.1.3.4 Verhältnismäßigkeit

Bevor die Verhältnismäßigkeit beurteilt werden kann, bedarf es der Bestimmung der Intensität[1354] der mit dem Xpider einhergehenden Datenverarbeitung, um diese in den weiteren Ausführungen zugrunde legen und hinreichend berücksichtigen zu können.

11.2.1.3.4.1 Eingriffsintensität

Die Eingriffsintensität grundsätzlich erhöhend wirkt sich aus, dass die mit dem Xpider einhergehende Datenverarbeitung nicht anlassbezogen[1355] erfolgt. So kommt das Tool nicht erst dann zum Einsatz, wenn ein konkreter Verdacht der Steuerverkürzung besteht. Vielmehr erfolgt ein

---

[1354] Näher zur Bestimmung der Intensität eine Datenverarbeitung siehe Kap. 6.1.3.3.2.1.
[1355] Zum Kriterium des Anlassbezugs siehe Kap. 6.1.3.3.2.1.2.

dauerhaftes Monitoring von Angeboten digitaler Dienstleistungen im Web, wodurch die Anzahl der von der Datenverarbeitung betroffenen Personen hoch ist. Der Einsatz des Xpiders bringt daher eine große Streubreite[1356] mit sich. Zwar wird ausschließlich auf Personen abgezielt, die sich der Steuerverkürzungen verdächtig gemacht haben, allerdings stellt gerade die Ermittlung dieses Personenkreises den Sinn und Zweck der Verarbeitung dar. Hierfür bedarf es nicht nur aus technischer Sicht[1357], sondern auch der allgemeinen Logik nach, zunächst der Erhebung und wenigstens vorübergehenden Speicherung sämtlicher auf einer untersuchten Webseite vorgehaltenen Daten, um auf dieser Grundlage verdächtige Aktivitäten und Personen ermitteln zu können. Dass an den Daten der als steuerehrlich eingestuften Personen kein Interesse besteht und eine weitergehende Verarbeitung dieser Daten nicht durchgeführt wird, verkleinert die Streubreite zwar nicht.[1358] Allerdings verringert der Umstand, dass der Xpider gezielt auf digitalen Handelsplattformen eingesetzt wird und damit zumindest Personen erfasst werden, die aller Voraussicht nach steuerpflichtig sind, die Streubreite zumindest in geringem Maße.

Hinzu kommt der die Eingriffsintensität in der Regel verstärkende Modus[1359] der Datenerhebung des Xpiders.[1360] Zwar erfolgt die Datenerhebung nicht im eigentlichen Wortsinn heimlich, da die Information über den Betrieb des Xpiders durch das BZSt nicht geheim, sondern frei verfügbar ist, im vorliegenden Fall verringert sich dadurch allerdings nicht die Eingriffsintensität. Begründet liegt dies darin, dass auch wenn die betroffenen Personen abstrakt Kenntnis von dem Einsatz des Xpiders haben, sie nicht mit Sicherheit wissen können, ob eine Verarbeitung ihrer Daten stattgefunden hat. Dadurch kann es dazu kommen, dass die betroffenen Personen den Eingriff in ihre Grundrechte gar nicht erst bemerken und der Zugang zum Rechtsschutz somit erschwert wird.

Zur Bestimmung der Intensität der Datenverarbeitung ist des Weiteren die Persönlichkeitsrelevanz[1361] der verarbeiteten personenbezogenen Daten maßgeblich. Wie bereits dargelegt, wird der Xpider dafür verwendet, Personen zu identifizieren, die sich der Steuerverkürzung verdächtig gemacht haben. Folglich werden in erster Linie Daten erhoben, welche die Geschäftstätigkeit von Personen betreffen. Diese sind grundsätzlich der Sozialsphäre zuzuordnen, insoweit ergibt sich eine niedrige Persönlichkeitsrelevanz. Hieran ändert auch der Umstand nichts, dass sich über die gewonnenen Daten gegebenenfalls Rückschlüsse auf möglicherweise begangene Steuervergehen ziehen lassen, soweit dieser Rückschluss nicht vorgenommen wird.[1362] Diese Daten sind weiterhin der Sozialsphäre zuzuordnen. Sie lassen sich weder dem häuslichen noch dem außerhäuslichen engeren Kreis der betroffenen Person zuordnen. Die Persönlichkeitsrelevanz wird folglich nur unwesentlich beeinflusst. Hinzu kommt außerdem, dass der Xpider vornehmlich dort Daten erhebt, wo im Web digitale Dienstleistungen angeboten werden, weswegen nicht davon auszugehen ist, dass besonders persönlichkeitsrelevante Informationen erhoben werden. An dieser Stelle ist darüber hinausgehend zu erwähnen, dass aufgrund der technischen Spezifikationen des Monitorings nicht ausschließlich Daten erhoben werden, welche zur Verwirklichung des Zwecks tatsächlich erforderlich sind. So bedingt das Monitoring technisch, dass zunächst sämtliche Daten einer untersuchten Webseite erhoben und wenigstens im Arbeitsspeicher gespeichert werden, um auf dieser Basis anschließend die relevanten Informationen herauszufiltern zu können. Geschuldet ist das der Gegebenheit, dass es im Rahmen der

---

[1356] Zum Kriterium der Streubreite siehe Kap. 6.1.3.3.2.1.2
[1357] Eingehender zur Funktionsweise des Monitorings siehe Kap. 2.4.
[1358] Vgl. BVerfGE 150, 244 (283 f.).
[1359] Zum Kriterium des Modus der Datenerhebung siehe Kap. 6.1.3.3.2.1.3.
[1360] Vgl. *Golla*, in: Taeger/Dragan/Louven (Hrsg.), Rechtsfolgen der Digitalisierung im rumänisch-deutschen Ländervergleich, 67 (75).
[1361] Zum Kriterium der Persönlichkeitsrelevanz siehe Kap. 6.1.3.3.2.1.1.
[1362] Vgl. hierzu Kap. 8.2.2.

11.2 Web-Monitoring im Rahmen einer Rechtspflicht

Datenakquise wenigstens der zeitlich begrenzten Erhebung und Speicherung sämtlicher Inhalte einer Webseite im Arbeitsspeicher bedarf.[1363] Dieser Umstand wirkt sich allerdings nicht auf die Persönlichkeitsrelevanz aus. Zwar können die herausgefilterten Daten Informationen mit besonderem Gewicht für die Privatsphäre einer Person beinhalten oder Rückschlüsse darauf zulassen, allerdings werden die Daten, die für das Monitoring-Objekt nicht relevant sind, bei datenschutzkonformer Ausgestaltung[1364] des Systems weder weitergehend verarbeitet noch durch einen Menschen zur Kenntnis genommen, sodass der Umstand der technikbedingten Miterhebung[1365] von nicht relevanten Daten im Hinblick auf die Beurteilung der Persönlichkeitsrelevanz zu vernachlässigen ist.[1366]

Die Intensität des Eingriffs gemeinhin verringernd wirkt sich zudem die Herkunft[1367] der Daten aus. Die durch den Xpider verarbeiteten Daten sind frei im Web verfügbar und damit als öffentlich einzustufen.[1368] Das Interesse am Schutz dieser Daten ist mithin deutlich geringer als bei nicht frei verfügbaren Inhalten.[1369] Dieser Aspekt ist im vorliegenden Fall besonders zu unterstreichen, da Untersuchungsgegenstand digitale Marktplätze sind und bei den dort bereitgestellten Daten davon ausgegangen werden kann, dass sie durch die betroffene Person selbst bereitgestellt wurden und es sich somit zumeist nicht um Daten handelt, die durch Dritte veröffentlicht wurden.

Ein weiterer Aspekt, welcher zur Beurteilung der Eingriffsintensität zu berücksichtigen ist, ist der Kontext[1370], in welchem sich die Datenverarbeitung stattfindet. Zweck des Xpiders ist das Identifizieren von Personen, die sich der Steuerverkürzung verdächtig gemacht haben. Damit soll gewährleistet werden, dass jede Person, die den Tatbestand einer Steuerverpflichtung erfüllt, auch tatsächlich in Anspruch genommen wird. Dieses als Gleichmäßigkeit der Besteuerung bekannte Grundprinzip ist als öffentliches Interesse von Verfassungsrang anerkannt und von besonderer Bedeutung für das Allgemeinwohl.[1371] Der Xpider ist allein auf diesen Zweck ausgelegt, weswegen keine weiteren Schlüsse auf das individuelle Verhalten einzelner Personen gezogen oder die erhobenen Informationen gesammelt und mit weiteren Informationen verknüpft werden, die nicht mit der Ermittlung der Steuerehrlichkeit einer Person in Zusammenhang stehen. Dies mindert die Intensität des Eingriffs. Einzubeziehen ist allerdings auch, dass auf den Grundrechtseingriff durch den Xpider, soweit dieser verdächtige Personen ermittelt hat, oftmals weitere Eingriffe, beispielsweise weitergehende Ermittlungen durch die zuständige Finanzbehörde oder die Festsetzung einer Haft- oder Geldstrafe, folgen können. Hierfür bedarf es allerdings eigener Rechtsgrundlagen, die einer eigenständigen Würdigung bedürfen, aber nicht Gegenstand der vorliegenden Untersuchung sind.

Im Sinne eines Vier-Stufen-Modells[1372] ergibt sich anhand der dargelegten Ausführungen, dass die mit dem Xpider einhergehende Datenverarbeitung einen Eingriff geringer Intensität darstellt. Dies gilt trotz des Umstands, dass Anlasslosigkeit und Umfang der Datenverarbeitung

---

[1363] Eingehender zur Funktionsweise des Monitorings siehe Kap. 2.4.

[1364] Vorliegend wird davon ausgegangen, dass der Xpider datenschutzkonform ausgestaltet ist. Sollte dies nicht gegeben sein, wäre die Eingriffsintensität erhöht und würde gegebenenfalls zur Unverhältnismäßigkeit führen.

[1365] Vgl. zur technisch bedingten Miterhebung besonderer Kategorien personenbezogener Daten Kap. 2.4.2.

[1366] Diese unrelevanten Daten sind in der Regel nicht mehr erforderlich und daher im Sinne des Grundsatzes der Datenminimierung gem. Art. 5 Abs. 1 lit. c zu löschen.

[1367] Zum Kriterium der Herkunft der Daten siehe Kap. 6.1.3.3.2.1.4.

[1368] Zur Öffentlichkeit von Daten siehe Kap. 4.1.

[1369] Zur Schutzwürdigkeit betroffener Personen hinsichtlich der öffentlich über sie verfügbaren Daten bereits unter Kap. 4.3 und Kap. 6.2.3.4.3.

[1370] Zum Kriterium des Kontexts der Datenverarbeitung siehe Kap. 6.1.3.3.2.1.5.

[1371] BVerfGE 84, 239 (268 ff.); 110, 94 (111 f.); 118, 168 (196).

[1372] Eingehender zum Vier-Stufen-Modell siehe Kap. 6.1.3.3.2.1.6.

die Schwelle überschreiten, die in der Regel die Grenze für die niedrige Eingriffsintensität abbildet. Dies ist insbesondere darauf zurückzuführen, dass der Xpider ausschließlich frei im Internet zugängliche Daten verarbeitet, die zudem von Anbietern auf Webseiten und Plattformen stammen, die elektronische Dienstleistungen anbieten. Folglich relativiert nicht nur die Öffentlichkeit der Daten Art und Umfang der Verarbeitung, sondern auch der Umstand, dass der Xpider ausschließlich Personen adressiert, die aller Voraussicht nach einer Steuerpflicht unterliegen. Der Einsatz des Xpiders ist daher nicht als willkürliche Überwachungsmaßnahme des BZSt, sondern als legitime Steuerprüfung zu qualifizieren. Dies zeigt sich auch vor dem Hintergrund des bereits erwähnten Grundsatzes der Gleichmäßigkeit der Besteuerung, welcher die Kontrolle der Steuerpflichtigen voraussetzt. Hinzu tritt außerdem der die Eingriffsintensität mindernde Umstand, dass durch den Xpider Daten mit eher niedriger Persönlichkeitsrelevanz verarbeitet werden, durch welche keine Rückschlüsse auf das Privatleben oder das Verhalten der betroffenen Personen gezogen oder Persönlichkeitsprofile erstellt werden können.

Auch der Modus der Datenverarbeitung relativiert sich in Anbetracht der Gegebenheit, dass den betroffenen Personen aus der Datenverarbeitung selbst keine unmittelbaren Folgen drohen. So wird hier im Trefferfall lediglich die Vermutung aufgestellt, dass ein steuerunehrliches Verhalten gegeben ist. Diese Vermutung hat jedoch keine unmittelbare rechtliche Wirkung, auf deren Grundlage belastende Maßnahmen ergriffen werden. Ein nachvollziehbares Rechtsschutzinteresse ist mithin nicht gegeben. Dieses setzt erst ein, wenn nach der Übergabe an die zuständige Finanzbehörde durch diese Maßnahmen, beispielsweise Ermittlungen, eingeleitet werden.

Insgesamt ergibt sich damit in Anbetracht der Öffentlichkeit der verarbeiteten Daten, der niedrigen Persönlichkeitsrelevanz und des Verarbeitungskontexts, dass mithilfe des Xpiders weder tiefer in die Privatsphäre der betroffenen Personen eingedrungen wird noch die Möglichkeit besteht, Persönlichkeitsprofile zu erstellen. Die Schwelle zu einem Eingriff mittlerer Intensität wird daher nicht überschritten.

11.2.1.3.4.2 Verhältnismäßigkeit im engeren Sinne

Es stellt sich die Frage, ob der Einsatz des Xpiders in angemessenem Verhältnis zum verfolgten Zweck steht. Um dies entscheiden zu können, bedarf es zunächst einer näheren Betrachtung des Grads der Zweckerreichung, also der Effektivität des Xpiders.

Im Jahr 2006 kritisierte der Bundesrechnungshof die Effektivität des Systems mit deutlichen Worten. Er führte aus, dass der Xpider deutlich hinter den Erwartungen zurückgeblieben sei und nicht wesentlich zur Identifikation von Personen beigetragen habe, die sich im Web der Steuerverkürzung schuldig gemacht haben. So ergäben sich aus mehreren Tausend Datensätzen nur wenige überprüfungswürdige Fälle. Als Grund hierfür wurde insbesondere die mangelnde Datenqualität angeführt. Demnach waren viele Daten nicht hinreichend schlüssig oder konnten nicht korrekt zugeordnet werden. Als weiteren Grund für die geringe Effektivität nannte der Bundesrechnungshof die mangelhaften organisatorischen und personellen Voraussetzungen der Länder zur Verarbeitung der Daten und forderte das zuständige Bundesministerium auf, darauf hinzuwirken, dass die Länder entsprechend aufrüsten.[1373]

Inwieweit die Kritik umgesetzt und die erforderlichen Änderungen auf Landesebene vorgenommen wurden, wurde genauso wie die derzeitige Wirksamkeit bislang kaum von behördlicher Seite kommentiert. Das BZSt äußerte im Jahr 2007 lediglich, dass sich die Äußerungen des Bundesrechnungshofs auf den Stand des Xpiders von Anfang 2005 beziehen und die Kritikpunkte bereits 2005 und 2006 weitgehend ausgeräumt und das System mehrfach verbessert

---

[1373] BT-Drs. 16/3200, S. 37, 206 ff.

11.2 Web-Monitoring im Rahmen einer Rechtspflicht

worden und daher nun in der Lage sei, alle unternehmerischen Aktivitäten im Netz zu erfassen und aussagekräftige Hinweise auf die Identität von Unternehmern zu liefern.[1374]

Unabhängig von diesem Statement ging auch die Wirtschaftsjournalistin und Steuerexpertin Constanze Hacke nach Rücksprache mit einer Vertreterin der Bonner Finanzbehörde bereits im Jahr 2008 davon aus, dass die erforderlichen Änderungen umgesetzt wurden und die Software erfolgreich im Einsatz sei.[1375] Auch aus der Praxis lassen sich entsprechende Stimmen vernehmen. So verzeichneten die Steuerberater ab 2007 einem spürbaren Anstieg der Finanzamtsaktivitäten im Bereich des Internethandels mit Fokus auf Privatanbieter, die in größerem Umfang auf Online-Plattformen verkaufen.[1376]

Im Ergebnis ist somit davon auszugehen, dass die Kritik des Bundesrechnungshofs gemessen am heutigen Stand des Xpiders gegenstandslos ist und das System im Hinblick auf seine Wirksamkeit verbessert und diese erheblich gesteigert wurde. Mithin wird im Folgenden von einer hinreichenden grundsätzlichen Effektivität des Xpiders ausgegangen.

Die grundsätzliche Effektivität des Xpiders vorausgesetzt, ist im Weiteren zu ergründen, welchen Wirkungsgrad das System im Hinblick auf die Möglichkeit zur umfassenden Aufdeckung sämtlicher Umsatzsteuerverkürzungen im Web erreicht. Vor diesem Hintergrund ist erneut hervorzuheben, dass der Xpider ausschließlich frei zugängliche Inhalte aus dem Web erfassen kann und ein Zugreifen auf passwortgeschützte Webseiten nicht möglich ist.[1377] Hinzu kommt, dass mit dem Deep Web und dem Darknet Teile des Web existieren, die nicht mithilfe des Xpiders untersucht werden können.[1378] Dadurch ist der Bereich, in welchem der Xpider verdächtige Personen auffinden kann, auf das sogenannte Surface Web begrenzt. Dieser Umstand hat jedoch nur geringfügig Einfluss auf die Wirksamkeit des Einsatzes des Systems. Auch wenn sich das Web sowie die Fähigkeit der Menschen es zu nutzen, seit 2003 erheblich entwickelt haben, ist weiterhin davon auszugehen, dass beinahe alle Geschäftstätigkeiten in den Teilen des Web stattfinden, für deren Zugang es – anders als im Fall von Darknet oder Deep Web – keiner besonderer Maßnahmen oder Kenntnisse bedarf. Geschäftstätige haben, soweit sich deren Tätigkeit im Rahmen des rechtlich Zulässigen bewegt, kein Interesse daran, solche Hürden für ein Zugang zu ihrem Angebot zu schaffen. Hierdurch entgingen ihnen nur mögliche Geschäfte. Gleiches gilt, wenn das Angebot dem öffentlichen Bereich des Web nicht zugänglich ist. Auch hier würden Geschäftstätige ihrem eigenen Interesse, möglichst viele Menschen zu erreichen, um einen möglichst großen Absatz zu erwirtschaften, zuwiderhandeln. Mithin ist trotz der Restriktionen davon auszugehen, dass der Xpider grundsätzlich eine ausreichende Reichweite besitzt, um den ganz überwiegenden Teil der in Bezug auf die Umsatzsteuern steuerunehrlichen Personen im Web aufzudecken zu können.

Diese Reichweite kann auch nicht dadurch beschränkt werden, dass die Erhebung und Verarbeitung der auf einer Webseite verfügbaren Inhalte über eine Anpassung des Quellcodes für Systeme wie den Xpider technisch untersagt wird.[1379] Insgesamt ist daher davon auszugehen, dass der Xpider die Möglichkeit der Aufdeckung von Umsatzsteuerverkürzungen im Web in nicht unerheblichen Umfang eröffnet und ein hinreichender Wirkungsgrad gegeben ist.

[1374] Zitiert nach *Wilke*, Financial Times Deutschland vom 19.06.2007, 26 (26).
[1375] *Hacke*, BB 2008, M16 (M16).
[1376] *Beyer*, XPIDER – doch nicht so zahnlos, wie jüngst behauptet?
[1377] Eingehender zur Funktionsweise des Monitorings siehe Kap. 2.4.
[1378] *Müller*, beck.digitax 2020, 247 (250).
[1379] Zur fehlenden Möglichkeit, Monitoring umfassend zu unterbinden bereits unter Kap. 2.4.2.1; die Wirksamkeit der technischen Möglichkeiten zur Begrenzung der Datenerhebung unberücksichtigt lassend und daher a.A. *Müller*, beck.digitax 2020, 247 (250); dem folgend *Liekenbrock/Danielmeyer*, RET 2020, 24 (25).

Der dargestellten Effektivität und dem Wirkungsgrad des Systems stehen die Interessen der betroffenen Personen gegenüber, selbst über die Erhebung und Verarbeitung ihrer personenbezogenen Daten zu bestimmen. Da vom Xpider ein niedriges Eingriffsgewicht ausgeht,[1380] bedarf es zur Rechtfertigung seiner Nutzung hinreichend gewichtiger Gründe. Wie bereits dargelegt, zielt der Einsatz des Xpiders insbesondere auf die Gleichmäßigkeit der Besteuerung, die Herstellung und Erhaltung von Wettbewerbsgerechtigkeit und zumindest mittelbar auf den Schutz von Arbeitsplätzen.[1381] Folglich werden durch dessen Einsatz keine Rechtsgüter von erheblichem Gewicht im klassischen Sinne geschützt. Dieser Umstand ist vorliegend jedoch unschädlich, da der hier dominierende Zweck über das Gebot der steuerlichen Belastungsgleichheit Verfassungsrang genießt und mithin dazu geeignet ist, ein Vorgehen wie das vorliegende zu rechtfertigen.[1382] Diese Ansicht findet insbesondere darin Bestätigung, dass die Bekämpfung von Steuerverkürzung kein Selbstzweck ist, sondern der Gleichbehandlung, dem Schutz vor Wettbewerbsverzerrung und daraus folgend dem Schutz von Arbeitsplätzen dient.

Hinzu kommt, dass der Gesetzgeber grundsätzlich verpflichtet ist, das materielle Steuergesetz in ein verfahrensrechtliches Umfeld zu betten, das geeignet ist, die Lastengleichheit der Steuerpflichtigen zu gewährleisten.[1383] In Anbetracht des Umstands, dass das Web ohne steuerliche Kontrolle zur Steuerhinterziehung einlädt und nach Erfahrungen der Steuerfahndung auch dementsprechend verwendet wird,[1384] ergibt sich aus dieser Pflicht ein unmittelbarer Auftrag an den Gesetzgeber, ausreichende Maßnahmen vorzusehen, die ein solches gemeinschädliches Verhalten verhindern oder aufdecken.[1385] Diesen Auftrag hat der Gesetzgeber mit § 5 Abs. 1 Satz 1 Nr. 17 FVG wahrgenommen und das BZSt mit dem Xpider umgesetzt.

Unter Berücksichtigung der Intensität des Grundrechtseingriffs geht dabei die Grundrechtsbeeinträchtigung nicht über das hinaus, was zur Erreichung des Zwecks und des verfassungsrechtlichen Auftrags angemessen ist. Für eine umfassende Beobachtung umsatzsteuerrelevanter Tätigkeiten im Web bieten sich manuelle oder nichtautomatisierte Vorgehen nicht an. Das Web würde hierdurch nicht in der Weise, der Geschwindigkeit und dem Umfang beobachtet werden können, wie es für die Gewährleistung der Gleichmäßigkeit der Besteuerung geboten wäre. Hinzu kommt, dass der Xpider ausschließlich auf Webseiten tätig wird, auf welchen er geschäftliche Tätigkeiten erkennt. Dadurch ist er auf die zur Erfüllung der Aufgabe aus § 5 Abs. 1 Satz 1 Nr. 17 FVG erforderlichen Bereiche beschränkt.

Nicht unberücksichtigt bleiben darf außerdem, dass Personen, die sich keine steuerrechtlichen Fehltritte erlaubt haben, keine Nachteile drohen. Weder müssen Sie damit rechnen, dass eine sie betreffende Ermittlung angestrengt und damit weiter in ihr Grundrecht eingegriffen wird noch werden sie unter Generalverdacht gestellt. Hinzu kommt, dass der Einsatz des Xpiders einige Vorteile mit sich bringt. Neben einer deutlichen Zeitersparnis und einer schnelleren Prüfungsabwicklung leistet das System umfangreiche Überprüfungen, bezieht Plausibilitätsbeurteilungen mit ein und ermöglicht es, Prüfungshandlungen standardisiert auszurichten und transparenter zu machen. Insbesondere letzteres zahlt sich für die Personen aus, welche zum Ziel steuerlicher Ermittlungen wurden und rechtliche Mittel ergreifen möchten.[1386]

[1380] Zur vom Xpider ausgehenden Eingriffsintensität siehe Kap. 11.2.1.3.4.1.
[1381] Siehe Kap. 11.2.1.3.2.
[1382] BVerfGE 84, 239 (268 ff.); 110, 94 (112 ff.); 118, 168 (196); 120, 351 (367).
[1383] BVerfGE 118, 168 (196); 84, 239 (268 ff.); 110, 94 (112 ff.).
[1384] BT-Drs. 16/3200, S. 207.
[1385] Zu den Einnahmeverlusten aus der Umsatzsteuer in Deutschland siehe *Center for Social and Economic Research*, Study to quantify and analyse the VAT Gap in the EU Member States, 35.
[1386] *Buck/Klopfer*, Betriebsprüfung, 91 Rn. 17.

11.2 Web-Monitoring im Rahmen einer Rechtspflicht

Die datenschutzkonforme Ausgestaltung des Xpiders vorausgesetzt,[1387] muss im Ergebnis in Anbetracht des besonderen Gewichts des Interesses am gleichmäßigen Steueraufkommen und dessen maßgeblicher Bedeutung für die Gewährleistung der Wettbewerbsgerechtigkeit und den Erhalt und die Sicherung von Arbeitsplätzen, das Interesse Einzelner an der Selbstbestimmung über die eigenen Daten hinter dem Allgemeinwohl zurücktreten. Demnach steht der Einsatz des Xpiders nicht außer Verhältnis zum verfolgten Zweck und ist damit insgesamt als zulässig zu bewerten.

11.2.2 Web-Monitoring zur Produktbeobachtung

Das Inverkehrbringen eines Produkts auf dem Markt bringt für den Hersteller sowie für den Einführer zahlreiche produktrechtliche Verpflichtungen mit sich. Diese ergeben sich in Abhängigkeit vom konkreten Produkt aus verschiedenen allgemeinen[1388] und bereichsspezifischen[1389] Gesetzen. Eines dieser produktbezogenen Gesetze ist das ProdSG. Dessen erklärtes Ziel ist es, die Sicherheit und Gesundheit der Menschen bei der Vermarktung von Produkten zu gewährleisten.[1390] Im Zuge dessen sieht § 6 Abs. 3 Satz 1 Nr. 1, 2 ProdSG eine Pflicht zur Beobachtung von bereits in den Markt eingeführten Verbraucherprodukten[1391] vor. Eine solche Produktbeobachtungspflicht ergibt sich ebenso, gleichwertig neben § 6 Abs. 3 Satz 1 Nr. 1, 2 ProdSG stehend,[1392] aus dem Deliktsrecht über § 823 Abs. 1 BGB.[1393] Dieses wird im Folgenden jedoch nicht näher betrachtet.[1394] Den Schwerpunkt der Untersuchung bildet das öffentlich-rechtliche Produktrecht, wie es sich aus dem ProdSG ergibt.[1395]

11.2.2.1 Pflicht zur Produktbeobachtung

Die öffentlich-rechtliche Produktbeobachtungspflicht hat zwei zentrale Ausprägungen: die in § 6 Abs. 3 Satz 1 Nr. 1 ProdSG statuierte aktive und die in § 6 Abs. 3 Satz 1 Nr. 2 ProdSG statuierte passive Beobachtungspflicht.[1396]

Gem. § 6 Abs. 3 Satz 1 Nr. 2 ProdSG sind die Hersteller, deren Bevollmächtigte sowie die Einführer von Verbraucherprodukten (fortan verantwortliche Akteure) verpflichtet, eingehende Beschwerden zu prüfen und erforderlichenfalls ein Beschwerdebuch zu führen. Die verantwortlichen Akteure haben mithin ein Reklamations- oder Beschwerdemanagement einzurichten, damit die eingehenden Beschwerden systematisch erfasst und ausgewertet werden können.[1397]

[1387] Hierzu liegen, wie bereits dargelegt, keine näheren Erkenntnisse vor. Auf Rückfrage beim BZSt hierzu wurde auf die offizielle Webseite des BZSt zum Xpider verwiesen und darüber hinaus gehende Auskünfte verweigert.

[1388] Bspw. BGB und ProdHaftG.

[1389] Im medizinischen Bereich etwa aus den nationalen Rechtsverordnungen zu Medizinprodukten und dem MPDG.

[1390] BT-Drs. 314/11, S. 1 f. i.V.m. BT-Drs. 15/1620, S. 23.

[1391] Der Begriff des Verbraucherprodukts ist in § 2 Nr. 25 ProdSG definiert. Näher zum Begriffsverständnis siehe *Heuser*, in: Ehring/Taeger (Hrsg.), ProdHaft und ProdS, § 2 ProdSG Rn. 158 ff.

[1392] *Klindt/Wende*, BB 2016, 1419 (1419); *Wagner*, VersR 2014, 905 (915); vgl. auch: *Wilrich*, Produktsicherheitsrecht und CE-Konformität, 346.

[1393] BGHZ 80, 199 (202); 99, 167 (172); *Klindt/Wende*, BB 2016, 1419 (1419).

[1394] Näher zum Verhältnis deliktsrechtlicher und öffentlich-rechtlicher Produktbeobachtungspflichten *Hofmann*, Öffentlich-rechtlich statuierte Produktbeobachtungspflichten als Mittel der Sicherheitsgewährleistung im Produkt-, Stoff- und Technikrecht, 40 ff.

[1395] Da die zivilrechtliche und die öffentlich-rechtliche Produktbeobachtungspflicht zahleiche Parallelen aufweisen, wird im Nachfolgenden teilweise auch auf zivilrechtliche Erwägungen zurückgegriffen.

[1396] *Klindt/Wende*, BB 2016, 1419 (1419); *Piltz/Reusch*, BB 2017, 841 (844); *Stempfle*, in: Pfeifer/Schmitt (Hrsg.), Handbuch Qualitätsmanagement, 959 (974 f.); *Wilrich*, Das neue Produktsicherheitsgesetz (ProdSG), 176 Rn. 444.

[1397] *Kapoor*, in: Klindt (Hrsg.), ProdSG, § 6 Rn. 62; *Wilrich*, Produktsicherheitsrecht und CE-Konformität, 345.

Eine aktive Informationsbeschaffung fordert § 6 Abs. 3 Satz 1 Nr. 2 ProdSG aber nicht, weswegen hier von einer passiven Beobachtungspflicht gesprochen wird.

Im Unterschied zu § 6 Abs. 3 Satz 1 Nr. 2 ProdSG verpflichtet § 6 Abs. 3 Satz 1 Nr. 1 ProdSG die verantwortlichen Akteure im Rahmen ihrer Geschäftstätigkeit, proaktiv tätig zu werden und Stichproben von ihren auf dem Markt bereitgestellten Verbraucherprodukten zu ziehen. In welchem Umfang dies erforderlich ist, orientiert sich am Verhältnismäßigkeitsgrundsatz.[1398] Folglich muss der betriebene Aufwand in einem angemessenen Verhältnis zu dem vom Verbraucherprodukt ausgehenden Risiko stehen. Um dieses bestimmen zu können, bedarf es zunächst, also vor der Erhebung der Stichproben, der Ermittlung des vom Produkt ausgehenden grundlegenden Risikos. Dies setzt eine Beobachtung des Produkts voraus. Diese Beobachtung darf jedoch nicht auf abstrakte, die praktischen Erfahrungen nicht einbeziehende Einschätzungen beschränkt bleiben, sondern muss sich, da sich Produktrisiken häufig erst in der alltäglichen Verwendung manifestieren, auch auf bereits im Verkehr befindliche Produkte erstrecken.[1399] Risikobestimmung und Stichprobenziehung sind folglich untrennbar miteinander verbunden und repräsentieren zusammen die aktive Produktbeobachtungspflicht.[1400] Dieses Verständnis steht zudem im Einklang mit den Vorgaben der Richtlinie 2001/95/EG über die allgemeine Produktsicherheit. Diese bestimmt in Art. 5 Abs. 1 UAbs. 3, 4 lit. b, dass auch nach der Produktlieferung Maßnahmen zur Erkennung etwaiger Produktrisiken zu ergreifen sind und benennt in diesem Zusammenhang Stichproben lediglich beispielhaft.[1401] Über die Stichprobenziehung hinausgehende Pflichten sind mithin intendiert. Insgesamt schafft § 6 Abs. 3 Satz 1 Nr. 1 ProdSG damit eine über den Zeitpunkt des Inverkehrbringens hinausgehende Pflicht, welche die proaktive Überwachung der Verbraucherprodukte auch nach der Bereitstellung auf dem Markt umfasst.[1402] Der Norm ist also, auch wenn sich das nicht ausdrücklich aus dem Wortlaut ergibt, eine aktive Pflicht zur Produktbeobachtung inhärent.[1403]

Wie weit diese aktive Beobachtungspflicht im Hinblick auf Prüfdichte und Prüfumfang im Konkreten geht, hängt von den Umständen des jeweiligen Einzelfalls ab. Dabei ist zum einen gem. § 6 Abs. 3 Satz 2 ProdSG auf den Grad des mit dem Produkt verbundenen Risikos sowie die Möglichkeit, dieses Risiko zu vermeiden, abzustellen. Mit wenig verbreiteten, naturgemäß risikoarmen Produkten geht folglich eine weniger intensive Beobachtungspflicht einher als mit einem auf dem internationalen Markt breit verfügbaren Massenprodukt, von dem ein gesteigertes Risiko ausgeht. Zum anderen spielen die Produktverbreitung, die Vertriebswege sowie die wirtschaftliche Zumutbarkeit eine tragende Rolle zur Beurteilung der gebotenen

---

[1398] *Wilrich*, Das neue Produktsicherheitsgesetz (ProdSG), Rn. 445.

[1399] *Hofmann*, Öffentlich-rechtlich statuierte Produktbeobachtungspflichten als Mittel der Sicherheitsgewährleistung im Produkt-, Stoff- und Technikrecht, 174 f.; *Wilrich*, Das neue Produktsicherheitsgesetz (ProdSG), Rn. 444; *Schütte*, in: Ehring/Taeger (Hrsg.), ProdHaft und ProdS, § 6 ProdSG Rn. 48; *Bauer*, Das Recht des technischen Produkts, § 2 Rn. 679; *Gauger*, Produktsicherheit und staatliche Verantwortung, 186.

[1400] *Hofmann*, Öffentlich-rechtlich statuierte Produktbeobachtungspflichten als Mittel der Sicherheitsgewährleistung im Produkt-, Stoff- und Technikrecht, 176.

[1401] Ebenso *Hofmann*, Öffentlich-rechtlich statuierte Produktbeobachtungspflichten als Mittel der Sicherheitsgewährleistung im Produkt-, Stoff- und Technikrecht, 182.

[1402] *Kapoor*, in: Klindt (Hrsg.), ProdSG, § 6 Rn. 57; *Hofmann*, Öffentlich-rechtlich statuierte Produktbeobachtungspflichten als Mittel der Sicherheitsgewährleistung im Produkt-, Stoff- und Technikrecht, 174 ff.; ebenso zu der durch § 6 Abs. 3 ProdSG übernommenen Norm aus dem GPSG *Eisenberg*, Produkthaftung, 86 f.; kritisch *Wagner*, VersR 2014, 905 (915).

[1403] Vgl. *Schütte*, in: Ehring/Taeger (Hrsg.), ProdHaft und ProdS, § 6 ProdSG Rn. 47; *Kapoor*, in: Klindt (Hrsg.), ProdSG, § 6 Rn. 57; *Lenz/Laschet*, Leitfaden zum Geräte- und Produktsicherheitsgesetz 2004, 26; *Hofmann*, Öffentlich-rechtlich statuierte Produktbeobachtungspflichten als Mittel der Sicherheitsgewährleistung im Produkt-, Stoff- und Technikrecht, 174 f.

Beobachtungsintensität.[1404] Beispielsweise bedarf es einer weniger umfassenden Produktbeobachtung, wenn es sich um ein nur in begrenzter Stückzahl aufgelegtes Designerbett handelt, wohingegen weltweit online vertriebene Sexspielzeuge wie Vibratoren oder Dildos mit größerer Sorgfalt überwacht[1405] werden müssen, da von ihnen – anders als von Designerbetten – besondere Risiken für die Gesundheit und Sicherheit der Verbraucher ausgehen.[1406]

11.2.2.2 Produktbeobachtung in der digitalen Welt

Im Zuge der fortschreitenden Digitalisierung, dem Web 2.0[1407] und der damit einhergehenden zunehmenden öffentlichen Kommunikation über das Web kann sich die aktive Produktbeobachtungspflicht nicht mehr grundsätzlich nur auf die klassischen Printmedien wie Fachzeitschriften, Zeitungs- oder Testberichte beziehen.[1408] Sie muss sich – wenigstens sofern vom jeweiligen Produkt ein höheres Risiko ausgeht – zudem in angemessenem Umfang auf Informationen aus dem Web erstrecken.[1409] Anderenfalls würden aussichtsreiche Erkenntnisquellen wie Online-Zeitschriften, Expertenforen und -blogs oder die Webpräsenzen eines Unternehmens auf sozialen Medien gänzlich ausgeklammert werden, obwohl zu erwarten ist, dass Verbraucher dort von Problemen oder Gefahren in Bezug auf das Produkt berichten. Eine solche Beschränkung auf Offlinemedien würde auch nicht der Intention des Gesetzgebers entsprechen, mit dem ProdSG ein Regelwerk zum umfassenden Schutz der Sicherheit und Gesundheit der Verbraucher zu schaffen. Zwar gibt es bislang keine Rechtsprechung zur Produktbeobachtung im Web, allerdings legen die Gerichte die Produktbeobachtungspflicht allgemein weit aus, weswegen zu erwarten ist, dass die Beobachtung aussichtsreicher Web-Quellen wenigstens bei risikoreicheren und weiter verbreiteten Produkten vorausgesetzt wird.[1410]

Insgesamt ist daher davon auszugehen, dass die Pflicht zur aktiven Produktbeobachtung zumindest im Fall risikoreicherer und weit verbreiteter Produkte grundsätzlich auch frei verfügbare Inhalte aus dem Web umfasst.[1411] Dabei sind die relevanten Akteure freilich nicht verpflichtet, sämtliche Online-Quellen einzubeziehen. Vielmehr erstreckt sich die Pflicht zur digitalen Produktbeobachtung lediglich auf solche Quellen, die einen Bezug zu dem Produkt oder dem

---

[1404] *Foerste*, in: Foerste/Graf von Westphalen (Hrsg.), Produkthaftungshandbuch, § 24 Rn. 384; dem folgend *Klindt/Wende*, BB 2016, 1419 (1419); *Wilrich*, Produktsicherheitsrecht und CE-Konformität, 344.

[1405] Die Beobachtungspflicht ergibt sich aus § 6 Abs. 1 Satz 1 Nr. 1 ProdSG. Zwar sind Sexspielzeuge Bedarfsgegenstände i.S.v. § 2 Abs. 6 Nr. 6 LFGB, sodass primär die §§ 30 ff. LFGB i.V.m. der BedGgstV gelten. Da diese allerdings keine Beobachtungspflicht i.S.v. § 6 Abs. 1 Satz 1 Nr. 1 ProdSG vorsehen, kommt die Regelung des subsidiär zum LFGB und der BedGgstV stehenden ProdSG zur Anwendung.

[1406] So sind in Sexspielzeugen oftmals toxische Stoffe wie Phtalate und Phenole enthalten, deren Verwendung in Erotikspielzeugen aber trotz ihrer potenziell schädigenden Wirkung auf den Körper (Hormonstörungen, Unfruchtbarkeit, Krebs, Diabetes) bislang nicht gänzlich verboten sind, vgl. BT-Drs. 17/6398, S. 1 ff.; *Stiftung Warentest*, Sextoys im Test; *dpa*, Bundesregierung will gefährliche Dildos nicht verbieten.

[1407] Zum Web 2.0 siehe Kap. 2.1.3.

[1408] Zur analogen Produktbeobachtung insoweit *Klindt/Wende*, BB 2016, 1419 (1420); *Stempfle*, in: Pfeifer/Schmitt (Hrsg.), Handbuch Qualitätsmanagement, 959 (974); *Foerste*, in: Foerste/Graf von Westphalen (Hrsg.), Produkthaftungshandbuch, § 24 Rn. 378.

[1409] Vgl. *Klindt/Wende*, BB 2016, 1419 (1420); *Stempfle*, in: Pfeifer/Schmitt (Hrsg.), Handbuch Qualitätsmanagement, 959 (974); *Foerste*, in: Foerste/Graf von Westphalen (Hrsg.), Produkthaftungshandbuch, § 24 Rn. 378; *Klindt/Wende*, Rückrufmanagement, 63 f.; *Hauschka/Klindt*, NJW 2007, 2726 (2729); *Droste*, CCZ 2015, 105 (106); *Klindt*, in: Eifert (Hrsg.), Produktbeobachtung durch Private, 55 (59); *Piltz/Reusch*, BB 2017, 841 (844); differenziert zum konkreten Umfang der online-Produktbeobachtung *Helte*, Anforderungen an die Produktsicherheit bei späterem Fortschritt von Wissenschaft und Technik, 81.

[1410] Vgl. *Klindt/Wende*, BB 2016, 1419 (1420); a.A. *Helte*, Anforderungen an die Produktsicherheit bei späterem Fortschritt von Wissenschaft und Technik, 83.

[1411] Entsprechende Angebote zur Produktbeobachtung, befinden sich bereits im Produktportfolio von Dienstleistern, siehe bspw. https://www.consline.com/de/loesungen/.

Hersteller aufweisen (beispielsweise die Online-Präsenz eines verantwortlichen Akteurs)[1412] oder potenziell sicherheitsrelevante Informationen zum Produkt enthalten können (beispielsweise entsprechende Expertenforen)[1413]. Zur Erfüllung der aktiven Produktbeobachtungspflicht kommt der Einsatz von Monitoring in Betracht.[1414] Dieses ermöglicht es, öffentlich verfügbare Web-Quellen systematisch nach relevanten Informationen für die Produktsicherheit zu durchsuchen und auszuwerten. Dabei stellt sich die Frage, inwieweit ein solches Vorgehen auf Art. 6 Abs. 1 UAbs. 1 lit. c DSGVO gestützt werden kann.[1415]

11.2.2.3 Rechtmäßigkeit des Web-Monitorings zur Produktbeobachtung

Um den Einsatz von Monitoring zur Produktbeobachtung auf Art. 6 Abs. 1 UAbs. 1 lit. c DSGVO stützen zu können, bedarf es neben der Einhaltung der Vorgaben des Art. 6 Abs. 3 DSGVO einer hinreichenden Legitimationsgrundlage, die eine entsprechende Rechtspflicht formuliert, sowie der Erforderlichkeit der mit dem Monitoring einhergehenden Datenverarbeitung zur Erfüllung der Produktbeobachtungspflicht.[1416]

11.2.2.3.1 Relevanz des Art. 9 DSGVO

Bevor eine Prüfung der Vorgaben aus Art. 6 Abs. 1 UAbs. 1 lit. c DSGVO vorgenommen werden kann, ist zu berücksichtigen, dass insbesondere negative produktbezogene Rezensionen, Beschwerden und Kritiken häufig mit Informationen zu gesundheitlichen Beeinträchtigungen einhergehen, die durch das Produkt herbeigeführt wurden. Verursacht beispielsweise ein Wasserkocher Verbrennungen, weil er bei Benutzung außergewöhnlich heiß wird, oder ruft ein Sexspielzeug starke allergische Reaktionen hervor, wird sich dies vielfach in den Äußerungen der betroffenen Personen wiederfinden. Folglich ist vernünftigerweise damit zu rechnen, dass im Zuge der aktiven Produktbeobachtung unter anderem gesundheitsbezogene Daten i.S.v. Art. 4 Nr. 15 DSGVO analysiert werden.[1417] Dies eröffnet den Anwendungsbereich des Art. 9 Abs. 1 DSGVO.[1418] Mithin ist zusätzlich zu den Anforderungen des Art. 6 Abs. 1 UAbs. 1 lit. c DSGVO die Regelung des Art. 9 DSGVO zu berücksichtigen.[1419] Zunächst ist daher zu prüfen, ob die Geltung des Verarbeitungsverbots aus Art. 9 Abs. 1 DSGVO abgewendet werden kann.

Hierfür kommt es in Betracht, das Monitoring-Tool so zu konfigurieren, dass Inhalte mit sensiblen Daten im Schritt der Datenakquise erkenntnislos ausgesondert werden. Eine solche Ausgestaltung des Monitorings würde allerdings den Sinn und Zweck der Produktbeobachtung konterkarieren. Rezensionen, Kritiken und Beschwerden zu Produkten enthalten, wie bereits beschrieben, oftmals eine Kombination aus sachbezogenen und gesundheitsbezogenen Informationen. Würde technisch ausgeschlossen, dass Inhalte, die auch gesundheitsbezogene Informationen offenlegen, in die Datenanalyse eingebunden werden, käme es potenziell dazu, dass das von einem Produkt ausgehende Risiko nur unzureichend bewertet werden könnte. Eine Anpassung der Ausgestaltung des Monitorings kommt daher nicht in Betracht.

[1412] *Klindt/Wende*, Rückrufmanagement, 63; *Helte*, Anforderungen an die Produktsicherheit bei späterem Fortschritt von Wissenschaft und Technik, 83; *Hartmann/Schmidt*, BB-Sonderausgabe RAW 2013, 37 (43).

[1413] Vgl. *Klindt/Wende*, Rückrufmanagement, 83; a.A. *Helte*, Anforderungen an die Produktsicherheit bei späterem Fortschritt von Wissenschaft und Technik, 83.

[1414] Vgl. *Klindt/Wende*, BB 2016, 1419 (1419 ff.).

[1415] Art. 6 Abs. 1 UAbs. 1 lit. c DSGVO ebenfalls für die Datenverarbeitung im Rahmen der Produktbeobachtung in Betracht ziehend *Schmid*, CR 2019, 141 (146).

[1416] Vgl. zu den Voraussetzungen des Art. 6 Abs. 1 UAbs. 1 lit. c DSGVO Kap. 11.1.

[1417] Darüber hinaus kommt auch die Verarbeitung anderer Kategorien personenbezogener Daten in Betracht, im Fall von Sexspielzeugen beispielsweise die Verarbeitung von Daten zum Sexualleben.

[1418] Eingehend zu Art. 9 DSGVO siehe Kap. 8.2.

[1419] Zum Verhältnis von Art. 6 DSGVO und Art. 9 DSGVO siehe Kap. 8.2.1.3.

11.2.2.3.2 In Betracht kommende Ausnahmetatbestände

Die Anwendbarkeit des Verarbeitungsverbots könnte ebenfalls abgewendet werden, wenn einer der in Art. 9 Abs. 2 DSGVO genannten Ausnahmetatbestände erfüllt ist. Art. 9 Abs. 2 DSGVO formuliert insgesamt zehn Ausnahmetatbestände. Die Anwendbarkeit der Art. 9 Abs. 2 lit. a-d sowie lit. f, g und j DSGVO scheiden vorliegend jedoch aus: Weder besteht die Möglichkeit einer rechtskonformen Einwilligung[1420] (lit. a) noch erfolgt die Verarbeitung im Zuge des Arbeitsrechts oder des Rechts der sozialen Sicherheit (lit. b), zum Schutz lebenswichtiger Interessen (lit. c), im Rahmen von Rechtsansprüchen oder justiziellen Tätigkeiten (lit. f), zur Gesundheitsvorsorge oder Arbeitsmedizin (lit. h), zu Forschungs-, archivarischen oder statistischen Zwecken (lit. j) oder wird durch eine Organisation ohne Gewinnerzielungsabsicht im Rahmen ihrer rechtmäßigen Tätigkeiten durchgeführt (lit. d). Für die verbleibenden Ausnahmetatbestände nach Art. 9 Abs. 2 lit. e, g und i DSGVO ist eine nähere Betrachtung geboten.

11.2.2.3.2.1 Ausnahme für offensichtlich öffentlich gemachte Daten

Das Verarbeitungsverbot nach Art. 9 Abs. 1 DSGVO greift gem. Art. 9 Abs. 2 lit. e DSGVO nicht, wenn sich die Verarbeitung auf personenbezogene Daten bezieht, welche die betroffene Person offensichtlich öffentlich gemacht hat. Dieser Tatbestand setzt zum einen voraus, dass die Veröffentlichung durch die betroffene Person selbst vorgenommen wurde oder die Veröffentlichung mit Wissen und Willen der betroffenen Person erfolgt ist.[1421] Zum anderen dürfen aus der Perspektive eines außenstehenden Beobachters, auch unter Berücksichtigung des Kontexts, in dem sich die öffentlichen Daten befinden, keine Zweifel daran bestehen, dass die betroffene Person die Veröffentlichung selbst vorgenommen hat.[1422]

Bei den im Rahmen des Monitorings verarbeiteten Daten handelt es sich zwar um allgemein zugängliche Daten aus dem Web, allerdings sind diese nicht zwangsläufig von den betroffenen Personen selbst öffentlich gemacht worden. Personen, die negative Erfahrungen mit einem Produkt gemacht haben, kommunizieren diese in der Regel zwar selbst. Es kann allerdings auch dazu kommen, dass Erfahrungen identifizierbarer Dritter wiedergegeben werden. Es kann mithin nicht angenommen werden, dass jede Veröffentlichung mit Wissen und Willen der betroffenen Person erfolgt ist. So ist beispielsweise nicht unrealistisch, dass Angehörige oder Freunde von negativen Produkterfahrungen berichten, ohne dass die geschädigte Person hierüber in Kenntnis ist. Gleichzeitig kann im Rahmen des Monitorings nicht automatisiert festgestellt werden, ob eine Information i.S.v. Art. 9 Abs. 2 lit. e DSGVO offensichtlich von der betroffenen Person öffentlich gemacht wurde. Vielmehr werden sämtliche Daten persistent gespeichert, die als relevant klassifiziert wurden. Es ist daher nicht auszuschließen, dass auch Daten verarbeitet werden, die nicht offensichtlich von der betroffenen Person öffentlich gemacht wurden. Mithin kann Art. 9 Abs. 2 lit. e DSGVO hier nicht zur Anwendung kommen.

11.2.2.3.2.2 Ausnahme auf Grundlage öffentlicher Interessen

Als mögliche Tatbestände, im Rahmen welcher das Verbot der Verarbeitung besonderer Kategorien personenbezogener Daten ausnahmsweise nicht greift, verbleiben Art. 9 Abs. 2 lit. g und i DSGVO. Beide Regelungen stellen grundsätzlich auf öffentliche Interessen ab: Während Art. 9 Abs. 2 lit. g DSGVO sich allgemein auf erhebliche öffentliche Interessen bezieht, referenziert Art. 9 Abs. 2 lit. i DSGVO spezifischer auf die Verarbeitung aus Gründen des öffentlichen Interesses im Bereich der öffentlichen Gesundheit. Damit ist Art. 9 Abs. 2 lit. i DSGVO

[1420] Eingehend zur Rechtsgrundlage der Einwilligung im Kontext des Monitorings siehe Kap. 9.
[1421] Eingehender hierzu Kap. 4.1.1.2.1.
[1422] Eingehender hierzu Kap. 4.1.1.2.2.

als Lex specialis zu Art. 9 Abs. 2 lit. g DSGVO zu prüfen, sofern ein Bezug zur öffentlichen Gesundheit in Betracht kommt.[1423]

Der Begriff der öffentlichen Gesundheit meint gem. EG 54 Satz 3 DSGVO i.V.m. Art. 3 lit. c GSA-VO alle Elemente im Zusammenhang mit der Gesundheit, nämlich den Gesundheitszustand, einschließlich Morbidität und Behinderung, die sich auf diesen Gesundheitszustand auswirkenden Determinanten, den Bedarf an Gesundheitsversorgung, die der Gesundheitsversorgung zugewiesenen Mittel, die Bereitstellung von und den allgemeinen Zugang zu Gesundheitsversorgungsleistungen sowie die entsprechenden Ausgaben und die Finanzierung und schließlich die Ursachen der Mortalität. Als Beispiele für Interessen im Bereich der öffentlichen Gesundheit benennt Art. 9 Abs. 2 lit. i DSGVO exemplarisch den Schutz vor schwerwiegenden grenzüberschreitenden Gesundheitsgefahren und die Gewährleistung hoher Qualitäts- und Sicherheitsstandards bei der Gesundheitsversorgung sowie bei Arzneimitteln und Medizinprodukten. Daraus ist zu schließen, dass der Ausnahmetatbestand vornehmlich auf besonders gewichtige und systemische Aspekte der öffentlichen Gesundheit abstellt.[1424] Art. 9 Abs. 2 lit. i DSGVO adressiert folglich kollektive Gefahren für die Gesundheit der Bevölkerung, etwa schwerwiegende übertragbare Krankheiten wie Covid 19 oder Risiken chemischen oder unbekannten Ursprungs.[1425] Die Datenverarbeitung im Zuge des § 6 Abs. 3 Satz 1 Nr. 1 ProdSG erfolgt vornehmlich zum Schutz der Gesundheit und Sicherheit der Verbraucher,[1426] dabei verdichtet sich dieses Interesse insbesondere mangels Anhaltspunkte einer konkreten Gefährdung allerdings nicht zu einem öffentlichen Interesse im Bereich der öffentlichen Gesundheit i.s.v. Art. 9 Abs. 2 lit. i DSGVO. Insbesondere adressiert die aktive Produktbeobachtung keine besonderes gewichtigen und systemischen Aspekte der öffentlichen Gesundheit, sondern untersucht allgemein und punktuell die von einzelnen Produkten ausgehenden Risiken. Folglich kommt Art. 9 Abs. 2 lit. i DSGVO nicht als Ausnahmetatbestand in Betracht, im Weiteren ist daher Art. 9 Abs. 2 lit. g DSGVO in den Blick zu nehmen.

Der Ausnahmetatbestand des Art. 9 Abs. 2 lit. g DSGVO setzt voraus, dass die Verarbeitung aus Gründen eines erheblichen öffentlichen Interesses erfolgt, das im Unionsrecht oder dem Recht eines Mitgliedstaats angelegt ist, wobei dieses Recht angemessene und spezifische Maßnahmen zur Wahrung der Rechte und Freiheiten der betroffenen Person vorsehen und der Anforderung der Erforderlichkeit genügen muss.

11.2.2.3.2.2.1 Erhebliches öffentliches Interesse

Der Begriff des erheblichen öffentlichen Interesses umfasst sämtliche Interessen, durch welche die Belange des Allgemeinwohls in einem solchen Maße berührt werden, dass deren Durchsetzung gegenüber den Rechten der betroffenen Personen Vorrang genießt.[1427] Hierzu zählt insbesondere die Abwehr von Gefahren für Leib und Leben.[1428]

Wie den vorangegangenen Ausführungen zu entnehmen ist, dient die durch § 6 Abs. 3 Satz 1 Nr. 1 ProdSG statuierte Pflicht zu Produktbeobachtung dem Schutz der Gesundheit der

---

[1423] *Albers/Veit*, in: Wolff/Brink/von Ungern-Sternberg (Hrsg.), BeckOK DSR, Art. 9 DSGVO Rn. 95; ebenfalls von einer Spezialregelung zu Art. 9 Abs. 2 lit. g DSGVO ausgehend *Wedde*, in: Däubler et al. (Hrsg.), DSGVO/BDSG/TTDSG, Art. 9 DSGVO Rn. 127.

[1424] Insoweit von „massiven Gefahren für die öffentliche Gesundheit" sprechend *Spindler/Dalby*, in: Spindler/Schuster (Hrsg.), Recht el. Medien, Art. 9 DSGVO Rn. 21.

[1425] Vgl. *Schulz*, in: Gola/Heckmann (Hrsg.), DSGVO/BDSG, Art. 9 DSGVO Rn. 44; *Spindler/Dalby*, in: Spindler/Schuster (Hrsg.), Recht el. Medien, Art. 9 DSGVO Rn. 21.

[1426] Vgl. BT-Drs. 314/11, S. 77 i.V.m. BT-Drs. 631/03, S. 45.

[1427] *Kampert*, in: Sydow/Marsch (Hrsg.), DSGVO/BDSG, Art. 9 DSGVO Rn. 35; *Spindler/Dalby*, in: Spindler/Schuster (Hrsg.), Recht el. Medien, Art. 9 DSGVO Rn. 16; *Schulz*, in: Gola/Heckmann (Hrsg.), DSGVO/BDSG, Art. 9 DSGVO Rn. 37.

[1428] *Frenzel*, in: Paal/Pauly (Hrsg.), DSGVO/BDSG, Art. 9 DSGVO Rn. 39.

Verbraucher und erstreckt sich insbesondere dann auf die im Web verfügbaren Inhalte, wenn die Produkte besonderes risikoreich und weit verbreitet sind.[1429] Damit adressiert das Monitoring zur Produktbeobachtung zwar einerseits allgemein die wenig spezifische Gewährleistung des individuellen Gesundheitsschutzes der Verbraucher, allerdings verdichtet sich die Bedrohung durch Produkte, bei denen sich die Produktbeobachtungspflicht auch auf Inhalte aus dem Web erstreckt, in Anbetracht der potenziell schwerwiegenden Betroffenheit vieler Menschen zu einer möglichen Beeinträchtigung der Gesundheit der Bevölkerung insgesamt. Die mit dem Monitoring zur Produktbeobachtung verbundene Datenverarbeitung dient folglich einem erheblichen öffentlichen Interesse.

11.2.2.3.2.2.2 Rechtsgrundlage im unions- oder mitgliedstaatlichen Recht

Die Regelung des § 6 Abs. 3 Satz 1 Nr. 1 ProdSG stellt eine Rechtsgrundlage aus dem mitgliedstaatlichen Recht i.S.v. Art. 9 Abs. 2 lit. g DSGVO dar. Demnach müssen die verantwortlichen Akteure ihre auf dem Markt bereitgestellten Produkte beobachten, um etwaige Produktrisiken frühzeitig erkennen und Gegenmaßnahmen ergreifen zu können.[1430] Es liegt damit eine produktsicherheitsspezifische Rechtspflicht vor, welche dem Normadressat ein unmittelbares Tun auferlegt.[1431] Zwar formuliert § 6 Abs. 3 Satz 1 Nr. 1 ProdSG dabei keine ausdrückliche Pflicht zur Datenverarbeitung. Dies schließt allerdings nicht grundsätzlich aus, eine Datenverarbeitung auf diese Norm zu stützen, soweit diese zur Erfüllung der statuierten Rechtspflicht notwendig ist.[1432]

In der Theorie setzt die aktive Produktbeobachtung keine Verarbeitung von personenbezogenen Daten voraus, da regelmäßig ausschließlich Informationen zum Produkt selbst benötigt werden. Jedoch werden diese sachbezogenen Informationen in der Praxis zumeist von Einzelpersonen unter ihrem Namen zur Verfügung gestellt. Nur selten sind beispielsweise Kunden- oder Händlerberichte anonym verfasst (was letztlich auch im Interesse der verantwortlichen Akteure ist, da sie so die Möglichkeit erhalten, Rückfragen zu etwaigen Problemen zu stellen und nähere Informationen zur Einschätzung des Produktrisikos einzuholen). Bei risikoreichen Produkten, bei denen sich die Produktbeobachtungspflicht auch auf das Internet erstreckt,[1433] ist umso mehr mit der Verarbeitung personenbezogener Daten zu rechnen: Werden beispielsweise relevante Informationen aus einer Online-Zeitschrift oder dem Kanal eines Herstellers auf einem sozialen Netzwerk entnommen, sind diese in der Regel mit einem Namen verbunden oder lassen sich zumindest einer konkreten Person zuordnen. Insgesamt kann die Pflicht zur Produktbeobachtung damit nicht erfüllt werden, ohne dass auch eine Verarbeitung personenbezogener Daten stattfindet. Im Ergebnis geht mit der Pflicht zur aktiven Produktbeobachtung i.S.v. § 6 Abs. 3 Satz 1 Nr. 1 ProdSG folglich unweigerlich die Verarbeitung personenbezogener Daten einher. Die Norm kann daher grundsätzlich als Rechtsgrundlage i.S.v. Art. 9 Abs. 2 lit. g DSGVO herangezogen werden.

11.2.2.3.2.2.3 Anforderungen aus Art. 9 Abs. 2 lit. g DSGVO

Der Ausnahmetatbestand des Art. 9 Abs. 2 lit. g DSGVO setzt neben einer einschlägigen Rechtsgrundlage aus dem unions- oder mitgliedstaatlichen Recht voraus, dass diese in angemessenem Verhältnis zum verfolgten Ziel steht, den Wesensgehalt des Rechts auf Datenschutz wahrt sowie angemessene und spezifische Maßnahmen zur Wahrung der Grundrechte und Interessen der betroffenen Person vorsieht. Diesen Anforderungen wird vorliegend genüge getan.

[1429] Siehe hierzu Kap. 11.2.2.2.
[1430] Siehe Kap. 11.2.2.
[1431] So auch *Piltz/Reusch*, BB 2017, 841 (844); *Klindt/Wende*, BB 2016, 1419 (1419); *Kapoor*, in: Klindt (Hrsg.), ProdSG, § 6 Rn. 57.
[1432] Siehe hierzu Kap. 11.1.1.
[1433] Zur Produktbeobachtungspflicht im Web siehe Kap. 11.2.2.2.

Das mit § 6 Abs. 3 Satz 1 Nr. 1 ProdSG verfolgte Ziel der Gewährleistung des Gesundheits- und Verbraucherschutzes ist, wie vorangehend erläutert, von besonderem öffentlichem Interesse. Eine Rechtsgrundlage, die im Zuge dessen vorsieht, sachbezogene Produktinformationen zu sammeln und im Hinblick auf ein Produktrisiko auszuwerten, steht hierzu nicht außer Verhältnis. Dies gilt umso mehr, da sich Intensität und Umfang der Beobachtungspflicht anhand des jeweiligen vom Produkt ausgehenden Grundrisikos und seiner Verbreitung bestimmen. Im Zuge dessen ergeben sich ebenfalls keine Anhaltspunkte dafür, dass der Wesensgehalt des Rechts auf Datenschutz durch die Produktbeobachtungspflicht angetastet wird. Ebenso sind angemessene und spezifische Maßnahmen zur Wahrung der Rechte und Freiheiten der betroffenen Personen vorgesehen. Sie ergeben sich aus § 22 Abs. 2 BDSG, welcher hier aufgrund des Umstandes, dass § 6 Abs. 3 Satz 1 Nr. 1 ProdSG lediglich materiell-rechtliche Vorgaben enthält, ergänzend anwendbar ist.[1434]

11.2.2.3.2.2.4 Erforderlichkeit

Damit das Verbot der Verarbeitung besonderer Kategorien personenbezogener Daten gem. Art. 9 Abs. 1 DSGVO unangewendet bleiben kann, muss die mit der Produktbeobachtung einhergehende Datenverarbeitung gem. Art. 9 Abs. 2 lit. g DSGVO dem Grundsatz der Erforderlichkeit genügen. Diese setzt sowohl die objektive Tauglichkeit der Datenverarbeitung zur Erreichung des öffentlichen Interesses im Bereich der öffentlichen Gesundheit voraus als auch die Beschränkung der Datenverarbeitung auf das zwingend notwendige Maß.[1435]

11.2.2.3.2.2.4.1 Objektive Tauglichkeit

Zweck des Einsatzes von Monitoring im Rahmen öffentlich-rechtlicher Produktbeobachtungspflichten ist, wie bereits dargelegt,[1436] die von Verbraucherprodukten ausgehenden Risiken für die Gesundheit und Sicherheit der Verbraucher zu erkennen, um Gegenmaßnahmen zur Abwendung bestehender Risiken ergreifen zu können. Hierbei handelt es sich um ein legitimes und im Allgemeininteresse liegendes Ziel.[1437] Fraglich ist jedoch, ob die Erreichung dieses Ziels durch den Einsatz von Monitoring zumindest gefördert wird. Diesbezüglich wurde im Jahr 2013 geäußert, Monitoring böte keine ausreichende Qualität und sei allenfalls zur Erkennung grober Tendenzen in produktbezogenen Diskussionen geeignet.[1438] Dieser Auffassung wurde wenige Jahre später in einem 2016 erschienenen Aufsatz[1439] sowie im Rahmen einer 2020 publizierten Dissertation[1440] gefolgt. Belege oder Erläuterungen, die den Grund für diese Aussage darlegen würden, wurden allerdings in keiner der genannten Publikationen aufgeführt, weswegen die Aussagen zur Wirksamkeit des Einsatzes von Monitoring zur Produktbeobachtung hier lediglich als These zu werten sind. Im Gegensatz zu der genannten Auffassung wird das Monitoring in anderen Veröffentlichungen hingegen seit einiger Zeit als Instrument zur Produktbeobachtung diskutiert, ohne dessen Funktionalität für diesen Anwendungsbereich in Frage zu stellen.[1441] Diese Ansicht findet durch einen Blick auf die gelebte Praxis Bestätigung: So wird den verantwortlichen Akteuren der Einsatz von Monitoring bereits seit einiger Zeit als Instrument

---

[1434] Vgl. *Weichert*, in: Kühling/Buchner (Hrsg.), DSGVO/BDSG, § 22 BDSG Rn. 45; *Albers/Veit*, in: Wolff/Brink/von Ungern-Sternberg (Hrsg.), BeckOK DSR, § 22 BDSG Rn. 13; *Heckmann/Scheurer*, in: Gola/Heckmann (Hrsg.), DSGVO/BDSG, § 22 BDSG Rn. 8.

[1435] Eingehender zur Erforderlichkeit siehe Kap. 11.1.3.

[1436] Siehe Kap. 11.2.2.

[1437] Siehe Kap. 11.2.2.3.2.2.1

[1438] *Hartmann/Schmidt*, BB-Sonderausgabe RAW 2013, 37 (42 f.).

[1439] *Klindt/Wende*, BB 2016, 1419 (1420).

[1440] *Helte*, Anforderungen an die Produktsicherheit bei späterem Fortschritt von Wissenschaft und Technik, 82.

[1441] *Klindt*, in: Eifert (Hrsg.), Produktbeobachtung durch Private, 55 (59); *Hauschka/Klindt*, NJW 2007, 2726 (2729); *Klindt/Wende*, BB 2016, 1419 (1419 ff.); *Helte*, Anforderungen an die Produktsicherheit bei späterem Fortschritt von Wissenschaft und Technik, 82.

zur Erfüllung von Produktbeobachtungspflichten durch Dienstleister am Markt angeboten.[1442] Zudem ergibt sich aus einer bereits 2012 veröffentlichten Publikation eines Vorstandsmitglieds eines Anbieters eines solchen Monitorings, dass – gemessen an den Parametern, die im Monitoring-Tool konfiguriert wurden – weniger als 8% der relevanten Inhalte nicht als solche erkannt werden, weniger als 5% der gefilterten Inhalte nicht relevant sind, weniger als 5% der Inhalte einer falschen Kategorie zugeordnet werden und bei weniger als 3% der Inhalte die Tonalität nicht richtig erkannt wird.[1443] Insgesamt ist daher davon auszugehen, dass die Funktionalität des Monitorings für die Produktbeobachtung gegeben und das Monitoring aus objektiver Sicht grundsätzlich dazu taugt, produktsicherheitsrelevante Informationen aus dem Web zu gewinnen. Dies versteht sich unter der Prämisse, dass dem Monitoring ausschließlich solche Informationsquellen zugrunde gelegt werden, denen produktrelevante Informationen überhaupt entnommen werden können.

11.2.2.3.2.2.4.2 Zwingende Notwendigkeit

Des Weiteren ist zu prüfen, inwieweit die mit dem Monitoring einhergehende Datenverarbeitung auf das zwingend notwendige Maß begrenzt ist. Hierfür stellt sich zunächst die Frage nach einem gleich geeigneten datenschutzfreundlicheren Mittel.

Ein alternatives automatisiertes Instrument zur Analyse und Auswertung von produktsicherheitsrelevanten Informationen aus dem Web ist nicht ersichtlich. Insoweit kommt vorliegend lediglich die manuelle Web-Recherche in Betracht, bei der eine oder mehrere Personen mithilfe von gängigen Suchmaschinen und auf erfolgversprechenden Webseiten, Foren und Blogs nach produktsicherheitsrelevanten Informationen suchen, diese zusammentragen und auswerten. Einem solchen Vorgehen wohnt eine weniger intensive Datenverarbeitung inne. Auch wenn im Rahmen der manuellen Recherche ebenso wie beim Einsatz von Monitoring voraussichtlich Daten mit hoher Persönlichkeitsrelevanz verarbeitet werden können und kein Anlassbezug gegeben ist, ist die Streubreite dieser Maßnahmen aufgrund der naturgemäßen Restriktionen nichtautomatisierter Vorgänge erheblich begrenzter als beim Monitoring. Dies ist darauf zurückzuführen, dass automatisiert ablaufende Prozesse in wesentlich geringerer Zeit eine wesentlich größere Menge von Daten verarbeiten können. Auch wenn viele Personen mit der manuellen Recherche betraut werden würden, könnte ein solches manuelles Vorgehen – insbesondere in Anbetracht der täglich anwachsenden Datenmenge – nicht den gleichen Umfang wie das Monitoring erreichen.

Die begrenzte Reichweite manueller Produktbeobachtung im Web führt vorliegend allerdings nicht dazu, dass die manuelle Recherche weniger für die Produktbeobachtung geeignet ist. Grund ist, dass das Monitoring im Bereich der Produktbeobachtung besonders anfällig für Informationslücken ist. Dies ist darauf zurückzuführen, dass im Rahmen des Prozessschritts der Datenakquise[1444] neue und bislang nicht bekannte Produktrisiken nicht adressiert werden können,[1445] da es hierfür einer entsprechenden Konfiguration des Monitorings bedürfte. Eine erfolgreiche und umfassende Produktbeobachtung mithilfe von Monitoring würde voraussetzen, dass der verantwortliche Akteur sämtliche potenziell vom Produkt ausgehenden Risiken antizipieren kann. Solche Fähigkeiten können ihm allerdings nicht unterstellt werden. Vielmehr ist davon auszugehen, dass im Rahmen des Monitorings keine neuen, sondern nur solche Produktrisiken aufgefunden werden können, die von den verantwortlichen Akteuren zunächst überhaupt in Betracht gezogen werden.[1446] Freilich kann es dazu kommen, dass die hier

---

[1442] Beispielsweise unter https://www.consline.com/de/.
[1443] *Deelen,* Qualitätskriterien für Social-Media-/Web- Monitoring, 10.
[1444] Eingehend zur Datenakquise siehe Kap. 2.4.2.
[1445] *Klindt/Wende,* BB 2016, 1419 (1420).
[1446] Vgl. *Hartmann/Schmidt,* BB-Sonderausgabe RAW 2013, 37 (42 f.).

beschriebene Schwachstelle des Monitorings mit fortschreitender Technologie behoben wird. So ist beispielsweise denkbar, dass mithilfe Künstlicher Intelligenz auch neue Produktrisiken erkannt werden. Zum derzeitigen Zeitpunkt ist allerdings nicht ersichtlich, dass ein solches Vorgehen bereits realisierbar ist. Auch das Argument, die Datenakquise könne entsprechend neuer, unabhängig vom Monitoring erkannter Risiken aktualisiert werden, greift ins Leere. Zwar ist eine Aktualisierung und Anpassung schon i.s.v. Datenminimierung und Zweckbindung wünschenswert,[1447] allerdings führt dies nicht dazu, dass der verantwortliche Akteur Kenntnis von gänzlich neuen Produktrisiken erhält und verfehlt damit sein eigentliches Ziel, nämlich sämtliche Produktrisiken zu identifizieren.

Hinzu kommt, dass die Monitoring-Technologie nicht dafür ausgelegt ist, komplexere Ursachenzusammenhänge zu erkennen und verfügbare abstrakte Informationen auf den konkreten Monitoring-Gegenstand zu beziehen. Gibt es beispielsweise allgemein neue wissenschaftliche Erkenntnisse über die Verträglichkeit des Materials, aus dem das zu beobachtende Produkt hergestellt ist, erkennt das Monitoring diese nicht als sicherheitsrelevante Information.

Grundsätzlich kann mithilfe des Monitorings zwar eine Sentimentanalyse durchgeführt werden, auf deren Grundlage das als negativ erkannte Feedback manuell näher betrachtet und im Hinblick auf Produktrisiken ausgewertet wird. Allerdings ist das Monitoring, da es insoweit nicht auf das eigentliche Ziel der Identifikation von Produktrisiken gerichtet ist, in solchen Fällen nicht auf das notwendige Maß beschränkt. So gibt eine Sentimentanalyse sämtliche Inhalte aus, die ein Produkt betreffen, ohne danach zu differenzieren, ob sich diesen tatsächlich relevante Informationen zu Produktrisiken entnehmen lassen. Hinzu kommt außerdem, dass nicht im Rahmen des Monitorings selbst, sondern erst im Zuge der manuellen Auswertung eventuell bestehende Produktrisiken identifiziert werden können, insoweit ist das Monitoring nicht zur Produktbeobachtung als solche geeignet.

Im Bereich der Produktbeobachtung bietet das Monitoring im Vergleich zum manuellen Vorgehen mithin derzeit keinen hinreichenden Mehrwert. Die vorliegende Datenverarbeitung ist nicht auf das zwingend notwendige Maß begrenzt. Vielmehr ist es zur Erfüllung des § 6 Abs. 3 Satz 1 Nr. 1 ProdSG bereits ausreichend, wenn relevante Quellen im Web manuell gesichtet und ausgewertet werden. Die mit dem Monitoring einhergehende Datenverarbeitung ist nicht erforderlich i.s.v. Art. 9 Abs. 2 lit. g DSGVO. Der Ausnahmetatbestand des Art. 9 Abs. 2 lit. g DSGVO kann mithin nicht zur Anwendung kommen. In der Folge bleibt das Verbot der Verarbeitung gem. Art. 9 Abs. 1 DSGVO bestehen. Eine Produktbeobachtung i.s.v. § 6 Abs. 3 Satz 1 Nr. 1 ProdSG mithilfe von Monitoring ist damit insgesamt als unzulässig zu bewerten.

11.2.2.3.2.2.5 Ergebnis

Die mit dem Monitoring zur Produktbeobachtung einhergehende Datenverarbeitung kann nicht auf Art. 6 Abs. 1 UAbs. 1 lit. c DSGVO gestützt werden, da keine der in Art. 9 Abs. 2 DSGVO genannten Ausnahmen für das Verbot der Verarbeitung gem. Art. 9 Abs. 1 DSGVO greift. Der zentrale Grund hierfür ist allerdings nicht ein spezifischeres Tatbestandsmerkmal, sondern die allgemeine Voraussetzung der Erforderlichkeit. Diese wird in allen Tatbeständen des Art. 6 Abs. 1 UAbs. 1 DSGVO sowie des Art. 9 Abs. 2 DSGVO – mit Ausnahme der Einwilligung – vorausgesetzt. Auch wenn der Begriff der Erforderlichkeit in Abhängigkeit zum konkreten Tatbestand in unterschiedlicher Weise ausgeprägt sein kann und daher nicht immer identische Maßstäbe anzusetzen sind, setzt er doch stets voraus, dass kein wenigstens gleich geeignetes datenschutzfreundlicheres Mittel zur Verfügung steht.[1448] Wird nun die Erkenntnis einbezogen, dass eine Einwilligung die mit einem Monitoring einhergehende Datenverarbeitung nicht

---

[1447] Vgl. *Gilga*, ZD-Aktuell 2020, 07022.
[1448] Zur Erforderlichkeit siehe Kap. 11.1.3.

rechtfertigen kann,[1449] ergibt sich, dass das Monitoring zur Produktbeobachtung weder auf einen anderen Ausnahmetatbestand noch auf eine andere Rechtsgrundlage gestützt werden könnte. Rechtmäßigkeit kann im hier gegebenen Fall daher nicht erreicht werden. Eine hilfsweise Prüfung der Anforderungen des Art. 6 Abs. 1 UAbs. 1 lit. c DSGVO würde mithin keine weiteren Erkenntnisse im Hinblick auf die Rechtmäßigkeit der Verarbeitung personenbezogener Daten im Rahmen von Monitoring bringen. Sie unterbleibt daher an dieser Stelle.

11.3 Conclusio

Abschließend ist zu konstatieren, dass ein Einsatz von Monitoring auf Grundlage des Art. 6 Abs. 1 UAbs. 1 lit. c DSGVO grundsätzlich in Erwägung gezogen werden kann. Die Norm bietet allerdings keine flexible und allgemeine Rechtsgrundlage, auf die die mit dem Monitoring einhergehende Datenverarbeitung regelmäßig gestützt werden könnte. Vielmehr sind die Anwendungsfälle des Art. 6 Abs. 1 UAbs. 1 lit. c DSGVO stets auf einen gesetzlich bestimmten Einzelfall bezogen, durch welchen sowohl der Umfang der Datenverarbeitung als auch die Verwendung der Daten strikt beschränkt wird. So kann die Norm ausschließlich innerhalb des engen Rahmens, den das Datenschutzrecht i.V.m. dem jeweiligen unions- oder mitgliedstaatlichen Recht vorgibt, Anwendung finden. Ein Monitoring zu persönlichen oder individuell eigenen Zwecken auf Basis des Art. 6 Abs. 1 UAbs. 1 lit. c DSGVO kommt nicht in Betracht.

Die Anwendbarkeit des Art. 6 Abs. 1 UAbs. 1 lit. c DSGVO für eine monitoringgestützte Verarbeitung öffentlicher Daten setzt zunächst – was die erste große Hürde darstellt – eine Rechtspflicht voraus, zu deren Erfüllung das Monitoring überhaupt eingesetzt werden kann. Dabei muss die Rechtspflicht das Erfordernis des Monitorings oder der Datenverarbeitung nicht ausdrücklich formulieren. Vielmehr ist es bereits hinreichend, wenn die rechtliche Pflicht nicht ohne die Verarbeitung personenbezogener Daten erfüllt werden kann. Trotz dieses eher weiten Begriffsverständnisses beschränkt die Voraussetzung der Rechtspflicht den Anwendungsbereich des Art. 6 Abs. 1 UAbs. 1 lit. c DSGVO für das Monitoring erheblich. So sind nur wenige Normen ersichtlich, die eine Rechtspflicht formulieren, zu deren Erfüllung eine Informationsgewinnung notwendig ist, die über frei im Web verfügbare Daten erfolgen kann.

Die Anforderungen des Art. 6 Abs. 3 DSGVO, welche eine unions- oder mitgliedstaatliche Rechtsnorm erfüllen muss, um als Rechtsgrundlage i.S.v. Art. 6 Abs. 1 UAbs. 1 lit. c DSGVO dienen zu können, schafft hingegen keine besondere Hürde. Zumindest innerhalb der deutschen Rechtsordnung genügen die meisten gesetzlich normierten Rechtspflichten aufgrund der grundrechtlichen Vorgaben den Anforderungen des Art. 6 Abs. 3 DSGVO.

Dagegen stellt das Kriterium der Erforderlichkeit, welches im Falle der Verantwortlichkeit öffentlicher Stellen durch eine Angemessenheitsprüfung ergänzt wird, die zweite große Hürde für die Zulässigkeit der mit dem Monitoring einhergehenden Verarbeitung dar. Insbesondere in Fällen, in denen eine Rechtspflicht bedingt, dass Informationen gewonnen werden müssen, deren konkreter Inhalt – wie im Fall der aktiven Produktbeobachtung – vorab nicht näher bestimmt werden kann, ist der Beitrag des Monitorings zur Erfüllung der Rechtspflicht begrenzt. In solchen Fällen werden die als Alternative in Betracht kommenden manuellen Verfahren häufig wenigstens in gleicher Weise geeignet sein, aber mit Datenverarbeitungen von geringerer Intensität einhergehen. Das Monitoring wird der Anforderung der Erforderlichkeit des Art. 6 Abs. 1 UAbs. 1 lit. c DSGVO somit vielfach nicht gerecht. Damit begrenzt die Erforderlichkeit, solange es keine entsprechenden technologischen Entwicklungen gibt, die Möglichkeit, Monitoring im Rahmen der Erfüllung einer rechtlichen Pflicht auf Art. 6 Abs. 1 UAbs. 1 lit. c DSGVO zu stützen, stark.

[1449] Eingehend zur Rechtsgrundlage der Einwilligung im Kontext des Monitorings siehe Kap. 9.

Zudem kann mit dem Monitoring schnell eine Datenverarbeitung einhergehen, die eine nicht nur geringe Intensität aufweist. Sofern öffentliche Stellen Monitoring einsetzen, müssen daher eine entsprechende Effektivität, ein hinreichender Wirkungsgrad sowie eine ausreichend konkrete Rechtsgrundlage gegeben sein. Das Monitoring durch öffentliche Stellen ist damit an zusätzliche Anforderungen gebunden, weswegen es in nur wenigen und gesetzlich hinreichend konkret vorgesehenen Fällen als zulässig zu klassifizieren sein wird.

Insgesamt bietet Art. 6 Abs. 1 UAbs. 1 lit. c DSGVO damit nur sehr begrenzt Raum für eine monitoringgestützte Verarbeitung öffentlicher Daten. Ausschließlich in spezifischen Einzelfällen ist es möglich, diese Rechtsgrundlage fruchtbar zu machen. In der weit überwiegenden Anzahl gesetzlich statuierter Rechtspflichten eignet sich Art. 6 Abs. 1 UAbs. 1 lit. c DSGVO jedoch nicht zur Rechtfertigung der mit dem Monitoring einhergehenden Datenverarbeitung.

12 Web-Monitoring zum Schutz lebenswichtiger Interessen

Die Verarbeitung personenbezogener Daten ist gem. Art. 6 Abs. 1 UAbs. 1 lit. d DSGVO rechtmäßig, soweit sie zum Schutz lebenswichtiger Interessen der betroffenen Person oder einer anderen Person erforderlich ist. Es handelt sich mithin um eine Regelung, die im Unterschied zu den andern in Art. 6 Abs. 1 UAbs. 1 DSGVO genannten Rechtsgrundlagen einen partikulären Interessenbereich adressiert und den Anwendungsbereich auf diesen begrenzt. Fraglich ist, ob eine monitoringgestützte Verarbeitung öffentlicher Daten von dieser Rechtsgrundlage erfasst sein kann und inwieweit sie über Art. 6 Abs. 1 UAbs. 1 lit. d DSGVO legitimiert werden könnte.

12.1 Datenverarbeitung aufgrund lebenswichtiger Interessen

Die Rechtsgrundlage des Art. 6 Abs. 1 UAbs. 1 lit. d DSGVO statuiert lediglich zwei Tatbestandsmerkmale. Vorausgesetzt wird zum einen ein lebenswichtiges Interesse einer natürlichen Person, das mit der Verarbeitung verfolgt wird, zum anderen die Erforderlichkeit der Datenverarbeitung zum Schutz dieses Interesses.

12.1.1 Lebenswichtige Interessen

Der Begriff des lebenswichtigen Interesses wird in der DSGVO nicht näher bestimmt. Die Verordnung formuliert weder eine Definition noch werden Kriterien aufgestellt, anhand derer ein Interesse als lebenswichtig qualifiziert werden könnte. Auch die Erwägungsgründe der DSGVO bieten kaum Anhaltspunkte für das Begriffsverständnis. Der unmittelbar auf Art. 6 Abs. 1 UAbs. 1 lit. d DSGVO bezogene EG 46 DSGVO stellt in Satz 3 lediglich klar, dass eine Verarbeitung gleichzeitig wichtigen Gründen des öffentlichen Interesses und lebenswichtigen Interessen der betroffenen Person dienen kann. Dabei werden zwar unter anderem Verarbeitungen zu humanitären Zwecken exemplarisch genannt, jedoch kann hieraus nicht geschlossen werden, dass diese stets als lebenswichtig zu bewerten sind. Vielmehr verdeutlicht der Erwägungsgrund die inhaltliche Nähe von öffentlichen und lebenswichtigen Interessen. Ein Mehrwert für die Auslegung des Begriffs des lebenswichtigen Interesses ergibt sich hierdurch kaum. Allerdings kann dem EG 112 Satz 2 DSGVO, welcher die Drittlandübermittlung auf Grundlage lebenswichtiger Interessen gem. Art. 49 Abs. 1 UAbs. 1 lit. f DSGVO adressiert, entnommen werden, dass der Begriff der lebenswichtigen Interessen nicht nur das Leben selbst, sondern auch die körperliche Unversehrtheit einschließt.[1450] Art. 6 Abs. 1 UAbs. 1 lit. d DSGVO erfasst mithin nicht nur das unmittelbare Überleben einer Person.[1451]

Der Begriff des Lebens kann im Sinne der erforderlichen unionseinheitlichen Auslegung über die Erkenntnisse zum über Art. 2 Abs. 1 GRCh und Art. 2 Abs. 1 Satz 1 EMRK i.V.m. Art. 52 Abs. 3 GRCh grundrechtlich gewährleisteten Recht auf Leben näher bestimmt werden. Demnach ist unter „Leben" die biologisch-physiologische Existenz eines Menschen zu verstehen.[1452] Gemeint ist mithin allein die Lebensfähigkeit eines Menschen, nicht aber

---

[1450] EG 112 Satz 2 DSGVO suggeriert zwar über die ebenfalls in den anderen Sprachfassungen enthaltene Formulierung „einschließlich", dass es neben dem Leben und der körperlichen Unversehrtheit weitere lebenswichtigen Interessen geben kann. Allerdings ist weder ersichtlich noch näher in der Verordnung beschrieben, welche anderen Interessen ebenfalls als lebenswichtig gewertet werden könnten.
[1451] Ebenso *Albers/Veit*, in: Wolff/Brink/von Ungern-Sternberg (Hrsg.), BeckOK DSR, Art. 6 DSGVO Rn. 51; *Schulz*, in: Gola/Heckmann (Hrsg.), DSGVO/BDSG, Art. 6 DSGVO Rn. 50; *Jacquemain* et al., in: Schwartmann et al. (Hrsg.), DS-GVO/BDSG, Art. 6 DSGVO Rn. 89; *Spindler/Dalby*, in: Spindler/Schuster (Hrsg.), Recht el. Medien, Art. 6 DSGVO Rn. 9.
[1452] *Calliess*, in: Calliess/Ruffert (Hrsg.), EUV/AEUV, Art. 2 GRCh Rn. 15; *Jarass*, in: Jarass (Hrsg.), GRCh, Art. 2 Rn. 5; *Borowsky*, in: Meyer/Hölscheidt (Hrsg.), GRCh, Art. 2 Rn. 27; *van Voet Vormizeele*, in: Schwarze et al. (Hrsg.), EU-Kommentar, Art. 2 GRCh Rn. 5; *Augsberg*, in: von der Groeben/Schwarze/Hatje (Hrsg.), EU-Recht, Art. 2 GRCh Rn. 3.

© Der/die Autor(en), exklusiv lizenziert an Springer
Fachmedien Wiesbaden GmbH, ein Teil von Springer Nature 2025
C. Gilga, *Die Rechtmäßigkeit der Verarbeitung von öffentlichen Personenbezogenen Daten aus dem Internet*, DuD-Fachbeiträge, https://doi.org/10.1007/978-3-658-48663-1_12

Lebensbedingungen oder Lebensqualität.[1453] Dabei schützt das Grundrecht auf Leben allerdings nicht ausschließlich vor Tötungshandlungen, sondern umfasst ebenso den Schutz vor konkreten und besonders gewichtigen Gefährdungen des Lebens.[1454] Hieraus kann geschlossen werden, dass der Begriff des lebenswichtigen Interesses i.S.v. Art. 6 Abs. 1 UAbs. 1 lit. d DSGVO in seiner Ausprägung als Lebensschutz eine individuelle und hinreichend konkrete Gefahr für die biologisch-physiologische Existenz einer natürlichen Person voraussetzt, bei deren Verwirklichung das Ableben dieser Person zu erwarten ist. Dabei ist davon auszugehen, dass sowohl in Bezug auf das Vorliegen einer Lebensgefahr als auch in Bezug auf die Erwartbarkeit des Ablebens kein gesichertes Wissen vorauszusetzen ist. Vielmehr muss es bereits genügen, wenn die Annahme des Vorliegens einer Lebensgefahr zum jeweiligen Zeitpunkt hinreichend objektiv begründet und die Wahrscheinlichkeit des Ablebens der Person bei Verwirklichung dieser Gefahr nicht unerheblich ist. Ein anderes Verständnis liefe der allgemeinen Lebensrealität zuwider, da der Einfluss eines Umstands auf das Leben einer Person in der Regel nicht mit absoluter Sicherheit vorausgesehen werden kann.

Der Begriff der körperlichen Unversehrtheit wird ebenfalls nicht näher in der DSGVO ausgeführt. Auch hier ist im Zuge der gebotenen unionseinheitlichen Auslegung auf die europäischen Grundrechte zurückzugreifen. Während die EMRK die körperliche Unversehrtheit als solche nicht kennt und lediglich Teilaspekte wie etwa das Verbot der Folter in Art. 3 EMRK regelt, statuiert Art. 3 Abs. 1 GRCh das Recht auf körperliche (und geistige) Unversehrtheit ausdrücklich. Dabei ist die körperliche Unversehrtheit gem. Art. 3 Abs. 1 GRCh immer dann tangiert, wenn eine Einwirkung auf den Körper im biologisch-physiologischen Sinne stattfindet,[1455] also die Gesundheit beeinflusst wird. Dies umfasst Substanzschädigungen, Funktionsstörungen sowie die Verursachung pathologischer Zustände jeglicher Art.[1456] Ein entsprechendes Verständnis der körperlichen Unversehrtheit ist grundsätzlich auch für Art. 6 Abs. 1 UAbs. 1 lit d DSGVO anzulegen. Zu berücksichtigen ist an dieser Stelle allerdings die besondere Stellung der Rechtsgrundlage im Regelungskonstrukt der Erlaubnistatbestände. Der Grundgedanke des Art. 6 Abs. 1 UAbs. 1 lit d DSGVO ist, dass das Grundrecht auf Datenschutz gem. Art. 8 GRCh[1457] in Notsituationen gegenüber dem in Art. 3 Abs. 1 GRCh statuierten Grundrecht auf körperliche Unversehrtheit zurücktreten muss.[1458] Die Norm steht somit rechtssystematisch in einer Reihe mit Notstandsregelungen,[1459] wie sie im deutschen Recht etwa in § 34 StGB oder

---

[1453] *Augsberg*, in: von der Groeben/Schwarze/Hatje (Hrsg.), EU-Recht, Art. 2 GRCh Rn. 3; *Calliess*, in: Calliess/Ruffert (Hrsg.), EUV/AEUV, Art. 2 GRCh Rn. 14; *Borowsky*, in: Meyer/Hölscheidt (Hrsg.), GRCh, Art. 1 Rn. 34.

[1454] *Jarass*, in: Jarass (Hrsg.), GRCh, Art. 2 Rn. 7; *Borowsky*, in: Meyer/Hölscheidt (Hrsg.), GRCh, Art. 2 Rn. 37; restriktiver *Calliess*, in: Calliess/Ruffert (Hrsg.), EUV/AEUV, Art. 2 GRCh Rn. 14; *Alleweldt*, in: Dörr/Grote/Marauhn (Hrsg.), EMRK/GG, Kap. 10 Rn. 50 ff.; *Schübel-Pfister*, in: Karpenstein/Mayer (Hrsg.), EMRK, Art. 2 Rn. 18 ff. m.w.N.; *Huber*, in: Meyer-Ladewig/Nettesheim/von Raumer (Hrsg.), EMRK, Art. 2 Rn. 4 ff. m.w.N.; *Grabenwarter/Pabel*, Europäische Menschenrechtskonvention, § 20 Rn. 21 f. m.w.N.

[1455] *Heselhaus*, in: Pechstein/Nowak/Häde (Hrsg.), Frankfurter Kommentar, Band I, Art. 3 GRCh Rn. 14; *Jarass*, in: Jarass (Hrsg.), GRCh, Art. 3 Rn. 5; *Borowsky*, in: Meyer/Hölscheidt (Hrsg.), GRCh, Art. 3 Rn. 37

[1456] *Höfling/Kempny*, in: Stern/Sachs (Hrsg.), GRCh, Art. 3 GRCh Rn. 10; *Borowsky*, in: Meyer/Hölscheidt (Hrsg.), GRCh, Art. 3 GRCh Rn. 4; *van Voet Vormzeele*, in: Schwarze et al. (Hrsg.), EU-Kommentar, Art. 3 GRCh Rn. 4; *Rixen*, in: Heselhaus/Nowak (Hrsg.), HB EU-GR, § 15 Rn. 8.

[1457] Näher zum Grundrecht auf Datenschutz siehe Kap. 6.2.3.

[1458] *Schantz*, in: Simitis/Hornung/Spiecker gen. Döhmann (Hrsg.), DSR, Art. 6 Abs. 1 UAbs. 1 lit. d Rn. 61; ähnlich *Spindler/Dalby*, in: Spindler/Schuster (Hrsg.), Recht el. Medien, Art. 6 DSGVO Rn. 9; *Reimer*, in: Sydow/Marsch (Hrsg.), DSGVO/BDSG, Art. 6 DSGVO Rn. 50; *Schulz*, in: Gola/Heckmann (Hrsg.), DSGVO/BDSG, Art. 6 DSGVO Rn. 48.

[1459] *Assion/Nolte/Veil*, in: Gierschmann et al. (Hrsg.), DSGVO, Art. 6 Rn. 99; *Spindler/Dalby*, in: Spindler/Schuster (Hrsg.), Recht el. Medien, Art. 6 DSGVO Rn. 9; *Reimer*, in: Sydow/Marsch (Hrsg.), DSGVO/BDSG, Art. 6 DSGVO Rn. 50; vom Ausnahmecharakter sprechend *Buchner/Petri*, in: Kühling/Buchner (Hrsg.), DSGVO/BDSG, Art. 6 DSGVO Rn. 107.

12.1 Datenverarbeitung aufgrund lebenswichtiger Interessen

§ 228 BGB zu finden sind. Die körperliche Unversehrtheit ist daher im Kontext des Art. 6 Abs. 1 UAbs. 1 lit. d DSGVO besonders eng zu verstehen.[1460] Folglich ist für die Anwendbarkeit der Norm in ihrer Ausprägung als Schutz der körperlichen Unversehrtheit eine konkretindividuelle Bedrohung oder Beeinträchtigung der Gesundheit im biologisch-physiologischen Sinne vorauszusetzen.[1461] Dementsprechend erfüllen insbesondere abstrakte Situationen den Tatbestand nicht. So wäre beispielsweise eine Trunkenheitsfahrt nicht als konkret individuelle Bedrohung zu verstehen, auch wenn hierdurch grundsätzlich die Gesundheit des Fahrers und unbeteiligter Dritter auf dem Spiel steht.

Darüber hinaus ist im Zuge der gebotenen engen Auslegung ein enger und gewichtiger Bezug zur Gesundheit im biologisch-physiologischen Sinne vorauszusetzen.[1462] Inwieweit dieser im Einzelfall vorliegt, ist objektiv zu bestimmen, weder der betroffenen Person noch dem Verantwortlichen kommt eine Deutungshoheit zu.[1463] In Anbetracht des Umstands, dass Art. 6 Abs. 1 UAbs. 1 lit. d DSGVO als Notstandsregelung zu verstehen ist, können allerdings nur besonders gewichtige Bedrohungen oder Beeinträchtigungen der körperlichen Gesundheit zur Anwendbarkeit der Norm führen. Dies verdeutlicht auch der Begriff „lebenswichtige Interessen", mit welchem lediglich Belange gemeint sein können, die von außerordentlicher Bedeutung für die Gesundheit sind.[1464] Solche Belange liegen vor, sobald die Verwirklichung einer gesundheitsbezogenen Bedrohung oder eine Beeinträchtigung der Gesundheit zu einer irreversiblen und dauerhaften Substanzschädigung, Funktionsstörung oder zu einem sonstigen irreversiblen und dauerhaften pathologischen Zustand führt. Nicht erfasst sind damit Verletzungen wie einfache Prellungen, unkomplizierte Knochenbrüche oder leichte Gehirnerschütterungen.

Sowohl in Bezug auf das Vorliegen einer Gefahr für die körperliche Unversehrtheit als auch im Hinblick auf die Schwere der Folgen bei Verwirklichung dieser Gefahr bedarf es keines gesicherten Wissens. Vielmehr ist bereits hinreichend, wenn die Annahme des Vorliegens einer besonders gewichtigen Gesundheitsgefahr zum jeweiligen Zeitpunkt hinreichend objektiv begründbar ist und eine nach allgemeiner Lebenserfahrung nicht unerhebliche Wahrscheinlichkeit des Eintretens einer Substanzschädigung, einer Funktionsstörung oder eines sonstigen pathologischen Zustands besonderer Schwere besteht. Auch hier liefe – ebenso wie bei Art. 6 Abs. 1 UAbs. 1 lit. d DSGVO in seiner Ausprägung als Lebensschutz – ein anderes Verständnis der allgemeinen Lebensrealität zuwider, da der Einfluss eines Umstands auf die Gesundheit einer Person zumeist nicht mit absoluter Sicherheit antizipiert werden kann. Dabei ist aus Gründen der Verhältnismäßigkeit zu berücksichtigen, dass je schwerwiegender die zu erwartenden Folgen durch die Beeinträchtigung oder Verwirklichung der Gefahr sind, desto geringere Anforderungen sind an die Wahrscheinlichkeit des Eintretens eines Schadens für die körperliche Unversehrtheit zu stellen. Zudem ist vorauszusetzen, dass der Anlass für die Erwartung einer

---

[1460] *Wedde*, in: Däubler et al. (Hrsg.), DSGVO/BDSG/TTDSG, Art. 6 DSGVO Rn. 84; vgl. zur engen Auslegung EuGH, Urt. v. 04.07.2023, Az. C-252/21, GRUR 2023, 1131 (1142 Rn. 137); OGH Österreich, Urt. v. 27.11.2019, Az. 6 Ob 150/19f, BeckRS 2019, 64269 Rn. 20; *Jahnel*, in: Jahnel/Bergauer (Hrsg.), DSGVO, Art. 6 Rn. 51; a.A. wohl das BVerfG, welches die Verarbeitung von Besucherdaten unter anderem auf Art. 6 Abs. 1 UAbs. 1 lit. d DSGVO stützt, siehe *Bundesverfassungsgericht*, Datenschutzerklärung, 5.

[1461] Vgl. *Schantz*, in: Simitis/Hornung/Spiecker gen. Döhmann (Hrsg.), DSR, Art. 6 Abs. 1 UAbs. 1 lit. d Rn. 62; *Schulz*, in: Gola/Heckmann (Hrsg.), DSGVO/BDSG, Art. 6 DSGVO Rn. 50; *Jacquemain* et al., in: Schwartmann et al. (Hrsg.), DS-GVO/BDSG, Art. 6 DSGVO Rn. 89 f.; *Kramer*, in: Eßer/Kramer/von Lewinski (Hrsg.), DSGVO/BDSG, Art. 6 DSGVO Rn. 57; *Assion/Nolte/Veil*, in: Gierschmann et al. (Hrsg.), DSGVO, Art. 6 Rn. 99.

[1462] *Albers/Veit*, in: Wolff/Brink/von Ungern-Sternberg (Hrsg.), BeckOK DSR, Art. 6 DSGVO Rn. 51.

[1463] *Frenzel*, in: Paal/Pauly (Hrsg.), DSGVO/BDSG, Art. 6 DSGVO Rn. 20; *Albers/Veit*, in: Wolff/Brink/von Ungern-Sternberg (Hrsg.), BeckOK DSR, Art. 6 DSGVO Rn. 51; *Kramer*, in: Eßer/Kramer/von Lewinski (Hrsg.), DSGVO/BDSG, Art. 6 DSGVO Rn. 57.

[1464] Ähnlich argumentierend *Schulz*, in: Gola/Heckmann (Hrsg.), DSGVO/BDSG, Art. 6 DSGVO Rn. 50; *Wedde*, in: Däubler et al. (Hrsg.), DSGVO/BDSG/TTDSG, Art. 6 DSGVO Rn. 84.

Einwirkung auf die körperliche Unversehrtheit real existiert, die objektive Begründung dieser Annahme also nicht auf einer bloßen Vermutung basiert. Zur Beurteilung des Sachverhalts ist dabei stets der individuelle Einzelfall in Betracht zu nehmen.

Art. 6 Abs. 1 UAbs. 1 lit. d DSGVO besitzt mithin zwei voneinander zu unterscheidende Ausprägungen: einerseits den Lebensschutz, andererseits den Schutz vor gewichtigen Einwirkungen auf die körperliche Unversehrtheit. In beiden Fällen bedarf es sowohl eines besonders engen und gewichtigen Bezugs zu Leib oder Leben einer Person als auch einer hinreichenden Wahrscheinlichkeit des Schadeneintritts.

Allgemein ist zum Begriff der lebenswichtigen Interessen zudem zu berücksichtigen, dass dieser keine Situationen adressiert, in denen präventiv vorgegangen wird, beispielsweise im Rahmen der Vorbeugung von Pandemien oder Katastrophen.[1465] Die Wahrscheinlichkeit eines Schadeneintritts darf mithin nie so niedrig sein, dass eine diesbezüglich ergriffene Maßnahme als vorbeugendes Handeln zu verstehen ist. Dies ergibt sich insbesondere aus dem Umstand, dass die Rechtsgrundlage – wie bereits dargelegt – nicht nur eng auszulegen, sondern auch als Notstandsregelung zu verstehen ist und daher nicht greifen kann, wenn ein Notstand nicht tatsächlich gegeben oder für die nahe Zukunft mit hinreichender Zuverlässigkeit prognostizierbar ist. Anderenfalls würde den Verantwortlichen die Möglichkeit eröffnet, die mit höheren Hürden verbundenen Tatbestandsvoraussetzungen der übrigen Rechtsgrundlagen zu umgehen, obwohl keine Notlage in Bezug auf lebenswichtige Interessen gegeben ist. Dies wäre weder im Sinne des Datenschutzes noch rechtsdogmatisch vertretbar.

12.1.2 Erforderlichkeit

Die Erforderlichkeit ist, wie bereits dargelegt, ein unionsautonomer Begriff, welcher voraussetzt, dass eine Verarbeitung ausschließlich dann durchgeführt wird, wenn sie zur Erreichung des verfolgten Zwecks objektiv tauglich und auf das notwendige Maß begrenzt ist. Demnach müssen einerseits die verarbeiteten Daten im unmittelbaren Zusammenhang mit dem verfolgten Zweck stehen und zu dessen Erreichung zumindest beitragen, andererseits darf keine zumutbare datenschutzfreundlichere Alternative zur Verfügung stehen. Dabei variiert die konkrete Ausprägung der Erforderlichkeit in Abhängigkeit zur jeweiligen zugrundeliegenden Rechtsgrundlage.[1466]

Im Rahmen des Art. 6 Abs. 1 UAbs. 1 lit. d DSGVO ist die Erforderlichkeit eng auszulegen.[1467] Dies resultiert insbesondere aus seiner bereits dargelegten besonderen Stellung[1468] im Regelungskonstrukt des Art. 6 Abs. 1 UAbs. 1 DSGVO. Infolgedessen ist vorauszusetzen, dass die Bedrohung oder Beeinträchtigung des lebenswichtigen Interesses ohne die Datenverarbeitung nicht abgewendet werden kann.[1469] Inwieweit diese Anforderung praktisch erfüllt ist, ist anhand

---

[1465] EuGH, Urt. v. 04.07.2023, Az. C-252/21, GRUR 2023, 1131 (1142 Rn. 137); *Schantz*, in: Simitis/Hornung/Spiecker gen. Döhmann (Hrsg.), DSR, Art. 6 Abs. 1 UAbs. 1 lit. d Rn. 62; *Jacquemain* et al., in: Schwartmann et al. (Hrsg.), DS-GVO/BDSG, Art. 6 DSGVO Rn. 90.

[1466] Ausführlich zum Begriff der Erforderlichkeit Kap. 10.1.3.

[1467] OGH Österreich, Urt. v. 27.11.2019, Az. 6 Ob 150/19f, BeckRS 2019, 64269 Rn. 20; *Wedde*, in: Däubler et al. (Hrsg.), DSGVO/BDSG/TTDSG, Art. 6 DSGVO Rn. 84; *Jahnel*, in: Jahnel/Bergauer (Hrsg.), DSGVO, Art. 6 Rn. 51; a.A. wohl das BVerfG, welches die Verarbeitung von Besucherdaten unter anderem auf Art. 6 Abs. 1 UAbs. 1 lit. d DSGVO stützt, siehe *Bundesverfassungsgericht*, Datenschutzerklärung.

[1468] Siehe hierzu Kap. 12.1.1.

[1469] *Jacquemain* et al., in: Schwartmann et al. (Hrsg.), DS-GVO/BDSG, Art. 6 DSGVO Rn. 87; *Reimer*, in: Sydow/Marsch (Hrsg.), DSGVO/BDSG, Art. 6 DSGVO Rn. 53; a.A. *Frenzel*, in: Paal/Pauly (Hrsg.), DSGVO/BDSG, Art. 6 DSGVO Rn. 20, welcher die Erforderlichkeit bereits dadurch als gegeben ansieht, das lebenswichtige Interessen tangiert sind; auf die fehlende Möglichkeit, eine Einwilligung einzuholen, abstellend *Schantz*, in: Simitis/Hornung/Spiecker gen. Döhmann (Hrsg.), DSR, Art. 6 Abs. 1 UAbs. 1 lit. d Rn. 63.

eines objektiven Maßstabs zu bewerten.[1470] Individuelle Auffassungen oder Wahrnehmungen Einzelner müssen unberücksichtigt bleiben. Vielmehr ist aus der Perspektive eines objektiven und unbeteiligten Dritten zu bestimmen, ob eine Datenverarbeitung für den Schutz der lebenswichtigen Interessen unumgänglich ist. Dabei ist stets auf den Zeitpunkt abzustellen, zu dem die lebenswichtigen Interessen zu schützen sind. Anderenfalls wäre der jeweilige Verantwortliche in erheblicher Weise belastet. So könnte diesem sonst eine rechtswidrige Datenverarbeitung zum Vorwurf gemacht werden, falls zu einem späteren Zeitpunkt Informationen in Erscheinung treten, durch welche die Erforderlichkeit abgelehnt werden müsste. Dies kann weder im Sinne des Gesetzgebers noch im Sinne des Schutzes lebenswichtiger Interessen liegen, da für die Verantwortlichen hierdurch der Anreiz geschaffen würde, derartige Datenverarbeitungen restriktiver anzugehen.

Hinsichtlich der Wirksamkeit der Datenverarbeitung für den Schutz der lebenswichtigen Interessen ist es ausreichend, wenn sich die Datenverarbeitung wenigstens förderlich auswirkt und die negativen Folgen für die Gesundheit oder das Leben abmildert. Hingegen ist nicht vorauszusetzen, dass die bestehende Bedrohung oder Beeinträchtigung mithilfe der Datenverarbeitung vollständig abgewehrt wird. Dies ist auch nur einleuchtend, weil zumeist keine absolute Sicherheit dahingehend besteht, wie sich eine Maßnahme final auswirkt. Insbesondere, wenn auf Basis der durch die Datenverarbeitung gewonnenen Informationen eine Behandlung vorgenommen wird, ist häufig nicht vorhersehbar, wie der individuelle Körper reagiert und ob tatsächlich lebenswichtige Interessen geschützt werden.

12.1.3 Verhältnis zu anderen Rechtsgrundlagen

Der Wortlaut des Art. 6 Abs. 1 UAbs. 1 lit. d DSGVO „erforderlich, um lebenswichtige Interessen [...] zu schützen" verleitet zu der Annahme, dass sämtliche zum Schutz lebenswichtiger Interessen erforderlichen Datenverarbeitungen auf diese Rechtsgrundlage gestützt werden könnten. Bei genauerer Betrachtung ist ein solches Normverständnis jedoch nicht haltbar. Dies würde nämlich dazu führen, dass die individuelle Möglichkeit der Selbstbestimmung der betroffenen Person in unverhältnismäßiger Weise beschnitten würde. Verweigert diese beispielsweise ihre Einwilligung (Art. 6 Abs. 1 UAbs. 1 lit. a DSGVO) oder ihre Zustimmung zu einem mit der Datenverarbeitung in Zusammenhang stehenden Vertrag (Art. 6 Abs. 1 UAbs. 1 lit. b DSGVO) könnte der Verantwortliche die Verarbeitung – soweit sie den Schutz lebenswichtiger Interessen adressiert – dennoch auf Art. 6 Abs. 1 UAbs. 1 lit. d DSGVO stützen und so den unmittelbaren Willen der betroffenen Person übergehen. Die betroffene Person hätte dabei zudem – anders als bei auf Art. 6 Abs. 1 UAbs. 1 lit. e und f DSGVO gestützten Verarbeitungen – nicht die Möglichkeit eines Widerspruchs gem. Art. 21 DSGVO.[1471] Eine solche Wirkung kann jedoch nicht beabsichtigt sein. Vielmehr verbietet sich in Anbetracht der informationellen Selbstbestimmung und des Grundrechts auf Datenschutz ein Verständnis, das den individuellen Willen der betroffenen Person unberücksichtigt lässt. Folglich ist darauf zu schließen, dass die Rechtsgrundlage des Art. 6 Abs. 1 UAbs. 1 lit. d DSGVO subsidiär zur Anwendung kommen muss. Sie ist damit als Ausnahmeregelung zu verstehen, die eine Verarbeitung nur dann

---

[1470] *Kramer,* in: Eßer/Kramer/von Lewinski (Hrsg.), DSGVO/BDSG, Art. 6 DSGVO Rn. 57; *Plath/Struck,* in: Plath (Hrsg.), DSGVO/BDSG/TTDSG, Art. 6 DSGVO Rn. 48.

[1471] *Kramer,* in: Eßer/Kramer/von Lewinski (Hrsg.), DSGVO/BDSG, Art. 6 DSGVO Rn. 58; in ähnlicher Argumentation *Schantz,* in: Simitis/Hornung/Spiecker gen. Döhmann (Hrsg.), DSR, Art. 6 Abs. 1 UAbs. 1 lit. d Rn. 63.

rechtfertigen kann, wenn keine andere Rechtsgrundlage in Betracht kommt.[1472] In Bezug auf Verarbeitungen, die zum Schutz lebenswichtiger Interessen einer anderen als der betroffenen Person dienen, formuliert EG 46 Satz 2 DSGVO dies sogar explizit. Dass der Erwägungsgrund keine Aussage zu den lebenswichtigen Interessen der betroffenen Personen trifft, steht der allgemeinen Subsidiarität des Art. 6 Abs. 1 UAbs. 1 lit. d DSGVO nicht entgegen. Es ist zu vermuten, dass die Subsidiarität bei Verarbeitungen zugunsten betroffener Personen für den Gesetzgeber offensichtlich ist, wohingegen er eine Klarstellung der Rechtslage bei Verarbeitungen zugunsten anderer Personen notwendig erachtet.

Die Subsidiarität des Art. 6 Abs. 1 UAbs. 1 lit. d DSGVO bedingt insbesondere, dass die angestrebte Datenverarbeitung nicht über eine Einwilligung i.S.v. Art. 6 Abs. 1 UAbs. 1 lit. a DSGVO gerechtfertigt werden kann. In Abgrenzung zu Art. 9 Abs. 2 lit. c DSGVO, welcher die Verarbeitung besonderer Kategorien personenbezogener Daten zu lebenswichtigen Interessen regelt, bedarf es jedoch nicht der Unmöglichkeit der Einholung der Einwilligung, beispielsweise wegen einer Bewusstlosigkeit der betroffenen Person. Vielmehr genügt es bereits, wenn die Einwilligung faktisch keine Option darstellt, beispielsweise weil sie in eiligen Fällen nicht rechtzeitig eingeholt werden kann oder die Kontaktdaten der betroffenen Personen nicht ausfindig gemacht werden können.[1473]

Für nichtöffentliche Stellen stellt, soweit eine Einwilligung i.S.v. Art. 6 Abs. 1 UAbs. 1 lit. a DSGVO nicht in Betracht kommt, zumeist Art. 6 Abs. 1 UAbs. 1 lit. f DSGVO die zentrale Rechtsgrundlage dar. Diese legitimiert Datenverarbeitungen, soweit sie „zur Wahrung der berechtigten Interessen eines Verantwortlichen oder Dritten erforderlich" sind und die Belange der betroffenen Personen nicht überwiegen. Die Norm umfasst folglich ausschließlich Interessen von Verantwortlichen oder Dritten. Nicht bedacht sind jedoch die eine Verarbeitung legitimierenden Interessen der betroffenen Person selbst. Im Fall von nichtöffentlichen Stellen kann in Bezug auf diese mithin – sofern lebenswichtige Interessen tangiert sind – lediglich Art. 6 Abs. 1 UAbs. 1 lit. d DSGVO zur Anwendung kommen.[1474] Dies ergibt sich auch unmittelbar aus dem Wortlaut des EG 46 DSGVO. In seinem Satz 2 formuliert dieser, dass personenbezogene Daten „grundsätzlich nur dann aufgrund eines lebenswichtigen Interesses einer anderen natürlichen Person verarbeitet werden [sollten], wenn die Verarbeitung offensichtlich nicht auf eine andere Rechtsgrundlage gestützt werden kann." Indem die Interessen betroffener Personen unberücksichtigt bleiben, wird das vorangehend dargelegte Verhältnis von Art. 6 Abs. 1 UAbs. 1 lit. d DSGVO zu Art. 6 Abs. 1 UAbs. 1 lit. f DSGVO verdeutlicht, soweit sich ihr Anwendungsbereich in sachlicher und persönlicher Hinsicht überschneidet.

[1472] Im Ergebnis übereinstimmend *Spindler/Dalby*, in: Spindler/Schuster (Hrsg.), Recht el. Medien, Art. 6 DSGVO Rn. 10; *Albers/Veit*, in: Wolff/Brink/von Ungern-Sternberg (Hrsg.), BeckOK DSR, Art. 6 DSGVO Rn. 52; *Heberlein*, in: Ehmann/Selmayr (Hrsg.), DSGVO, Art. 6 Rn. 33; *Plath/Struck*, in: Plath (Hrsg.), DSGVO/BDSG/TTDSG, Art. 6 DSGVO Rn. 48; *Taeger*, in: Taeger/Gabel (Hrsg.), DSGVO/BDSG, Art. 6 DSGVO Rn. 93; *Schantz*, in: Simitis/Hornung/Spiecker gen. Döhmann (Hrsg.), DSR, Art. 6 Abs. 1 UAbs. 1 lit. d Rn. 61; uneindeutig *Jacquemain* et al., in: Schwartmann et al. (Hrsg.), DS-GVO/BDSG, Art. 6 DSGVO Rn. 94; a.A. *Reimer*, in: Sydow/Marsch (Hrsg.), DSGVO/BDSG, Art. 6 DSGVO Rn. 54.

[1473] Umstritten, richtigerweise *Schantz*, in: Simitis/Hornung/Spiecker gen. Döhmann (Hrsg.), DSR, Art. 6 Abs. 1 UAbs. 1 lit. d Rn. 63; *Frenzel*, in: Paal/Pauly (Hrsg.), DSGVO/BDSG, Art. 6 DSGVO Rn. 21; a.A. *Buchner/Petri*, in: Kühling/Buchner (Hrsg.), DSGVO/BDSG, Art. 6 DSGVO Rn. 110; *Jahnel*, in: Jahnel/Bergauer (Hrsg.), DSGVO, Art. 6 Rn. 53; *Taeger*, in: Taeger/Gabel (Hrsg.), DSGVO/BDSG, Art. 6 DSGVO Rn. 92; *Wedde*, in: Däubler et al. (Hrsg.), DSGVO/BDSG/TTDSG, Art. 6 DSGVO Rn. 84.

[1474] Ebenfalls zur Verdrängungswirkung vom Art. 6 Abs. 1 UAbs. 1 lit. f DSGVO *Assion/Nolte/Veil*, in: Gierschmann et al. (Hrsg.), DSGVO, Art. 6 Rn. 102; *Taeger*, in: Taeger/Gabel (Hrsg.), DSGVO/BDSG, Art. 6 DSGVO Rn. 93; *Kramer*, in: Eßer/Kramer/von Lewinski (Hrsg.), DSGVO, Art. 6 DSGVO Rn. 58; *Schantz*, in: Simitis/Hornung/Spiecker gen. Döhmann (Hrsg.), DSR, Art. 6 Abs. 1 UAbs. 1 lit. d Rn. 62; *Buchner/Petri*, in: Kühling/Buchner (Hrsg.), DSGVO/BDSG, Art. 6 DSGVO Rn. 108; *Albers/Veit*, in: Wolff/Brink/von Ungern-Sternberg (Hrsg.), BeckOK DSR, Art. 6 DSGVO Rn. 52.

Darüber hinaus ist auch die Anwendbarkeit des Art. 6 Abs. 1 UAbs. 1 lit. d DSGVO für öffentliche Stellen begrenzt. Soweit diesen die Aufgabe oder Pflicht zum Schutz lebenswichtiger Interessen übertragen wurde, ist der Anwendungsbereich der Art. 6 Abs. 1 UAbs. 1 lit. c oder e DSGVO eröffnet. Dies hat zur Folge, dass Art. 6 Abs. 1 UAbs. 1 lit. d DSGVO aufgrund seines subsidiären Charakters keine Anwendung findet. So kann Art. 6 Abs. 1 UAbs. 1 lit. d DSGVO insbesondere nicht als Aufgaben- oder Befugniserweiterung verstanden werden. Die Norm gibt öffentlichen Stellen lediglich den Raum, in nicht gesetzlich geregelten Situationen eine zum Schutz lebenswichtiger Interessen erforderliche Datenverarbeitung rechtskonform vorzunehmen. Wurde hingegen eine entsprechende Regelung geschaffen, ist diese der Verarbeitung zugrunde zu legen. Ein anderes Verständnis widerspräche der gebotenen engen Auslegung des Art. 6 Abs. 1 UAbs. 1 lit. d DSGVO.[1475] Damit entfällt diese Rechtsgrundlage insbesondere für viele Gefahrenabwehr- und Polizeibehörden (sofern diese im Anwendungsbereich der DSGVO tätig werden). Art. 6 Abs. 1 UAbs. 1 lit. d DSGVO bleibt damit ausschließlich den öffentlichen Stellen vorbehalten, die nicht mit dem Schutz lebenswichtiger Interessen betraut sind, diese also nur im Einzelfall inzidentell wahrnehmen.[1476] Anders als nichtöffentliche Stellen können öffentliche Stallen dann allerdings auch eine im Interesse der betroffenen Person erfolgende Datenverarbeitung auf Art. 6 Abs. 1 UAbs. 1 lit. d DSGVO stützen.

Insgesamt verbleibt für Art. 6 Abs. 1 UAbs. 1 lit. d DSGVO nur ein schmaler Anwendungsbereich. Infolgedessen ist seine Bedeutung in der Praxis eher gering.[1477]

12.2 Rechtmäßigkeit des Web-Monitorings aufgrund lebenswichtiger Interessen

Aus den vorangegangenen Ausführungen wird deutlich, dass es sich bei Art. 6 Abs. 1 UAbs. 1 lit. d DSGVO um eine Rechtsgrundlage handelt, deren Anwendung allein in solchen Einzelfällen, in denen die lebenswichtigen Interessen einer natürlichen Person geschützt werden müssen, in Betracht kommt. Dabei kann das Monitoring selbst kein lebenswichtiges (oder sonstiges) Interesse darstellen, da ihm kein Selbstzweck innewohnt.[1478] Es ist vielmehr als ein mögliches Mittel der Datenverarbeitung zu verstehen, mit dessen Hilfe unterschiedlichste Informationsbedürfnisse adressiert werden können. Nur wenn diese den Schutz lebenswichtiger Interessen betreffen und eine andere Rechtsgrundlage nicht in Betracht kommt, kann auf Art. 6 Abs. 1 UAbs. 1 lit. d DSGVO zurückgegriffen werden. Die Rechtmäßigkeit einer solchen monitoringgestützten Verarbeitung öffentlicher Daten ist daher an hohe Hürden geknüpft.

Soweit ersichtlich existieren bislang keine Anwendungsfälle, in denen der Einsatz von Monitoring durch eine öffentliche oder nichtöffentliche Stelle auf Art. 6 Abs. 1 UAbs. 1 lit. d DSGVO gestützt wird. Nichtsdestotrotz kann das Monitoring grundsätzlich als Instrument zur Gewährleistung lebenswichtiger Interessen in Erwägung gezogen werden; aufgrund der sehr begrenzten Anwendbarkeit für öffentliche Stellen allerdings im Wesentlichen nur für nichtöffentliche Stellen. Diese könnten das Monitoring beispielsweise zur Gewährleistung humanitärer Hilfe im Flüchtlingsmanagement oder zur Überwachung der Ausbreitung einer Krankheit in Pandemielagen nutzen. Inwieweit Art. 6 Abs. 1 UAbs. 1 lit. d DSGVO hierfür eine

---

[1475] EuGH, Urt. v. 04.07.2023, Az. C-252/21, GRUR 2023, 1131 (1142 Rn. 137).
[1476] *Frenzel*, in: Paal/Pauly (Hrsg.), DSGVO/BDSG, Art. 6 DSGVO Rn. 22; *Assion/Nolte/Veil*, in: Gierschmann et al. (Hrsg.), DSGVO, Art. 6 Rn. 102.
[1477] *Schantz*, in: Simitis/Hornung/Spiecker gen. Döhmann (Hrsg.), DSR, Art. 6 Abs. 1 UAbs. 1 lit. d Rn. 62; *Buchner/Petri*, in: Kühling/Buchner (Hrsg.), DSGVO/BDSG, Art. 6 DSGVO Rn. 106; *Assion/Nolte/Veil*, in: Gierschmann et al. (Hrsg.), DSGVO, Art. 6 Rn. 102; *Taeger*, in: Taeger/Gabel (Hrsg.), DSGVO/BDSG, Art. 6 DSGVO Rn. 93.
[1478] Zum fehlenden Selbstzweck bereits unter Kap. 7.2.1.

Rechtsgrundlage bietet, wird nachfolgend anhand einer exemplarischen Untersuchung der genannten Anwendungsfälle geprüft.

12.2.1 Web-Monitoring im Flüchtlingsmanagement zur Gewährleistung humanitärer Hilfe durch private Hilfsorganisationen

Bereits seit einiger Zeit ist bekannt, dass die Versorgungs- und Gesundheitslage von Flüchtlingen auf den Fluchtrouten und in den Flüchtlingslagern unzulänglich ist.[1479] Dies ist insbesondere auch auf den Umstand zurückzuführen, dass den relevanten Stellen die zur humanitären Hilfe notwendigen Informationen meist nur begrenzt zur Verfügung stehen.[1480] Herkömmliche Datenquellen bieten in der Regel keine hinreichende Informationsgrundlage, gewöhnlich können Flüchtlingsbewegungen weder detektiert noch künftige Entwicklungen zumindest ansatzweise antizipiert werden.[1481] Die verfügbaren Informationen sind zudem regelmäßig veraltet und bilden das Flüchtlingsgeschehen nur unzureichend oder verzerrt ab.[1482] Oftmals steht die Durchführung einer bedarfsangepassten Planung und Verteilung der zur Versorgung der Flüchtlinge notwendigen Ressourcen daher vor großen Herausforderungen.

Da die rechtzeitige Beschaffung aktueller Informationen zur Flüchtlingslage von größter Bedeutung für ein erfolgreiches Flüchtlingsmanagement – einschließlich der Sicherstellung der Versorgung und Gesundheit der Flüchtlinge – ist,[1483] besteht die dringende Notwendigkeit, neue Lösungen zur Detektion und Prognose von Flüchtlingsbewegungen zu finden.[1484] Ein möglicher Weg ist die Analyse von georeferenzierten öffentlichen Inhalten aus dem Web, vor allem aus sozialen Medien, mithilfe von Monitoring.[1485] Dies erlaubt neben der Detektion von Flüchtlingsbewegungen grundsätzlich auch eine Schätzung von Anzahl und voraussichtlicher Ankunft der Flüchtlinge.[1486] Ein solches Monitoring könnte beispielsweise durch humanitäre Hilfsorganisationen, wie Ärzte ohne Grenzen, zum Einsatz gebracht werden, um die Versorgungs- und Gesundheitslage von Flüchtlingen zu verbessern. Vor diesem Hintergrund wird im Nachfolgenden exemplarisch untersucht, inwieweit eine solche Nichtregierungsorganisation

---

[1479] *Lehmann*, APuZ 2015, Heft 52, 7 (7 ff.).

[1480] *Havas* et al., International Journal of Geo-Information 2021, Heft 8, Beitragsnr. 498, 1 (1); exemplarisch zur Flüchtlingsbewegung der Jahre 2015 und 2016 *Selzer* et al., Im Einsatz 2019, Heft 6, 52 (55); *Zoller/Schmied/Werner*, Kriminalistik 2018, 513 (513); *Böhme* et al., Journal of Development Economics 2020, Beitragsnr. 102347, 1 (2).

[1481] *Wladyka*, Journal of Population and Social Studies 2017, 312 (312 f.); *Jurić*, Athens Journal of Technology and Engineering 2022, Heft 3, 159 (164); *Sîrbu* et al., International Journal of Data Science and Analytics 2021, 341 (345).

[1482] UNHCR, Big (Crisis) Data For Predictive Models, 6; *Sîrbu* et al., International Journal of Data Science and Analytics 2021, 341 (343 f.); *Zagheni* et al., in: Chung (Hrsg.), Proceedings of the 23rd International Conference on World Wide Web, 439 (439); *Jurić*, Athens Journal of Technology and Engineering 2022, Heft 3, 159 (160); *Wladyka*, Journal of Population and Social Studies 2017, 312 (313).

[1483] *Jurić*, Athens Journal of Technology and Engineering 2022, Heft 3, 159 (164); *Wladyka*, Journal of Population and Social Studies 2017, 312 (313); vgl. *Selzer* et al., Von der Forschung in die Praxis.

[1484] *Martin/Singh*, in: McGrath/Young (Hrsg.), Mobilizing Global Knowledge, 129 (130); UNHCR, Big (Crisis) Data For Predictive Models, 6; *Jurić*, Athens Journal of Technology and Engineering 2022, Heft 3, 159 (164); vgl. *Wladyka*, Journal of Population and Social Studies 2017, 312 (313); *Böhme* et al., Journal of Development Economics 2020, Beitragsnr. 102347, 1 (2).

[1485] Siehe exemplarisch hierzu das BMBF geförderte Forschungsprojekt „Echtzeit-Lagebild für effizientes Migrationsmanagement zur Gewährleistung humanitärer Sicherheit (HUMAN+)", Förderkennzeichen 13N14716 bis 13N14723, welches unter anderem die Detektion und Prognose von Migrationsbewegungen auf Basis von Daten aus sozialen Netzwerken zum Gegenstand hatte; vgl. auch *Havas* et al., International Journal of Geo-Information 2021, Heft 8, Beitragsnr. 498, 1 (5 ff.); *Martin/Singh*, in: McGrath/Young (Hrsg.), Mobilizing Global Knowledge, 129 (130 ff.); *Hawelka* et al., Cartography and Geographic Information Science 2014, 260 (269).

[1486] *Havas* et al., International Journal of Geo-Information 2021, Heft 8, Beitragsnr. 498, 1 (5 ff.); *Sîrbu* et al., International Journal of Data Science and Analytics 2021, 341 (344).

Art. 6 Abs. 1 UAbs. 1 lit. d DSGVO als Rechtsgrundlage für ein Monitoring zum Zweck der Gewährleistung humanitärer Hilfe von Flüchtlingen heranziehen kann. Dies setzt voraus, dass keiner der übrigen in Art. 6 Abs. 1 UAbs. 1 DSGVO genannten Tatbestände als Rechtsgrundlage in Betracht kommt, der Schutz lebenswichtiger Interessen verfolgt wird und die Datenverarbeitung zu diesem Zweck tatsächlich erforderlich ist.

Eine vorgeschaltete Prüfung des Art. 9 DSGVO ist trotz des Umstands, dass die Verarbeitung grundsätzlich den Gesundheitsschutz von Flüchtlingen adressiert, nicht geboten. So werden bei dem hier zugrundeliegenden Monitoring keine Gesundheitsdaten aus dem Web erhoben, sondern lediglich Standortinformationen, die mit einem für das Flüchtlingsmanagement relevanten Inhalt verknüpft sind. Es erfolgt mithin weder eine gezielte Erhebung (un)mittelbar sensibler Daten noch eine Auswertung zufällig erfasster mittelbarer sensibler Daten. Das Verbot der Verarbeitung besonderer Kategorien personenbezogener Daten gem. Art. 9 Abs. 1 DSGVO ist hier daher nicht zu berücksichtigen.[1487]

12.2.1.1 Keine vorrangige Rechtsgrundlage

Für die mit dem Monitoring zur humanitären Hilfe einhergehende Verarbeitung, die durch eine Nichtregierungsorganisation verantwortet wird, kann Art. 6 Abs. 1 UAbs. 1 lit. d DSGVO nur in Erwägung gezogen werden, wenn keine der übrigen Rechtsgrundlagen einschlägig ist.[1488]

Eine Einwilligung zur Rechtfertigung der mit dem Monitoring einhergehenden Datenverarbeitung kommt grundsätzlich und insbesondere im vorliegenden Fall nicht in Betracht.[1489] Dies ist vor allem darauf zurückzuführen, dass im Rahmen des Monitorings zur Ermittlung und Prognose des Flüchtlingsgeschehens nicht ausschließlich Inhalte von vorab festgelegten spezifischen Einzelpersonen, sondern sämtliche Inhalte mit Bezug zu Flüchtlingsbewegungen verarbeitet werden. Hinzu tritt der Umstand, dass das Monitoring der Ermittlung relevanter Inhalte aus dem Web dient, die dem Verantwortlichen bislang nicht bekannt waren. Folglich ist es ihm faktisch nicht möglich, die Einwilligung der betroffenen Personen einzuholen.

Des Weiteren kann die mit dem Monitoring zur Ermittlung und Detektion von Flüchtlingsbewegungen einhergehende Datenverarbeitung weder auf einen Vertrag i.S.v. Art. 6 Abs. 1 UAbs. 1 lit. b DSGVO[1490] gestützt werden noch ist eine Rechtspflicht i.S.v. Art. 6 Abs. 1 UAbs. 1 lit. c DSGVO oder eine Aufgabenzuweisung i.S.v. Art. 6 Abs. 1 UAbs. 1 lit. e DSGVO ersichtlich, im Rahmen derer eine derartige Verarbeitung vorzunehmen wäre. Da es sich bei einer Nichtregierungsorganisation um eine nichtöffentliche Stelle handelt, ist jedoch Art. 6 Abs. 1 UAbs. 1 lit. f DSGVO näher in den Blick zu nehmen.[1491] Diese Rechtsgrundlage kommt nur in Betracht, wenn die Interessen eines Verantwortlichen oder Dritter verfolgt werden.[1492] Der Einsatz des hier bedachten Monitorings zielt darauf ab, Informationen über ein laufendes Flüchtlingsgeschehen zu gewinnen, um auf dieser Basis eine bedarfsangepasste Ressourcenplanung vornehmen und die humanitäre Versorgung der Flüchtlinge verbessern zu können. Die Verarbeitung erfolgt also in erster Linie zugunsten der Flüchtlinge. Jedoch stammen nicht sämtliche der relevanten Inhalte von diesen. Vielmehr ist damit zu rechnen, dass einschlägige Informationen ebenso von Personen oder Einrichtungen geteilt werden, die nicht unmittelbar Teil der Flüchtlingsbewegung sind. Hinzu kommt, dass das Monitoring technisch bedingt nicht nur Daten von Personen verarbeitet, die relevante Inhalte zum Flüchtlingsgeschehen veröffentlicht haben, sondern ebenso Daten von Personen, deren Inhalte nicht von Relevanz

---

[1487] Eingehend zu Art. 9 DSGVO siehe Kap. 8.2.
[1488] Zur Subsidiarität des Art. 6 Abs. 1 UAbs. 1 lit. d DSGVO siehe Kap. 12.1.3.
[1489] Eingehend zur Rechtsgrundlage der Einwilligung im Kontext des Monitorings siehe Kap. 9.
[1490] Eingehend zur Rechtsgrundlage des Vertrags im Kontext zum Monitoring siehe Kap. 10.
[1491] Zur Bedeutung dieser Rechtsgrundlage für nichtöffentliche Stellen bereits unter Kap. 12.1.3.
[1492] Hierzu bereits unter Kap. 12.1.3.

sind.[1493] Die Verarbeitung findet mithin nicht zugunsten aller von der Verarbeitung betroffenen Personen statt. Zwar profitieren die Flüchtlinge, deren Informationen in das Monitoring eingebunden werden, von einer verbesserten humanitären Hilfe, jedoch ergibt sich für die übrigen betroffenen Personen kein Nutzen. Mithin kann die Datenverarbeitung nicht allein auf Art. 6 Abs. 1 UAbs. 1 lit. d oder f DSGVO gestützt werden. Vielmehr bedarf es beider Rechtsgrundlagen zur Rechtfertigung. Vorliegend wird der Fokus zunächst auf Art. 6 Abs. 1 UAbs. 1 lit. d DSGVO als engere Rechtsgrundlage gelegt.

12.2.1.2 Lebenswichtiges Interesse

Die Anwendbarkeit des Art. 6 Abs. 1 UAbs. 1 lit. d DSGVO setzt voraus, dass mit der Datenverarbeitung lebenswichtige Interessen geschützt werden.[1494] Mithilfe des konkreten Monitorings sollen Flüchtlingsbewegungen detektiert und prognostiziert werden, um die Versorgungs- und Gesundheitslage von Flüchtlingen verbessern zu können. Die Verarbeitung dient mithin der Gesundheit der Flüchtlinge im biologisch-physiologischen Sinne und somit dem Schutzgut der körperlichen Unversehrtheit. Fraglich ist allerdings, ob das Interesse an dieser Datenverarbeitung derart bedeutend für die körperliche Unversehrtheit ist, dass es als lebenswichtig i.S.v. Art. 6 Abs. 1 UAbs. 1 lit. d DSGVO anzuerkennen ist.

Aus EG 46 Satz 3 DSGVO geht hervor, dass die Verarbeitung personenbezogener Daten zu humanitären Zwecken von der Rechtsgrundlage des Art. 6 Abs. 1 UAbs. 1 lit. d DSGVO erfasst sein kann. Welche Voraussetzungen hierfür erfüllt sein müssen, wird jedoch nicht präzisiert. Das Interesse an der Gewährleistung einer hinreichenden Versorgungs- und Gesundheitslage von Flüchtlingen ist allerdings im Lichte des Erwägungsgrunds grundsätzlich als lebenswichtig in Betracht zu ziehen. Das lebenswichtige Interesse setzt in seiner Ausprägung als Schutz körperlicher Unversehrtheit eine individuell-konkrete Gefahr voraus, bei deren Verwirklichung mit nicht unerheblicher Wahrscheinlichkeit eine irreversible und dauerhafte Substanzschädigung, Funktionsstörung oder ein sonstiger irreversibler und dauerhafter pathologischer Zustand zu erwarten ist.[1495]

Zahlreiche Berichte zeugen von den katastrophalen Zuständen, denen Flüchtlinge häufig auf ihrer Flucht und in den Flüchtlingslagern ausgesetzt sind. Demnach mangelt es neben der medizinischen Versorgung vielfach an Hygieneprodukten und angemessenen Unterkünften.[1496] Die körperliche Unversehrtheit der Flüchtlinge ist mithin grundsätzlich bedroht. Dies bedeutet allerdings nicht, dass die Flüchtlinge zwangsläufig und tatsächlich mit einer solchen Gefahr konfrontiert sind. Es ist vielmehr lediglich mit der Möglichkeit zu rechnen, dass diese auftreten. Ein gesichertes Wissen dahingehend besteht jedoch nicht. Daher ist im hier zugrundeliegenden Anwendungsfall lediglich eine diffuse Bedrohungslage gegeben. Weder kann näher bestimmt werden, ob es tatsächlich zu einer Bedrohung der körperlichen Unversehrtheit kommt, noch wann oder an welchem Ort diese entsteht. Ebenso wenig lässt sich bestimmen, welche konkreten Personen betroffen wären. Die mit einer Flucht einhergehende Gefahr ist daher weder hinreichend konkret noch individualisierbar, vielmehr ist ihr ein kollektiv-abstrakter Charakter zuzuschreiben.

Mit einer diffusen Bedrohungslage geht zwangsläufig eine nur diffuse Wahrscheinlichkeit des Schadeneintritts einher. Ebenso kann aufgrund der mangelnden Konkretheit der Gefahr nicht festgestellt werden, welche Auswirkungen deren Verwirklichung auf die Gesundheit haben könnte. Folglich mangelt es an der durch Art. 6 Abs. 1 UAbs. 1 lit. d DSGVO vorausgesetzten

---

[1493] Eingehender zur Funktionsweise des Monitorings siehe Kap. 2.4.
[1494] Eingehend zum Begriffsverständnis des lebenswichtigen Interesses siehe Kap. 12.1.1.
[1495] Eingehend hierzu siehe Kap. 12.1.1.
[1496] *Commissioner for Human Rights*, CommDH(2018)24, 3 ff.; *UNO*, Die Balkanroute; *Amnesty International*, "I want to decide about my future", 13, 23.

hinreichenden Wahrscheinlichkeit des Schadens. Hinzu kommt außerdem, dass der Anlass für die Annahme der Gefahr oder Beeinträchtigung der körperlichen Unversehrtheit – wenn auch mit allgemeiner Lebenserfahrung begründbar – bloß eine Vermutung darstellt, weswegen eine Datenverarbeitung zur Detektion und Prognose von Flüchtlingsbewegungen als lediglich präventiv zu bewerten ist.

Insgesamt ergibt sich damit in Anbetracht der vorausgehenden Erwägungen, dass das mit dem hier zugrundeliegenden Monitoring verfolgte Interesse nicht als lebenswichtig klassifiziert werden kann.

12.2.1.3 Ergebnis

Art. 6 Abs. 1 UAbs. 1 lit. d DSGVO stellt keine geeignete Rechtsgrundlage für das hier beschriebene Monitoring dar. Zwar ist der Anwendungsbereich der Norm – wenn auch nur bezüglich der Verarbeitung im Interesse der betroffenen Personen – grundsätzlich eröffnet, jedoch scheitert die Rechtfertigung am Tatbestandsmerkmal des lebenswichtigen Interesses. Dieses Ergebnis betrifft zunächst zwar nur den Teil der Verarbeitung, der den Interessen der betroffenen Personen dient, dennoch muss die Rechtmäßigkeit der Verarbeitung insgesamt als unzulässig qualifiziert werden. So ist die nur nach Art. 6 Abs. 1 UAbs. 1 lit. d DSGVO rechtfertigbare Verarbeitung im Interesse der betroffenen Personen in der vorliegenden Konstellation technisch untrennbar mit der nur nach Art. 6 Abs. 1 UAbs. 1 lit. f DSGVO rechtfertigbaren Verarbeitung im Interesse der Verantwortlichen oder Dritter verbunden.[1497] Die Verarbeitung muss daher den Anforderungen beider Rechtsgrundlagen genügen, eine partielle Rechtmäßigkeit ist nicht ausreichend. Nach dem Ausschluss der Zulässigkeit nach Art. 6 Abs. 1 UAbs. 1 lit. d DSGVO erübrigt sich daher eine Prüfung des Art. 6 Abs. 1 UAbs. 1 lit. f DSGVO.

12.2.2 Web-Monitoring in Pandemielagen durch private Hilfsorganisationen

Zu keiner Zeit war die Welt so sehr von der Globalisierung geprägt wie heute. Neben vielen Vorteilen, die dieser Umstand für die Menschheit mit sich bringt, ergeben sich ebenso gewichtige Nachteile. Insbesondere das wachsende Risiko einer weltweiten Verbreitung von ursprünglich lokal begrenzten Infektionskrankheiten stellt eine negative Folge der zunehmenden Vernetzung von Menschen und des internationalen Handels dar. Welche Ausmaße und Bedeutung die Verwirklichung dieses Risikos erreichen kann, zeigte in besonderer Weise die Covid-19-Pandemie. Diese bewirkte nicht nur tiefgreifende Veränderungen in wirtschaftlichen und sozialen Lebensbereichen,[1498] sondern verursachte vor allem eine bislang beispiellose Belastung der Gesundheitssysteme sowie zahlreiche Tote weltweit.[1499]

Insbesondere die mangelnde Voraussehbarkeit des Pandemieverlaufs erwies sich als problematisch. Dies machte nicht nur die Ergreifung zielgerichteter und effektiver Präventions- und Eindämmungsmaßnahmen äußerst herausfordernd, sondern führte ebenso zu einer besonders volatilen Nachfrage nach Ressourcen und zu Engpässen in Krankenhäusern. Diese Umstände führten dazu, dass die Menschen kaum vor einer Ansteckung geschützt und teilweise nur verzögert oder gar nicht medizinisch versorgt werden konnten. Ein möglicher Weg der mangelnden Voraussehbarkeit des Verlaufs einer Pandemie und den damit zumeist einhergehenden Folgen für die öffentliche Gesundheit entgegenzuwirken, ist der Einsatz von Monitoring. Anhand der Analyse georeferenzierter öffentlicher Daten – beispielsweise von X – ist es grundsätzlich möglich,

---

[1497] Im Gegensatz zu öffentlichen Stellen können nichtöffentliche Stellen nur Verarbeitungen im Interesse der betroffenen Person auf Art. 6 Abs. 1 UAbs. 1 lit. d DSGVO stützen. Siehe hierzu Kap. 12.1.3.

[1498] Statt vieler siehe *Umweltbundesamt,* Gesellschaftliche Auswirkungen der Covid-19-Pandemie in Deutschland und mögliche Konsequenzen für die Umweltpolitik, 7 ff.; *Ragnitz,* ifo Schnelldienst 2020, Heft 11, 25 (25 ff.).

[1499] Dies antizipierend rief die WHO bereits Anfang 2020 eine „gesundheitliche Notlage von internationaler Tragweite" aus, siehe *World Health Organization,* Statement on the second meeting of the International Health Regulations (2005) Emergency Committee regarding the outbreak of novel coronavirus (2019-nCoV).

die Lage einer Pandemie zu ermitteln und potenziell zukünftige Entwicklungen zu prognostizieren.[1500] Ein solches Monitoring könnte beispielsweise von humanitären Hilfsorganisationen, wie Ärzte ohne Grenzen, zum Einsatz gebracht werden, um insbesondere in Regionen mit schlechterer medizinischer Versorgung die Gesundheit der Menschen besser schützen zu können. Die Anwendbarkeit der DSGVO vorausgesetzt, ist diesbezüglich jedoch fraglich, ob diese Datenverarbeitung auf die Rechtsgrundlage des Art. 6 Abs. 1 UAbs. 1 lit. d DSGVO gestützt werden kann. Dies setzt voraus, dass keine andere Rechtsgrundlage in Betracht kommt, der Schutz lebenswichtiger Interessen adressiert wird und die Datenverarbeitung tatsächlich erforderlich ist.

12.2.2.1 Relevanz des Art. 9 DSGVO beim Einsatz von Web-Monitoring in Pandemielagen

Zusätzlich zu den Voraussetzungen des Art. 6 Abs. 1 UAbs. 1 lit. d DSGVO ist an dieser Stelle zu berücksichtigen, dass im Rahmen des hier zugrundeliegenden Monitorings zwangsläufig auch Inhalte erhoben und analysiert werden, die gesundheitsbezogene Informationen i.S.v. Art. 4 Nr. 15 DSGVO enthalten. So ist vernünftigerweise davon auszugehen, dass die für die Verarbeitung relevanten Inhalte das Pandemiegeschehen nicht allein abstrakt beschreiben, sondern mitunter den individuellen Gesundheitszustand identifizierbarer Personen betreffen. Die mit dem vorliegenden Monitoring einhergehende Datenverarbeitung unterfällt mithin dem Verbot der Verarbeitung besonderer Kategorien personenbezogener Daten gem. Art. 9 Abs. 1 DSGVO. In der Folge muss zusätzlich zu den Anforderungen des Art. 6 Abs. 1 UAbs. 1 lit. d DSGVO die Regelung des Art. 9 DSGVO berücksichtigt werden.[1501] Vorgelagert ist daher zu prüfen, ob die Geltung des Verarbeitungsverbots abgewendet werden kann.

Zunächst kommt hierfür in Betracht, das Monitoring so zu konfigurieren, dass im Prozessschritt der Datenakquise sensible Daten erkenntnislos ausgesondert und daher nicht persistent gespeichert sowie nicht in den Prozessschritt der Datenanalyse überführt werden.[1502] Eine solche Ausgestaltung würde allerdings zwangsläufig dazu führen, dass eine beachtliche Anzahl von Inhalten sowie die mit ihnen verknüpften Georeferenzen unberücksichtigt blieben. So muss vernünftigerweise davon ausgegangen werden, dass eine große Anzahl von pandemierelevanten Inhalten auch Aussagen zur Gesundheit von (unmittelbar) bestimmbaren Personen enthalten. Dies zeigt sich insbesondere in sozialen Netzwerken, wo während der akuten Phase der Corona-Pandemie viele Menschen von ihrer oder der Infektion einer ihnen nahestehenden Person berichteten und zum Ausdruck brachten, wie schwer oder leicht sie den Krankheitsverlauf empfunden haben. Würden bei der Datenakquise sensible Daten erkenntnislos ausgesondert, hätte dies mithin eine deutlich geringere Datenbasis zur Folge. Das Pandemiegeschehen könnte weniger zuverlässig eingeschätzt werden. In Anbetracht des Ziels, auf Basis der im Rahmen des Monitorings gewonnenen Erkenntnisse wirksame Eindämmungs- und Präventionsmaßnahmen zu treffen, liefe eine solche Ausgestaltung jedoch konträr zum Interesse des Verantwortlichen und stellt daher im hier gegebenen Anwendungsfall keine Option dar. Um die Verarbeitung rechtmäßig vornehmen zu können, bedarf es daher eines Ausnahmetatbestands nach Art. 9 Abs. 2 DSGVO.[1503]

[1500] Vgl. *Nagar* et al., Journal of Medical Internet Research 2014, Beitragsnr. e236, 1 (11 ff.); *Aramaki/Maskawa/Morita*, in: Merlo (Hrsg.), Proceedings of the Conference on Empirical Methods in Natural Language Processing 2011, 1568 (1572 ff.); *Li* et al., Eurosurveillance 2020, Heft 10, Beitragsnr. 2000199, 1 (1 ff.); *Shin* et al., Scientific Reports 2016, Beitragsnr. 32920, 1 (4 f.); *Stolerman* et al., Science Advances 2023, Heft 3, Beitragsnr. eabq0199, 1 (1 ff.).
[1501] Zum Verhältnis von Art. 6 DSGVO und Art. 9 DSGVO siehe Kap. 8.2.1.3.
[1502] Eingehender zur Datenakquise siehe Kap. 2.4.2.
[1503] Eingehend zu Art. 9 DSGVO siehe Kap. 8.2.

12.2.2.1.1 In Betracht kommende Ausnahmetatbestände

Aus Art. 9 Abs. 2 DSGVO ergeben sich zehn Ausnahmetatbestände, von denen für den vorliegenden Anwendungsfall jedoch nur Art. 9 Abs. 1 UAbs. 1 lit. c (lebenswichtige Interessen) und lit. e (offensichtlich durch die betroffene Person öffentlich gemachte Daten) DSGVO in Erwägung zu ziehen sind. Eine Anwendbarkeit der übrigen Ausnahmen scheidet von vornherein aus. So besteht weder die Möglichkeit einer rechtskonformen Einwilligung (lit. a)[1504] noch erfolgt die Verarbeitung im Zuge des Arbeitsrechts oder des Rechts der sozialen Sicherheit (lit. b), durch eine politisch, weltanschaulich, religiös oder gewerkschaftlich ausgerichtete Organisation in Bezug auf die in enger Beziehung zu ihr stehenden Personen (lit. d) oder im Rahmen von Rechtsansprüchen oder justiziellen Tätigkeiten (lit. f). Da keine Bestimmungen im unions- oder mitgliedstaatlichen Recht ersichtlich sind, die das Monitoring zur Überwachung einer Pandemielage durch nichtöffentliche Stellen erfassen, fallen zudem die Ausnahmetatbestände weg, die eine solche rechtliche Grundlage voraussetzen. Dies betrifft die Verarbeitung personenbezogener Daten i.S.v. Art. 9 Abs. 2 lit. g (Verfolgung eines erheblichen öffentlichen Interesses), lit. h (Verarbeitung zur Gesundheitsvorsorge oder Arbeitsmedizin), lit. i (öffentliches Interesse im Rahmen der öffentlichen Gesundheit) sowie lit. j (Verarbeitung zu Forschungs-, archivarischen oder statistischen Zwecken).

12.2.2.1.2 Ausnahme zum Schutz lebenswichtiger Interessen

Zunächst ist Art. 9 Abs. 2 lit. c DSGVO in den Blick zu nehmen. Demnach ist eine Verarbeitung sensibler Daten nicht verboten, wenn sie zum Schutz lebenswichtiger Interessen der betroffenen Person oder einer anderen natürlichen Person erforderlich ist und die betroffene Person außerstande ist, ihre Einwilligung zu geben. Dabei stellt sich jedoch insbesondere das Tatbestandsmerkmal der Einwilligung problematisch dar. So kann in Anbetracht des Umstands, dass die betroffene Person Inhalte im Web teilt, nicht davon ausgegangen werden, dass sie nicht dazu in der Lage ist, in die Verarbeitung einzuwilligen. Es ist im Gegenteil anzunehmen, dass die betroffene Person nicht nur ansprechbar, sondern auch leicht zu kontaktieren ist und daher ihre Einwilligung grundsätzlich erteilen könnte. In der Folge kann die mit dem Monitoring zur Überwachung von Pandemien einhergehende Datenverarbeitung nicht über Art. 9 Abs. 2 lit. c DSGVO vom Verarbeitungsverbot nach Art. 9 Abs. 1 DSGVO ausgenommen werden.

12.2.2.1.3 Ausnahme für offensichtlich öffentlich gemachte Daten

Das Verbot der Verarbeitung kommt gem. Art. 9 Abs. 2 lit. e DSGVO nicht zur Anwendung, sofern die der Verarbeitung zugrundeliegenden Daten offensichtlich von der betroffenen Person öffentlich gemacht wurden. Die Norm setzt zum einen voraus, dass die Veröffentlichung durch die betroffene Person selbst oder mit deren Wissen und Willen erfolgt ist,[1505] und erfordert zum anderen, dass auch aus der Perspektive eines außenstehenden Beobachters kein Zweifel besteht, dass die betroffene Person die Veröffentlichung selbst vorgenommen hat.[1506]

Im Rahmen von Monitoring werden zwar ausschließlich öffentliche Daten erfasst, allerdings kann nicht davon ausgegangen werden, dass diese stets von der jeweiligen betroffenen Person selbst veröffentlicht wurden. So ist nicht unwahrscheinlich, dass Dritte Informationen zu einem besonders schweren oder einfachen Verlauf einer Infektion einer ihnen nahestehenden Person verbreiten, beispielsweise um das möglicherweise besorgte Umfeld zu informieren. Gleichzeitig ist kein automatisiertes Verfahren ersichtlich, durch welches im Rahmen der Datenakquise zuverlässig festgestellt werden könnte, ob die erhobenen Daten von Dritten oder der betroffenen Person selbst stammen. In der Folge kann grundsätzlich nicht gewährleistet werden, dass

---

[1504] Eingehend zur Rechtsgrundlage der Einwilligung im Kontext des Monitorings siehe Kap. 9.
[1505] Eingehender hierzu Kap. 4.1.1.2.1.
[1506] Eingehender hierzu Kap. 4.1.1.2.2.

ausschließlich eine Verarbeitung von Daten i.S.v. Art. 9 Abs. 2 lit. e DSGVO stattfindet. Die Norm kann daher nicht herangezogen werden, um die Geltung des Verarbeitungsverbots aus Art. 9 Abs. 1 DSGVO zu verneinen.

12.2.2.1.4 Schlussfolgerung

Anhand der vorangegangenen Erwägungen zeigt sich, dass keiner in Art. 9 Abs. 2 DSGVO benannten Ausnahmetatbestände für einen Einsatz von Monitoring durch private Hilfsorganisationen zum Zweck des Gesundheitsschutzes zur Anwendung kommen kann. Dies wäre potenziell anders zu beurteilen, bestünde für Hilfsorganisationen eine gesetzlich formulierte Erlaubnis, entsprechend tätig zu werden. In diesen Fällen könnte die Verarbeitung – die Erfüllung eines Ausnahmetatbestands des Art. 9 Abs. 2 DSGVO vorausgesetzt – allerdings ebenfalls nicht auf Art. 6 Abs. 1 UAbs. 1 lit. d DSGVO gestützt werden, sondern müsste den Anforderungen des Art. 6 Abs. 1 UAbs. 1 lit. c oder e DSGVO genügen.[1507]

Doch selbst wenn entgegen der hier vertretenen Auffassung davon ausgegangen würde, einer der Ausnahmetatbestände des Art. 9 Abs. 2 DSGVO würde greifen, wäre die Verarbeitung am Maßstab von Art. 6 Abs. 1 UAbs. 1 DSGVO nicht als rechtmäßig zu beurteilen. Dies zeigt die nachfolgende Prüfung, welche hilfsweise vorgenommen wurde, um die Erkenntnisse aus dem vorangegangenen Anwendungsfall zu validieren.

12.2.2.2 Keine vorrangige Rechtsgrundlage

Eine Anwendbarkeit des Art. 6 Abs. 1 UAbs. 1 lit. d DSGVO setzt voraus, dass keine der übrigen datenschutzrechtlichen Rechtsgrundlagen zur Anwendung kommen kann.[1508]

Eine Einwilligung gem. Art. 6 Abs. 1 UAbs. 1 lit. a DSGVO ist grundsätzlich nicht zur Rechtfertigung einer mit dem Monitoring einhergehenden Datenverarbeitung geeignet.[1509] Dies gilt auch für die monitoringgestützte Verarbeitung öffentlicher Daten zur Ermittlung und Prognose eines Pandemiegeschehens. So werden hierbei keine Inhalte zu vorab bestimmbaren Einzelpersonen verarbeitet, weswegen es dem Verantwortlichen faktisch versagt bleibt, rechtzeitig die Einwilligungen der betroffenen Personen einzuholen. Des Weiteren kann das Monitoring zur Ermittlung und Prognose des Pandemiegeschehens weder auf einen Vertrag i.S.v. Art. 6 Abs. 1 UAbs. 1 lit. b DSGVO[1510] gestützt werden noch ist eine Rechtspflicht i.S.v. Art. 6 Abs. 1 UAbs. 1 lit. c DSGVO oder eine Aufgabenzuweisung i.S.v. Art. 6 Abs. 1 UAbs. 1 lit. e DSGVO ersichtlich, im Rahmen derer eine solche Verarbeitung vorzunehmen wäre.

Da es sich bei der verantwortlichen Stelle um eine öffentliche Stelle handelt, ist jedoch Art. 6 Abs. 1 UAbs. 1 lit. f DSGVO in den Blick zu nehmen. Diese Rechtsgrundlage setzt voraus, dass die Datenverarbeitung im Interesse eines Verantwortlichen oder Dritten liegt.[1511] Der Einsatz des hier gegebenen Monitorings adressiert die Gewinnung von Informationen zu einem laufenden Pandemiegeschehen, um die Menschen besser vor einer Ansteckung schützen zu können. Die Verarbeitung adressiert mithin grundsätzlich den Schutz der öffentlichen Gesundheit. Sie dient damit einerseits manchen betroffenen Personen selbst, da sie individuell von etwaigen Maßnahmen profitieren. Andererseits werden auch die Interessen Dritter adressiert, weil die Datenverarbeitung der Allgemeinheit dient und damit aus Perspektive der betroffenen Personen regelmäßig drittschützend wirkt. Diese duale Interessenwahrnehmung lässt sich häufig nicht auflösen. Allerdings können Fälle, in denen die Daten einer betroffenen Person keine drittschützende Wirkung entfalten, nicht gänzlich ausgeschlossen werden. Ebenso sind

---

[1507] Hierzu bereits unter 12.1.3.
[1508] Zur Subsidiarität des Art. 6 Abs. 1 UAbs. 1 lit. d DSGVO Kap. 12.1.3.
[1509] Eingehend zur Rechtsgrundlage der Einwilligung im Kontext des Monitorings siehe Kap. 9.
[1510] Eingehend zur Rechtsgrundlage des Vertrags im Kontext des Monitorings siehe Kap. 10.
[1511] Hierzu bereits unter 12.1.3.

umgekehrt Fälle denkbar, in denen Daten von Personen verarbeitet werden, die durch das Pandemietracking nicht geschützt werden. Die vorliegende Datenverarbeitung kann daher nicht allein auf Art. 6 Abs. 1 UAbs. 1 lit. d oder f DSGVO gestützt werden. Vielmehr bedarf es beider Rechtsgrundlagen zur Rechtfertigung. Vorliegend wird zunächst der Fokus auf Art. 6 Abs. 1 UAbs. 1 lit. d DSGVO als engere Rechtsgrundlage gelegt.

12.2.2.3 Lebenswichtiges Interesse

Ziel des hier gegebenen Monitorings ist es, eine Pandemielage besser einschätzen und prognostizieren zu können, um mithilfe dieser Informationen Infektionen innerhalb der Bevölkerung zu verhindern. Die Verarbeitung dient mithin dem Schutz der Gesundheit im biologisch-physiologischen Sinne sowie im Falle einer sich potenziell tödlich auswirkenden Krankheit wie Covid-19 auch dem Erhalt des Lebens. Folglich wird neben der körperlichen Unversehrtheit auch das Schutzgut des Lebens adressiert. Allein aus diesem Umstand heraus kann jedoch nicht auf das Vorliegen eines lebenswichtigen Interesses geschlossen werden. Es ist vielmehr zu prüfen, ob die Datenverarbeitung von solcher Bedeutung für die Gesundheit oder das Leben ist, dass sie von Art. 6 Abs. 1 UAbs. 1 lit. d DSGVO erfasst wird.

Dem EG 46 Satz 3 DSGVO ist zu entnehmen, dass die Überwachung von Epidemien und deren Ausbreitung von Art. 6 Abs. 1 UAbs. 1 lit. d DSGVO erfasst sein kann. Jedoch präzisiert der Erwägungsgrund nicht weiter, unter welchen Umständen dies der Fall ist. Grundsätzlich setzt ein lebenswichtiges Interesse i.S.v. Art. 6 Abs. 1 UAbs. 1 lit. d DSGVO eine individuell-konkrete Gefahr oder Beeinträchtigung voraus, im Rahmen welcher mit nicht unerheblicher Wahrscheinlichkeit eine dauerhafte und irreversible Beeinträchtigung der Gesundheit oder das Ableben einer Person zu erwarten ist.[1512]

Während einer Pandemie wie der Covid-19-Pandemie sind zweifellos das Leben und die Gesundheit einer beträchtlichen Anzahl von Menschen bedroht. Durch die schnelle und globale Ausbreitung der Krankheit ergibt sich eine deutliche Gefahr für die Bevölkerung. Die möglichen Folgen einer Erkrankung an Covid-19 reichen von vorübergehendem Geruchs- und Geschmacksverlust über Atemwegsinfektionen bis hin zu lebensbedrohlichen Komplikationen wie akutem Atemnot oder Multiorganversagen. Im Rahmen einer Pandemie wie der Covid-19-Pandemie ist mithin grundsätzlich eine konkrete Gefahr gegeben. Diese bezieht sich allerdings vordergründig allgemein auf die öffentliche Gesundheit, während sich die Gefahrenlage in Bezug auf Einzelpersonen diffus darstellt. So ist es unter anderem nicht möglich, präziser zu bestimmen, ob und wer mit der Krankheit konfrontiert ist sowie wann und wo die Ansteckung erfolgt. In Bezug auf das Individuum ist die Gefahr damit nicht näher bestimmbar. Folglich geht von einer Pandemie wie der Covid-19-Pandemie keine individuelle, sondern eine kollektiv-abstrakte Gefahr aus.

In Bezug auf das Schutzgut des Lebens muss außerdem einbezogen werden, dass die Wahrscheinlichkeit im Zuge einer Corona-Erkrankung zu versterben bei unter 1,3% liegt.[1513] Dieser Wert ist einerseits verglichen mit anderen Infektionskrankheiten recht gering[1514] und führt andererseits nicht dazu, dass bei einer Erkrankung praktisch mit dem Ableben der erkrankten Person gerechnet werden müsste. Eine hinreichende Todeswahrscheinlichkeit ist mithin nicht gegeben. Lebenswichtige Interessen in ihrer Ausprägung als Lebensschutz i.S.v. Art. 6 Abs. 1 UAbs. 1 lit. d DSGVO werden folglich nicht tangiert.

[1512] Eingehend zum Begriffsverständnis des lebenswichtigen Interesses siehe Kap. 12.1.1.
[1513] *ScienceAlert*, Letalitätsrate ausgewählter Virusausbrüche im Zeitraum von 1967 bis 2022.
[1514] *ScienceAlert*, Letalitätsrate ausgewählter Virusausbrüche im Zeitraum von 1967 bis 2022; *Information is Beautiful*, Infektionskrankheiten nach Letalität weltweit.

Im Hinblick auf das Schutzgut der körperlichen Unversehrtheit besteht grundsätzlich die Gefahr, dass die Symptome einer Covid-19-Erkrankung längerfristig anhalten.[1515] Wie häufig es dazu kommt, konnte wissenschaftlich bislang nicht eindeutig festgestellt werden. Studien legen jedoch nahe, dass etwa 7,8% bis 17% der Erwachsenen unter Langzeitbeschwerden leiden, sich allerdings nur 1,2% bis 4,8% tatsächlich in ihrem Alltag eingeschränkt fühlen. Mit welcher Wahrscheinlichkeit sich diese beeinträchtigenden Symptome in einem dauerhaften und irreversiblen pathologischen Zustand manifestieren, ist bislang nicht bekannt. Erste Studien weisen allerdings darauf hin, dass nach zwölf Monaten nur noch etwa 15% derjenigen, die unter Langzeitbeschwerden litten, weiterhin beeinträchtigt sind. Die Zuverlässigkeit der erwähnten Studien unterstellt, ist daher zu vermuten, dass das Risiko des Auftretens anhaltender Symptome zwischen 1,17% und 2,55% liegt. Realisiert sich dieses Risiko, geht damit jedoch – wie sich aus den Studien ergibt – nicht unweigerlich eine Einschränkung im Alltag einher. Die Wahrscheinlichkeit des Auftretens gewichtiger Beeinträchtigungen der Gesundheit ist daher nochmals reduziert. Insgesamt kann die mit einer Infektion einhergehende Gefahr für die körperliche Unversehrtheit daher nicht als hinreichend qualifiziert werden. Lebenswichtige Interessen in ihrer Ausprägung als Schutz der körperlichen Unversehrtheit i.S.v. Art. 6 Abs. 1 UAbs. 1 lit. d DSGVO werden folglich nicht tangiert.

Im Ergebnis kann das diesem Anwendungsfall zugrundeliegende Interesse damit nicht als lebenswichtig i.S.v. Art. 6 Abs. 1 UAbs. 1 lit. d DSGVO qualifiziert werden. Es mangelt sowohl an einer individuellen Gefahr als auch an einer hinreichenden Wahrscheinlichkeit, dass die Verwirklichung dieser Gefahr zu dauerhaften und irreversiblen Gesundheitsschäden führt.

12.2.2.4 Ergebnis

Die mit dem hier zugrunde gelegten Anwendungsfall des Monitorings einhergehende Datenverarbeitung könnte selbst bei Erfüllung eines Ausnahmetatbestands nach Art. 9 Abs. 2 DSGVO nicht über Art. 6 Abs. 1 UAbs. 1 lit. d DSGVO gerechtfertigt werden. Ebenso wie im vorangehenden Anwendungsfall ist der Anwendungsbereich der Norm zwar – wenn auch nur bezüglich der Verarbeitung im Interesse der betroffenen Personen – grundsätzlich eröffnet, jedoch ist das Tatbestandsmerkmal des lebenswichtigen Interessen nicht erfüllt. Auch wenn dieses Ergebnis zunächst nur den Teil der Verarbeitung betrifft, der den Interessen der betroffenen Personen dient, muss die vorliegende Verarbeitung – wie im vorangehenden Anwendungsfall bereits dargelegt – insgesamt als unzulässig qualifiziert werden. Die nur nach Art. 6 Abs. 1 UAbs. 1 lit. d DSGVO rechtfertigbare Verarbeitung im Interesse der betroffenen Personen ist technisch untrennbar mit der nur nach Art. 6 Abs. 1 UAbs. 1 lit. f DSGVO rechtfertigbaren Verarbeitung im Interesse der Verantwortlichen oder Dritter verbunden.[1516] Die Verarbeitung muss daher den Anforderungen beider Rechtsgrundlagen genügen, eine partielle Rechtmäßigkeit ist nicht ausreichend. Durch den Ausschluss der Zulässigkeit nach Art. 6 Abs. 1 UAbs. 1 lit. d DSGVO erübrigt sich somit eine Prüfung des Art. 6 Abs. 1 UAbs. 1 lit. f DSGVO.

12.3 Conclusio

Insgesamt ist zu konstatieren, dass Art. 6 Abs. 1 UAbs. 1 lit. d DSGVO – die Verfolgung lebenswichtiger Interessen vorausgesetzt – grundsätzlich als Rechtsgrundlage für die mit dem Monitoring einhergehende Datenverarbeitung herangezogen werden kann. Aufgrund der subsidiären Natur dieser Rechtsgrundlage kommt ihre Anwendung jedoch nur partiell und in wenigen Fällen in Betracht.

[1515] Die nachfolgenden Ausführungen basieren auf *Bundesministerium für Gesundheit*, Wissenswertes zu Long COVID.

[1516] Im Gegensatz zu öffentlichen Stellen können nichtöffentliche Stellen nur Verarbeitungen im Interesse der betroffenen Person auf Art. 6 Abs. 1 UAbs. 1 lit. d DSGVO stützen. Siehe hierzu Kap. 12.1.3.

12.3 Conclusio

Öffentliche Stellen können den Einsatz von Monitoring praktisch nicht auf Art. 6 Abs. 1 UAbs. 1 lit. d DSGVO stützen. Dies liegt erstens daran, dass die Anwendbarkeit dieser Rechtsgrundlage ausscheidet, wenn eine öffentliche Stelle bereits aufgrund einer bestehenden Rechtspflicht oder Aufgabenzuweisung mit dem Schutz lebenswichtiger Interessen betraut ist. Zweitens verbleibt für die übrigen öffentlichen Stellen keine Möglichkeit, Monitoring datenschutzkonform einzusetzen. Denn um die gewünschten Informationen zu erhalten, muss das Monitoring speziell für den jeweiligen Anwendungszweck konfiguriert werden. Das erfordert eine gewisse Vorlaufzeit, in der die Planung und Umsetzung des konkreten Monitorings stattfindet. Allerdings fehlt öffentlichen Stellen, die nicht für den Schutz lebenswichtiger Interessen zuständig sind, die rechtliche Legitimation, einen derartigen Prozess anzustoßen und die hierfür erforderlichen Handlungen vorzunehmen. Dies gilt umso mehr, da Art. 6 Abs. 1 UAbs. 1 lit. d DSGVO nicht als Erweiterung von Rechtspflichten oder Aufgabenzuweisungen zu verstehen ist.

Nichtöffentliche Stellen können eine Verarbeitung zum Schutz lebenswichtiger Interessen nur dann auf Art. 6 Abs. 1 UAbs. 1 lit. d DSGVO stützen, wenn diese dem Schutz der lebenswichtigen Interessen der betroffenen Personen dient. Dies begrenzt die Effektivität der Rechtsgrundlage für die mit dem Monitoring einhergehende Datenverarbeitung beträchtlich. So werden im Rahmen des Monitorings technisch bedingt nicht nur die für die Zielerreichung unmittelbar erforderlichen Daten verarbeitet, sondern auch darüber hinausgehende Informationen.[1517] Infolgedessen schließt die Verarbeitung, selbst wenn grundsätzlich lebenswichtige Interessen von betroffenen Personen geschützt werden sollen, gewöhnlich auch Daten unbeteiligter Dritter ein. Da das Monitoring jedoch nicht auf den Schutz lebenswichtiger Interessen dieser Dritten abzielt, kann Art. 6 Abs. 1 UAbs. 1 lit. d DSGVO in Bezug auf deren Daten nicht herangezogen werden. Es bedarf daher einer weiteren Rechtsgrundlage, um die Datenverarbeitung vollumfänglich zu legitimieren. Mithin genügt Art. 6 Abs. 1 UAbs. 1 lit. d DSGVO allein regelmäßig nicht, um die mit dem Monitoring einhergehende Datenverarbeitung zu rechtfertigen.

Dieser für das Monitoring infolge der Subsidiarität besonders stark begrenzte Anwendungsbereich des Art. 6 Abs. 1 UAbs. 1 lit. d DSGVO wird durch die restriktive Auslegung des Tatbestandsmerkmals der lebenswichtigen Interessen weiter verengt. Indem eine hinreichend konkrete Gefahr für das Leben einer natürlichen Person oder eine besonders gewichtige Gefahr oder Beeinträchtigung der körperlichen Unversehrtheit vorausgesetzt wird, kann die Rechtsgrundlage bereits von Grund auf nur in Ausnahmefällen zum Tragen kommen.

Im Ergebnis lässt Art. 6 Abs. 1 UAbs. 1 lit. d DSGVO – sofern überhaupt als Rechtsgrundlage in Betracht kommend – einen nur äußerst begrenzten Spielraum für die Legitimierung der mit dem Monitoring verbundenen Datenverarbeitung. Die Norm bietet folglich keine flexible und allgemeine Rechtsgrundlage, auf die ein (gesundheitsbezogenes) Monitoring regelmäßig gestützt werden könnte.

[1517] Eingehender zur Funktionsweise des Monitorings siehe Kap. 2.4.

13 Web-Monitoring zur Wahrnehmung einer Aufgabe im öffentlichen Interesse oder in Ausübung öffentlicher Gewalt

Gem. Art. 6 Abs. 1 UAbs. 1 lit. e DSGVO ist die Verarbeitung personenbezogener Daten rechtmäßig, soweit sie zur Wahrnehmung einer Aufgabe erforderlich ist, die im öffentlichen Interesse liegt oder in Ausübung öffentlicher Gewalt erfolgt, die dem Verantwortlichen übertragen wurde. Diese Rechtsgrundlage stimmt im Aufbau mit Art. 6 Abs. 1 UAbs. 1 lit. c DSGVO[1518] überein. Beide Normen bedürfen, um als Rechtsgrundlage für die Verarbeitung personenbezogener Daten dienen zu können, gem. Art. 6 Abs. 2, 3 DSGVO einer Legitimationsgrundlage aus dem mitgliedstaatlichen oder europäischen Recht. Ebenso wie Art. 6 Abs. 1 UAbs. 1 lit. c DSGVO fungiert Art. 6 Abs. 1 UAbs. 1 lit. e DSGVO damit als Scharniernorm.[1519] Zentraler Unterschied ist jedoch, dass Art. 6 Abs. 1 UAbs. 1 lit. c DSGVO auf eine Rechtspflicht und Art. 6 Abs. 1 UAbs. 1 lit. e DSGVO auf eine öffentliche Aufgabe abstellt.

Nachdem bereits festgestellt wurde, dass die mit dem Monitoring einhergehende Datenverarbeitung nur begrenzt auf Art. 6 Abs. 1 UAbs. 1 lit. c DSGVO gestützt werden kann,[1520] stellt sich die Frage, ob dies auch für die Rechtsgrundlage des Art. 6 Abs. 1 UAbs. 1 lit. e DSGVO gilt oder ob diese größere Spielräume bietet, im Rahmen derer das Monitoring zur Anwendung kommen kann.

13.1 Datenverarbeitung auf Grundlage einer Aufgabe

Die Rechtsgrundlage des Art. 6 Abs. 1 UAbs. 1 lit. e DSGVO verfolgt einen strikt funktionalen Ansatz, weshalb die Norm nicht an konkrete Normadressaten anknüpft, sondern den persönlichen Anwendungsbereich über die Zuweisung einer öffentlichen Aufgabe bestimmt.[1521] Damit werden unabhängig von der konkreten datenverarbeitenden Stelle staatlich veranlasste Verarbeitungsvorgänge adressiert.[1522] Umfasst werden folglich vorwiegend Datenverarbeitungen durch öffentliche Stellen, die diese in Erfüllung ihrer Aufgaben vornehmen. Allerdings kann sich aufgrund des funktionalen Ansatzes auch eine nichtöffentliche Stelle auf Art. 6 Abs. 1 UAbs. 1 lit. e DSGVO berufen, soweit diese anstelle einer öffentlichen Stelle tätig wird.

Dabei unterscheidet die Rechtsgrundlage des Art. 6 Abs. 1 UAbs. 1 lit. e DSGVO grundsätzlich zwei Varianten: zum einen die Verarbeitung zur Wahrnehmung einer im öffentlichen Interesse liegenden Aufgabe des Verantwortlichen (Alt. 1), zum anderen die Verarbeitung zur Wahrnehmung einer Aufgabe in Ausübung öffentlicher Gewalt, die dem Verantwortlichen übertragen wurde (Alt. 2).[1523] Beide Varianten setzen voraus, dass der datenverarbeitenden Stelle eine

---

[1518] Näher zu Art. 6 Abs. 1 UAbs. 1 lit. c DSGVO siehe Kap. 11.1.

[1519] *Roßnagel*, in: Simitis/Hornung/Spiecker gen. Döhmann (Hrsg.), DSR, Art. 6 Abs. 1 UAbs. 1 lit. e DSGVO Rn. 71, 79; *Reimer*, in: Sydow/Marsch (Hrsg.), DSGVO/BDSG, Art. 6 DSGVO Rn. 14; *Schulz*, in: Gola/Heckmann (Hrsg.), DSGVO/BDSG, Art. 6 DSGVO Rn. 51.

[1520] Eingehend hierzu Kap. 11.

[1521] *Schulz*, in: Gola/Heckmann (Hrsg.), DSGVO/BDSG, Art. 6 DSGVO Rn. 54; *Taeger*, in: Taeger/Gabel (Hrsg.), DSGVO/BDSG, Art. 6 DSGVO Rn. 103; *Albers/Veit*, in: Wolff/Brink/von Ungern-Sternberg (Hrsg.), BeckOK DSR, Art. 6 DSGVO Rn. 56; *Assion/Nolte/Veil*, in: Gierschmann et al. (Hrsg.), DSGVO, Art. 6 Rn. 105; *Frenzel*, in: Paal/Pauly (Hrsg.), DSGVO/BDSG, Art. 6 DSGVO Rn. 23; *Jacquemain* et al., in: Schwartmann et al. (Hrsg.), DS-GVO/BDSG, Art. 6 DSGVO Rn. 97.

[1522] BVerwG, Urt. v. 27.03.2019, Az. 6 C 2/18, NJW 2019, 2556 (2561 Rn. 45 f.); *Buchner/Petri*, in: Kühling/Buchner (Hrsg.), DSGVO/BDSG, Art. 6 DSGVO Rn. 111.

[1523] In gleicher Lesart *Wolff*, in: Schantz/Wolff (Hrsg.), Das neue Datenschutzrecht, 196 (196 Rn. 611); *Frenzel*, in: Paal/Pauly (Hrsg.), DSGVO/BDSG, Art. 6 DSGVO Rn. 23; *Jacquemain* et al., in: Schwartmann et al. (Hrsg.), DS-GVO/BDSG, Art. 6 DSGVO Rn. 97; *Reimer*, in: Sydow/Marsch (Hrsg.), DSGVO/BDSG, Art. 6 DSGVO Rn. 57.

© Der/die Autor(en), exklusiv lizenziert an Springer
Fachmedien Wiesbaden GmbH, ein Teil von Springer Nature 2025
C. Gilga, *Die Rechtmäßigkeit der Verarbeitung von öffentlichen Personenbezogenen Daten aus dem Internet*, DuD-Fachbeiträge, https://doi.org/10.1007/978-3-658-48663-1_13

13.1 Datenverarbeitung auf Grundlage einer Aufgabe

entsprechende Aufgabe übertragen wurde und die Datenverarbeitung zur Wahrnehmung dieser Aufgabe erforderlich ist.

13.1.1 Begriff der Aufgabe

Der Begriff der Aufgabe ist in der Verordnung nicht näher bestimmt. Auch andere Rechtsakte der Union bieten, soweit ersichtlich, keine Definition. Wie bereits dargelegt,[1524] kann der Begriff der Aufgabe mithin nur nach Sinn und Zweck sowie in Abgrenzung zur rechtlichen Pflicht i.S.v. Art. 6 Abs. 1 UAbs. 1 lit. c DSGVO bestimmt werden. Hieraus ergibt sich, dass die Aufgabe i.S.v. Art. 6 Abs. 1 UAbs. 1 lit. e DSGVO unionsautonom auszulegen und nicht dem deutschen öffentlichen Recht entsprechend im Sinne einer Aufgaben-Befugnis-Hierarchie zu verstehen ist. Vielmehr kann eine konkrete Aufgabenzuschreibung aus dem deutschen Recht i.V.m. der entsprechenden deutschen Befugnisnorm auch eine Rechtspflicht im Sinne des Art. 6 Abs. 1 UAbs. 1 lit. c DSGVO darstellen.[1525] Dies setzt voraus, dass die Rechtsfolge der Aufgabenzuschreibung i.V.m. der Befugnisnorm eine hinreichend konkrete Handlungspflicht für die öffentliche Stelle statuiert, welche ohne eine Datenverarbeitung nicht realisiert werden kann. Damit liegt im Umkehrschluss eine Aufgabe i.S.v. Art. 6 Abs. 1 UAbs. 1 lit. e DSGVO vor, wenn dieser Umstand nicht gegeben ist, also ein gewisser Handlungsspielraum beim Adressaten verbleibt und individuell entschieden werden kann, ob und zu welchem konkreten Zweck eine Datenverarbeitung stattfinden soll.[1526]

13.1.2 Aufgabe im öffentlichen Interesse oder in Ausübung öffentlicher Gewalt

Wie bereits erwähnt, umfasst Art. 6 Abs. 1 UAbs. 1 lit. e DSGVO nach allgemeiner Lesart zwei Tatbestände, die die Verarbeitung öffentlicher Daten legitimieren können: einerseits die Wahrnehmung einer Aufgabe, die im öffentlichen Interesse liegt (Alt. 1), andererseits die Wahrnehmung einer Aufgabe in Ausübung öffentlicher Gewalt (Alt. 2).

13.1.2.1 Variante öffentliches Interesse

Gem. Art. 6 Abs. 1 UAbs. 1 lit. e Alt. 1 DSGVO ist die Verarbeitung personenbezogener Daten zulässig, soweit sie für die Wahrnehmung einer Aufgabe erforderlich ist, die im öffentlichen Interesse liegt. Die Norm des Art. 6 Abs. 1 UAbs. 1 lit. e Alt. 1 DSGVO stellt dabei einzig auf die Ausübung einer Aufgabe ab, lässt den handelnden Akteur aber offen.[1527] Damit kommen als Normadressaten neben öffentlichen Stellen auch nichtöffentliche Stellen in Betracht.[1528] Voraussetzung ist dabei stets, dass die jeweilige Stelle nach europäischem oder mitgliedstaatlichem Recht mit der Erfüllung der Aufgabe betraut ist, im Rahmen derer die Datenverarbeitung vorgenommen wird.[1529] Das bloße Verfolgen eines öffentlichen Interesses genügt folglich nicht, soweit dessen Wahrnehmung rechtlich nicht für die jeweilige Stelle vorgesehen ist.[1530] Dementsprechend werden von Art. 6 Abs. 1 UAbs. 1 lit. e Alt. 1 DSGVO weder rein

---

[1524] Zur Abgrenzung siehe Kap. 13.1.1 sowie Kap. 11.1.1.

[1525] Vgl. LSG Hessen, Urt. v. 29.01.2020, Az. L 4 SO 154/19 B, BeckRS 2020, 1442, Rn. 13; *Bieresborn,* NZS 2018, 10 (13).

[1526] Vgl. *Jacquemain* et al., in: Schwartmann et al. (Hrsg.), DS-GVO/BDSG, Art. 6 DSGVO Rn. 113; *Reimer,* in: Sydow/Marsch (Hrsg.), DSGVO/BDSG, Art. 6 DSGVO Rn. 65; *Jahnel,* in: Jahnel/Bergauer (Hrsg.), DSGVO, Art. 6 Rn. 43; *Heberlein,* in: Ehmann/Selmayr (Hrsg.), DSGVO, Art. 6 Rn. 34; *Artikel 29 Datenschutzgruppe,* Working Paper 217, 27.

[1527] *Albers/Veit,* in: Wolff/Brink/von Ungern-Sternberg (Hrsg.), BeckOK DSR, Art. 6 DSGVO Rn. 55.

[1528] *Jahnel,* in: Jahnel/Bergauer (Hrsg.), DSGVO, Art. 6 Rn. 58; *Frenzel,* in: Paal/Pauly (Hrsg.), DSGVO/BDSG, Art. 6 DSGVO Rn. 24; zu den Vorgaben der DSRL *Artikel 29 Datenschutzgruppe,* Working Paper 217, 27.

[1529] *Assion/Nolte/Veil,* in: Gierschmann et al. (Hrsg.), DSGVO, Art. 6 Rn. 115.

[1530] BVerwG, Urt. v. 27.03.2019, Az. 6 C 2/18, NJW 2019, 2556 (2561 Rn. 46); *Wolff,* in: Schantz/Wolff (Hrsg.), Das neue Datenschutzrecht, 196 (197 Rn. 615).

privatwirtschaftliche Tätigkeiten umfasst[1531] noch Datenverarbeitungen durch private Unternehmen, mit deren Geschäftsgegenstand zwar ein öffentliches Interesse, beispielsweise das Betreiben einer Infrastruktur, realisiert wird, letztlich aber ausschließlich eigene Erwerbsinteressen verfolgt werden.[1532] Ebenso kann allein aus dem Umstand, dass staatliche Stellen Mehrheitseigner eines Unternehmens sind, kein öffentliches Interesse abgeleitet werden. Vielmehr bedarf es auch in diesem Fall einer entsprechenden Aufgabenübertragung aus dem europäischen oder mitgliedstaatlichen Recht.[1533]

Die Übertragung einer Aufgabe im öffentlichen Interesse erfordert keinen formellen Beleihungsakt oder dergleichen. Vielmehr ist bereits ausreichend, wenn sich eine entsprechende Aufgabe aus einem materiellen[1534] Gesetz ergibt.[1535] Daher werden von Art. 6 Abs. 1 UAbs. 1 lit. e Alt. 1 DSGVO beispielsweise auch Datenverarbeitungen nichtrechtsfähiger Anstalten des öffentlichen Rechts erfasst. So kann eine für die Erfüllung des Bildungsauftrags erforderliche Datenverarbeitung einer hessischen Schule auf Art. 6 Abs. 1 UAbs. 1 lit. e Alt. 1 DSGVO i.V.m. § 83 Abs. 1 Satz 1 HessSchG und § 1 Abs. 1 SchulStatErhV HE gestützt werden.

Die Verarbeitung zur Wahrnehmung der Aufgabe muss zudem im öffentlichen Interesse liegen. Als Verarbeitung im öffentlichen Interesse sind gemeinhin Datenverarbeitungen zu verstehen, die nicht zur Befriedigung von Partikularinteressen durchgeführt werden, sondern mit einer gesetzlichen Zuweisung als Bedingung für die Verarbeitung ein allgemeines Interesse bedienen.[1536] Eine allgemeingültige Definition des Begriffs ergibt sich allerdings weder aus dem Unionsrecht noch aus dem über die Öffnungsklausel des Art. 6 Abs. 1 UAbs. 1 lit. e i.V.m. Art. 6 Abs. 3 DSGVO geöffneten deutschen Recht,[1537] weswegen es in der Praxis stets einer Abwägung des Einzelfalls bedarf, um festzustellen, inwieweit ein öffentliches und nicht bloß individuelles Interesse verfolgt wird.[1538]

Anzumerken ist an dieser Stelle, dass allein das Vorliegen einer gesetzlich übertragenen Aufgabe im öffentlichen Interesse nicht als Rechtsgrundlage für eine Datenverarbeitung durch deutsche öffentliche Stellen ausreichend ist. Vielmehr ist hier zudem eine entsprechende datenverarbeitungsbezogene Befugnisnorm notwendig, welche die Datenverarbeitung zur Erfüllung der Aufgabe gestattet.[1539]

[1531] *Jahnel*, in: Jahnel/Bergauer (Hrsg.), DSGVO, Art. 6 Rn. 60; *Reimer*, in: Sydow/Marsch (Hrsg.), DSGVO/BDSG, Art. 6 DSGVO Rn. 58.

[1532] *Plath/Struck*, in: Plath (Hrsg.), DSGVO/BDSG/TTDSG, Art. 6 DSGVO Rn. 51; *Frenzel*, in: Paal/Pauly (Hrsg.), DSGVO/BDSG, Art. 6 DSGVO Rn. 24; *Wolff*, in: Schantz/Wolff (Hrsg.), Das neue Datenschutzrecht, 196 (197 Rn. 615).

[1533] *Roßnagel*, in: Simitis/Hornung/Spiecker gen. Döhmann (Hrsg.), DSR, Art. 6 Abs. 1 UAbs. 1 lit. e DSGVO Rn. 76; *Jacquemain* et al., in: Schwartmann et al. (Hrsg.), DS-GVO/BDSG, Art. 6 DSGVO Rn. 103.

[1534] *Roßnagel*, in: Simitis/Hornung/Spiecker gen. Döhmann (Hrsg.), DSR, Art. 6 Abs. 1 UAbs. 1 lit. e DSGVO Rn. 76.

[1535] *Assion/Nolte/Veil*, in: Gierschmann et al. (Hrsg.), DSGVO, Art. 6 Rn. 117; *Wolff*, in: Schantz/Wolff (Hrsg.), Das neue Datenschutzrecht, 196 (196 f. Rn. 612).

[1536] Vgl. *Taeger*, in: Taeger/Gabel (Hrsg.), DSGVO/BDSG, Art. 6 DSGVO Rn. 99; ähnlich *Assion/Nolte/Veil*, in: Gierschmann et al. (Hrsg.), DSGVO, Art. 6 Rn. 114.

[1537] *Taeger*, in: Taeger/Gabel (Hrsg.), DSGVO/BDSG, Art. 6 DSGVO Rn. 101; *Roßnagel*, in: Simitis/Hornung/Spiecker gen. Döhmann (Hrsg.), DSR, Art. 6 Abs. 1 UAbs. 1 lit. e DSGVO Rn. 71.

[1538] Eingehender zum Begriffsverständnis des öffentlichen Interesses bereits unter Kap. 11.1.2.2.

[1539] Vgl. *Albers/Veit*, in: Wolff/Brink/von Ungern-Sternberg (Hrsg.), BeckOK DSR, Art. 6 DSGVO Rn. 57, 60 f.; *Wolff*, in: Schantz/Wolff (Hrsg.), Das neue Datenschutzrecht, 196 (198 Rn. 617), wonach die Terminologie vom deutschen Begriffsverständnis abweicht und die Aufgabenwahrnehmung nur in der Ausübung der Befugnis, nicht aber in der Aufgabe selbst liegen kann; wohl a.A. *Assion/Nolte/Veil*, in: Gierschmann et al. (Hrsg.), DSGVO, Art. 6 Rn. 111.

13.1.2.2 Variante Ausübung öffentlicher Gewalt

Gem. Art. 6 Abs. 1 UAbs. 1 lit. e Alt. 2 DSGVO ist die Verarbeitung personenbezogener Daten zulässig, soweit die Verarbeitung für die Wahrnehmung einer Aufgabe erforderlich ist, die in Ausübung öffentlicher Gewalt erfolgt, die dem Verantwortlichen übertragen wurde.

Der Begriff der öffentlichen Gewalt ist weder im Unionsrecht näher bestimmt[1540] noch lässt sich dem deutschen Recht eine einheitliche Definition entnehmen.[1541] Gemeinhin wird öffentliche Gewalt jedoch ausgeübt, wenn klassische Staatsaufgaben, also rechtlich normierte, im Allgemeininteresse liegende hoheitliche Aufgaben und Befugnisse wahrgenommen werden.[1542] Damit geht einher, dass ein Verantwortlicher i.S.v. Art. 6 Abs. 1 UAbs. 1 lit. e Alt. 2 DSGVO öffentliche Gewalt besitzen oder übertragen bekommen haben muss, weswegen als Normadressaten ausschließlich öffentliche Stellen oder Beliehene in Betracht kommen.[1543] Da öffentliche Gewalt in der Regel im öffentlichen Interesse ausgeübt wird, sind die beiden Alternativen des Art. 6 Abs. 1 UAbs. 1 lit. e DSGVO weitgehend deckungsgleich.[1544] Einer Unterscheidung der beiden Alternativen bedarf es daher im Einzelfall nicht.

Insofern öffentliche Gewalt zum Tragen kommt, die nicht im öffentlichen Interesse erfolgt, ist es für die Anwendbarkeit des Art. 6 Abs. 1 UAbs. 1 lit. e Alt. 2 DSGVO nicht ausreichend, Hoheitsträger oder Beliehener zu sein. Es bedarf zudem der Zuständigkeit für die konkrete Aufgabe.[1545] Eine solche kann sich sowohl aus dem verfassungsrechtlichen Kompetenzgefüge ergeben als auch aus einer Norm, die eine entsprechende Aufgabe formuliert, oder aus Innenrechtssätzen, soweit die Regelungen des nationalen Organisationsrechts dies zulassen.[1546] Zudem bedarf es – ebenso wie in Bezug auf Art. 6 Abs. 1 UAbs. 1 lit. e Alt. 1 DSGVO – einer entsprechenden datenverarbeitungsbezogenen Befugnisnorm, die die Verarbeitung zur Erfüllung der Aufgabe gestattet.[1547]

13.1.3 Anforderungen an die Legitimationsgrundlage

Nicht jegliche Aufgabenzuweisung kann i.V.m. Art. 6 Abs. 1 UAbs. 1 lit. e DSGVO als Legitimationsgrundlage für eine Verarbeitung personenbezogener Daten fungieren. Vielmehr sind die Anforderungen des Art. 6 Abs. 3 DSGVO zu berücksichtigen.[1548] Demnach muss sich die

---

[1540] *Taeger,* in: Taeger/Gabel (Hrsg.), DSGVO/BDSG, Art. 6 DSGVO Rn. 102; *Roßnagel,* in: Simitis/Hornung/Spiecker gen. Döhmann (Hrsg.), DSR, Art. 6 Abs. 1 UAbs. 1 lit. e DSGVO Rn. 80.

[1541] *Roßnagel,* in: Simitis/Hornung/Spiecker gen. Döhmann (Hrsg.), DSR, Art. 6 Abs. 1 UAbs. 1 lit. e DSGVO Rn. 80; *Jacquemain* et al., in: Schwartmann et al. (Hrsg.), DS-GVO/BDSG, Art. 6 DSGVO Rn. 111.

[1542] *Roßnagel,* in: Simitis/Hornung/Spiecker gen. Döhmann (Hrsg.), DSR, Art. 6 Abs. 1 UAbs. 1 lit. e DSGVO Rn. 80; *Taeger,* in: Taeger/Gabel (Hrsg.), DSGVO/BDSG, Art. 6 DSGVO Rn. 102 mit Verweis auf eine Entscheidung des EuGH zu einem wettbewerbsrechtlichen Fall; *Jahnel,* in: Jahnel/Bergauer (Hrsg.), DSGVO, Art. 6 Rn. 60.

[1543] *Taeger,* in: Taeger/Gabel (Hrsg.), DSGVO/BDSG, Art. 6 DSGVO Rn. 102; *Assion/Nolte/Veil,* in: Gierschmann et al. (Hrsg.), DSGVO, Art. 6 Rn. 118; a.A. *Jacquemain* et al., in: Schwartmann et al. (Hrsg.), DS-GVO/BDSG, Art. 6 DSGVO Rn. 109; *Roßnagel,* in: Simitis/Hornung/Spiecker gen. Döhmann (Hrsg.), DSR, Art. 6 Abs. 1 UAbs. 1 lit. e DSGVO Rn. 80.

[1544] *Wolff,* in: Schantz/Wolff (Hrsg.), Das neue Datenschutzrecht, 196 (198 Rn. 618); *Taeger,* in: Taeger/Gabel (Hrsg.), DSGVO/BDSG, Art. 6 DSGVO Rn. 102.

[1545] *Wolff,* in: Schantz/Wolff (Hrsg.), Das neue Datenschutzrecht, 196 (198 Rn. 620); *Taeger,* in: Taeger/Gabel (Hrsg.), DSGVO/BDSG, Art. 6 DSGVO Rn. 102.

[1546] *Wolff,* in: Schantz/Wolff (Hrsg.), Das neue Datenschutzrecht, 196 (198 Rn. 620); *Jacquemain* et al., in: Schwartmann et al. (Hrsg.), DS-GVO/BDSG, Art. 6 DSGVO Rn. 111.

[1547] Vgl. *Albers/Veit,* in: Wolff/Brink/von Ungern-Sternberg (Hrsg.), BeckOK DSR, Art. 6 DSGVO Rn. 57, 60 f.; siehe auch *Schantz,* NJW 2016, 1841 (Rn. 617), wonach die Terminologie vom deutschen Begriffsverständnis abweicht und die Aufgabenwahrnehmung nur in der Ausübung der Befugnis, nicht aber in der Aufgabe selbst liegen kann; a.A. *Assion/Nolte/Veil,* in: Gierschmann et al. (Hrsg.), DSGVO, Art. 6 Rn. 111.

[1548] Zur systematischen Stellung von Art. 6 Abs. 2 und 3 DSGVO siehe Kap. 11.1.2.1.

Legitimationsgrundlage aus dem Unionsrecht oder dem Recht eines Mitgliedstaats ergeben (Satz 1), ein im öffentlichen Interesse liegendes Ziel verfolgen und in angemessenem Verhältnis zum verfolgten legitimen Zweck stehen (Satz 4) sowie der Zweck der Verarbeitung für die Erfüllung der in der Legitimationsgrundlagen statuierten Aufgabe erforderlich sein (Satz 2 Alt. 2). Diese Formulierung des Art. 6 Abs. 3 Satz 2 Alt. 2 DSGVO ist allerdings sprachlich wenig gelungen. So kann ein Zweck nicht zur Erfüllung einer Aufgabe erforderlich sein. Gemeint ist vielmehr, dass die Wahrnehmung der Aufgabe die Erfüllung des der Datenverarbeitung zugrundeliegenden Zwecks voraussetzt.[1549]

Die Anforderungen an die Legitimationsgrundlage i.S.v. Art. 6 Abs. 1 UAbs. 1 lit. c DSGVO unterscheiden sich damit kaum von den Anforderungen an die Legitimationsgrundlage i.S.v. Art. 6 Abs. 1 UAbs. 1 lit. e DSGVO.[1550] Insoweit wird auf die entsprechenden Ausführungen zu Art. 6 Abs. 1 UAbs. 1 lit. c DSGVO verwiesen.[1551] Einzig hinsichtlich der in Art. 6 Abs. 3 Satz 2 DSGVO statuierten Vorgabe ergibt sich ein Unterschied. Während der Verarbeitungszweck bei einer Datenverarbeitung zur Erfüllung der Rechtspflicht in der Legitimationsgrundlage festgelegt werden muss (HS 1), bedarf es im Falle des Art. 6 Abs. 1 UAbs. 1 lit. e DSGVO lediglich der Erforderlichkeit der Datenverarbeitung zur Erfüllung eines im Rahmen der Aufgabe liegenden Zwecks (HS 2). Die Zweckbindung wird folglich bei Art. 6 Abs. 1 UAbs. 1 lit. e DSGVO weniger eng verstanden als bei Art. 6 Abs. 1 UAbs. 1 lit. c DSGVO.[1552] Dieser Umstand ist darauf zurückzuführen, dass eine gesetzlich normierte Aufgabe den Zweck der Verarbeitung zwar bereits begrenzt,[1553] der konkrete Zweck der Datenverarbeitung aber in Anbetracht der Offenheit von Aufgabenzuschreibungen erst durch den konkreten Verantwortlichen formuliert werden muss und folglich erst dann feststehen kann.[1554]

13.1.4 Erforderlichkeit der Datenverarbeitung

Damit eine Datenverarbeitung auf Art. 6 Abs. 1 UAbs. 1 lit. e DSGVO gestützt werden kann, bedarf es neben der Erfüllung der genannten Tatbestandsmerkmale der Erforderlichkeit der Datenverarbeitung zur Wahrnehmung der in der Legitimationsgrundlage statuierten Aufgabe. Die Erforderlichkeit ist, wie bereits dargelegt, ein unionsautonom auszulegender Begriff, der die objektive Tauglichkeit der verarbeiteten Daten zur Erreichung des Verarbeitungszwecks sowie die Beschränkung der Verarbeitung auf das absolut Notwendige bedingt.[1555] Die konkrete Ausprägung der Erforderlichkeit, insbesondere wie eng sie zu verstehen ist, richtet sich zudem nach der konkreten, der Verarbeitung zugrundeliegenden Rechtsgrundlage, sodass die anzusetzenden Maßstäbe in Abhängigkeit zur jeweiligen Rechtsgrundlage variieren.[1556]

Die Erforderlichkeit i.S.v. Art. 6 Abs. 1 UAbs. 1 lit. c DSGVO bedingt, dass eine Datenverarbeitung nur vorgenommen werden darf, sofern ohne diese die der verantwortlichen Stelle obliegende Aufgabe nicht erfüllt werden kann.[1557] Hierdurch wird vermieden, dass die zumeist offen formulierten Aufgabenzuweisungen einen zu großen Raum für umfangreiche

---

[1549] *Roßnagel*, in: Simitis/Hornung/Spiecker gen. Döhmann (Hrsg.), DSR, Art. 6 Abs. 3 DSGVO Rn. 30.

[1550] *Jacquemain* et al., in: Schwartmann et al. (Hrsg.), DS-GVO/BDSG, Art. 6 DSGVO Rn. 112.

[1551] Zu den Anforderungen aus Art. 6 Abs. 3 DSGVO siehe Kap. 11.1.2.2.

[1552] *Wolff*, in: Schantz/Wolff (Hrsg.), Das neue Datenschutzrecht, 196 (199 Rn. 623); *Heberlein*, in: Ehmann/Selmayr (Hrsg.), DSGVO, Art. 6 Rn. 34; a. A. *Roßnagel*, in: Simitis/Hornung/Spiecker gen. Döhmann (Hrsg.), DSR, Art. 6 Abs. 3 DSGVO Rn. 29.

[1553] *Assion/Nolte/Veil*, in: Gierschmann et al. (Hrsg.), DSGVO, Art. 6 Rn. 161; *Wolff*, in: Schantz/Wolff (Hrsg.), Das neue Datenschutzrecht, 196 (199 Rn. 623).

[1554] Ähnlich *Assion/Nolte/Veil*, in: Gierschmann et al. (Hrsg.), DSGVO, Art. 6 Rn. 163.

[1555] Eingehender zum Begriff der Erforderlichkeit siehe Kap. 10.1.3.

[1556] *Albers/Veit*, in: Wolff/Brink/von Ungern-Sternberg (Hrsg.), BeckOK DSR, Art. 6 DSGVO Rn. 16.

[1557] *Reimer*, in: Sydow/Marsch (Hrsg.), DSGVO/BDSG, Art. 6 DSGVO Rn. 68; *Roßnagel*, in: Simitis/Hornung/Spiecker gen. Döhmann (Hrsg.), DSR, Art. 6 Abs. 1 UAbs. 1 lit. e DSGVO Rn. 77.

Datenverarbeitungen schaffen. Vorausgesetzt ist daher, dass es für die effektive Wahrnehmung der Aufgabe der Verarbeitung der Daten in der vorgesehenen Weise bedarf.[1558] Dies ist gegeben, wenn die Aufgabe anderenfalls nicht, nicht rechtzeitig, nicht vollständig oder nur mit unverhältnismäßigem Aufwand erfüllt werden kann.[1559]

Ebenso wie auch bei Art. 6 Abs. 1 UAbs. 1 lit. c DSGVO tritt bei der Verarbeitung durch öffentliche Stellen das Kriterium der Verhältnismäßigkeit zur Erforderlichkeit hinzu. Zurückzuführen ist dies allerdings nicht, wie in der Literatur teilweise vertreten wird,[1560] auf den Begriff der Erforderlichkeit,[1561] sondern vielmehr darauf, dass jede staatliche Datenverarbeitung den Ansprüchen der Verhältnismäßigkeit genügen muss.[1562]

13.2 Web-Monitoring im Rahmen einer Aufgabe

Aus dem deutschen Recht ergeben sich verschiedene Legitimationsgrundlagen, welche i.V.m. Art. 6 Abs. 1 UAbs. 1 lit. e DSGVO die Verarbeitung personenbezogener Daten legitimieren können. Diese können sich aus sämtlichen Rechtsgebieten ergeben, da Art. 6 Abs. 1 UAbs. 1 lit. e DSGVO offen formuliert und sein Anwendungsbereich somit nicht näher konkretisiert ist. Beispielsweise kann die Verarbeitung steuerrelevanter personenbezogener Daten zur Festsetzung und Erhebung der Steuern durch die zuständige Finanzbehörde auf Art. 6 Abs. 1 UAbs. 1 lit. e DSGVO i.V.m. §§ 85, 88, 29b AO gestützt werden.[1563] Auch kommt Art. 6 Abs. 1 UAbs. 1 lit. e DSGVO i.V.m. §§ 2 HKO, 3 HDSIG als Rechtsgrundlage für die Datenverarbeitung im Rahmen der Beratung und Unterstützung von Migranten durch einen hessischen Landkreis in Betracht.[1564] Ebenso kann Art. 6 Abs. 1 UAbs. 1 lit. e DSGVO i.V.m. §§ 35 ff., 394 Abs. 1 Satz 1, 2 Nr. 2, 395 SGB III für die Übermittlung personenbezogener Daten eines Arbeitssuchenden an einen potenziellen Arbeitgeber durch die Bundesagentur für Arbeit herangezogen werden.[1565] Wie die genannten Beispiele zeigen, muss die statuierte Aufgabe selbst nicht ausdrücklich die Verarbeitung personenbezogener Daten adressieren. Vielmehr ist es für die Anwendbarkeit des Art. 6 Abs. 1 UAbs. 1 lit. e DSGVO bereits ausreichend, dass die Datenverarbeitung zur Erfüllung der Aufgabe erforderlich und eine entsprechende datenverarbeitungsbezogene Befugnisnorm existent ist.[1566]

[1558] *Roßnagel,* in: Simitis/Hornung/Spiecker gen. Döhmann (Hrsg.), DSR, Art. 6 Abs. 1 UAbs. 1 lit. e DSGVO Rn. 77, 81.

[1559] *Roßnagel,* in: Simitis/Hornung/Spiecker gen. Döhmann (Hrsg.), DSR, Art. 5 DSGVO Rn. 121.

[1560] *Jacquemain* et al., in: Schwartmann et al. (Hrsg.), DS-GVO/BDSG, Art. 6 DSGVO Rn. 107, 114; *Frenzel,* in: Paal/Pauly (Hrsg.), DSGVO/BDSG, Art. 6 DSGVO Rn. 23.

[1561] Ebenfalls die Meinung vertretend, dass der Begriff der Erforderlichkeit hier nicht die Verhältnismäßigkeit umfasst *Reimer,* in: Sydow/Marsch (Hrsg.), DSGVO/BDSG, Art. 6 DSGVO Rn. 68; wohl auch *Roßnagel,* in: Simitis/Hornung/Spiecker gen. Döhmann (Hrsg.), DSR, Art. 6 Abs. 1 UAbs. 1 lit. e DSGVO Rn. 77.

[1562] *Assion/Nolte/Veil,* in: Gierschmann et al. (Hrsg.), DSGVO, Art. 6 Rn. 112; *Kramer,* in: Eßer/Kramer/von Lewinski (Hrsg.), DSGVO/BDSG, Art. 6 DSGVO Rn. 63; *Buchner/Petri,* in: Kühling/Buchner (Hrsg.), DSGVO/BDSG, Art. 6 DSGVO Rn. 119; *Reimer,* in: Sydow/Marsch (Hrsg.), DSGVO/BDSG, Art. 6 DSGVO Rn. 68.

[1563] Vgl. BfDI, Datenverarbeitung im Finanzamt; BMF-Schreiben v. 13.01.2020, Az. IV A 3 - S 0130/19/10017:004, BStBl. I 2020, BStBl 2020 I, S. 143; *Wissenschaftlicher Dienst des deutschen Bundestages,* Az. WD 4 - 3000 - 080/21, 8 ff.

[1564] Zur Aufgabe der Beratung und Unterstützung von Migranten als Aufgabe der freiwilligen Selbstverwaltung *Sommer/Drexelius,* in: Hilligardt/Ruder (Hrsg.), HesHKO, § 2, 69.

[1565] Vgl. LSG Bayern, Urt. v. 30.07.2013, Az. L 10 AL 72/11, BeckRS 2013, 71223.

[1566] Vgl. BT-Drs. 18/11325, S. 81, wonach Art. 6 Abs. 1 UAbs. 1 lit e DSGVO selbst keine Rechtsgrundlage schafft, sondern der nationale Gesetzgeber die Rechtsgrundlage zu setzen hat; siehe auch *Schantz,* NJW 2016, 1841 (Rn. 617), wonach die Terminologie vom deutschen Begriffsverständnis abweicht und die Aufgabenwahrnehmung nur in der Ausübung der Befugnis, nicht aber in der Aufgabe selbst liegen kann; a.A. *Assion/Nolte/Veil,* in: Gierschmann et al. (Hrsg.), DSGVO, Art. 6 Rn. 111.

Vor dem Hintergrund des Monitorings stellt sich bei Betrachtung des Art. 6 Abs. 1 UAbs. 1 lit. e DSGVO zunächst die Frage, ob im europäischen oder deutschen Recht Aufgabenzuweisungen existieren, die den Einsatz von Monitoring selbst als Aufgabe formulieren. Eine solche Aufgabenzuweisung ist jedoch nicht existent. Dieser Umstand ist unter anderem darauf zurückzuführen, dass das Monitoring keinen Selbstzweck hat, sondern stets nur als Mittel zur Verwirklichung eines übergeordneten Zwecks eingesetzt werden kann.[1567] Der Mehrwert des Monitorings verwirklicht sich folglich erst im Kontext einer konkreten Fragestellung zu einem konkreten Untersuchungsgegenstand.

Ebenso sind keine (Befugnis-)Normen ersichtlich, die den Einsatz eines bestimmten Datenverarbeitungsverfahrens wie das des Monitorings zur Wahrnehmung einer bestimmten Aufgabe verpflichtend vorsehen. Die Entscheidung darüber, welche Verfahren zur Datenverarbeitung eingesetzt werden, beim Verantwortlichen zu belassen, ist regelmäßig sachgemäß. So wäre die gesetzliche Vorgabe einer bestimmten Datenverarbeitungstechnologie in Anbetracht der stetigen Weiter- und Neuentwicklungen in der Informationstechnologie meist schnell überaltert, weswegen der Erlass einer solchen Norm im Regelfall auch nicht wünschenswert ist.[1568]

Auch wenn das Monitoring bislang nicht durch gesetzliche Aufgabenzuweisungen oder die dazugehörigen Befugnisnormen adressiert wird, kommt der Einsatz des Monitorings grundsätzlich für die der Wahrnehmung einer Aufgabe i.S.v. Art. 6 Abs. 1 lit. e DSGVO dienende Datenverarbeitung in Betracht. Inwieweit in diesen Fällen Art. 6 Abs. 1 UAbs. 1 lit. e DSGVO als Rechtsgrundlage zugrunde gelegt werden kann, hängt von den spezifischen Umständen des Einzelfalles ab und kann nicht allgemeingültig bewertet werden. Nachfolgend wird daher eine Untersuchung zweier exemplarischer Konstellationen durchgeführt, anhand derer allgemeine Kriterien abgeleitet werden, die als Maßstab für die Beurteilung der Zulässigkeit des Einsatzes von Monitoring auf Grundlage des Art. 6 Abs. 1 UAbs. 1 lit. e DSGVO angesetzt werden können.

13.2.1 Web-Monitoring zur Bewältigung von Katastrophen

Der fortschreitende Klimawandel geht mit einer steigenden Anzahl von Naturkatastrophen einher.[1569] Die Bewältigung solcher Ereignisse stellt die zuständigen Behörden und Organisationen mit Sicherheitsaufgaben und ihre Einsatzkräfte regelmäßig vor große Herausforderungen. Zumeist mangelt es an aktuellen und umfassenden Informationen, anhand derer die konkrete Katastrophenlage hinreichend erfasst und bewertet werden kann.[1570] In der Folge kann weder das weitere Vorgehen danach priorisiert werden, wo die Einsatzkräfte am dringendsten benötigt werden, noch ist eine ressourcenangepasste Planung möglich.[1571] Einen zentralen Beitrag zur Verbesserung der unzureichenden Informationslage bei der Bewältigung einer Katastrophenlage kann das Monitoring leisten, wenn es beispielsweise in Hochwasserlagen[1572] dafür

---

[1567] Zum fehlenden Selbstzweck bereits unter Kap. 7.2.1.
[1568] Hierzu bereits unter Kap. 11.2.
[1569] *Munich Re,* Entwicklung der Zahl der großen Naturkatastrophen in den Jahren 1950 bis 2002.
[1570] Vgl. *Schmidt,* Geo-social Media Data Analysis for Triggering Satellite-Based Emergency Mapping; *Blomeier/Schmidt/Resch,* Information 2024, Beitragsnr. 149, 1 (1 ff.).
[1571] Diese Problematik wurde durch das BMBF-Forschungsprojekt AIFER (KI zur Analyse und Fusion von Erdbeobachtungs- und Internetdaten zur Unterstützung bei der Lageerfassung und -einschätzung) adressiert; näher hierzu *Gilga,* ZD-Aktuell 2021, 05218.
[1572] Hochwasser ist die am häufigsten auftretende Ausprägung einer Naturkatastrophe, siehe *Aon,* Weather, Climate & Catastrophe Insight, 13.

eingesetzt wird, dem Web, im Konkreten sozialen Medien,[1573] automatisiert lagerelevante Informationen zu entnehmen und diese für die Lageeinschätzung und -bewertung auszuwerten.[1574]

13.2.1.1 Einsatz von Web-Monitoring in der Praxis und Zuständigkeiten im Katastrophenschutzrecht

Soweit ersichtlich wird Monitoring in Deutschland bislang nicht für die Lageerfassung im Katastrophenschutz eingesetzt. Zwar existieren auf Bundes- und auf Länderebene teilweise ehrenamtliche Virtual Operations Support Teams (VOST),[1575] welche lagerelevante Informationen aus sozialen Medien erheben, verarbeiten, visualisieren und Entscheidungsträgern übermitteln.[1576] Allerdings kommen hier keine Technologien wie die des Monitorings zum Einsatz. Vielmehr handelt es sich um Personen, die sich zum Zweck der digitalen Lageerkundung in einer Gruppe zusammenschließen, um das Web manuell nach lagerelevanten Informationen zu durchsuchen.[1577]

13.2.1.2 Web-Monitoring zur Lageeinschätzung und -bewertung auf Bundesebene

Der Nutzen des Monitorings zur Verbesserung der Lageeinschätzung und -bewertung wurde dennoch bereits durch die Regierung sowie das Bundesamt für Bevölkerungsschutz und Katastrophenhilfe (fortan BBK) erkannt. So zieht dieses in einer Rahmenempfehlung den Einsatz von Monitoring zur Verbesserung des Krisenmanagements einschließlich der Lagebeurteilung und -prognose ausdrücklich und insbesondere dann in Betracht, wenn ein Katastrophengebiet aufgrund von Infrastrukturschäden nicht oder nur teilweise zugänglich ist.[1578] Eine Bundesbehörde wie das BBK besitzt jedoch in Anbetracht der Art. 30, 70 Abs. 1, 71 ff., 83 ff. GG im Falle einer Katastrophe keine verfassungsrechtliche Zuständigkeit für den Einsatz eines solche informationstechnischen Systems. So kommt dem Bund gem. Art. 73 Abs. 1 Nr. 1 GG zwar die Gesetzgebungskompetenz für den Zivilschutz zu, allerdings betrifft dieser ausschließlich das Handeln im Zusammenhang mit der Abwehr kriegsbedingter Gefahren als Unterfall der Verteidigung,[1579] sodass die nicht kriegsbezogene Gefahrenabwehr und damit auch der allgemeine Katastrophenschutz nicht erfasst sind.[1580] Vielmehr ist der Katastrophenschutz im datenverarbeitungsbezogenen Bereich verfassungsrechtlich den Ländern zugewiesen.[1581] Hier hat der Bund keine Möglichkeit, in rechtskonformer Weise eigenständig tätig zu werden.

[1573] Auch die Bundesregierung sieht in der Verwendung von Informationen aus sozialen Medien ein großes Potenzial zur Verbesserung der Katastrophenresilienz, hierzu *Krempl/Sokolov*, Regierung will Bevölkerungsschutz durch Soziale Netze, KI und mehr Daten bessern.

[1574] *Wieland* et al., Im Einsatz 2023, 44 (45 ff.); *Schmidt*, Geo-social Media Data Analysis for Triggering Satellite-Based Emergency Mapping; ein solches Vorgehen war bereits integraler Bestandteil eines vom BMBF geförderten Forschungsprojekts zur Unterstützung von Einsatzkräften bei der Lageerfassung und -bewertung im Katastrophenfall: „AIFER: Künstliche Intelligenz zur Analyse und Fusion von Erdbeobachtungs- und Internetdaten zur Entscheidungsunterstützung im Katastrophenschutz", Förderkennzeichen: 13N15525 bis 13N15529.

[1575] *Friedrich/Fathi*, in: Reuter (Hrsg.), Sicherheitskritische Mensch-Computer-Interaktion, 541 (553); *Fathi/Hugenbusch*, VOST: Digitale Einsatzunterstützung in Deutschland.

[1576] *Sonntag/Fathi/Fiedrich*, Digitale Lageerkundung bei Großveranstaltungen, 1.

[1577] Vgl. *Fathi* et al., Notfallvorsorge 2018, Heft 2, 1 (3); *Martini* et al., Bevölkerungsschutz 2015, Heft 3, 24 (24).

[1578] *BBK*, Rahmenempfehlungen für den Einsatz von Social Media im Bevölkerungsschutz, 5.

[1579] *Degenhart*, in: Sachs (Hrsg.), GG, Art. 73 Rn. 8; *Wittreck*, in: Brosius-Gersdorf (Hrsg.), GG, Art. 73 Rn. 15; *Broemel*, in: Kämmerer/Kotzur (Hrsg.), GG, Art. 73 Rn. 6; *Walus*, DÖV 2010, 127 (131); vgl. auch BVerfGE 115, 118 (140 ff.).

[1580] Vgl. *Thiele*, in: Härtel (Hrsg.), Handbuch Föderalismus, § 54 Rn. 21 ff.

[1581] Eingehend hierzu *Hornung/Stroscher*, GSZ 2021, 149 (152 ff.); *Hornung/Stroscher*, GSZ 2021, 185 (189); *Walus*, Katastrophenorganisationsrecht, 86 ff.

Über diesen Umstand kann nicht hinwegtäuschen, dass mit dem Gemeinsamen Melde- und Lagezentrum (fortan GMLZ) eine mit dem BBK verbundene und auf § 16 ZSKG gestützte Stelle eingerichtet wurde, welche im Wesentlichen auf den Bereich des Katastrophenschutzes ausgerichtet[1582] und unter anderem für die Erstellung von Lagebildern zuständig ist. Auch wenn die Notwendigkeit einer solchen zentralen Stelle für den Katastrophenschutz nicht anzuzweifeln ist,[1583] handelt es sich beim GMLZ um eine Stelle des Bundes, die in verfassungsrechtlich unzulässiger Weise tätig wird, soweit ihre Einrichtungen und Vorhaltungen allein auf den Katastrophenschutz gerichtet sind.[1584] Es mangelt an einer entsprechenden Kompetenz. Eine nicht von einer Kompetenz gedeckte Handlung liegt ebenso vor, wenn der Bund Einrichtungen und Vorhaltungen des GMLZ ausschließlich für den Katastrophenschutz vorhält, diese aber erst im Falle eines Amtshilfeersuchens zum Einsatz bringt. So ist es dem Bund vor dem Hintergrund von Art. 104a Abs. 1, Art. 110 GG und § 5 HGrG, § 6 BHO und § 7 Abs. 1 VV-BHO nicht gestattet, Mittel für Aufgaben bereitzustellen, die nicht der Erfüllung seiner staatlichen Aufgaben dienen. Insoweit besteht eine Akzessorietät der Ausgaben hinsichtlich der dem Bund obliegenden Aufgaben.[1585] Folglich mangelt es im Bereich des Katastrophenschutzes auch an einer Finanzierungskompetenz des Bundes. Der reguläre Zuständigkeitsbereich des Bundes kann auch nicht dadurch erweitert werden, dass gem. Art. 35 GG eine Amtshilfeverpflichtung gegeben ist.[1586]

Insgesamt können informationstechnische Systeme zur Erstellung von Lagebildern im Katastrophenfall nicht rechtskonform durch eine Stelle des Bundes betrieben werden. Der Einsatz von Monitoring zur Erfassung und Bewertung von Katastrophenlagen auf Bundesebene scheidet damit aus und kommt folglich nur auf Länderebene in Betracht.[1587]

13.2.1.3 Web-Monitoring zur Lageeinschätzung und -bewertung auf Länderebene

Welche Aufgabenträger auf Landesebene für den Katastrophenschutz zuständig sind und welche Befugnisse diese jeweils besitzen, kann aufgrund der uneinheitlichen und inhaltlich teils stark voneinander abweichenden Gesetze der Länder zum Katastrophenschutz von Bundesland zu Bundesland divergieren.[1588] Aus diesem Grund ist an dieser Stelle eine für alle Länder geltende, allgemeingültige Einschätzung der Zulässigkeit des Einsatzes von Monitoring zur Lageerfassung und -bewertung nicht möglich. Im Nachfolgenden wird daher exemplarisch auf die Rechtslage zum Katastrophenschutz im Land Hessen auf Landkreisebene abgestellt.

Für den Katastrophenschutz in Hessen kommt das HBKG zur Anwendung. Dieses adressiert neben dem Brandschutz und der allgemeinen Hilfe (§ 1 Abs. 1 Nr. 1 HBKG) auch die Vorbereitung der Abwehr und die Abwehr von Katastrophen, also den Katastrophenschutz (§ 1 Abs. 1 Nr. 2 HBKG). Aufgabenträger des Katastrophenschutzes sind gem. § 2 Abs. 1 Nr. 4 HBKG neben den kreisfreien Städten und dem Land auch die vorliegend relevanten Landkreise. Deren

---

[1582] *Pohlmann*, in: Lange/Gusy (Hrsg.), Kooperation im Katastrophen- und Bevölkerungsschutz, 79 (92); *Kloepfer*, Handbuch des Katastrophenrechts, § 3 Rn. 76.

[1583] So auch *Walus*, DÖV 2010, 127 (131 f.); *Thiele*, in: Härtel (Hrsg.), Handbuch Föderalismus, § 54 Rn. 31; *Pohlmann*, Rechtliche Rahmenbedingungen der Katastrophenbewältigung, 142.

[1584] Vgl. *Pohlmann*, in: Lange/Gusy (Hrsg.), Kooperation im Katastrophen- und Bevölkerungsschutz, 79 (102); *Thiele*, in: Gusy/Kugelmann/Würtenberger (Hrsg.), Rechtshandbuch Zivile Sicherheit, 539 (551 Rn. 20); *Kloepfer*, Handbuch des Katastrophenrechts, § 3 Rn. 76 f.; *Thiele*, in: Härtel (Hrsg.), Handbuch Föderalismus, § 54 Rn. 31.

[1585] *Gröpl*, in: Gröpl (Hrsg.), BHO/LHO, § 6 BHO Rn. 5; *von Lewinski/Burbat*, in: von Lewinski/Burbat (Hrsg.), HGrG, § 5 Rn. 6; *von Lewinski/Burbat*, in: von Lewinski/Burbat (Hrsg.), BHO, § 6 Rn. 3.

[1586] *Walus*, Katastrophenorganisationsrecht, 324; *Sattler*, Gefahrenabwehr im Katastrophenfall, 75.

[1587] Vgl. BVerfGE 105, 252 (270), wonach staatliches Informationshandeln in Form der Unterrichtung von Bürgern zwar erlaubt sein kann, hierbei aber stets die Kompetenzordnung zu berücksichtigen ist.

[1588] Für eine Typisierung der Katastrophenschutzgesetze der Länder aus datenschutzrechtlicher Sicht siehe *Hornung/Stroscher*, GSZ 2021, 185 (186).

13.2 Web-Monitoring im Rahmen einer Aufgabe

Aufgaben, welche in § 4 HBKG abschließend geregelt sind,[1589] sehen mit § 4 Abs. 1 Nr. 6 HBKG in Bezug auf den Katastrophenschutz lediglich die Errichtung und den Betrieb einer Leitstelle sowie die Möglichkeit, Warnmitteilungen an Mobilfunkgeräte zu übermitteln, vor. Zwar obliegt der Leitstelle nach dem Wortlaut des § 54 Abs. 2 Satz 1 HBKG die Aufgabe der Kommunikations- und Informationszentrale, allerdings umfasst diese keine aktive Informationsbeschaffung, wie sie im Rahmen des Monitorings erfolgt. Über den Verweis aus § 54 Abs. 1 Satz 1 HBKG auf § 6 HRDG ergibt sich vielmehr, dass Leitstellen gem. § 6 Abs. 2 Satz 5 HRDG i.V.m. § 1 RettDGV die Informationen, die sie im Rahmen ihrer Funktion erhalten, dokumentieren und für die zuständigen Stellen bereitstellen müssen. Einsatzrelevante Informationen selbst zu beschaffen, wird jedoch nicht als Aufgabe statuiert. Das Monitoring zur Lageerfassung und -bewertung kann folglich nicht von § 4 HBKG gedeckt sein.

Mit seinem § 33 hält das HBKG allerdings eine auf die Katastrophenabwehr gerichtete Norm vor, welche zumindest mittelbar auch das Monitoring zur Lageermittlung und -bewertung erfassen könnte. Gem. § 33 Abs. 1 Satz 1 HBKG haben die Katastrophenschutzbehörden die für die Abwehr einer Katastrophe notwendigen Maßnahmen zu treffen. Welche Stelle Katastrophenschutzbehörde ist, richtet sich nach § 25 Abs. 1 HBKG. Gem. § 25 Abs. 1 Nr. 1 HBKG bildet in den Landkreisen die Landrätin oder der Landrat die sogenannte Untere Katastrophenschutzbehörde. Somit kommt § 33 Abs. 1 Satz 1 HBKG vorliegend als Aufgabe i.S.v. Art. 6 Abs. 1 UAbs. 1 lit. e DSGVO in Betracht.

In § 33 Abs. 1 HBKG sind nach deutschem Rechtsverständnis, ähnlich wie auch in anderen Normen der deutschen Rechtsordnung,[1590] Aufgabenzuweisung[1591] und Befugnisnorm zusammengefasst. Entsprechend normiert § 33 HBKG in seinem Abs. 1 Satz 1 für die Katastrophenschutzbehörden gem. § 25 Abs. 1 HBKG zunächst die Aufgabe der Katastrophenabwehr und formuliert in dem sich anschließenden Satz 2 eine in Anbetracht der Formulierung „[...] können insbesondere [...]" nicht abschließende Liste von Befugnissen, welche die zuständigen Stellen zur Wahrnehmung ihrer Aufgabe ergreifen können.

Eine Aufgabenzuschreibung im Sinne der deutschen Rechtsordnung wie § 33 Abs. 1 Satz 1 HBKG kann, wie bereits dargelegt,[1592] eine Datenverarbeitung durch öffentliche Stellen nicht allein legitimieren. Vielmehr bedarf es zudem einer entsprechenden datenverarbeitungsbezogenen Befugnisnorm, die zum Einsatz des Monitorings ermächtigt.[1593] Eine solche ist im HBKG allerdings nicht zu finden. Zwar kann grundsätzlich in Erwägung gezogen werden, die Datenverarbeitung zur Katastrophenabwehr über die in Anbetracht der Formulierung „[...] können insbesondere [...]" nicht abschließenden Liste von Befugnissen in § 33 Abs. 1 Satz 2 HBKG zu legitimieren, allerdings wäre dies nicht sachgemäß. Zum einen sind die ausdrücklich benannten Befugnisse des § 33 Abs. 1 Satz 2 HBKG ausschließlich ortsbezogener Natur und besitzen damit eine grundsätzlich andere Stoßrichtung als die Verarbeitung (ortsungebundener) personenbezogener Daten aus dem Web. Zum anderen sind im Sicherheitsrecht inzwischen

---

[1589] Dies ergibt sich aus dem Wortlaut des § 4 HBKG, welcher in seiner Formulierung keine Rückschlüsse auf weitere Aufgaben der Landkreise im Bereich des Katastrophenschutzes zulässt.

[1590] Vgl. zur Kombination von Aufgabe und Befugnis exemplarisch § 3 SOG Hamburg sowie § 163 Abs. 1 StPO; näher zur Struktur von § 163 StPO siehe: *Zöller*, in: Gercke et al. (Hrsg.), StPO, § 163 Rn. 1; *Wedekind*, in: Ory/Weth (Hrsg.), jurisPK elRV, § 163 StPO Rn. 3; *Soiné*, in: Soiné (Hrsg.), StPO, § 163 Rn. 1.

[1591] Eine anderweitige Zuweisung der Aufgabe der Katastrophenabwehr an den Landkreis respektive an den Landrat kann dem HBKG nicht entnommen werden. Weder § 1 Abs. 1 HBKG noch § 4 HBKG stellt eine entsprechende Aufgabenzuweisung dar. Auch § 25 Abs. 3 HBKG enthält eine solche nicht. Die Norm impliziert lediglich, dass die Aufgabe der Katastrophenabwehr dem Landkreis zukommt, statuiert sie aber nicht ausdrücklich.

[1592] Siehe Kap. 13.1.2.1 und 13.1.2.2.

[1593] Zur Trennung von Aufgaben- und Befugnisnorm im Katastrophenschutzrecht auch *Kloepfer*, Handbuch des Katastrophenrechts, § 10 Rn. 76 ff.

Generalklauseln für die Verarbeitung personenbezogener Daten üblich, weswegen nicht davon ausgegangen werden kann, dass dies von § 33 Abs. 1 Satz 2 HBKG miterfasst sein soll,[1594] zumal mit § 55 HBKG eine explizite Datenschutznorm im HBKG existiert. Doch auch diese kann nicht als Befugnisnorm herangezogen werden, da sie lediglich tautologisch auf die Anwendbarkeit von DSGVO und HDSIG verweist (Abs. 1) und die Verarbeitung personenbezogener Daten ausschließlich für die Aus- und Fortbildung von Einsatzkräften und Helfern (Abs. 2), für die Erfüllung von Entschädigungsansprüchen (Abs. 3), für die Erstellung von Katastrophenschutzplänen (Abs. 4), für Warnmitteilungen an Mobilfunkendgeräte (Abs. 5) sowie für die Erstellung einer landesweiten Statistik für den Brandschutz oder den Katastrophenschutz (Abs. 6) zulässt. Eine über diese Regelung hinausgehende Generalklausel, die eine Datenverarbeitung zum Zwecke der Gefahrenabwehr i.S.v. § 33 Abs. 1 Satz 1 HBKG rechtfertigen könnte, ist im HBKG damit nicht enthalten.[1595]

In Anbetracht des § 1 Abs. 2 Satz 1 HBKG ist allerdings davon auszugehen, dass das HBKG nicht abschließend ist,[1596] weswegen sich die Befugnisnorm zur Aufgabenzuweisung aus § 33 Abs. 1 Satz 1 HBKG auch aus einem anderen Gesetz ergeben kann. Da Katastrophen als Sonderfälle einer Störung der öffentlichen Sicherheit und Ordnung zu verstehen sind und das gem. § 55 Abs. 1 HBKG neben der DSGVO anwendbare HDSIG gem. § 1 Abs. 2 HDSIG nur subsidiär zu Anwendung kommt, ist zunächst das allgemeine Ordnungsrecht in Form des HSOG in Betracht zu nehmen.[1597] Dieses erfasst gem. § 85 Abs. 1 HSOG die gem. § 25 Abs. 1 HBKG als Katastrophenschutzbehörden agierenden Stellen als allgemeine Ordnungsbehörden, weswegen die im HSOG enthaltenen Befugnisse gem. § 1 Abs. 1 Satz 1 HSOG grundsätzlich auch auf die für die vorliegende Konstellation relevante Katastrophenschutzbehörde auf Landkreisebene Anwendung finden. An dieser Stelle ist darauf hinzuweisen, dass auch wenn die Ordnungsbehörden gem. § 1 Abs. 1 Satz 1 HSOG als Gefahrenabwehrbehörden verstanden werden, es vorliegend trotz der Art. 2 Abs. 2 lit. d DSGVO und Art. 1 Abs. 1 JI-RL bei der Anwendbarkeit der DSGVO bleibt. Begründet liegt dies darin, dass die Formulierung „Verarbeitung personenbezogener Daten [...] zum Zwecke der Verhütung, Ermittlung, Aufdeckung oder Verfolgung von Straftaten oder der Strafvollstreckung, einschließlich des Schutzes vor und der Abwehr von Gefahren für die öffentliche Sicherheit" entgegen dem deutschen Verständnis des Begriffs der Gefahrenabwehr keine Datenverarbeitungen zum Zwecke der Katastrophen erfasst. Vielmehr ergibt sich über die Entstehungsgeschichte[1598] und die Systematik[1599], dass nur solche Gefahren gemeint sind, die in Zusammenhang mit Straftaten stehen, sodass die JI-RL im Bereich nicht straftatenbezogener Gefahrenabwehr nicht gilt.[1600]

[1594] *Hornung/Stroscher*, GSZ 2021, 185 (187)

[1595] *Hornung/Stroscher*, GSZ 2021, 185 (186).

[1596] *Hornung/Stroscher*, GSZ 2021, 149 (188).

[1597] Vgl. *Walus*, Katastrophenorganisationsrecht, 63, 89; *Hornung/Stroscher*, GSZ 2021, 185 (188).

[1598] COM(2016) 213.

[1599] Siehe EG 12 JI-RL sowie den Umstand, dass die Formulierung in Art. 1 Abs. 1 JI-RL den Schutz vor und die Abwehr von Gefahren für die öffentliche Sicherheit vor den Hintergrund der Verhütung, Ermittlung, Aufdeckung oder Verfolgung von Straftaten setzt.

[1600] *Hornung/Schindler/Schneider*, ZIS 2018, 566 (572); *Hornung/Stroscher*, GSZ 2021, 149 (151); *Johannes/Weinhold*, Das neue Datenschutzrecht bei Polizei und Justiz, § 1 Rn. 22; *Johannes/Weinhold*, in: Sydow/Marsch (Hrsg.), DSGVO/BDSG, § 45 BDSG Rn. 58; *Roggenkamp*, in: Plath (Hrsg.), DSGVO/BDSG/TTDSG, § 45 BDSG Rn. 25; *Braun*, in: Gola/Heckmann (Hrsg.), DSGVO/BDSG, § 45 BDSG Rn. 24; *Albrecht/Jotzo*, Das neue Datenschutzrecht der EU, Teil 10 Rn. 9; ähnlich: *Wolff*, in: Wolff/Brink/von Ungern-Sternberg (Hrsg.), BeckOK DSR, § 45 BDSG Rn. 15; siehe auch BT-Drs. 18/11325, S. 110 f., wonach bspw. eine Waffenbehörde nicht unter die JI-RL fällt, soweit die von ihr durchgeführten Verfahren nicht in ein konkretes Ordnungswidrigkeitenverfahren übergehen; a.A. *Desoi*, Big Data und allgemein zugängliche Daten im Krisenmanagement, 153.

13.2 Web-Monitoring im Rahmen einer Aufgabe

Das HSOG enthält zahlreiche auf spezifische Anwendungsszenarien gerichtete datenverarbeitungsbezogene Befugnisse, die auf polizeiliche Tätigkeiten gerichtet und daher für die Datenverarbeitung in einer Katastrophenlage nicht anwendbar sind. Befugnisse, die ausdrücklich die Datenverarbeitung zur Lageerfassung und -bewertung oder das Monitoring adressieren, existieren nicht. Es ist daher auf die allgemeinen datenverarbeitungsbezogenen Befugnisse des HSOG, also § 13 HSOG für die Erhebung und § 20 HSOG für die weitere Verarbeitung durch das Monitoring zur Lageerfassung und -bewertung, abzustellen.

Gem. § 13 Abs. 1 Nr. 2 HSOG ist den Gefahrenabwehrbehörden, zu welchen die als Katastrophenschutzbehörden agierenden Stellen als allgemeine Ordnungsbehörden gem. § 1 Abs. 1 Satz 1 HSOG gehören, die Erhebung personenbezogener Daten gestattet, wenn diese der Erfüllung ihrer Aufgaben dient und die Daten allgemein zugänglichen Quellen entnommen werden oder die betroffene Person die Daten offensichtlich öffentlich gemacht hat. Die Aufgabe der Katastrophenabwehr i.S.v. § 33 Abs. 1 Satz 1 HBKG umfasst zwar nicht ausdrücklich die Informationsbeschaffung, allerdings ist eine wirksame Gefahren- und insbesondere Katastrophenabwehr nur realisierbar, wenn hinreichende Informationen vorliegen.[1601] In der Praxis genügen hierfür jedoch zumeist nicht die den zuständigen Stellen von Haus aus zur Verfügung stehenden Informationen, weswegen die jeweiligen Stellen tätig werden müssen, um die benötigten Informationen zu erhalten. Die aktive Informationsbeschaffung ist folglich als zentrale Teilaufgabe der Gefahrenabwehr zu verstehen.[1602] Damit umfasst die Aufgabe der Katastrophenabwehr grundsätzlich auch die Informationsgewinnung über das Web.[1603] Darüber hinaus handelt es sich beim Monitoring um eine Technologie, die ausschließlich öffentliche Daten verarbeitet,[1604] wodurch das Kriterium der „allgemein zugänglichen Quellen"[1605] erfüllt und die Anwendbarkeit des § 13 Abs. 1 Nr. 2 HSOG gegeben ist.

Da die Daten aus dem Web aber nicht nur erhoben, sondern auch weiterverarbeitet werden müssen, um eine Katastrophenlage erfassen und bewerten zu können, ist zudem § 20 Abs. 1 Satz 1, Abs. 5 HSOG einzubeziehen. Demnach können Gefahrenabwehrbehörden personenbezogene Daten, die sie selbst erhoben haben, weiterverarbeiten, soweit dies der Erfüllung derselben Aufgabe und dem Schutz derselben Rechtsgüter dient, für welche die Daten erhoben wurden. Die weitere Verarbeitung der mithilfe des Monitorings gewonnenen Daten dient, wie schon die Erhebung der Daten, der Erfassung und Bewertung einer Katastrophenlage und damit der Aufgabe der Katastrophenabwehr i.S.v. § 33 Abs. 1 Satz 1 HBKG und adressiert folglich auch dieselben Rechtsgüter. § 20 Abs. 1, 5 HSOG ist somit anwendbar.

Insgesamt kommt damit in Betracht, das Monitoring zur Erfassung und Bewertung einer Katastrophenlage in Hessen auf Art. 6 Abs. 1 UAbs. 1 lit. e DSGVO i.V.m. § 33 Abs. 1 Satz 1 HBKG, §§ 13 Abs. 1 Nr. 2, 20 Abs. 1 Satz 1, Abs. 5 HSOG zu stützen. Fraglich ist jedoch, ob diese Legitimationsgrundlage die mit dem vorliegenden Monitoring einhergehenden Datenverarbeitungen rechtfertigen kann. Dies ist der Fall, soweit die bereits dargelegten Vorgaben aus Art. 6 Abs. 1 UAbs. 1 lit. e und Art. 6 Abs. 3 DSGVO erfüllt werden. Voraussetzung ist

---

[1601] *Walus,* Informationserhebungen durch Social-Media-Analysen im Rahmen der staatlichen Risiko- und Krisenkommunikation; vgl. *Gusy/Eichenhofer,* Polizei- und Ordnungsrecht, 103 Rn. 186.

[1602] *Walus,* Informationserhebungen durch Social-Media-Analysen im Rahmen der staatlichen Risiko- und Krisenkommunikation; *Kloepfer,* Handbuch des Katastrophenrechts, § 10 Rn. 111; vgl. *Gusy/Eichenhofer,* Polizei- und Ordnungsrecht, 103 Rn. 186.

[1603] Vgl. *Walus,* Informationserhebungen durch Social-Media-Analysen im Rahmen der staatlichen Risiko- und Krisenkommunikation.

[1604] Zum Begriff der öffentlichen Daten siehe Kap. 4.1 und Kap. 4.1.2; eingehender zur Funktionsweise des Monitorings siehe Kap. 2.4.

[1605] Zu dem mit der hier vertretenen Auffassung übereinstimmenden Begriffsverständnis der allgemein zugänglichen Quellen im HSOG siehe *Bäuerle,* in: Möstl/Bäuerle (Hrsg.), Polizei-/OrdnungsR HE, § 13 HSOG Rn. 38 ff.

demnach, dass in der Legitimationsgrundlage eine Aufgabe statuiert wird, die im öffentlichen Interesse oder in Ausübung einer dem Verantwortlichen obliegenden öffentlicher Gewalt erfolgt, die Legitimationsgrundlage den formellen Anforderungen nach Art. 6 Abs. 3 DSGVO gerecht wird und die Verarbeitung erforderlich und, soweit es sich um eine öffentliche Stelle handelt, verhältnismäßig ist.[1606]

13.2.1.3.1 Relevanz des Art. 9 DSGVO

Mithilfe des Monitorings zur Lageeinschätzung und -bewertung sollen zwar lediglich sachbezogene Daten erhoben werden, da allerdings eine große semantische Nähe zwischen katastrophenrelevanten Daten und Daten zu individuellen gesundheitlichen Folgen einer Katastrophe besteht, kann eine Verarbeitung von Gesundheitsdaten i.S.v. Art. 4 Nr. 15 DSGVO nicht gänzlich ausgeschlossen werden. Die Verarbeitung einer solchen Kategorie personenbezogener Daten ist gem. Art. 9 Abs. 1 DSGVO grundsätzlich verboten. Zusätzlich zu den Anforderungen aus Art. 6 Abs. 1 UAbs. 1 lit. e DSGVO sind daher die Vorgaben des Art. 9 DSGVO zu berücksichtigen.[1607] Zur Bewertung der Rechtmäßigkeit ist folglich vorgelagert zu prüfen, ob die Anwendbarkeit des Verarbeitungsverbots ausgeschlossen werden kann.

Dabei stellt es keine Option dar, die Datenakquise so anzupassen, dass besondere Kategorien personenbezogener Daten erkenntnislos ausgesondert werden. Wie bereits erwähnt, ist im Kontext von Katastrophensituationen von einem starken semantischen Zusammenhang von sach- und gesundheitsbezogenen Informationen auszugehen. Folglich würde ein Ausschluss von sämtlichen Inhalten, die besondere Kategorien personenbezogener Daten enthalten, die für die Auswertung zur Verfügung stehende Datenbasis verkleinern. Daraus resultiert potenziell, dass eine Katastrophensituation weniger zuverlässig abgebildet und bewertet werden kann, was dem bestehenden Interesse an einer möglichst effektiven Katastrophenabwehr zuwiderliefe. Es kommt daher nicht in Betracht, Inhalte, die auch besondere Kategorien personenbezogener Daten enthalten, von der Analyse auszuschließen. Damit die Verarbeitung rechtmäßig ist, bedarf es folglich eines Ausnahmetatbestands gem. Art. 9 Abs. 2 DSGVO.

13.2.1.3.1.1 In Betracht kommende Ausnahmetatbestände

Von den insgesamt zehn in Art. 9 Abs. 2 DSGVO formulierten Ausnahmetatbeständen scheiden sieben bereits von vornherein aus. So besteht im Rahmen des Monitorings zur Lageeinschätzung und -bewertung weder die Möglichkeit einer rechtskonformen Einwilligung (lit. a)[1608] noch erfolgt die damit einhergehende Verarbeitung im Zuge des Arbeitsrechts oder des Rechts der sozialen Sicherheit (lit. b), durch eine politisch, weltanschaulich, religiös oder gewerkschaftlich ausgerichtete Organisation in Bezug auf in enger Beziehung zu ihr stehende Personen (lit. d), im Rahmen von Rechtsansprüchen oder justiziellen Tätigkeiten (lit. f), zu Zwecken der Gesundheitsvorsorge oder der Arbeitsmedizin (lit. h) oder zu Zwecken der Forschung (lit. j). In Betracht zu ziehen sind hingegen lit. c (Schutz lebenswichtiger Interessen), lit. e (offensichtlich durch die betroffene Person öffentlich gemachter Daten), lit. g (Gründe eines erheblichen öffentlichen Interesses) sowie lit. i (öffentliches Interesse im Bereich der öffentlichen Gesundheit) des Art. 9 Abs. 2 DSGVO.

13.2.1.3.1.2 Ausnahme zugunsten lebenswichtiger Interessen

Gem. Art. 9 Abs. 2 lit. c DSGVO kommt das Verbot der Verarbeitung besonderer Kategorien personenbezogener Daten nicht zur Anwendung, wenn diese zum Schutz lebenswichtiger Interessen der betroffenen Person oder einer anderen natürlichen Person erforderlich ist und die betroffene Person nicht zur Abgabe einer Einwilligung imstande ist. Grundsätzlich könnte an

---

[1606] Eingehend zu den Voraussetzungen siehe Kap. 13.1.
[1607] Zum Verhältnis von Art. 6 DSGVO und Art. 9 DSGVO siehe Kap. 8.2.1.3.
[1608] Eingehend zur Rechtsgrundlage der Einwilligung im Kontext des Monitorings siehe Kap. 9.

13.2 Web-Monitoring im Rahmen einer Aufgabe

dieser Stelle diskutiert werden, ob ein Monitoring zur Erfassung und Bewertung einer Katastrophenlage dem Schutz lebenswichtiger Interessen dient. Abseits dieses Tatbestandsmerkmals ist an dieser Stelle allerdings offensichtlich, dass die betroffenen Personen grundsätzlich zu einer Einwilligung in der Lage wären. So kann in Anbetracht des Umstands, dass sie katastrophenrelevante Inhalte öffentlich teilen, nicht davon ausgegangen werden, dass sie außerstande sind, eine Einwilligung abzugeben. Vielmehr ist anzunehmen, dass die betroffenen Personen nicht nur ansprechbar, sondern auch leicht zu kontaktieren sind. Es sprechen folglich weder rechtliche noch tatsächliche Gründe gegen die Möglichkeit, eine Einwilligung einzuholen. In der Folge kommt Art. 9 Abs. 2 lit. c DSGVO nicht als Ausnahmetatbestand in Betracht.

13.2.1.3.1.3 Ausnahme für offensichtlich selbst öffentlich gemachte Daten

Das Verbot der Verarbeitung besonderer Kategorien personenbezogener Daten greift gem. Art. 9 Abs. 2 lit. e DSGVO nicht, sofern die Daten durch die betroffene Person selbst offensichtlich öffentlich gemacht wurden. Dies setzt neben dem Umstand der Veröffentlichung durch die betroffene Person voraus,[1609] dass aus der Perspektive eines außenstehenden Beobachters kein Zweifel an der Veröffentlichung durch die betroffene Person besteht.[1610]

Zwar werden im Rahmen von Monitoring ausschließlich öffentliche Daten verarbeitet, allerdings kann nicht angenommen werden, dass sämtliche dieser Daten durch die betroffenen Personen selbst öffentlich gemacht wurden. So ist nicht auszuschließen, dass relevante Inhalte auch Informationen zur Gesundheit von Dritten enthalten. Beispielsweise kann ein öffentlicher Beitrag sowohl die Auswirkungen einer Katastrophe beschreiben als auch darüber berichten, wie eine identifizierbare Person verletzt wurde. Hinzu kommt, dass bislang kein automatisiertes Verfahren existiert, durch welches differenziert werden könnte, wer einen Inhalt veröffentlicht hat. Daher kann nicht ausgeschlossen werden, dass auch Daten verarbeitet werden, die nicht durch die betroffene Person öffentlich gemacht wurden. In der Folge kann der Ausnahmetatbestand gem. Art. 9 Abs. 2 lit. e DSGVO hier keine Anwendung finden.

13.2.1.3.1.4 Ausnahmen für öffentliche Interessen

Die verbleibenden hier in Betracht zu ziehenden Ausnahmetatbestände des Art. 9 Abs. 2 lit. g und i DSGVO stellen beide auf öffentliche Interessen ab. Dabei beschränkt sich Art. 9 Abs. 2 lit. i DSGVO auf öffentliche Interessen im Bereich der öffentlichen Gesundheit, wohingegen Art. 9 Abs. 2 lit. g DSGVO allgemein auf erhebliche öffentliche Interessen abstellt. Aufgrund seiner spezifischeren Ausgestaltung ist Art. 9 Abs. 2 lit. i DSGVO vorrangig zu prüfen, soweit ein Bezug zur öffentlichen Gesundheit[1611] gegeben ist.[1612]

Wie bereits dargelegt, dient das hier zu betrachtende Monitoring der Ermittlung und Bewertung einer Katastrophenlage, um auf dieser Grundlage eine bedarfsangepasste Ressourcenplanung durchführen und besser koordinieren zu können, an welchem Ort die Einsatzkräfte am dringendsten benötigt werden. Die Verarbeitung zielt hierüber auf den Schutz sämtlicher Güter ab, die durch eine Katastrophe gefährdet sind. Dabei steht neben dem Eigentum auch die körperliche Unversehrtheit der von der Katastrophe betroffenen Personen im Fokus. Ersteres ist über Art. 17 Abs. 1 GRCh und Art. 14 Abs. 1 GG und letzteres über Art. 3 Abs. 1 GRCh und Art. 2 Abs. 2 Satz 1 GG grundrechtlich verbürgt, was die herausragende Bedeutung dieser Schutzgüter für die Gesellschaft unterstreicht. Hinzu kommt, dass die DSGVO in EG 46 Satz 3 HS 2 DSGVO den Schutz von Menschenleben im Rahmen von Katastrophen ausdrücklich als erhebliches öffentliches Interesse anerkennt. Dies verdeutlicht sowohl den engen Zusammenhang

---

[1609] Eingehender hierzu Kap. 4.1.1.2.1.
[1610] Eingehender hierzu Kap. 4.1.1.2.2.
[1611] Zum Begriff des öffentlichen Interesses im Bereich der öffentlichen Gesundheit siehe Kap. 11.2.2.3.2.2.
[1612] Zum Verhältnis von Art. 9 Abs. 2 lit. g und i DSGVO bereits unter Kap. 11.2.2.3.2.2.

von Katastrophenschutz und Gesundheitsschutz als auch die Erheblichkeit des mit dem hier vorliegenden Monitoring verfolgten Interesses sowie die Tatsache, dass der Schutz der körperlichen Unversehrtheit in Katastrophensituationen nicht nur dem Individuum, sondern auch der Allgemeinheit dient. Dennoch stellt das mit einem Monitoring zur Ermittlung und Bewertung einer Katastrophenlage verfolgte Interesse kein öffentliches Interesse im Bereich der öffentlichen Gesundheit i.S.v. Art. 9 Abs. 2 lit. i DSGVO dar. Insbesondere werden keine gewichtigen und systemischen Aspekte des öffentlichen Gesundheitsschutzes adressiert, sondern anlass- und ortsbezogen Informationen zu einer Katastrophenlage ermittelt, um die Katastrophenhilfe individuell an die konkrete Situation anpassen und effektiver gestalten zu können.[1613]

Im Ergebnis verfolgt das Monitoring zur Ermittlung und Bewertung einer Katastrophenlage mithin kein öffentliches Interesse im Bereich der öffentlichen Gesundheit. Folglich ist Art. 9 Abs. 2 lit. g DSGVO als Ausnahmetatbestand in Betracht zu ziehen. Dieser setzt voraus, dass die Verarbeitung aus Gründen eines erheblichen öffentlichen Interesses erfolgt, das im Unionsrecht oder dem Recht eines Mitgliedstaats angelegt ist, wobei dieses angemessene und spezifische Maßnahmen zur Wahrung der Rechte und Freiheiten der betroffenen Person vorsehen und der Anforderung der Erforderlichkeit genügen muss.

13.2.1.3.1.4.1 Erhebliches öffentliches Interesse

Der Begriff des erheblichen öffentlichen Interesses umfasst sämtliche Interessen, durch welche die Belange des Allgemeinwohls in einem solchen Maße berührt werden, dass deren Durchsetzung gegenüber den Rechten der betroffenen Personen Vorrang genießt. Dies ist insbesondere bei einer Abwehr von Gefahren für Leib und Leben der Fall.[1614]

Wie sich bereits aus den vorangehenden Ausführungen ergibt, wird mit dem Monitoring zur Ermittlung und Bewertung einer Katastrophenlage ein erhebliches öffentliches Interesse verfolgt.[1615] Dies ergibt sich sowohl daraus, dass die durch die Verarbeitung adressierten Schutzgüter grundrechtlich verbürgt sind, als auch aus EG 46 Satz 3 HS 2 DSGVO, durch welchen der Schutz von Menschenleben in Katastrophen ausdrücklich als erhebliches öffentliches Interesse anerkannt wird.

13.2.1.3.1.4.2 Rechtsgrundlage im unions- oder mitgliedstaatlichen Recht

Da die unionsrechtliche Zuständigkeit für das Katastrophenschutzrecht gem. Art. 6 lit. f AEUV auf Maßnahmen zur Unterstützung, Koordinierung oder Ergänzung der Maßnahmen der Mitgliedstaaten beschränkt ist,[1616] ergibt sich aus dem Unionsrecht kein Ausnahmetatbestand für die mit dem hier untersuchten Monitoring einhergehende Verarbeitung besonderer Kategorien personenbezogener Daten. Auch im deutschen HBKG findet sich eine solche Regelung nicht. Allerdings können – wie § 55 Abs. 1 HBKG redundant erwähnt – für Verarbeitungen personenbezogener Daten im Rahmen des Katastrophenschutzes neben den Bestimmungen der DSGVO auch die des HDSIG zur Anwendung kommen. Da Katastrophen allerdings als Sonderfälle einer Störung der öffentlichen Sicherheit und Ordnung zu verstehen sind,[1617] ist vorrangig vor dem gem. § 1 Abs. 2 HDSIG nur subsidiär zu Anwendung kommenden HDSIG zunächst das allgemeine Ordnungsrecht in Form des HSOG als speziellerer Rechtsakt zu berücksichtigen.[1618] Dieser enthält mit § 13 Abs. 5 Satz 2 HSOG jedoch lediglich eine einzige und zugleich enge Ausnahme vom Verbot der Verarbeitung besonderer Kategorien personenbezogener Daten, die

---

[1613] Vgl. hierzu Kap. 13.2.1.
[1614] Hierzu bereits unter Kap. 11.2.2.3.2.2.1.
[1615] Zur Erheblichkeit der verfolgten Interessen bereits unter Kap. 13.2.1.3.1.4
[1616] Hierzu Hornung/Stroscher, GSZ 2021, 149 (150); Pilz, EuZW 2018, 572 (572 f.).
[1617] Hierzu bereits unter Kap. 13.2.1.3.
[1618] Hierzu bereits unter Kap. 13.2.1.3.

13.2 Web-Monitoring im Rahmen einer Aufgabe

für das vorliegende Monitoring offensichtlich keine Anwendung finden kann. Daher ist ein Rückgriff auf das HDSIG möglich. In diesem findet sich mit § 20 Abs. 1 eine Norm, welche Ausnahmen von dem aus Art. 9 Abs. 1 DSGVO resultierenden Verarbeitungsverbot formuliert. Von den Ausnahmetatbeständen ist gem. § 20 Abs. 1 Nr. 4 lit. b HDSIG auch eine Verarbeitung umfasst, die zur Abwehr einer erheblichen Gefahr für die öffentliche Sicherheit erforderlich ist, soweit die Interessen der betroffenen Personen durch das Interesse an der Datenverarbeitung überwogen werden. Die Ausnahme setzt folglich erstens eine erhebliche Gefahr voraus, die sich zweitens auf die öffentliche Sicherheit bezieht und zu deren Abwehr drittens die Datenverarbeitung erforderlich ist.

Die mit einer Katastrophensituation einhergehenden Gefahren sind stets als erheblich zu bewerten. Dies ergibt sich unmittelbar aus der Begriffsdefinition des § 24 HBKG. Demnach ist eine Katastrophe ein Ereignis, das Leben, Gesundheit oder die lebensnotwendige Versorgung der Bevölkerung, Tiere, erhebliche Sachwerte oder die natürlichen Lebensgrundlagen in so ungewöhnlichem Maße gefährdet oder beeinträchtigt, dass zur Beseitigung die einheitliche Lenkung aller Katastrophenschutzmaßnahmen sowie der Einsatz von Einheiten und Einrichtungen des Katastrophenschutzes erforderlich sind. Wird der Katastrophenfall gem. § 34 HBKG festgestellt, ist daher immer von einer erheblichen Gefahr auszugehen.

Darüber hinaus sind sowohl die körperliche Unversehrtheit als auch das Eigentum zentrale Elemente der objektiven Rechtsordnung, wie sie sich insbesondere aus dem deutschen und den europäischen Grundrechten ergeben, und bilden somit einen wichtigen Bestandteil der öffentlichen Sicherheit ab. Eine Beeinträchtigung dieser Schutzgüter, wie sie im Rahmen von Katastrophen regelmäßig stattfindet, führt mithin unmittelbar zu einer Störung der öffentlichen Sicherheit. Die Beseitigung dieser Störung ist Ziel des hier zugrundeliegenden Monitorings, weswegen die damit einhergehende Datenverarbeitung dem Erhalt der öffentlichen Sicherheit und der Abwehr der ihr drohenden Gefahren dient. Dies erkennt auch EG 73 Satz 1 DSGVO an, wonach der Schutz von Menschenleben bei Katastrophen der öffentlichen Sicherheit dient. Insgesamt ist damit eine Verarbeitung gegeben, welche die Abwehr einer erheblichen Gefahr für die öffentliche Sicherheit adressiert.

Die Verarbeitung bedingt gem. § 20 Abs. 1 Nr. 4 lit. b HDSIG darüber hinaus die Erforderlichkeit zur Erreichung des Zwecks. Das Verständnis von Erforderlichkeit i.S.v. § 20 Abs. 1 Nr. 4 lit. b HDSIG ist im Sinne einer unionseinheitlichen Auslegung der DSGVO entsprechend zu verstehen. Die Verarbeitung muss mithin objektiv tauglich sowie auf das notwendige Maß begrenzt sein.[1619]

Im Rahmen des Forschungsprojekts AIFER[1620] konnte gezeigt werden, dass ein Einsatz von Monitoring zur Ermittlung und Auswertung einer Katastrophenlage tauglich ist.[1621] Demnach ermöglicht dieses die Erfassung von Daten, auf deren Grundlage die räumliche Ausbreitung einer Katastrophe ermittelt, besonders betroffene Gebiete (Hotspots) identifiziert und die Stimmungslage der betroffenen Bevölkerung erfasst werden kann. Werden diese Informationen mit Erkenntnissen aus der Fernerkundung kombiniert, ist zudem die Einschätzung der Intensität der Katastrophe und die Lokalisierung von Infrastruktur- oder Gebäudeschäden sowie von Bereichen, in denen die entstandenen Schäden von besonderem Ausmaß sind, möglich. Das Monitoring besitzt mithin erhebliches Potenzial für die Katastrophenabwehr.

[1619] Eingehender zum Begriff der Erforderlichkeit siehe Kap. 10.1.3.

[1620] „AIFER: Künstliche Intelligenz zur Analyse und Fusion von Erdbeobachtungs- und Internetdaten zur Entscheidungsunterstützung im Katastrophenschutz", Förderkennzeichen: 13N15525 bis 13N15529. Hierbei handelt es sich um ein mittlerweile abgeschlossenes bilaterales Forschungsprojekt des BMBF und des österreichischen Bundesministerium Finanzen.

[1621] Vgl. *Wieland/Resch/Lechner*, Entscheidungsunterstützung im Katastrophenschutz; *Wieland* et al., Im Einsatz 2023, 44 (45 ff.).

Die monitoringgestützte Verarbeitung öffentlicher Daten aus dem Web ist jedoch nicht nur objektiv zur Verbesserung der Informationslage in einer Katastrophe tauglich, sondern auch auf das notwendige Maß begrenzt. Eine datenschutzfreundlichere, aber wenigstens gleich geeignete Alternative ist nicht ersichtlich. Zwar können lagerelevante Informationen grundsätzlich auch gewonnen werden, indem Einsatzkräfte in Katastrophengebiete entsendet werden. Allerdings ermöglicht ein solches Vorgehen keinen so umfassenden räumlichen Überblick wie das Monitoring, sondern liefert ausschließlich punktuelle Informationen über einzelne Gebiete. Dies gilt auch, wenn eine große Anzahl von Einsatzkräften zur Lageermittlung und -bewertung entsendet wird.[1622] Hinzu kommt, dass die Informationsgewinnung mithilfe von entsendeten Einsatzkräften an ihre Grenzen stößt, wenn – was häufig der Fall ist – Katastrophengebiete nicht, begrenzt oder nur schwer erreichbar sind. Im Unterschied hierzu erlaubt das Monitoring die Gewinnung von Lageinformationen unabhängig von der Zugänglichkeit der Gebiete. Neben der Lageermittlung mithilfe von Einsatzkräften kommt auch ein Einsatz von Drohnen nicht als Alternative in Betracht. Zwar kann die Katastrophenlage grundsätzlich mithilfe von Drohnen kartiert und ermittelt werden, allerdings bedarf es hierfür einer gewissen Vorlaufzeit, welche das Monitoring nicht benötigt. Hinzu kommt, dass Drohnen im Unterschied zum Monitoring nicht ermöglichen, die Stimmungslage der betroffenen Bevölkerung abzubilden. Daneben ist ein gezielteres Vorgehen als das Erheben und Verarbeiten von Informationen aus sozialen Medien nicht möglich. Dies liegt insbesondere darin begründet, dass vor Beginn der Verarbeitung nicht bekannt ist, welche konkreten Quellen oder Bereiche der sozialen Medien Informationen zur Katastrophe enthalten. Diesem Problem begegnet das Monitoring, dessen Sinn es ist, die für das Monitoring-Objekt relevanten Inhalte zu identifizieren und im Anschluss auszuwerten. Die mit einem Einsatz von Monitoring zur Ermittlung und Bewertung einer Katastrophenlage einhergehende Datenverarbeitung ist folglich als erforderlich anzusehen.

Da ausschließlich öffentlich verfügbare Inhalte aus dem Web verarbeitet werden, ist des Weiteren davon auszugehen, dass das Interesse am Monitoring zur Ermittlung und Bewertung einer Katastrophenlage die Interessen der betroffenen Personen überwiegt. Dies ergibt sich einerseits aus dem Umstand, dass die Datenverarbeitung der Abwehr einer erheblichen Gefahr für die öffentliche Gesundheit dient und damit von besonderem Gewicht ist. Andererseits daraus, dass mit öffentlichen Daten grundsätzlich eine verringerte Schutzwürdigkeit der betroffenen Personen einhergeht.[1623] Hinzu tritt außerdem, dass § 20 Abs. 2 HDSIG den Verantwortlichen im Fall der Anwendbarkeit einer der Ausnahmetatbestände verpflichtet, angemessene und spezifische Maßnahmen zur Wahrung der Interessen der betroffenen Personen vorzusehen und einige solcher Maßnahmen exemplarisch benennt. Einzubeziehen ist darüber hinaus, dass mithilfe des vorliegenden Monitorings ausschließlich sach- nicht aber personenbezogene Informationen gewonnen werden sollen. Entsprechend gering ist das Risiko, dass die betroffenen Personen infolge der Verarbeitung diskriminiert werden oder Nachteile erleiden.

Insgesamt sind damit die Voraussetzungen des in § 20 Abs. 1 Nr. 4 lit. b HDSIG formulierten Ausnahmetatbestands erfüllt.

13.2.1.3.1.4.3 Anforderungen aus Art. 9 Abs. 2 lit. g DSGVO

Der Ausnahmetatbestand des Art. 9 Abs. 2 lit. g DSGVO setzt ferner die Erforderlichkeit der Verarbeitung voraus. Diese ist, wie im Vorangehenden bereits ausgeführt, gegeben.[1624] Überdies bedingt Art. 9 Abs. 2 lit. g DSGVO, dass die Rechtsgrundlage in angemessenem

---

[1622] Zumal die Einsatzkräfte in der Praxis für gewöhnlich zur unmittelbaren Bewältigung der Katastrophe benötigt werden und daher nicht zur Lageermittlung zur Verfügung stehen.
[1623] Zur Schutzwürdigkeit betroffener Personen hinsichtlich der öffentlich über sie verfügbaren Daten bereits unter Kap. 4.3 und Kap. 6.2.3.4.3.
[1624] Siehe hierzu Kap. 13.2.1.3.1.4.2.

Verhältnis zum verfolgten Ziel steht, den Wesensgehalt des Rechts auf Datenschutz wahrt sowie angemessene und spezifische Maßnahmen zur Wahrung der Grundrechte und Interessen der betroffenen Person vorsieht. Diesen Anforderungen genügt § 20 Abs. 1 Nr. 4 lit. b HDSIG. Die Norm berücksichtigt zur Wahrung der Verhältnismäßigkeit neben dem Interesse an der Aufrechterhaltung der öffentlichen Sicherheit auch die Interessen der betroffenen Personen und greift nur dann, wenn diese durch das Interesse an der Datenverarbeitung überwogen werden. Zudem sieht § 20 Abs. 2 HDSIG – wie im Vorangehenden bereits ausgeführt – angemessene und spezifische Maßnahmen zur Wahrung der Grundrechte und Interessen der betroffenen Person vor. Im Zuge der Ausgestaltung der Norm ergeben sich darüber hinaus keine Anhaltspunkte dafür, dass in den Wesensgehalt des Rechts auf Datenschutz eingegriffen würde. Insgesamt erfüllt § 20 Abs. 1 Nr. 4 lit. b HDSIG damit die Anforderungen des Art. 9 Abs. 2 lit. g DSGVO.

13.2.1.3.1.5 Schlussfolgerung

§ 20 Abs. 1 Nr. 4 lit. b HDSIG erfüllt die Anforderungen des Art. 9 Abs. 2 lit. g DSGVO und ist auf die mit dem vorliegenden Monitoring einhergehende Datenverarbeitung anwendbar. Die Norm kann daher als Ausnahmetatbestand für die mit dem Monitoring zur Ermittlung und Bewertung einer Katastrophenlage einhergehende Datenverarbeitung herangezogen werden. Das Verarbeitungsverbot aus Art. 9 Abs. 1 DSGVO greift mithin im vorliegenden Fall nicht. Dies allein ist allerdings nicht ausreichend, um die Rechtmäßigkeit der Datenverarbeitung im Zusammenhang mit dem Monitoring zu gewährleisten. Vielmehr sind zusätzlich Tatbestandsvoraussetzungen des Art. 6 Abs. 1 UAbs. 1 lit. e DSGVO zu berücksichtigen,[1625] auf welche im Folgenden eingegangen wird.

13.2.1.3.2 Aufgabe im öffentlichen Interesse oder in Ausübung öffentlicher Gewalt

Die Anwendbarkeit des Art. 6 Abs. 1 UAbs. 1 lit. e DSGVO setzt im ersten Schritt voraus, dass § 33 Abs. 1 Satz 1 HBKG eine Aufgabe[1626] i.S.v. Art. 6 Abs. 1 UAbs. 1 lit. e DSGVO darstellt. Wie bereits erwähnt, haben die zuständigen Katastrophenschutzbehörden gem. § 33 Abs. 1 Satz 1 HBKG die für die Abwehr einer Katastrophe notwendigen Maßnahmen zu ergreifen. Die Norm statuiert damit keine unmittelbare rechtliche Verpflichtung, eine konkrete Handlung vorzunehmen. Vielmehr steht den Katastrophenschutzbehörden im Rahmen des § 33 Abs. 1 Satz 1 HBKG ein Handlungsspielraum zu, innerhalb dessen sie entscheiden können, ob und welche Maßnahmen im Falle einer Katastrophe ergriffen werden. Konkrete Vorgaben, welches Tätigwerden in welcher Situation zwingend gefordert ist, gibt es nicht. Folglich handelt es sich bei § 33 Abs. 1 Satz 1 HBKG nicht um eine Rechtspflicht[1627] i.S.v. Art. 6 Abs. 1 UAbs. 1 lit. c DSGVO, sondern um eine Aufgabe i.S.v. Art. 6 Abs. 1 UAbs. 1 lit. e DSGVO.[1628]

Die in § 33 Abs. 1 Satz 1 HBKG statuierte Aufgabe der Gefahrenabwehr muss des Weiteren i.S.v. Art. 6 Abs. 1 UAbs. 1 lit. e DSGVO im öffentlichen Interesse (Alt. 1) oder in Ausübung öffentlicher Gewalt (Alt. 2) wahrgenommen werden. In der hier zugrundeliegenden Konstellation fungieren der Landrat oder die Landrätin gem. § 25 Abs. 1 Nr. 1 HBKG als Untere Katastrophenschutzbehörde. Bei der Unteren Katastrophenschutzbehörde handelt es sich um eine Behörde im verwaltungsrechtlichen Sinne, welche die Aufgabe des Katastrophenschutzes gem. § 25 Abs. 3 HBKG als Auftragsangelegenheit wahrnimmt. Den unteren Katastrophenschutzbehörden wurde über § 33 Abs. 1 Satz 1 HBKG folglich die eigentümlich dem Land zustehende hoheitliche Gewalt im Bereich des Katastrophenschutzes in Ausprägung der Katastrophenabwehr übertragen. Dementsprechend ist die Wahrnehmung dieser Aufgabe durch die hessische

---

[1625] Zum Verhältnis von Art. 6 DSGVO und Art. 9 DSGVO siehe Kap. 8.2.1.3.
[1626] Zum Begriff der Aufgabe siehe Kap. 13.1.1 sowie Kap. 11.1.1.
[1627] Zur Abgrenzung siehe Kap. 13.1.1 sowie Kap. 11.1.1.
[1628] Vgl. hierzu *Reimer*, in: Sydow/Marsch (Hrsg.), DSGVO/BDSG, Art. 6 DSGVO Rn. 65.

untere Katastrophenschutzbehörde als Ausübung öffentlicher Gewalt i.S.v. Art. 6 Abs. 1 UAbs. 1 lit. e Alt. 2 DSGVO anzusehen.

Zudem verfolgen die § 33 Abs. 1 Satz 1 HBKG, §§ 13 Abs. 1 Nr. 2, 20 Abs. 1 Satz 1, Abs. 5 HSOG ein im öffentlichen Interesse liegendes Ziel. Zum einen ist das Ziel der Bewältigung einer Katastrophe zumindest implizit über EG 46 Satz 3 HS 2 DSGVO als öffentliches Interesse anerkannt. Zum anderen ergibt sich das öffentliche Interesse der Katastrophenabwehr bei Betrachtung der vorliegenden Legitimationsgrundlage auch explizit. Die Regelung des § 33 Abs. 1 Satz 1 HBKG adressiert sämtliche Rechtsgüter, die durch eine Katastrophe eine Beeinträchtigung erfahren können. Dies betrifft ausweislich § 24 HBKG im Besonderen Leib, Leben und Gesundheit der im betroffenen Gebiet befindlichen Personen. Zentrales Schutzgut des § 33 Abs. 1 Satz 1 HBKG ist daher die über Art. 2 Abs. 2 Satz 1 GG, Art. 2 Abs. 1 GRCh verbürgte körperliche Unversehrtheit, deren Wahrung Teil der staatlichen Schutzpflichten und somit als im öffentlichen Interesse liegendes Ziel anerkannt ist. Daneben sind, wie auch in § 24 HBKG bedacht, bei einer Katastrophe betroffenen Gebieten zumeist auch erhebliche Sachwerte wie beispielsweise Häuser, landwirtschaftliche Flächen oder PKWs von Zerstörung bedroht. Daher adressiert die Aufgabe der Katastrophenabwehr auch den Schutz des Eigentums i.S.v. Art. 14 Abs. 1 Satz 1 GG und Art. 17 Abs. 1 GRCh, welcher ebenfalls von der staatlichen Schutzpflicht umfasst und folglich als im öffentlichen Interesse liegend zu klassifizieren ist. Daneben existieren weitere im öffentlichen Interesse liegende Rechtsgüter, welche durch eine Katastrophe bedroht werden können. Exemplarisch an dieser Stelle zu nennen ist der Schutz der Umwelt, welcher über Art. 20a GG und Art. 37 GRCh verbürgt ist. Die Befugnisnormen in §§ 13 Abs. 1 Nr. 2, 20 Abs. 1 Satz 1, Abs. 5 HSOG eröffnen den Katastrophenschutzbehörden die Möglichkeit, die zur Erfüllung der Aufgabe aus § 33 Abs. 1 Satz 1 HBKG erforderlichen Datenverarbeitungen durchzuführen. Sie dienen folglich ebenso wie die Aufgabe selbst öffentlichen Interessen.

13.2.1.3.3 Anforderungen aus Art. 6 Abs. 3 DSGVO

Die Anwendbarkeit des Art. 6 Abs. 1 UAbs. 1 lit. e DSGVO setzt des Weiteren voraus, dass § 33 Abs. 1 Satz 1 HBKG sowie die §§ 13 Abs. 1 Nr. 2, 20 Abs. 1 Satz 1, Abs. 5 HSOG die in Art. 6 Abs. 3 DSGVO statuierten formellen Anforderungen erfüllen.

Bei § 33 Abs. 1 Satz 1 HBKG handelt es sich, Art. 6 Abs. 3 Satz 1 DSGVO erfüllend, um eine Norm aus einem Gesetz, welches der hessische Landtag beschlossen hat und die Katastrophenschutzbehörden unmittelbar adressiert.[1629] Ebenso sind durch § 13 Abs. 1 Nr. 2 HSOG[1630] und § 20 Abs. 1 Satz 1, Abs. 5 HSOG[1631] Normen gegeben, welche vom hessischen Landtag beschlossen wurden.

Des Weiteren muss der verfolgte Zweck gemäß Art. 6 Abs. 3 Satz 2 Alt. 2 DSGVO im Rahmen der Wahrnehmung der Aufgabe liegen. Das vorliegende Monitoring dient der Gewinnung von lagerelevanten Informationen zur Erfassung und Bewertung einer Katastrophe. Auch wenn die Informationsgewinnung selbst nicht ausdrücklich durch § 33 Abs. 1 Satz 1 HBKG adressiert wird, setzt die dort statuierte Aufgabe der Katastrophenabwehr eine hinreichende Informationsbasis voraus, auf deren Grundlage Maßnahmen ergriffen werden können. Die den zuständigen

---

[1629] Bekanntmachung der Neufassung des Hessischen Brand- und Katastrophenschutzgesetzes v. 14.01.2014, GVBl. Hessen 2014, Nr. 3 v. 28.01.2014, S. 27.

[1630] Neufassung des Hessischen Gesetzes über die öffentliche Sicherheit und Ordnung (HSOG) v. 14.01.2005, GVBl. Hessen I 2005, Nr. 2 v. 25.01.2005, S. 14; Hessisches Gesetz zur Anpassung des Hessischen Datenschutzrechts an die Verordnung (EU) Nr. 2016/679 und zur Umsetzung der Richtlinie (EU) Nr. 2016/680 und zur Informationsfreiheit v. 03.05.2018, GVBl. Hessen 2018, Nr. 6 v. 09.05.2018, S. 82.

[1631] Hessisches Gesetz zur Anpassung des Hessischen Datenschutzrechts an die Verordnung (EU) Nr. 2016/679 und zur Umsetzung der Richtlinie (EU) Nr. 2016/680 und zur Informationsfreiheit v. 03.05.2018, GVBl. Hessen 2018, Nr. 6 v. 09.05.2018, S. 82.

13.2 Web-Monitoring im Rahmen einer Aufgabe

Stellen von Haus aus zur Verfügung stehenden Informationen sind hierfür allerdings zumeist nicht ausreichend, weswegen die aktive Informationsbeschaffung und damit auch die Informationsgewinnung über das Web als zentrale Teilaufgabe der Gefahrenabwehr zu verstehen ist.[1632] Folglich dient die Datenverarbeitung im Rahmen des vorliegenden Monitorings unmittelbar der Wahrnehmung der Aufgabe der Katastrophenabwehr gem. § 33 Abs. 1 Satz 1 HBKG.

Ebenso wird die Legitimationsgrundlage der Anforderung der Verhältnismäßigkeit gem. Art. 6 Abs. 3 Satz 4 HS 2 DSGVO gerecht. Entsprechend der Einschätzungsprärogative des Gesetzgebers ist § 33 Abs. 1 Satz 1 HBKG, §§ 13 Abs. 1 Nr. 2, 20 Abs. 1 Satz 1, Abs. 5 HSOG als geeignet und erforderlich zu qualifizieren. Anhaltspunkte, die hiergegen sprechen, sind nicht ersichtlich. Auch bei eingehender Betrachtung ergibt sich kein anderes Bild. Zunächst wird, wie im Vorangegangenen dargelegt, mit der Legitimationsgrundlage ein legitimes Ziel verfolgt. Des Weiteren ermöglicht § 33 Abs. 1 Satz 1 HBKG, §§ 13 Abs. 1 Nr. 2, 20 Abs. 1 Satz 1, Abs. 5 HSOG den zuständigen Stellen, die im Rahmen einer Katastrophe zum Schutz der betroffenen Rechtsgüter erforderlichen Datenverarbeitungen durchzuführen.[1633] Diese können beispielsweise Standortgesundheitsdaten[1634] oder Bedarfsanalysen betreffen oder im Rahmen der Einsatzkoordination oder der Videoüberwachung gefährdeter Flächen oder Bereiche erfolgen. Die Legitimationsgrundlage ist mithin geeignet, das legitime Ziel zu erreichen.

Des Weiteren kommt eine grundrechtsschonendere Ausgestaltung der § 33 Abs. 1 Satz 1 HBKG, §§ 13 Abs. 1 Nr. 2, 20 Abs. 1 Satz 1, Abs. 5 HSOG nicht in Betracht. Denkbar wäre lediglich, die jeweiligen legitimen Maßnahmen in einer spezifischeren Befugnisnorm zu benennen. Allerdings kann eine solche Aufzählung nicht sämtliche Handlungen adressieren, die im jeweiligen Einzelfall notwendig werden können. Katastrophen sind vielfältig und komplex, weswegen zur effektiven und effizienten Katastrophenabwehr eine Legitimationsgrundlage mit weitem Anwendungsbereich zwingend ist. Anderenfalls bliebe es den zuständigen Stellen potenziell verwehrt, Maßnahmen zu ergreifen, die zwar zur Katastrophenabwehr notwendig, aber nicht explizit benannt sind. Die Legitimationsgrundlage ist mithin erforderlich.

Daneben ist § 33 Abs. 1 Satz 1 HBKG, §§ 13 Abs. 1 Nr. 2, 20 Abs. 1 Satz 1, Abs. 5 HSOG verhältnismäßig im engeren Sinne. Der mit dieser Legitimationsgrundlage verfolgte Zweck, nämlich die Katastrophenabwehr, welche insbesondere die Gewährleistung der körperlichen Unversehrtheit und des Eigentums beinhaltet, ist von herausragender Bedeutung für die Allgemeinheit.[1635] Dem gegenüber steht die Verarbeitung von personenbezogenen Daten, wobei Art und Umfang der Datenverarbeitung nicht näher bestimmt sind. Dieser Umstand ist allerdings unschädlich. So ist es, wie soeben dargelegt, dem Gesetzgeber zum einen nicht möglich, sämtliche Datenverarbeitungsmaßnahmen, derer es im Rahmen der Bewältigung einer Gefahrenlage bedarf, zu antizipieren, weswegen ein weiter Anwendungsbereich für eine funktionierende Katastrophenabwehr unabdingbar ist. Zum anderen ist die Zulässigkeit der Datenverarbeitung fest an die formelle Feststellung eines Katastrophenfalls i.S.v. § 34 HBKG geknüpft und damit auf den Zeitraum, in dem ein solcher vorliegt, begrenzt. § 33 Abs. 1 Satz 1 HBKG, §§ 13 Abs. 1 Nr. 2, 20 Abs. 1 Satz 1, Abs. 5 HSOG setzt also eine konkrete Gefahr voraus. Eine willkürlich einsetzende Datenverarbeitung ist damit ausgeschlossen. Insgesamt steht damit die Rechtsgrundlage nicht außer Verhältnis zum zu schützenden Rechtsgut. Vielmehr muss in Anbetracht der besonderen und hohen von Katastrophen ausgehenden Gefahren für zahlreiche Rechtsgüter das Recht auf Datenschutz hinter der Katastrophenabwehr und insbesondere der

---

[1632] Zur Informationsbeschaffung als zentrale Teilaufgabe der Gefahrenabwehr Kap. 13.2.1.3.
[1633] *Walus*, Informationserhebungen durch Social-Media-Analysen im Rahmen der staatlichen Risiko- und Krisenkommunikation; vgl. *Gusy/Eichenhofer*, Polizei- und Ordnungsrecht, 103 Rn. 186.
[1634] Siehe ausführlicher hierzu *Bretthauer*, Datenschutz versus Katastrophenschutz.
[1635] Hierzu bereits unter Kap 13.2.1.3.2.

Gewährleistung der körperlichen Unversehrtheit sowie der Gewährleistung des Eigentums zurücktreten.

In die Ausführungen zu den Anforderungen des Art. 6 Abs. 3 DSGVO ist darüber hinaus einzubeziehen, dass die hier zugrundeliegenden Befugnisnormen §§ 13 Abs. 1 Nr. 2, 20 Abs. 1 Satz 1, Abs. 5 HSOG weit gefasste Regelungen sind, die Datenverarbeitungen durch Gefahrenabwehr- und Polizeibehörden allgemein legitimieren, wenn diese zur Erfüllung ihrer Aufgaben erforderlich sind. Zwar wird im vorliegenden Fall – durch § 13 Abs. 1 Nr. 2 HSOG unmittelbar, durch § 20 Abs. 1 Satz 1, Abs. 5 HSOG mittelbar – zusätzlich an die Herkunft der Daten aus öffentlich zugänglichen Quellen angeknüpft, beide Befugnisnormen spiegeln allerdings im Wesentlichen die Rechtsgrundlage des Art. 6 Abs. 1 UAbs. 1 lit. e DSGVO. In diesem Kontext ist es in Anbetracht gleichlaufender Diskussionen zu anderen datenverarbeitungsspezifischen Generalklauseln geboten, zumindest knapp die Konformität der Befugnisnormen mit den Vorgaben der DSGVO sowie das Normwiederholungsverbot einzugehen.[1636]

Das Normwiederholungsverbot findet in Bezug auf Scharnierklauseln wie Art. 6 Abs. 1 UAbs. 1 lit. e DSGVO und die diesbezüglichen nationalen Ausformungen keine Anwendung.[1637] Auch ergäbe sich bei gegenteiliger Auffassung aufgrund des EG 8 DSGVO kein Verstoß gegen das Normwiederholungsverbot. So gehen weder § 13 Abs. 1 Nr. 2 HSOG noch § 20 Abs. 1 Satz 1, Abs. 5 HSOG über das hinaus, was zur Wahrung der Kohärenz und zur Herstellung der Verständlichkeit der nationalen Rechtsvorschriften erforderlich ist. Zwar ähneln die Normen in Aufbau und Formulierung Art. 6 Abs. 1 UAbs. 1 lit. e DSGVO sehr, konkretisieren allerdings den Anwendungsbereich auf Gefahrenabwehr- und Polizeibehörden sowie auf Datenverarbeitungen zur Wahrnehmung der diesen Behörden obliegenden Aufgaben.[1638] Zusätzlich ist § 13 Abs. 1 Nr. 2 HSOG auf Daten aus allgemein zugänglichen Quellen beschränkt. Die gleiche Einschränkung nimmt in der vorliegenden Konstellation auch § 20 Abs. 1 Satz 1, Abs. 5 HSOG über die Formulierung „unter Berücksichtigung der jeweiligen Datenerhebungsvorschrift" im Zusammenspiel mit § 13 Abs. 1 Nr. 2 HSOG vor. Überdies wird zur Kohärenz mit dem Europarecht beigetragen, indem die Befugnisnormen das Grundprinzip des Art. 6 Abs. 1 UAbs. 1 lit. e DSGVO aufgreifen und in nationales Recht umsetzen. Die §§ 13 Abs. 1 Nr. 2, 20 Abs. 1 Satz 1, Abs. 5 HSOG konfligieren folglich nicht mit dem Normwiederholungsverbot.

Darüber hinaus wurde mit § 13 Abs. 1 Nr. 2 HSOG und § 20 Abs. 1 Satz 1, Abs. 5 HSOG die Öffnungsklausel des Art. 6 Abs. 2, 3 DSGVO in zulässiger Weise in Anspruch genommen. Eine in Anbetracht der Diskussionen zu anderen Generalklauseln möglicherweise aufkommende Kritik, wonach die beiden Befugnisnormen nicht hinreichend spezifisch sind, würde nicht durchschlagen. Zum einen gibt Art. 6 Abs. 3 DSGVO, aus welchem sich die Anforderungen an die Legitimationsgrundlage ergeben,[1639] nicht vor, dass die nationalen Normen zwingend spezifischer auszugestalten sind. Zum anderen würden die Befugnisnormen die Anforderung der Spezifizität – sofern diese entgegen der hier vertretenen Ansicht vorausgesetzt wird – erfüllen. Wie bereits an anderer Stelle näher ausgeführt,[1640] sind keine hohen Anforderungen an die nationalen Umsetzungsnormen zu stellen. Bereits Befugnisnormen bereichsspezifischer Gesetze sind als hinreichend spezifisch zu klassifizieren.[1641] Bei § 13 Abs. 1 Nr. 2 HSOG und § 20 Abs. 1 Satz 1, Abs. 5 HSOG handelt es sich um solche bereichsspezifischen Normen. Für den Bereich der Gefahrenabwehr legen sie fest, dass die Gefahrenabwehr- und Polizeibehörden

---

[1636] Siehe exemplarisch die Diskussion zu § 29b Abs. 1 AO *Drüen*, in: Tipke/Kruse (Hrsg.), AO/FGO, § 29b AO Rn. 10; *Rüsken*, in: Klein (Hrsg.), AO, § 29b Rn. 48; *Pätz*, in: Koenig (Hrsg.), AO, § 29b Rn. 7.
[1637] Siehe hierzu die hier analog anwendbare Argumentation in Kap. 11.2.1.3.2.
[1638] Vgl. hierzu die entsprechenden Ausführungen zu § 29b Abs. 1 AO unter Kap. 11.2.1.3.2.
[1639] Zur systematischen Stellung von Art. 6 Abs. 2 und 3 DSGVO siehe Kap. 11.1.2.1.
[1640] Vgl. eingehender hierzu Kap. 11.2.1.3.2.
[1641] *Kühling* et al., Die Datenschutz-Grundverordnung und das nationale Recht, 37.

13.2 Web-Monitoring im Rahmen einer Aufgabe

im Rahmen der Erfüllung ihrer Aufgaben die Verarbeitung personenbezogener Daten vornehmen können. Weiter konkretisiert § 13 Abs. 1 Nr. 2 HSOG, dass die Datenerhebung in diesem Rahmen zulässig ist, soweit die Daten allgemein zugänglichen Quellen entnommen werden können. Mittelbar stellt auch § 20 Abs. 1 Satz 1, Abs. 5 HSOG in der vorliegenden Konstellation über die Formulierung „unter Berücksichtigung der jeweiligen Datenerhebungsvorschrift" auf die Öffentlichkeit der Daten ab. Im Ergebnis wurde damit die mit Art. 6 Abs. 1 UAbs. 1 lit. e DSGVO einhergehende Öffnungsklausel mit § 13 Abs. 1 Nr. 2 HSOG und § 20 Abs. 1 Satz 1, Abs. 5 HSOG konkretisiert und wirksam zur Anwendung gebracht.

Vor dem Hintergrund des EG 41 Satz 2 DSGVO, wonach die Legitimationsgrundlage klar und präzise sowie für die Normadressaten vorhersehbar sein soll, ist an dieser Stelle zudem auf die Bestimmtheit einzugehen. Mit § 33 Abs. 1 Satz 1 HBKG, §§ 13 Abs. 1 Nr. 2, 20 Abs. 1 Satz 1, Abs. 5 HSOG werden die zuständigen Stellen befugt, im Rahmen der Abwehr von Katastrophenlagen Datenverarbeitungen vorzunehmen. Wie im Vorangehenden bereits erwähnt, ist jedoch nicht näher bestimmt, welche konkreten Datenverarbeitungen zulässig sind. Vielmehr befugt die Legitimationsgrundlage generalklauselartig zu Datenverarbeitungen, die im Rahmen der Aufgabenwahrnehmung, also zur Abwehr einer Katastrophenlage, notwendig sind. Dies ist in Anbetracht des Kontexts, in welchem sich die Legitimationsgrundlage befindet, jedoch unschädlich.[1642] Wie im Vorangehenden bereits dargelegt, können Katastrophenlagen in vielfältigen Ausprägungen auftreten und unterschiedliche Folgewirkungen entfalten. Dem Gesetzgeber ist es dabei nicht möglich, sämtliche zur Bewältigung einer Katastrophenlage erforderlichen Maßnahmen zu antizipieren und in ein Gesetz zu fassen. Vielmehr würde ein abschließender Maßnahmenkatalog dazu führen, dass die zuständigen Stellen in ihren Möglichkeiten zur Katastrophenbewältigung beschränkt und potenziell damit konfrontiert wären, entweder die bedrohten Schutzgüter nicht hinreichend zu schützen oder ohne Rechtsgrundlage zu handeln.[1643] Folglich bedarf es zwingend einer hinreichenden Flexibilität, um den zuständigen Stellen erlaubt, situationsangepasst auf die im Zusammenhang mit Katastrophen auftretenden Herausforderungen zu reagieren.[1644] Eine offene und weite Ausgestaltung der Legitimationsgrundlage ist damit Voraussetzung für eine effektive und effiziente Katastrophenbewältigung und den Schutz der bedrohten Rechtsgüter. Hinzu kommt außerdem, dass die Legitimationsgrundlage – wie bereits erwähnt – erst zur Anwendung kommen kann, wenn gem. § 34 HBKG der Katastrophenfall formell festgestellt wird. Es bedarf mithin einer konkreten Gefahrenlage, die es rechtfertigt, den zuständigen Stellen eine weite Erlaubnis zur Datenverarbeitung einzuräumen und so den Fokus auf den effizienten und effektiven Schutz der durch den Katastrophenschutz adressierten Schutzgüter in den Fokus zu rücken.

Insgesamt ist damit ein Verstoß gegen die Bestimmtheitsanforderung vorliegend nicht gegeben. Folge der weiten Formulierung ist lediglich, dass auf § 33 Abs. 1 Satz 1 HBKG, §§ 13 Abs. 1 Nr. 2, 20 Abs. 1 Satz 1, Abs. 5 HSOG ausschließlich Datenverarbeitungsvorgänge gestützt werden können, die von niedriger Intensität sind. Zurückzuführen ist dies auf den Grundsatz, dass mit zunehmender Eingriffsintensität einer Maßnahme die Anforderungen an die Bestimmtheit der Rechtsgrundlage, auf welche der Eingriff gestützt wird, steigen. Somit können generalklauselartige Normen wie die vorliegende Legitimationsgrundlage, referenzierend zum Vier-Stufen-Modell,[1645] keine Eingriffe mittlerer, hoher und höchster Intensität legitimieren.

Im Ergebnis sind damit die Anforderungen des Art. 6 Abs. 3 DSGVO erfüllt und § 33 Abs. 1 Satz 1 HBKG, §§ 13 Abs. 1 Nr. 2, 20 Abs. 1 Satz 1, Abs. 5 HSOG grundsätzlich als Legitimationsgrundlage i.S.v. Art. 6 Abs. 1 UAbs. 1 lit. e DSGVO geeignet.

[1642] Hierzu bereits unter Kap. 13.2.1.3.3.
[1643] Hierzu bereits unter Kap. 13.2.1.3.3.
[1644] In ähnlicher Argumentation BVerfGE 14, 245 (251).
[1645] Eingehender zum Vier-Stufen-Modell siehe Kap. 6.1.3.3.2.1.6.

13.2.1.3.4 Erforderlichkeit

Im Weiteren stellt sich die Frage, ob § 33 Abs. 1 Satz 1 HBKG, §§ 13 Abs. 1 Nr. 2, 20 Abs. 1 Satz 1, Abs. 5 HSOG eine hinreichende Legitimationsgrundlage für die vorliegende, mit dem Monitoring einhergehende Datenverarbeitung bieten. Hierfür bedürfte es i.S.v. Art. 6 Abs. 1 UAbs. 1 lit. c DSGVO zunächst der Erforderlichkeit der Datenverarbeitung. Die Daten müssen dementsprechend objektiv tauglich sowie auf das notwendige Maß begrenzt sein.[1646] Wie bereits dargelegt, genügt die mit dem vorliegenden Monitoring einhergehende Datenverarbeitung diesen Voraussetzungen.[1647]

13.2.1.3.5 Verhältnismäßigkeit im engeren Sinne

Da die Datenverarbeitung im vorliegenden Fall von einer öffentlichen Stelle vorgenommen wird, bedarf es nicht nur der Erforderlichkeit der konkreten Datenverarbeitung, sondern auch ihrer Verhältnismäßigkeit. Bevor diese beurteilt werden kann, ist jedoch zunächst die Eingriffsintensität[1648] zu ermitteln. Erst über diese lässt sich die Angemessenheit der Legitimationsgrundlage beurteilen.

13.2.1.3.5.1 Eingriffsintensität

Die Intensität des Eingriffs verstärkend wirkt sich aus, dass die mit dem Monitoring einhergehende Datenverarbeitung stattfindet, ohne dass die betroffenen Personen durch ihr Verhalten einen Anlass hierzu gegeben haben.[1649] Ob das Monitoring zur Ermittlung und Bewertung einer Katastrophenlage zum Einsatz kommt, bewegt sich nicht innerhalb der Einflusssphäre der betroffenen Personen, sondern richtet sich vielmehr danach, ob eine Katastrophe i.S.v. § 24 HBKG vorliegt und gem. § 34 Abs. 1 HBKG durch die zuständige Stelle festgestellt wurde. Überdies wird der Eingriff durch die erhebliche Streubreite[1650] des Monitorings sowie den Modus[1651] der Datenerhebung intensiviert.[1652]

Eingriffsbegrenzend ist hingegen zu berücksichtigen, dass das Monitoring aus objektiver Sicht nicht willkürlich zum Einsatz kommt. Vielmehr ist dieses an die formelle Feststellung einer Katastrophe i.S.v. § 34 HBKG geknüpft und die Datenverarbeitung damit auf den Zeitraum, in welchem die Katastrophenlage besteht, begrenzt.

Ebenso mindert die Persönlichkeitsrelevanz[1653] der verarbeiteten Daten die Eingriffsintensität. So entspricht es dem Zweck des vorliegenden Monitorings Inhalte, die Informationen über die Katastrophenlage beinhalten, aus sozialen Medien herauszufiltern und auszuwerten. Ein Bezug zur Intim- oder Privatsphäre ist hierbei nicht ersichtlich. Zur Lageermittlung braucht es lediglich sachbezogener Informationen, welche im Bedarfsfall mit Metadaten verknüpft werden, beispielsweise um einen Orts- oder Zeitbezug herzustellen. Die Persönlichkeitsrelevanz ist folglich als niedrig einzustufen und ergibt sich lediglich durch die Möglichkeit der Zuordnung des erhobenen und ausgewerteten Inhalts zu einem Individuum. Zwar können im Rahmen der technisch bedingten Miterhebung potenziell auch persönlichkeitsrelevante Daten erhoben werden, allerdings wirkt sich dieser Umstand hier nicht aus.[1654]

[1646] Eingehender zum Begriff der Erforderlichkeit siehe Kap. 10.1.3. und Kap. 13.1.4.
[1647] Siehe Kap. 13.2.1.3.1.4.2.
[1648] Zu den Faktoren der Eingriffsintensität siehe Kap. 6.1.3.3.2.1.
[1649] Zum Kriterium des Anlassbezugs siehe Kap. 6.1.3.3.2.1.2.
[1650] Zum Kriterium der Streubreite siehe Kap. 6.1.3.3.2.1.2.
[1651] Zum Kriterium des Modus der Datenerhebung siehe Kap. 6.1.3.3.2.1.3.
[1652] Zur mit dem Monitoring grundsätzlich einhergehenden erheblichen Streubreite sowie zum Modus der Datenerhebung des Monitorings vgl. Kap. 11.2.1.3.4.1.
[1653] Zum Kriterium der Persönlichkeitsrelevanz siehe Kap. 6.1.3.3.2.1.1.
[1654] Vgl. hierzu Kap. 6.1.3.2.2.

13.2 Web-Monitoring im Rahmen einer Aufgabe

Ebenfalls eingriffsmindernd zu berücksichtigen ist zudem, dass weder die unmittelbare Gewinnung personenbezogener Daten noch die Herstellung der Identifizierbarkeit einzelner Personen beabsichtigt ist und den betroffenen Personen folglich keine weiteren Grundrechtseingriffe drohen. Zusätzlich mildert die öffentliche Herkunft[1655] der im Rahmen des Monitorings verarbeiteten Daten die Intensität des Eingriffs.[1656] Dies gilt im hier gegebenen Anwendungsfall umso mehr, da die Daten sozialen Medien entnommen werden und die betroffenen Personen ihre Inhalte dort zumeist selbst öffentlich machen.

Verringert wird die Eingriffsintensität zudem durch den Kontext[1657] der Datenverarbeitung. So ist die Datenverarbeitung in keiner Weise darauf angelegt, auf das Verhalten der betroffenen Personen zu schließen, betroffene Personen zu identifizieren oder die Daten personenbezogen zusammenzutragen und zu verknüpfen. Der Fokus liegt vielmehr darauf, sachrelevante Informationen über die jeweilige Katastrophenlage zu gewinnen und auf dieser Grundlage Maßnahmen zur Katastrophenabwehr ergreifen zu können.

In Anbetracht der vorangegangenen Erwägungen und unter Einbezug des Vier-Stufen-Modells, wonach bei datenverarbeitungsbezogenen Handlungen öffentlicher Stellen Eingriffe niedriger, mittlerer, hoher und höchster Intensität zu unterscheiden sind,[1658] ist zunächst zu resümieren, dass der mit dem vorliegenden Monitoring einhergehende Eingriff weder höchster noch hoher Intensität ist. Zum einen eröffnet die vorliegende Verarbeitung keine Nähe zum Kernbereich privater Lebensgestaltung, da eine besondere Intimität oder gar Höchstpersönlichkeit der Daten aufgrund des Umstands, dass ausschließlich öffentliche Daten verarbeitet werden, grundsätzlich zu verneinen sind. Zum anderen können anhand der gesammelten Daten grundsätzlich keine Rückschlüsse auf wesentliche Persönlichkeitsmerkmale gezogen oder Persönlichkeitsprofile erstellt werden.

Der vom vorliegenden Monitoring ausgehende Eingriff ist folglich niedriger oder mittlerer Intensität. Da neben den Kriterien aus den vorangegangenen Erwägungen die konkrete Ausgestaltung des Monitoring-Systems einen zentralen Einfluss auf die Eingriffsintensität nehmen kann und vorliegend zwei Ausgestaltungsvarianten in Betracht kommen, sind diese zunächst in den Blick zu nehmen.

Bei der ersten Ausgestaltungsvariante werden dem Web ausschließlich Text-Inhalte entnommen. Die erhobenen Inhalte werden zur vorübergehenden Speicherung in den Arbeitsspeicher überführt. Dort werden sie zur Weiterverarbeitung vorprozessiert und anschließend daraufhin analysiert, welche Inhalte für die Erfassung und Bewertung der Katastrophenlage relevant sind. Die als irrelevant klassifizierten Inhalte werden, ohne einer Person bekannt zu werden, automatisch und spurenlos aus dem Arbeitsspeicher gelöscht. Dies geschieht, indem ihr Speicherplatz durch neue Inhalte überschrieben wird. Die als relevant kategorisierten Inhalte werden, um die Weiterverarbeitung zu ermöglichen, für die Dauer der Analysen persistent gespeichert. Nachdem aus den Inhalten im Rahmen der automatischen Analysen die für die Ermittlung und Bewertung der Katastrophenlage relevanten Informationen extrahiert wurden, werden sie ohne die Möglichkeit der Kenntnisnahme durch einen Menschen automatisiert gelöscht. Die aus den Inhalten gewonnenen Informationen hingegen werden persistent gespeichert und über das Monitoring-Dashboard der Katastrophenschutzbehörde zur Verfügung gestellt. Die dort präsentierten Informationen sind allein sachbezogen und weisen keinen Personenbezug auf.

Bei der zweiten Ausgestaltungsvariante ist das System ähnlich wie in der vorangehend vorgestellten Variante ausgestaltet, allerdings mit dem wesentlichen Unterschied, dass die einzelnen

---

[1655] Zum Kriterium der Herkunft der Daten siehe Kap. 6.1.3.3.2.1.4.
[1656] Zum Kriterium der Herkunft der im Rahmen des Monitorings verarbeiteten Daten vgl. Kap. 11.2.1.3.4.1.
[1657] Zum Kriterium des Kontexts der Datenverarbeitung siehe Kap. 6.1.3.3.2.1.5.
[1658] Eingehender zum Vier-Stufen-Modell siehe Kap. 6.1.3.3.2.1.6.

als relevant klassifizierten Inhalte nach ihrer Analyse nicht gelöscht, sondern persistent vorgehalten und über das Monitoring-Dashboard eingesehen werden können. Dies kommt beispielweise in Betracht, wenn die Katastrophenschutzbehörde Einsicht in die Basis der Analyseergebnisse nehmen oder besonders relevante Inhalte genauer prüfen möchte. Eine Speicherung kommt ebenfalls in Betracht, wenn die Inhalte zur nachträglichen Aufarbeitung einer Katastrophenlage oder zur Begründung von Einsatzentscheidungen herangezogen werden sollen. Zentraler Unterschied zur ersten Variante ist folglich, dass eine Speicherung der Inhalte über den Zeitpunkt der Verarbeitung hinaus erfolgt und Einsicht in diese Daten genommen werden kann.

Wird das System entsprechend der ersten Variante ausgestaltet, ist die Intensität des von der Verarbeitung ausgehenden Eingriffs niedrig. Zwar sprechen die hohe Streubreite, die Anlasslosigkeit sowie der Modus der Datenverarbeitung auf den ersten Blick gegen eine niedrige Eingriffsintensität. Werden diese Kriterien jedoch in einer Gesamtschau mit den übrigen Kriterien betrachtet, ergibt sich ein anderes Bild. So wiegt die hohe Streubreite in Anbetracht des Umstands, dass eine nur geringe Persönlichkeitsrelevanz gegeben und das System so ausgestaltet ist, dass keine Einsicht in personenbezogene Inhalte genommen werden kann, weniger schwer. Dieser Effekt verstärkt sich unter Einbezug des Kriteriums des Kontexts, da die Bedeutung einer umfassenden Verarbeitung von Daten geringer Persönlichkeitsrelevanz gegenüber dem herausragenden Interesse der Allgemeinheit an einer erfolgreichen Katastrophenabwehr in den Hintergrund rückt. Darüber hinaus wiegt das Kriterium der Anlasslosigkeit weniger schwer, wird berücksichtigt, dass die Datenverarbeitung zwar nicht durch das Verhalten der betroffenen Personen ausgelöst wird, aber auf objektiv bestimmbare Umstände – nämlich die Feststellung einer Katastrophenlage durch die zuständige Behörde gem. § 34 Abs. 1 HBKG – zurückführbar ist. Die vom Kriterium des Modus der Datenverarbeitung ausgehende Intensität hingegen wird auch unter Einbezug der übrigen Kriterien nicht verringert. Allerdings kann in Anbetracht der geringen Persönlichkeitsrelevanz und der Ausgestaltung des Systems davon ausgegangen werden, dass der Bedarf nach Rechtsschutz praktisch eher gering ist. Darüber hinaus ist, als Hintergrund zu den vorangegangenen Erwägungen, in die Bestimmung der Eingriffsintensität hinreichend einzubeziehen, dass die verarbeiteten Daten den allgemein zugänglichen Bereichen des Web entnommen werden und die Datenverarbeitung durch eine Katastrophenschutzbehörde durchgeführt wird, weswegen etwaige drohende Folgeeingriffe auf diejenigen Maßnahmen beschränkt sind, die es – unabhängig von der Datenverarbeitung – ohnehin zur Katastrophenabwehr bedarf.[1659] Insgesamt ergibt sich damit, dass in der vorliegenden Konstellation mit dem Einsatz des Monitorings ein Eingriff niedriger Intensität einhergeht.

Ist das System hingegen entsprechend Variante zwei ausgestaltet, liegt mittlere Eingriffsintensität vor. Dieses Ergebnis ist auf den Umstand zurückzuführen, dass die aus dem Web erhobenen Inhalte nicht unmittelbar nach der Analyse der Daten gelöscht, sondern im Dashboard zur Einsicht hinterlegt werden. Die extrahierten Inhalte enthalten potenziell nicht nur lagebezogene Informationen, sondern auch personenbezogene Daten, beispielsweise über den Gesundheitszustand oder das (Familien-)Leben von, während oder nach der Katastrophe. Durch die dauerhafte Speicherung und die Möglichkeit der Einsichtnahme erhöht sich für die betroffenen Personen folglich das Risiko, dass tiefer in ihre Privatsphäre eingedrungen wird oder ihre Daten missbraucht werden. Dadurch intensiviert sich der Grundrechtseingriff in einem der mittleren Eingriffsintensität entsprechendem Maße.

13.2.1.3.5.2 Angemessenheit

Die Verhältnismäßigkeit im engeren Sinne bestimmt sich danach, ob das eingesetzte Mittel, hier die mit dem Monitoring einhergehende Datenverarbeitung, in angemessenem Verhältnis

---

[1659] Der Unterschied zur Ermittlung und Bewertung einer Katastrophenlage ohne Monitoring ist lediglich, dass die Maßnahmen früher ergriffen und die bedrohten Schutzgüter so erfolgreicher geschützt werden können.

13.2 Web-Monitoring im Rahmen einer Aufgabe

zum verfolgten Zweck, hier die Gefahrenabwehr, insbesondere die Gewährleistung der körperlichen Unversehrtheit sowie die Gewährleistung des Eigentums, steht. Inwieweit dies gegeben ist, richtet sich vor allem nach der Eingriffsintensität der ergriffenen Maßnahme.

Der mit dem Monitoring zur Lageermittlung und -bewertung einhergehende Eingriff ist, wie im vorangegangenen Abschnitt dargelegt, je nach Ausgestaltung von niedriger bis mittlerer Intensität. Bei einem Eingriff mittlerer Intensität kann die Prüfung der Verhältnismäßigkeit im engeren Sinne entfallen. Grund ist, dass die Legitimationsgrundlage des § 33 Abs. 1 Satz 1 HBKG, §§ 13 Abs. 1 Nr. 2, 20 Abs. 1 Satz 1, Abs. 5 HSOG hierfür zu unbestimmt ist und daher für Maßnahmen, die nicht lediglich eine niedrige Intensität ausweisen, nicht herangezogen werden kann.[1660] Für diese Fälle bedürfte es einer spezielleren und hinreichend bestimmten Rechtsgrundlage.

Liegt ein Eingriff niedriger Intensität vor, kann die Datenverarbeitung unter der Voraussetzung der Einhaltung der Verhältnismäßigkeit im engeren Sinne jedoch auf § 33 Abs. 1 Satz 1 HBKG, §§ 13 Abs. 1 Nr. 2, 20 Abs. 1 Satz 1, Abs. 5 HSOG gestützt werden. Zur Beurteilung der Verhältnismäßigkeit im engeren Sinne ist zunächst in Betracht zu nehmen, wie effektiv der Einsatz des Monitorings zur Erfassung und Bewertung einer Katastrophenlage ist, also welcher Mehrwert hierdurch geboten wird. Im Rahmen der Forschung im BMBF-Projekt AIFER ergab sich, dass Webinhalten, insbesondere sozialen Medien, wertvolle Informationen zu Katastrophen entnommen werden können, die über herkömmliche Wege nicht oder nur mit erheblichem Zeitverzug zur Verfügung stünden.[1661] Zu Beginn einer Katastrophe, in der sogenannten Chaosphase, wird es so möglich, in naher Echtzeit einen Überblick über die aktuelle Lage zu erhalten. Zudem ermöglichen die Erkenntnisse aus dem Monitoring im weiteren Verlauf einer Katastrophe, insbesondere wenn Informationen aus Erkundungsberichten und Satellitenbildern hinzugezogen werden,[1662] eine (sich verändernde) Katastrophenlage schnell zu erkennen, die Einsatzplanung entsprechend zu koordinieren und passgenauere Maßnahmen zu ergreifen. Das Monitoring zur Lageerfassung und -bewertung verkleinert folglich das in Katastrophenlagen zumeist bestehende Informationsdefizit und geht einen wesentlichen Schritt in Richtung des Ziels, „vor die Lage" zu kommen, also im Verlauf einer Katastrophenlage vorauszusehen, welche Herausforderungen zu bewältigen sind und welcher Ressourcen es bedarf. Mithin ist das Monitoring zur Lageermittlung und -bewertung mit einem erheblichen Mehrwert für die Bewältigung von Katastrophenlagen verbunden und damit als hinreichend effektiv zu klassifizieren.

Dass es beim Monitoring technisch bedingt nicht möglich ist, sämtliche öffentlich verfügbaren Inhalte in die Analysen einzubeziehen, beeinträchtigt diese Effektivität nicht. So konnte bereits nachgewiesen werden, dass aus den über soziale Medien erhobenen Daten repräsentative Aussagen abgeleitet werden können.[1663] Der Umstand, dass das Monitoring stets nur auf bestimmte Bereiche beschränkt ist und nicht sämtliche im Web befindliche Informationen zugrunde legt, wirkt sich mithin nicht nachteilig aus.

Einzubeziehen ist darüber hinaus, dass in Katastrophensituationen vielfach Desinformation und Misinformation im Web und insbesondere in den sozialen Medien stattfindet.[1664] Es besteht

---

[1660] Siehe Kap. 13.2.1.3.3.
[1661] Vgl. *Blomeier/Schmidt/Resch,* Information 2024, Beitragsnr. 149, 1 (1 ff.); *Wieland* et al., Im Einsatz 2023, 44 (45).
[1662] Vgl. hierzu *Wieland* et al., Im Einsatz 2023, 44 (44 ff.).
[1663] Exemplarisch für Twitter siehe *Petutschnig* et al., International Journal of Geo-Information 2021, Beitragsnr. 323, 1.
[1664] Näher hierzu *Fathi/Brixy/Fiedrich,* in: Lange/Wendekamm (Hrsg.), Postfaktische Sicherheitspolitik, 211 (220 ff.); exemplarisch für Falschinformationen siehe *Steinwehr,* Die Falschmeldung der 600 Babyleichen im deutschen Flutgebiet.

folglich das technisch bislang nicht vollständig ausschließbare Risiko, dass die Ergebnisse des Monitorings durch Falschinformationen beeinflusst und so die tatsächlichen Gegebenheiten einer Katastrophenlage verfälscht abgebildet werden. Allerdings werden die im Rahmen des Monitorings erhobenen Lageinformationen in der Praxis nicht ungefiltert zur Lageermittlung und -bewertung herangezogen. So werden Einsatzentscheidungen nicht unhinterfragt aufgrund von Informationen aus dem Web gefällt. Vielmehr werden entscheidungsrelevante Informationen durch die Einsatzorganisationen validiert, um Fehlentscheidungen auszuschließen. Beispielsweise würde bei der Information über einen gebrochenen Damm zunächst ein Erkundungsflug mit einem Hubschrauber unternommen werden, um die Information zu prüfen. Hinzu kommt, dass Desinformationen in sozialen Medien vielfach von Bots verbreitet werden,[1665] diese aber mithilfe von automatisierten Verfahren identifiziert und somit von der Analyse ausgenommen werden können.[1666] Insgesamt ist mithin davon auszugehen, dass Desinformationen keinen relevanten Einfluss auf die Erfassung und Bewertung einer Katastrophenlage besitzen.

Hervorzuheben ist an dieser Stelle das besondere öffentliche Interesse, welches mit der vorliegenden Verarbeitung verfolgt wird. Die Gewährleistung der körperlichen Unversehrtheit sowie des Eigentums ist von herausragender Bedeutung für die Gesellschaft. Dies spiegelt sich auch darin wider, dass öffentlichen Stellen in Deutschland im Rahmen ihrer staatlichen Schutzpflichten[1667] die Aufgabe obliegt, Maßnahmen zur Wahrung dieser Schutzgüter zu ergreifen, soweit eine eingriffsadäquate Beeinträchtigung droht.[1668] Im Falle einer Katastrophe ist eine solche eingriffsadäquate Beeinträchtigung durchaus absehbar, weswegen die zuständigen staatlichen Stellen in Anbetracht der bedrohten Schutzgüter sogar verpflichtet sind, unverzüglich und möglichst effektiv tätig zu werden.

Stellt man dieses besondere Gewicht der Schutzgüter der niedrigen Eingriffsintensität, welche unter den genannten Voraussetzungen mit dem Monitoring zur Lageerfassung und -bewertung einhergeht, gegenüber, ergibt sich, dass der Datenschutz in diesen Fällen hinter den Interessen der Allgemeinheit zurücktreten muss. Die körperliche Unversehrtheit als eine der obersten Maximen des Grundgesetzes kann im Wege der praktischen Konkordanz nicht dadurch überwogen werden, dass eine umfassende Verarbeitung öffentlicher Daten stattfindet, welche einen erheblichen Mehrwert für die Katastrophenbewältigung bietet. Dies gilt umso mehr, als die Legitimationsgrundlage nur anwendbar und damit die Datenverarbeitung nur zulässig ist, wenn der Katastrophenfall formell i.S.v. § 34 HBKG festgestellt wird. Der Eingriff ist damit zum einen auf die Dauer der Katastrophe beschränkt und zum anderen an das Vorliegen einer konkreten Gefahr geknüpft, die das Eingriffshandeln zwingend erforderlich macht. Insgesamt ist das Monitoring zur Lageerfassung und -bewertung verhältnismäßig, soweit von diesem ein Eingriff niedriger Intensität ausgeht. Ist hingegen ein intensiverer Eingriff gegeben, kommen § 33 Abs. 1 Satz 1 HBKG, §§ 13 Abs. 1 Nr. 2, 20 Abs. 1 Satz 1, Abs. 5 HSOG aufgrund der mangelnden Bestimmtheit der Legitimationsgrundlage nicht in Betracht. Verhältnismäßigkeit kann in diesen Fällen nicht gegeben sein.

[1665] *Shao* et al., arXiv 2017, Beitragsnr. 1707.07592v1; *Singh/Kaur/Iyengar*, in: Chellappan/Choo/Phan (Hrsg.), Computational data and social networks, 354 (363).

[1666] Eine solche Bot-Erkennung wurde beispielsweise im Rahmen des BMBF-Projekts AIFER umgesetzt; zur automatisierten Bot-Erkennung siehe *Halvani* et al., in: Steinebach et al. (Hrsg.), Desinformation aufdecken und bekämpfen, 101 (111 f.).

[1667] Näher zu staatlichen Schutzpflichten *Epping/Lenz/Leydecker*, Grundrechte, Rn. 122 ff.; *Schroeder*, Grundrechte, Rn. 39 ff.

[1668] Die staatliche Pflicht zur Gewährleistung der körperlichen Unversehrtheit ergibt sich über Art. 2 Abs. 1 Satz 1 GG, die zur Gewährleistung des Eigentums aus Art. 14 Abs. 1 Satz 1 GG.

13.2.2 Web-Monitoring zu Forschungszwecken

Erkenntnisse aus Wissenschaft und Forschung bilden den Motor, der den Fortschritt und die gesellschaftliche Weiterentwicklung vorantreibt. Dafür bedarf es einer zuverlässigen Forschung, die den Anforderungen der Objektivität, Reliabilität und Validität gerecht wird. Zentrale Grundvoraussetzung ist hierfür im Bereich der empirischen Forschung eine Datenbasis von hinreichender Quantität und Qualität. Oftmals liegt eine solche aber nicht bereits vor, sondern muss erst erzeugt werden. In einigen Fällen bietet sich das Web, im Besonderen die sozialen Medien, als Quelle zur Datenbeschaffung an. Ist dies gegeben, kann mithilfe des Monitorings die große Menge der dort verfügbaren allgemein zugänglichen Daten, die aufgrund ihrer Vielfältigkeit zwar nicht in ihrer Gesamtheit für den jeweiligen Untersuchungsgegenstand relevant sind, aber mithilfe des Monitorings entsprechend filter- und analysierbar sind, nutzbar gemacht werden.[1669] Das Potenzial öffentlicher Daten aus dem Web wurde unlängst in verschiedenen Forschungszweigen, beispielsweise den Sozialwissenschaften, erkannt.[1670] In der Folge kam und kommt auch das Monitoring bereits in einigen Forschungsprojekten zum Einsatz.[1671]

13.2.2.1 Forschung im Datenschutzrecht

Bevor näher auf die möglichen Rechtsgrundlagen für Datenverarbeitungen zu Forschungszwecken eingegangen wird, ist zunächst klarzustellen, was unter Forschung zu verstehen ist. Der Begriff der Forschung ist weder in der DSGVO noch in den deutschen Datenschutzgesetzen definiert. Allerdings kann sie im Sinne eines unionsautonomen Verständnisses gemeinhin als „systematisch betriebene schöpferische Arbeit mit dem Zweck der Erweiterung des Wissensstands [...] sowie der Einsatz dieses Wissens mit dem Ziel, neue Anwendungsmöglichkeiten zu finden" verstanden werden.[1672] Dabei ist, EG 159 Satz 2 DSGVO entsprechend, der Maßstab eines weiten Begriffsverständnisses anzulegen, welches auch technologische Entwicklungen, Demonstrationen, Grundlagenforschung, angewandte Forschung und privat finanzierte Forschung umfasst. Dementsprechend ist für die Anwendbarkeit forschungsbezogener Datenschutznormen nicht von Relevanz, ob die Forschung von einer öffentlichen oder nichtöffentlichen Stelle durchgeführt wird.

In Anbetracht der Bedeutung der wissenschaftlichen Forschung für die Gesellschaft sowie des Umstands, dass die Forschung zumeist umfangreiche Bestände oftmals personenbezogener Daten benötigt, hat die DSGVO privilegierende Regelungen für diesen Bereich erlassen.[1673] Diese betreffen allerdings – mit Ausnahme von Art. 9 Abs. 2 lit. j DSGVO – nur einige der für den Verantwortlichen mit einer Datenverarbeitung einhergehenden Pflichten, nicht aber die Zulässigkeit der Datenverarbeitung selbst. Eine eigene Rechtsgrundlage für die Datenverarbeitung

---

[1669] Hierzu *Golla/Schönfeld*, K&R 2019, 15 (15 ff.); *Rat für Sozial- und Wirtschaftsdaten*, Big Data in den Sozial-, Verhaltens- und Wirtschaftswissenschaften, 13 f.; siehe auch *Golla/Hofmann/Bäcker*, DuD 2018, 89 (89 ff.); *Welker/Kloß*, in: König/Stahl/Wiegand (Hrsg.), Soziale Medien, 29 (29 ff.); *Weller*, in: Jensen/Netscher/Weller (Hrsg.), Forschungsdatenmanagement sozialwissenschaftlicher Umfragedaten, 193 (193 ff.).

[1670] *Rat für Sozial- und Wirtschaftsdaten*, Big Data in den Sozial-, Verhaltens- und Wirtschaftswissenschaften, 6; *Golla/Hofmann/Bäcker*, DuD 2018, 89 (89 f.); *Welker/Kloß*, in: König/Stahl/Wiegand (Hrsg.), Soziale Medien, 29 (31 ff.); *Weller*, in: Jensen/Netscher/Weller (Hrsg.), Forschungsdatenmanagement sozialwissenschaftlicher Umfragedaten, 193 (133 ff.).

[1671] Das Monitoring wurde beispielsweise in folgenden BMBF-Forschungsprojekten verwendet: „Echtzeit-Lagebild für effizientes Migrationsmanagement zur Gewährleistung humanitärer Sicherheit (HUMAN+)" Förderkennzeichen 13N14716 bis 13N14723, „AIFER: Künstliche Intelligenz zur Analyse und Fusion von Erdbeobachtungs- und Internetdaten zur Entscheidungsunterstützung im Katastrophenschutz" Förderkennzeichen 13N15525 bis 13N15529.

[1672] So definiert Art. 3 Nr. 9 REST-RL den Begriff der Forschung.

[1673] Art. 89 Abs. 2, Art. 5 Abs. 1 lit. b HS 2, Art. 5 Abs. 1 lit. e HS 2, Art. 9 Abs. 2 lit. j, Art. 14 Abs. 5 lit. b HS 2, Art. 17 Abs. 3 lit. d, Art. 21 Abs. 6 DSGVO.

zu Forschungszwecken wurde hingegen nicht geschaffen. Es ist daher auch im Bereich der Forschung auf die allgemeinen Rechtsgrundlagen des Art. 6 Abs. 1 UAbs. 1 DSGVO abzustellen. Für die Forschung durch nichtöffentliche Stellen kommen somit Art. 6 Abs. 1 UAbs. 1 lit. a und f DSGVO, für öffentliche Stellen Art. 6 Abs. 1 UAbs. 1 lit. a und e DSGVO als Rechtsgrundlage in Betracht. Im Falle besonderer Kategorien personenbezogener Daten ist zudem zusätzlich Art. 9 DSGVO zu berücksichtigen.[1674]

Im Zuge der in Art. 6 Abs. 1 UAbs. 1 lit. e i.V.m. Abs. 2, 3 DSGVO, Art. 9 Abs. 2 lit. j DSGVO und Art. 89 Abs. 2 DSGVO statuierten Öffnungsklauseln haben in Deutschland sowohl der Bund[1675] als auch die Länder[1676] unter anderem in ihren allgemeinen Datenschutzgesetzen Normen aufgenommen, die ausdrücklich die Datenverarbeitung zu Forschungszwecken adressieren. Diese divergieren inhaltlich stark. Dennoch lassen sich die Regelungen grundsätzlich in drei Kategorien clustern: Normen, die eine allgemeine Rechtsgrundlage für die Datenverarbeitung zu Forschungszwecken bieten,[1677] Nomen, die nur eine Rechtsgrundlage für die Verarbeitung besonderer Kategorien personenbezogener Daten zu Forschungszwecken enthalten,[1678] Normen, die lediglich die Zulässigkeit der Weiterverarbeitung personenbezogener Daten zu Forschungszwecken adressieren.[1679]

Die datenschutzrechtliche Zulässigkeit der Datenverarbeitung zu Forschungszwecken richtet sich im Ergebnis damit nach den allgemeinen Rechtsgrundlagen in Art. 6 Abs. 1 UAbs. 1 DSGVO, die in Bezug auf öffentliche Stellen durch die nationalen Gesetze ergänzt werden.

13.2.2.2 Erforschung von Desinformation an Hochschulen mithilfe von Web-Monitoring

Desinformation, also die gezielte Verbreitung von falschen, ungenauen oder irreführenden Informationen mit dem Ziel der vorsätzlichen Beeinflussung oder Täuschung der Öffentlichkeit,[1680] ist kein neues und mit der Digitalisierung einhergehendes Phänomen. Bereits Hitler nutzte die Macht der Medien, um die Gesellschaft in seinem Sinne zu beeinflussen und seinen Entscheidungen zu mehr Akzeptanz zu verhelfen. So rechtfertigte er beispielsweise den Überfall auf Polen am 01.09.1939 mit der Berichterstattung über einen angeblichen Angriff polnischer Aufständischer auf den Rundfunksender Gleiwitz, welcher aber tatsächlich auf seinen Befehl durch die SS fingiert wurde. Allerdings lagen die medialen Machtverhältnisse damals anders als heute. Inzwischen erlauben es die veränderten technischen Möglichkeiten jeder Person, unabhängig von ihrem politischen oder gesellschaftlichen Rang, Inhalte öffentlich zu teilen und zu verbreiten. Hierdurch hat sich insbesondere die Quantität der Desinformation gewandelt und die potenzielle Durchschlagskraft verändert.[1681]

[1674] Zum Verhältnis von Art. 6 DSGVO und Art. 9 DSGVO siehe Kap. 8.2.1.3.

[1675] § 27 BDSG.

[1676] § 8 Abs. 1 Nr. 5, § 13 LDSG BW; Art. 6 Abs. 2 Nr. 3 lit. c, Art. 25 BayDSG; § 17, § 35 BlnDSG; § 25 Abs. 1 Satz 1 BbgDSG; § 13 BremDSGVOAG; § 6 Abs. 2 Nr. 9, § 11 HmbDSG; § 24, § 45 HDSIG; § 9 DSG M-V; § 13, § 25 Abs. 1 NDSG; § 17 DSG NRW; § 22 DSG RhPf; § 23 SaarlDSG; § 12 SächsDSG; § 27 DSAG LSA; § 13 LDSG SH; § 16 Abs. 2 Satz 1 Nr. 3, § 17 Abs. 2 Satz 2, § 28 ThürDSG.

[1677] Siehe § 13 Abs. 1 Satz 1 LDSG BW; § 17 Abs. 1 Satz 1 BlnDSG; § 25 Abs. 1 Satz 1 BbgDSG; § 11 Abs. 1 HmbDSG; § 9 Abs. 1 Satz 1 DSG M-V; § 13 Abs. 1 Satz 1 NDSG; § 23 Abs. 1 Satz 1 SaarlDSG; § 12 Abs. 1 SächsDSG; § 17 Abs. 1 DSG NRW (nur soweit Art. 6 Abs. 1 UAbs. 1 lit. e oder Art. 9 Abs. 2 lit. j Rechtsgrundlage ist); § 13 Abs. 1 Satz 1 LDSG SH.

[1678] Siehe § 27 Abs. 1 Satz 1 BDSG; § 13 Abs. 1 BremDSGVOAG; § 24 Abs. 1 Satz 1 HDSIG; § 22 Abs. 1 LDSG RhPf; § 16 Abs. 2 Satz 1 Nr. 3 ThürDSG; § 27 Abs. 4 DSAG LSA.

[1679] Siehe Art. 6 Abs. 2 Nr. 3 lit. c BayDSG. Die Norm des Art. 25 BayDSG enthält keine Rechtsgrundlage für Datenverarbeitungen zu Forschungszwecken.

[1680] BT-Drs. 19/17073, S. 2.

[1681] Vgl. BT-Drs. 19/2224, S. 2; näher hierzu *Holznagel*, MMR 2018, 18 (19).

13.2 Web-Monitoring im Rahmen einer Aufgabe

Die Bedeutung der Desinformation darf nicht unterschätzt werden. So birgt sie grundsätzlich das Potenzial, die Funktionsweise des demokratischen Rechtsstaats zu gefährden, indem der öffentliche Diskurs verfälscht und der Meinungsbildungsprozess illegitim beeinflusst wird.[1682] In Folge dieser Manipulationen können unter anderem Wahlen[1683] beeinflusst werden sowie allgemein das Vertrauen der Bürger in Bezug auf staatliche Stellen, die Unabhängigkeit der Medien sowie demokratische Prozesse schwinden[1684] und so der demokratische Rechtsstaat an Legitimation durch die Gesellschaft verlieren. Hinzu kommt, dass die Wirkung von Desinformationen durch die im Web eingesetzten Algorithmen, durch die Gestaltung von Plattformen sowie durch psychologische Effekte vielfach noch verstärkt wird, beispielsweise wenn Filterblasen oder Echokammern entstehen.[1685] In diesen Fällen werden die ohnehin schon mit Desinformationen konfrontierten Bürger zusätzlich noch von anderslautenden Meinungen abgeschirmt und im Web letztendlich politisch und gesellschaftlich isoliert. Ein Diskurs findet nicht statt. Dies schafft einen äußerst fruchtbaren Nährboden für „erfolgreiche" Desinformation.

Um diesen Herausforderungen gezielt begegnen und die demokratischen Werte schützen zu können, wird verstärkt im Bereich der Desinformation geforscht.[1686] Die untersuchten Problemstellungen sind dabei sehr unterschiedlich und reichen von der automatisierten Erkennung von Desinformationskampagnen[1687] über die Erforschung der Verbreitung von Desinformationen[1688] bis hin zur Erforschung von Narrativen der Desinformation[1689]. Viele dieser Forschungsvorhaben setzen das Vorliegen einer umfassenden Datengrundlage voraus, auf deren Basis die Forschung durchgeführt werden kann. Zur Gewinnung der hierfür erforderlichen Inhalte kann Monitoring zur Anwendung kommen. Dieses ermöglicht, automatisiert öffentliche Inhalte zu erfassen und entsprechend der jeweiligen Forschungsfrage zu filtern und zu analysieren. Beispielsweise kann es genutzt werden, um Nachrichtenplattformen und sozialen Medien politikbezogene Inhalte zu entnehmen und deren Tonalität zu bestimmen, um auf dieser Grundlage die Verbreitung und Bekämpfung von politikbezogenen Desinformationen zu erforschen. Dieses Szenario ist den nachfolgenden Ausführungen exemplarisch zugrunde gelegt.

Forschung wird häufig an öffentlichen Hochschulen durchgeführt, da diesen neben der Pflege der Wissenschaften und Künste auch die Gewinnung neuer Erkenntnisse und das Vorantreiben von Innovationen obliegt. Vor diesem Hintergrund stellt sich die Frage, inwieweit der Einsatz von Monitoring durch Hochschulen zur Durchführung eines Forschungsvorhabens, etwa im Bereich der politikbezogenen Desinformation, datenschutzrechtlich legitimiert werden kann. Die DSGVO hält, wie bereits dargelegt, in Art. 6 Abs. 1 UAbs. 1 DSGVO keine spezifische Rechtsgrundlage für die Forschungsdatenverarbeitung bereit.[1690] Es ist daher auf die allgemeinen Rechtsgrundlagen abzustellen. Im Fall von öffentlichen Hochschulen kommt somit

---

[1682] *Löber/Roßnagel,* in: Steinebach et al. (Hrsg.), Desinformation aufdecken und bekämpfen, 149 (152 ff.); *Dumbrava,* Die Hauptrisiken sozialer Medien für die Demokratie, 14 ff.

[1683] *Hegelich/Thieltges,* in: Holetschek/Männle (Hrsg.), Mittelpunkt Bürger, 97 (99 ff.); *Potthast,* Political Microtargeting – Zwischen Regulierungsbegehren und Ungewissheit.

[1684] BT-Drs. 19/17073, S. 2

[1685] *Holznagel,* MMR 2018, 18 (19); *Ruß-Mohl,* Die informierte Gesellschaft und ihre Feinde, 104 ff.

[1686] So fördert beispielsweise das BMBF eine Reihe von Forschungsprojekten zum Thema Desinformation, siehe hierzu *BMBF,* Fake News erkennen, verstehen, bekämpfen.

[1687] So im Forschungsprojekt „Echtzeiterkennung von Desinformationskampagnen in Online-Medien (HybriD)", https://www.forschung-it-sicherheit-kommunikationssysteme.de/projekte/hybrid.

[1688] So im Forschungsprojekt „Dynamiken der Desinformation Erkennen und Bekämpfen (DYNAMO)", Förderkennzeichen 16KIS1498.

[1689] So im Forschungsprojekt „Erforschung von Narrativen der Desinformation in öffentlich-rechtlichen und alternativen Nachrichtenvideos (FakeNarratives)", https://www.forschung-it-sicherheit-kommunikations systeme.de/projekte/fakenarratives.

[1690] Siehe Kap. 13.2.2.1.

insbesondere eine Aufgabenerfüllung gem. Art. 6 Abs. 1 UAbs. 1 lit. e DSGVO in Betracht.[1691] Es bedarf folglich i.S.v. Art. 6 Abs. 2, 3 DSGVO einer Legitimationsgrundlage im europäischen oder nationalen Recht.[1692] Im Europarecht ist keine solche Regelung ersichtlich, weswegen auf das nationale Recht abzustellen ist.

Das Hochschulsystem ist in Deutschland Sache der Länder,[1693] wodurch je Bundesland ein eigenes Hochschulgesetz zur Anwendung kommt. Diese Hochschulgesetze sind teils sehr unterschiedlich ausgestaltet, wodurch sich eine pauschale Betrachtung der Legitimität des Einsatzes von Monitoring durch öffentliche Hochschulen zum Zweck der Desinformationsforschung verbietet. Im Nachfolgenden wird daher exemplarisch auf die Rechtslage in Hessen abgestellt.

Das Hochschulrecht wird in Hessen durch das HessHG normiert. Gem. § 3 Abs. 1 Satz 1 HessHG dienen die Hochschulen der Pflege und Entwicklung der Wissenschaften und Künste sowie der Verwirklichung des Rechts auf Bildung durch Forschung, künstlerisches Schaffen, Lehre, Studium und Weiterbildung in einem freiheitlichen, demokratischen und sozialen Rechtsstaat. Die Forschung ist folglich ein Teil der Obliegenheiten einer Hochschule. Mithin kommt § 3 Abs. 1 Satz 1 HessHG grundsätzlich als Legitimationsgrundlage i.S.v. Art. 6 Abs. 1 UAbs. 1 lit. e DSGVO in Betracht. Jedoch handelt es sich bei § 3 Abs. 1 Satz 1 HessHG nach deutschem Rechtsverständnis lediglich um eine Aufgabenzuweisungsnorm,[1694] weswegen eine Datenverarbeitung nicht allein hierauf gestützt werden kann. Vielmehr bedarf es zusätzlich einer entsprechenden datenverarbeitungsbezogenen Befugnisnorm.[1695] Eine solche kann dem HessHG jedoch nicht entnommen werden. Somit ist auf das subsidiär zum HessHG zur Anwendung kommende HDSIG zurückzugreifen.

Das HDSIG enthält keine spezifisch auf die Forschung ausgerichtete Norm, welche für die vorliegende Datenverarbeitung herangezogen werden könnte. Zwar adressiert § 24 Abs. 1 Satz 1 HDSIG ausdrücklich die Verarbeitung zu Forschungszwecken, bewirkt allerdings lediglich die Aufhebung des Verbots der Verarbeitung besonderer Kategorien personenbezogener Daten gem. Art. 9 Abs. 1 DSGVO,[1696] stellt aber keine eigenständige Rechtsgrundlage dar.[1697] Für Forschungssachverhalte ist daher auf die Generalklausel des § 3 Abs. 1 HDSIG abzustellen. Demzufolge ist die Verarbeitung personenbezogener Daten durch eine öffentliche Stelle zulässig, soweit dies im Rahmen der Wahrnehmung einer öffentlichen Aufgabe oder der Ausübung öffentlicher Gewalt erforderlich ist.

Als Rechtsgrundlage kommt mithin Art. 6 Abs. 1 UAbs. 1 lit. e DSGVO i.V.m. § 3 Abs. 1 Satz 1 HessHG, § 3 Abs. 1 HDSIG in Betracht. Fraglich ist jedoch, ob die mit dem Monitoring zur Erforschung von Desinformation einhergehende Datenverarbeitung hierüber gerechtfertigt

---

[1691] Eingehend zur nicht für das Monitoring in Betracht kommenden Rechtsgrundlage der Einwilligung siehe Kap. 9. Auch die Rechtsgrundlage des Art. 6 Abs. 1 UAbs. 1 lit. f DSGVO eignet sich in diesem Kontext nicht zur Rechtfertigung der Datenverarbeitung, siehe *Golla/Hofmann/Bäcker*, DuD 2018, 89 (93); *Reimer*, in: Sydow/Marsch (Hrsg.), DSGVO/BDSG, Art. 6 DSGVO Rn. 90. Näher zu Art. 6 Abs. 1 UAbs. 1 lit. f DSGVO als Rechtsgrundlage für das Monitoring siehe Kap. 9.

[1692] Näher zu den einzelnen Anforderungen aus Art. 6 Abs. 3 DSGVO siehe Kap. 13.1.3 sowie Kap. 11.1.2.2.

[1693] Dem Bund obliegt gem. Art. 74 Abs. 1 Nr. 33 GG lediglich die konkurrierende Gesetzgebung über die Hochschulzulassung und die Hochschulabschlüsse, siehe *Seiler*, in: Epping/Hillgruber (Hrsg.), BeckOK GG, Art. 74 Rn. 110 f.; *Oeter/Münkler*, in: Huber/Voßkuhle (Hrsg.), GG, Art. 74 Rn. 194; eine Ausnahme bildet die Sonderzuständigkeit nach Art. 74 Abs. 1 Nr. 12 GG für die Universitäten der Bundeswehr, siehe *Wittreck*, in: Brosius-Gersdorf (Hrsg.), GG, Art. 74 Rn. 153; *Degenhart*, in: Sachs (Hrsg.), GG, Art. 74 Rn. 126.

[1694] *Globuschütz*, in: von Coelln/Thürmer (Hrsg.), BeckOK HessHG, § 3 Rn. 5.

[1695] Vgl. *Bronner/Wiedemann*, ZD 2023, 77 (83).

[1696] *Geminn*, in: Roßnagel (Hrsg.), HDSIG, § 24 Rn. 15.

[1697] Vgl. hierzu die Gesetzesbegründung zum inhaltlich nur geringfügig abweichenden § 27 Abs. 1 BDSG, wonach eine Verarbeitung nach § 27 Abs. 1 BDSG eine Rechtsgrundlage nach Artikel 6 Abs. 1 DSGVO voraussetzt, siehe BT-Drs. 18/11325, S. 99.

werden kann. Dies ist der Fall, soweit die Legitimationsgrundlage die Kriterien des Art. 6 Abs. 1 UAbs. 1 lit. e und Art. 6 Abs. 3 DSGVO erfüllt. Voraussetzung ist mithin, dass in der Legitimationsgrundlage eine Aufgabe formuliert wird, die im öffentlichen Interesse liegt oder in Ausübung einer dem Verantwortlichen obliegenden öffentlichen Gewalt erfolgt, die Legitimationsgrundlage den formellen Anforderungen nach Art. 6 Abs. 3 DSGVO gerecht wird und die Verarbeitung erforderlich und, soweit es sich um eine öffentliche Stelle handelt, verhältnismäßig ist.[1698]

13.2.2.2.2.1 Relevanz des Art. 9 DSGVO

Im Rahmen des hier zugrundeliegenden Sachverhalts der Erforschung politikbezogener Desinformation werden mithilfe von Monitoring politikbezogene Inhalte aus Nachrichtenportalen und sozialen Medien entnommen. Die mit dem Monitoring einhergehende Datenverarbeitung umfasst dementsprechend unweigerlich Informationen zur politischen Meinung (unmittelbar) bestimmbarer Personen. Es erfolgt mithin eine Verarbeitung besonderer Kategorien personenbezogener Daten i.S.v. Art. 9 Abs. 1 DSGVO, weswegen das in der Norm statuierte Verarbeitungsgebot greift. Mithin ist zusätzlich zu den Anforderungen aus Art. 6 Abs. 1 UAbs. 1 lit. e DSGVO die Regelung des Art. 9 DSGVO zu berücksichtigen.[1699] Zur Bewertung der Rechtmäßigkeit ist daher vorgelagert zu prüfen, ob die Anwendbarkeit des Verarbeitungsverbots ausgeschlossen werden kann.

Dies wäre einerseits möglich, wenn der Prozessschritt der Datenakquise so ausgestaltet wird, dass Inhalte mit politischen Meinungen erkenntnislos ausgesondert und nicht Gegenstand des Prozessschritts der Datenanalyse werden. Ein solches Vorgehen wäre allerdings angesichts des Forschungsgegenstands nicht sinnvoll. So könnten politische Desinformationen nicht erforscht werden, wenn diese der Forschung gar nicht erst zur Verfügung stünden. Vielmehr ist die Verarbeitung von politischen Inhalten im hier gegebenen Fall unumgänglich. Die Anwendbarkeit des Verarbeitungsverbots kann damit nur umgangen werden, wenn ein Ausnahmetatbestand nach Art. 9 Abs. 2 DSGVO erfüllt ist.

13.2.2.2.2.1.1 In Betracht kommende Ausnahmetatbestände

Art. 9 Abs. 2 DSGVO sieht insgesamt zehn Ausnahmetatbestände vor. Für die im Rahmen des Einsatzes von Monitoring zur Desinformationsforschung erfolgende Datenverarbeitung kommt insbesondere Art. 9 Abs. 2 lit. j (wissenschaftliche oder historische Forschungszwecke) DSGVO in Betracht. Daneben können Art. 9 Abs. 2 lit. e (offensichtlich durch die betroffene Person öffentlich gemachte Daten) und lit. g (erhebliches öffentliches Interesse) DSGVO als Ausnahmetatbestände erwogen werden. An dieser Stelle wird jedoch vorrangig Art. 9 Abs. 2 lit. j DSGVO geprüft, da dieser die Datenverarbeitung zu Forschungszwecken ausdrücklich adressiert und somit von besonderer Relevanz ist.

Die übrigen Ausnahmetatbestände können mangels Anwendbarkeit für den gegebenen Sachverhalt gänzlich unberücksichtigt bleiben. So besteht weder die Möglichkeit einer rechtskonformen Einwilligung (lit. a)[1700] noch erfolgt die Verarbeitung im Zuge des Arbeitsrechts oder des Rechts der sozialen Sicherheit (lit. b), zum Schutz lebenswichtiger Interessen (lit. c), durch eine politisch, weltanschaulich, religiös oder gewerkschaftlich ausgerichtete Organisation in Bezug auf in enger Beziehung zu ihr stehende Personen (lit. d), im Rahmen von Rechtsansprüchen oder justiziellen Tätigkeiten (lit. f), zu Zwecken der Gesundheitsvorsorge oder der Arbeitsmedizin (lit. h) oder zugunsten eines öffentlichen Interesses im Bereich der öffentlichen Gesundheit (lit. i).

[1698] Eingehend hierzu siehe Kap. 13.1.

[1699] Zum Verhältnis von Art. 6 DSGVO und Art. 9 DSGVO siehe Kap. 8.2.1.3.

[1700] Eingehend zur Rechtsgrundlage der Einwilligung im Kontext des Monitorings siehe Kap. 9.

13.2.2.2.1.2 Ausnahme zugunsten von Forschung

Gem. Art. 9 Abs. 2 lit. j DSGVO ist eine Verarbeitung zu Zwecken der wissenschaftlichen Forschung nicht vom Verarbeitungsverbot erfasst, soweit diese auf der Grundlage von unions- oder mitgliedstaatlichem Recht erfolgt und dieses in angemessenem Verhältnis zu dem verfolgten Ziel steht, den Wesensgehalt des Rechts auf Datenschutz wahrt sowie angemessene und spezifische Maßnahmen zur Wahrung der Grundrechte und Interessen der betroffenen Person vorsieht.

13.2.2.2.1.2.1 Verarbeitung zu Forschungszwecken

Die beschriebene Desinformationsforschung stellt eine systematisch betriebene Tätigkeit dar, die auf die Erweiterung des bestehenden Wissensstands abzielt. Dabei ist es in Anbetracht des aus EG 159 Satz 2 DSGVO resultierenden weiten Begriffsverständnisses grundsätzlich unerheblich, welche konkrete Forschungsfrage adressiert wird. Vielmehr ist davon auszugehen, dass nicht nur sämtliche Forschende und Forschungsbereiche, sondern auch jegliche Forschungsfragen vom Begriff der Forschung erfasst sind. Das Tatbestandsmerkmal der Forschung[1701] ist daher erfüllt.

13.2.2.2.1.2.2 Rechtsgrundlage im unions- oder mitgliedstaatlichen Recht

Eine Rechtsgrundlage, die das vorliegende Monitoring rechtfertigen könnte, ist im Unionsrecht zwar nicht ersichtlich, allerdings findet sich auf nationaler Ebene die bereits erwähnte Norm des § 24 Abs. 1 Satz 1 HDSIG. Demnach ist eine Verarbeitung besonderer Kategorien personenbezogener Daten auch ohne Einwilligung zulässig, wenn sie für wissenschaftliche oder historische Forschungszwecke erforderlich ist und die Interessen der betroffenen Personen nicht überwiegen. Die Norm des § 24 Abs. 1 Satz 1 HDSIG formuliert mithin drei Voraussetzungen. Erstens einen Forschungszweck, zweitens die Erforderlichkeit der Verarbeitung zur Forschung, drittens ein die Interessen der betroffenen Person überwiegendes Forschungsinteresse.

Wie bereits dargelegt wird durch die Sammlung desinformationsrelevanter Inhalte mithilfe des Monitorings ein Forschungszweck verfolgt.[1702]

Die Erforderlichkeit des § 24 Abs. 1 Satz 1 HDSIG ist im Sinne einer unionseinheitlichen Auslegung der DSGVO entsprechend zu verstehen. Demnach wird neben einer objektiven Tauglichkeit zur Erreichung des verfolgten Zwecks auch die Begrenzung der Verarbeitung auf das notwendige Maß vorausgesetzt.[1703] Mithilfe des Monitorings ist es möglich, das Web nach desinformationsrelevanten Inhalten zu durchsuchen, diese zusammenzutragen und zu analysieren. Die hierbei entstehende Datengrundlage ist zentraler Ausgangspunkt für die Gewinnung neuer Erkenntnisse. So können nur auf breiter Datenbasis wiederkehrende Muster, Strukturen oder Narrative zuverlässig erkannt und ausgewertet werden. Die mit dem Monitoring zur Desinformationsforschung einhergehende Datenverarbeitung ist mithin als objektiv tauglich zu bewerten. Darüber hinaus ist eine datenschutzfreundlichere, aber wenigstens gleich geeignete Alternative nicht ersichtlich. Zwar können die zur Forschung benötigten Daten auch auf anderem Wege, beispielsweise über die manuelle Recherche im Web, gewonnen werden. Allerdings wäre ein solches Vorgehen deutlich weniger effektiv. Das ist insbesondere darauf zurückzuführen, dass eine manuelle Recherche weder so umfassend noch so schnell erfolgen kann wie ein automatisiertes Verfahren. Ferner kommt ein gezielteres Vorgehen nicht in Betracht. So dient das Monitoring gerade dazu, bislang unbekannte oder schwer erfassbare Datenquellen zu erschließen und aus diesen Inhalte zu extrahieren. Dieser Mehrwert würde ungenutzt bleiben, würden nur spezifische und kleinere Einzelbereiche des Web durchsucht; zumal die

---

[1701] Eingehender zum Begriff der Forschung Kap. 13.2.2.1.
[1702] Siehe Kap. 13.2.2.2.1.2.1.
[1703] Eingehender zum Begriff der Erforderlichkeit siehe Kap. 10.1.3.

Datengrundlage im Falle eines solchen Vorgehens deutlich weniger umfangreich wäre. Dies kann jedoch nicht im Interesse der Forschung liegen. So könnte eine kleinere Datengrundlage dazu führen, dass die Forschung gar nicht erst durchgeführt werden kann, nur bedingt erfolgreich verläuft oder Forschungsergebnisse weniger reliabel oder valide sind. Folglich ist die mit dem Monitoring einhergehende Datenverarbeitung auf das notwendige Maß beschränkt und somit das Tatbestandsmerkmal der Erforderlichkeit erfüllt.

In Anbetracht des Umstands, dass beim Monitoring ausschließlich öffentlich verfügbare Inhalte aus dem Web zu Forschungszwecken verarbeitet werden, ist ferner von einem die Interessen der betroffenen Personen überwiegenden Forschungsinteresse auszugehen. Dies ist zum einen darauf zurückzuführen, dass Desinformationen erhebliches Potenzial haben, die Funktionsweise des demokratischen Rechtsstaats zu gefährden, und die Forschung hierzu daher von herausragender Bedeutung ist. Zum anderen sind öffentliche Daten grundsätzlich weniger schutzwürdig als nichtöffentlich gehaltene Daten.[1704] Hinzu kommt außerdem, dass die betroffene Person im Falle einer Forschungsdatenverarbeitung in besonderer Weise geschützt wird. So ist der Verantwortliche bei der Verarbeitung besonderer Kategorien personenbezogener Forschungsdaten gem. § 24 Abs. 1 Satz 2 HDSIG verpflichtet, angemessene und spezifische Maßnahmen zur Wahrung der Interessen der betroffenen Person nach § 20 Abs. 2 HDSIG zu ergreifen. Außerdem hat er gem. § 24 Abs. 1 Satz 3 HDSIG vor Beginn eines Forschungsvorhabens ein Datenschutzkonzept zu erstellen, das der zuständigen Aufsichtsbehörde auf Nachfrage vorzulegen ist. Ebenso muss der Verantwortliche, soweit der Verarbeitungszweck es zulässt, die verarbeiteten Daten gem. § 24 Abs. 3 Satz 1 HDSIG anonymisieren oder gem. § 24 Abs. 3 Satz 2 HDSIG die Merkmale, mit deren Hilfe ein Personenbezug hergestellt werden kann, gesondert aufbewahren und schließlich löschen. Überdies darf der Verantwortliche die zur Forschung genutzten besonderen Kategorien personenbezogener Daten gem. § 24 Abs. 4 HDSIG nicht veröffentlichen, außer im Falle einer Einwilligung der betroffenen Personen liegt vor oder die Veröffentlichung ist für die Darstellung von Forschungsergebnissen über Ereignisse der Zeitgeschichte unerlässlich. Insgesamt müssen betroffene Personen damit weder eine Diskriminierung noch sonstige negative Konsequenzen durch eine Datenverarbeitung fürchten. Insgesamt wiegt das Forschungsinteresse damit schwerer als das Interesse der betroffenen Personen, die Datenverarbeitung zu unterlassen.

Die Tatbestandsmerkmale des § 24 Abs. 1 Satz 1 HDSIG sind mithin erfüllt.

13.2.2.2.1.2.3 Anforderungen aus Art. 9 Abs. 2 lit. j DSGVO

Der Ausnahmetatbestand des Art. 9 Abs. 2 lit. j DSGVO setzt zudem die Erforderlichkeit der Verarbeitung voraus. Diese Anforderung ist, wie im Vorangehenden bereits ausgeführt, erfüllt.[1705] Überdies bedingt Art. 9 Abs. 2 lit. j DSGVO, dass die Rechtsgrundlage in angemessenem Verhältnis zum verfolgten Ziel steht, den Wesensgehalt des Rechts auf Datenschutz wahrt sowie angemessene und spezifische Maßnahmen zur Wahrung der Grundrechte und Interessen der betroffenen Person vorsieht. Diesen Anforderungen genügt § 24 Abs. 1 Satz 1 HDSIG. Dies ergibt sich einerseits daraus, dass die Norm eigens für Forschungsdatenverarbeitungen geschaffen wurde und zur Wahrung der Verhältnismäßigkeit sowohl die besondere Bedeutung der Forschung für die Gesellschaft als auch die möglicherweise konträr hierzu laufenden individuellen Interessen der betroffenen Person berücksichtigt. Andererseits knüpft das HDSIG an eine Forschungsdatenverarbeitung besondere Anforderungen,[1706] sieht also angemessene und spezifische Vorgaben zur Wahrung der Interessen der betroffenen Person vor. Zudem sind im Kontext

---

[1704] Zur Schutzwürdigkeit betroffener Personen hinsichtlich der öffentlich über sie verfügbaren Daten bereits unter Kap. 4.3 und Kap. 6.2.3.4.3.

[1705] Siehe Kap. 13.2.2.2.1.2.2.

[1706] Hierzu bereits unter Kap. 13.2.2.2.1.2.2.

des § 24 Abs. 1 Satz 1 HDSIG keine Bestimmungen ersichtlich, die den Wesensgehalt des Datenschutzrechts antasten könnten.

13.2.2.2.1.3 Schlussfolgerung

Die Regelung des § 24 Abs. 1 Satz 2 HDSIG kann für die mit dem Monitoring zur Desinformationsforschung einhergehende Datenverarbeitung als Rechtsgrundlage i.S.v. Art. 9 Abs. 2 lit. j DSGVO herangezogen werden. Das Verbot der Verarbeitung personenbezogener Daten gem. Art. 9 Abs. 1 DSGVO kommt mithin nicht zur Anwendung. Dies allein ist jedoch nicht ausreichend, damit die mit dem Monitoring einhergehende Datenverarbeitung als rechtmäßig bewertet werden kann. Vielmehr muss diese zusätzlich den Anforderungen des Art. 6 Abs. 1 UAbs. 1 lit. e DSGVO genügen.[1707]

13.2.2.2.2 Aufgabe im öffentlichen Interesse oder in Ausübung öffentlicher Gewalt

Für die Anwendbarkeit des Art. 6 Abs. 1 UAbs. 1 lit. e DSGVO ist zunächst Voraussetzung, dass es sich bei § 3 Abs. 1 Satz 1 HessHG um eine Aufgabe i.S.v. Art. 6 Abs. 1 UAbs. 1 lit. e DSGVO handelt. Eine solche liegt vor, wenn die betreffende Norm einen gewissen Handlungsspielraum beim Normadressaten belässt und diesen nicht zu einem konkreten Tun verpflichtet.[1708] Den Hochschulen wird über § 3 Abs. 1 Satz 1 HessHG auferlegt, im Rahmen der Verwirklichung des Rechts auf Bildung Forschung zu betreiben. Hierdurch sind die Hochschulen zwar unmittelbar verpflichtet, einen Forschungsbetrieb einzurichten und aufzunehmen. Allerdings beinhaltet die Norm keine rechtliche Verpflichtung dazu, eine bestimmte Forschung zu betreiben oder eine konkrete Methode anzuwenden. Vielmehr verbleibt ein umfangreicher Spielraum bei den Hochschulen. Sie können eigenständig entscheiden, in welchen Gebieten auf welchem Weg geforscht wird. Die Verarbeitung personenbezogener Daten ist hierfür – auch wenn sie für einige Forschungsvorhaben erforderlich ist – nicht per se zwingend. Mithin verpflichtet die Norm des § 3 Abs. 1 Satz 1 HessHG nicht zu einem konkreten Tun und ist damit nicht als Rechtspflicht i.S.v. Art. 6 Abs. 1 UAbs. 1 lit. c DSGVO, sondern als Aufgabe i.S.v. Art. 6 Abs. 1 UAbs. 1 lit. e DSGVO zu verstehen.[1709]

Des Weiteren muss gem. Art. 6 Abs. 1 UAbs. 1 lit. e DSGVO die Wahrnehmung der Aufgabe im öffentlichen Interesse[1710] liegen (Alt. 1) oder in Ausübung öffentlicher Gewalt[1711] (Alt. 2) erfolgen. Die Hochschulen des Landes Hessen sind gem. § 1 Abs. 1 HessHG – mit wenigen Ausnahmen[1712] – zwar rechtsfähige Körperschaften des öffentlichen Rechts und zugleich staatliche Einrichtungen, üben aber im Rahmen der Wahrnehmung der in § 3 Abs. 1 Satz 1 HessHG statuierten Aufgabe keine öffentliche Gewalt i.S.v. Art. 6 Abs. 1 UAbs. 1 lit. e Alt. 2 DSGVO aus.[1713] Allerdings verfolgt § 3 Abs. 1 Satz 1 HessHG mit der übergeordneten Aufgabe der Pflege und Entwicklung der Wissenschaften und Künste sowie mit der Verwirklichung des Rechts auf Bildung ein öffentliches Interesse.[1714] So dient insbesondere die Förderung der Wissenschaft keinen Partikularinteressen. Vielmehr ist sie darauf gerichtet, den gesellschaftlichen Wohlstand sowie das Allgemeinwohl zu steigern. Entsprechend dieser besonderen Bedeutung ist die Pflege und Entwicklung der Wissenschaft sowohl auf nationaler Ebene über Art. 5 Abs. 3 Satz 1 GG als auch auf europäischer Ebene über Art. 13 GRCh, Art. 3 Abs. 3 UAbs. 1 Satz 3

[1707] Zum Verhältnis von Art. 6 DSGVO und Art. 9 DSGVO siehe Kap. 8.2.1.3.
[1708] Zur Abgrenzung siehe Kap. 13.1.1 sowie Kap. 11.1.1.
[1709] Im Ergebnis ebenso *Bronner/Wiedemann*, ZD 2023, 77 (82).
[1710] Zum Begriff des öffentlichen Interesses siehe Kap. 13.1.2.1.
[1711] Zum Begriff der öffentlichen Gewalt siehe Kap. 13.1.2.2.
[1712] Siehe hierzu § 1 Abs. 1 HessHG.
[1713] Vgl. *Reimer*, in: Sydow/Marsch (Hrsg.), DSGVO/BDSG, Art. 6 DSGVO Rn. 59; *Golla/Hofmann/Bäcker*, DuD 2018, 89 (93).
[1714] Vgl. *Bronner/Wiedemann*, ZD 2023, 77 (83).

EUV besonders geschützt und als öffentliches Interesse anerkannt. Ebenso stellt auch die Verwirklichung des Rechts auf Bildung ein im öffentlichen Interesse liegendes Ziel dar. Mithilfe von Bildung sollen die Menschen zu mündigen Bürgern werden, die politische Prozesse und Werte verstehen und aktiv am politischen Leben partizipieren. Bildung ist damit Voraussetzung für eine funktionierende Demokratie. Vor diesem Hintergrund ist die Lehre im deutschen Recht über Art. 5 Abs. 3 Satz 1 GG und im europäischen Recht die Bildung gem. Art. 165 AEUV als Ziel anerkannt sowie über Art. 14 GRCh besonders geschützt. Darüber hinaus ist insbesondere die in § 3 Abs. 1 HessHG genannte Teilaufgabe der Forschung grundsätzlich davon geprägt, einen Mehrwert für die Allgemeinheit zu schaffen, also öffentlichen Interessen zu dienen. Dabei ist jedoch zu berücksichtigen, dass dies nicht bei jedem Forschungsvorhaben gegeben ist.[1715] Vor allem bei privatwirtschaftlich getriebenen Forschungsprojekten kann es dazu kommen, dass statt öffentlicher lediglich Partikularinteressen verfolgt werden. Das kann gegeben sein, wenn Unternehmen eine bestimmte Forschung an Hochschulen initiieren, sogenannte Auftragsforschung. Hier kann es dazu kommen, dass die Forschung nicht vorrangig öffentliche Interessen verfolgt, sondern dazu dient, einen Wettbewerbsvorteil zu erringen, den Absatz zu erhöhen oder Gewinne zu maximieren.[1716] In Bezug auf die Frage, inwieweit eine konkrete Forschung im öffentlichen Interesse erfolgt, ist daher zu differenzieren, welche konkreten Zwecke verfolgt werden. Es ist jedoch grundsätzlich davon auszugehen, dass Forschung im öffentlichen Interesse erfolgt. In Fällen, in denen dies nicht gegeben ist, liegt zwar i.S.v. EG 159 Satz 1 DSGVO weiterhin eine Forschungstätigkeit vor, allerdings kann diese nicht auf Art. 6 Abs. 1 UAbs. 1 lit. e DSGVO gestützt werden.

13.2.2.2.3 Anforderungen aus Art. 6 Abs. 3 DSGVO

Die Anwendbarkeit des Art. 6 Abs. 1 UAbs. 1 lit. e DSGVO setzt des Weiteren voraus, dass die Legitimationsgrundlage, hier § 3 Abs. 1 Satz 1 HessHG, § 3 Abs. 1 HDSIG, den Anforderungen des Art. 6 Abs. 3 DSGVO entspricht.[1717]

Sowohl § 3 Abs. 1 Satz 1 HessHG[1718] als auch § 3 Abs. 1 HDSIG[1719] wurden jeweils formell im Rahmen eines vom hessischen Landtag beschlossenen Gesetzes erlassen. Die Anforderung aus Art. 6 Abs. 3 Satz 1 DSGVO, wonach die Legitimationsgrundlage auf dem Unionsrecht oder dem Recht eines Mitgliedstaates beruhen muss, ist mithin erfüllt.

Darüber hinaus zielt das Monitoring im vorliegenden Anwendungsfall auf die Schaffung einer Datengrundlage ab, auf deren Basis das Phänomen der Desinformationen im Web entsprechend der jeweiligen Fragestellung erforscht werden kann. Der Zweck der mit dem Monitoring einhergehenden Datenverarbeitung liegt folglich, Art. 6 Abs. 3 Satz 2 Alt. 2 DSGVO erfüllend, unmittelbar im Rahmen der Wahrnehmung der Unteraufgabe der Forschung, welche sich aus § 3 Abs. 1 Satz 1 HessHG ergibt.

Auch wird die Legitimationsgrundlage der Anforderung der Verhältnismäßigkeit aus Art. 6 Abs. 3 Satz 4 HS 2 DSGVO gerecht. Ausgehend von der Einschätzungsprärogative des Gesetzgebers sind § 3 Abs. 1 Satz 1 HessHG und § 3 Abs. 1 HDSIG sowohl zur Erreichung des bereits

---

[1715] *Beyvers/Gärtner/Kipker*, PinG 2015, 241 (244); *Golla/Hofmann/Bäcker*, DuD 2018, 89 (93).

[1716] Vgl. *Caspar*, in: Simitis/Hornung/Spiecker gen. Döhmann (Hrsg.), DSR, Art. 89 DSGVO Rn. 16.

[1717] Näher zu den einzelnen Anforderungen aus Art. 6 Abs. 3 DSGVO siehe Kap. 13.1.3 sowie Kap. 11.1.2.2.

[1718] Hessisches Hochschulgesetz und Gesetz zur Änderung des TUD-Gesetzes sowie weiterer Rechtsvorschriften v. 14.12.2009, GVBl. I Hessen 2009, Nr. 22 v. 23.12.2009, S. 666.

[1719] Hessisches Gesetz zur Anpassung des Hessischen Datenschutzrechts an die Verordnung (EU) Nr. 2016/679 und zur Umsetzung der Richtlinie (EU) Nr. 2016/680 und zur Informationsfreiheit, GVBl. Hessen 2018, Nr. 6 v. 09.05.2018, S. 82.

dargelegten legitimen Zwecks[1720] geeignet als auch als erforderlich zu verstehen.[1721] Dieser Annahme zuwiderlaufende Anhaltspunkte sind nicht ersichtlich. Auch ist eine angemessene Zweck-Mittel-Relation gegeben. Die vorliegende Legitimationsgrundlage zielt auf die Pflege der Wissenschaft sowie die Verwirklichung der Bildung und genießt als Freiheit der Wissenschaft und Lehre durch Art. 5 Abs. 3 Satz 1 GG, Art. 13, 14 Abs. 1 GRCh grundrechtlichen Schutz. Dem gegenüber steht das Grundrecht auf Datenschutz, welches über Art. 2 Abs. 1 GG i.V.m. Art. 1 Abs. 1 GG sowie über Art. 8 GRCh geschützt ist und ebenfalls einen Grundrechtsrang einnimmt. In Abwägung der beiden Rechtsgüter ergibt sich, dass das Recht auf Datenschutz durch die Legitimationsgrundlage nicht übermäßig beschränkt wird. Zum einen adressiert die Legitimationsgrundlage ausschließlich Hochschulen und beschränkt damit den Adressatenkreis stark. Zum anderen werden den Hochschulen ausschließlich Datenverarbeitungen gestattet, die unmittelbar der Verwirklichung ihrer eigentümlichen Funktion dienen. Eine darüber hinausgehende Verarbeitung personenbezogener Daten wird nicht legitimiert. Hingegen wäre die Wahrnehmung des Grundrechts aus Art. 5 Abs. 3 GG, Art. 13, 14 Abs. 1 GRCh deutlich eingeschränkt, stünde den Hochschulen für die Wahrnehmung ihrer Aufgaben nicht die Möglichkeit der Verarbeitung personenbezogener Daten zu. In diesen Fällen könnten die Hochschulen ihrer Funktion als Wissenschafts- und Bildungseinrichtung nur begrenzt nachkommen. In einzelnen Fällen könnte es sogar dazu kommen, dass der Wesensgehalt von Art. 5 Abs. 3 GG, Art. 13, 14 Abs. 1 GRCh angetastet wird. In der Folge muss das Grundrecht auf Datenschutz, in welches im Verhältnis nur begrenzt eingegriffen wird, hinter der Freiheit der Wissenschaft und Lehre zurücktreten. Die Legitimationsgrundlage ist mithin verhältnismäßig.

Darüber hinaus ist in die Erwägungen zu den Anforderungen aus Art. 6 Abs. 3 DSGVO einzubeziehen, dass die zentrale, hier zugrundeliegende Befugnisnorm des § 3 Abs. 1 HDSIG eine Generalklausel ist, die den Wortlaut des Art. 6 Abs. 1 UAbs. 1 lit. e DSGVO inhaltlich wiedergibt, ohne substanzielle Konkretisierungen vorzunehmen. Vor diesem Hintergrund ist – angelehnt an den Diskurs zu ähnlich ausgestalteten Befugnisnormen[1722] – auf die Konformität des § 3 Abs. 1 HDSIG mit den Vorgaben der DSGVO sowie die Einhaltung des Normwiederholungsverbots einzugehen.

Das Normwiederholungsverbot kommt in Bezug auf § 3 Abs. 1 HDSIG nicht zur Anwendung.[1723] Zudem wäre auch im Falle seiner Anwendbarkeit vor dem Hintergrund des EG 8 DSGVO kein Verstoß festzustellen.[1724] Zwar gibt § 3 Abs. 1 HDSIG im Wesentlichen den Wortlaut des § 6 Abs. 1 UAbs. 1 lit. e DSGVO wieder, allerdings wird der Adressatenkreis – über den Verordnungstext hinausgehend – auf öffentliche Stellen beschränkt. Damit verfolgt § 3 Abs. 1 HDSIG im Unterschied zu Art. 6 Abs. 1 UAbs. 1 lit. e DSGVO keinen funktionellen Ansatz, sondern schließt nichtöffentliche Stellen vom Anwendungsbereich aus. Hinzu kommt des Weiteren, dass § 3 Abs. 1 HDSIG in Zusammenhang mit den weiteren Vorschriften des

---

[1720] Zum Zweck siehe Kap. 13.2.2.2.2.
[1721] Zur Einschätzungsprärogative im Rahmen der Öffnungsklauseln *Jacquemain* et al., in: Schwartmann et al. (Hrsg.), DS-GVO/BDSG, Art. 6 DSGVO Rn. 201.
[1722] Siehe exemplarisch die Diskussion zu § 29b Abs. 1 AO *Drüen*, in: Tipke/Kruse (Hrsg.), AO/FGO, § 29b AO Rn. 10; *Rüsken*, in: Klein (Hrsg.), AO, § 29b Rn. 48; *Pätz*, in: Koenig (Hrsg.), AO, § 29b AO Rn. 7.
[1723] Vgl. zur insoweit gleichlaufenden Argumentation Kap. 11.2.1.3.2 und Kap. 13.2.1.3.3.
[1724] Vgl. *Roßnagel*, in: Roßnagel (Hrsg.), HDSIG, § 3 HDSIG Rn. 8; zum identischen § 3 BDSG: *Starnecker*, in: Gola/Heckmann (Hrsg.), DSGVO/BDSG, § 3 BDSG Rn. 8; *Lang*, in: Taeger/Gabel (Hrsg.), DSGVO/BDSG, § 3 BDSG Rn. 5 f.; ohne nähere Erläuterungen a.A. *Frenzel*, in: Paal/Pauly (Hrsg.), DSGVO/BDSG, § 3 BDSG Rn. 1.

13.2 Web-Monitoring im Rahmen einer Aufgabe

HDSIG zu betrachten ist,[1725] wodurch weitere Konkretisierungen – beispielsweise im Bereich der Drittlandsübermittlung – sichtbar werden. § 3 Abs. 1 HDSIG beschränkt sich mithin nicht auf die Wiederholung des Normgehalts des Art. 6 Abs. 1 UAbs. 1 lit. e DSGVO, sondern präzisiert diesen. Eine Wiederholung des Verordnungstexts ist vor diesem Hintergrund sowohl zur Gewährleistung der Verständlichkeit erforderlich als auch Ausdruck der Kohärenz der nationalen Vorschrift mit dem Grundgedanken des Art. 6 Abs. 1 UAbs. 1 lit. e DSGVO.

Ebenso besteht kein Konflikt zwischen § 3 Abs. 1 HDSIG und Art. 6 Abs. 2, 3 DSGVO. Das Argument, wie es zum inhaltlich gleichlautenden § 3 BDSG angeführt wird, die Öffnungsklausel setze voraus, dass das nationale Recht spezifischere Vorgaben enthalten müsse und die Norm daher nicht zur Anwendung kommen könne,[1726] greift nicht. So benennt Art. 6 Abs. 3 DSGVO, welchem die Anforderungen an die Rechtsgrundlage i.S.v. Art. 6 Abs. 1 UAbs. 1 lit. e DSGVO zu entnehmen sind,[1727] die Spezifizität gar nicht als zwingendes Kriterium,[1728] weswegen die wenig konkretisierende Ausgestaltung des § 3 Abs. 1 HDSIG nicht zur Unionsrechtswidrigkeit der Norm führen kann. Darüber hinaus würde § 3 Abs. 1 HDSIG die Anforderung der Spezifizität erfüllen, sofern diese entgegen der hier vertretenen Ansicht als erforderlich gesetzt wäre. Wie bereits eingehender dargelegt,[1729] können die Anforderungen an eine solche Konkretisierung der Norm nur gering sein. Dadurch ist es bereits ausreichend, dass § 3 Abs. 1 HDSIG im Unterschied zu Art. 6 Abs. 1 UAbs. 1 lit. e DSGVO nicht für nichtöffentliche Stellen anwendbar ist und im Zusammenspiel mit den jeweiligen Aufgabenzuweisungen weitere Konkretisierungen sichtbar werden. Im Ergebnis steht § 3 Abs. 1 HDSIG mithin in Einklang mit den Vorgaben der DSGVO und kann als Rechtsgrundlage herangezogen werden.[1730]

Des Weiteren ist, insbesondere unter Berücksichtigung der Bestimmtheitsanforderungen aus EG 41 Satz 2 DSGVO, die Ausgestaltung der Legitimationsgrundlage insgesamt zu berücksichtigen. Den Hochschulen wird über § 3 Abs. 1 Satz 1 HessHG, § 3 Abs. 1 HDSIG erlaubt, sämtliche Datenverarbeitungen vorzunehmen, die im Rahmen der Pflege und Entwicklung der Wissenschaften und Künste sowie der Verwirklichung des Rechts auf Bildung durch Forschung, künstlerisches Schaffen, Lehre, Studium und Weiterbildung dienen. Eine nähere Spezifizierung, welche konkreten Datenverarbeitungen hiervon umfasst sind, existiert nicht. Dieser generalklauselartige Charakter ist jedoch unschädlich für die Anwendbarkeit der Norm.[1731] In Anbetracht der vielfältigen Aufgaben einer Hochschule ist es dem Gesetzgeber nicht möglich, sämtliche mit den gesetzlich statuierten Aufgaben einhergehende Datenverarbeitungsvorgänge

---

[1725] *Roßnagel*, in: Roßnagel (Hrsg.), HDSIG, § 3 HDSIG Rn. 8; ebenso bezüglich der ähnlich ausgestalteten Generalklausel des LDSG Rheinland-Pfalz *Richter*, in: Kugelmann (Hrsg.), LDSG RhPf, § 3 Rn. 5; zur identisch formulierten Parallelnorm im BDSG: *Schaller*, in: Roßnagel (Hrsg.), Das neue Datenschutzrecht, 270 (279 Rn. 39).

[1726] So *Frenzel*, in: Paal/Pauly (Hrsg.), DSGVO/BDSG, § 3 BDSG Rn. 1; skeptisch, sich aber nicht gegen die Wirksamkeit von § 3 BDSG aussprechend *Schreiber*, in: Plath (Hrsg.), DSGVO/BDSG/TTDSG, § 3 BDSG Rn. 5; *Reimer*, in: Sydow/Marsch (Hrsg.), DSGVO/BDSG, § 3 BDSG Rn. 17 ff.

[1727] Zur systematischen Stellung von Art. 6 Abs. 2 und 3 DSGVO siehe Kap. 11.1.2.1.

[1728] So auch bezüglich der Parallelnorm § 3 BDSG *Wolff*, in: Wolff/Brink/von Ungern-Sternberg (Hrsg.), BeckOK DSR, § 3 BDSG Rn. 31.

[1729] Vgl. hierzu Kap. 11.2.1.3.2.

[1730] In Bezug auf den gleichlautenden § 3 BDSG ebenso die Konformität mit den Vorgaben der DSGVO bejahend: *Wolff*, in: Wolff/Brink/von Ungern-Sternberg (Hrsg.), BeckOK DSR, § 3 BDSG Rn. 31; *Starnecker*, in: Gola/Heckmann (Hrsg.), DSGVO/BDSG, § 3 BDSG Rn. 5; *Eßer*, in: Eßer/Kramer/von Lewinski (Hrsg.), DSGVO/BDSG, § 3 BDSG Rn. 5; *Weiß*, Öffnungsklauseln im DSGVO und nationale Verwirklichung im BDSG, 117 ff.; a.A. *Frenzel*, in: Paal/Pauly (Hrsg.), DSGVO/BDSG, § 3 BDSG Rn. 1; *Reimer*, in: Sydow/Marsch (Hrsg.), DSGVO/BDSG, § 3 BDSG Rn. 18; skeptisch, sich aber nicht gegen die Wirksamkeit aussprechend: *Schreiber*, in: Plath (Hrsg.), DSGVO/BDSG/TTDSG, § 3 BDSG Rn. 5; *Roßnagel*, in: Roßnagel (Hrsg.), HDSIG, § 3 HDSIG Rn. 2.

[1731] Ebenso zum parallellaufenden Art. 4 BayDSG *Bronner/Wiedemann*, ZD 2023, 77 (84).

vorherzusehen und entsprechende spezifische Rechtsgrundlagen zu schaffen. Ebenso ist es – insbesondere aufgrund der großen Dynamik an den Hochschulen – nicht realistisch, jegliche durch die Aufgaben adressierten Teilbereiche zu ermitteln und gesetzlich zu regulieren. So konnte beispielsweise die durch die Covid-19-Pandemie ausgelöste (datenschutz-)rechtliche Relevanz digitaler Lehre nicht vorausgesehen werden, weswegen die digitale Durchführung von Lehrveranstaltungen ohne eine solche Generalklausel aus rechtlicher Sicht nicht durchführbar gewesen wäre. Vor diesem Hintergrund ist der Umstand, dass keine allgemeine Rechtsgrundlage für die Forschungsdatenverarbeitung geschaffen wurde, zwar aus rechtlicher wie auch aus Sicht der Forschenden unerfreulich, bewirkt allerdings nicht die Unwirksamkeit einer solchen Generalklausel. Vielmehr eröffnet diese den Hochschulen die Möglichkeit, dynamisch auf Herausforderungen und Veränderungen zu reagieren und ihren Aufgaben umfassende nachkommen zu können. Ohne die Generalklausel könnte es dazu kommen, dass die den Hochschulen obliegenden Aufgaben nur unzureichend realisiert werden könnten. In Anbetracht der besonderen Bedeutung von Wissenschaft, Kunst und Bildung für die Gesellschaft wäre dies allerdings nicht tragbar. Es bedarf folglich zwingend einer flexiblen Rechtsgrundlage, die den Hochschulen erlaubt, die zur Umsetzung der Aufgabe erforderlichen Datenverarbeitungen durchzuführen. Die generalklauselartige Ausgestaltung der Legitimationsgrundlage ist somit zumindest teilweise Voraussetzung für die erfolgreiche Umsetzung der einer Hochschule obliegenden Aufgabe. Ein Verstoß gegen die in EG 41 Satz 2 DSGVO genannten Anforderungen ist hierin nicht zu sehen.[1732] Folge der generalklauselartigen Ausgestaltung der Legitimationsgrundlage ist lediglich, dass ausschließlich Eingriffe mit niedriger Intensität legitimiert werden können. Dies ist darauf zurückzuführen, dass die Anforderungen an die Rechtsgrundlage im Sinne der Rechtsstaatlichkeit mit zunehmender Intensität steigen. Hierdurch können Normen wie die vorliegenden, referenzierend zum Vier-Stufen-Modell,[1733] ausschließlich Eingriffe niedriger Intensität legitimieren.[1734]

Insgesamt sind damit die Anforderungen des Art. 6 Abs. 3 DSGVO erfüllt und § 3 Abs. 1 Satz 1 HessHG, § 3 Abs. 1 HDSIG grundsätzlich als Legitimationsgrundlage i.S.v. Art. 6 Abs. 1 UAbs. 1 lit. e DSGVO geeignet.

13.2.2.2.4 Erforderlichkeit

Neben einer Legitimationsgrundlage i.S.v. Art. 6 Abs. 3 DSGVO bedarf es gem. Art. 6 Abs. 1 UAbs. 1 lit. e DSGVO zudem der Erforderlichkeit der Verarbeitung für die Wahrnehmung der Aufgabe. Demnach muss die vorliegend mit dem Monitoring einhergehende Datenverarbeitung zur Wahrnehmung der Aufgabe der Forschung objektiv tauglich sowie auf das notwendige Maß begrenzt sein.[1735] Wie bereits dargelegt, genügt die mit dem hier gegebenen Monitoring einhergehende Datenverarbeitung diesen Anforderungen.[1736]

13.2.2.2.5 Verhältnismäßigkeit im engeren Sinne

Da die Datenverarbeitung in der vorliegenden Konstellation von einer Hochschule und damit von einer öffentlichen Stelle vorgenommen wird, bedarf es nicht nur der Erforderlichkeit zur rechtskonformen Datenverarbeitung, sondern auch der Verhältnismäßigkeit.[1737] Bevor diese jedoch bewertet werden kann, ist zunächst die Intensität des Eingriffs[1738] zu ermitteln.

[1732] Im Ergebnis so wohl auch *Roßnagel,* in: Roßnagel (Hrsg.), HDSIG, § 3 HDSIG Rn. 2.
[1733] Eingehender zum Vier-Stufen-Modell siehe Kap. 6.1.3.3.2.1.6.
[1734] Vgl. zum inhaltlich exakt gleich lautenden § 3 Abs. 1 BDSG siehe BT-Drs. 18/11325, S. 82, wonach dieser nur Datenverarbeitungen mit geringer Intensität legitimieren kann.
[1735] Eingehender zum Begriff der Erforderlichkeit siehe Kap. 10.1.3. und Kap. 13.1.4.
[1736] Siehe Kap. 13.2.2.2.1.2.2.
[1737] Siehe Kap. 13.1.4.
[1738] Zu den Faktoren der Eingriffsintensität siehe Kap. 6.1.3.3.2.1.

13.2.2.2.5.1 Eingriffsintensität

Die Intensität des Eingriffs wird zunächst durch den fehlenden Anlassbezug[1739] verstärkt. So setzt das Monitoring nicht erst dann ein, wenn die betroffenen Personen dies durch ihr Verhalten veranlasst haben, sondern bereits dann, wenn ein entsprechendes Forschungsvorhaben vorliegt, das umgesetzt werden soll. Überdies wirken sich die große Streubreite[1740] sowie der Modus[1741] der Datenerhebung eingriffsverstärkend aus.[1742]

Ebenso wird die Eingriffsintensität durch die hohe Persönlichkeitsrelevanz[1743] der verarbeiteten Daten intensiviert. Das vorliegende Monitoring zielt darauf ab, eine hinreichende Datengrundlage für die Erforschung politikbezogener Desinformation zu schaffen. Welche Daten hierfür relevant sind und folglich persistent gespeichert werden, richtet sich im Wesentlichen nach der konkreten Forschungsfrage. In jedem Fall bedarf es jedoch politikbezogener Inhalte. Über diese kann auf die politischen Einstellungen oder auch die weltanschaulichen Überzeugungen geschlossen werden. Hierbei handelt es sich um Daten, die sowohl auf grundrechtlicher Ebene über Art. 21 Abs. 1 GRCh und Art. 3 Abs. 3 GG als auch auf einfachgesetzlicher Ebene über Art. 9 Abs. 1 DSGVO besonders geschützt sind, da sie einen besonders sensiblen Bereich betreffen und Anknüpfungspunkte für Diskriminierungen bieten.

Die Eingriffsintensität verringernd wirkt sich hingegen aus, dass die Daten öffentlichen Bereichen[1744] des Web entnommen werden und den betroffenen Personen über die Datenverarbeitung hinaus zumeist keine Nachteile[1745] drohen.[1746] Zwar werden die mithilfe des Monitorings gewonnenen Daten zum jeweiligen Forschungszweck verarbeitet, allerdings bleibt diese Verarbeitung in der Regel folgenlos für die betroffenen Personen. Gewöhnlich müssen sie weder fürchten, dass auf Grundlage der gewonnenen Inhalte rechtliche Schritte gegen sie eingeleitet werden, noch dass sie Gegenstand journalistischer Berichterstattung werden. Folgeeingriffe sind mithin nicht zu erwarten.

Auch wirkt sich der Kontext[1747] der Datenverarbeitung intensitätsverringernd aus. Im Rahmen der Erforschung politikbezogener Desinformationen stehen einzelne Individuen zumeist nicht im Fokus der Untersuchung. Zumindest jedoch bezieht sich das Forschungsinteresse nicht auf Einzelpersonen, sondern darauf, (mittels induktiven Vorgehens) verallgemeinerbare Erkenntnisse bezüglich der konkreten Forschungsfrage zu gewinnen. Es geht also darum, Informationen zusammenzutragen, auf deren Grundlage neue Erkenntnisse gewonnen werden können. Entsprechend ist auch das vorliegende Monitoring ausgerichtet. So dient dieses in der Regel nicht als Instrument zur Ermittlung von Informationen über einzelne Personen, sondern vielmehr der Schaffung einer sachbezogenen Datengrundlage. In den meisten Fällen werden daher weder Rückschlüsse auf das Verhalten betroffener Personen gezogen noch Daten zu einzelnen Personen gezielt zusammengetragen und verknüpft. Zudem werden die als nicht relevant klassifizierten Daten beim Monitoring ausgesondert und nicht weiterverarbeitet. Zu berücksichtigen ist zudem, dass es sich bei einer Hochschule – anders als beispielsweise bei einer Strafverfolgungs- oder Sicherheitsbehörde – um eine Stelle handelt, welche kein Interesse an der

---

[1739] Zum Kriterium des Anlassbezugs siehe Kap. 6.1.3.3.2.1.2.

[1740] Zum Kriterium der Streubreite siehe Kap. 6.1.3.3.2.1.2.

[1741] Zum Kriterium des Modus der Datenerhebung siehe Kap. 6.1.3.3.2.1.3.

[1742] Zur mit dem Monitoring grundsätzlich einhergehenden erheblichen Streubreite sowie zum Modus der Datenerhebung des Monitorings vgl. Kap. 11.2.1.3.4.1.

[1743] Zum Kriterium der Persönlichkeitsrelevanz siehe Kap. 6.1.3.3.2.1.1.

[1744] Zum Kriterium der Herkunft der Daten siehe Kap. 6.1.3.3.2.1.4.

[1745] Zum Kriterium der drohenden Nachteile siehe 6.1.3.3.2.1.1

[1746] Zu den Kriterien der Herkunft der Daten sowie dem Kriterium der drohenden Naceile im Kontext des Monitorings siehe Kap. 13.2.1.3.5.1.

[1747] Zum Kriterium des Kontexts der Datenverarbeitung siehe Kap. 6.1.3.3.2.1.5.

Ausforschung einzelner Personen oder Personengruppen hat oder aus deren Tätigkeit regelmäßig schwerwiegende Grundrechtseingriffe, wie beispielsweise ein Freiheitsentzug, folgen könnten. Vielmehr liegt der Fokus einer Hochschule auf der Förderung und Pflege von Wissenschaft, Kunst und Bildung, weswegen von ihr eher Grundrechtseingriffe von geringerem Gewicht ausgehen. Verstärkt wird dieser Umstand im vorliegenden Fall dadurch, dass die Datenverarbeitung im Rahmen von Forschung erfolgt. Diese ist – wie bereits dargelegt[1748] – sowohl durch den europäischen als auch durch den deutschen Gesetzgeber in besonderer Weise privilegiert, was bei der Bewertung der Eingriffsintensität in angemessenem Umfang als intensitätsmindernd zu berücksichtigen ist.

In einer Gesamtschau der im Vorangehenden dargelegten Kriterien ergibt sich, dass von der vorliegenden Datenverarbeitung regelmäßig ein Eingriff niedriger Intensität ausgeht. Hiergegen spricht auch nicht, dass anlasslos, heimlich und in großem Umfang Daten mit hoher Persönlichkeitsrelevanz verarbeitet werden. Zunächst ist die Heimlichkeit der Datenverarbeitung keine gewollte Eigenschaft, sondern vielmehr darauf zurückzuführen, dass das Monitoring technisch nicht anders realisiert werden kann. Überdies ist in Anbetracht des Umstands, dass aus der Datenverarbeitung zumeist keine weiteren Grundrechtseingriffe hervorgehen, von einem geringen Bedarf der betroffenen Personen nach Rechtsschutz auszugehen. Folglich wirkt sich der Modus der Datenverarbeitung hier nicht allzu stark auf die Intensität des Eingriffs aus.

Darüber hinaus wiegt auch das Kriterium der Anlasslosigkeit vorliegend weniger schwer. Wie bereits dargelegt, ist die Erforschung von Desinformation von besonderer Relevanz für die Legitimität und den Erhalt des demokratischen Rechtsstaats.[1749] Da Desinformation insbesondere im Web verbreitet wird und dort hohe Reichweiten erzielt, ist eine nähere Untersuchung dieses Bereichs und damit die Schaffung einer entsprechenden Datengrundlage zwingend geboten. Dabei liegt es in der Natur der Sache, dass Daten von Personen erfasst werden, die keinen für die Eingriffsintensität relevanten Anlass gegeben haben. Unter Einbezug der besonderen Bedeutung der Erforschung von Desinformation sowie der allgemeinen Privilegierung der Forschungsdatenverarbeitung durch den Gesetzgeber fällt dieses Kriterium jedoch nicht besonders ins Gewicht. Würde dies anders gesehen werden, käme es dazu, dass Forschung erschwert würde, obwohl die Privatsphäre von Einzelpersonen nicht im Fokus steht und in der Regel nicht mit Folgeeingriffen gerechnet werden muss. Dies würde sich potenziell unverhältnismäßig forschungshemmend auswirken und wäre somit nicht sachgerecht.

Überdies wirkt sich auch die Persönlichkeitsrelevanz nur geringfügig auf die Eingriffsintensität aus. So kann nicht allein aus dem Umstand, dass Informationen zu politischen oder weltanschaulichen Überzeugungen verarbeitet werden, auf einen intensivierten Grundrechtseingriff geschlossen werden. Vielmehr sind hierbei die relevanten Einzelfallumstände, insbesondere die Herkunft der Daten und der Zweck der Datenverarbeitung, einzubeziehen. In dem zugrundeliegenden Szenario stammen alle verarbeiteten Daten aus dem öffentlichen Bereich des Webs, unter Umständen auch von Plattformen, die gerade darauf angelegt sind, Meinungen und Überzeugungen auszutauschen. Sind – wie vorliegend – besondere Kategorien personenbezogener Daten öffentlich zugänglich, sinkt die Schutzwürdigkeit der hinter den Daten stehenden betroffenen Personen.[1750] Zwar verändert sich hierdurch nicht die Persönlichkeitsrelevanz der Daten selbst, allerdings sinkt die Bedeutung dieser Daten für die Privatsphäre der betroffenen Personen erheblich. Diese können nicht erwarten, dass ihre Daten besonders geschützt werden, wenn sie (potenziell durch die betroffene Person selbst) öffentlich gemacht wurden.

[1748] Siehe Kap. 13.2.2.1.

[1749] Siehe hierzu Kap. 13.2.2.2.

[1750] Zur Schutzwürdigkeit betroffener Personen hinsichtlich der öffentlich über sie verfügbaren Daten bereits unter Kap. 4.3 und Kap. 6.2.3.4.3.

Einzubeziehen ist weiterhin, dass die Verarbeitung regelmäßig der Erforschung der Desinformation als solcher dient und daher meist nicht auf die Analyse der konkreten politischen oder weltanschaulichen Überzeugungen Einzelner ausgerichtet ist. Unter dieser Prämisse verlieren die eigentlich besonders persönlichkeitsrelevanten Daten nochmals deutlich an Gewicht, weswegen sie letztlich keine Intensivierung des mit dem Monitoring einhergehenden Eingriffs bewirken. Vor diesem Hintergrund ändert sich ebenso die Auswirkung der hohen Streubreite auf die Eingriffsintensität. Zwar werden in großem Umfang potenziell personenbezogene Daten verarbeitet, allerdings sind sämtliche dieser Daten öffentlich, werden in der Regel nicht bezogen auf Einzelpersonen ausgewertet und im Kontext der Forschung verarbeitet. Folglich intensiviert sich der mit dem vorliegenden Monitoring einhergehende Eingriff durch die Streubreite nicht nennenswert.

Insgesamt ergibt sich somit vor dem Hintergrund des Kontexts der Datenverarbeitung, der Öffentlichkeit der Daten und der sich zumeist nicht an die Datenverarbeitung anschließenden Folgeeingriffe, dass mit dem Einsatz von Monitoring zur Desinformationsforschung gewöhnlich ein Eingriff niedriger Intensität einhergeht.

Von einem Eingriff niedriger Intensität ist hingegen nicht mehr auszugehen, wenn mithilfe des Monitorings soziale Strukturen und Querverbindungen zwischen besonders relevanten Quellen oder Profilen analysiert werden. In diesen Fällen ermöglicht die Datenverarbeitung potenziell Rückschlüsse auf das soziale Umfeld und das Kommunikationsverhalten der betroffenen Personen. Obgleich auf dieser Grundlage keine Persönlichkeitsprofile erstellt werden können, erlauben diese Daten dennoch ein tieferes Eindringen in die Privatsphäre. In solchen Fällen ist daher – entsprechend dem vorgestellten Vier-Stufen-Modell[1751] – von einem Eingriff mittlerer Intensität auszugehen.

13.2.2.2.5.2 Angemessenheit

Die Verhältnismäßigkeit im engeren Sinne bestimmt sich danach, ob das eingesetzte Mittel, hier die mit dem Monitoring einhergehende Datenverarbeitung, in angemessenem Verhältnis zum verfolgten Zweck, hier die Erforschung der Desinformation, steht. Um dies bewerten zu können, ist auf die von der Verarbeitung ausgehende Eingriffsintensität abzustellen.

Der Einsatz von Monitoring im Rahmen der Desinformationsforschung ist – wie bereits dargelegt – regelmäßig von niedriger Eingriffsintensität, kann unter Umständen jedoch auch einen ein Eingriff mittlerer Intensität bewirken. Ist letzteres der Fall, kann die Prüfung der Angemessenheit unterleiben, da die Legitimationsgrundlage des Art. 6 Abs. 1 UAbs. 1 lit. e i.V.m. Art. 9 Abs. 2 lit. j DSGVO, § 3 Abs. 1 Satz 1 HessHG, § 24 Abs. 1, § 3 Abs. 1 HDSIG keine hinreichende Rechtsgrundlage hierfür bietet.[1752] Vielmehr bedürfte es einer spezifischeren und bestimmteren Norm. Eine solche ist für den hier gegebenen Anwendungsfall allerdings nicht ersichtlich. Sofern das Monitoring zur Desinformationsforschung ein niedriges Eingriffsgewicht übersteigt, kann eine hessische Hochschule dieses folglich nicht rechtmäßig vornehmen.

Handelt es sich hingegen um einen Eingriff niedrigerer Intensität, kann dieser auf Art. 6 Abs. 1 UAbs. 1 lit. e, Art. 9 Abs. 2 lit. j DSGVO i.V.m. § 3 Abs. 1 Satz 1 HessHG, § 24 Abs. 1, § 3 Abs. 1 HDSIG gestützt werden, sofern er der Verhältnismäßigkeit im engeren Sinne entspricht. Zunächst ist hierfür auf die Effektivität einzugehen. Die Technologie des Monitorings ermöglicht es, öffentliche Quellen automatisiert nach den für die Desinformationsforschung relevanten politikbezogenen Inhalten zu durchsuchen, relevante Inhalte zusammenzutragen und diese auszuwerten. Dieser Prozess läuft automatisiert und ohne Einbezug eines Menschen ab, wodurch auch umfangreiche Datenbestände innerhalb kürzester Zeit analysiert werden können.

[1751] Eingehender zum Vier-Stufen-Modell siehe Kap. 6.1.3.3.2.1.6.
[1752] Vgl. hierzu Kap. 13.2.2.2.3.

Hierdurch ist es Forschenden möglich, schnell und zuverlässig eine Vielzahl von Daten zu erhalten, auf deren Basis die Forschungsarbeiten durchgeführt werden können. Der Einsatz von Monitoring ist mithin als effektiv zu qualifizieren.

Gegen einen Einsatz des Monitorings spricht auch nicht, dass dieses nicht sämtliche im Web verfügbaren öffentlichen Quellen und Daten umfasst.[1753] So bedarf es für eine erfolgreiche Forschung nicht aller im Web öffentlicher verfügbarer politikbezogener Inhalte. Vielmehr ist bereits ausreichend, wenn die Datengrundlage aus repräsentativen und hinreichend umfangreichen Daten(-quellen) gespeist ist. Hiervon ist bereits auszugehen, wenn die Daten einer großen Plattform wie Facebook, Instagram, Telegram oder X (ehemals Twitter) entnommen werden. Diese Plattformen werden – auch in Deutschland – von einer sehr großen Zahl von Menschen genutzt.[1754] Denklogisch kommt es daher zwingend dazu, dass unterschiedlichste gesellschaftliche Schichten auf diesen Plattformen zusammenkommen und miteinander interagieren. Folglich ist einerseits eine hinreichende Datenmenge, andererseits die Repräsentativität der Daten gesichert. Dies gilt auch, obwohl diese Plattformen es zumeist nicht zulassen, dass sämtliche öffentlichen Daten durch Forschende erhoben werden, sondern über eine API nur einen Ausschnitt dieser Daten zur Verfügung stellen.[1755] Da dieser Ausschnitt jedoch regelmäßig äußerst umfangreich ist, ist dennoch – die ausreichende Anzahl relevanter Inhalte auf der Plattform vorausgesetzt – gewährleistet, dass die gewonnene Datengrundlage hinreichend umfangreich und repräsentativ ist. Der Umstand, dass das Monitoring nicht sämtliche verfügbaren Daten erfasst, wirkt sich vorliegend folglich nicht aus. Vielmehr ist das Monitoring als effizienter Weg zur Schaffung einer Datengrundlage für die Desinformationsforschung zu verstehen.

In die Erwägungen einzubeziehen ist darüber hinaus die Bedeutung des Zwecks der Datenverarbeitung. Wie bereits dargelegt,[1756] gehen mit Desinformation erhebliche Gefahren für den demokratischen Rechtsstaat einher, die sich insbesondere in der illegitimen Beeinflussung des Meinungsbildungsprozesses manifestieren. Um dem entgegenzuwirken, bedarf es wirksamer Maßnahmen, die umfassend eingesetzt werden können und nicht zu weit in grundrechtlich geschützte Positionen eingreifen. Voraussetzung für die Entwicklung derartiger Maßnahmen sind nähere Kenntnisse über die Charakteristika von Desinformationen, welche nur im Rahmen von Forschung gewonnen werden können. Zwar zielt die Schaffung einer Datengrundlage für die Erforschung von Desinformationen im ersten Schritt lediglich darauf ab, über spezifische Fragestellungen Erkenntnisse zur Desinformation zu gewinnen. Antrieb für diese Forschung ist allerdings, den demokratischen Rechtsstaat insgesamt zu schützen und zu erhalten. Dieses Ziel ist sowohl über Art. 20 Abs. 3 GG sowie die Präambel der GRCh als im öffentlichen Interesse liegend anerkannt als auch von herausragender Bedeutung für die Allgemeinheit. Darüber hinaus nimmt die Forschung selbst einen wichtigen Stellenwert ein. Das durch die Forschung gewonnene Wissen ist eine wichtige Ressource, um Vergangenes strukturiert aufarbeiten und verstehen und auf dieser Grundlage Innovationen entwickeln und das Gemeinwohl steigern zu können. Die Forschung stellt mithin zentrale Weichen für die Gesellschaft und ist entsprechend ihrer Bedeutung über Art. 5 Abs. 3 GG sowie über Art. 13 GRCh besonders geschützt. Mit der vorliegenden Datenverarbeitung werden mithin insgesamt Zwecke von herausragender Bedeutung für die Allgemeinheit verfolgt.

[1753] Eingehender zur Funktionsweise des Monitorings siehe Kap. 2.4.
[1754] Im Jahr 2021 haben 63% der deutschen Internetnutzer Facebook genutzt, 49% Instagram, 29% Twitter und 21% Telegram, siehe *Faktenkontor,* Anteil der befragten Internetnutzer, die folgende soziale Netzwerke nutzen, in Deutschland im Jahr 2021/22. Gemessen an Zahl von Internetnutzern in Deutschland von rund 67 Millionen im Jahr 2022 (siehe hierzu *ARD und ZDF,* Anzahl der Internetnutzer in Deutschland in den Jahren 1997 bis 2022) entspricht das rund 42 Millionen Nutzern bei Facebook, 33 Millionen bei Instagram, 19 Millionen bei Twitter und 14 Millionen bei Telegram.
[1755] Vgl. *X Corp.,* Rate limits: Standard v1.1.
[1756] Siehe Kap. 13.2.2.2.

Hinzu kommt, dass auf Grundlage der im Rahmen des Monitorings erhobenen Daten zwar weitere Grundrechtseingriffe denkbar sind, beispielsweise wenn Inhalte, die unter dem Verdacht der Volksverhetzung stehen, an Ermittlungsbehörden übergeben werden. Allerdings sind die hieraus folgenden staatlichen Handlungen, beispielsweise Ermittlungsmaßnahmen, nicht in die vorliegenden Erwägungen einzubeziehen, da diese selbstständig zu wertende Eingriffe darstellen, die einer eigenen Rechtsgrundlage bedürfen und daher getrennt zu betrachten sind.

In einer Gesamtschau der vorangehenden Erwägungen, insbesondere in Anbetracht der niedrigen Intensität des mit dem Monitoring einhergehenden Eingriffs und der herausragenden Bedeutung der Erforschung von Desinformationen, ergibt sich, dass der Einsatz des Monitorings vorliegend nicht unverhältnismäßig ist. Vielmehr muss das Recht auf Datenschutz hinter den Belangen des Gemeinwohls zurücktreten. Der Schutz und der Erhalt des demokratischen Rechtsstaats sowie die Freiheit der Forschung kann nicht durch eine Datenverarbeitung, die nur geringfügig in die Rechte der betroffenen Personen eingreift, überwogen werden. Dies gilt umso mehr, da es Forschenden anderenfalls vorenthalten bliebe, innerhalb kurzer Zeit die für die Forschung erforderlichen Daten in hinreichender Menge und Repräsentativität zu gewinnen. Im Ergebnis kann das vorliegende Monitoring zur Schaffung einer Datengrundlage zur Erforschung von Desinformation auf Art. 6 Abs. 1 UAbs. 1 lit. e, Art. 9 Abs. 2 lit. j DSGVO i.V.m. § 3 Abs. 1 Satz 1 HessHG, § 24 Abs. 1, § 3 Abs. 1 HDSIG gestützt werden.

13.3 Conclusio

Im Ergebnis kann Art. 6 Abs. 1 UAbs. 1 lit. e DSGVO grundsätzlich eine geeignete Rechtsgrundlage für eine monitoringgestützte Verarbeitung öffentlicher Daten bieten. Die Anwendbarkeit dieser Rechtsgrundlage ist für das Monitoring allerdings begrenzt. Zurückzuführen ist das zunächst allgemein auf den engen Adressatenkreis der Norm. So adressiert sie überwiegend öffentliche Stellen und kann für nichtöffentlichen Stellen nur ausnahmsweise durch eine Beleihung zum Tragen kommen. Überdies kommt das Monitoring nur selten zur Wahrnehmung einer Aufgabe i.S.v. Art. 6 Abs. 1 UAbs. 1 lit. e DSGVO in Betracht. So bedingt die Anwendbarkeit des Art. 6 Abs. 1 UAbs. 1 lit. e DSGVO für das Monitoring nicht nur eine Aufgabe, zu deren Erfüllung eine Datenverarbeitung erforderlich ist, sondern setzt zudem voraus, dass diese anhand öffentlicher Daten aus dem Web vorgenommen werden kann. Solche Aufgabenzuweisungen finden sich, obgleich sie nicht ausdrücklich die Verarbeitung personenbezogener Daten oder das Monitoring vorsehen müssen, nur selten. In der Folge ist die Rechtsgrundlage des Art. 6 Abs. 1 UAbs. 1 lit. e DSGVO für das Monitoring zwar in Erwägung zu ziehen, jedoch nur in wenigen Fällen tatsächlich anwendbar. Sofern eine Aufgabenzuweisung vorliegt, für deren Erfüllung der Einsatz von Monitoring grundsätzlich in Betracht kommt, wurde die erste wesentliche Hürde des Art. 6 Abs. 1 UAbs. 1 lit. e DSGVO folglich genommen.

Häufig ist allerdings weder die Aufgabe noch die dazugehörige Befugnisnorm konkreter ausgestaltet, sodass auf dieser Grundlage ausschließlich Eingriffe niedriger Intensität legitimiert werden können. Auch wenn in den hier exemplarisch zugrunde gelegten Szenarien ein Eingriff geringer Intensität vorlag und schließlich die Zulässigkeit der Datenverarbeitung bejaht werden konnte, erlaubt dies nicht den Schluss, dass das Monitoring prinzipiell nur eine geringe Intensität aufweist und in der Regel rechtmäßig vorgenommen werden kann. Zwar verringert die Öffentlichkeit der Daten die Eingriffsintensität, jedoch können andere Aspekte der Datenverarbeitung, etwa der Kontext oder die Persönlichkeitsrelevanz der verarbeiteten Daten, die Intensität des Eingriffs erheblich verstärken. Ist dies der Fall, kommt es mangels hinreichender Legitimationsgrundlage regelmäßig zur Unrechtmäßigkeit der mit dem Monitoring einhergehenden Datenverarbeitung.

Insgesamt bietet Art. 6 Abs. 1 UAbs. 1 lit. e DSGVO damit nur begrenzten Raum für die datenschutzrechtliche Legitimation der mit dem Monitoring einhergehenden Datenverarbeitung.

Einerseits weil das Monitoring nur selten zur Erfüllung einer Aufgabe i.S.v. Art. 6 Abs. 1 UAbs. 1 lit. e DSGVO in Betracht kommt, andererseits weil die regelmäßig generalklauselartig und unspezifisch ausgestalteten Aufgabenzuweisungen und Befugnisnormen lediglich Eingriffe niedrigerer Intensität legitimieren können.

14 Web-Monitoring zur Wahrung berechtigter Interessen

Die Verarbeitung personenbezogener Daten ist gem. Art. 6 Abs. UAbs. 1 lit. f DSGVO rechtmäßig, wenn sie zur Wahrung berechtigter Interessen des Verantwortlichen oder eines Dritten erforderlich ist und die Interessen oder Grundrechte und Grundfreiheiten der betroffenen Personen nicht überwiegen. Die Norm stellt damit die zentrale materielle Abwägungsklausel der Verordnung dar.[1757] Dabei ist sie jedoch nicht uneingeschränkt anwendbar. Ausweislich des Art. 6 Abs. 1 UAbs. 2 DSGVO gilt Art. 6 Abs. 1 UAbs. 1 lit. f DSGVO nicht für die von Behörden in Erfüllung ihrer Aufgaben vorgenommenen Verarbeitungen. Solche Stellen können sich nur dann auf diese Rechtsgrundlage stützen, wenn die Datenverarbeitung nicht im Rahmen eines spezifischen staatlichen Verhältnisses der Eingriffs- oder Leistungsverwaltung erfolgt.[1758] Art. 6 Abs. 1 UAbs. 1 lit. f DSGVO ist damit vornehmlich für nichtbehördliche Stellen von Relevanz. In Bezug auf diese stellt die Norm sogar die wichtigste Rechtsgrundlage neben der Einwilligung nach Art. 6 Abs. 1 UAbs. 1 lit. a DSGVO dar.[1759] In der Praxis kommt Art. 6 Abs. 1 UAbs. 1 lit. f DSGVO damit trotz der Begrenzung des Anwendungsbereichs eine äußerst große Bedeutung zu.[1760]

Dem Art. 6 Abs. 1 UAbs. 1 lit. f DSGVO wird darüber hinaus aufgrund seiner offenen Formulierung und der damit einhergehenden Flexibilität vielfach eine Auffangfunktion zugeschrieben.[1761] In Anbetracht dieses Umstands sowie vor dem Hintergrund der vorangegangenen Untersuchungen, wonach die übrigen Rechtsgrundlagen des Art. 6 Abs. 1 UAbs. 1 DSGVO das Monitoring allenfalls in engen Grenzen rechtfertigen können, stellt sich daher die Frage, ob Art. 6 Abs. 1 UAbs. 1 lit. f DSGVO größere Spielräume für eine Anwendung des Monitorings lässt und grundsätzlich als zuverlässiger Auffangtatbestand für eine monitoringgestützte Verarbeitung öffentlicher Daten herangezogen werden kann.

14.1 Datenverarbeitung auf Grundlage berechtigter Interessen

Für die rechtmäßige Verarbeitung personenbezogener Daten auf Grundlage des Art. 6 Abs. 1 UAbs. 1 lit. f DSGVO bedarf es der Erfüllung dreier kumulativer Voraussetzungen: Erstens muss zum Zeitpunkt der Verarbeitung ein berechtigtes Interesse des Verantwortlichen oder

---

[1757] *Schulz*, in: Gola/Heckmann (Hrsg.), DSGVO/BDSG, Art. 6 DSGVO Rn. 59; *Albers/Veit*, in: Wolff/Brink/von Ungern-Sternberg (Hrsg.), BeckOK DSR, Art. 6 DSGVO Rn. 63.

[1758] BVerwG, Urt. v. 27.09.2018, Az. 7 C 5/17, NVwZ 2019, 473 (475 f. Rn. 26); *Albers/Veit*, in: Wolff/Brink/von Ungern-Sternberg (Hrsg.), BeckOK DSR, Art. 6 DSGVO Rn. 65; *Heberlein*, in: Ehmann/Selmayr (Hrsg.), DSGVO, Art. 6 Rn. 39; *Schulz*, in: Gola/Heckmann (Hrsg.), DSGVO/BDSG, Art. 6 DSGVO Rn. 60; *Assion/Nolte/Veil*, in: Gierschmann et al. (Hrsg.), DSGVO, Art. 6 Rn. 127; *Taeger*, in: Taeger/Gabel (Hrsg.), DSGVO/BDSG, Art. 6 DSGVO Rn. 121 f.; abweichend *Reimer*, in: Sydow/Marsch (Hrsg.), DSGVO/BDSG, Art. 6 DSGVO Rn. 91.

[1759] *Schantz*, in: Simitis/Hornung/Spiecker gen. Döhmann (Hrsg.), DSR, Art. 6 Abs. 1 UAbs. 1 lit. f DSGVO Rn. 86.

[1760] *Albers/Veit*, in: Wolff/Brink/von Ungern-Sternberg (Hrsg.), BeckOK DSR, Art. 6 DSGVO Rn. 63; *Jahnel*, in: Jahnel/Bergauer (Hrsg.), DSGVO, Art. 6 Rn. 68; *Assion/Nolte/Veil*, in: Gierschmann et al. (Hrsg.), DSGVO, Art. 6 Rn. 120; *Taeger*, in: Taeger/Gabel (Hrsg.), DSGVO/BDSG, Art. 6 DSGVO Rn. 106; *Kramer*, in: Eßer/Kramer/von Lewinski (Hrsg.), DSGVO/BDSG, Art. 6 DSGVO Rn. 66.

[1761] *Buchner/Petri*, in: Kühling/Buchner (Hrsg.), DSGVO/BDSG, Art. 6 DSGVO Rn. 141; *Jahnel*, in: Jahnel/Bergauer (Hrsg.), DSGVO, Art. 6 Rn. 67; *Jacquemain* et al., in: Schwartmann et al. (Hrsg.), DSGVO/BDSG, Art. 6 DSGVO Rn. 145; *Plath/Struck*, in: Plath (Hrsg.), DSGVO/BDSG/TTDSG, Art. 6 DSGVO Rn. 53; *Assion/Nolte/Veil*, in: Gierschmann et al. (Hrsg.), DSGVO, Art. 6 Rn. 120; *Kramer*, in: Eßer/Kramer/von Lewinski (Hrsg.), DSGVO/BDSG, Art. 6 DSGVO Rn. 64; a.A. DSK, Orientierungshilfe der Aufsichtsbehörden für Anbieter:innen von Telemedien, 11; *Frenzel*, in: Paal/Pauly (Hrsg.), DSGVO/BDSG, Art. 6 DSGVO Rn. 26; *Taeger*, in: Taeger/Gabel (Hrsg.), DSGVO/BDSG, Art. 6 DSGVO Rn. 106; *Wedde*, in: Däubler et al. (Hrsg.), DSGVO/BDSG/TTDSG, Art. 6 DSGVO Rn. 90; *Schulz*, in: Gola/Heckmann (Hrsg.), DSGVO/BDSG, Art. 6 DSGVO Rn. 10.

eines Dritten vorliegen, das durch die Datenverarbeitung wahrgenommen wird. Zweitens muss die Datenverarbeitung zur Wahrung dieses Interesses erforderlich sein. Drittens dürfen die Interessen und Grundrechte und Grundfreiheiten der betroffenen Personen nicht schwerer wiegen als die verfolgten Interessen des Verantwortlichen oder Dritten.[1762]

14.1.1 Berechtigte Interessen des Verantwortlichen oder eines Dritten

Der Begriff des berechtigten Interesses i.S.v. Art. 6 Abs. 1 UAbs. 1 lit. f DSGVO ist nicht in der Verordnung definiert. Kriterien, anhand derer Interessen als berechtigt identifiziert werden könnten, formuliert die DSGVO ebenfalls nicht. Sie enthält lediglich vereinzelte Beispiele, die allerdings nicht abschließend sind.[1763] Es kommen daher zahlreiche Anliegen als berechtigte Interessen in Betracht.[1764] Hierzu gehören insbesondere solche Interessen, die auf grundrechtlicher Ebene anerkannt sind.[1765]

Allgemein ist der Begriff des berechtigten Interesses weit zu verstehen. Hohe Anforderungen sind angesichts des Umstands, dass das Interesse im Rahmen der später erfolgenden Abwägung ohnehin bewertet wird, nicht zu stellen.[1766] Neben den rechtlichen Interessen werden daher auch wirtschaftliche und ideelle Interessen von Art. 6 Abs. 1 UAbs. 1 lit. f DSGVO erfasst.[1767] Voraussetzung ist lediglich, dass die verfolgten Interessen nicht gegen die Rechtsordnung

---

[1762] EuGH, Urt. v. 04.07.2023, Az. C-252/21, GRUR 2023, 1131 (1140 Rn. 106); *DSK,* Orientierungshilfe der Aufsichtsbehörden für Anbieter:innen von Telemedien, 11 ff.; ebenso zur inhaltlich weitgehend übereinstimmenden Vorgängernorm Art. 7 lit. f DSRL siehe EuGH, Urt. v. 11.12.2019, Az. C 708/18, ZD 2020, 148 (149 Rn. 40); *Heberlein,* in: Ehmann/Selmayr (Hrsg.), DSGVO, Art. 6 Rn. 46; *Frenzel,* in: Paal/Pauly (Hrsg.), DSGVO/BDSG, Art. 6 DSGVO Rn. 27; *Assion/Nolte/Veil,* in: Gierschmann et al. (Hrsg.), DSGVO, Art. 6 Rn. 128; *Taeger,* in: Taeger/Gabel (Hrsg.), DSGVO/BDSG, Art. 6 DSGVO Rn. 117; hiervon im Aufbau, aber nicht inhaltlich abweichend *Wedde,* in: Däubler et al. (Hrsg.), DSGVO/BDSG/TTDSG, Art. 6 DSGVO Rn. 102; *Wolff,* in: Schantz/Wolff (Hrsg.), Das neue Datenschutzrecht, 203 (205 Rn. 636).

[1763] Beispielsweise sind die Verhinderung von Betrug sowie das Direktmarketing explizit über EG 47 Satz 6, 7 DSGVO und die Geltendmachung, Ausübung oder Verteidigung von Rechtsansprüchen implizit über Art. 9 Abs. 2 lit. f DSGVO als berechtigtes Interesse anerkannt.

[1764] Für die exemplarische Aufzählung einiger berechtigter Interessen siehe *Jahnel,* in: Jahnel/Bergauer (Hrsg.), DSGVO, Art. 6 Rn. 75; *DSK,* Orientierungshilfe der Aufsichtsbehörden für Anbieter:innen von Telemedien, 12; EG 47 Satz 2, 6, 7 DSGVO; *Heberlein,* in: Ehmann/Selmayr (Hrsg.), DSGVO, Art. 6 Rn. 41; *Reimer,* in: Sydow/Marsch (Hrsg.), DSGVO/BDSG, Art. 6 DSGVO Rn. 78; *Taeger,* in: Taeger/Gabel (Hrsg.), DSGVO/BDSG, Art. 6 DSGVO Rn. 130; *Assion/Nolte/Veil,* in: Gierschmann et al. (Hrsg.), DSGVO, Art. 6 Rn. 134 ff.

[1765] *Schantz,* in: Simitis/Hornung/Spiecker gen. Döhmann (Hrsg.), DSR, Art. 6 Abs. 1 UAbs. 1 lit. f DSGVO Rn. 98.

[1766] *Albers/Veit,* in: Wolff/Brink/von Ungern-Sternberg (Hrsg.), BeckOK DSR, Art. 6 DSGVO Rn. 68; *Jacquemain* et al., in: Schwartmann et al. (Hrsg.), DS-GVO/BDSG, Art. 6 DSGVO Rn. 155; *Plath/Struck,* in: Plath (Hrsg.), DSGVO/BDSG/TTDSG, Art. 6 DSGVO Rn. 58; *Reimer,* in: Sydow/Marsch (Hrsg.), DSGVO/BDSG, Art. 6 DSGVO Rn. 75; *Schulz,* in: Gola/Heckmann (Hrsg.), DSGVO, Art. 6 Rn. 61; *Schantz,* in: Simitis/Hornung/Spiecker gen. Döhmann (Hrsg.), DSR, Art. 6 Abs. 1 UAbs. 1 lit. f DSGVO Rn. 98; *Assion/Nolte/Veil,* in: Gierschmann et al. (Hrsg.), DSGVO, Art. 6 Rn. 129.

[1767] *Albers/Veit,* in: Wolff/Brink/von Ungern-Sternberg (Hrsg.), BeckOK DSR, Art. 6 DSGVO Rn. 68; *Jahnel,* in: Jahnel/Bergauer (Hrsg.), DSGVO, Art. 6 Rn. 73; *Buchner/Petri,* in: Kühling/Buchner (Hrsg.), DSGVO/BDSG, Art. 6 DSGVO Rn. 146a; *Jacquemain* et al., in: Schwartmann et al. (Hrsg.), DS-GVO/BDSG, Art. 6 DSGVO Rn. 154; *Reimer,* in: Sydow/Marsch (Hrsg.), DSGVO/BDSG, Art. 6 DSGVO Rn. 75; OLG München, Urt. v. 24.10.2018, Az. 3 U 1551/17, GRUR-RR 2019, 137 (139 Rn. 30); *Schulz,* in: Gola/Heckmann (Hrsg.), DSGVO, Art. 6 DSGVO Rn. 61; *Schantz,* in: Simitis/Hornung/Spiecker gen. Döhmann (Hrsg.), DSR, Art. 6 Abs. 1 UAbs. 1 lit. f DSGVO Rn. 98; *Taeger,* in: Taeger/Gabel (Hrsg.), DSGVO/BDSG, Art. 6 DSGVO Rn. 129; *Kramer,* in: Eßer/Kramer/von Lewinski (Hrsg.), DSGVO/BDSG, Art. 6 DSGVO Rn. 72; *Wedde,* in: Däubler et al. (Hrsg.), DSGVO/BDSG/TTDSG, Art. 6 DSGVO Rn. 95; *Wolff,* in: Schantz/Wolff (Hrsg.), Das neue Datenschutzrecht, 203 (204 Rn. 643).

verstoßen,[1768] hinreichend bestimmt sowie schutzwürdig und objektiv begründbar[1769] und nicht rein fiktiver oder spekulativer Natur sind.[1770]

Zu erwähnen ist an dieser Stelle zudem, dass das verfolgte berechtigte Interesse inhaltlich nicht deckungsgleich mit dem Zweck der Datenverarbeitung ist. Anderenfalls käme es dazu, dass der Verarbeitungszweck das Interesse des Verantwortlichen definiert und sich in der Folge die Prüfung der Erforderlichkeit der Datenverarbeitung erübrigt.[1771] Das kann jedoch nicht dem Ansinnen des Gesetzgebers entsprechen. Vielmehr ist das berechtigte Interesse als Motiv für die Verarbeitung, also als der mit der Datenverarbeitung angestrebte übergeordnete Nutzen, zu verstehen.[1772] Der Begriff geht somit deutlich weiter als der Begriff des Zwecks, welcher gem. Art. 5 Abs. 1 lit. b DSGVO möglichst eng umrissen und präzise sein muss.[1773]

14.1.2 Erforderlichkeit der Datenverarbeitung zur Interessenwahrnehmung

Zusätzlich zum Vorliegen eines berechtigten Interesses des Verantwortlichen oder eines Dritten verlangt Art. 6 Abs. 1 UAbs. 1 lit. f DSGVO die Erforderlichkeit der Datenverarbeitung zur Wahrung dieses Interesses. Bei der Erforderlichkeit handelt es sich, wie bereits dargelegt,[1774] um einen unionsautonom auszulegenden Begriff, welcher bedingt, dass eine Verarbeitung ausschließlich dann durchgeführt werden darf, wenn sie zur Erreichung des Zwecks objektiv tauglich und auf das notwendige Maß begrenzt ist. Die konkrete Ausprägung der Erforderlichkeit variiert dabei in Abhängigkeit zur jeweiligen zugrundeliegenden Rechtsgrundlage.[1775]

Im Rahmen des Art. 6 Abs. 1 UAbs. 1 lit. f DSGVO setzt die Erforderlichkeit das berechtigte Interesse und die angestrebte Datenverarbeitung ins Verhältnis zueinander.[1776] Demnach ist eine Datenverarbeitung als erforderlich zu bewerten, wenn dem Verantwortlichen kein milderes, gleich effizientes Mittel zur Wahrung des berechtigten Interesses zur Verfügung steht.[1777]

[1768] *DSK*, Orientierungshilfe der Aufsichtsbehörden für Anbieter:innen von Telemedien, 12; *Heberlein*, in: Ehmann/Selmayr (Hrsg.), DSGVO, Art. 6 Rn. 41; *Jacquemain* et al., in: Schwartmann et al. (Hrsg.), DS-GVO/BDSG, Art. 6 DSGVO Rn. 154; *Plath/Struck*, in: Plath (Hrsg.), DSGVO/BDSG/TTDSG, Art. 6 DSGVO Rn. 61 ff.; *Schulz*, in: Gola/Heckmann (Hrsg.), DSGVO, Art. 6 DSGVO Rn. 61; *Schantz*, in: Simitis/Hornung/Spiecker gen. Döhmann (Hrsg.), DSR, Art. 6 Abs. 1 UAbs. 1 lit. f DSGVO Rn. 98; *Assion/Nolte/Veil*, in: Gierschmann et al. (Hrsg.), DSGVO, Art. 6 Rn. 129; *Taeger*, in: Taeger/Gabel (Hrsg.), DSGVO/BDSG, Art. 6 DSGVO Rn. 129; *Kramer*, in: Eßer/Kramer/von Lewinski (Hrsg.), DSGVO/BDSG, Art. 6 DSGVO Rn. 76; *Wolff*, in: Schantz/Wolff (Hrsg.), Das neue Datenschutzrecht, 203 (204 Rn. 643).

[1769] BVerwG, Urt. v. 27.02.2019, Az. 6 C 2/18, NJW 2019, 2556 (2562 Rn. 47); *Buchner/Petri*, in: Kühling/Buchner (Hrsg.), DSGVO/BDSG, Art. 6 DSGVO Rn. 146a; vgl. auch *Kramer*, in: Eßer/Kramer/von Lewinski (Hrsg.), DSGVO/BDSG, Art. 6 DSGVO Rn. 73 f.

[1770] EuGH, Urt. v. 11.12.2019, Az. C 708/18, ZD 2020, 148 (149 Rn. 44); *Albers/Veit*, in: Wolff/Brink/von Ungern-Sternberg (Hrsg.), BeckOK DSR, Art. 6 DSGVO Rn. 68; *Jacquemain* et al., in: Schwartmann et al. (Hrsg.), DS-GVO/BDSG, Art. 6 DSGVO Rn. 157.

[1771] *Albers/Veit*, in: Wolff/Brink/von Ungern-Sternberg (Hrsg.), BeckOK DSR, Art. 6 DSGVO Rn. 68; vgl. zur alten Rechtslage OLG Köln, Urt. v. 14.08.2009, Az. 6 U 70/09, MMR 2009, 845 (847).

[1772] *DSK*, Orientierungshilfe der Aufsichtsbehörden für Anbieter:innen von Telemedien, 11; vgl. *Härting/Gössling/Dimov*, ITRB 2017, 169 (170).

[1773] Eingehend zur Unterscheidung *Durmus*, DSB 2020, 12 (12 f.).

[1774] Eingehender allgemein zur Erforderlichkeit siehe Kap. 10.1.3.

[1775] *Albers/Veit*, in: Wolff/Brink/von Ungern-Sternberg (Hrsg.), BeckOK DSR, Art. 6 DSGVO Rn. 16.

[1776] *Albers/Veit*, in: Wolff/Brink/von Ungern-Sternberg (Hrsg.), BeckOK DSR, Art. 6 DSGVO Rn. 69.

[1777] EuGH, Urt. v. 04.07.2023, Az. C-252/21, GRUR 2023, 1131 (1140 Rn. 108); *Buchner/Petri*, in: Kühling/Buchner (Hrsg.), DSGVO/BDSG, Art. 6 DSGVO Rn. 147c; *DSK*, Orientierungshilfe der Aufsichtsbehörden für Anbieter:innen von Telemedien, 13; *Jacquemain* et al., in: Schwartmann et al. (Hrsg.), DS-GVO/BDSG, Art. 6 DSGVO Rn. 160; *Schantz*, in: Simitis/Hornung/Spiecker gen. Döhmann (Hrsg.), DSR, Art. 6 Abs. 1 UAbs. 1 lit. f DSGVO Rn. 100; *Assion/Nolte/Veil*, in: Gierschmann et al. (Hrsg.), DSGVO, Art. 6 Rn. 138; *Kramer*, in: Eßer/Kramer/von Lewinski (Hrsg.), DSGVO/BDSG, Art. 6 DSGVO Rn. 77; *Plath/Struck*, in: Plath (Hrsg.), DSGVO/BDSG/TTDSG, Art. 6 DSGVO Rn. 64; *Wedde*, in: Däubler et al. (Hrsg.), DSGVO/BDSG/TTDSG, Art. 6 DSGVO Rn. 94.

Bei der Auslegung dieser Anforderung ist ein enger Maßstab anzulegen,[1778] weswegen die Erforderlichkeit beispielsweise nicht damit begründet werden kann, dass es sich bei einer Datenverarbeitung um die wirtschaftlich sinnvollste Alternative handelt oder nur durch sie die maximale Effizienz gewährleistet werden kann.[1779] Dennoch ist angesichts des grundsätzlich weiten Verständnisses des berechtigten Interesses keine große Filterwirkung durch die Erforderlichkeit zu erwarten.[1780]

An dieser Stelle ist nochmals hervorzuheben, dass es sich bei der Erforderlichkeit um ein eigenständiges Regelungselement handelt, welches keine Prüfung der Verhältnismäßigkeit bedingt.[1781] Dies ist insbesondere darauf zurückzuführen, dass Art. 6 Abs. 1 UAbs. 2 DSGVO Behörden in Erfüllung ihrer Aufgaben vom Anwendungsbereich des Art. 6 Abs. 1 UAbs. 1 lit. f DSGVO ausgrenzt, die Verhältnismäßigkeit aber den Maßstab für das Verhältnis eines Hoheitsträgers zum Bürger bildet.[1782]

14.1.3 Entgegenstehende Interessen und Grundrechte der betroffenen Person

Ist die Datenverarbeitung zur Wahrung eines berechtigten Interesses des Verantwortlichen oder eines Dritten erforderlich, sind anschließend die der Verarbeitung entgegenstehenden Interessen und Grundrechte der betroffenen Person in den Blick zu nehmen. Als solche kommen auf grundrechtlicher Ebene insbesondere das Recht auf Schutz personenbezogener Daten nach Art. 8 GRCh sowie das Recht auf Achtung des Privat- und Familienlebens nach Art. 8 GRCh und Art. 8 EMRK in Betracht.[1783] Daneben können weitere Grundrechte wie beispielsweise die Berufsfreiheit nach Art. 15 GRCh oder die unternehmerische Freiheit nach Art. 16 GRCh relevant sein.[1784] Auch die über Art. 1 GRCh geschützte persönliche Würde kann, beispielsweise im Fall einer Bildveröffentlichung, zum Tragen kommen.[1785]

Zusätzlich zu den Grundrechten können entsprechend dem Wortlaut des Art. 6 Abs. 1 UAbs. 1 lit. f DSGVO auch sonstige Interessen der betroffenen Person zu berücksichtigen sein. Hierzu zählt unter anderem der Wunsch, keine wirtschaftlichen Nachteile zu erleiden, beispielsweise in Form personalisierter Preisbildung.[1786] Ebenso geschützt sind persönliche Interessen wie das Unschuldsvermutung oder das Anliegen, sich resozialisieren zu können.[1787] Es ist dabei grundsätzlich von einer Schutzwürdigkeit der zum Tragen kommenden Belange auszugehen.[1788] Wie hoch die Schutzwürdigkeit im Konkreten ist, ist zunächst nicht relevant. Erst in der anschließenden Abwägung wird diese bewertet und in die Prüfung einbezogen.

[1778] *Buchner/Petri,* in: Kühling/Buchner (Hrsg.), DSGVO/BDSG, Art. 6 DSGVO Rn. 147c; *Schantz,* in: Simitis/Hornung/Spiecker gen. Döhmann (Hrsg.), DSR, Art. 6 Abs. 1 UAbs. 1 lit. f DSGVO Rn. 100; a.A. *Jacquemain* et al., in: Schwartmann et al. (Hrsg.), DS-GVO/BDSG, Art. 6 DSGVO Rn. 160.

[1779] *Buchner/Petri,* in: Kühling/Buchner (Hrsg.), DSGVO/BDSG, Art. 6 DSGVO Rn. 147c.

[1780] *Heintz,* jM 2018, 184 (187); *Reimer,* in: Sydow/Marsch (Hrsg.), DSGVO/BDSG, Art. 6 DSGVO Rn. 81.

[1781] *Assion/Nolte/Veil,* in: Gierschmann et al. (Hrsg.), DSGVO, Art. 6 Rn. 130; *Albers/Veil,* in: Wolff/Brink/von Ungern-Sternberg (Hrsg.), BeckOK DSR, Art. 6 DSGVO Rn. 69; wohl auch *Frenzel,* in: Paal/Pauly (Hrsg.), DSGVO/BDSG, Art. 6 DSGVO Rn. 29.

[1782] *Frenzel,* in: Paal/Pauly (Hrsg.), DSGVO/BDSG, Art. 6 DSGVO Rn. 29.

[1783] *Buchner/Petri,* in: Kühling/Buchner (Hrsg.), DSGVO/BDSG, Art. 6 DSGVO Rn. 148; *Plath/Struck,* in: Plath (Hrsg.), DSGVO/BDSG/TTDSG, Art. 6 DSGVO Rn. 65; *Schulz,* in: Gola/Heckmann (Hrsg.), DSGVO/BDSG, Art. 6 DSGVO Rn. 63.

[1784] *Buchner/Petri,* in: Kühling/Buchner (Hrsg.), DSGVO/BDSG, Art. 6 DSGVO Rn. 148; *Schulz,* in: Gola/Heckmann (Hrsg.), DSGVO/BDSG, Art. 6 DSGVO Rn. 63.

[1785] *Buchner/Petri,* in: Kühling/Buchner (Hrsg.), DSGVO/BDSG, Art. 6 DSGVO Rn. 148.

[1786] *DSK,* Orientierungshilfe der Aufsichtsbehörden für Anbieter:innen von Telemedien, 13; *Buchner/Petri,* in: Kühling/Buchner (Hrsg.), DSGVO/BDSG, Art. 6 DSGVO Rn. 148a; *Schantz,* in: Simitis/Hornung/Spiecker gen. Döhmann (Hrsg.), DSR, Art. 6 Abs. 1 lit. f DSGVO Rn. 101.

[1787] LG Frankfurt am Main, Urt. v. 28.06.2019, Az. 2-03 O 315/17, ZD 2019, 410 (412 Rn. 48 f.).

[1788] *Buchner/Petri,* in: Kühling/Buchner (Hrsg.), DSGVO/BDSG, Art. 6 DSGVO Rn. 148.

14.1.4 Abwägung

Wurde die Erforderlichkeit der Datenverarbeitung zur Wahrung des berechtigten Interesses des Verantwortlichen oder Dritten festgestellt und die aus Sicht der betroffenen Personen gegen die Verarbeitung sprechenden Belange eruiert, sind die widerstreitenden Standpunkte gegeneinander abzuwägen. Dies muss vor Durchführung der Datenverarbeitung erfolgen, da nur so gewährleistet werden kann, dass die Daten nicht rechtswidrig verarbeitet werden.[1789]

Gegenstand der Abwägung sind die mit der Datenverarbeitung einhergehenden Auswirkungen für die betroffenen Personen sowie die Interessen des Verantwortlichen oder Dritten an der Verarbeitung.[1790] Dabei ist festzustellen, in welchem Verhältnis und mit welcher Intensität diese sich gegenüberstehen.[1791] Kriterien, anhand derer abgewogen werden könnte, formuliert die DSGVO nicht ausdrücklich. Jedoch lassen sich der Gesamtsystematik der DSGVO Abwägungstopoi für eine Bewertung entnehmen.[1792]

14.1.4.1 Bewertung des berechtigten Interesses des Verantwortlichen oder Dritten

Die Bewertung des verfolgten berechtigten Interesses hängt davon ab, von welcher Bedeutung dieses für den Verantwortlichen oder Dritten ist. Hierfür ist insbesondere zu berücksichtigen, wozu die Datenverarbeitung im Konkreten dient. So ist beispielsweise zu unterscheiden, ob das verfolgte Interesse dem Allgemeinwohl dient, die Einschätzung eines wirtschaftlichen Risikos zum Gegenstand hat oder schlicht Werbezwecke betrifft.[1793] Dabei sind triviale Interessen grundsätzlich von geringerer Bedeutung als solche, die existenzielle Aspekte oder sogar das Allgemeinwohl betreffen.

Darüber hinaus sind die im Rahmen der Datenverarbeitung getroffenen Schutzmaßnahmen, die die Risiken der Datenverarbeitung verringern sollen, in die Bewertung einzubeziehen.[1794] Dies gilt allerdings nur, insoweit die getroffenen Maßnahmen über das hinausgehen, was die Verordnung ohnehin voraussetzt.[1795]

14.1.4.2 Bewertung des Standpunkts der betroffenen Personen

Die Bewertung des Standpunkts der betroffenen Personen richtet sich nach deren Belastung, also dem Ausmaß der nachteiligen Auswirkungen auf die Interessen und Grundrechte der betroffenen Personen, welche mit der Durchführung der vom Verantwortlichen angedachten Datenverarbeitung einhergehen würde. Dabei gilt: Je höher die Intensität der Beeinträchtigung und das Gewicht der Interessen der betroffenen Personen ist, umso höher ist die mit der

---

[1789] *Jahnel*, in: Jahnel/Bergauer (Hrsg.), DSGVO, Art. 6 Rn. 68.

[1790] *Buchner/Petri*, in: Kühling/Buchner (Hrsg.), DSGVO/BDSG, Art. 6 DSGVO Rn. 149.

[1791] *Albers/Veit*, in: Wolff/Brink/von Ungern-Sternberg (Hrsg.), BeckOK DSR, Art. 6 DSGVO Rn. 72; *Jahnel*, in: Jahnel/Bergauer (Hrsg.), DSGVO, Art. 6 Rn. 78.

[1792] *Schantz*, in: Simitis/Hornung/Spiecker gen. Döhmann (Hrsg.), DSR, Art. 6 Abs. 1 UAbs. 1 lit. f DSGVO Rn. 103.

[1793] Vgl. *Buchner/Petri*, in: Kühling/Buchner (Hrsg.), DSGVO/BDSG, Art. 6 DSGVO Rn. 152; *Reimer*, in: Sydow/Marsch (Hrsg.), DSGVO/BDSG, Art. 6 DSGVO Rn. 85; *DSK*, Orientierungshilfe der Aufsichtsbehörden für Anbieter:innen von Telemedien, 14; *Herfurth*, ZD 2018, 514 (515); die Rechtsgrundlage des Art. 6 Abs. 1 UAbs. 1 lit. f DSGVO für Verarbeitung im Interesse der Allgemeinheit ausschließend *Schantz*, in: Simitis/Hornung/Spiecker gen. Döhmann (Hrsg.), DSR, Art. 6 Abs. 1 UAbs. 1 lit. f DSGVO Rn. 99.

[1794] *Jahnel*, in: Jahnel/Bergauer (Hrsg.), DSGVO, Art. 6 Rn. 78; *DSK*, Orientierungshilfe der Aufsichtsbehörden für Anbieter:innen von Telemedien, 14; *Schantz*, in: Simitis/Hornung/Spiecker gen. Döhmann (Hrsg.), DSR, Art. 6 Abs. 1 UAbs. 1 lit. f DSGVO Rn. 114.

[1795] *DSK*, Orientierungshilfe der Aufsichtsbehörden für Anbieter:innen von Telemedien, 14; *Schantz*, in: Simitis/Hornung/Spiecker gen. Döhmann (Hrsg.), DSR, Art. 6 Abs. 1 UAbs. 1 lit. f DSGVO Rn. 113; *Assion/Nolte/Veil*, in: Gierschmann et al. (Hrsg.), DSGVO, Art. 6 Rn. 143.

Datenverarbeitung einhergehende Belastung.[1796] Obgleich die DSGVO keine Kriterien zur Bemessung der Belastung benennt, lassen sich aus ihr Wertungsgesichtspunkte ableiten, die drei zentralen Faktoren der Datenverarbeitung zugeordnet werden können: den Daten selbst, den involvierten Akteuren sowie der Ausgestaltung der Verarbeitung.[1797]

14.1.4.2.1 Faktor Daten

Die Belastung der betroffenen Personen durch eine Datenverarbeitung richtet sich maßgeblich nach den der Verarbeitung zugrundeliegenden Daten.[1798] Wie sich die Daten konkret auf die Belastung auswirken, bestimmt sich anhand verschiedener Kriterien. Insbesondere ist einzubeziehen, wie sensibel die Daten sind. Es ist somit etwa zu unterscheiden, ob höchstpersönliche Aspekte, die wirtschaftliche Lage oder lediglich wenig persönlichkeitsrelevante Details, beispielsweise Informationen zu den Lieblingsfarben, betroffen sind.[1799] Zur Bestimmung der Sensibilität der Daten kann gedanklich auf die Sphärentheorie zurückgegriffen werden. Auch wenn diese hier nicht unmittelbar anwendbar ist, liegt auf der Hand, dass Daten aus der Intimsphäre sensibler und damit schützenswerter sind als solche aus der Individual- oder gar der Sozialsphäre.[1800] Hierbei ist zudem einzubeziehen, ob eine Pseudonymisierung der Daten vorgenommen wurde. Eine solche kann nämlich das Risiko für die betroffenen Personen und damit auch die mit der Datenverarbeitung einhergehende Belastung verringern.[1801]

Ein weiteres Kriterium ist die Herkunft der Daten, die Gegenstand der Verarbeitung werden sollen.[1802] Wurden diese von der betroffenen Person bewusst privat oder sogar unter Verschluss gehalten, intensiviert sich hierdurch die Belastung. Stammen die Daten hingegen aus öffentlich zugänglichen Quellen oder wurden sogar durch die betroffene Person selbst öffentlich gemacht, sind die betroffenen Personen weniger schutzwürdig, weswegen die Datenverarbeitung weniger belastend wirkt.[1803]

Überdies ist der Umfang der geplanten Datenverarbeitung in die Erwägungen einzubeziehen. Je mehr Daten einer Verarbeitung zugrundeliegen, desto größer ist die Gefahr, dass Rückschlüsse möglich werden, die den Informationsgehalt der Einzeldaten übersteigen. Dadurch könnten beispielsweise diffamierende oder sensible Informationen offengelegt werden. Das

---

[1796] *Herfurth*, ZD 2018, 514 (515).

[1797] Eingehend hierzu *Herfurth*, ZD 2018, 514 (515 ff.).

[1798] *Reimer*, in: Sydow/Marsch (Hrsg.), DSGVO/BDSG, Art. 6 DSGVO Rn. 84; *Schulz*, in: Gola/Heckmann (Hrsg.), DSGVO/BDSG, Art. 6 DSGVO Rn. 63; *Schantz*, in: Simitis/Hornung/Spiecker gen. Döhmann (Hrsg.), DSR, Art. 6 Abs. 1 lit. f DSGVO Rn. 105; *Taeger*, in: Taeger/Gabel (Hrsg.), DSGVO/BDSG, Art. 6 DSGVO Rn. 149; *Herfurth*, ZD 2018, 514 (516); *Wolff*, in: Schantz/Wolff (Hrsg.), Das neue Datenschutzrecht, 203 (260 Rn. 654); *DSK*, Orientierungshilfe der Aufsichtsbehörden für Anbieter:innen von Telemedien, 19.

[1799] Vgl. EG 75 DSGVO; *Buchner/Petri*, in: Kühling/Buchner (Hrsg.), DSGVO/BDSG, Art. 6 DSGVO Rn. 150; *Reimer*, in: Sydow/Marsch (Hrsg.), DSGVO/BDSG, Art. 6 DSGVO Rn. 84; *Schantz*, in: Simitis/Hornung/Spiecker gen. Döhmann (Hrsg.), DSR, Art. 6 Abs. 1 UAbs. 1 lit. f DSGVO Rn. 107.

[1800] *Assion/Nolte/Veil*, in: Gierschmann et al. (Hrsg.), DSGVO, Art. 6 Rn. 142; *Wolff*, in: Schantz/Wolff (Hrsg.), Das neue Datenschutzrecht, 203 (206 Rn. 653).

[1801] EG 28 DSGVO; *DSK*, Orientierungshilfe der Aufsichtsbehörden für Anbieter:innen von Telemedien, 19.

[1802] *Heberlein*, in: Ehmann/Selmayr (Hrsg.), DSGVO, Art. 6 Rn. 47; *Schulz*, in: Gola/Heckmann (Hrsg.), DSGVO/BDSG, Art. 6 DSGVO Rn. 63; *Schantz*, in: Simitis/Hornung/Spiecker gen. Döhmann (Hrsg.), DSR, Art. 6 Abs. 1 UAbs. 1 lit. f DSGVO Rn. 110; *Taeger*, in: Taeger/Gabel (Hrsg.), DSGVO/BDSG, Art. 6 DSGVO Rn. 149; *Wolff*, in: Schantz/Wolff (Hrsg.), Das neue Datenschutzrecht, 203 (207 Rn. 655); *Herfurth*, ZD 2018, 514 (516 f.).

[1803] Zur Schutzwürdigkeit betroffener Personen hinsichtlich der öffentlich über sie verfügbaren Daten bereits unter Kap. 4.3 und Kap. 6.2.3.4.3; siehe auch *Herfurth*, ZD 2018, 514 (516); *Hornung/Gilga*, CR 2020, 367 (377).

Risiko der Datenverarbeitung – und damit auch die Belastung für die betroffenen Personen – steigt folglich mit zunehmender Datenmenge.[1804]

Des Weiteren ist der Aussagegehalt der Daten als Kriterium zu berücksichtigen.[1805] Können anhand der Daten beispielsweise Bewegungs-, Nutzungs- oder Persönlichkeitsprofile erstellt werden, steigt im Zuge des potenziell intensiveren Einblicks in die Privatsphäre die Belastung für die betroffenen Personen.[1806] Sind die zugrunde gelegten Daten in Bezug auf den Verarbeitungszweck unzuverlässig oder falsch, ist sogar ein Überwiegen der Interessen der betroffenen Personen zu vermuten.[1807]

14.1.4.2.2 Faktor involvierte Akteure

Neben den Daten sind die in die Datenverarbeitung involvierten Akteure ein relevanter Faktor zur Bestimmung der Belastung.[1808] Vor diesem Hintergrund ist zum einen die Anzahl der Verantwortlichen, Auftragsverarbeiter und Empfänger zu berücksichtigen. Je höher diese ist, umso stärker ist die von der Verarbeitung ausgehende Belastung. Dies ergibt sich insbesondere im Zuge des steigendenden Verarbeitungsrisikos und der zunehmend erschwerten Möglichkeiten der betroffenen Personen, Einfluss auf die Datenverarbeitung zu nehmen.[1809] Zum anderen wirkt sich eine große Anzahl betroffener Personen belastend aus. So kann durch eine viele Personen betreffende Datenmenge potenziell auf Persönlichkeitsmerkmale einzelner Personen geschlossen werden, die den Einzeldaten nicht entnommen werden können.[1810]

Ein weiteres Kriterium ist der Kreis der betroffenen Personen.[1811] Werden beispielsweise Daten besonders anfälliger oder wehrloser Menschen verarbeitet, steigert dies die Belastung.[1812] Auch wirkt sich ein bestehendes Machtungleichgewicht – wie etwa bei der Verarbeitung von Arbeitnehmerdaten durch den Arbeitgeber – regelmäßig belastend aus, da die Datenverarbeitung in solchen Konstellationen nur erschwert durch die betroffenen Personen abgewendet oder beeinflusst werden kann.[1813] Werden personenbezogene Daten verarbeitet, die ein Kind betreffen, ist zudem davon auszugehen, dass die Interessen des Kinds stets überwiegen.[1814]

Darüber hinaus ist i.S.v. EG 47 Satz 1 HS 2 DSGVO die vernünftige Erwartungshaltung der betroffenen Personen zu berücksichtigen. Zur Einschätzung dieser Erwartungshaltung ist der Kern der Beziehung zwischen der betroffenen Person und dem Verantwortlichen zu betrachten.[1815] Dabei ist ein subjektivobjektiver Maßstab anzulegen, der nicht auf die konkrete

---

[1804] Vgl. EG 75 DSGVO; *DSK*, Orientierungshilfe der Aufsichtsbehörden für Anbieter:innen von Telemedien, 20; *Schantz*, in: Simitis/Hornung/Spiecker gen. Döhmann (Hrsg.), DSR, Art. 6 Abs. 1 UAbs. 1 lit. f DSGVO Rn. 106; *Drewes*, CR 216, 721 (723); *Herfurth*, ZD 2018, 514 (516).

[1805] *Schantz*, in: Simitis/Hornung/Spiecker gen. Döhmann (Hrsg.), DSR, Art. 6 Abs. 1 UAbs. 1 lit. f DSGVO Rn. 105; *Herfurth*, ZD 2018, 514 (516).

[1806] *Buchner/Petri*, in: Kühling/Buchner (Hrsg.), DSGVO/BDSG, Art. 6 DSGVO Rn. 153; *DSK*, Orientierungshilfe der Aufsichtsbehörden für Anbieter:innen von Telemedien, 18.

[1807] *Buchner/Petri*, in: Kühling/Buchner (Hrsg.), DSGVO/BDSG, Art. 6 DSGVO Rn. 151; *Herfurth*, ZD 2018, 514 (517).

[1808] *Herfurth*, ZD 2018, 514 (517).

[1809] *Herfurth*, ZD 2018, 514 (517).

[1810] *Herfurth*, ZD 2018, 514 (517 f.).

[1811] *DSK*, Orientierungshilfe der Aufsichtsbehörden für Anbieter:innen von Telemedien, 20 f.; *Schulz*, in: Gola/Heckmann (Hrsg.), DSGVO/BDSG, Art. 6 DSGVO Rn. 63; *Schantz*, in: Simitis/Hornung/Spiecker gen. Döhmann (Hrsg.), DSR, Art. 6 Abs. 1 UAbs. 1 lit. f DSGVO Rn. 113.

[1812] *DSK*, Orientierungshilfe der Aufsichtsbehörden für Anbieter:innen von Telemedien, 20.

[1813] *DSK*, Orientierungshilfe der Aufsichtsbehörden für Anbieter:innen von Telemedien, 21; *Herfurth*, ZD 2018, 514 (518).

[1814] *Albers/Veit*, in: Wolff/Brink/von Ungern-Sternberg (Hrsg.), BeckOK DSR, Art. 6 DSGVO Rn. 71.

[1815] *Jahnel*, in: Jahnel/Bergauer (Hrsg.), DSGVO, Art. 6 Rn. 79.

betroffene Person, sondern einen objektiven Dritten in der Rolle der betroffenen Person abstellt.[1816] Zeigt sich, dass die Verarbeitung zum Zeitpunkt der Datenerhebung für die betroffene Person nicht absehbar war, intensiviert dieser Umstand die Belastung der betroffenen Person.

14.1.4.2.3 Faktor Ausgestaltung der Verarbeitung

Neben den bereits genannten Faktoren ist auch die Ausgestaltung der Datenverarbeitung hinsichtlich der Belastung der betroffenen Personen zu berücksichtigen. Ein Kriterium hierfür ist die Art und Weise der Datenerhebung. Findet diese heimlich, intransparent oder rechtswidrig statt, wirkt sich dies belastend aus. Die betroffenen Personen haben in solchen Fällen wenig Kontrolle über ihre Daten und können sich aufgrund mangelnder Kenntnis kaum gegen die Erhebung zur Wehr setzen. Verringert wird die Belastung hingegen, wenn die Datenerhebung offen durchgeführt wird und bei der betroffenen Person erfolgt.[1817]

Ein weiteres Kriterium zur Bestimmung der mit der Ausgestaltung der Verarbeitung einhergehenden Belastung ist die Umsetzung der Datenverarbeitung. Ist die Verarbeitung besonders risikobehaftet, beispielsweise weil systematisch und umfassend persönliche Aspekte bewertet, öffentliche Bereiche systematisch ausgewertet oder Personen umfangreich und regelmäßig überwacht werden, beeinträchtigt dies die Interessen der betroffenen Personen erheblich.[1818] Werden hingegen Adressdaten zu Werbezwecken verarbeitet, ist die Belastung für die betroffenen Personen gering.

Daneben ist die zeitliche Komponente der Datenverarbeitung als Kriterium zu berücksichtigen. Je länger und häufiger eine Verarbeitung stattfindet, umso belastender ist sie im Zuge der stetig zunehmenden Informationsdichte.[1819]

Des Weiteren ist der Kontext der Verarbeitung einzubeziehen. Dieser bestimmt sich zum einen dadurch, in welchem Zusammenhang die Datenverarbeitung durchgeführt wird. Ist diese beispielsweise branchenüblich[1820] oder für die Wahrnehmung einer gewerblichen Tätigkeit der betroffenen Person unumgänglich, ist die Belastung gering.[1821] Hingegen wird die Belastung intensiviert, wenn die betroffene Person nicht mit der Datenverarbeitung und ihren Eigenheiten vertraut ist. Darüber hinaus wirken sich die potenziellen Folgen einer Datenverarbeitung auf den Verarbeitungskontext aus.[1822] Wird auf Basis der Verarbeitung beispielsweise kein Kredit gewährt, die Verhandlungsposition geschwächt oder ein schlechterer Preis angeboten, werden die betroffenen Personen hierdurch belastet.[1823] Des Weiteren ist von Relevanz, ob Daten in Drittländer übermittelt werden. In solchen Fällen steigt die Belastung der betroffenen Personen,

---

[1816] *DSK*, Orientierungshilfe der Aufsichtsbehörden für Anbieter:innen von Telemedien, 16; *Assion/Nolte/Veil*, in: Gierschmann et al. (Hrsg.), DSGVO, Art. 6 Rn. 141; *Schulz*, in: Gola/Heckmann (Hrsg.), DSGVO/BDSG, Art. 6 DSGVO Rn. 67; *Herfurth*, ZD 2018, 514 (518); *Jacquemain* et al., in: Schwartmann et al. (Hrsg.), DS-GVO/BDSG, Art. 6 DSGVO Rn. 162; *Drewes*, CR 216, 721 (723).

[1817] *Schantz*, in: Simitis/Hornung/Spiecker gen. Döhmann (Hrsg.), DSR, Art. 6 Abs. 1 UAbs. 1 lit. f DSGVO Rn. 111; *Herfurth*, ZD 2018, 514 (518).

[1818] *Herfurth*, ZD 2018, 514 (519).

[1819] EG 75 DSGVO; *DSK*, Orientierungshilfe der Aufsichtsbehörden für Anbieter:innen von Telemedien, 18; *Herfurth*, ZD 2018, 514 (519).

[1820] *Albers/Veit*, in: Wolff/Brink/von Ungern-Sternberg (Hrsg.), BeckOK DSR, Art. 6 DSGVO Rn. 72; *Plath/Struck*, in: Plath (Hrsg.), DSGVO/BDSG/TTDSG, Art. 6 DSGVO Rn. 66.

[1821] *Buchner/Petri*, in: Kühling/Buchner (Hrsg.), DSGVO/BDSG, Art. 6 DSGVO Rn. 150; *Drewes*, CR 216, 721 (723).

[1822] *Schantz*, in: Simitis/Hornung/Spiecker gen. Döhmann (Hrsg.), DSR, Art. 6 Abs. 1 UAbs. 1 lit. f DSGVO Rn. 107.

[1823] *Schantz*, in: Simitis/Hornung/Spiecker gen. Döhmann (Hrsg.), DSR, Art. 6 Abs. 1 UAbs. 1 lit. f DSGVO Rn. 107.

da außerhalb des räumlichen Anwendungsbereichs der Verordnung das Risiko, dass das Schutzniveau der DSGVO unterlaufen wird, erhöht ist.[1824] Überdies sind die den betroffenen Personen zur Verfügung stehenden Interventionsmöglichkeiten einzubeziehen. Können die betroffenen Personen die Datenverarbeitung (technisch) unterbinden, einschränken oder andere Rahmenbedingungen festsetzen, sinkt die Belastung.[1825] Hingegen steigt sie, wenn eine Einflussnahme nicht möglich ist.

14.1.4.3 Durchführung der Abwägung

Nachdem eruiert wurde, welche Bedeutung das verfolgte berechtigte Interesse für den Verantwortlichen oder Dritten hat und wie groß die mit der Datenverarbeitung einhergehende Belastung wäre, sind die widerstreitenden Belange gegeneinander abzuwägen. Dabei darf die Abwägung nicht zu einem rein formalen Akt verkommen. Vielmehr muss tatsächlich ermittelt werden, ob die mit der Datenverarbeitung einhergehende Belastung schwerer wiegt als die berechtigten Interessen des Verantwortlichen oder Dritten.[1826] Als Faustregel gilt dabei grundsätzlich, dass kleinere und wenig zwingende Interessen eines Verantwortlichen nur dann eine Verarbeitung rechtfertigen können, wenn die Auswirkungen auf die Interessen und Grundrechte der betroffenen Personen gering sind.[1827] Zudem ist zu berücksichtigen, dass verfassungsrechtlich anerkannte Interessen schwerer wiegen als solche, die ausschließlich im einfachen Recht oder nur tatsächlich anerkannt sind.[1828]

Bei gleichwertigen Interessen darf die Datenverarbeitung ausweislich des Wortlauts des Art. 6 Abs. 1 UAbs. 1 lit. f DSGVO („sofern nicht die Interessen oder Grundrechte und Grundfreiheiten der betroffenen Person [...] überwiegen") stattfinden.[1829] Es verbietet sich zudem, die Abwägung im Zweifelsfall zu Ungunsten des Verantwortlichen ausfallen zu lassen.[1830]

In Anbetracht der Wertungsoffenheit einer Abwägung verbleibt bei einer Verarbeitung auf Grundlage des Art. 6 Abs. 1 UAbs. 1 lit. f DSGVO regelmäßig eine gewisse Restunsicherheit.[1831] Belastung und Bedeutung der Verarbeitung können zumeist nicht eindeutig festgestellt werden.[1832] Die Einschätzung der Rechtmäßigkeit auf Grundlage von Art. 6 Abs. 1 UAbs. 1 lit. f DSGVO verbleibt damit letztlich ein Werturteil des Verantwortlichen.

14.2 Web-Monitoring auf Grundlage berechtigter Interessen

Anhand der vorangegangenen Erwägungen wird deutlich, wie ergebnis- und wertungsoffen Art. 6 Abs. 1 UAbs. 1 lit. f DSGVO konzipiert ist. Insbesondere der Umstand, dass die DSGVO keinen Prüfungsmaßstab abbildet oder Kriterien für die Abwägung benennt, gibt den Verantwortlichen einen weiten Beurteilungsspielraum. Die bereits erwähnte Auffassung,[1833] die Rechtsgrundlage sei als Auffangtatbestand zu verstehen, scheint vor diesem Hintergrund nachvollziehbar. Schließlich können über Art. 6 Abs. 1 UAbs. 1 lit. f DSGVO grundsätzlich

---

[1824] *Herfurth*, ZD 2018, 514 (518 f.).

[1825] *DSK*, Orientierungshilfe der Aufsichtsbehörden für Anbieter:innen von Telemedien, 17; *Buchner/Petri*, in: Kühling/Buchner (Hrsg.), DSGVO/BDSG, Art. 6 DSGVO Rn. 154.

[1826] *Taeger*, in: Taeger/Gabel (Hrsg.), DSGVO/BDSG, Art. 6 DSGVO Rn. 141.

[1827] *Jahnel*, in: Jahnel/Bergauer (Hrsg.), DSGVO, Art. 6 Rn. 78.

[1828] *DSK*, Orientierungshilfe der Aufsichtsbehörden für Anbieter:innen von Telemedien, 14.

[1829] *Schulz*, in: Gola/Heckmann (Hrsg.), DSGVO/BDSG, Art. 6 DSGVO Rn. 62.

[1830] *Reimer*, in: Sydow/Marsch (Hrsg.), DSGVO/BDSG, Art. 6 DSGVO Rn. 87; *Schulz*, in: Gola/Heckmann (Hrsg.), DSGVO/BDSG, Art. 6 DSGVO Rn. 63.

[1831] *Jahnel*, in: Jahnel/Bergauer (Hrsg.), DSGVO, Art. 6 Rn. 69; *Wolff*, in: Schantz/Wolff (Hrsg.), Das neue Datenschutzrecht, 203 (208 Rn. 660).

[1832] *Wolff*, in: Schantz/Wolff (Hrsg.), Das neue Datenschutzrecht, 203 (609 Rn. 663).

[1833] Siehe hierzu Kap. 14.

sämtliche Datenverarbeitungen zu jeglichen Interessen legitimiert werden. Inwieweit dieser Rückschluss im Allgemeinen und in Bezug auf das Monitoring im Besonderen tatsächlich zutrifft, bedarf allerdings einer genaueren Betrachtung.

Zunächst ist zu konstatieren, dass das Monitoring selbst kein berechtigtes Interesse des Verantwortlichen i.S.v. Art. 6 Abs. 1 UAbs. 1 lit. f DSGVO darstellen kann. Vielmehr handelt es sich hierbei um ein mögliches Mittel zur Verfolgung eines Interesses. Ohne eine übergeordnete Absicht könnte kein Mehrwert geschaffen werden, da dem Monitoring kein Selbstzweck innewohnt.[1834] Die Untersuchung, inwieweit Art. 6 Abs. 1 UAbs. 1 lit. f DSGVO im Verhältnis zu den übrigen Rechtsgrundlagen größere Spielräume für das Monitoring eröffnet und als Auffangtatbestand bezeichnet werden kann, ist daher auf Konstellationen beschränkt, in denen das Monitoring als Mittel zur Wahrnehmung eines berechtigten Interesses eingesetzt werden kann. Um dabei die über die Art. 6 Abs. 1 UAbs. 1 lit. f DSGVO eröffneten Spielräume sowie dessen Charakter als Auffangtatbestand gleichermaßen in Betracht nehmen zu können, fokussieren sich die nachfolgenden Ausführungen auf die Szenarien, die in dieser Arbeit bereits unter den Voraussetzungen der übrigen Rechtsgrundlagen analysiert und als unzulässig abgelehnt wurden.

14.2.1 Web-Monitoring im Rahmen von People Analytics

Im Abschnitt zur Rechtsgrundlage des Vertrags wurde unter anderem der Einsatz des Monitorings im Rahmen von People Analytics in den Blick genommen.[1835] Diese Form der automatisierten Informationsgewinnung kann Arbeitgebern, insbesondere im Rahmen von Bewerbungsverfahren, einen erheblichen Mehrwert bieten, indem Prozesse beschleunigt und Entscheidungen vereinfacht werden. Im Zuge dessen wurde exemplarisch auf das Monitoring zur Auswahl von Bewerbern (sogenanntes Pre-Employment-Screening) sowie auf das Monitoring zu Zwecken des aktiven Recruitings (sogenanntes Active Sourcing) abgestellt und dabei angenommen, dass die jeweilige Stelle, die eine offene Stelle besetzen möchte, das Monitoring betreibt sowie hierfür datenschutzrechtlich verantwortlich ist. Bezüglich beider Szenarien ergab sich, dass die Datenverarbeitung nicht auf einen Vertrag oder eine vorvertragliche Maßnahme gestützt werden kann.[1836] Im Kontext der vorangehenden Ausführungen zur Interessenabwägung stellt sich damit die Frage, inwieweit Art. 6 Abs. 1 UAbs. 1 lit. f DSGVO die Datenverarbeitung rechtfertigen und somit als Auffangtatbestand fungieren kann.

14.2.1.1 Web-Monitoring und Pre-Employment-Screening

Damit die mit dem Monitoring zum Pre-Employment-Screening einhergehende Datenverarbeitung auf die Rechtsgrundlage des Art. 6 Abs. 1 UAbs. 1 lit. f DSGVO gestützt werden kann, muss diese zunächst anwendbar sein. Insoweit stellt sich vor dem Hintergrund des Art. 6 Abs. 1 UAbs. 2 DSGVO die Frage, inwieweit auch behördliche Stellen ein Pre-Employment-Screening auf die Rechtsgrundlage des Art. 6 Abs. 1 UAbs. 1 lit. f DSGVO stützen können.

14.2.1.1.1 Anwendbarkeit des Art. 6 Abs. 1 UAbs. 1 lit. f DSGVO

Während nichtbehördliche Stellen Art. 6 Abs. 1 UAbs. 1 lit. f DSGVO stets als Rechtsgrundlage für die in ihren Verantwortungsbereich fallenden Verarbeitungstätigkeiten in Betracht ziehen können, ist die Anwendbarkeit dieser Norm für Behörden durch Art. 6 Abs. 1 UAbs. 2 DSGVO begrenzt. Diese können Datenverarbeitungen, die im Zusammenhang mit der Erfüllung der ihnen obliegenden Aufgaben stehen, demnach nicht auf Art. 6 Abs. 1 UAbs. 1 lit. f DSGVO stützen. Im Umkehrschluss kommt eine Anwendbarkeit des Art. 6 Abs. 1 UAbs. 1 lit. f DSGVO für behördliche Datenverarbeitungen somit in Betracht, wenn diese nicht im

---
[1834] Zum fehlenden Selbstzweck bereits unter Kap. 7.2.1.
[1835] Siehe hierzu Kap. 10.2.1
[1836] Siehe Kap. 10.2.1.1.3 und Kap. 10.2.1.2.2.

14.2 Web-Monitoring auf Grundlage berechtigter Interessen

Rahmen einer der Behörde obliegenden Aufgabe erfolgt. In diesem Kontext es ist jedoch unerlässlich zu berücksichtigen, dass Art. 6 Abs. 1 UAbs. 1 lit. f DSGVO nicht für sämtliche solcher Verarbeitungstätigkeiten eine mögliche Rechtsgrundlage darstellt. Andernfalls erhielten Behörden die Möglichkeit, außerhalb ihres eigentlichen Aufgabenbereichs zu agieren. Eine solche Aufgabenerweiterung stünde jedoch im eklatanten Widerspruch zu dem in Art. 20 Abs. 3 GG verankerten Grundsatz des Vorbehalts des Gesetzes, wie er auch auf europarechtlicher Ebene über EG 47 Satz 5 DSGVO zum Ausdruck kommt.[1837] Die Rechtsgrundlage des Art. 6 Abs. 1 UAbs. 1 lit. f DSGVO ist für Behörden folglich nur in engen Grenzen anwendbar. Eine Anwendbarkeit der Rechtsgrundlage für Behörden setzt daher voraus, dass es sich um eine Tätigkeit außerhalb der unmittelbaren Eingriffs- und Leistungsverwaltung handelt, die aber einen hinreichend engen Bezug zu einer gesetzlich festgelegten Aufgabe oder einem gesetzlich anerkannten Interesse besitzt, also eine Art Annex zur eigentlichen Aufgabe oder dem jeweiligen gesetzlich anerkannten Interesse darstellt. Dementsprechend ist beispielsweise auf deutscher Ebene das fiskalische Handeln einer Behörde nicht als Aufgabe zu verstehen und kann grundsätzlich über Art. 6 Abs. 1 UAbs. 1 lit. f DSGVO legitimiert werden,[1838] sofern ein hinreichender Bezug zur Wahrnehmung einer der jeweiligen Stelle obliegenden Aufgabe besteht.

Im Kontext des vorliegenden Anwendungsfalls stellt sich somit zunächst die Frage, ob die Rechtsgrundlage des Art. 6 Abs. 1 UAbs. 1 lit. f DSGVO für ein Pre-Employment-Screening durch behördliche Stellen ebenso anwendbar ist wie für nichtbehördliche Stellen. Hierfür ist zunächst zu eruieren, ob es sich beim Pre-Employment-Screening um eine Datenverarbeitung handelt, die im Rahmen einer der Behörde obliegenden Aufgabe stattfindet. Eine Aufgabe setzt nach dem Verständnis der DSGVO insbesondere eine gesetzliche Regelung voraus, die ihren Adressaten eine bestimmte Tätigkeit auferlegt.[1839] Das Pre-Employment-Screening wird in den einschlägigen Gesetzen allerdings nicht als Aufgabe zugewiesen. Ebenso findet sich keine Befugnisnorm, über die auf eine entsprechende Aufgabe geschlossen werden könnte. Es existieren lediglich Regelungen, die die Ausschreibung offener Stellen und die Ausgestaltung der Ausschreibung normieren (beispielsweise § 8 BBG) sowie Regelungen, die Kriterien für die Auswahlentscheidung vorgeben (beispielsweise § 9 BBG). Aus diesen kann allerdings nicht auf eine Aufgabe geschlossen werden, die ein Pre-Employment-Screening umfassen könnte. Weder tangiert das Pre-Employment-Screening die Stellenausschreibung noch hat es Einfluss auf die Kriterien der Auswahlentscheidung. Insbesondere ergibt sich nicht, dass Informationen aus Quellen Dritter gewonnen werden können, die potenziell über die in den eingegangenen Bewerbungen enthaltenen hinausgehen. Dies ginge deutlich über den Wortlaut sowie den Sinn und Zweck solcher Normen hinaus.

Neben diesen spezifischeren Normen finden sich lediglich allgemeine[1840] oder auf Beschäftigtendatenschutz[1841] bezogene Generalklauseln. Ein Rückschluss über diese Datenverarbeitungsbefugnisse auf eine Aufgabe zum Pre-Employment-Screening verbietet sich allerdings. Es kann im Sinn des Gesetzgebers noch des Rechtsstaats liegen, dass aus einer Generalklausel Aufgaben abgeleitet werden, die den eigentümlichen Zuständigkeitsbereich einer Behörde überschreiten.[1842]

[1837] Siehe hierzu auch *Albers/Veit*, in: Wolff/Brink/von Ungern-Sternberg (Hrsg.), BeckOK DSR, Art. 6 DSGVO Rn. 65.

[1838] In solchen Fällen ebenfalls von der Anwendbarkeit des Art. 6 Abs. 1 UAbs. 1 lit. f DSGVO ausgehend *Assion/Nolte/Veil*, in: Gierschmann et al. (Hrsg.), DSGVO, Art. 6 Rn. 127; *Heberlein*, in: Ehmann/Selmayr (Hrsg.), DSGVO, Art. 6 Rn. 39; *Reimer*, in: Sydow/Marsch (Hrsg.), DSGVO/BDSG, Art. 6 DSGVO Rn. 91.

[1839] Zum Begriff der Aufgabe siehe Kap. 13.1.1 sowie Kap. 11.1.1.

[1840] Siehe exemplarisch § 21 Abs. 1 BPolG, § 13 Abs. 1 HSOG, § 67a SGB X, Art. 4 BayDSG.

[1841] Siehe exemplarisch § 26 Abs. 1 BDSG, § 15 Abs. 1 BW LDSG, § 26 Abs. 1 BbgDSG, § 10 HmbDSG.

[1842] Dies ergibt sich insbesondere aus dem im Vorangehenden bereits erwähnten Vorbehalt des Gesetzes.

Vor diesem Hintergrund ist zu konstatieren, dass eine Behörde bei der Durchführung von monitoringgestütztem Pre-Employment-Screening nicht im Rahmen einer ihr obliegenden Aufgabe handelt, sondern vielmehr in gleicher Weise wie eine nichtbehördliche Stelle agiert. Art. 6 Abs. 1 UAbs. 2 DSGVO adressiert allerdings ausschließlich Sachverhalte, bei denen die betroffene Person und die Behörde sich in einem spezifischen staatlichen Verhältnis zueinander befinden.[1843] Die Norm betrifft mithin lediglich hoheitliches Handeln im Rahmen der Eingriffs- und Leistungsverwaltung.[1844] Ein solches ist hier jedoch nicht gegeben, weswegen Art. 6 Abs. 1 UAbs. 2 DSGVO nicht zum Tragen kommt. Eine Anwendbarkeit des Art. 6 Abs. 1 UAbs. 1 lit. f DSGVO ist somit nicht bereits aufgrund des Vorliegens einer Aufgabenzuweisung ausgeschlossen.

Im Weiteren ist daher zu prüfen, inwieweit es sich bei einem behördlichen Pre-Employment-Screening um eine Verarbeitung handelt, die einen hinreichend engen Bezug zu einer gesetzlich festgelegten Aufgabe oder einem gesetzlich anerkannten Interesse besitzt und somit über Art. 6 Abs. 1 UAbs. 1 lit. f DSGVO gerechtfertigt werden darf. Beim Pre-Employment-Screening handelt es sich um eine Verarbeitung personenbezogener Daten, die im Personalauswahlprozess unterstützen und ihn beschleunigen soll. Damit besteht – zumindest auf der Ebene des Bundesrechts – ein enger Bezug zu dem auch über §§ 8, 9 BBG gesetzlich anerkannten Interesse der Personalbeschaffung, welche auch Voraussetzung für die Erfüllung der den Behörden obliegenden Aufgaben ist. Mithin besteht eine äußerst enge Verbundenheit zwischen dem Pre-Employment-Screening und einem gesetzlich anerkannten Interesse einer Behörde. In der Folge ist Art. 6 Abs. 1 UAbs. 1 lit. f DSGVO für den vorliegenden Fall anwendbar.

14.2.1.1.2 Zulässigkeit des Pre-Employment-Screenings

Um das Monitoring zu Zwecken des Pre-Employment-Screenings auf die Rechtsgrundlage des Art. 6 Abs. 1 UAbs. 1 lit. f DSGVO stützen zu können, muss die Verarbeitung einem berechtigten Interesse des Verantwortlichen oder eines Dritten dienen und zur Wahrung dieses Interesses erforderlich sein. Zudem fordert Art. 6 Abs. 1 UAbs. 1 lit. f DSGVO, dass die Grundrechte und Grundfreiheiten der betroffenen Personen das berechtigte Interesse des Verantwortlichen nicht überwiegen.[1845]

14.2.1.1.2.1 Berechtigtes Interesse

Der Einsatz des vorliegenden Monitorings erfolgt im Rahmen eines Bewerbungsverfahrens und dient dem Interesse des Beschäftigungsgebers, eine vakante Stelle mit dem am besten geeigneten Bewerber zu besetzen. Im privatwirtschaftlichen Bereich ist dieses Interesse von der in Art. 16 GRCh statuierten unternehmerischen Freiheit gedeckt, die auch die Durchführung und Ausgestaltung des Stellenbesetzungsverfahrens umfasst. Ein solcher grundrechtlicher Schutz besteht für behördliche Stellen zwar nicht, allerdings ist das Interesse an der Besetzung offener Stellen mit qualifizierten Personen sowohl schutzwürdig als auch objektiv begründbar. So kann die Erfüllung der der Behörde obliegenden Aufgaben nur gelingen, wenn Personal mit hinreichender Sachkunde zur Verfügung steht, das die erforderlichen Tätigkeiten sach- und fachgerecht ausführt und damit dem Anspruch der Bürger auf eine gute Verwaltung – wie er in Art. 41 GRCh für die Organe, Einrichtungen und sonstigen Stellen der EU ausdrücklich formuliert ist – gerecht werden kann. Überdies liegt in der Verfolgung des genannten Interesses kein Verstoß gegen die bestehende Rechtsordnung. Mithin ist sowohl in Bezug auf Behörden als auch in Bezug auf nichtbehördliche Stellen ein berechtigtes Interesse gegeben.[1846]

[1843] *Albers/Veit*, in: Wolff/Brink/von Ungern-Sternberg (Hrsg.), BeckOK DSR, Art. 6 DSGVO Rn. 65.
[1844] BVerwG, Urt. v. 27.09.2018, Az. 7 C 5/17, NVwZ 2019, 473 (475 Rn. 23).
[1845] Eingehend zu den Voraussetzungen des Art. 6 Abs. 1 UAbs. 1 lit. f DSGVO siehe Kap. 14.1.
[1846] Eingehend zum Begriffsverständnis des berechtigten Interesses siehe Kap. 14.1.1.

14.2.1.1.2.2 Erforderlichkeit zur Wahrung des berechtigten Interesses

Die Rechtsgrundlage des Art. 6 Abs. 1 UAbs. 1 lit. f DSGVO verlangt die Erforderlichkeit der Datenverarbeitung zur Wahrung des berechtigten Interesses. Dies setzt voraus, dass dem Verantwortlichen kein milderes, gleich effizientes Mittel zur Verfügung steht.[1847] Als solches stellt sich in Bezug auf das monitoringgestützte Pre-Employment-Screening allerdings sowohl die gezielte manuelle Suche nach Informationen im Internet als auch die persönliche Befragung der Bewerber, beispielsweise im Rahmen eines persönlichen Gesprächs dar.[1848] Daher ist die mit dem Pre-Employment-Screening einhergehende Datenverarbeitung nicht zur Wahrung des hier verfolgten berechtigten Interesses erforderlich.

14.2.1.1.3 Ergebnis

Die mit dem monitoringgestützten Pre-Employment-Screening einhergehende Datenverarbeitung erfüllt das Tatbestandsmerkmal der Erforderlichkeit i.S.v. Art. 6 Abs. 1 UAbs. 1 lit. f DSGVO nicht. So stellen sowohl die manuelle und gezielte Suche nach Informationen im Internet als auch die persönliche Befragung des Bewerbers mildere und zumindest ebenso wirksame Mittel dar. Unabhängig davon, welche Stelle datenschutzrechtlich verantwortlich ist, kann der Einsatz von Monitoring für das Pe-Employment-Screening mithin nicht auf die Rechtsgrundlage des Art. 6 Abs. 1 UAbs. 1 lit. f DSGVO gestützt werden. Vor dem Hintergrund der bereits vorgenommenen Prüfung dieses Anwendungsfalles nach Art. 6 Abs. 1 UAbs. 1 lit. b DSGVO kann zudem grundsätzlich festgestellt werden, dass die monitoringgestützte Verarbeitung öffentlicher Daten zur Bewertung von Bewerbern nach derzeitigem Stand mangels hinreichender Rechtsgrundlage nicht rechtskonform durchgeführt werden kann.

14.2.1.2 Web-Monitoring zum Active Sourcing

Die bisherige Untersuchung hat gezeigt, dass der Einsatz des Monitorings zu Zwecken des aktiven Recruitings nicht durch Art. 6 Abs. 1 UAbs. 1 lit. b DSGVO legitimiert werden kann.[1849] Als alternative Rechtsgrundlage kommt neben der Einwilligung nach Art. 6 Abs. 1 UAbs. 1 lit. a DSGVO, die die mit dem Monitoring verbundene Datenverarbeitung jedoch grundsätzlich nicht rechtfertigen kann,[1850] die Rechtsgrundlage des Art. 6 Abs. 1 UAbs. 1 lit. f DSGVO in Betracht.[1851]

14.2.1.2.1 Anwendbarkeit des Art. 6 Abs. 1 UAbs. 1 lit. f DSGVO

Wie bereits ausgeführt, ist die Anwendbarkeit des Art. 6 Abs. 1 UAbs. 1 lit. f DSGVO für nichtbehördliche Stellen stets gegeben, während Behörden die Rechtsgrundlage gem. Art. 6 Abs. 1 UAbs. 2 DSGVO nicht anwenden können, wenn die Verarbeitung der Wahrnehmung einer ihnen obliegenden Aufgabe dient.[1852] Somit kann Art. 6 Abs. 1 UAbs. 1 lit. f DSGVO für eine Behörde nur dann zum Tragen kommen, wenn die von ihr vorgenommene Datenverarbeitung nicht der Aufgabenerfüllung dient. Dabei ist allerdings zusätzlich vorauszusetzen, dass ein hinreichend enger Bezug zu einer gesetzlich festgelegten Aufgabe oder einem gesetzlich anerkannten Interesse besteht.[1853]

Bei der aktiven Personalbeschaffung handelt es sich nicht um eine Aufgabe im Sinne der DSGVO. Diese setzt insbesondere eine gesetzliche Regelung voraus, die ihren Adressaten eine

---

[1847] Zur Erforderlichkeit siehe Kap. 10.1.3 und Kap. 14.1.2.
[1848] Eingehend hierzu siehe Kap. 10.2.1.1.2.
[1849] Eingehend hierzu siehe Kap. 10.2.1.2.2.
[1850] Eingehend zur Rechtsgrundlage der Einwilligung im Kontext des Monitorings siehe Kap. 9.
[1851] Art. 6 Abs. 1 UAbs. 1 lit. c, d ohne e DSGVO sind mangels Anwendbarkeit auf den vorliegenden Sachverhalt gar nicht erst in die Ausführungen einzubeziehen.
[1852] Hierzu bereits eingehender unter Kap. 14.2.1.1.1.
[1853] Eingehender hierzu Kap. 14.2.1.1.1.

bestimmte Tätigkeit gebietet.[1854] In Bezug auf die aktive Personalbeschaffung existiert aber – soweit ersichtlich – keine solche Regelung. Zudem ist es weder möglich, eine entsprechende Aufgabe über die Erforderlichkeit von Personal für die Erfüllung der obliegenden Aufgaben zu konstruieren noch existiert eine Befugnisnorm, die einen Rückschluss auf eine entsprechende Aufgabe zuließe. Normen, die ähnlich wie § 8 BBG vorsehen, dass zu besetzende Stellen auszuschreiben sind, sind Ausformung der grundgesetzlichen Pflicht aus Art. 33 Abs. 2 GG, wonach jedem Deutschen – abhängig von seiner Eignung, Befähigung und fachlichen Leistung – der Zugang zu einem öffentlichen Amt offenstehen muss.[1855] Hintergrund ist damit das grundgesetzlich normierte Leistungsprinzip sowie die Chancengleichheit beim Zugang zu öffentlichen Ämtern, nicht aber die Aufgabe der Personalbeschaffung. Ebenso lässt sich über Regelungen, die wie § 9 BBG Kriterien für die Bewerberauswahl vorgeben, nicht auf eine Aufgabe zur Personalbeschaffung schließen. Zum einen geben solche Normen lediglich Auswahlkriterien vor, adressieren also nicht den Prozess der Personalbeschaffung. Zum anderen formen sie – ebenso wie mit § 8 BBG vergleichbare Normen – lediglich die Vorgaben des Art. 33 Abs. 2 GG aus, weswegen auch hier nicht auf eine Aufgabe zur Personalbeschaffung geschlossen werden kann. Neben diesen spezifischeren Normen finden sich lediglich allgemeine[1856] oder auf den Beschäftigtendatenschutz[1857] bezogene datenschutzrechtliche Generalklauseln, über welche nicht auf eine Aufgabenzuweisung geschlossen werden kann.[1858] Überdies besteht im Rahmen des Active Sourcings kein – wie von Art. 6 Abs. 1 UAbs. 2 DSGVO vorausgesetzt[1859] – spezifisches staatliches Verhältnis zwischen der betroffenen Person und dem Verantwortlichen, da die Behörde hier nicht als Teil der staatlichen Eingriffs- und Leistungsverwaltung tätig wird.[1860] Insbesondere entfaltet sich, da lediglich potenzielle Kandidaten für eine vakante Stelle ermittelt werden, durch die Datenverarbeitung keine begünstigende oder belastende Wirkung für die betroffenen Personen. Eine Behörde agiert beim Einsatz von Monitoring zum Active Sourcing folglich nicht im Rahmen einer ihr obliegenden Aufgabe.

Zudem weist die aktive Personalbeschaffung einen hinreichend engen Bezug zu einer gesetzlich festgelegten Aufgabe oder einem gesetzlich anerkannten Interesse auf. Beim Active Sourcing handelt es sich um ein Vorgehen, bei dem der Prozess der Personalbeschaffung durch die aktive Suche nach geeigneten Kandidaten beschleunigt und verbessert werden soll. Wenigstens im Bundesrecht besteht damit ein enger Bezug zu §§ 8, 9 BBG.[1861] So sind beide Normen im Zuge des Leistungsprinzips nach Art. 33 Abs. 2 GG darauf angelegt, die bestmöglichen Personen für offene Positionen auszuwählen, damit die Behörde die ihr obliegenden Aufgaben tatsächlich wahrnehmen kann. Im Sinne dieses Grundprinzips zielt das Active Sourcing darauf ab, die Anzahl der Bewerber zu erhöhen, um so die Wahrscheinlichkeit einer erfolgreichen Stellenbesetzung zu vergrößern. Eine enge Verbundenheit zu §§ 8, 9 BBG liegt damit vor. Entsprechend ist beim Active Sourcing durch Behörden die Anwendbarkeit des Art. 6 Abs. 1 UAbs. 1 lit. f DSGVO gegeben.[1862]

[1854] Zum Begriff der Aufgabe siehe Kap. 13.1.1 sowie Kap. 11.1.1.
[1855] *Thomsen,* in: Brinktrine/Schollendorf (Hrsg.), BeckOK BBR, § 8 BBG Rn. 1 ff.; *Battis,* in: Battis (Hrsg.), BBG, § 8 Rn. 1 ff.
[1856] Siehe exemplarisch § 21 Abs. 1 BPolG, § 13 Abs. 1 HSOG, § 67a SGB X, Art. 4 BayDSG.
[1857] Siehe exemplarisch § 26 Abs. 1 BDSG, § 15 Abs. 1 BW LDSG, § 26 Abs. 1 BbgDSG, § 10 HmbDSG.
[1858] Eingehender hierzu Kap. 14.2.1.1.1.
[1859] Siehe hierzu BVerwG, Urt. v. 27.09.2018, Az. 7 C 5/17, NVwZ 2019, 473 (475 Rn. 23).
[1860] Im Ergebnis wohl ebenso *Henkel,* öAT 2023, 29 (30).
[1861] Vgl. hierzu Kap. 14.2.1.1.1.
[1862] Im Ergebnis ebenso *Henkel,* öAT 2023, 29 (30).

14.2.1.2.2 Zulässigkeit des Active Sourcings

Um das Aktive Sourcing auf die Rechtsgrundlage des Art. 6 Abs. 1 UAbs. 1 lit. f DSGVO stützen zu können, bedarf es eines berechtigten Interesses des Verantwortlichen oder Dritten sowie der Erforderlichkeit der Datenverarbeitung zur Wahrung dieses Interesses. Des Weiteren setzt die Norm voraus, dass die Grundrechte und Grundfreiheiten der betroffenen Personen nicht das berechtigte Interesse des Verantwortlichen oder Dritten überwiegen.[1863]

14.2.1.2.2.1 Berechtigtes Interesse

Die aktive Personalbeschaffung dient ebenso wie das Pre-Employment-Screening grundsätzlich dem Interesse der Besetzung offener Stellen mit den geeignetsten Personen. Dieses ist sowohl für nichtbehördliche Stellen als auch für Behörden als berechtigt zu bewerten.[1864]

14.2.1.2.2.2 Erforderlichkeit

Die Rechtsgrundlage des Art. 6 Abs. 1 UAbs. 1 lit. f DSGVO setzt neben dem berechtigten Interesse voraus, dass die Datenverarbeitung zur Wahrung dieses Interesses erforderlich ist. Dem Verantwortlichen darf mithin kein milderes, gleich effektives Mittel zur Verfügung stehen.[1865] Vorliegend kommen zwei Alternativen in Betracht. Zum einen die Beschränkung auf die klassische Personalbeschaffung in Form von Stellenanzeigen, zum anderen die manuelle Recherche in einschlägigen berufsorientierten Bereichen des Webs.

Die ausschließliche Verwendung von Stellenanzeigen stellt im Verhältnis zum Active Sourcing ein milderes Mittel dar. Bei der Personalbeschaffung mithilfe von Stellenausschreibungen werden lediglich Daten von Personen verarbeitet, die bereits ihr Interesse an der vakanten Position bekundet haben. Dagegen ist es beim Aktive Sourcing weder technisch vermeidbar,[1866] Daten von Personen zu erfassen, die bislang kein erkennbares Interesse gezeigt haben, noch ist das gewünscht. So dient die aktive Personalbeschaffung gerade dem Zweck, zusätzliche Kandidaten zu identifizieren und muss in logischer Folge über den herkömmlichen Bewerberkreis hinausgehen. Mit dem Einsatz des Monitorings zur aktiven Personalbeschaffung geht damit eine umfangreichere Datenverarbeitung einher als mit der Personalbeschaffung über Stellenanzeigen. Letztere bietet dabei jedoch keinen mit dem Active Sourcing vergleichbaren Mehrwert und ist daher nicht als gleichermaßen effektiv zu bewerten. So entfiele bei einer Beschränkung auf Stellenanzeigen die Möglichkeit, Personen zu erreichen, die auf konventionellem Weg nicht von der Ausschreibung erfahren hätten, etwa weil sie die jeweils gewählten Kanäle nicht nutzen oder kennen. Insbesondere kann nicht davon ausgegangen werden, dass Arbeitssuchende sämtliche Quellen zur Jobsuche nutzen und ein Effektivitätsgewinn daher ausbliebe. In Anbetracht der unzähligen Möglichkeiten, Ausschreibungen im Web oder in Printmedien zu platzieren, und unter Einbezug des Umstands, dass Personen sich potenziell eher für eine Stelle interessieren, wenn sie direkt angesprochen werden,[1867] ist vielmehr von einem Vorteil des Active Sourcings auszugehen. Überdies können durch direkte Ansprache auch Personen erreicht werden, die nicht aktiv auf Stellensuche sind. Das zeigt sich anhand von repräsentativen Erhebungen, wonach immerhin 20% derjenigen, die nach einer Direktanfrage den Job wechselten, nicht auf der Suche nach einer neuen Position waren.[1868]

[1863] Eingehend zu den Tatbestandsvoraussetzungen siehe Kap. 14.1.
[1864] Vgl. Kap. 14.2.1.1.2.1.
[1865] Zum Begriff der Erforderlichkeit siehe Kap. 10.1.3 und Kap. 14.1.2.
[1866] Eingehender zur Funktionsweise des Monitorings siehe Kap. 2.4.
[1867] Siehe hierzu *Weitzel* et al., Social Recruiting und Active Sourcing, 18, wonach die Hälfte aller potenziellen Bewerber lieber aktiv vom Unternehmen angesprochen wird, als sich selbst zu bewerben.
[1868] *Weitzel* et al., Social Recruiting und Active Sourcing, 18.

Auch die manuelle Web-Suche nach passenden Kandidaten stellt eine mildere, aber weniger geeignete Maßnahme dar. Beim Monitoring handelt es sich um einen wiederholt automatisiert ablaufenden Vorgang, durch welchen beständig und in kurzer Zeit große Datenmengen verarbeitet werden. Im Rahmen der manuellen Web-Suche erfolgt hingegen keine solche umfassende Verarbeitung. Weder erreichen Menschen die Geschwindigkeit von Algorithmen noch sind sie dazu in der Lage, ununterbrochen in gleichbleibender Qualität tätig zu sein. Der Umfang der Datenverarbeitung ist beim manuellen Vorgehen daher deutlich geringer. Dies führt jedoch auch zu einem Verlust von Effektivität. Geeignete Personen für eine ausgeschriebene Position zu identifizieren, ist unweigerlich wahrscheinlicher, wenn die jeweiligen berufsorientierten Bereiche des Web umfänglicher in die Suche einbezogen werden. Dagegen kann auch nicht angeführt werden, dass mit einem manuellen Verfahren die Datenbestände der berufsorientierten Bereiche des Web grundsätzlich ebenso umfassend analysiert werden könnten. Ein solches Vorgehen ist vielmehr nicht praktikabel, weil da dabei beanspruchten personellen, zeitlichen sowie finanziellen Kapazitäten weit außerhalb dessen liegen würden, was wirtschaftlich vertretbar wäre. Die manuelle Web-Suche nach potenziellen Kandidaten für eine vakante Position stellt damit kein gleich geeignetes Mittel dar.

Weder die Beschränkung auf Stellenanzeigen noch die manuelle Suche nach passenden Kandidaten im Web sind folglich Mittel, die gleichermaßen für die Stellenbeschaffung geeignet sind wie das monitoringgestützte Active Sourcing. Letzteres ist daher erforderlich zur Wahrung des berechtigten Interesses i.S.v. Art. 6 Abs. 1 UAbs. 1 lit. f DSGVO.

14.2.1.2.2.3 Entgegenstehende Interessen und Grundrechte der betroffenen Person

Nachdem festgestellt wurde, dass der Verantwortliche eine für die Wahrnehmung eines berechtigten Interesses erforderliche Datenverarbeitung anstrebt, sind die Belange der betroffenen Personen in den Blick zu nehmen. Auf grundrechtlicher Ebene ergibt sich zuvorderst die Relevanz des Rechts auf Schutz personenbezogener Daten gem. Art. 8 GRCh. Dieses wird im Zuge des vorliegenden Monitorings tangiert, indem gezielt personenbezogene Daten aus dem Web analysiert und im Hinblick auf das gesuchte Stellenprofil ausgewertet werden. Dass die dabei genutzten Daten öffentlich verfügbar sind, beeinflusst die Anwendbarkeit des Art. 8 GRCh nicht.[1869] Vielmehr ist die Herkunft der Daten für die Eröffnung des Schutzbereichs unwesentlich.[1870]

Aufgrund des engen Zusammenhangs mit Art. 8 GRCh ist zudem das Grundrecht auf Achtung des Privat- und Familienlebens gem. Art. 7 GRCh zu erwähnen, welches hier jedoch nicht in die Abwägung einzubeziehen ist. Zwar schützt dieses Grundrecht im Rahmen seiner Ausprägung als Privatsphärenschutz den Einzelnen vor der Einsichtnahme Dritter in private Lebensumstände, tritt dabei aber hinter dem spezifischeren Gewährleistungsgehalt des Art. 8 GRCh zurück.[1871]

Aufgrund der thematischen Nähe ebenso zu erwähnen, aber nicht in die Erwägungen einzubeziehen, ist das Interesse der betroffenen Person, nicht in unzumutbar belästigender Weise angesprochen zu werden. Zwar handelt sich bei der Ansprache von Personen zum Zweck der Personalgewinnung grundsätzlich um wettbewerbsrelevantes Verhalten,[1872] das gem. § 3

[1869] Siehe hierzu Kap. 6.2.3.3.
[1870] Siehe EGMR, Urt. v. 16.02.2000, Rs. 27798/95 (Amann/Schweiz) Rn. 70; sich dem EGMR anschließend EuGH, Urt. v. 20.05.2004, Az. C-465/00, EuR 2004, 276 (288 Rn. 75); näher: *Wollenschläger*, AöR 2010, 363 (382) m.w.N.
[1871] Siehe hierzu Kap. 6.2.3.
[1872] Näher *Göpfert/Dußmann*, NZA-Beilage 2016, 41 (44 f.); vgl. auch BGH, Urt. v. 04.03.2004, Az. I ZR 221/01, NJW 2003, 2079 (2080); BGH, Urt. v. 09.02.2006, Az. I ZR 73/02, NZA 2006, 500 (501 Rn. 18); BGH, Urt. v. 11.01.2007, Az. I ZR 96/04, GRUR 2007, 800 (800 Rn. 9).

14.2 Web-Monitoring auf Grundlage berechtigter Interessen

Abs. 1 i.V.m. § 4 Abs. 1 Nr. 4 UWG unlauter sein oder gem. § 7 UWG eine unzumutbare Belästigung darstellen kann. Allerdings kommt ein Verstoß gegen das Lauterkeitsrecht vorliegend nicht in Betracht, da im Rahmen des Monitorings passende Kandidaten zwar ermittelt, aber nicht angesprochen werden. Die Ansprache obliegt vielmehr dem jeweiligen Beschäftigungsgeber, welcher dann die lauterkeitsrechtlichen Vorgaben berücksichtigen muss.[1873]

Abseits der gesetzlichen Gewährleistungen hat die betroffene Person allgemein ein berechtigtes Interesse daran, dass die in beruflichen Kontexten zumeist bestehende Machtasymmetrie nicht weiter vertieft wird. Da die betroffene Person nicht konkret weiß, welche Informationen ein potenzieller Arbeitgeber oder Dienstherr über sie aus dem Web gesammelt hat, gelangt sie verstärkt in eine Position der Unsicherheit. Sie kann sich potenziell weniger auf das Bewerbungsverfahren vorbereiten und sieht sich schneller einer Situation der Überrumpelung, beispielsweise durch unerwartete Fragen, ausgesetzt.

14.2.1.2.2.4 Abwägung

Im Rahmen der Abwägung sind die widerstreitenden Belange der betroffenen Personen und des Verantwortlichen gegeneinander abzuwägen. Zuvor ist jedoch die Bedeutung der jeweiligen Belange zu eruieren.

14.2.1.2.2.4.1 Bewertung des berechtigten Interesses

Das Interesse des Verantwortlichen, eine vakante Stelle mit einem vielversprechenden Kandidaten zu besetzen, ist für ihn von essenzieller Bedeutung. Lassen sich keine oder nur unzureichend qualifizierte Interessenten für eine ausgeschriebene Position finden, müssen vakante Stellen offenbleiben oder an Personen vergeben werden, die nicht vollständig dem gesuchten Profil entsprechen. Hiermit geht das Risiko einher, dass der Normalbetrieb nicht in gewohnter Form fortgeführt werden kann und Prozesse oder Verfahren ins Stocken geraten oder aufgrund mangelnder Kapazitäten sogar gestoppt werden müssen. Hinzu kommt, dass das Interesse an der Besetzung offener Stellen – zumindest bei nichtöffentlichen Stellen – über die unternehmerische Freiheit gem. Art. 16 GRCh grundrechtlich geschützt und somit von besonderem Gewicht ist. Insgesamt ist das verfolgte Interesse damit von erheblicher Bedeutung.

14.2.1.2.2.4.2 Bewertung des Standpunkts der betroffenen Personen

Dem berechtigten Interesse des Verantwortlichen steht auf Seiten der betroffenen Person vornehmlich das über Art. 8 GRCh geschützte Recht auf Schutz personenbezogener Daten gegenüber. Welche Bedeutung dieses vorliegend einnimmt, ist anhand der im Rahmen des Monitorings verarbeiteten Daten, den involvierten Akteuren sowie der Ausgestaltung der Verarbeitung zu bewerten.[1874]

14.2.1.2.2.4.2.1 Faktor Daten

Zunächst ist zu analysieren, welche Belastung von den im Rahmen des Monitorings verarbeiteten Daten für die betroffenen Personen ausgeht.[1875] Hierzu ist zunächst festzustellen, dass beim Monitoring bereits aus einer technischen Notwendigkeit heraus in großem Umfang Daten erhoben und analysiert werden.[1876] Diese allein technisch bedingt erhobenen Daten werden jedoch weder vollumfänglich persistent gespeichert noch besteht die Möglichkeit eines menschlichen Zugriffs. Persistent und zugriffsbereit werden bei datenschutzfreundlicher Ausgestaltung ausschließlich die Daten vorgehalten, die sich auf die im Rahmen des Monitorings als relevant

---

[1873] Zu den rechtlichen Vorgaben bei der Ansprache von Kandidaten siehe *Henkel*, öAT 2023, 29 (31 f.); *Diercks*, Recruiting- und Personalauswahlverfahren unter DSGVO und BDSG; *Gola*, NZA 2019, 654 (657).
[1874] Ausführlich zu den die Belastung der betroffenen Personen beeinflussenden Faktoren siehe Kap. 14.1.4.2.
[1875] Eingehender zum Faktor „Daten" siehe Kap. 14.1.4.2.1.
[1876] Eingehender zur Funktionsweise des Monitorings siehe Kap. 2.4.

ermittelten Personen beziehen. Es wird folglich nur ein Bruchteil der im ersten Schritt des Monitorings erhobenen Daten dauerhaft gespeichert. Wie umfangreich dieser verbleibende Datenbestand im Einzelfall ist, hängt von der Anzahl der als Kandidaten klassifizierten Personen ab. Es kann daher dazu kommen, dass der Datenbestand besonders groß oder aber besonders gering ist. Der Umfang der Datenverarbeitung kann folglich nicht pauschal ermittelt werden, sondern ist abhängig von den individuellen Gegebenheiten. Um die Interessen und Grundfreiheiten auf Seiten der betroffenen Personen hinreichend zu wahren, ist der Abwägung im Falle von Monitoring jedoch eine umfangreiche Datenverarbeitung zu unterstellen.

Die Art der im Rahmen des Monitorings verarbeiteten Daten ist abhängig von der Ausgestaltung des Monitorings. Wird der Prozess-Schritt Datenakquise – wie hier vorausgesetzt[1877] – in Übereinstimmung mit dem Fragerecht des Arbeitgebers konfiguriert, kann davon ausgegangen werden, dass lediglich Daten mit Bezug zum Berufsleben persistent gespeichert und weiterverarbeitet werden. Diese sind regelmäßig weder der Intim- noch der Privatsphäre zuzuordnen, sondern gehören der Sozialsphäre an. Daraus kann jedoch nicht geschlossen werden, dass die durch das Monitoring einbezogenen Daten keinen sensiblen Inhalt besitzen. Handelt es sich bei der zu besetzenden Stelle beispielsweise um eine Position mit großer finanzieller Verantwortung und soll dementsprechend beim Active Sourcing auch ermittelt werden, ob die möglichen Kandidaten diesbezügliche Vorstrafen haben, kann es zu einer Verarbeitung von Informationen zu begangenen Vermögensdelikten kommen. Dies würde die Belastung der betroffenen Personen intensivieren.

Einzubeziehen ist des Weiteren die Herkunft der Daten. Diese stammen allesamt aus Bereichen des Webs, die keinen Zugangsbeschränkungen unterliegen, sodass grundsätzlich jedermann auf sie zugreifen kann. Die Personen, deren Daten im Rahmen des monitoringgestützten Active Sourcings verarbeitet werden, sind somit grundsätzlich weniger schutzwürdig.[1878]

Hinzu kommt, dass den aus den beruflichen Bereichen des Web erhobenen Daten ein hinreichend zuverlässiger Aussagegehalt unterstellt werden kann. Zwar muss grundsätzlich damit gerechnet werden, dass auch unwahre Informationen oder gefälschte Profile Eingang in das Monitoring finden. Wird aber berücksichtigt, dass dies auch beim herkömmlichem Active Sourcing nicht ausgeschlossen werden kann und die als interessant ermittelten Kandidaten ohnehin noch im Rahmen eines Vorstellungsgesprächs auf das gesuchte Stellenprofil hin befragt werden, ist dieser Umstand zu vernachlässigen.

Den der Datenverarbeitung zugrundeliegenden Daten lässt sich somit insgesamt eine durchschnittliche Belastung der betroffenen Personen entnehmen. Obgleich der Umfang der Datenverarbeitung als belastend zu werten ist und es zu einer Verarbeitung sensiblerer Daten kommen kann, wird die tatsächliche Belastung deutlich durch den Umstand verringert, dass die verarbeiteten Daten aus öffentlichen Quellen stammen und hinreichend aussagekräftig sind.

14.2.1.2.2.4.2.2 Faktor involvierte Akteure

Als weiterer Faktor zur Bestimmung der Belastung der betroffenen Personen sind die in die Datenverarbeitung involvierten Akteure zu berücksichtigen.[1879] Im Rahmen des monitoringgestützten Active Sourcings erfolgt technisch bedingt zumindest im Schritt der Datenakquise die Verarbeitung großer Datenmengen zu zahlreichen Personen. Dies erhöht die Belastung für die betroffenen Personen unabhängig davon, dass letztlich nur ein Bruchteil dieser Daten persistent gespeichert und weiterverarbeitet wird. So kann zu Beginn der Datenverarbeitung nicht

---

[1877] Zum Zusammenspiel des Fragerechts des Arbeitgebers und des Datenschutzrechts siehe Kap. 10.2.1.1.2.
[1878] Zur Schutzwürdigkeit betroffener Personen hinsichtlich der öffentlich über sie verfügbaren Daten bereits unter Kap. 4.3 und Kap. 6.2.3.4.3.
[1879] Eingehender zum Faktor „involvierte Akteure" siehe Kap. 14.1.4.2.2.

14.2 Web-Monitoring auf Grundlage berechtigter Interessen

abgesehen werden, wie umfangreich der aus dem Monitoring final resultierende Datenbestand ist, weswegen zugunsten des Grundrechtsschutzes von einer umfangreichen Datenverarbeitung und damit von einer großen Anzahl betroffener Personen auszugehen ist.

Darüber hinaus werden die betroffenen Personen infolge der Verarbeitung und der damit einhergehenden Aufforderung zur Abgabe einer Bewerbung potenziell in eine Situation struktureller Unterlegenheit geleitet. Mithin werden von der Verarbeitung nicht nur viele, sondern auch schutzwürdigere Personen erfasst, wodurch die Belastung grundsätzlich ansteigt. Dies gilt, obwohl die Online-Präsenzen in den beruflich orientierten Bereichen des Web in der Regel bewusst zur Selbstdarstellung genutzt werden, um die eigene Karriere voranzutreiben, berufliche Kontakte zu knüpfen oder Zugang zu Stellenangeboten zu erhalten. Dieser Umstand hat nämlich keinen Einfluss auf die strukturelle Unterlegenheit der Bewerber gegenüber dem potenziellen Beschäftigungsgeber und ist daher erst im Rahmen der vernünftigen Erwartungen der betroffenen Personen zu berücksichtigen.

In Bezug auf die vernünftigen Erwartungen ergibt sich, wie im vorangehenden Absatz bereits erwähnt, dass die betroffenen Personen grundsätzlich mit der Wahrnehmung der über sie verfügbaren öffentlichen Inhalte rechnen müssen, dies häufig sogar wünschen. Gleichzeitig ist allerdings anzunehmen, dass der Einsatz von Monitoring im Rahmen des Active Sourcings zumeist nicht erwartet wird. Vielmehr gehen die betroffenen Personen im Regelfall davon aus, dass reale Einzelpersonen ihre Profile durchsehen. Eine automatisierte und systematische Erhebung und Auswertung ihrer Daten hingegen bewegt sich regelmäßig außerhalb dessen, was der durchschnittliche Nutzer erwartet. Dadurch wird die Belastung für die betroffenen Personen erhöht. Diese steigert sich nochmals, wenn das Monitoring berufliche Bereiche des Web umfasst, obwohl deren Nutzungsbedingungen[1880] den Einsatz von Technologien wie dem Monitoring[1881] verbieten. In diesen Fällen dürfen die betroffenen Personen vernünftigerweise davon ausgehen, dass die von ihnen zur Verfügung gestellten Daten nicht zur automatisierten Personalbeschaffung verarbeitet werden.[1882] Dass der Rezipientenkreis der geteilten Daten sowohl bei einer manuellen als auch bei einer automatisierten Verarbeitung unbestimmt ist und sich für die betroffenen Personen insoweit nichts ändert, wirkt sich dabei nicht aus, da der ausschlaggebende Punkt nicht die Rezipienten der Inhalte sind, sondern die Art der Datenverarbeitung und die mit ihr einhergehenden Risiken. Ebenso beeinflusst es die berechtigten Erwartungen nicht, dass Nutzungsbedingungen aufgrund ihres Umfangs und ihrer oftmals hohen Komplexität vielfach nicht oder nicht vollständig von den Nutzern gelesen werden.[1883] Soweit ein Nutzer ausdrücklich auf die Nutzungsbedingungen hingewiesen wurde, er die Möglichkeit hatte, diese zur Kenntnis zu nehmen und mit der Geltung einverstanden ist, werden diese gem. § 305 Abs. 2 BGB Bestandteil des Vertrags.[1884] Das gilt auch dann, wenn der Nutzer die Nutzungsbedingungen nicht tatsächlich gelesen hat.[1885] Vor diesem Hintergrund ist nicht ersichtlich, warum eine zugunsten des Nutzers wirkende Klausel, die den Schutz der Daten erweitert, nicht auch in die datenschutzrechtlichen Erwägungen einbezogen werden sollte. Die Belastung der betroffenen Personen erhöht sich daher, wenn eine Datenverarbeitung entgegen etwaiger Nutzungsbedingungen vorgenommen wird.

[1880] Siehe *LinkedIn*, Nutzervereinbarung, Punkt 8.2.2.

[1881] Zur fehlenden Möglichkeit, Monitoring umfassend zu unterbinden bereits unter Kap. 2.4.2.1.

[1882] *Nicolas*, in: Hoeren/Sieber/Holznagel (Hrsg.), Handbuch Multimedia-Recht, Teil 29.4 Rn. 20; *Witteler/Moll*, NZA 2023, 327 (329); *Schemmel*, ZD 2022, 541 (543); *Henkel*, öAT 2023, 29 (30).

[1883] Vgl. *Statista*, Wie häufig lesen Sie die Allgemeinen Geschäftsbedingungen (AGB) von Online-Shops?

[1884] Dies gilt freilich nur, soweit es sich um eine nach dem AGB-Recht zulässige Klausel handelt. Näher zum AGB-Recht vgl. Kap. 9.2.3.

[1885] *Pfeiffer*, in: Wolf/Lindacher/Pfeiffer (Hrsg.), AGB-Recht, § 305 BGB Rn. 92; *Kollmann*, in: Dauner-Lieb/Langen (Hrsg.), BGB Schuldrecht, § 305 Rn. 67; *Becker*, in: Hau/Poseck (Hrsg.), BeckOK BGB, § 305 BGB Rn. 56.

In Anbetracht der großen Anzahl betroffener Personen, deren Schutzwürdigkeit sowie der aus ihrer Perspektive unerwarteten Form der Datenverarbeitung ergibt sich aus dem Faktor der involvierten Akteure somit insgesamt eine signifikante Belastung.

14.2.1.2.2.4.2.3 Faktor Ausgestaltung der Datenverarbeitung

In die Bewertung der Belastung der betroffenen Personen ist des Weiteren die Ausgestaltung der Datenverarbeitung einzubeziehen.[1886] Dabei zeigt sich in Bezug auf den Kontext, dass die betroffenen Personen durch die Verarbeitung keine Nachteile erleiden. Das Monitoring dient vielmehr dazu, Personen zu identifizieren, die auf das gesuchte Stellenprofil passen. Negative Konsequenzen für die betroffenen Personen ergeben sich dabei nicht. Es ist allerdings zu berücksichtigen, dass die betroffenen Personen – sofern sie als interessante Kandidaten klassifiziert wurden und sich beworben haben – durch die Verarbeitung in eine Situation struktureller Unterlegenheit gelangen.[1887] Dies intensiviert die Belastung für die betroffenen Personen. Keinen Auswirkungen auf die Belastung hat hingegen der Umstand, dass die als interessante Kandidaten identifizierten Personen grundsätzlich die Chance einer beruflichen Verbesserung erhalten, da dies das Machtgefälle nicht beeinflusst.

Des Weiteren ist bezüglich der Art und Weise der Datenverarbeitung festzustellen, dass das Monitoring stets unbemerkt für die betroffenen Personen erfolgt. Werden die betroffenen Personen nicht gesondert informiert, erfahren sie von der Verarbeitung ihrer Daten nicht. Zudem ist es Sinn und Zweck des Monitorings, bislang unbekannte Kandidaten zu ermitteln, sodass der Verantwortliche vor Beginn der Verarbeitung nicht weiß, wessen Daten verarbeitet werden. Die Möglichkeit, die betroffenen Personen vorab über die Verarbeitung zu informieren, besteht daher nicht. Zwar können Plattformbetreiber in den Nutzungsbedingungen allgemein über den Einsatz von Monitoring informieren, da diese allerdings nicht darüber in Kenntnis sind, wer auf ihrer Plattform Monitoring vornimmt, bliebe den betroffenen Personen auch in diesen Fällen letztlich die Möglichkeit eines vorbeugenden Rechtsschutzes verwehrt. Diese Belastung ließe sich somit nicht verringern.

Ferner stehen den betroffenen Personen keine Interventionsmöglichkeiten zur Verfügung. Sie selbst haben keinen unmittelbaren Einfluss auf die Ergreifung technischer oder organisatorischer Maßnahmen, die das Monitoring zumindest ansatzweise beschränken könnten. Dies liegt vielmehr in der Hand derjenigen Person, die die Herrschaftsgewalt über den jeweiligen Bereich im Web besitzt. Einzige Option für die betroffenen Personen ist es, die online über sie verfügbaren Daten zu löschen oder sie aus den allgemein zugänglichen Bereichen des Web herauszunehmen. In diesen Fällen bliebe aber der eigentliche Mehrwert verwehrt, der mit der Nutzung berufsorientierter Bereiche im Web einhergeht. So ist es beispielsweise nur erschwert möglich, neue berufliche Kontakte zu knüpfen, wenn berufsrelevante Daten nicht einsehbar sind. Ebenso behindert es die Suche nach einer neuen Arbeitsstelle, wenn Informationen über den Lebenslauf nicht im Profil verfügbar sind. Insoweit stellt das Löschen oder Herausnehmen der Daten aus den allgemein zugänglichen Bereichen des Web keine tatsächliche Alternative dar. Die Möglichkeiten, in Bezug auf die Verarbeitung zu intervenieren, sind folglich äußerst gering. Dies verstärkt die Belastung der betroffenen Personen.

Hinzu kommt, dass das Monitoring eine umfassende und systematische Verarbeitung von Daten bedeutet. Zwar ist diese auf die Dauer des Stellenbesetzungsverfahrens begrenzt, erfolgt also in der Regel weder dauerhaft noch über längere Zeiträume. Allerdings nimmt das dem Umstand, dass auf diesem Wege weitreichende Informationen zum Leben der betroffenen Personen zusammengetragen werden können, nur wenig Gewicht. Vielmehr ist es auch bei einem

---

[1886] Eingehender zum Faktor „Ausgestaltung der Verarbeitung" siehe Kap. 14.1.4.2.3.
[1887] Hierzu bereits unter Kap. 14.2.1.2.2.4.2.2.

kurzzeitigen Einsatz von Monitoring grundsätzlich möglich, eine Person hinreichend abzubilden.

Den vorangehenden Ausführungen lässt sich entnehmen, dass der Ausgestaltung der Datenverarbeitung eine erhebliche Belastung für die betroffenen Personen innewohnt. Diese manifestiert sich insbesondere in der Tatsache, dass die betroffenen Personen aufgrund der unbemerkt erfolgenden Verarbeitung sowie der fehlenden Interventionsmöglichkeiten letztlich der Verarbeitung ausgeliefert sind.

14.2.1.2.2.4.2.4 Gesamtbelastung

Eine Gesamtbetrachtung der maßgeblichen Aspekte der Datenverarbeitung zeigt, dass der durch Art. 8 GRCh garantierte Schutz im vorliegenden Fall für die betroffenen Personen erheblich beeinträchtigt ist. Obgleich die im Rahmen des Monitorings verarbeiteten Daten für die betroffenen Personen lediglich eine durchschnittliche Belastung darstellen, wird diese durch die Ausgestaltung der Verarbeitung sowie die an der Verarbeitung beteiligten Akteure in einer Weise erhöht, dass insgesamt eine hohe Belastung zu konstatieren ist.

14.2.1.2.2.4.3 Ergebnis

Die mit dem monitoringgestützten Active Sourcing einhergehende Verarbeitung ist sowohl für die betroffenen Personen als auch für den Verantwortlichen von großer Bedeutung. Während die Verarbeitung für die betroffenen Personen vor dem Hintergrund des Art. 8 GRCh einerseits eine große Belastung darstellt, ist das Interesse des Verantwortlichen an der erfolgreichen Besetzung offener Stellen andererseits Grundvoraussetzung für den Erhalt des Normalbetriebs und damit von existenzieller Wichtigkeit. Die hier widerstreitenden Belange sind folglich von ähnlichem Gewicht und befinden sich daher in der Wertungsebene auf derselben Stufe.

Eine andere Gewichtung lässt sich auch nicht mit dem Interesse der betroffenen Personen begründen, die ohnehin im Bewerbungsprozess bestehende Machtasymmetrie nicht weiter zu verstärken. So wird das Machtverhältnis durch das Active Sourcing nicht zum Vorteil des Beschäftigungsgebers verschoben. Vielmehr wird den als geeignet ermittelten Kandidaten durch die persönliche Kontaktaufnahme ein bestehendes Interesse signalisiert, was ihnen letztlich eine stärkere Verhandlungsposition im Bewerbungsprozess einräumt.

Im Ergebnis muss die Abwägung daher ausweislich des Wortlauts des Art. 6 Abs. 1 UAbs. 1 lit. f DSGVO „sofern nicht die Interessen oder Grundrechte und Grundfreiheiten der betroffenen Person [...] überwiegen" zu Lasten der betroffenen Personen ausfallen. Der Einsatz von Monitoring zu Zwecken des aktiven Recruitings in berufsorientierten Bereichen des Web ist mithin sowohl für Behörden als auch für nichtbehördliche Stellen grundsätzlich gem. Art. 6 Abs. 1 UAbs. 1 lit. f DSGVO zulässig.

14.2.2 Web-Monitoring zur Produktbeobachtung

Im Rahmen der Untersuchung, inwieweit die Rechtsgrundlage des Art. 6 Abs. 1 UAbs. 1 lit. c DSGVO zur Rechtfertigung der mit einem Monitoring einhergehenden Datenverarbeitung herangezogen werden kann, wurde unter anderem exemplarisch auf den Einsatz von Monitoring zur Erfüllung einer produktrechtlichen Beobachtungspflicht abgestellt.[1888] Im Rahmen dessen ergab sich, dass die Datenverarbeitung nicht auf Art. 6 Abs. 1 UAbs. 1 lit. c DSGVO gestützt werden kann. In der Folge stellt sich daher die Frage, ob die monitoringgestützte Produktbeobachtung alternativ von Art. 6 Abs. 1 UAbs. 1 lit. f getragen werden kann und inwieweit diese Rechtsgrundlage in solchen Fällen als Auffangtatbestand fungieren kann.

[1888] Zur monitoringgestützten Produktbeobachtung auf Grundlage des Art. 6 Abs. 1 UAbs. 1 lit. c DSGVO siehe Kap. 11.2.2.

Die Produktbeobachtung stellt eine öffentlich-rechtliche Verpflichtung der verantwortlichen Akteure im Rahmen des allgemeinen Produktsicherheitsrechts dar.[1889] Das Ziel besteht dabei in der Gewährleistung der Sicherheit und Gesundheit im Zusammenhang mit der Vermarktung von Produkten.[1890] Daneben haben die verantwortlichen Akteure jedoch regelmäßig auch individuelle wirtschaftliche Beweggründe für eine Produktbeobachtung. So liegt es in ihrem Interesse, keine gefährlichen oder gesundheitsschädlichen Produkte zu produzieren, da dies zu einer Verschlechterung der Reputation sowie zu Umsatzeinbußen führen kann. Die Beobachtung von Produkten stellt folglich grundsätzlich ebenfalls ein individuelles Interesse dar, wodurch Art. 6 Abs. 1 UAbs. 1 lit. f DSGVO als Rechtsgrundlage in Betracht kommt.

In Bezug auf den Einsatz von Monitoring zur Produktbeobachtung ist zuvorderst zu berücksichtigen, dass es hierbei regelmäßig zu einer Verarbeitung besonderer Kategorien personenbezogener Daten kommt.[1891] Die mit der monitoringgestützten Produktbeobachtung einhergehende Datenverarbeitung unterfällt mithin dem Verarbeitungsverbot gem. Art. 9 Abs. 1 DSGVO. Die Verarbeitung ist daher gem. Art. 9 Abs. 2 DSGVO nur dann zulässig, wenn ein Ausnahmetatbestand greift.[1892] Wie bereits in den Ausführungen zu Art. 6 Abs. 1 UAbs. 1 lit. c DSGVO dargelegt, kommen für den vorliegenden Anwendungsfall lediglich die Ausnahmetatbestände aus Art. 9 Abs. 2 lit. e, g und i DSGVO in Betracht.[1893] Bei einer Prüfung ergibt sich jedoch, dass das Monitoring zur Produktbeobachtung keinen dieser Ausnahmetatbestände erfüllen kann.[1894] Das Verarbeitungsverbot nach Art. 9 Abs. 1 DSGVO bleibt folglich bestehen, weswegen die Rechtsgrundlage des Art. 6 Abs. 1 UAbs. 1 lit. f DSGVO nicht zum Tragen kommen und nicht als Auffangtatbestand fungieren kann.

14.3 Conclusio

Im Ergebnis ist zu resümieren, dass Art. 6 Abs. 1 UAbs. 1 lit. f DSGVO als Rechtsgrundlage für die Verarbeitung von Daten im Rahmen des Monitorings in Betracht gezogen werden kann. Bei der dreischrittigen Prüfreihenfolge stellt dabei der erste Schritt, die Prüfung des Vorliegens eines berechtigten Interesses des Verantwortlichen, keine besondere Hürde für die datenschutzrechtliche Legitimität des Monitorings dar. Da diesem kein Selbstzweck innewohnt,[1895] ist das Vorliegen eines berechtigten Interesses nicht vom Monitoring selbst, sondern von dem ihm übergeordneten individuellen Zweck abhängig.

Der zweite Prüfungsschritt, die Prüfung der Erforderlichkeit der Datenverarbeitung zur Erreichung des berechtigten Interesses, erweist sich hingegen als größere Herausforderung. Da es sich beim Monitoring um ein Verfahren handelt, bei welchem neben den relevanten Daten technisch bedingt auch größere Mengen unrelevanter Daten zumindest kurzfristig verarbeitet werden,[1896] existiert zumeist wenigstens ein zielgerichteteres Verfahren, das als milderes Mittel zu qualifizieren ist. Daher ist die Erforderlichkeit des Monitorings in der Regel davon abhängig, ob diese zielgerichteteren Verfahren für die Verwirklichung der verfolgten berechtigten Interesses zumindest gleichermaßen geeignet sind.

Der dritte und letzte Prüfungsschritt, die Abwägung der widerstreitenden Interessen, schafft eine weitere Hürde für das Monitoring. So ergibt sich aus den vorangegangenen Betrachtungen

---

[1889] BT-Drs. 314/11, S. 71 i.V.m. BT-Drs. 15/1620, S. 23.
[1890] Hierzu bereits unter Kap. 11.2.2.
[1891] Siehe hierzu Kap. 11.2.2.3.1.
[1892] Eingehend zu Art. 9 DSGVO siehe Kap. 8.2.
[1893] Hierzu siehe Kap. 11.2.2.3.2.
[1894] Eingehend hierzu Kap. 11.2.2.3.2.1 und Kap. 11.2.2.3.2.2.
[1895] Zum fehlenden Selbstzweck bereits unter Kap. 7.2.1.
[1896] Eingehender zur Funktionsweise des Monitorings siehe Kap. 2.4.

14.3 Conclusio

die allgemeingültige Erkenntnis, dass die Interessen und Grundrechte der betroffenen Personen im Falle monitoringgestützter Datenverarbeitungen grundsätzlich von erheblichem Gewicht sind. Dies zeigt sich dezidiert anhand der einzelnen Abwägungsfaktoren: In Bezug auf den Faktor „Daten" ergibt sich, dass bei einem Einsatz von Monitoring stets von einer umfangreichen Datenverarbeitung auszugehen ist. Allerdings zeigte sich im Rahmen dieses Abwägungsfaktors ebenfalls, dass aufgrund der Öffentlichkeit der Daten grundsätzlich von einer geringeren Schutzwürdigkeit der betroffenen Personen auszugehen ist. Diese kann – abhängig vom individuellen Einzelfall – die mit der umfangreichen Datenverarbeitung einhergehende Belastung relativieren. Aus den Ausführungen zum Abwägungsfaktor „Akteure" ergibt sich zudem, dass das Monitoring generell eine große Anzahl von Personen betrifft, die nicht mit einer automatisierten und systematischen Verarbeitung ihrer Daten zu ihnen unbekannten Zwecken rechnen. Daneben ergibt aus dem Faktor „Ausgestaltung der Datenverarbeitung", dass das Monitoring für die betroffenen Personen stets unbemerkt erfolgt und ihnen technisch bedingt grundsätzlich die Möglichkeit eines vorbeugenden Rechtsschutzes verwehrt ist. Ebenso intensiviert der Umstand, dass den betroffenen Personen generell keine Interventionsmöglichkeiten zur Beschränkung des Monitorings zur Verfügung stehen, sowie der Umstand, dass dem Monitoring grundsätzlich eine umfassende und systematische Verarbeitung von Daten innewohnt, das Gewicht auf Seiten der betroffenen Personen.

Darüber hinaus zeigte sich im Zuge der vorangegangenen Untersuchung, dass Art. 6 Abs. 1 UAbs. 1 lit. f DSGVO kaum als Auffangtatbestand verstanden werden kann. Zwar kommt diese Rechtsgrundlage grundsätzlich für jegliche zur Erfüllung berechtigter Interessen erforderliche Datenverarbeitungen in Betracht und bietet insoweit einen weitaus größeren Spielraum als die übrigen Rechtsgrundlagen, jedoch ist dieser Spielraum deutlich beschränkt. Dies hat mehrerlei Gründe: Erstens können sich Behörden in Erfüllung ihrer Aufgaben gem. Art. 6 Abs. 1 UAbs. 2 DSGVO nicht auf diese Norm stützen. Zweitens ergibt sich aus der genaueren Betrachtung der Anwendungsfälle, dass Art. 6 Abs. 1 UAbs. 1 lit. f DSGVO keine Rechtsgrundlage für eine Datenverarbeitung bietet, die bereits an der Voraussetzung der Erforderlichkeit einer der anderen gesetzlichen Rechtsgrundlagen gescheitert ist. Zurückzuführen ist das auf den Umstand, dass Art. 6 Abs. 1 UAbs. 1 lit. f DSGVO ebenso wie die anderen gesetzlichen Rechtsgrundlagen – wenn auch in anderer Ausprägung – eine Prüfung der Notwendigkeit einer Datenverarbeitung voraussetzt. Existiert ein milderes, gleich geeignetes Mittel für eine Datenverarbeitung, muss nicht nur die Erforderlichkeit i.S.v. Art. 6 Abs. 1 UAbs. 1 lit. b-e DSGVO, sondern auch die Erforderlichkeit der Datenverarbeitung zur Verfolgung des berechtigten Interesses i.S.v. Art. 6 Abs. 1 UAbs. 1 lit. f DSGVO abgelehnt werden. Drittens setzt Art. 6 Abs. 1 UAbs. 1 lit. f DSGVO nicht nur eine mit den anderen gesetzlichen Grundlagen vergleichbare Prüfung der Erforderlichkeit voraus, sondern fordert zudem die Abwägung der berechtigten Interessen des Verantwortlichen oder Dritten mit den Interessen und Grundrechten der betroffenen Personen. Daraus ergibt sich im Verhältnis zu den übrigen gesetzlichen Rechtsgrundlagen eine zusätzliche und nicht unbeachtlich hohe Hürde für die Rechtfertigung einer Datenverarbeitung. Art. 6 Abs. 1 UAbs. 1 lit. f DSGVO ist bei gewissenhafter und sachgemäßer Anwendung folglich nicht als simple Möglichkeit zu verstehen, mithilfe derer sich Datenverarbeitungen rechtfertigen lassen. Zwar kann die Norm grundsätzlich in Betracht gezogen werden, wenn der Anwendungsbereich der anderen Rechtsgrundlagen nicht eröffnet ist, dabei sollte allerdings nicht unterschätzt werden, dass es sich bei Art. 6 Abs. 1 UAbs. 1 lit. f DSGVO um eine Rechtsgrundlage mit hohen Anforderungen handelt.

ABSCHNITT 5
SCHLUSSBETRACHTUNG

15 Resümee und Ausblick

Es besteht kein Zweifel, dass öffentliche personenbezogene Daten aus dem Internet in Zukunft erheblich an Bedeutung gewinnen werden. Die Verbreitung des Internets sowie das Wachstum digital verfügbarer Daten haben in den letzten Jahren stetig zugenommen; statistisch ist zudem nicht zu erwarten, dass diese Trends sich umkehren werden.[1897] Gleichzeitig wird das den öffentlichen Daten innewohnende Potenzial immer mehr erkannt. Dies zeigen zahlreiche Anwendungsbeispiele, in denen öffentliche Daten automatisiert erhoben und für unterschiedlichste Zwecke ausgewertet werden.[1898] Angesichts dieser Entwicklungen ist es von besonderer Wichtigkeit, die Verwendung dieser Daten, insbesondere durch Instrumente wie das Monitoring, stärker in den datenschutzrechtlichen Fokus zu rücken. Einen Beitrag dazu leistet die vorliegende Dissertation, die sich mit der Rechtmäßigkeit der Verarbeitung öffentlicher personenbezogener Daten mithilfe automatisierten Monitorings befasst.

Das Monitoring ist ein Instrument zur automatisierten systematischen Erhebung und Auswertung öffentlich verfügbarer Daten aus dem Web, mit dem neue Erkenntnisse zu einem vorab festgelegten Untersuchungsgegenstand, dem Monitoring-Objekt, gewonnen werden können. Die hierfür notwendige Datenverarbeitung wiederholt sich entweder dauerhaft oder bis eine vordefinierte Endbestimmung erfüllt ist. Um sicherzustellen, dass die gewonnen Daten sowohl möglichst aktuell als auch umfassend sind, erfolgt das Monitoring zudem meist in Echtzeit oder mit geringer zeitlicher Verzögerung.[1899]

Der Begriff der öffentlichen Daten findet im Datenschutzrecht keine ausdrückliche Erwähnung und ist folglich nicht legaldefiniert. Sein Bedeutungsgehalt ist daher im Kontext der relevanten Rechtsnormen zu ermitteln. Im Rahmen derer ergibt sich, dass zwischen zwei Kategorien öffentlicher Daten unterschieden werden muss: den einfachen öffentlichen Daten und den offensichtlich durch die betroffene Person öffentlich gemachten Daten. Unter einfachen öffentlichen Daten sind demnach Daten zu verstehen, die für einen unbestimmten und nicht überschaubaren Personenkreis frei zugänglich sind, wobei etwaige Zugangsvoraussetzungen der Einordnung als öffentlich nicht entgegenstehen, sofern hierdurch keine Beschränkung auf eine oder mehrere bestimmte Personen vorgenommen wird. Offensichtlich durch die betroffene Person öffentlich gemachte Daten sind einfache öffentliche Daten, deren Veröffentlichung durch einen außenstehenden Dritten unmittelbar der betroffenen Person zugerechnet werden kann. Zentrales Kriterium zur Bestimmung eines Datums als öffentlich ist folglich der nicht individuell abgegrenzte Personenkreis. Der Natur eines unbestimmten Begriffs entsprechend gestaltet sich die Einordnung eines konkreten Inhalts aus dem Web sowohl in der Theorie als auch in der Praxis als herausfordernd. Dies zeigt sich anschaulich an typischen Konstellationen, wie sie im Web häufig auftreten.[1900]

Die Rechtmäßigkeit einer Verarbeitung öffentlicher Daten mithilfe von Monitoring wird maßgeblich durch die Grundrechte bestimmt. Dabei sind sowohl die europäischen als auch die nationalen Grundrechte zu berücksichtigen.[1901] Zwar binden diese nur öffentliche Stellen unmittelbar, wirken jedoch im Wege der mittelbaren Drittwirkung auch in Privatrechtsverhältnisse hinein.[1902] Dementsprechend nehmen die Grundrechte in jedem Fall Einfluss auf eine monitoringgestützte Verarbeitung öffentlicher Daten. Von entscheidender Bedeutung ist hierbei das Recht auf Schutz personenbezogener Daten, wie es über Art. 8 GRCh sowie Art. 2 Abs. 1

[1897] Näher hierzu Kap. 1.
[1898] Näher hierzu Kap. 2.6.
[1899] Näher hierzu Kap. 2.2 und Kap. 2.4.
[1900] Näher hierzu Kap. 4.2.
[1901] Näher hierzu Kap. 5., Kap. 5.1 und Kap. 5.2.
[1902] Näher hierzu Kap. 5.3.

© Der/die Autor(en), exklusiv lizenziert an Springer
Fachmedien Wiesbaden GmbH, ein Teil von Springer Nature 2025
C. Gilga, *Die Rechtmäßigkeit der Verarbeitung von öffentlichen Personenbezogenen Daten aus dem Internet*, DuD-Fachbeiträge, https://doi.org/10.1007/978-3-658-48663-1_15

i.V.m. Art. 1 Abs. 1 GG gewährleistet wird.[1903] In dieses wird durch die mit dem Monitoring verbundene Datenverarbeitung unweigerlich eingegriffen, sodass es für die Rechtmäßigkeit der Verarbeitung entweder einer Einwilligung oder einer gesetzlichen Grundlage bedarf. Welchen Anforderungen eine gesetzliche Grundlage genügen muss, ist dabei nicht statisch festgelegt, sondern richtet sich nach der sich aus den individuellen Umständen des Einzelfalls ergebenden Eingriffsintensität. Um diese zu bestimmen, ist neben der Herkunft der Daten unter anderem die Streubreite und der Zweck der Datenverarbeitung sowie die Persönlichkeitsrelevanz der zugrundeliegenden Daten zu berücksichtigen. Neben dem Grundrecht auf Schutz personenbezogener Daten wird im Rahmen des Monitorings das über Art. 7 GRCh garantierte Grundrecht auf Achtung des Privat- und Familienlebens in Gestalt seines Teilgewährleistungsgehalts der Achtung des Privatlebens tangiert.[1904] Da Art. 7 GRCh in Bezug auf die Verarbeitung personenbezogener Daten allerdings wesentlich allgemeiner als Art. 8 GRCh gefasst ist, tritt dieses Grundrecht in diesem Zusammenhang im Sinne der Subsidiarität hinter Art. 8 GRCh zurück. Zusätzlich zum Recht auf Schutz personenbezogener Daten kann das über Art. 20, 21, 23 GRCh und Art. 3 GG gewährleistete Gleichbehandlungsgebot zum Tragen kommen.[1905] Zwar führt das Monitoring nicht zwangsläufig zu einer nicht rechtfertigbaren Ungleichbehandlung, jedoch kann sich eine solche ergeben, wenn die dem Monitoring zugrundeliegenden Algorithmen diskriminierend sind oder wirken. Es ist daher sicherzustellen, dass die Algorithmen möglichst objektiv sind und diskriminierungsrelevante Kriterien unberücksichtigt lassen. Neben dem Gleichbehandlungsgebot kann es zu einem Eingriff in die Menschenwürde kommen, sofern durch das Monitoring in den Kernbereich privater Lebensgestaltung eingedrungen wird.[1906] Aufgrund der Öffentlichkeit der verarbeiteten Daten wird dies in aller Regel nicht gegeben sein, kann jedoch auch nicht generell ausgeschlossen werden. Dagegen greift die monitoringgestützte Verarbeitung öffentlicher Daten weder in das Grundrecht auf Integrität und Vertraulichkeit informationstechnischer Systeme gem. Art. 2 Abs. 1 i.V.m. Art. 1 Abs. 1 GG noch in das Brief-, Post- und Fernmeldegeheimnis gem. Art. 10 GG ein.

Ein rechtskonformer Einsatz des Monitorings setzt somit insbesondere die Einhaltung der Bestimmungen, wie sie sich aus dem geltenden Datenschutzrecht ergeben, voraus. Zwar weisen nicht alle der einem Monitoring zugrundeliegenden Daten einen Personenbezug auf, allerdings ist der allgemeinen Lebenserfahrung entsprechend davon auszugehen, dass sich ein Großteil dieser Daten auf eine identifizierte oder identifizierbare Person bezieht. Da im Zuge der Funktionsweise des Monitorings nicht zwischen der Verarbeitung personenbezogener und nichtpersonenbezogener Daten differenziert werden kann, sind sämtliche der durch das Monitoring verarbeiteten Daten als personenbezogen zu behandeln. Daran ändert auch die Tatsache nichts, dass sich das Monitoring ausschließlich auf frei zugängliche Bereiche des Web erstreckt. Vielmehr erfasst das Datenschutzrecht sämtliche personenbezogenen Daten unabhängig von Herkunft, Informationsgehalt oder Verarbeitungskontext.[1907]

Die grundrechtlich für die Rechtmäßigkeit der monitoringgestützten Verarbeitung öffentlicher Daten vorausgesetzte Einwilligung oder Rechtsgrundlage wird durch die einfachgesetzlichen Regelungen konkretisiert, wie sie sich aus dem europäischen Sekundärrecht sowie dem nationalen Recht ergeben.[1908] Im Anwendungsbereich der DSGVO ist insofern auf Art. 6 DSGVO als zentrale Norm zur Rechtmäßigkeit der Verarbeitung abzustellen.[1909] Zusätzlich hierzu ist

---

[1903] Näher hierzu Kap. 6.1.1 und Kap. 6.2.3.
[1904] Näher hierzu Kap. 6.2.2.
[1905] Näher hierzu Kap. 6.1.5 und Kap. 6.2.4.
[1906] Näher hierzu Kap. 6.1.1.2.
[1907] Näher hierzu Kap. 7.
[1908] Näher hierzu Kap. 8.
[1909] Näher hierzu Kap. 8.1.

15 Resümee und Ausblick

Art. 9 DSGVO zu berücksichtigen, soweit besondere Kategorien personenbezogener Daten in die Verarbeitung involviert sind.[1910]

Die Rechtsgrundlagen der DSGVO, welche Art. 6 Abs. 1 UAbs. 1 DSGVO zu entnehmen sind, können zur Rechtfertigung einer Verarbeitung öffentlicher Daten mithilfe von Monitoring nur vereinzelt herangezogen werden.

Eine Einwilligung gem. Art. 6 Abs. 1 UAbs. 1 lit. a DSGVO kommt grundsätzlich nicht als Rechtsgrundlage in Betracht.[1911] Weder ist das Veröffentlichen eines Inhalts als Zustimmung zur Weiterverarbeitung zu werten, noch kann eine Einwilligung zum Monitoring im Rahmen von Nutzungsbedingungen erteilt werden. Auch ist es nicht möglich, den Veröffentlichungsprozess so zu gestalten, dass ihm eine Einwilligung durch die betroffene Person entnommen werden könnte.

Ebenso kann die mit dem Monitoring einhergehende Datenverarbeitung nicht allein auf einen Vertrag gem. Art. 6 Abs. 1 UAbs. 1 lit. b DSGVO gestützt werden.[1912] In den wenigen Konstellationen, in denen eine Verarbeitung öffentlicher Daten überhaupt zur Erfüllung eines Vertrags oder einer vorvertraglichen Maßnahme in Betracht kommt, scheitert diese Rechtsgrundlage wenigstens an dem Umstand, dass eine vertragliche Bindung ausschließlich zwischen den beteiligten Parteien Wirkung entfaltet, das Monitoring technisch bedingt aber auch Inhalte Dritter erfasst. In der Praxis bedarf es daher stets einer zusätzlichen Rechtsgrundlage aus Art. 6 Abs. 1 UAbs. 1 DSGVO.

Im Unterschied hierzu ist der Erlaubnistatbestand der Verarbeitung zur Erfüllung einer Rechtspflicht gem. Art. 6 Abs. 1 UAbs. 1 lit. c DSGVO grundsätzlich zur Rechtfertigung einer monitoringgestützten Verarbeitung geeignet.[1913] Allerdings stellt die Norm keine flexible Rechtsgrundlage dar, die stets für eine solche Verarbeitung herangezogen werden könnte. Vielmehr führt das Tatbestandsmerkmal des Vorliegens einer Rechtspflicht dazu, dass Art. 6 Abs. 1 UAbs. 1 lit. c DSGVO ausschließlich in bestimmten gesetzlich normierten Fällen anwendbar ist. Jedoch kann nur für wenige dieser Fälle überhaupt ein Einsatz von Monitoring in Betracht gezogen werden. Insgesamt bietet Art. 6 Abs. 1 UAbs. 1 lit. c DSGVO damit nur sehr begrenzt Raum zur Rechtfertigung einer monitoringgestützten Verarbeitung öffentlicher Daten.

Der Erlaubnistatbestand aus Art. 6 Abs. 1 UAbs. 1 lit. d DSGVO, welcher Verarbeitungen zum Schutz lebenswichtiger Interessen zum Gegenstand hat, kann ausschließlich als partielle Rechtsgrundlage für das Monitoring durch nichtöffentliche Stellen in Betracht gezogen werden.[1914] Dies resultiert aus der Subsidiarität der Norm. Diese bewirkt zum einen, dass öffentliche Stellen Art. 6 Abs. 1 UAbs. 1 lit. d DSGVO in Bezug auf Monitoring praktisch nie anwenden können. Zum anderen begrenzt die Subsidiarität die Anwendbarkeit der Rechtsgrundlage für nichtöffentliche Stellen auf Verarbeitungen, die dem Schutz lebenswichtiger Interessen der betroffenen Personen dienen. Da das Monitoring technisch bedingt jedoch stets auch Daten Dritter umfasst, reicht Art. 6 Abs. 1 UAbs. 1 lit. d DSGVO regelmäßig nicht allein zur Rechtfertigung aus. Es bedarf einer weiteren Rechtsgrundlage, um die Datenverarbeitung rechtmäßig durchführen zu können. Hinzu kommt, dass der bereits stark begrenzte Anwendungsbereich des Art. 6 Abs. 1 UAbs. 1 lit. d DSGVO durch die restriktive Auslegung des Tatbestandsmerkmals der lebenswichtigen Interessen weiter verengt wird. Indem ein besonders enger Bezug zum Leben oder der Gesundheit Voraussetzung ist, kommt die Rechtsgrundlage nur in absoluten Ausnahmefällen zum Tragen. Letztlich kann eine monitoringgestützte Verarbeitung öffentlicher

---

[1910] Näher hierzu Kap. 8.2.
[1911] Näher hierzu Kap. 9.
[1912] Näher hierzu Kap. 10.
[1913] Näher hierzu Kap. 11.
[1914] Näher hierzu Kap. 12.

Daten daher in der Regel nicht – und wenn, dann nur partiell – auf Art. 6 Abs. 1 UAbs. 1 lit. d DSGVO gestützt werden.

Der Erlaubnistatbestand der Wahrnehmung einer öffentlichen Aufgabe gem. Art. 6 Abs. 1 UAbs. 1 lit. e DSGVO kann eine Verarbeitung öffentlicher Daten mithilfe von Monitoring grundsätzlich rechtfertigen, allerdings nur in begrenztem Maße.[1915] Grund hierfür ist zunächst, dass die Norm fast ausschließlich die Verarbeitung personenbezogener Daten durch öffentliche Stellen erfasst. Nichtöffentliche Stellen können die Rechtsgrundlage hingegen nur in Ausnahmefällen heranziehen. Des Weiteren setzt Art. 6 Abs. 1 UAbs. 1 lit. e DSGVO das Vorliegen einer gesetzlich normierten öffentlichen Aufgabe voraus. Eine solche Aufgabenzuweisung, die nicht nur eine Verarbeitung personenbezogener Daten erfordert, sondern zu deren Wahrnehmung außerdem eine monitoringgestützte Verarbeitung öffentlicher Daten in Betracht kommt, findet sich jedoch nur selten. Hinzu kommt, dass Aufgabenzuweisungen und die dazugehörigen Befugnisnormen im deutschen Recht häufig generalklauselartig ausgestaltet sind, weswegen oftmals nur Datenverarbeitungen von geringer Intensität gerechtfertigt werden können. Insgesamt handelt es sich bei Art. 6 Abs. 1 UAbs. 1 lit. e DSGVO damit um eine Rechtsgrundlage, die für das Monitoring nur in geringem Umfang fruchtbar gemacht werden kann.

Als einziger Erlaubnistatbestand der DSGVO eröffnet die in Art. 6 Abs. 1 UAbs. 1 lit. f DSGVO statuierte Interessenabwägung eine flexible Möglichkeit zur Rechtfertigung einer monitoringgestützten Verarbeitung öffentlicher Daten.[1916] So ist die Norm weder – wie Art. 6 Abs. 1 UAbs. 1 lit. d DSGVO – auf konkrete Zwecke begrenzt, noch setzt sie – wie Art. 6 Abs. 1 UAbs. 1 lit. c und d DSGVO – eine zusätzliche Rechtsgrundlage aus dem unions- oder mitgliedstaatlichen Recht voraus. Grundsätzlich kann die Interessenabwägung daher jegliche Datenverarbeitung rechtfertigen. Allerdings gibt es Einschränkungen. Zum einen sind behördliche Stellen, die zur Erfüllung ihrer Aufgaben eine Verarbeitung vornehmen, nicht vom Anwendungsbereich erfasst. Die Rechtsgrundlage kommt daher vornehmlich zur Rechtfertigung von Verarbeitungen in Betracht, die durch nichtbehördliche Stellen verantwortet werden. Für behördliche Stellen kann Art. 6 Abs. 1 UAbs. 1 lit. f DSGVO lediglich herangezogen werden, wenn es sich um eine Handlung außerhalb der unmittelbaren Eingriffs- und Leistungsverwaltung handelt, die in hinreichend engen Bezug zu einer gesetzlich festgelegten Aufgabe oder einem gesetzlich anerkannten Interesse besitzt.[1917] Zum anderen stellen die Tatbestandsmerkmale des Art. 6 Abs. 1 UAbs. 1 lit. f DSGVO keine geringen Anforderungen an die Verarbeitung. Vielmehr ist im Rahmen einer dreistufigen Prüfung zunächst das Vorliegen eines berechtigten Interesses, sodann die Erforderlichkeit der Datenverarbeitung und schließlich das Nichtvorliegen eines überwiegenden Interesses der betroffenen Personen zu prüfen. Insbesondere der letzte Prüfungsschritt stellt dabei eine Herausforderung für das Monitoring dar, da die Interessen der betroffenen Personen bei einem Monitoring grundsätzlich von erheblichem Gewicht sind.[1918] Die Interessen des Verantwortlichen oder Dritten müssen daher wenigstens ein ebenbürtiges Gewicht aufweisen. Insgesamt ist Art. 6 Abs. 1 UAbs. 1 lit. f DSGVO damit zwar eine flexible Rechtsgrundlage und kann für das Monitoring herangezogen werden, allerdings nicht in jedem Fall.

Im Ergebnis ist zu konstatieren, dass die Beurteilung der Rechtmäßigkeit einer monitoringgestützten Verarbeitung öffentlicher Daten komplex ist. Dies resultiert zum einen daraus, dass sowohl die Verarbeitung öffentlicher Daten als auch der Einsatz von Monitoring datenschutzrechtlich bislang wenig Beachtung erfahren hat. Zum anderen lässt sich der DSGVO keine Rechtsgrundlage entnehmen, die explizit auf die Verarbeitung öffentlicher personenbezogener

---

[1915] Näher hierzu Kap. 13.
[1916] Näher hierzu Kap. 14.
[1917] Näher hierzu Kap. 14.2.1.1.1.
[1918] Näher hierzu Kap. 14.3.

15 Resümee und Ausblick

Daten abstellt. In der Folge ist auf die allgemeinen Erlaubnistatbestände des Art. 6 Abs. 1 UAbs. 1 DSGVO zurückzugreifen. Diese können das Monitoring aufgrund ihrer technikneutralen Ausgestaltung vielfach zwar grundsätzlich rechtfertigen, ihre Anwendung ist jedoch im Zuge einiger Auslegungsfragen und Wertungsmöglichkeiten mit Unsicherheit behaftet. Die damit einhergehende Rechtsunsicherheit ist in Anbetracht der anwachsenden öffentlich verfügbaren Datenmengen, der immer besser werdenden Möglichkeiten der automatisierten Auswertung dieser Daten sowie in Anbetracht des zunehmenden Interesses diverser Stellen an der Nutzung öffentlicher Daten nicht wünschenswert. So kann eine solche Rechtslage potenziell entweder dazu führen, dass mögliche Innovationen unnötig gehemmt oder die Rechte und Freiheiten der betroffenen Personen übermäßig beschnitten werden. Es ist daher wünschenswert, eine gesetzliche Regelung zur Rechtmäßigkeit der Verarbeitung öffentlicher Daten zu schaffen. Die konkrete Ausgestaltung einer solchen Rechtsgrundlage muss aufgrund der hohen Komplexität der Sachlage jedoch Gegenstand einer sich an die vorliegende Dissertation anschließenden eigenständigen wissenschaftlichen Untersuchung sein. Diese ist notwendig, um die vielfältigen Möglichkeiten der Verwendung öffentlicher Daten hinreichend berücksichtigen und die sich gegenüberstehenden Interessen in einen adäquaten Ausgleich bringen zu können. Schließlich kann nur auf diesem Weg sichergestellt werden, dass eine Rechtsgrundlage sowohl die den öffentlichen Daten innewohnenden Potenziale ausschöpft als auch die Rechte und Freiheiten der betroffenen Personen wahrt.

Literaturverzeichnis

Abel, J. P./Buff, C. L./Burr, S. A., Social Media and the Fear of Missing Out: Scale Development and Assessment, Journal of Business & Economics Research 2016, 33.

Ackermann, T., Produkthaftungs- und Produktsicherheitsrecht, Baden-Baden 2022 (zitiert: Autor, in: Ehring/Taeger (Hrsg.), ProdHaft und ProdS).

Acquisti, A./Gross, R., Imagined Communities: Awareness, Information Sharing, and Privacy on the Facebook, in: *Danezis, G./Golle, P.*, Privacy Enhancing Technologies, 6th International Workshop, PET 2006, Cambridge (UK) June 28-30, 2006, Revised Selected Papers, Berlin 2006, 36.

Adelberg, P. N., Rechtspflichten und -grenzen der Betreiber sozialer Netzwerke, Zum Umgang mit nutzergenerierten Inhalten, Wiesbaden 2020.

Adrian, M., It's going mainstream and it's your next opportunity, Teradata Magazine 2011, Heft 1, 2.

AFP, Arbeitsagentur will Hartz-IV-Empfänger im Netz überwachen, in: Spiegel Online, Stand v. 14.11.2013, https://www.spiegel.de/wirtschaft/soziales/arbeitsagentur-will-hartz-iv-empfaenger-im-netz-ueberwachen-a-933520.html (zuletzt abgerufen: 22.09.2024).

Aggarwal, C. C., Data mining, The textbook, Yorktown Heights 2015.

Ahlemeyer-Stubbe, A., Social Media Monitoring, in: *Ceyp, M. H./Scupin, J.-P.*, Erfolgreiches Social Media Marketing, Konzepte, Maßnahmen und Praxisbeispiele, Wiesbaden 2013, 189.

Albrecht, J. P./Jotzo, F., Das neue Datenschutzrecht der EU, Grundlagen, Gesetzgebungsverfahren, Synopse, Baden-Baden 2017.

Alpar, A./Koczy, M./Metzen, M., SEO – Strategie, Taktik und Technik, Online-Marketing mittels effektiver Suchmaschinenoptimierung, Wiesbaden 2015.

Altman, I., The Environment and Social Behavior, Privacy, Personal Space, Territory, Crowding, Monterey Kalifornien 1975.

Alutaybi, A./Arden-Close, E./McAlaney, J./Stefanidis, A./Phalp, K./Ali, R., How Can Social Networks Design Trigger Fear of Missing Out?, in: IEEE, International Conference on Systems, Man and Cybernetics, Bari, Italy, October 6-9, 2019, Piscataway 2019, 3758.

Ammicht Quinn, R./Baur, A./Bile, T./Bremert, B./Büttner, B./Grigorjew, O./Hagendorff, T./Heesen, J./Krämer, N./Meier, Y./Nebel, M./Neubaum, G./Ochs, C./Roßnagel, A./Simo Fhom, H./Weiler, S., White Paper Tracking, Beschreibung und Bewertung neuer Methoden, Karlsruhe 2018.

Amnesty International, "I want to decide about my future", Uprooted women in Greece speak out, Index Number: EUR 25/9071/2018, London 2018.

Aon, Weather, Climate & Catastrophe Insight, 2020 Annual Report, Stand v. 22.01.2021, Illinois, https://reliefweb.int/report/world/weather-climate-catastrophe-insight-2020-annual-report (zuletzt abgerufen: 22.09.2024).

Aramaki, E./Maskawa, S./Morita, M., Twitter catches the flu: detecting influenza epidemics using Twitter, in: *Merlo, P.*, Proceedings of the Conference on Empirical Methods in Natural Language Processing 2011, Stroudsburg 2011, 1568.

ARD und ZDF, Anzahl der Internetnutzer in Deutschland in den Jahren 1997 bis 2022, Stand v. 17.11.2023, https://de.statista.com/statistik/daten/studie/36009/umfrage/anteil-der-internetnutzer-in-deutschland-seit-1997/ (zuletzt abgerufen: 22.09.2024).

Artikel 29 Datenschutzgruppe, Working Paper 136, Stellungnahme 4/2007 zum Begriff „personenbezogene Daten", Stand v. 20.06.2007, https://ec.europa.eu/justice/article-29/documentation/opinion-recommendation/files/2007/wp136_de.pdf (zuletzt abgerufen: 22.09.2024).

Artikel 29 Datenschutzgruppe, Working Paper 163, Stellungnahme 5/2009 zur Nutzung sozialer Online-Netzwerke, Stand v. 12.06.2009, https://ec.europa.eu/justice/article-29/documentation/opinion-recommendation/files/2009/wp163_de.pdf (zuletzt abgerufen: 22.09.2024).

Artikel 29 Datenschutzgruppe, Working Paper 217, Stellungnahme 06/2014 zum Begriff des berechtigten Interesses des für die Verarbeitung Verantwortlichen gemäß Artikel 7 der Richtlinie 95/46/EG, Stand v. 09.04.2014, https://ec.europa.eu/justice/article-29/documentation/opinion-recommendation/files/2014/wp217_de.pdf (zuletzt abgerufen: 22.09.2024).

Assion, S./Aretz, C./Başar, E./Eickhoff, V./Emrich, M./Engeler, M., TTDSG, Telekommunikation-Telemedien-Datenschutz-Gesetz, Baden-Baden 2022 (zitiert: *Autor,* in: Assion et al. (Hrsg.), TTDSG).

Aßmann, S., Instrumente des Social-Media-Monitoring, Eine kritische Bestandsaufnahme, Stand v. 30.08.2010, https://de.scribd.com/fullscreen/37758351 (zuletzt abgerufen: 22.09.2024).

Aßmann, S./Pleil, T., Social Media Monitoring: Grundlagen und Zielsetzung, in: *Zerfaß, A./Piwinger, M.,* Handbuch Unternehmenskommunikation, Strategie Management Wertschöpfung, 2. Aufl., Wiesbaden 2014, 585.

Aßmann, S./Röbbeln, S., Social Media für Unternehmen, Das Praxisbuch für KMU, Bonn 2013.

Athey, S./Catalini, C./Tucker, C., The Digital Privacy Paradox, Small Money, Small Costs, Small Talk, Working Paper 23488, Stand v. 01.06.2017, https://www.nber.org/papers/w23488 (zuletzt abgerufen: 22.09.2024).

Bäcker, M., Die Vertraulichkeit der Internetkommunikation, in: *Rensen, H./Brink, S.,* Linien der Rechtsprechung des Bundesverfassungsgerichts, Erörtert von den wissenschaftlichen Mitarbeitern, Berlin 2009, 99.

Bäcker, M., Sicherheitsverfassungsrecht, in: *Herdegen, M./Masing, J./Poscher, R./Gärditz, K. F.,* Handbuch des Verfassungsrechts, Darstellung in transnationaler Perspektive, München 2021, § 28.

Badach, A./Hoffmann, E., Technik der IP-Netze, Grundlagen der IPv4- und IPv6-Kommunikation, 5. Aufl., München 2023.

Bahrke, J., Über den öffentlichen Umgang mit privaten Daten am Beispiel Facebook, Berlin 2011.

Battis, U., Bundesbeamtengesetz, 6. Auflage, München 2022 (zitiert: *Autor,* in: Battis (Hrsg.), BBG).

Bauer, M., Das Recht des technischen Produkts, Praxishandbuch für Unternehmensjuristen, Wiesbaden 2018.

Bauer, S., Soziale Netzwerke und strafprozessuale Ermittlungen, Berlin 2018.

Baum, M./Buse, J. W./Brandl, H./Szymczak, M., AO eKommentar, Bonn 2016 (zitiert: *Autor,* in: Baum et al. (Hrsg.), AO).

Bazil, V., Impression Management, Sprachliche Strategien für Reden und Vorträge, Wiesbaden 2005.

BBK, Rahmenempfehlungen für den Einsatz von Social Media im Bevölkerungsschutz, Bonn 2013, https://www.bbk.bund.de/SharedDocs/Downloads/DE/Krisenmanagement/Rahm enempf_Einsatz_Social_Media_BevS.pdf?__blob=publicationFile (zuletzt abgerufen: 22.09.2024).

BBK, Social Media im BBK, Konzept zur Nutzung sozialer Medien für die Information der Bevölkerung, Bonn 2016, https://media.frag-den-staat.de/files/foi/92717/KonzeptSocial MediaimBBK.pdf (zuletzt abgerufen: 22.09.2024).

Beck, K., Computervermittelte Kommunikation im Internet, München 2006.

Behrendt, J./Zeppenfeld, K., Web 2.0, Berlin, Heidelberg 2008.

Beisch, N./Koch, W., ARD/ZDF-Onlinestudie 2023, Weitergehende Normalisierung der Internetnutzung nach Wegfall aller Corona-Schutzmaßnahmen, Aktuelle Aspekte der Internetnutzung in Deutschland, Media Perspektiven 2023, Heft 23, 1.

Benecke, A./Wagner, J., Öffnungsklauseln in der Datenschutz-Grundverordnung und das deutsche BDSG – Grenzen und Gestaltungsspielräume für ein nationales Datenschutzrecht, DVBl 2016, Heft 10, 600.

Berendt, B./Hotho, A./Stumme, G., Towards Semantic Web Mining, in: *Horrocks, I./Hendler, J.,* The Semantic Web, ISWC 2002, First International Semantic Web Conference Sardinia, Italy, June 9-12, 2002 Proceedings, Berlin/Heidelberg 2002, 264.

Bergt, M., Die Bestimmbarkeit als Grundproblem des Datenschutzrechts, Überblick über den Theorienstreit und Lösungsvorschlag, ZD 2015, 365.

Berners-Lee, T./Fischetti, M., Der Web-Report, Der Schöpfer des World Wide Webs über das grenzenlose Potential des Internets, München 1999.

Beyer, H., XPIDER – doch nicht so zahnlos, wie jüngst behauptet?, Stand v. 23.07.2007, https://www.foerderland.de/managen/steuer/news/xpider-doch-nicht-so-zahnlos-wie-jue ngst-behauptet/ (zuletzt abgerufen: 22.09.2024).

Beyvers, E./Gärtner, H./Kipker, D.-K., Data processing for research purposes, PinG 2015, 241.

BfDI, Datenverarbeitung im Finanzamt, https://www.bfdi.bund.de/DE/Buerger/Inhalte/ Finanzen-Steuern/ABC_Datenverabeitung_Finanzamt.html#:~:text=Die%20Verarbeitu ng%20personenbezogener%20Daten%20durch,ihr%20%C3%BCbertragen%20wurde% 2C%20erforderlich%20ist. (zuletzt abgerufen: 22.09.2024).

BfDI, E-Privacy-Verordnung, https://www.bfdi.bund.de/DE/Fachthemen/Inhalte/Telemedien/ ePrivacy_Verordnung.html (zuletzt abgerufen: 22.09.2024).

Biemann, J., „Streifenfahrten" im Internet, Die verdachtsunabhängigen Ermittlungen der Polizei im virtuellen Raum, Stuttgart 2013.

Bieresborn, D., Surfen als Amtsermittlung, Welche Grenzen bestehen bei der Internetrecherche für Sozialleistungsträger, NZS 2016, 531.

Bieresborn, D., Sozialdatenschutz nach Inkrafttreten der EU-Datenschutzgrundverordnung – Betroffenenrechte, Aufsichtsbehörden und Datenschutzbeauftrage, neue Zuständigkeiten für die Sozialgerichtsbarkeit, NZS 2018, 10.

Bitkom, Soziale Netzwerke, Eine repräsentative Untersuchung zur Nutzung sozialer Netzwerke im Internet, Berlin 2011, https://www.bitkom.org/sites/default/files/file/import/BITKOM -Publikation-Soziale-Netzwerke.pdf (zuletzt abgerufen: 22.09.2024).

Bitkom, Big-Data-Technologien, Wissen für Entscheider, Leitfaden, Berlin, 2014, https://www.bitkom.org/sites/default/files/file/import/140228-Big-Data-Technologien-Wissen-fuer-Entscheider.pdf (zuletzt abgerufen: 22.09.2024).

Bitkom, Datenschutz in der digitalen Welt, Bitkom Research, Stand v. 22.09.2015, https://www.bitkom.org/sites/default/files/file/import/Bitkom-Charts-PK-Datenschutz-2 2092015-final.pdf (zuletzt abgerufen: 22.09.2024).

Bitkom, Social-Media-Nutzer räumen ihre Freundesliste auf, Stand v. 23.03.2018, https://www.bitkom.org/Presse/Presseinformation/Social-Media-Nutzer-raeumen-ihre-F reundesliste-auf.html (zuletzt abgerufen: 22.09.2024).

Bitkom, Zwei von drei Personalern informieren sich online über Bewerber, Stand v. 30.07.2018, https://www.bitkom.org/Presse/Presseinformation/Zwei-von-drei-Personalern-informier en-sich-online-ueber-Bewerber.html (zuletzt abgerufen: 22.09.2024).

Bitkom, Marketingmaßnahmen- und Budgetstudie 2022, Stand v. 01.12.2022, https://www.bitkom.org/sites/main/files/2022-12/20221216Marketingbudgetstudie2022. pdf (zuletzt abgerufen: 22.09.2024).

Blattner, M., Web Monitoring – Eine Einführung, HDM 2013, Heft 5, 7.

Blattner, M./Meier, A., Glossar zu Webmonitoring, HDM 2013, Heft 5, 112.

Blomeier, E./Schmidt, S./Resch, B., Drowning in the Information Flood: Machine Learning-Based Relevance Classification of Flood-Related Tweets for Disaster Management, Information 2024, Beitragsnr. 149.

BMBF, Fake News erkennen, verstehen, bekämpfen, Neue Forschungsprojekte, Stand v. 08.02.2022, https://www.bmbf.de/bmbf/shareddocs/kurzmeldungen/de/2022/02/fake-ne ws-bekaempfen.html (zuletzt abgerufen: 22.09.2024).

BMI/BMAS, Vorschläge für einen modernen Beschäftigtendatenschutz, Innovation ermöglichen - Persönlichkeitsrechte schützen - Rechtsklarheit schaffen, Stand v. 25.05.2023, https://fragdenstaat.de/anfrage/aktueller-stand-beschaeftigtendatenschutz/80 4753/anhang/vorschlge-beschftigtendatenschutz.pdf (zuletzt abgerufen: 22.09.2024).

Böckenförde, T., Die Ermittlung im Netz, Möglichkeiten und Grenzen neuer Erscheinungsformen strafprozessualer Ermittlungstätigkeit, Tübingen 2003.

Bodendorf, F., Daten- und Wissensmanagement, 2. Aufl., Berlin, Heidelberg 2006.

Boegershausen, J./Datta, H./Borah, A./Stephen, A. T., Fields of Gold: Scraping Web Data for Marketing Insights, Journal of Marketing 2022, Heft 5, 1.

Böhme, M./Gröger/André/Stöhr, T., Searching for a Better Life: Predicting International Migration with Online Search Keywords, Journal of Development Economics 2020, Beitragsnr. 102347.

Boyd, D. M., Taken Out of Context, American Teen Sociality in Networked Publics, Berkley 2008.

Boyd, D. M./Ellison, N. B., Social Network Sites: Definition, History, and Scholarship, Journal of Computer-Mediated Communication 2007, 210.

Braehmer, B., Praxiswissen Talent Sourcing, Effiziente Kombination von Active Sourcing, Recruiting und Talent Management, Freiburg 2019.

Brandimarte, L./Acquisti, A./Loewenstein, G./Babock, L., Privacy Concerns and Information Disclosure: An Illusion of Control Hypothesis, Stand v. 01.04.2009, https://www.researchgate.net/publication/43014896_Privacy_Concerns_and_Information_Disclosure_An_Illusion_of_Control_Hypothesis (zuletzt abgerufen: 22.09.2024).

Brauckmann, P., Ziele des Web-Monitorings im politischen Umfeld, in: *Brauckmann, P.*, Web-Monitoring, Gewinnung und Analyse von Daten über das Kommunikationsverhalten im Internet, Konstanz 2010, 47.

Braun, S., Social Media-Nutzung – Eine Herausforderung (auch) für Unternehmen, NJ 2013, 104.

Bräutigam, P./Richter, D., Vertragliche Aspekte der Social Media, in: *Hornung, G./Müller-Terpitz, R.*, Rechtshandbuch Social Media, 2. Aufl., Heidelberg 2021, 81.

Bretthauer, S., Datenschutz versus Katastrophenschutz, Standortdaten als Mittel zur Bekämpfung der Corona-Pandemie, in: Verfassungsblog, Stand v. 27.03.2020, https://verfassungsblog.de/datenschutz-versus-katastrophenschutz/ (zuletzt abgerufen: 22.09.2024).

Breyer, P., Kfz-Massenabgleich nach dem Urteil des Bundesverfassungsgerichts, NVwZ 2008, 824.

Brink, S./Eckhardt, J., Wann ist ein Datum ein personenbezogenes Datum, Anwendungsbereich des Datenschutzrechts, ZD 2015, 205.

Brink, S./Krieger, J./Schwab, S./Joos, D., Unsere Freiheiten, Daten nützen – Daten schützen, Ratgeber Beschäftigtendatenschutz, 4. Aufl., Stuttgart 2020.

Brinktrine, R./Schollendorf, K., BeckOK Beamtenrecht Bund, 34. Edition, München 2023 (zitiert: *Autor*, in: Brinktrine/Schollendorf (Hrsg.), BeckOK BBR).

Britz, T./Indenhuck, M./Langerhans, T., Die Verarbeitung „zufällig" sensibler Daten, Einschränkende Auslegung von Art. 9 DS-GVO, ZD 2021, 559.

Bronner, P./Wiedemann, F., Rechtmäßigkeit der Datenverarbeitung bei wissenschaftlicher Forschung an staatlichen Hochschulen, Chancen und Grenzen der breiten Einwilligung und gesetzlicher Erlaubnistatbestände, ZD 2023, 77.

Brosius-Gersdorf, F., Grundgesetz-Kommentar, Band 1, Präambel, Artikel 1-19, 4. Aufl., Tübingen 2023 (zitiert: *Autor*, in: Brosius-Gersdorf (Hrsg.), GG).

Brown, B., Studying the Internet Experience, HP Laboratories Technical Report 2001-49, Stand v. 26.03.2001, https://shiftleft.com/mirrors/www.hpl.hp.com/techreports/2001/HPL-2001-49.pdf (zuletzt abgerufen: 22.09.2024).

Buchner, B., Grundsätze des Datenschutzrechts, in: *Tinnefeld, M.-T./Buchner, B./Petri, T./Hof, H.-J.*, Einführung in das Datenschutzrecht, Datenschutz und Informationsfreiheit in europäischer Sicht, 6. Aufl., Berlin/Boston 2018, 215.

Buck, R./Klopfer, M., Betriebsprüfung, Grundlagen, Ablauf, Prüfungsbericht, Wiesbaden 2011.

Bühler, M., Einschränkung von Grundrechten nach der Europäischen Grundrechtecharta, Berlin 2004.

Bühler, P./Schlaich, P./Sinner, D., Internet, Technik – Nutzung – Social Media, Berlin Heidelberg 2019.

Bundeskriminalamt, Koordinierte Internetauswertung (KIA), https://www.bka.de/DE/Unsere Aufgaben/Kooperationen/KIA/kia_node.html (zuletzt abgerufen: 22.09.2024).

Bundesministerium der Justiz, Handbuch der Rechtsförmlichkeit, Empfehlungen des Bundesministeriums der Justiz für die rechtsförmliche Gestaltung von Gesetzen und Rechtsverordnungen nach § 42 Absatz 4 und § 62 Absatz 2 der Gemeinsamen Geschäftsordnung der Bundesministerien, 3. Aufl., Köln 2008.

Bundesministerium für Gesundheit, Wissenswertes zu Long COVID, https://www.bmg-longcovid.de/infobox/wissenswertes-fuer-erkrankte-und-interessierte (zuletzt abgerufen: 22.09.2024).

Bundesministerium für Wirtschaft und Energie, Orientierungshilfe zum Gesundheitsdatenschutz, Berlin, 2018, https://www.bmwk.de/Redaktion/DE/Publikationen/Wirtschaft/orientierungshilfe-gesundheitsdatenschutz.pdf?__blob=publicationFile&v=1 (zuletzt abgerufen: 22.09.2024).

Bundesverband Digitale Wirtschaft, Social Media Kompass 2010/2011, 2. Aufl., Düsseldorf 2010.

Bundesverband Digitale Wirtschaft, Social Media Monitoring in der Praxis, Grundlagen, Praxis-Cases, Anbieterauswahl und Trends, Düsseldorf 2017.

Bundesverfassungsgericht, Datenschutzerklärung, Verantwortlicher der Website des Bundesverfassungsgerichts und Datenschutzbeauftragter, https://www.bundesverfassungsgericht.de/SharedDocs/Downloads/DE/Datenschutzerkl%C3%A4rung.pdf?__blob=publicationFile&v=12 (zuletzt abgerufen: 22.09.2024).

Bündnis gegen Cybermobbing, Umfrage unter Schülern zu Gründen der Nutzung von sozialen Netzwerken 2017, Stand v. 16.05.2017, https://de.statista.com/statistik/daten/studie/718710/umfrage/gruende-von-schuelern-fuer-die-nutzung-von-sozialen-netzwerken-in-deutschland/ (zuletzt abgerufen: 22.09.2024).

Burgoon, J. K., Privacy and Communication, in: *Burgoon, M.,* Communication Year Book, New York 1982, 206.

Busse, P./Dallmann, M., Verarbeitung von öffentlich zugänglichen personenbezogenen Daten, Datenschutzrechtliche Voraussetzungen und Grenzen, ZD 2019, 394.

Byers, P./Fischer, C., Rechtliche Vorgaben bei der Durchführung von sog. „Backgroundchecks", ArbRAktuell 2022, 90.

BZSt, Umsatzsteuer-Betrugsbekämpfung, Xpider, https://www.bzst.de/DE/Behoerden/Steuerstraftaten/UStBetrugsbekaempfung/ustbetrugsbekaempfung_node.html#js-toc-entry2 (zuletzt abgerufen: 22.09.2024).

Calliess, C./Ruffert, M., EUV/AEUV, Das Verfassungsrecht der Europäischen Union mit Europäischer Grundrechtecharta, 6. Aufl., München 2022 (zitiert: *Autor,* in: Calliess/Ruffert (Hrsg.), EUV/AEUV).

Campesato, O., Natural Language Processing Fundamentals for Developers, Dulles (Virginia) 2021.

Center for Social and Economic Research, Study to quantify and analyse the VAT Gap in the EU Member States, Warschau 2015, https://data.europa.eu/doi/10.2778/456646 (zuletzt abgerufen: 22.09.2024).

Ceyp, M. H./Scupin, J.-P., Status Quo der Social Media, in: *Ceyp, M. H./Scupin, J.-P.,* Erfolgreiches Social Media Marketing, Konzepte, Maßnahmen und Praxisbeispiele, Wiesbaden 2013, 23.

Chatfield, T., 50 Schlüsselideen Digitale Kultur, Heidelberg 2013.

Clark, M., So gehen wir gegen Scraping vor, Stand v. 15.04.2021, https://about.fb.com/de/news/2021/04/so-gehen-wir-gegen-scraping-vor/ (zuletzt abgerufen: 22.09.2024).

Cleve, J./Lämmel, U., Data Mining, 3. Aufl., Berlin/Boston 2020.

CMS, E-Privacy, Europäische Verordnung über Privatsphäre und Elektronische Kommunikation, Stand v. 18.01.2024, https://cms.law/de/deu/insight/e-privacy (zuletzt abgerufen: 22.09.2024).

Commissioner for Human Rights, CommDH(2018)24, Report of the Commissioner for Human Rights of the Council of Europe Dunja Mijatović following her visit to Greece from 25 to 29 June 2018, Straßburg, 2018, https://rm.coe.int/report-on-the-visit-to-greece-from-25-to-29-june-2018-by-dunja-mijatov/16808ea5bd (zuletzt abgerufen: 22.09.2024).

Conrad, A./Schubert, T., How to Do Things with Code, Zur Erklärung urheberrechtlicher Einwilligungen durch robots.txt, GRUR 2018, 350.

Cornils, M., Grundrechtsschutz gegenüber polizeilicher Kfz-Kennzeichenüberwachung, JURA 2010, 443.

Czychowski, C., Wettbewerbsrechtliche Zulässigkeit des automatisierten Abrufs von Daten einer Internetseite, NJW 2014, 3277.

Dambeck, H., Neue Freunde verdrängen alte Freunde, in: Spiegel Online, Stand v. 07.01.2014, https://www.spiegel.de/wissenschaft/mensch/psychologie-neue-freunde-verdraengen-alte-freunde-a-941971.html (zuletzt abgerufen: 22.09.2024).

Damm, S. M., Menschenwürde, Freiheit, komplexe Gleichheit, Der Gleichheitssatz im Europäischen Gemeinschaftsrecht sowie im deutschen und US-amerikanischen Verfassungsrecht, Berlin 2006.

Dammann, U., Erfolge und Defizite der EU-Datenschutzgrundverordnung, Erwarteter Fortschritt, Schwächen und überraschende Innovationen, ZD 2016, 307.

Dannhäuser, R., Praxishandbuch Social Media Recruiting, Wiesbaden 2014.

Data Reportal, July Global Statshot Report, The Essential Guide to the World's Connected Behaviours, Digital 2024, Stand v. 31.07.2024, https://indd.adobe.com/view/15e6313e-21ea-47dc-941c-dc7bced99b24?allowFullscreen=true&wmode=opaque (zuletzt abgerufen: 22.09.2024).

DataReportal, Global Overview Report, The Essential Guide to the World's Connected Behaviours, Digital 2024, Stand v. 31.01.2024, https://indd.adobe.com/view/8892459e-f0f4-4cfd-bf47-f5da5728a5b5?allowFullscreen=true&wmode=opaque (zuletzt abgerufen: 22.09.2024).

Datenethikkommission, Gutachten der Datenethikkommission, Berlin 2019, https://www.bmi.bund.de/SharedDocs/downloads/DE/publikationen/themen/it-digitalpolitik/gutachten-datenethikkommission.html (zuletzt abgerufen: 22.09.2024).

Däubler, W., Gläserne Belegschaften, Das Handbuch zum Beschäftigtendatenschutz, 9. Aufl., Frankfurt am Main 2021.

Däubler, W./Hjort, J. P./Schubert, M./Wolmerath, M., Arbeitsrecht, Individualarbeitsrecht mit kollektivrechtlichen Bezügen, 5. Aufl., Baden-Baden 2022 (zitiert: *Autor,* in: Däubler et al. (Hrsg.), ArbR).

Däubler, W./Wedde, P./Weichert, T./Sommer, I., EU-DSGVO und BDSG, EU-Datenschutz-Grundverordnung (EU-DSGVO), Bundesdatenschutzgesetz (BDSG),

Telekommunikation-Telemedien-Datenschutz-Gesetz (TTDSG), 3. Aufl., Frankfurt am Main 2024 (zitiert: *Autor*, in: Däubler et al. (Hrsg.), DSGVO/BDSG/TTDSG).

Dauner-Lieb, B./Langen, W., BGB, Band 2, Schuldrecht, 4. Aufl., Baden-Baden 2021 (zitiert: *Autor*, in: Dauner-Lieb/Langen (Hrsg.), BGB Schuldrecht).

David, E., Now you can block OpenAI's web crawler, Internet users can block GPTBot and keep their site out of ChatGPT, Stand v. 07.08.2023, https://www.theverge.com/2023/8/7/23823046/openai-data-scrape-block-ai (zuletzt abgerufen: 22.09.2024).

Deelen, H. v., Qualitätskriterien für Social-Media-/Web- Monitoring, Nutzen optimieren, Enttäuschungen vermeiden, Stand v. 24.10.2012, https://consline.com/qualitatskriterien-fur-social-media-web-monitoring-nutzen-optimieren-enttauschungen-vermeiden/ (zuletzt abgerufen: 22.09.2024).

Deloitte, Die Transparenzlücke, Datenland Deutschland, Stand v. 01.10.2014, https://www2.deloitte.com/content/dam/Deloitte/de/Documents/Innovation/Analytics_Datenland-Deutschland_safe.pdf (zuletzt abgerufen: 22.09.2024).

Deloitte, Die Generationenlücke, Datenland Deutschland, Stand v. 01.01.2015, https://www2.deloitte.com/content/dam/Deloitte/de/Documents/deloitte-analytics/DAI-Datenland-Deutschland-Generationenluecke-s.pdf (zuletzt abgerufen: 22.09.2024).

Deloitte, Mobile & Digital Consumer Survey, Ausgewählte Ergebnisse für den deutschen Markt, Stand v. 01.12.2021, https://www2.deloitte.com/de/de/pages/technology-media-and-telecommunications/articles/mobile-digital-consumer-trends-survey-2021.html (zuletzt abgerufen: 22.09.2024).

Denev, D., Models and Methods for Web Archive Crawling, Saarbrücken 2012.

denic, Top Level Domains, https://www.denic.de/wissen/top-level-domains/ (zuletzt abgerufen: 22.09.2024).

Desoi, B. U., Big Data und allgemein zugängliche Daten im Krisenmanagement, Exemplarische technische und normative Gestaltung von Analysen zur Entscheidungsunterstützung, Wiesbaden 2018.

Detterbeck, S., Öffentliches Recht, 11. Aufl., München 2018.

Devlin, J./Chang, M.-W./Lee, K./Toutanova, K., BERT: Pre-training of Deep Bidirectional Transformers for Language Understanding, in: *Burstein, J./Doran, C./Solorio, T.*, NAACL-HLT 2019, Proceedings of the 2019 Conference of the North American Chapter of the Association for Computational Linguistics: Human Language Technologies, Stroudsburg (Pennsylvania) 2019, 4171.

Dienlin, T., The psychology of privacy, Analyzing processes of media use and interpersonal communication, Hohenheim 2017, https://hohpublica.uni-hohenheim.de/server/api/core/bitstreams/2ef0ecd9-2824-45a4-bca2-d28098f67cb3/content (zuletzt abgerufen: 22.09.2024).

Diercks, N., Recruiting- und Personalauswahlverfahren unter DSGVO und BDSG, Stand v. 19.12.2018, https://diercks-digital-recht.de/2018/12/recruiting-und-personalauswahlverfahren-unter-dsgvo-und-bdsg/ (zuletzt abgerufen: 22.09.2024).

Dorf, Y., Zur Interpretation der Grundrechtecharta, JZ 2005, 126.

Dörr, O./Grote, R./Marauhn, T., EMRK/GG, Konkordanzkommentar zum europäischen und deutschen Grundrechtsschutz, 3. Aufl., Tübingen 2022 (zitiert: *Autor*, in: Dörr/Grote/Marauhn (Hrsg.), EMRK/GG).

dpa, Bundesregierung will gefährliche Dildos nicht verbieten, in: Spiegel Online, Stand v. 18.07.2011, https://www.spiegel.de/politik/deutschland/weichmacher-im-sexspielzeug-bundesregierung-will-gefaehrliche-dildos-nicht-verbieten-a-775112.html (zuletzt abgerufen: 22.09.2024).

Dreger, B., Diagnose: Confirmation bias, Wie die anfängliche Überzeugtheit von einer klinisch-psychologischen Prüfhypothese, die Berufserfahrung und das Fachwissen die Validität psychologischer Diagnosen beeinflussen, Kiel 2012, https://macau.uni-kiel.de/servlets/MCRFileNodeServlet/dissertation_derivate_00004449/dissertation_dreger.pdf?AC=Y (zuletzt abgerufen: 22.09.2024).

Drewes, S., Dialogmarketing nach der DSGVO ohne Einwilligung der Betroffenen, Berechtigte Unternehmensinteressen bleiben maßgebliche Rechtsgrundlage, CR 216, 721.

Droste, J., Produktbeobachtungspflichten der Automobilhersteller bei Software in Zeiten vernetzten Fahrens, CCZ 2015, 105.

DSK, Kurzpapier Nr. 17, Besondere Kategorien personenbezogener Daten, Stand v. 27.03.2018, https://www.datenschutzkonferenz-online.de/media/kp/dsk_kpnr_17.pdf (zuletzt abgerufen: 22.09.2024).

DSK, Orientierungshilfe der Aufsichtsbehörden für Anbieter:innen von Telemedien, Stand v. 01.03.2019, https://www.datenschutzkonferenz-online.de/media/oh/20190405_oh_tmg.pdf (zuletzt abgerufen: 22.09.2024).

Dudenredaktion, Das Bedeutungswörterbuch, Wortschatz und Wortbildung, 5. Aufl., Berlin 2018.

Dumbrava, C., Die Hauptrisiken sozialer Medien für die Demokratie, Risiken durch Überwachung, Personalisierung, Desinformation, Moderation und Mikrotargeting, Brüssel 2021.

Dunbar, R., Coevolution of neocortical size, group size and language in humans, Behavioural and Brain Sciences 1993, 681.

Dunbar, R., The Social Brain: Psychological Underpinnings and Implications for the Structure of Organizations, Current Directions in Psychological Science 2014, 109.

Dunbar, R., Do online social media cut through the constraints that limit the size of offline social networks?, Royal Society Open Science 2016, Beitragsnr. 150292.

Dürig, G., Der Grundrechtssatz von der Menschenwürde, AöR 1956, 117.

Dürig, G./Herzog, R./Scholz, R., Grundgesetz-Kommentar, 104. Ergänzungslieferung, München 2024 (zitiert: *Autor,* in: Dürig/Herzog/Scholz (Hrsg.), GG).

Durmus, E., Der Unterschied zwischen dem berechtigten Interesse und dem Zweck der Verarbeitung, DSB 2020, 12.

Dzida, B., Big Data und Arbeitsrecht, NZA 2017, 541.

Dzida, B./Groh, N., Diskriminierung nach dem AGG beim Einsatz von Algorithmen im Bewerbungsverfahren, NJW 2018, 1917.

Eckert, C., IT-Sicherheit, Konzepte - Verfahren - Protokolle, 10. Aufl., Berlin/Boston 2018.

EDPB, Leitlinien 02/2019, Die Verarbeitung personenbezogener Daten gemäß Artikel 6 Absatz 1 Buchstabe b DSGVO im Zusammenhang mit der Erbringung von Online-Diensten für betroffene Personen, Stand v. 08.10.2019, https://www.edpb.europa.eu/sites/default/files/files/file1/edpb_guidelines-art_6-1-b-adopted_after_public_consultation_de.pdf (zuletzt abgerufen: 22.09.2024).

Literaturverzeichnis

EDPB, Leitlinien 3/2019, Die Verarbeitung personenbezogener Daten durch Videogeräte, Version 2.0, Stand v. 29.01.2020, https://www.edpb.europa.eu/sites/default/files/files/file1/edpb_guidelines_201903_video_devices_de.pdf (zuletzt abgerufen: 22.09.2024).

EDPB, Leitlinien 05/2020, Einwilligung gemäß der Verordnung 2016/679, Version 1.1, Stand v. 13.05.2020, https://www.edpb.europa.eu/sites/default/files/files/file1/edpb_guidelines_202005_consent_de.pdf (zuletzt abgerufen: 22.09.2024).

EDPB, Leitlinien 8/2020, Gezielte Ansprache von Nutzer:innen sozialer Medien, Version 2.0, Stand v. 13.04.2021, https://www.edpb.europa.eu/system/files/2021-11/edpb_guidelines_082020_on_the_targeting_of_social_media_users_de_0.pdf (zuletzt abgerufen: 22.09.2024).

EDPS, Beurteilung der Erforderlichkeit von Maßnahmen, die das Grundrecht auf Schutz personenbezogener Daten einschränken, Ein Toolkit, Stand v. 11.04.2017, https://www.edps.europa.eu/sites/default/files/publication/17-06-01_necessity_toolkit_final_de.pdf (zuletzt abgerufen: 22.09.2024).

Ehlers, D., Verhältnis des Unionsrechts zu dem Recht der Mitgliedstaaten, in: *Schulze, R./Janssen, A. U./Kadelbach, S.*, Europarecht, Handbuch für die deutsche Rechtspraxis, 4. Aufl., Baden-Baden 2020, § 11.

Ehmann, E./Selmayr, M., DS-GVO, Datenschutz-Grundverordnung, Kommentar, 3. Aufl., München 2024 (zitiert: *Autor*, in: Ehmann/Selmayr (Hrsg.), DSGVO).

Eisenberg, C., Produkthaftung, Kompaktwissen für Betriebswirte, Ingenieure und Juristen, 2. Aufl., München 2014.

Elgün, L./Karla, J., Social Media Monitoring: Chancen und Risiken, Controlling & Management Review 2013, Heft 1, 50.

Ellison, N. B./Vitak, J./Steinfield, C./Gray, R./Lampe, C., Negotiating Privacy Concerns and Social Capital Needs in a Social Media Environment, in: *Trepte, S./Reinecke, L.*, Privacy Online, Perspectives on Privacy and Self-Disclosure in the Social Web, Berlin 2011, 19.

Elteste, U., Screen Scraping: Wechselwirkungen zwischen Datenbankrecht und Vertragsrecht, CR 2015, 447.

Epping, V./Hillgruber, C., BeckOK Grundgesetz, 57. Edition, München 2024 (zitiert: *Autor*, in: Epping/Hillgruber (Hrsg.), BeckOK GG).

Epping, V./Lenz, S./Leydecker, P., Grundrechte, 10. Aufl., Berlin 2024.

Erd, R., Datenschutzrechtliche Probleme sozialer Netzwerke, NVwZ 2011, 19.

Erlhofer, S., Suchmaschinen-Optimierung, Das umfassende Handbuch, 11. Aufl., Bonn 2023.

Ernst, S., Die Einwilligung nach der Datenschutzgrundverordnung, Anmerkungen zur Definition nach Art. 4 Nr. 11 DS-GVO, ZD 2017, 110.

Eßer, M./Kramer, P./von Lewinski, K., BDSG, Kommentar zum Bundesdatenschutzgesetz - Nebengesetze, 4. Aufl., Köln 2014 (zitiert: *Autor*, in: Eßer/Kramer/von Lewinski (Hrsg.), BDSG, Altauflage).

Eßer, M./Kramer, P./von Lewinski, K., DSGVO, BDSG, Datenschutz-Grundverordnung, Bundesdatenschutzgesetz und Nebengesetze, 8. Aufl., Hürth 2023 (zitiert: *Autor*, in: Eßer/Kramer/von Lewinski (Hrsg.), DSGVO/BDSG).

EU Network of Independet Experts on Fundamental Rights, Comentary of the Charter of Fundamental Rights of the European Union, Brüssel 2006 (zitiert: *Autor*, in: EU Network of Independet Experts on Fundamental Rights (Hrsg.), CFR).

EUR-Lex, Procedure 2017/0003/COD, https://eur-lex.europa.eu/procedure/DE/2017_3 (zuletzt abgerufen: 22.09.2024).

Europäische Kommission, Public opinion in the European Union, Standard Eurobarometer 98, Winter 2022-2023, Stand v. 23.02.2023, https://europa.eu/eurobarometer/api/deliverable/download/file?deliverableId=86115 (zuletzt abgerufen: 22.09.2024).

Eurostat, Anteil der Personen in Deutschland, die das Internet zur Teilnahme an sozialen Netzwerken genutzt haben, in den Jahren 2013 bis 2023, Stand v. 17.01.2024, https://de.statista.com/statistik/daten/studie/533203/umfrage/anteil-der-nutzer-von-social-networks-in-deutschland/ (zuletzt abgerufen: 22.09.2024).

Eurostat, Anteil der Personen, die das Internet zur Teilnahme an sozialen Netzwerken genutzt haben in ausgewählten Ländern in Europa im Jahr 2023, Stand v. 17.01.2024, https://de.statista.com/statistik/daten/studie/214663/umfrage/nutzung-von-social-networks-in-europa-nach-laendern (zuletzt abgerufen: 22.09.2024).

Evertz, S., Analysiere das Web!, Wie Sie Marketing und Kommunikation mit Social Media Monitoring verbessern, Freiburg 2017.

Facebook, Stories, in: Facebook Hilfebereich, https://www.facebook.com/help/862926927385914/?helpref=hc_fnav (zuletzt abgerufen: 22.09.2024).

Facebook, Nutzungsbedingungen, Stand v. 12.01.2024, https://www.facebook.com/legal/terms/plain_text_terms (zuletzt abgerufen: 22.09.2024).

Fahrig, T., Suchmaschinen, Eine industrieökonomische Analyse der Konzentration und ihrer Ursachen, Ilmenau 2014, https://d-nb.info/1079840532/34 (zuletzt abgerufen: 22.09.2024).

Faktenkontor, Umfrage zur Nutzung von Blogs nach Altersgruppen in Deutschland 2017, Anteil der befragten Internetnutzer, die Blogs nutzen, nach Altersgruppen in Deutschland im Jahr 2017, Stand v. 23.02.2018, https://de.statista.com/statistik/daten/studie/691588/umfrage/anteil-der-nutzer-von-blogs-nach-alter-in-deutschland/ (zuletzt abgerufen: 22.09.2024).

Faktenkontor, Umfrage zur Nutzung von Internetforen nach Altersgruppen in Deutschland 2017, Anteil der befragten Internetnutzer, die Internetforen nutzen, nach Altersgruppen in Deutschland im Jahr 2017, Stand v. 23.02.2018, https://de.statista.com/statistik/daten/studie/691576/umfrage/anteil-der-nutzer-von-foren-nach-alter-in-deutschland/ (zuletzt abgerufen: 22.09.2024).

Faktenkontor, Umfrage zu Gründen für die Nutzung von sozialen Netzwerken in Deutschland 2018, Stand v. 07.03.2019, https://de.statista.com/statistik/daten/studie/994344/umfrage/gruende-fuer-die-nutzung-von-sozialen-netzwerken-in-deutschland/ (zuletzt abgerufen: 22.09.2024).

Faktenkontor, Anteil der befragten Internetnutzer, die folgende soziale Netzwerke nutzen, in Deutschland im Jahr 2021/22, Stand v. 01.06.2022, https://de.statista.com/statistik/daten/studie/1026109/umfrage/beliebteste-soziale-netzwerke-in-deutschland/ (zuletzt abgerufen: 22.09.2024).

Fan, W./Gordon, M. D., The Power of Social Media Analytics, Communications of the ACM 2014, Heft 6, 74.

Fasel, D./Meier, A., Was versteht man unter Big Data und NoSQL?, in: *Fasel, D./Meier, A.*, Big Data, Grundlagen, Systeme und Nutzungspotenziale, Wiesbaden 2016, 3.

Fathi, R./Brixy, A.-M./Fiedrich, F., Desinformationen und Fake-News in der Lage: Virtual Operations Support Team (VOST) und Digital Volunteers im Einsatz, in: *Lange, H.-J./Wendekamm, M.*, Postfaktische Sicherheitspolitik, Gewährleistung von Sicherheit in unübersichtlichen Zeiten, Wiesbaden/Heidelberg 2019, 211.

Fathi, R./Hugenbusch, D., VOST: Digitale Einsatzunterstützung in Deutschland, Das erste Symposium aller deutschen VOST und ihr Einsatz in der CoVid-Pandemie, in: Crisis Prevention, Stand v. 10.12.2020, https://crisis-prevention.de/katastrophenschutz/vost-digitale-einsatzunterstuetzung-in-deutschland.html (zuletzt abgerufen: 22.09.2024).

Fathi, R./Schulte, Y./Schütte, P. M./Tondorf, V./Fiedrich, F., Lageinformationen aus den Sozialen Netzwerken: Virtual Operations Support Teams (Vost) International Im Einsatz, Notfallvorsorge 2018, Heft 2, 1.

Fedderrath, H./Pfitzmann, A., Technische Grundlagen des Internets, in: *Moritz, H.-W./Dreier, T.*, Rechts-Handbuch zum E-Commerce, 2. Aufl., Berlin Köln 2005, Teil A.

Ferrari, F./Kieninger, E.-M./Mankowski, P./Otte, K./Saenger, I./Schulze, G./Staudinger, A., Internationales Vertragsrecht, Rom I-VO, CISG, CMR, FactÜ, Kommentar, 3. Aufl., München 2018 (zitiert: *Autor*, in: Ferrari et al. (Hrsg.), Int. VertR).

Fiedrich, F./Fathi, R., Humanitäre Hilfe und Konzepte der digitalen Hilfeleistung, in: *Reuter, C.*, Sicherheitskritische Mensch-Computer-Interaktion, Interaktive Technologien und Soziale Medien im Krisen- und Sicherheitsmanagement, Wiesbaden/Heidelberg 2018, 541.

Fiege, R., Social Media Balanced Scorecard, Erfolgreiche Social Media-Strategien in der Praxis, Wiesbaden 2012.

Fischoeder, C./Kirsch, R./Visser, S./Leupold, J., Social Media-Monitoring in der Praxis am Beispiel des Bundestagswahlkampfes 2009, in: *Brauckmann, P.*, Web-Monitoring, Gewinnung und Analyse von Daten über das Kommunikationsverhalten im Internet, Konstanz 2010, 349.

Foerste, U., Verkehrspflichten im Bereich der Warenherstellung, in: *Foerste, U./Graf von Westphalen, F.*, Produkthaftungshandbuch, 4. Aufl., München 2024, § 24.

Franzen, M./Gallner, I./Oetker, H., Kommentar zum europäischen Arbeitsrecht, 5. Aufl., München 2024 (zitiert: *Autor*, in: Franzen/Gallner/Oetker (Hrsg.), EU-ArbR).

Frenz, W., Europarecht, 3. Aufl., Berlin/Heidelberg 2021.

Frenz, W., Handbuch Europarecht, Europäische Grundrechte, 2. Aufl., Berlin/Heidelberg 2024.

Friedemann, K./Weber, C., Datenschutzrechtliche Aspekte des „Talentmanagements", BB 2017, 2740.

Frowein, J./Peukert, W., Europäische MenschenRechtsKonvention, EMRK-Kommentar, 3. Aufl., Kehl am Rhein 2009 (zitiert: *Autor*, in: Frowein/Peukert (Hrsg.), EMRK).

Fuchs, B./Sornette, D./Thurner, S., Fractal multi-level organisation of humangroups in a virtual world, Scientific Reports 2014, Beitragsnr. 6526.

Fuhrmann, J./Wewezow, C., Herausforderungen und Chancen von Reputationsmanagement im 21. Jahrhundert, in: *Brauckmann, P.*, Web-Monitoring, Gewinnung und Analyse von Daten über das Kommunikationsverhalten im Internet, Konstanz 2010, 363.

Furman, I., Algorithms, Dashboards and Datafication: A Critical Evaluation of Social Media Monitoring, in: *Bilić, P./Primorac, J./Valtýsson, B.*, Technologies of labour and the politics of contradiction, Cham 2018, 77.

Gamble, C./Gowlett, J./Dunbar, R., Evolution, Denken, Kultur, Das soziale Gehirn und die Entstehung des Menschlichen, Berlin/Heidelberg 2016.

Gary, B. K., Think before You Post: Social Media Monitoring of Immigrants and Implications on Constitutional Rights and Discriminatory Denials, Journal of High Technology Law 2022, Heft 1, 1.

Gauger, D., Produktsicherheit und staatliche Verantwortung, Das normative Leitbild des Produktsicherheitsgesetzes, Berlin 2015.

Gausling, T., Kommerzialisierung öffentlich-zugänglicher Informationen im Wege des Data Scraping, Wie Unternehmen online verfügbare Daten nutzen können, CR 2021, 609.

Geilich, M./Roggenkamp, K., Web-Monitoring im Wahlkampf, in: *Brauckmann, P.*, Web-Monitoring, Gewinnung und Analyse von Daten über das Kommunikationsverhalten im Internet, Konstanz 2010, 321.

Geminn, C./Roßnagel, A., „Privatheit" und „Privatsphäre" aus der Perspektive des Rechts – ein Überblick, JZ 2015, 703.

Gentsch, P./Zahn, A.-M., Potenziale und Anwendungsfelder von Web-Monitoring im Unternehmen, in: *Brauckmann, P.*, Web-Monitoring, Gewinnung und Analyse von Daten über das Kommunikationsverhalten im Internet, Konstanz 2010, 97.

Geppert, M./Schütz, R., Beck'scher Kommentar zum TKG, Telekommunikationsgesetz, Telekommunikation-Telemedien-Datenschutz-Gesetz, 5. Auflage, München 2023 (zitiert: *Autor*, in: Geppert/Schütz (Hrsg.), TKG/TTDSG).

Gerbracht, C., Webmonitoring: Internetinhalte erfassen und gezielt nutzen, in: *Bär, M./Borcherding, J./Keller, B.*, Fundraising im Non-Profit-Sektor, Marktbearbeitung von Ansprache bis Zuwendung, Wiesbaden 2010, 297.

Gercke, B./Temming, D./Zöller, M. A./Ahlbrecht, H./Bär, W./Barrot, W./Engelstätter, T., Strafprozessordnung, 7. Aufl., Heidelberg 2023 (zitiert: *Autor*, in: Gercke et al. (Hrsg.), StPO).

Gerlach, D., Crashkurs Personalcontrolling, Grundlagen, Werkzeuge und Praxisbeispiele, 2. Aufl., Freiburg/München/Stuttgart 2022.

Gersdorf, H./Paal, B. P., BeckOK Informations- und Medienrecht, 45. Edition, München 2024 (zitiert: *Autor*, in: Gersdorf/Paal (Hrsg.), BeckOK Inf/MedR).

Gierhake, K., Zur Begründung des Öffentlichkeitsgrundsatzes im Strafverfahren, JZ 2013, 1030.

Gierschmann, S./Schlender, K./Stentzel, R./Veil, W., Kommentar Datenschutz-Grundverordnung, Köln 2018 (zitiert: *Autor*, in: Gierschmann et al. (Hrsg.), DSGVO).

Gilga, C., EDSB: Überwachung sozialer Medien – Social Media Monitoring, ZD-Aktuell 2020, 07022.

Gilga, C., AIFER: KI zur Analyse und Fusion von Erdbeobachtungs- und Internetdaten zur Unterstützung bei der Lageerfassung und -einschätzung, ZD-Aktuell 2021, 05218.

Gilga, C., Die Wahl der richtigen Rechtsgrundlage – Rechtspflicht oder Aufgabe in Ausübung öffentlicher Gewalt?, ZD-Aktuell 2022, 01079.

Gioia, F./Fioravanti, G./Casale, S./Boursier, V., The Effects of the Fear of Missing Out on People's Social Networking Sites Use During the COVID-19 Pandemic, The Mediating Role of Online Relational Closeness and Individuals' Online Communication Attitude,

Stand v. 18.02.2021, https://www.frontiersin.org/articles/10.3389/fpsyt.2021.620442/full (zuletzt abgerufen: 22.09.2024).

Gola, P., Das Internet als Quelle von Bewerberdaten, Vorgaben von DS-GVO, BDSG und UWG, NZA 2019, 654.

Gola, P./Heckmann, D., Datenschutz-Grundverordnung, Bundesdatenschutzgesetz, DS-GVO/BDSG, 3. Aufl., München 2022 (zitiert: *Autor,* in: Gola/Heckmann (Hrsg.), DSGVO/BDSG).

Gola, P./Schomerus, R., Bundesdatenschutzgesetz, BDSG, Kommentar, 12. Aufl., München 2015 (zitiert: *Autor,* in: Gola/Schomerus (Hrsg.), BDSG, Altauflage).

Golla, S. J., Lizenz zum Schürfen: Rechtsgrundlage für die automatisierte Unterstützung von Polizeiarbeit im Social Web, in: *Taeger, J.,* Rechtsfragen digitaler Transformationen, Gestaltung digitaler Veränderungsprozesse durch Recht, Edewecht 2018, 871.

Golla, S. J., Robocop streift durch das Netz: Grundrechtseingriffe durch die automatisierte Unterstützung von Polizeiarbeit im Social Web, in: *Taeger, J./Dragan, M./Louven, S.,* Rechtsfolgen der Digitalisierung im rumänisch-deutschen Ländervergleich, Beiträge zur 2. Rumänisch-Deutschen Konferenz zum Europäischen Informationsrecht, Edewecht 2018, 67.

Golla, S. J./Hofmann, H./Bäcker, M., Connecting the Dots, Sozialwissenschaftliche Forschung in Sozialen Online-Medien im Lichte von DS-GVO und BDSG-neu, DuD 2018, 89.

Golla, S. J./Schönfeld, M. v., Kratzen und Schürfen im Datenmilieu – Web Scraping in sozialen Netzwerken zu wissenschaftlichen Forschungszwecken, K&R 2019, 15.

Göpfert, B./Dußmann, A., Recruiting und Headhunting in der digitalen Arbeitswelt – Herausforderungen für die arbeitsrechtliche Praxis, NZA-Beilage 2016, 41.

Göpfert, B./Koops, C., E-Recruiting über soziale Netzwerke – Herausforderungen für die arbeitsrechtliche Praxis, ArbRAktuell 2017, 185.

Gorunescu, F., Data mining, Concepts, models and techniques, Berlin 2011.

Gosch, D./Hoyer, A./Beermann, A./von Beckerath, H.-J., Abgabenordnung, Finanzgerichtsordnung, Kommentar, 181. Ergänzungslieferung, Bonn 2024 (zitiert: *Autor,* in: Gosch et al. (Hrsg.), AO/FGO).

Grabenwarter, C./Pabel, K., Europäische Menschenrechtskonvention, 7. Aufl., München/Basel/Wien 2021.

Grabitz, E./Hilf, M./Nettesheim, M., Das Recht der Europäischen Union, Kommentar, 82. Ergänzungslieferung, München 2024 (zitiert: *Autor,* in: Grabitz/Hilf/Nettesheim (Hrsg.), EU-Recht).

Graf Ballestrem, J., Rechtliche Grenzen der Datenerhebung, in: *Graf Ballestrem, J./Bär, U./Gausling, T./Hack, S./von Oelffen, S.,* Künstliche Intelligenz, Rechtsgrundlagen und Strategien in der Praxis, Wiesbaden 2020, 55.

Graf von Westphalen, F./Haas, U./Mock, S., Handelsgesetzbuch: HGB, Kommentar zu Handelsstand, Handelsgesellschaften, Handelsgeschäften, besonderen Handelsverträgen, internationalem Vertragsrecht und nachhaltiger Unternehmensführung, 6. Aufl., Köln 2023 (zitiert: *Autor,* in: Graf von Westphalen/Haas/Mock (Hrsg.), HGB).

Graf von Westphalen, F./Thüsing, G., Vertragsrecht und AGB-Klauselwerke, 50. Ergänzungslieferung, München 2023 (zitiert: *Autor,* in: Graf von Westphalen/Thüsing (Hrsg.), Vertrags- und AGB-Recht).

Gralla, P./Ishida, S./Leuschner, T./Neps, F., So funktioniert das Internet, Ein visueller Streifzug durch das Internet, 4. Aufl., München 2001.

Gröpl, C., Bundeshaushaltsordnung, Landeshaushaltsordnungen, Staatliches Haushaltsrecht, Kommentar, 2. Aufl., München 2019 (zitiert: *Autor*, in: Gröpl (Hrsg.), BHO/LHO).

Grützner, T./Jakob, A., Pre-Employment-Screening, in: *Grützner, T./Jakob, A.*, Compliance von A-Z, 2. Aufl., München 2015, 192.

Grützner, T./Jakob, A., Umsatzsteuerkarussell, in: *Grützner, T./Jakob, A.*, Compliance von A-Z, 2. Aufl., München 2015, 234.

Gsell, B./Krüger, W./Lorenz, S./Reymann, C., beck-online.Grosskommentar BGB, München 2024 (zitiert: *Autor*, in: Gsell et al. (Hrsg.), BeckOGK BGB).

Gusy, C./Eichenhofer, J., Polizei- und Ordnungsrecht, 11. Aufl., Tübingen 2023.

Haase, M., Die Einwilligung im Datenschutzrecht – Einschränkung der Freiheit des Einzelnen durch die überzogene Forderung nach Freiwilligkeit, InTeR 2019, 113.

Hacke, C., Die Steuersoftware Xpider – Was taugt sie wirklich?, BB 2008, M16.

Hacker, P., Daten als Gegenleistung: Rechtsgeschäfte im Spannungsfeld von DS-GVO und allgemeinem Vertragsrecht, ZfPW 2019, 148.

Hahn, B./Kleber, M./Klier, A./Kreussel, L./Paris, F./Ziegler, A./Neumann, C. P., Twitter-Dash, Eine React- und .NET-basierte Trend- und Sentiment-Analysen, Technical Reports: CL-2022-07, Stand v. 01.07.2022, https://www.researchgate.net/profile/Christoph-Neumann-8/publication/375863889_Twitter-Dash_React-_und_NET-basierte_Trend-und_Sentiment-Analysen/links/655fca8fb86a1d521b02fffd/Twitter-Dash-React-und-NET-basierte-Trend-und-Sentiment-Analysen.pdf (zuletzt abgerufen: 22.09.2024).

Hakenberg, W., Europarecht, 9. Aufl., München 2021.

Halvani, O./Freifrau Heereman von Zuydtwyck, W./Herfert, M./Kreutzer, M./Liu, H./Simo Fhom, H.-C./Steinebach, M./Vogel, I./Wolf, R./Yannikos, Y./Zmudzinski, S., Automatisierte Erkennung von Desinformationen, in: *Steinebach, M./Bader, K./Rinsdorf, L./Krämer, N. C./Roßnagel, A.*, Desinformation aufdecken und bekämpfen, Interdisziplinäre Ansätze gegen Desinformationskampagnen und für Meinungspluralität, Baden-Baden 2020, 101.

Hanloser, S., Anmerkung zu BGH: Opt-out durch Streichen der Einwilligungsklausel – HappyDigits, MMR 2010, 138.

Hansen, H. R./Neumann, G., Arbeitsbuch Wirtschaftsinformatik, IT-Lexikon, Aufgaben und Lösungen, 7. Aufl., Stuttgart 2007.

Härtel, I., Digitalisierung im Lichte des Verfassungsrechts – Algorithmen, Predictive Policing, autonomes Fahren, LKV 2019, 49.

Härting, N./Gössling, P./Dimov, V., § 15 FAO Selbststudium „Berechtigte Interessen" nach der DSGVO, ITRB 2017, 169.

Hartl, K., Suchmaschinen, Algorithmen und Meinungsmacht, Wiesbaden 2017.

Hartmann, V./Schmidt, M., Auswirkungen von Social Media auf die Produktbeobachtungspflicht eines Warenherstellers, BB-Sonderausgabe RAW 2013, 37.

Hassler, M., Web Analytics, Metriken auswerten, Besucherverhalten verstehen, Website optimieren, 2. Aufl., Heidelberg 2010.

Literaturverzeichnis

Hau, W./Poseck, R., Beck'scher Online Kommentar zum BGB, 71. Edition, München 2023 (zitiert: *Autor*, in: Hau/Poseck (Hrsg.), BeckOK BGB).

Hauschka, C. E./Klindt, T., Eine Rechtspflicht zur Compliance im Reklamationsmanagement?, NJW 2007, 2726.

Havas, C./Resch, B., Polarity-Based Sentiment Analysis of Georeferenced Tweets Related to the 2022 Twitter Acquisition, Natural Hazards 2021, Volume 108, 2939.

Havas, C./Wendlinger, L./Stier, J./Julka, S./Krieger, V./Ferner, C./Petutschnig, A./Granitzer, M./Wegenkittl, S./Resch, B., Spatio-Temporal Machine Learning Analysis of Social Media Data and Refugee Movement Statistics, International Journal of Geo-Information 2021, Heft 8, Beitragsnr. 498.

Hawelka, B./Sitko, I./Beinat, E./Sobolevsky, S./Kazakopoulos, P./Ratti, C., Geo-located Twitter as proxy for global mobility patterns, Cartography and Geographic Information Science 2014, 260.

Heckmann, D./Paschke, A., Datenschutz, in: *Stern, K./Sodan, H./Möstl, M.*, Das Staatsrecht der Bundesrepublik Deutschland im europäischen Staatenverbund, 2. Aufl., München 2022, § 103.

Hegelich, S./Thieltges, A., Desinformation und Manipulation, in: *Holetschek, K./Männle, U.*, Mittelpunkt Bürger, Dialog, Digital und Analog, München 2019, 97.

Heinrichs, H., Das Gesetz zur Änderung des AGB-Gesetzes Umsetzung der EG-Richtlinie über mißbräuchliche Klauseln in Verbraucherverträgen durch den Bundesgesetzgeber, NJW 1996, 2190.

Heintz, V.-P., Ansprüche bei unzulässiger Übermittlung von Bonitätsdaten an die SCHUFA, jM 2018, 184.

Helmke, J.-T./Link, H., Das Verhältnis von Art. 6 Abs. 2 und 3 DSGVO, DuD 2023, 708.

Helte, C., Anforderungen an die Produktsicherheit bei späterem Fortschritt von Wissenschaft und Technik, Göttingen 2020.

Henkel, I., Active Sourcing im öffentlichen Dienst, öAT 2023, 29.

Henrichs, A., Ermittlungen im Internet, Zugriff auf öffentlich zugängliche oder nicht öffentlich zugängliche Informationen?, Kriminalistik 2011, 622.

Herbst, T., Was sind personenbezogene Daten?, NVwZ 2016, 902.

Herdegen, M., Europarecht, 24. Aufl., München 2023.

Herfurth, C., Interessenabwägung nach Art. 6 Abs. 1 lit. f DS-GVO, Nachvollziehbare Ergebnisse anhand von 15 Kriterien mit dem sog. "3x5-Modell", ZD 2018, 514.

Herrmann, C., Das Grundrecht auf Gewährleistung der Vertraulichkeit und Integrität informationstechnischer Systeme, Entstehung und Perspektiven, Frankfurt 2010.

Heselhaus, F. S. M./Nowak, C., Handbuch der Europäischen Grundrechte, 2. Aufl., München/Basel/Wien 2020 (zitiert: *Autor*, in: Heselhaus/Nowak (Hrsg.), HB EU-GR).

Heuberger-Götsch, O., Der Wert von Daten aus juristischer Sicht am Beispiel des Profiling, in: *Fasel, D./Meier, A.*, Big Data, Grundlagen, Systeme und Nutzungspotenziale, Wiesbaden 2016, 83.

Hilf, M., Die Schranken der EU-Grundrechte, in: *Merten, D./Papier, H.-J.*, Handbuch der Grundrechte in Deutschland und Europa, Band VI/1, Europäische Grundrechte I, Heidelberg 2010, § 164.

Hilligardt, J./Ruder, T., Hessische Landkreisordnung (HKO), 2. Aufl., Wiesbaden 2021 (zitiert: *Autor*, in: Hilligardt/Ruder (Hrsg.), HesHKO).

Höchstötter, N./Lewandowski, D., Websuche und Webmonitoring, in: *Höchstötter, N.*, Social Media und Websitemonitoring, Berlin 2014, 23.

Hoeren, T., Was ist das „Grundrecht auf Integrität und Vertraulichkeit informationstechnischer Systeme"?, MMR 2008, 365.

Hoffmann, C./Luch, A. D./Schulz, S. E./Borchers, K. C./Herzog, R., Die digitale Dimension der Grundrechte, Das Grundgesetz im digitalen Zeitalter, Baden-Baden 2015.

Hoffmann, I., The Winner takes it all: Marktkonzentration bei digitalen Plattformen, Stand v. 28.01.2020, https://blog.iao.fraunhofer.de/the-winner-takes-it-all-marktkonzentration-bei-digitalen-plattformen/ (zuletzt abgerufen: 22.09.2024).

Hoffmann, U., "Request for Comments": Das Internet und seine Gemeinde, in: *Kubicek, H./Klumpp, D./Müller, G./Neumann, K.-H./Raubold, E./Roßnagel, A.*, Öffnung der Telekommunikation, Neue Spieler – Neue Regeln, Heidelberg 1996, 104.

Hoffmann-Riem, W., Der grundrechtliche Schutz der Vertraulichkeit und Integrität eigengenutzter informationstechnischer Systeme, JZ 2008, 1009.

Hofmann, C., Öffentlich-rechtlich statuierte Produktbeobachtungspflichten als Mittel der Sicherheitsgewährleistung im Produkt-, Stoff- und Technikrecht, Baden-Baden 2014.

Hofmann, J. M./Johannes, P. C., DS-GVO: Anleitung zur autonomen Auslegung des Personenbezugs, Begriffsklärung der entscheidenden Frage des sachlichen Anwendungsbereichs, ZD 2017, 221.

Hohlfeld, R./Godulla, A./Planer, R., Das Phänomen der Sozialen Medien, in: *Hornung, G./Müller-Terpitz, R.*, Rechtshandbuch Social Media, 2. Aufl., Heidelberg 2021, 13.

Holland, M., Amazon: KI zur Bewerbungsprüfung benachteiligte Frauen, in: heise online, Stand v. 11.10.2018, https://www.heise.de/news/Amazon-KI-zur-Bewerbungspruefung-benachteiligte-Frauen-4189356.html (zuletzt abgerufen: 22.09.2024).

Holznagel, B., Phänomen „Fake News" – Was ist zu tun?, Ausmaß und Durchschlagskraft von Desinformationskampagnen, MMR 2018, 18.

Holznagel, D., Overblocking durch User Generated Content (UGC) – Plattformen: Ansprüche der Nutzer auf Wiederherstellung oder Schadensersatz?, Eine Untersuchung zur zivilrechtlichen Einordnung des Vertrags über die Nutzung von UGC-Plattformen sowie der AGB-rechtlichen Zulässigkeit von „Lösch- und Sperrklauseln", CR 2018, 369.

Holzner, S./Knörr, M./Rittmann, A., Öffentliches Recht, Staatsrecht und Europarecht, 3. Aufl., Stuttgart/Freiburg 2023.

Hömig, D./Wolff, H. A., Grundgesetz für die Bundesrepublik Deutschland, 13. Aufl., Baden-Baden 2022 (zitiert: *Autor*, in: Hömig/Wolff (Hrsg.), GG).

Hörauf, D., Ordnungswidrigkeiten und der europäische Straftatenbegriff – Subkategorie- oder aliud-Verhältnis?, Eine an den Umsetzungspflichten des deutschen Gesetzgebers orientierte Begriffskonturenanalyse am Beispiel des aktuellen Richtlinienentwurfs zum Datenschutz in Strafsachen, ZIS 2013, 276.

Hornung, G., Ein neues Grundrecht, Der verfassungsrechtliche Schutz der "Vertraulichkeit und Integrität informationstechnischer Systeme", CR 2008, 299.

Hornung, G., Künstliche Intelligenz zur Auswertung von Social Media Massendaten, Möglichkeiten und rechtliche Grenzen des Einsatzes KI-basierter Analysetools durch Sicherheitsbehörden, AöR 2022, 1.

Hornung, G./Gilga, C., Einmal öffentlich – für immer schutzlos?, CR 2020, 367.

Hornung, G./Hofmann, K., Die Auswirkungen der europäischen Datenschutzreform auf die Markt- und Meinungsforschung, ZD-Beil. 2017, 1.

Hornung, G./Schindler, S./Schneider, J., Die Europäisierung des strafverfahrensrechtlichen Datenschutzes, Zum Anwendungsbereich der neuen Datenschutz-Richtlinie für Polizei und Justiz, ZIS 2018, 566.

Hornung, G./Stroscher, J.-P., Datenschutz in der Katastrophe, Anwendbarkeit, Systematik und Kompetenzfragen – Teil 1, GSZ 2021, 149.

Hornung, G./Stroscher, J.-P., Datenschutz in der Katastrophe, Zulässigkeitstatbestände und Vorgaben für die Datenverarbeitung zur Katastrophenvorsorge und -bekämpfung – Teil 2, GSZ 2021, 185.

Huber, P. M./Voßkuhle, A., Grundgesetz, 8. Aufl., München 2024 (zitiert: *Autor*, in: Huber/Voßkuhle (Hrsg.), GG).

Hübschmann, W./Hepp, E./Spitaler, A., Abgabenordnung, Finanzgerichtsordnung, Kommentar, 281. Ergänzungslieferung, Köln 2024 (zitiert: *Autor*, in: Hübschmann/Hepp/Spitaler (Hrsg.), AO/FGO).

Hufen, F., Staatsrecht II, Grundrechte, 10. Aufl., München 2023.

Huff, J./Götz, T., Evidenz statt Bauchgefühl? – Möglichkeiten und rechtliche Grenzen von Big Data im HR-Bereich, NZA-Beilage 2019, 73.

Hüßge, R./Mansel, H.-P., BGB, Band 6, Rom-Verordnungen, EuGüVO, EuPartVO, HUP, EuErbVO, 4. Aufl., Baden-Baden/Berlin 2014 (zitiert: *Autor*, in: Hüßtege/Mansel (Hrsg.), ROM VO).

Hwang, S.-P., Anwendungsvorrang statt Geltungsvorrang? Normlogische und institutionelle Überlegungen zum Vorrang des Unionsrechts, EuR 2016, 355.

IDC, Volumen der jährlich generierten/replizierten digitalen Datenmenge weltweit von 2010 bis 2022 und Prognose bis 2027, Stand v. 18.05.2023, https://de.statista.com/statistik/daten/studie/267974/umfrage/prognose-zum-weltweit-generierten-datenvolumen/ (zuletzt abgerufen: 22.09.2024).

Ihwas, S. R., Strafverfolgung in Sozialen Netzwerken, Baden-Baden 2014.

Information is Beautiful, Infektionskrankheiten nach Letalität weltweit, Stand v. 01.10.2018, https://de.statista.com/statistik/daten/studie/1292348/umfrage/infektionskrankheiten-nach-letalitaet/ (zuletzt abgerufen: 22.09.2024).

Instagram, Stories, in: Instagram Hilfebereich, https://help.instagram.com/166092309 4227526/?helpref=hc_fnav (zuletzt abgerufen: 22.09.2024).

Instagram, Nutzungsbedingungen, Stand v. 06.03.2024, https://de-de.facebook.com/help/instagram/581066165581870/?helpref=hc_fnav (zuletzt abgerufen: 22.09.2024).

Ipsen, J., Staatsrecht II, Grundrechte, 24. Aufl., München 2021.

ITU, Schätzung zur Anzahl der Internetnutzer weltweit für die Jahre 2005 bis 2023, Stand v. 12.09.2023, https://de.statista.com/statistik/daten/studie/805920/umfrage/anzahl-der-internetnutzer-weltweit/ (zuletzt abgerufen: 22.09.2024).

Jahnel, D./Bergauer, C., Kommentar zur Datenschutz-Grundverordnung, (DSGVO), Wien 2021 (zitiert: *Autor*, in: Jahnel/Bergauer (Hrsg.), DSGVO).

Jandt, S., Technische und strukturelle Grundlagen des Internet, in: *Jandt, S./Steidle, R.,* Datenschutz im Internet, Rechtshandbuch zu DSGVO und BDSG, Baden-Baden 2018, 65.

Jarass, H. D., Die Bedeutung der Unionsgrundrechte unter Privaten, ZEuP 2017, 310.

Jarass, H. D., Charta der Grundrechte der Europäischen Union, unter Einbeziehung der vom EuGH entwickelten Grundrechte, der Grundrechtsregelungen der Verträge und der EMRK, 4. Aufl., München 2021 (zitiert: *Autor*, in: Jarass (Hrsg.), GRCh).

Jarass, H. D./Beljin, S., Die Bedeutung von Vorrang und Durchführung des EG-Rechts für die nationale Rechtsetzung und Rechtsanwendung, NVwZ 2004, 1.

Jarass, H. D./Pieroth, B., Grundgesetz für die Bundesrepublik Deutschland, Kommentar, 18. Aufl., München 2024 (zitiert: *Autor*, in: Jarass/Pieroth (Hrsg.), GG).

Jellinek, G., System der subjektiven öffentlichen Rechte, Freiburg 1892.

Jenkins, R./Dowsett, A. J./Burton, A. M., How many faces do people know?, Proceedings of the Royal Society B: Biological Sciences 2018, Heft 1888, Beitragsnr. 20181319.

Jochum, G., Europarecht, 3. Aufl., Stuttgart 2018.

Johannes, P. C., Analyse offener Datenquellen durch die Polizei: Entgrenzte Internet- und Darknetaufklärung in der Strafverfolgung, in: *Roßnagel, A./Friedewald, M./Hansen, M.,* Die Fortentwicklung des Datenschutzes, Zwischen Systemgestaltung und Selbstregulierung, Wiesbaden 2018, 151.

Johannes, P. C./Weinhold, R., Das neue Datenschutzrecht bei Polizei und Justiz, Europäisches Datenschutzrecht und deutsche Datenschutzgesetze, Baden-Baden 2018.

Joinson, A. N., Self-disclosure in computer-mediated communication: The role of self-awareness and visual anonymity, European Journal of Social Psychology 2001, 177.

Jonge, J. d., Rethinking Rational Choice Theory, A Companion on Rational and Moral Action, London 2012.

Jung, A., Webcrawling – Praxisrelevante Daten-Analyse im datenschutzrechtlichen Spannungsverhältnis, PinG 2015, 170.

Jung, A., Grundrechtsschutz auf europäischer Ebene, Am Beispiel des personenbezogenen Datenschutzes, Hamburg 2016.

Jurić, T., Predicting Refugee Flows from Ukraine with an Approach to Big (Crisis) Data: A New Opportunity for Refugee and Humanitarian Studies, Athens Journal of Technology and Engineering 2022, Heft 3, 159.

Kahl, W., Die allgemeine Handlungsfreiheit, in: *Merten, D./Papier, H.-J.,* Handbuch der Grundrechte in Deutschland und Europa, Band V, Grundrechte in Deutschland: Einzelgrundrechte II, Heidelberg 2013, § 124.

Kämmerer, J. A./Kotzur, M., Grundgesetz, 7. Aufl., München 2021 (zitiert: *Autor*, in: Kämmerer/Kotzur (Hrsg.), GG).

Kampert, D., Datenschutz in sozialen Online-Netzwerken de lege lata und de lege ferenda, Hamburg 2016.

Kania, T./Sansone, P., Möglichkeiten und Grenzen des Pre-Employment-Screenings, NZA 2012, 360.

Karg, M., Webanalyse, in: *Jandt, S./Steidle, R.,* Datenschutz im Internet, Rechtshandbuch zu DSGVO und BDSG, Baden-Baden 2018, 274.

Karlsruher Institut für Technologie, Privacy Paradox, https://secuso.aifb.kit.edu/951.php (zuletzt abgerufen: 22.09.2024).

Karpenstein, U./Mayer, F. C., Konvention zum Schutz der Menschenrechte und Grundfreiheiten, Kommentar, 3. Aufl., München 2022 (zitiert: *Autor,* in: Karpenstein/Mayer (Hrsg.), EMRK).

Kasper, H./Dausinger, M./Kett, H./Renner, T., Marktstudie Social Media Monitoring Tools, IT-Lösungen zur Beobachtung und Analyse unternehmensstrategisch relevanter Informationen im Internet, Stuttgart 2010.

Kastl, G., Automatisierung im Internet, Baden-Baden 2015.

Keber, T., Rechtskonformer Einsatz von Social Media im Unternehmen – Ausgewählte Einzelaspekte im Lichte aktueller Rechtsprechung, RDV 2014, 190.

Kemper, M., „Umsatzsteuerkaruselle" als besondere Begehungsform der schweren Steuerhinterziehung, ZRP 2006, 205.

Keppeler, L. M., Personenbezug und Transparenz im Smart Meter-Datenschutz zwischen europäischem und nationalem Recht, Keine klare Entwicklungslinie durch BDSG, EnWG, MsbG und DS-GVO, EnWZ 2016, 99.

Khder, M. A., Web Scraping or Web Crawling: State of Art, Techniques, Approaches and Application, International Journal of Advances in Soft Computing and its Applications 2021, Heft 3, 144.

Kianfar, M., Die Wirkung einer virtuellen Hausordnung am Beispiel des Screen Scraping, in: *Taeger, J.,* Big Data & Co, Neue Herausforderungen für das Informationsrecht, Tagungsband Herbstakademie 2014, Edewecht 2014, 821.

Kilian, T./Hass, B. H./Walsh, G., Grundlagen des Web 2.0, in: *Walsh, G./Hass, B. H./Kilian, T.,* Web 2.0, Neue Perspektiven für Marketing und Medien, 2. Aufl., Berlin/Heidelberg 2011, 3.

Kingreen, T./Poscher, R., Grundrechte, Staatsrecht II, 39. Aufl., Heidelberg 2023.

Klas, B., Grenzen der Erhebung und Speicherung allgemein zugänglicher Daten, Edewecht 2012.

Klass, E., Data Mining und Text Mining: kleine Unterschiede, große Wirkung, Wirtschaftsinformatik & Management 2019, 267.

Klein, F., Abgabenordnung, Einschließlich Steuerstrafrecht, 17. Aufl., München 2023 (zitiert: *Autor,* in: Klein (Hrsg.), AO).

Kleiner, K., Die urheberrechtliche Wirksamkeit von Nutzungsbedingungen sozialer Netzwerke, Eine Analyse anhand des Praxisbeispiels Facebook, Baden-Baden 2019.

Klement, J. H., Grundrechtseingriffe, in: *Stern, K./Sodan, H./Möstl, M.,* Das Staatsrecht der Bundesrepublik Deutschland im europäischen Staatenverbund, 2. Aufl., München 2022, § 80.

Klindt, T., Produktbeobachtung zwischen Produktsicherheit und Social Media, in: *Eifert, M.,* Produktbeobachtung durch Private, Berlin 2015, 55.

Klindt, T., Produktsicherheitsgesetz ProdSG, Kommentar, 3. Aufl., München 2021 (zitiert: *Autor,* in: Klindt (Hrsg.), ProdSG).

Klindt, T./Wende, S., Produktbeobachtungspflichten 2.0 – Social-Media-Monitoring und Web-Screening, BB 2016, 1419.

Klindt, T./Wende, S., Rückrufmanagement, Ein Leitfaden für die professionelle Abwicklung von Krisenfällen, 4. Aufl., Berlin 2021.

Kloepfer, M., Verfassungsrecht, Band II, München 2010.

Kloepfer, M., Handbuch des Katastrophenrechts, Bevölkerungsschutzrecht, Brandschutzrecht, Katastrophenschutzrecht, Katastrophenvermeidungsrecht, Rettungsdienstrecht, Zivilschutzrecht, Baden-Baden 2015.

Knebl, H., Algorithmen und Datenstrukturen, Grundlagen und probabilistische Methoden für den Entwurf und die Analyse, 2. Aufl., Wiesbaden/Heidelberg 2021.

Koch, D., Suchmaschinen-Optimierung, Website-Marketing für Entwickler, München 2007.

Koenig, U., Abgabenordnung, 5. Aufl., München 2024 (zitiert: *Autor,* in: Koenig (Hrsg.), AO).

Kohn, M./Schleper, J., Die (zufällige) Erhebung sensibler Daten, Ein Lösungsvorschlag auf Grundlage der ergangenen EuGH-Urteile, ZD 2023, 723.

Koller, P.-J./Alpar, P., Einleitung, in: *Alpar, P./Blaschke, S.,* Web 2.0, Eine empirische Bestandsaufnahme, Wiesbaden 2008, 2.

König, G./Gügi, C., Social Media Monitoring mit Big Data Technologien, HDM 2014, 424.

König, T.-R., Beschäftigtendatenschutz in der Beratungspraxis, Baden-Baden 2020.

Kosinski, M./Stillwell, D./Graepel, T., Private traits and attributes are predictable from digital records of human behavior, Proceedings of the National Academy of Sciences of the United States of America 2013, 5802.

Krempl, S./Sokolov, D. A. J., Regierung will Bevölkerungsschutz durch Soziale Netze, KI und mehr Daten bessern, in: heise online, Stand v. 13.07.2022, https://www.heise.de/news/Deutschland-Soziale-Netze-KI-und-mehr-Daten-fuer-besser en-Bevoelkerungsschutz-7178846.html?wt_mc=nl.red.ho.ho-nl-newsticker.2022-07-14. link.link (zuletzt abgerufen: 22.09.2024).

Krimphove, D., Datenschutzrechte der lehrenden Arbeitnehmer auch in Videokonferenzen?, ArbRAktuell 2023, 227.

Krohm, N., Abschied vom Schriftformgebot der Einwilligung, Lösungsvorschläge und künftige Anforderungen, ZD 2016, 368.

Krügel, T./Pfeiffenbring, J./Pieper, F.-U., „Social Sharing" via Twitter und Datennutzung durch Dritte: Drum prüfe, wer sich ewig bindet?, K&R 2014, 699.

Krüger, S./Maucher, S.-A., Ist die IP-Adresse wirklich ein personenbezogenes Datum?, Ein falscher Trend mit großen Auswirkungen auf die Praxis, MMR 2011, 433.

Kruis, T., Der Anwendungsvorrang des EU-Rechts in Theorie und Praxis, Seine Durchsetzung in Deutschland, Eine theoretische und empirische Untersuchung anhand der Finanz- und Verwaltungsgeschichte und Behörden, Tübingen 2013.

Kugelmann, D., Gleichheitsrechte und Gleichheitsgrundsätze, in: *Merten, D./Papier, H.-J.,* Handbuch der Grundrechte in Deutschland und Europa, Band VI/1, Europäische Grundrechte I, Heidelberg 2010, § 160.

Kugelmann, D., Landesdatenschutzgesetz Rheinland-Pfalz, Baden-Baden 2020 (zitiert: *Autor,* in: Kugelmann (Hrsg.), LDSG RhPf).

Kühling, J./Buchner, B., Datenschutz-Grundverordnung, Bundesdatenschutzgesetz, DS-GVO/BDSG, 4. Aufl., München 2024 (zitiert: *Autor*, in: Kühling/Buchner (Hrsg.), DSGVO/BDSG).

Kühling, J./Klar, M., Unsicherheitsfaktor Datenschutzrecht – Das Beispiel des Personenbezugs und der Anonymität, NJW 2013, 3611.

Kühling, J./Martini, M., Die Datenschutz-Grundverordnung: Revolution oder Evolution im europäischen und deutschen Datenschutzrecht?, EuZW 2016, 448.

Kühling, J./Martini, M./Heberlein, J./Kühl, B./Nink, D./Weinzierl, Q./Wenzel, M., Die Datenschutz-Grundverordnung und das nationale Recht, Erste Überlegungen zum innerstaatlichen Regelungsbedarf, Münster 2016.

Kuner, C./Bygrave, L. A./Docksey, C./Drechsler, L., The EU General Data Protection Regulation (GDPR), A commentary, Oxford 2020 (zitiert: *Autor*, in: Kuner et al. (Hrsg.), GDPR).

Kurose, J. F./Ross, K. W., Computernetzwerke, Der Top-Down-Ansatz, 6. Aufl., Hallbergmoos 2014.

Lackes, R., Begriffsdefinition Forum, in: Gabler Wirtschaftslexikon Online, Stand v. 19.02.2018, https://wirtschaftslexikon.gabler.de/definition/forum-32140/version-255687 (zuletzt abgerufen: 22.09.2024).

Lackner, K./Kühl, K./Heger, M., Strafgesetzbuch, 30. Aufl., München 2022 (zitiert: *Autor*, in: Lackner/Kühl/Heger (Hrsg.), StGB).

Lang, N./Bekavac, B., World Wide Web, in: *Faulstich, W.*, Grundwissen Medien, 5. Aufl., München 2004, 433.

Lay, P., Entwurf eines Objektmodells für semistrukturierte Daten im Kontext von XML Content Management Systemen, Bonn 2006, https://bonndoc.ulb.uni-bonn.de/xmlui/bitstream/handle/20.500.11811/3042/0945.pdf?sequence=1&isAllowed=y (zuletzt abgerufen: 22.09.2024).

Lee, N./Kwon, O., A privacy-aware feature selection method for solving the personalization-privacy paradox in mobile wellness healthcare services, Expert Systems with Applications 2015, 2764.

Lehmann, J., Flucht in die Krise – Ein Rückblick auf die EU-„Flüchtlingskrise" 2015, APuZ 2015, Heft 52, 7.

Leibold, K., Übersicht über den Schadensersatzanspruch nach Art. 82 DS-GVO beim Scraping (u. a. Facebook), ZD-Aktuell 2024, 01534.

Lenaerts, K., Die EU-Grundrechtecharta: Anwendbarkeit und Auslegung, EuR 2012, 3.

Lenz, T./Laschet, C., Leitfaden zum Geräte- und Produktsicherheitsgesetz 2004, Systematische Erläuterung der neuen Bestimmungen, Gesetz über technische Arbeitsmittel und Verbraucherprodukte (GPSG), EU-Produktsicherheitsrichtlinie, Berlin 2004.

Lewandowski, D., Suchmaschinen, in: *Kuhlen, R./Semar, W./Strauch, D.*, Grundlagen der praktischen Information und Dokumentation, Handbuch zur Einführung in die Informationswissenschaft und -praxis, 6. Aufl., Berlin 2013, 495.

Lewandowski, D., Suchmaschinen verstehen, 3. Aufl., Berlin 2021.

Li, C./Chen, L. J./Chen, X./Zhang, M./Pang, C. P./Chen, H., Retrospective analysis of the possibility of predicting the COVID-19 outbreak from Internet searches and social media data, China, 2020, Eurosurveillance 2020, Heft 10, Beitragsnr. 2000199.

Liekenbrock, B./Danielmeyer, G., X-PIDER – Erfahrungen mit dem Web-Roboter der Finanzverwaltung, RET 2020, 24.

Lindgens, B./Groß, S., Elektronischer Geschäftsverkehr – Verbrauchsortregelung und zentraler Internetabgleich, DStR 2003, 1915.

LinkedIn, Nutzervereinbarung, Stand v. 01.02.2022, https://de.linkedin.com/legal/user-agreement (zuletzt abgerufen: 22.09.2024).

Lippross, O.-G., Basiskommentar Steuerrecht, 145. Ergänzungslieferung, Köln 2024 (zitiert: Autor, in: Lippross (Hrsg.), BK StR).

Liu, Z./Lin, Y./Sun, M., Representation Learning for Natural Language Processing, Singapore 2023.

Löber, L. I./Roßnagel, A., Desinformation aus der Perspektive des Rechts, in: *Steinebach, M./Bader, K./Rinsdorf, L./Krämer, N. C./Roßnagel, A.,* Desinformation aufdecken und bekämpfen, Interdisziplinäre Ansätze gegen Desinformationskampagnen und für Meinungspluralität, Baden-Baden 2020, 149.

Machado, G. D. L., Verhältnismäßigkeitsprinzip vs. Willkürverbot, Berlin 2015.

Marler, J. H./Boudreau, J. W., An evidence-based review of HR Analytics, The International Journal of Human Resource Management 2017, 3.

Martin, S. F./Singh, L., Big Data and Early Warning of Displacement, in: *McGrath, S./Young, J. E.,* Mobilizing Global Knowledge, Refugee Research in an Age of Displacement, Calgary 2019, 129.

Martínez Soria, J., Grenzen vorbeugender Kriminalitätsbekämpfung im Polizeirecht: Die automatisierte Kfz-Kennzeichenerkennung, DÖV 2007, 779.

Martini, M., Wie neugierig darf der Staat im Cyberspace sein?, Social Media Monitoring öffentlicher Stellen – Chancen und Grenzen, VerwArch 2016, 307.

Martini, M., Algorithmen als Herausforderung für die Rechtsordnung, JZ 2017, 1017.

Martini, M., Blackbox Algorithmus, Grundfragen einer Regulierung Künstlicher Intelligenz, Berlin 2019.

Martini, M./Kemper, C., Clearview AI: das Ende der Anonymität?, Teil 1: Zulässigkeit der App, CR 2023, 341.

Martini, M./Kolain, M., Soziale Netzwerke – Daten-Eldorado für personalisierte Angebote?, in: Bertelsmann Stiftung, Automatisch erlaubt?, Fünf Anwendungsfälle algorithmischer Systeme auf dem juristischen Prüfstand, Gütersloh 2020, 63.

Martini, M./Nink, D., Wenn Maschinen entscheiden... – vollautomatisierte Verwaltungsverfahren und der Persönlichkeitsschutz, NVwZ-Extra 2017, Heft 10, 1.

Martini, S./Fathi, R./Voßschmidt, S./Zisgen, J./Steenhoek, S., Ein deutsches VOST?, Ein deutsches Virtual Operations Support Team – Potenziale für einen modernen Bevölkerungsschutz, Bevölkerungsschutz 2015, Heft 3, 24.

Matejek, M./Kremer, S., Sensible Daten soweit das Auge reicht: Der EuGH zapft den „hidden layer" an, CR 2023, 218.

Matejek, M./Mäusezahl, S., Gewöhnliche vs. sensible personenbezogene Daten, Abgrenzung und Verarbeitungsrahmen von Daten gem. Art. 9 DS-GVO, ZD 2019, 551.

Mayer, M., Soziale Netzwerke im Internet im Lichte des Vertragsrechts, Stuttgart 2017.

McColgan, P., Die Inhaltskontrolle von Datenschutzerklärungen ist keine Inhaltskontrolle, Zum Verhältnis von Datenschutzrecht und AGB-Recht, AcP 2021, 695.

Mehler, A./Wolff, C., Einleitung: Perspektiven und Positionen des Text Mining, Zeitschrift für Computerlinguistik und Sprachtechnologie 2005, Heft 1, 1.

Meier, A./Zumstein, D., Web Analytics & Web Controlling, Webbasierte Business Intelligence zur Erfolgssicherung, Heidelberg 2013.

Meinecke, D., Anmerkung zu EuGH Urt. v. 30.3.2023, Az. C-34/21, NZA 2023, 492.

Menczer, F., Web Crawling, in: *Liu, B.,* Web data mining, Exploring hyperlinks, contents, and usage data, 2. Aufl., Berlin 2008, 273.

Mertens, T./Meyer, D., Die datenschutzrechtliche Verantwortlichkeit von Data-Scrapern, K&R 2023, 563.

Meyer, J./Hölscheidt, S., Charta der Grundrechte der Europäischen Union, 5. Aufl., Baden-Baden 2019 (zitiert: *Autor*, in: Meyer/Hölscheidt (Hrsg.), GRCh).

Meyerdierks, P., Sind IP-Adressen personenbezogene Daten?, MMR 2009, 8.

Meyer-Ladewig, J./Nettesheim, M./von Raumer, S., EMRK, Europäische Menschenrechtskonvention, 5. Aufl., Baden-Baden/Wien/Basel 2023 (zitiert: *Autor*, in: Meyer-Ladewig/Nettesheim/von Raumer (Hrsg.), EMRK).

Michl, W., Das Verhältnis zwischen Art. 7 und Art. 8 GRCh – zur Bestimmung der Grundlage des Datenschutzgrundrechts im EU-Recht, DuD 2017, 349.

Mohr, M., Die Wirksamkeit des Bewerberdatenschutzes beim Pre-Employment Screening, Eine Untersuchung der Reichweite des Beschäftigtendatenschutzes von Bewerbern nach öffentlich-rechtlichen Eingriffen; mit einer Analyse der tatsächlichen Bewerberdatenprobleme in Rechtsberatungsplattformen, Stuttgart/München 2023.

Monreal, M., Weiterverarbeitung nach einer Zweckänderung in der DS-GVO, Chancen nicht nur für das europäische Verständnis des Zweckbindungsgrundsatzes, ZD 2016, 507.

Monroy, M., Blick in die Glaskugel: Bundeswehr will politische Ereignisse vorhersehen, in: Netzpolitik.org, Stand v. 07.06.2018, https://netzpolitik.org/2018/blick-in-die-glaskugel-bundeswehr-will-politische-ereignisse-vorhersehen/ (zuletzt abgerufen: 22.09.2024).

Möstl, M./Bäuerle, M., BeckOK Polizei- und Ordnungsrecht Hessen, 33. Edition, München 2024 (zitiert: *Autor*, in: Möstl/Bäuerle (Hrsg.), Polizei-/OrdnungsR HE).

Mühlen, M., Internet, Historie und Technik, Münster 2008.

Mukhtiar, W./Rizwan, W./Habib, A./Saleem Afridi, Y./Hasan, L./Ahmad, K., Relevance Classification of Flood-related Twitter Posts via Multiple Transformers, arXiv 2023, Beitragsnr. 2301.00320.

Müller, J. R., Intensivere Prüfungen durch die Finanzverwaltung mittels neuer Software und statistischer Verprobungsverfahren, StB 2006, 142.

Müller, R., Technische Ermittlungsinstrumente der Steuerfahndung im E-Commerce, Einsatzmöglichkeiten der Webcrawler Xpider und Xenon, beck.digitax 2020, 247.

Müller, S., Erweiterung des Data Warehouse um Hadoop, NoSQL & Co, in: *Fasel, D./Meier, A.,* Big Data, Grundlagen, Systeme und Nutzungspotenziale, Wiesbaden 2016, 139.

Müller-Glöge, R./Preis, U./Gallner, I./Schmidt, I., Erfurter Kommentar zum Arbeitsrecht, 24. Aufl., München 2024 (zitiert: *Autor*, in: Müller-Glöge et al. (Hrsg.), Erfurter Kommentar ArbR).

Munich Re, Entwicklung der Zahl der großen Naturkatastrophen in den Jahren 1950 bis 2002, Stand v. 15.03.2008, https://de.statista.com/statistik/daten/studie/157886/umfrage/anzahl-der-grossen-naturkatastrophen-seit-1950/ (zuletzt abgerufen: 22.09.2024).

Murswiek, D., Das Bundesverfassungsgericht und die Dogmatik mittelbarer Grundrechtseingriffe, Zu der Glykol- und der Osho- Entscheidung vom 26.6.2002, NVwZ 2003, 1.

Nagar, R./Yuan, Q./Freifeld, C. C./Santillana, M./Nojima, A./Chunara, R./Brownstein, J. S., A Case Study of the New York City 2012-2013 Influenza Season With Daily Geocoded Twitter Data From Temporal and Spatiotemporal Perspectives, Journal of Medical Internet Research 2014, Beitragsnr. e236.

Neff, L., Die Zulässigkeit der Verarbeitung von Daten aus allgemein zugänglichen Quellen, in: *Taeger, J.,* Internet der Dinge, Digitalisierung von Wirtschaft und Gesellschaft, Tagungsband Herbstakademie 2015, Oldenburg 2015, 81.

Nettesheim, M., Privatleben und Privatsphäre, in: *Grabenwarter, C.,* Europäischer Grundrechteschutz, 2. Aufl., Baden-Baden 2021, § 10.

Nickerson, R., Confirmation Bias: A Ubiquitous Phenomenon in Many Guises, Review of General Psychology 1998, 175.

Nicolas, J., KI im Arbeitsrecht, in: *Hoeren, T./Sieber, U./Holznagel, B.,* Handbuch Multimedia-Recht, Rechtsfragen des elektronischen Geschäftsverkehrs, 60. Ergänzungslieferung, München 2023, Teil 29.4.

Niemann, J., Risiken und Nutzen der Kommunikation auf Social Networking Sites, Theoretische Modellierung und empirische Befunde auf Basis der "Theory of Reasoned Action", Köln 2016.

Nocun, K., Datenschutz unter Druck, in: *Roßnagel, A./Friedewald, M./Hansen, M.,* Die Fortentwicklung des Datenschutzes, Zwischen Systemgestaltung und Selbstregulierung, Wiesbaden 2018, 39.

Noé, M., Innovation 2.0, Unternehmenserfolg durch intelligentes und effizientes Innovieren, Wiesbaden 2013.

Nord, J./Manzel, M., „Datenschutzerklärungen" – misslungene Erlaubnisklauseln zur Datennutzung, „Happy-Digits" und die bedenklichen Folgen im E-Commerce, NJW 2010, 3756.

o.A., Glossar zu Web & Data Mining, HDM 2009, Heft 4, 111.

Oberwetter, C., Bewerberprofilerstellung durch das Internet – Verstoß gegen das Datenschutzrecht?, BB 2008, 1562.

Oellerich, I., Defizitärer Vollzug des Umsatzsteuerrechts, Legislative Verantwortung für Vollzugsdefizite, Rechtsfolgen und Rechtsschutz, Baden-Baden 2008.

Oermann, M./Staben, J., Mittelbare Grundrechtseingriffe durch Abschreckung?, Zur grundrechtlichen Bewertung polizeilicher „Online-Streifen" und „Online-Ermittlungen" in sozialen Netzwerken, Staat 2013, 630.

Ohly, A., "Volenti non fit iniuria", Die Einwilligung im Privatrecht, Tübingen 2002.

Online-Recruiting.net, Social Media Recruiting Studie 2012, https://www.online-recruiting.net/ressource/social-media-recruiting-studie-2012-deutschland/ (zuletzt abgerufen: 22.09.2024).

O'Reilly, S., Nominative Fair Use and Internet Aggregators: Copyright and Trademark Challenges Posed by Bots, Web Crawlers and Screen-Scraping Technologies, Loyola Consumer Law Review 2007, 273.

O'Reilly, T., Web 2.0 Compact Definition, Trying Again, Stand v. 10.12.2006, https://web.archive.org/web/20240627150654/http://radar.oreilly.com/2006/12/web-20-compact-definition-tryi.html (zuletzt abgerufen: 22.09.2024).

Orwat, C., Diskriminierungsrisiken durch Verwendung von Algorithmen, Berlin 2019.

Ory, S./Weth, S., juris PraxisKommentar Elektronischer Rechtsverkehr, Band 4 – Strafverfahren, 2. Aufl., Saarbrücken 2022 (zitiert: *Autor*, in: Ory/Weth (Hrsg.), jurisPK eIRV).

Oswald, M./Grosjean, S., Confirmation Bias, in: *Pohl, R.*, Cognitive illusions, A handbook on fallacies and biases in thinking, judgement and memory, London 2004, 79.

Paal, B. P., Data Scraping und Art. 82 DS-GVO, ZfDR 2023, 325.

Paal, B. P./Pauly, D. A., Datenschutz-Grundverordnung, Bundesdatenschutzgesetz, 3. Aufl., München 2021 (zitiert: *Autor*, in: Paal/Pauly (Hrsg.), DSGVO/BDSG).

Paaß, G./Giesselbach, S., Foundation Models for Natural Language Processing, Pre-trained Language Models Integrating Media, Cham 2023.

Pache, E./Rösch, F., Die neue Grundrechtsordnung der EU nach dem Vertrag von Lissabon, EuR 2009, 769.

Paefgen, F., Der von Art. 8 EMRK gewährleistete Schutz vor staatlichen Eingriffen in die Persönlichkeitsrechte im Internet, Berlin/Heidelberg 2014.

Paine, C./Reips, U.-D./Stieger, S./Joinson, A. N./Buchanan, T., Internet users' perceptions of 'privacy concerns' and 'privacy actions', International Journal of Human-Computer Studies 2007, 526.

Papier, H.-J., Drittwirkung der Grundrechte, in: *Merten, D./Papier, H.-J.*, Handbuch der Grundrechte in Deutschland und Europa, Band II, Grundrechte in Deutschland - Einzelgrundrechte II, Heidelberg 2013, § 55.

Paschke, A./Wernicke, A., Digital Services Act, in: *Taeger, J./Pohle, J.*, Computerrechts-Handbuch, Informationstechnologie in der Rechts- und Wirtschaftspraxis, 38. EL, München 2023, Abschnitt 120.4.

Patel, F./Levinson-Waldman, R./DenUyl, S./Koreh, R., Social Media Monitoring, How the Department of Homeland Security Uses Digital Data in the Name of National Security, New York 2019.

Pechstein, M./Nowak, C./Häde, U., EUV und GRC, Band I: EUV und GRC, 2. Aufl., Tübingen 2023 (zitiert: *Autor*, in: Pechstein/Nowak/Häde (Hrsg.), Frankfurter Kommentar, Band I).

Peine, F.-J., Der Grundrechtseingriff, in: *Merten, D./Papier, H.-J.*, Handbuch der Grundrechte in Deutschland und Europa, Band III, Grundrechte in Deutschland: Allgemeine Lehren II, Heidelberg 2006, § 57.

Petutschnig, A./Resch, B./Lang, S./Havas, C., Evaluating the Representativeness of Socio-Demographic Variables over Time for Geo-Social Media Data, International Journal of Geo-Information 2021, Beitragsnr. 323.

Petz, G., Opinion Mining im Web 2.0, Ansätze, Methoden, Vorgehensmodell, Wiesbaden 2019.

Pfeifer, M., Die Datenschutz-Grundverordnung aus Sicht der öffentlichen Verwaltung, PinG 2016, 222.

Pfister, H.-R./Jungermann, H./Fischer, K., Die Psychologie der Entscheidung, Eine Einführung, 4. Aufl., Berlin/Heidelberg 2017.

Piltz, C./Reusch, P., Internet der Dinge: Datenschutzrechtliche Anforderungen bei der Produktbeobachtung, BB 2017, 841.

Pilz, S., Die Novellierung des Unionsverfahrens für den Katastrophenschutz, EuZW 2018, 572.

Plath, K.-U., DSGVO/BDSG/TTDSG, Kommentar zu DSGVO, BDSG und TTDSG, 4. Aufl., Köln 2023 (zitiert: *Autor,* in: Plath (Hrsg.), DSGVO/BDSG/TTDSG).

Plattner, H., Big Data, in: Enzyklopädie der Wirtschaftsinformatik Online, Stand v. 08.04.2019, https://wi-lex.de/index.php/lexikon/informations-daten-und-wissensmanage ment/datenmanagement/datenmanagement-konzepte-des/big-data/ (zuletzt abgerufen: 22.09.2024).

Plum, A., Ansätze, Methoden und Technologien des Web-Monitorings – ein systematischer Vergleich, in: *Brauckmann, P.,* Web-Monitoring, Gewinnung und Analyse von Daten über das Kommunikationsverhalten im Internet, Konstanz 2010, 21.

Pohlmann, K., Rechtliche Rahmenbedingungen der Katastrophenbewältigung, Frankfurt am Main 2012.

Pohlmann, K., Bundeskompetenzen im Bevölkerungsschutz, in: *Lange, H.-J./Gusy, C.,* Kooperation im Katastrophen- und Bevölkerungsschutz, Wiesbaden 2015, 79.

Pomaska, G., Webseiten-Programmierung, Sprachen, Werkzeuge, Entwicklung, Wiesbaden 2012.

Potthast, K. C., Political Microtargeting – Zwischen Regulierungsbegehren und Ungewissheit, JuWissBlog Nr. 103/2019, Stand v. 28.11.2019, https://www.juwiss.de/103-2019/ (zuletzt abgerufen: 22.09.2024).

Probst, G. J. B./Raub, S. P./Romhardt, K., Wissen managen, Wie Unternehmen ihre wertvollste Ressource optimal nutzen, 7. Aufl., Wiesbaden 2012.

Qui, L./Lin, H./Leung, A. K./Tov, W., Putting Their Best Foot Forward: Emotional Disclosure on Facebook, CyberPsychology, Behavior and Social Networking 2012, 569.

Quirmbach, S. M., Suchmaschinen, User Experience, Usability und nutzerzentrierte Website-Gestaltung, Berlin/Heidelberg 2013.

Radlanski, P., Das Konzept der Einwilligung in der datenschutzrechtlichen Realität, Tübingen 2016.

Ragnitz, J., Langfristige wirtschaftliche Auswirkungen der Corona-Pandemie, ifo Schnelldienst 2020, Heft 11, 25.

Rat für Sozial- und Wirtschaftsdaten, Big Data in den Sozial-, Verhaltens- und Wirtschaftswissenschaften, Datenzugang und Forschungsdatenmanagement, Mit Gutachten „Web Scraping in der unabhängigen wissenschaftlichen Forschung", Berlin 2019.

Redaktion FD-ArbR, Mit Social Media bei der Bewerbung ins Abseits – oder zum Traumjob?, FD-ArbR 2023, 454805.

Reese, F., Web Analytics – damit aus Traffic Umsatz wird, Die besten Tools und Strategien, 2. Aufl., Göttingen 2009.

Reimann, A./Tönnesmann, J./Pfeil, M., Startups haben an der deutschen Börse keine Chance, in: WirtschaftsWoche Online, Stand v. 10.12.2013, https://www.wiwo.de/finanzen/boerse/boersenneulinge-startups-haben-an-der-deutschen-boerse-keine-chance/9179120-all.html (zuletzt abgerufen: 22.09.2024).

Reuter, C./Kaufhold, M.-A., Soziale Medien in Notfällen, Krisen und Katastrophen, in: *Reuter, C.,* Sicherheitskritische Mensch-Computer-Interaktion, Interaktive Technologien und Soziale Medien im Krisen- und Sicherheitsmanagement, 2. Aufl., Wiesbaden/Heidelberg 2021, 409.

Rieger, F., Kredit auf Daten, in: Frankfurter Allgemeine Zeitung Online, Stand v. 09.06.2012, https://www.faz.net/aktuell/feuilleton/schufa-facebook-kredit-auf-daten-11779657.html (zuletzt abgerufen: 22.09.2024).

Robrahn, R./Bremert, B., Interessenkonflikte im Datenschutzrecht, Rechtfertigung der Verarbeitung personenbezogener Daten über eine Abwägung nach Art. 6 Abs. 1 lit. f DSGVO, ZD 2018, 291.

Roßnagel, A., Der Anwendungsvorrang der eIDAS-Verordnung, Welche Regelungen des deutschen Rechts sind weiterhin für elektronische Signaturen anwendbar?, MMR 2015, 359.

Roßnagel, A., Datenschutzgesetzgebung für öffentliche Interessen und den Beschäftigungskontext, DuD 2017, 290.

Roßnagel, A., Innovationen der Datenschutz-Grundverordnung, Wer greift die Chancen zu besserem Datenschutz auf?, DuD 2019, 467.

Roßnagel, A., Kein „Verbotsprinzip" und kein „Verbot mit Erlaubnisvorbehalt" im Datenschutzrecht, Zur Dogmatik der Datenverarbeitung als Grundrechtseingriff, NJW 2019, 1.

Roßnagel, A., Hessisches Datenschutz- und InformationsfreiheitsG, HDSIG, Baden-Baden 2021 (zitiert: *Autor,* in: Roßnagel (Hrsg.), HDSIG).

Roßnagel, A./Pfitzmann, A./Garstka, H., Modernisierung des Datenschutzes, Gutachten im Auftrag des Bundesministerium des Inneren, Berlin 2001.

Roßnagel, A./Scholz, P., Datenschutz durch Anonymität und Pseudonymität, Rechtsfolgen der Verwendung anonymer und pseudonymer Daten, MMR 2000, 721.

Roth, D., Sammelauskunftsersuchen und internationale Gruppenanfragen, Praxis der Steuerfahndung, Berlin 2014.

Rothmann, R., Ungewollte Einwilligung? Die Rechtswirklichkeit der datenschutzrechtlichen Willenserklärung im Fall von Facebook, in: *Roßnagel, A./Friedewald, M./Hansen, M.,* Die Fortentwicklung des Datenschutzes, Zwischen Systemgestaltung und Selbstregulierung, Wiesbaden 2018, 59.

Rückert, C., Zwischen Online-Streife und Online(Raster-)Fahndung – Ein Beitrag zur Verarbeitung öffentlich zugänglicher Daten im Ermittlungsverfahren, ZStW 2017, 302.

Rudolf, W., Recht auf informationelle Selbstbestimmung, in: *Merten, D./Papier, H.-J.,* Handbuch der Grundrechte in Deutschland und Europa, Band IV, Grundrechte in Deutschland: Einzelgrundrechte I, Heidelberg 2011, § 90.

Runkler, T. A., Data Mining, Modelle und Algorithmen intelligenter Datenanalyse, 2. Aufl., Wiesbaden 2015.

Ruß-Mohl, S., Die informierte Gesellschaft und ihre Feinde, Warum die Digitalisierung unsere Demokratie gefährdet, Köln 2017.

Rusteberg, B., Die Entscheidung des Bundesverfassungsgerichts zum Bundeskriminalamtsgesetz – Eine Zwischenbilanz des allgemeinen Sicherheitsrechts, KritV 2017, 24.

Sachs, M., Besondere Gleichheitsgarantien, in: *Isensee, J./Kirchhof, P.,* Handbuch des Staatsrechts der Bundesrepublik Deutschland, Band VIII, Grundrechte: Wirtschaft, Verfahren, Gleichheit, 3. Aufl., Heidelberg 2010, § 182.

Sachs, M., Verfassungsrecht II, Grundrechte, 3. Aufl., Berlin/Heidelberg 2017.

Sachs, M., Grundgesetz, 9. Aufl., München 2021 (zitiert: *Autor*, in: Sachs (Hrsg.), GG).

Säcker, J./Rixecker, R./Oetker, R./Limperg, B., Münchener Kommentar zum Bürgerlichen Gesetzbuch, 8. Aufl., München 2021 (zitiert: *Autor*, in: Säcker et al. (Hrsg.), MüKo BGB).

Saigh, R. A., The international dictionary of data communications, Chicago 1998.

Sattler, H., Gefahrenabwehr im Katastrophenfall, Verfassungsrechtliche Vorgaben für die Gefahrenabwehr bei Naturkatastrophen und ihre einfachgesetzliche Umsetzung, Berlin 2008.

Schaller, F., Öffentlicher Bereich, in: *Roßnagel, A.,* Das neue Datenschutzrecht, Europäische Datenschutz-Grundverordnung und deutsche Datenschutzgesetze, Baden-Baden 2018, 270.

Schantz, P., Die Datenschutz-Grundverordnung – Beginn einer neuen Zeitrechnung im Datenschutzrecht, NJW 2016, 1841.

Schantz, P., Einwilligung, in: *Schantz, P./Wolff, H. A.,* Das neue Datenschutzrecht, Datenschutz-Grundverordnung und Bundesdatenschutzgesetz in der Praxis, München 2017, 150.

Schantz, P., Zulässigkeit der Verarbeitung besonderer Kategorien personenbezogener Daten, in: *Schantz, P./Wolff, H. A.,* Das neue Datenschutzrecht, Datenschutz-Grundverordnung und Bundesdatenschutzgesetz in der Praxis, München 2017, 220.

Schapiro, L./Żdanowiecki, K., Screen Scraping, Rechtlicher Status quo in Zeiten von Big Data, MMR 2015, 497.

Schemmel, F., Background-Checks aus internationaler Perspektive, Vergleich der Anforderungen in Deutschland und den USA, ZD 2022, 541.

Scherff, J., Grundkurs Computernetzwerke, Eine kompakte Einführung in Netzwerk- und Internet-Technologien, 2. Aufl., Wiesbaden 2010.

Schild, H.-H., Zur Verarbeitung von Beschäftigtendaten – am Beispiel von Videokonferenzsystemen im Schulunterricht, ZfPR 2021, 56.

Schirmbacher, M., Online-Marketing- und Social-Media-Recht, Das umfassende Praxis-Handbuch für alle rechtlichen Fragen im Marketing, 2. Aufl., Frechen 2017.

Schmid, A., Pflicht zur „integrierten Produktbeobachtung" für automatisierte und vernetzte Systeme, Die Verkehrssicherungspflichten des Herstellers als dogmatische Grundlage einer zukunftsfähigeren Produktbeobachtung, CR 2019, 141.

Schmid, K., Online-Handel und Internetauktionen im Visier der Steuerfahndung, in: Telepolis online, Stand v. 05.06.2003, https://www.heise.de/tp/features/Online-Handel-und-

Internetauktionen-im-Visier-der-Steuerfahndung-3429885.html (zuletzt abgerufen: 22.09.2024).

Schmidt, A., Virtuelles Hausrecht und Webrobots, München 2011.

Schmidt, H., Einbeziehung von AGB im Verbraucherverkehr, NJW 2011, 1633.

Schmidt, M./Pruß, M., Technische Grundlagen des Internets, in: *Auer-Reinsdorff, A./Conrad, I.,* Handbuch IT- und Datenschutzrecht, 3. Aufl., München 2019, § 3.

Schmidt, S., Geo-social Media Data Analysis for Triggering Satellite-Based Emergency Mapping, Stand v. 13.11.2023, https://tema-project.eu/articles/geo-social-media-data-analysis-triggering-satellite-based-emergency-mapping (zuletzt abgerufen: 22.09.2024).

Schmitt Glaeser, W., Big Brother is watching you – Menschenwürde bei RTL 2, ZRP 2000, 395.

Schmittmann, J., Plattformrecht, in: *Hoeren, T./Sieber, U./Holznagel, B.,* Handbuch Multimedia-Recht, Rechtsfragen des elektronischen Geschäftsverkehrs, 60. Ergänzungslieferung, München 2023, Teil 9.

Schneider, J., Schließt Art. 9 DS-GVO die Zulässigkeit der Verarbeitung bei Big Data aus?, Überlegungen, wie weit die Untersagung bei besonderen Datenkategorien reicht, ZD 2017, 303.

Schneider, M./Enzmann, M./Stopczynski, M., Web-Tracking-Report 2014, Stuttgart 2014.

Schreiber, M., Social Media Monitoring, PinG 2014, 34.

Schroeder, D., Grundrechte, 5. Aufl., Heidelberg 2019.

Schulz, A. H., Usability in digitalen Kooperationsnetzwerken Nutzertests und Logfile-Analyse als kombinierte Methode, Bremen 2015, https://media.suub.uni-bremen.de/handle/elib/1000 (zuletzt abgerufen: 22.09.2024).

Schwartmann, R./Jaspers, A./Thüsing, G./Kugelmann, D., DS-GVO/BDSG, Datenschutz-Grundverordnung, Bundesdatenschutzgesetz, 3. Aufl., Heidelberg 2024 (zitiert: *Autor*, in: Schwartmann et al. (Hrsg.), DS-GVO/BDSG).

Schwartmann, R./Ohr, S., Rechtsfragen beim Einsatz sozialer Medien, in: *Schwartmann, R./Bagh, M. T./Bießmann, P./Brock, M. O./Brocker, D./Depprich, I./Eckardt, B.,* Praxishandbuch Medien-, IT- und Urheberrecht, 4. Aufl., Heidelberg 2017, Kap. 11.

Schwarz, L.-C., Datenschutzrechtliche Zulässigkeit des Pre-Employment Screening, Rechtliche Grundlagen und Einschränkungen der Bewerberüberprüfung durch Arbeitgeber, ZD 2018, 353.

Schwarze, J./Becker, U./Hatje, A./Schoo, J., EU-Kommentar, 4. Aufl., Baden-Baden/Wien/Basel 2019 (zitiert: *Autor*, in: Schwarze et al. (Hrsg.), EU-Kommentar).

Schweigler, D., Datenschutz- und verfassungsrechtliche Grenzen der Überprüfung von E-Commerce-Aktivitäten durch die Jobcenter, SGb 2015, 77.

Schwickert, A. C./Wendt, P., Web Site Monitoring, Teil 2: Datenquellen, Web-Logfile-Analyse, Logfile-Analyzer, Arbeitspapiere WI Nr. 07/2000, Gießen 2000, http://dx.doi.org/10.22029/jlupub-2092 (zuletzt abgerufen: 22.09.2024).

ScienceAlert, Letalitätsrate ausgewählter Virusausbrüche im Zeitraum von 1967 bis 2022, Stand v. 08.06.2022, https://de.statista.com/statistik/daten/studie/1101385/umfrage/sterblichkeitsrate-ausgewaehlter-virusausbrueche-weltweit/ (zuletzt abgerufen: 22.09.2024).

Selk, R., Datenschutzerklärung, in: *Redeker, H.,* Handbuch der IT-Verträge, 51. Ergänzungslieferung, Köln 2023, Teil 9.1.

Selzer, M./Havas, C./Resch, B./Stadtler, T./Kippnich, U., Von der Forschung in die Praxis, Das Projekt HUMAN+, in: Crisis Prevention Online, Stand v. 24.05.2021, https://crisisprevention.de/kommunikation-it/von-der-forschung-in-die-praxis-das-projekt-human.html (zuletzt abgerufen: 22.09.2024).

Selzer, M./Kippnich, U./Stadler, T./Obermair, W., Erfahrungen aus der Flüchtlingshilfe, Das Projekt „Human+", Im Einsatz 2019, Heft 6, 52.

Sen, E., Social Media Monitoring für Unternehmen, Anforderungen an das Web-Monitoring verstehen und die richtigen Fragen stellen, Köln 2011.

Shao, C./Ciampaglia, G./Varol, O./Flammini, A./Menczer, F., The spread of fake news by social bots, arXiv 2017, Beitragsnr. 1707.07592v1.

Shestakov, D., Current Challenges in Web Crawling, in: *Hutchison, D./Kanade, T./Kittler, J.,* Web Engineering, 13th International Conference, ICWE 2013, Aalborg, Denmark, July 8-12, 2013, Proceedings, Berlin Heidelberg 2013, 518.

Shin, S.-Y./Seo, D.-W./An, J./Kwak, H./Kim, S.-H./Gwack, J./Jo, M.-W., High correlation of Middle East respiratory syndrome spread with Google search and Twitter trends in Korea, Scientific Reports 2016, Beitragsnr. 32920.

Siepermann, M., Internet, Definition: Was ist "Internet"?, in: Gabler Wirtschaftslexikon Online, Stand v. 19.02.2018, https://wirtschaftslexikon.gabler.de/definition/internet-37192/version-260635 (zuletzt abgerufen: 22.09.2024).

Simitis, S., Bundesdatenschutzgesetz, 8. Aufl., Baden-Baden 2014 (zitiert: *Autor,* in: Simitis (Hrsg.), BDSG, Altauflage).

Simitis, S./Hornung, G./Spiecker gen. Döhmann, I., Datenschutzrecht, DSGVO mit BDSG, Baden-Baden 2019 (zitiert: *Autor,* in: Simitis/Hornung/Spiecker gen. Döhmann (Hrsg.), DSR).

Singh, M./Kaur, R./Iyengar, S. R. S., Multidimensional Analysis of Fake News Spreaders on Twitter, in: *Chellappan, S./Choo, K.-K. R./Phan, N.,* Computational data and social networks, 9th international conference, Cham 2020, 354.

Sîrbu, A./Andrienko, G./Andrienko, N./Boldrini, Chiara: Conti, Marco/Giannotti, F./Guidotti, R./Bertoli, S./Kim, J./Muntean, C. I./Pappalardo, L./Passarella, A./Pedreschi, D./Pollacci, L./Pratesi, F./Sharma, R., Human migration: the big data perspective, International Journal of Data Science and Analytics 2021, 341.

Sirisuriya, M., A Comparative Study on Web Scraping, in: General Sir John Kotelawala Defence University, Proceedings of 8th International Research Conference, Ratmalana 2015, 135.

Smith, J. H./Dinev, T./Xu, H., Information Privacy Research, An Interdisciplinary Review, Management Information Systems Quarterly 2011, 989.

Soiné, M., Strafprozessordnung, 147. Ergänzungslieferung, Heidelberg 2024 (zitiert: *Autor,* in: Soiné (Hrsg.), StPO).

Solmecke, C./Dam, A., Wirksamkeit der Nutzungsbedingungen sozialer Netzwerke, Rechtskonforme Lösung nach dem AGB- und dem Urheberrecht, MMR 2012, 71.

Solmecke, C./Wahlers, J., Rechtliche Situation von Social Media Monitoring-Diensten, Rechtskonforme Lösungen nach dem Datenschutz- und dem Urheberrecht, ZD 2012, 550.

Sonntag, F./Fathi, R./Fiedrich, F., Digitale Lageerkundung bei Großveranstaltungen, Erweiterung des Lagebildes durch Erkenntnisse aus sozialen Medien, in: Workshopband Mensch und Computer 2021, Beitragsnr. 262, Bonn 2021, https://dl.gi.de/handle/ 20.500.12116/37411?locale-attribute=en (zuletzt abgerufen: 22.09.2024).

Spiecker gen. Döhmann, I./Papakonstantinu, E./Hornung, G./Hert, P. de/Albrecht, J. P./Almada, M., General Data Protection Regulation, Article-by-Article Commentary, Baden-Baden/München/Oxford 2023 (zitiert: *Autor*, in: Spiecker gen. Döhmann et al. (Hrsg.), GDPR).

Spieß, A., Personenbezogene Daten aus öffentlichen zugänglichen Quellen sind kein Freiwild, Stand v. 06.05.2021, https://community.beck.de/2021/05/06/personenbezogene-daten-aus-oeffentlichen-zugaenglichen-quellen-sind-kein-freiwild (zuletzt abgerufen: 22.09.2024).

Spindler, G./Schuster, F., Recht der elektronischen Medien, 4. Aufl., München 2019 (zitiert: *Autor*, in: Spindler/Schuster (Hrsg.), Recht el. Medien).

Stack Overflow, Get a list of users who have liked specific media on Instagram, Stand v. 20.01.2015, https://stackoverflow.com/questions/28013658/get-a-list-of-users-who-have-liked-specific-media-on-instagram (zuletzt abgerufen: 22.09.2024).

Stanoevska-Slabeva, K., Web 2.0 – Grundlagen, Auswirkungen und zukünftige Trends, in: *Meckel, M./Stanoevska-Slabeva, K.*, Web 2.0, Die nächste Generation Internet, Baden-Baden 2008, 14.

Statista, Wie häufig lesen Sie die Allgemeinen Geschäftsbedingungen (AGB) von Online-Shops?, Stand v. 30.01.2017, https://de.statista.com/statistik/daten/studie/4113/umfrage/aspekte-beim-online-banking-nach-geschlecht/ (zuletzt abgerufen: 22.09.2024).

Statista, Umfrage in Deutschland zu Aussagen über soziale Netzwerke / Medien 2019, Stand v. 16.01.2019, https://de.statista.com/prognosen/957409/umfrage-in-deutschland-zu-aussagen-ueber-soziale-netzwerke-medien (zuletzt abgerufen: 22.09.2024).

Statista, Künstliche Intelligenz Weltweit, Marktprognose, Stand v. 01.03.2024, https://de.statista.com/outlook/tmo/kuenstliche-intelligenz/weltweit#marktgroesse (zuletzt abgerufen: 22.09.2024).

Statista, Smart Home Weltweit, Umsatz, Stand v. 01.03.2024, https://de.statista.com/outlook/dmo/smart-home/weltweit#umsatz (zuletzt abgerufen: 22.09.2024).

Statistisches Bundesamt, Verkehrsunfälle, Unfälle von Frauen und Männern im Straßenverkehr 2020, Stand v. 20.01.2022, https://www.destatis.de/DE/Themen/Gesellschaft-Umwelt/Verkehrsunfaelle/Publikationen/Downloads-Verkehrsunfaelle/unfaelle-frauen-maenner-5462407207004.pdf?__blob=publicationFile (zuletzt abgerufen: 22.09.2024).

Steimel, B./Halemba, C./Dimitrova, T., Praxisleitfaden Social Media Monitoring, Erst zuhören, dann mitreden in den Mitmachmedien!, Meerbusch 2010.

Stein, E., Taschenbuch Rechnernetze und Internet, 3. Aufl., München 2008.

Steinwehr, U., Die Falschmeldung der 600 Babyleichen im deutschen Flutgebiet, in: DW Nachrichten Online, Stand v. 31.07.2021, https://www.dw.com/de/faktenchek-falsch meldung-zu-600-babyleichen-in-deutschlands-flutgebiet/a-58709604 (zuletzt abgerufen: 22.09.2024).

Stempfle, C. T., Juristische Produktverantwortung, in: *Pfeifer, T./Schmitt, R.*, Handbuch Qualitätsmanagement, 7. Aufl., München 2021, 959.

Stern, K./Sachs, M., Europäische Grundrechte-Charta, GRCh: Kommentar, München 2016 (zitiert: *Autor*, in: Stern/Sachs (Hrsg.), GRCh).

Stiftung Warentest, Sextoys im Test, Nur 3 von 18 Sexspielzeugen ganz ohne Schad-stoffe, in: Stiftung Warentest, Stand v. 21.02.2019, https://www.test.de/Sextoys-im-Test-Nur-3-von-18-Sexspielzeugen-ganz-ohne-Schadstoffe-5428416-5432000/ (zuletzt abgerufen: 22.09.2024).

Stiller, S., Social media monitoring, Krisenherde frühzeitig erkennen, München 2013.

Stoffel, K., Web + Data Mining = Web Mining, HDM 2009, Heft 4, 6.

Stolerman, L. M./Clemente, L./Poirier, C./Parag, K. V./Majumder, A./Masyn, S./Resch, B./Santillana, M., Using digital traces to build prospective and real-time county-level early warning systems to anticipate COVID-19 outbreaks in the United States, Science Advances 2023, Heft 3, Beitragsnr. eabq0199.

Storrer, A., Was ist "hyper" am Hypertext?, in: *Kallmeyer, W.*, Sprache und neue Medien, Berlin 2000, 222.

Strehlitz, M., Social Analytics – Möglichkeiten und Grenzen, in: Computerwoche Online, Stand v. 24.03.2014, https://www.computerwoche.de/article/2750822/social-analytics-moeglichkeiten-und-grenzen.html (zuletzt abgerufen: 22.09.2024).

Streinz, R., EUV/AEUV, Vertrag über die Europäische Union, Vertrag über die Arbeitsweise der Europäischen Union, Charta der Grundrechte der Europäischen Union, 3. Aufl., München 2018 (zitiert: *Autor*, in: Streinz (Hrsg.), EUV/AEUV).

Streinz, R., Europarecht, 12. Aufl., Heidelberg 2023.

Süess, R., Evaluation von Web Monitoring Tools zur softwaregestützten Informationsbeschaffung am Beispiel ausgewählter Open Source Web Monitoring Tools, Churer Schriften zur Informationswissenschaft, Chur 2012, https://www.fhgr.ch/fileadmin/fhgr/angewandte_zukunftstechnologien/SII/churer_schriften/sii-churer_schriften_54-Evaluation_von_Web_Monitoring_Tools.pdf (zuletzt abgerufen: 22.09.2024).

Sydow, G./Marsch, N., DSGVO, BDSG, Datenschutz-Grundverordnung, Bundesdatenschutzgesetz, 3. Aufl., Baden-Baden/Wien/Zürich 2022 (zitiert: *Autor*, in: Sydow/Marsch (Hrsg.), DSGVO/BDSG).

Taddicken, M./Jers, C., The Uses of Privacy Online: Trading a Loss of Privacy for Social Web Gratifications?, in: *Trepte, S./Reinecke, L.*, Privacy Online, Perspectives on Privacy and Self-Disclosure in the Social Web, Berlin 2011, 143.

Taeger, J./Gabel, D., DSGVO – BDSG – TTDSG, 4. Aufl., Frankfurt am Main 2022 (zitiert: *Autor*, in: Taeger/Gabel (Hrsg.), DSGVO/BDSG).

Tallgauer, M./Festing, M./Fleischmann, F., Big Data im Recruiting, in: *Verhoeven, T.*, Digitalisierung Im Recruiting, Wie sich Recruiting durch künstliche Intelligenz, Algorithmen und Bots verändert, Wiesbaden 2020, 25.

Tanenbaum, A. S./Wetherall, D., Computernetzwerke, 5. Aufl., München 2012.

Taraz, D., Das Grundrecht auf Gewährleistung der Vertraulichkeit und Integrität informationstechnischer Systeme und die Gewährleistung digitaler Privatheit im grundrechtlichen Kontext, Wegbereitung für eine digitale Privatsphäre?, Hamburg 2016.

Thaler, R. H./Sunstein, C. R., Nudge, Wie man kluge Entscheidungen anstößt, 5. Aufl., Berlin 2015.

Thiele, A., Katastrophenschutzrecht im deutschen Bundesstaat, in: *Härtel, I.*, Handbuch Föderalismus, Band 3: Entfaltungsbereiche des Föderalismus, Heidelberg 2012, § 54.

Thiele, A., Zivile Sicherheit im Katastrophenrecht, in: *Gusy, C./Kugelmann, D./Würtenberger, T.*, Rechtshandbuch Zivile Sicherheit, Berlin/Heidelberg 2017, 539.

TikTok, TikTok Stories, https://support.tiktok.com/de/using-tiktok/creating-videos/tiktok-stories (zuletzt abgerufen: 22.09.2024).

TikTok, Unsere Mission, https://tiktok.com/about?lang=de (zuletzt abgerufen: 22.09.2024).

TikTok, Nutzungsbedingungen, Stand v. 01.08.2023, https://www.tiktok.com/legal/page/eea/terms-of-service/de (zuletzt abgerufen: 22.09.2024).

Tipke, K./Kruse, H. W., Abgabenordnung, Finanzgerichtsordnung, 182. Ergänzungslieferung, Köln 2024 (zitiert: *Autor*, in: Tipke/Kruse (Hrsg.), AO/FGO).

trendHERO, How Many Influencers are There in 2023, Stand v. 23.06.2023, https://trendhero.io/blog/how-many-influencers-are-there/#:~:text=There%20are%20more%20than%2064,and%20trends%20cannot%20be%20overstated. (zuletzt abgerufen: 22.09.2024).

Trepte, S., Privatsphäre aus psychologischer Sicht, in: *Schmidt, J.-H./Weichert, T.*, Datenschutz, Grundlagen, Entwicklungen und Kontroversen, Bonn 2012, 59.

Trepte, S./Dienlin, T., Privatsphäre im Internet, in: *Porsch, T./Pieschl, S.*, Neue Medien und deren Schatten, Mediennutzung, Medienwirkung und Medienkompetenz, Göttingen 2014, 53.

Trepte, S./Dienlin, T./Reinecke, L., Risky Behaviors – How Online Experiences Influence Privacy Behaviors, in: *Stark, B./Quiring, O./Jackob, N.*, Von der Gutenberg-Galaxis zur Google-Galaxis, Alte und neue Grenzvermessungen nach 50 Jahren DGPuK, Konstanz/München 2014, 225.

Uecker, P., Extraterritorialer Anwendungsbereich der DS-GVO, Erläuterungen zu den neuen Regelungen und Ausblick auf internationale Entwicklungen, ZD 2019, 67.

Ulbricht, C., Hard facts Datenschutz im Social Web, Bereit für die Datenschutz-Grundverordnung 2018, München 2018.

Ulmer, P./Brandner, H. E./Hensen, H.-D., AGB-Recht, Kommentar zu den §§ 305 - 310 BGB und zum UKlaG, 13. Aufl., Köln 2022 (zitiert: *Autor*, in: Ulmer/Brandner/Hensen (Hrsg.), AGB-Recht).

Umweltbundesamt, Gesellschaftliche Auswirkungen der Covid-19-Pandemie in Deutschland und mögliche Konsequenzen für die Umweltpolitik, Dessau-Roßlau 2020.

UNHCR, Big (Crisis) Data For Predictive Models, Genf, 2021, https://www.unhcr.org/sites/default/files/legacy-pdf/61bc6ae84.pdf (zuletzt abgerufen: 22.09.2024).

UNO, Die Balkanroute, Vom Nahen Osten nach Europa, https://www.uno-fluechtlingshilfe.de/informieren/fluchtrouten/balkanroute (zuletzt abgerufen: 22.09.2024).

Uphues, S., Big Data in Online-Medien und auf Plattformen, in: *Hoeren, T./Sieber, U./Holznagel, B.*, Handbuch Multimedia-Recht, Rechtsfragen des elektronischen Geschäftsverkehrs, 60. Ergänzungslieferung, München 2023, Teil 15.3.

Urban, K., Der berechnete Krieg, in: Süddeutsche Zeitung Online, Stand v. 09.10.2018, https://www.sueddeutsche.de/wissen/konfliktforschung-der-berechnete-krieg-1.4161385 (zuletzt abgerufen: 22.09.2024).

Vaccari, L./Posada, M./Boyd, M./Gattwinkel, D./Mavridis, D./Smith, R. S./Santoro, M./Nativi, S./Medjaoui, M./Reusa, I./Switzer, S./Friis-Christensen, A., Application programming interfaces in governments: why, what and how, Channelling government digital transformation through APIs, Luxemburg 2020.

Vaidya, P., Opinion Mining and Sentiment Analysis in Data Mining, Scholars Journal of Engineering and Technology 2015, 71.

Vedder, C./Heintschel von Heinegg, W., Europäisches Unionsrecht, EUV, AEUV, GRCh, EAGV, 2. Aufl., Baden-Baden/Wien/Zürich 2018 (zitiert: *Autor,* in: Vedder/Heintschel von Heinegg (Hrsg.), EUR).

Venzke-Caprarese, S., Social Media Monitoring, Analyse und Profiling ohne klare Grenzen?, DuD 2013, 775.

Venzke-Caprarese, S., Soziale Netzwerke, in: *Schläger, U./Thode, J.-C.,* Handbuch Datenschutz und IT-Sicherheit, 2. Aufl., Berlin 2022, 449.

Vigen, T., Per capita consumtion of margarine correlates with the divorce rate in Maine, Spurious correlation #5.920, https://tylervigen.com/spurious/correlation/5920_per-capita-consumption-of-margarine_correlates-with_the-divorce-rate-in-maine (zuletzt abgerufen: 22.09.2024).

Voigt, P., Datenschutz bei Google, MMR 2009, 377.

von Armansperg, D., Datenschutz im Steuerverfahren nach der DSGVO – Anwendungsbereich und Betroffenenrechte, DStR 2021, 453.

von Coelln, C./Thürmer, M., BeckOK Hochschulrecht Hessen, 28. Edition, München 2024 (zitiert: *Autor,* in: von Coelln/Thürmer (Hrsg.), BeckOK HessHG).

von Danwitz, T., Gerichtlicher Schutz der Grundrechte, in: *Grabenwarter, C.,* Europäischer Grundrechteschutz, 2. Aufl., Baden-Baden 2021, § 27.

von der Groeben, H./Schwarze, J./Hatje, A., Europäisches Unionsrecht, Vertrag über die Europäische Union, Vertrag über die Arbeitsweise der Europäischen Union, Charta der Grundrechte der Europäischen Union, 7. Aufl., Baden-Baden 2015 (zitiert: *Autor,* in: von der Groeben/Schwarze/Hatje (Hrsg.), EU-Recht).

von Lewinski, K./Burbat, D., Bundeshaushaltsordnung, Baden-Baden 2013 (zitiert: *Autor,* in: von Lewinski/Burbat (Hrsg.), BHO).

von Lewinski, K./Burbat, D., Haushaltsgrundsätzegesetz, Baden-Baden 2013 (zitiert: *Autor,* in: von Lewinski/Burbat (Hrsg.), HGrG).

von Lewinski, K./Rüpke, G./Eckhardt, J., Datenschutzrecht, Grundlagen und europarechtliche Neugestaltung, 2. Aufl., München 2022.

von Lewinski, K./Schmidt, K.-M., Finanzdatenschutz – Big Brother, bigottes Bankgeheimnis, Big Data, beck.digitax 2020, 229.

von Rimscha, M., Algorithmen kompakt und verständlich, Lösungsstrategien am Computer, 4. Aufl., Wiesbaden 2017.

von Schönfeld, M., Screen Scraping und Informationsfreiheit, Baden-Baden 2018.

Voßkuhle, A./Kaiser, A.-B., Grundwissen Öffentliches Recht: Der Grundrechtseingriff, JuS 2009, 313.

Wagner, B. J., Konnektivität von Assistenzsystemen, Wiesbaden 2019.

Wagner, G., Produktvigilanz und Haftung, VersR 2014, 905.

Walus, A., Pandemie und Katastrophennotstand: Zuständigkeitsverteilung und Kompetenzmängel des Bundes, DÖV 2010, 127.

Walus, A., Katastrophenorganisationsrecht, Prinzipien der rechtlichen Organisation des Katastrophenschutzes, Bonn 2012.

Walus, A., Informationserhebungen durch Social-Media-Analysen im Rahmen der staatlichen Risiko- und Krisenkommunikation, in: opinioiuris.de, Stand v. 06.07.2013, https://opinioiuris.de/aufsatz/3060 (zuletzt abgerufen: 22.09.2024).

Wandtke, A.-A./Bullinger, W., Praxiskommentar Urheberrecht, UrhG, UrhDaG, VGG, InsO, UKlaG, KUG, EVtr, InfoSoc-RL, Portabilitäts-VO, 6. Aufl., München 2022 (zitiert: *Autor*, in: Wandtke/Bullinger (Hrsg.), UrhR).

Wehage, J.-C., Das Grundrecht auf Gewährleistung der Vertraulichkeit und Integrität informationstechnischer Systeme und seine Auswirkungen auf das Bürgerliche Recht, Göttingen 2013.

Weimann, R., Bekämpfung des Mehrwertsteuerbetrugs: EU-Vorgaben und Maßnahmen der Finanzverwaltung, UStB 2008, 56.

Weiß, M., Öffnungsklauseln in der DSGVO und nationale Verwirklichung im BDSG, Baden-Baden 2021.

Weitzel, T./Maier, C./Weinert, C./Pflüger, K./Oehlhorn, C./Wirth, J., Social Recruiting und Active Sourcing, Erlangen 2020, https://www.uni-bamberg.de/fileadmin/isdl/Recruiting _Trends_2020/Studien_2020_01_Social_Recruiting_Web.pdf (zuletzt abgerufen: 22.09.2024).

Welker, M./Kloß, A., Soziale Medien als Gegenstand und Instrument sozialwissenschaftlicher Forschung, in: *König, C./Stahl, M./Wiegand, E.*, Soziale Medien, Gegenstand und Instrument der Forschung, Wiesbaden 2014, 29.

Weller, K., Big Data & New Data: Ein Ausblick auf die Herausforderungen im Umgang mit Social-Media-Inhalten als neue Art von Forschungsdaten, in: *Jensen, U./Netscher, S./Weller, K.*, Forschungsdatenmanagement sozialwissenschaftlicher Umfragedaten, Grundlagen und praktische Lösungen für den Umgang mit quantitativen Forschungsdaten, Berlin/Toronto 2019, 193.

Wendehorst, C./Graf von Westphalen, F., Das Verhältnis zwischen Datenschutz-Grundverordnung und AGB-Recht, NJW 2016, 3745.

Wendelin, M., Transparenz von Publikumspräferenzen, in: *Imhof, K./Blum, R./Bonfadelli, H./Jarren, O./Wyss, V.*, Demokratisierung durch Social Media?, Mediensymposium 2012, Wiesbaden 2012, 99.

Wendt, R., Spezielle Gleichheitsrechte, in: *Merten, D./Papier, H.-J.*, Handbuch der Grundrechte in Deutschland und Europa, Band V, Grundrechte in Deutschland: Einzelgrundrechte II, Heidelberg 2013, § 127.

Werner, A., Social Media, Analytics & Monitoring: Verfahren und Werkzeuge zur Optimierung des ROI, Heidelberg 2013.

Wesch, M., Youtube and You, Experience of Self-Awareness in the Context Collapse of the Recording Webcam, Explorations in Media Ecology 2009, 19.

Westin, A. F., Privacy and Freedom, New York 2014.

Wieland, M./Resch, B./Kippnich, U./Holzer, A./Görtler, R./Knoche, L./Schmidt, M./Schmidt, S./Angermann, L./Lechner, K., Neue Methoden und Technologien für Einsatzkräfte, Internationale Katastrophenschutzübung in Salzburg, Im Einsatz 2023, 44.

Wieland, M./Resch, B./Lechner, K., Entscheidungsunterstützung im Katastrophenschutz, Künstliche Intelligenz analysiert und fusioniert Erdbeobachtungs- und Internetdaten, in: Crisis Prevention Online, Stand v. 17.01.2022, https://crisis-prevention.de/kommunikation-it/entscheidungsunterstuetzung-im-katastrophenschutz.html (zuletzt abgerufen: 22.09.2024).

Wilke, K., Ein bisschen Schrecken, Financial Times Deutschland vom 19.06.2007, 26.

Wilrich, T., Das neue Produktsicherheitsgesetz (ProdSG), Leitfaden für Hersteller, Importeure und Händler, Berlin 2012.

Wilrich, T., Produktsicherheitsrecht und CE-Konformität, Hersteller-, Importeur- und Händler-Pflichten für Technik- und Verbraucherprodukte bei Risikobeurteilung, Konstruktion, Warnhinweisen und Vertrieb, Berlin 2021.

Wilson, R. E./Gosling, S. D./Graham, L. T., A Review of Facebook Research in the Social Science, Perspectives on Psychological Science 2012, 203.

Wischmeyer, T., Regulierung intelligenter Systeme, AöR 2018, 1.

Wissenschaftlicher Dienst des deutschen Bundestages, Az. WD 2 - 3000 - 070/20, Strukturen der Krisenfrüherkennung in der deutschen Außen- und Sicherheitspolitik, Sachstand, Stand v. 14.09.2020, https://www.bundestag.de/resource/blob/801730/2eb486189b33deb66f43141a22327e40/WD-2-070-20-pdf-data.pdf (zuletzt abgerufen: 22.09.2024).

Wissenschaftlicher Dienst des deutschen Bundestages, Az. WD 7 - 3000 - 011/24, Anpassungen des nationalen Rechts an die Terminologie des Digital Servies Act, Sachstand, Stand v. 05.03.2024, https://www.bundestag.de/resource/blob/997210/100b2fcbe4455f5accfc45d87e590158/WD-7-011-24-pdf.pdf (zuletzt abgerufen: 22.09.2024).

Wissenschaftlicher Dienst des deutschen Bundestages, Az. WD 4 - 3000 - 080/21, Zur Verwendung personenbezogener Steuerdaten zu Forschungszwecken, Fragen zur datenschutzrechtlichen Zulässigkeit der Weiterverarbeitung personenbezogener Daten zu Forschungszwecken nach der Datenschutzgrundverordnung und der Abgabenordnung, Ausarbeitung, Stand v. 24.09.2021, https://www.bundestag.de/resource/blob/866146/86c33ffdb06ab114d22cb8f731382844/WD-4-080-21-pdf-data.pdf (zuletzt abgerufen: 22.09.2024).

Witte, R./Mülle, J., Text Mining, Wissensgewinnung aus natürlichsprachigen Dokumenten, Interner Bericht 2006-5, Stand v. 01.03.2006, https://publikationen.bibliothek.kit.edu/1000005161 (zuletzt abgerufen: 22.09.2024).

Witteler, M./Moll, L., Künstliche Intelligenz am Arbeitsplatz – Datenschutz und Rechte des Betriebsrats, NZA 2023, 327.

Wladyka, D. K., Queries to Google Search as Predictors of Migration Flows from Latin America to Spain, Journal of Population and Social Studies 2017, 312.

Wolf, M./Lindacher, W. F./Pfeiffer, T., AGB-Recht, Kommentar, 7. Aufl., München 2020 (zitiert: *Autor,* in: Wolf/Lindacher/Pfeiffer (Hrsg.), AGB-Recht).

Wolf, M. S., Big Data und Innere Sicherheit, Grundrechtseingriffe durch die computergestützte Auswertung öffentlich zugänglicher Quellen im Internet zu Sicherheitszwecken, Marburg 2015.

Wolff, H. A., Die Regelungswerke im Überblick, in: *Schantz, P./Wolff, H. A.*, Das neue Datenschutzrecht, Datenschutz-Grundverordnung und Bundesdatenschutzgesetz in der Praxis, München 2017, 65.

Wolff, H. A., Durchführung eines Vertrages, in: *Schantz, P./Wolff, H. A.*, Das neue Datenschutzrecht, Datenschutz-Grundverordnung und Bundesdatenschutzgesetz in der Praxis, München 2017, 175.

Wolff, H. A., Grundsätze der Datenverarbeitung, in: *Schantz, P./Wolff, H. A.*, Das neue Datenschutzrecht, Datenschutz-Grundverordnung und Bundesdatenschutzgesetz in der Praxis, München 2017, 127.

Wolff, H. A., Verarbeitung auf der Grundlage überwiegender Interessen, in: *Schantz, P./Wolff, H. A.*, Das neue Datenschutzrecht, Datenschutz-Grundverordnung und Bundesdatenschutzgesetz in der Praxis, München 2017, 203.

Wolff, H. A., Verarbeitung zur Wahrnehmung einer Aufgabe im öffentlichen Interesse, in: *Schantz, P./Wolff, H. A.*, Das neue Datenschutzrecht, Datenschutz-Grundverordnung und Bundesdatenschutzgesetz in der Praxis, München 2017, 196.

Wolff, H. A./Brink, S., BeckOK Datenschutzrecht, 28. Edition, München 2019 (zitiert: *Autor*, in: Wolff/Brink (Hrsg.), BeckOK DSR, Altauflage).

Wolff, H. A./Brink, S./von Ungern-Sternberg, A., BeckOK Datenschutzrecht, 49. Edition, München 2024 (zitiert: *Autor*, in: Wolff/Brink/von Ungern-Sternberg (Hrsg.), BeckOK DSR).

Wollenschläger, F., Budgetöffentlichkeit im Zeitalter der Informationsgesellschaft, Die Offenlegung von Zuwendungsempfängern im Spannungsfeld von Haushaltstransparenz und Datenschutz, AöR 2010, 363.

World Health Organization, Statement on the second meeting of the International Health Regulations (2005) Emergency Committee regarding the outbreak of novel coronavirus (2019-nCoV), Stand v. 30.01.2020, https://www.who.int/news/item/30-01-2020-statement-on-the-second-meeting-of-the-international-health-regulations-(2005)-emergency-committee-regarding-the-outbreak-of-novel-coronavirus-(2019-ncov) (zuletzt abgerufen: 22.09.2024).

X, Allgemeine Geschäftsbedingungen, Stand v. 29.09.2023, https://x.com/de/tos (zuletzt abgerufen: 22.09.2024).

X Corp., Rate limits: Standard v1.1, Web mining and social networking, https://developer.twitter.com/en/docs/twitter-api/v1/rate-limits (zuletzt abgerufen: 22.09.2024).

X Developer Platform, Likes, https://developer.x.com/en/docs/x-api/tweets/likes/introduction (zuletzt abgerufen: 22.09.2024).

Xu, G./Zhang, Y./Li, L., Web mining and social networking, Techniques and applications, New York 2011.

Yellow, Social Media Report 2018, Part One – Consumers, Stand v. 01.06.2018, https://www.yellow.com.au/wp-content/uploads/2018/06/Yellow-Social-Media-Report-2018-Consumer.pdf (zuletzt abgerufen: 22.09.2024).

Zaefferer, A., Social Media Research, Social Media Monitoring in Internet-Foren, Köln 2011.

Zagheni, E./Garimella, V. R. K./Weber, I./State, B., Inferring International and Internal Migration Patterns from Twitter Data, in: *Chung, C.-W.*, Proceedings of the 23rd International Conference on World Wide Web, April 7-11, 2014, Seoul, Korea, New York 2014, 439.

Zhao, B., Web Scraping, in: *Schintler, L. A./McNeely, C. L.*, Encyclopedia of Big Data, Cham 2021, 951.

ZHAW/Bernet PR, Social Media in Organisationen und Unternehmen, Breite Nutzung und Routine, wenig Innovation und Dialog, Stand v. 20.12.2022, https://www.zhaw.ch/storage/linguistik/institute-zentren/iam/Ueber-uns/bernet-zhaw-social-media-schweiz-2022.pdf (zuletzt abgerufen: 22.09.2024).

Ziegenhorn, G./von Heckel, K., Datenverarbeitung durch Private nach der europäischen Datenschutzreform, Auswirkungen der Datenschutz-Grundverordnung auf die materielle Rechtmäßigkeit der Verarbeitung personenbezogener Daten, NVwZ 2016, 1585.

Zisler, H., Computer-Netzwerke, Grundlagen, Funktionsweisen, Anwendung, 7. Aufl., Bonn 2022.

Zoller, G./Schmied, V./Werner, A., Teamwork in der „Krise"?, Interorganisationale Zusammenarbeit von BOS in der Flüchtlingssituation 2015/2016, Kriminalistik 2018, 513.

Zumstein, D., Zur Spannweite des Web Monitoring, HDM 2013, Heft 5, 4.

Zumstein, D./Meier, A., Web-Controlling, in: *Schumann, M./Kolbe, L. M./Breitner, M. H./Frerichs, A.*, Multikonferenz Wirtschaftsinformatik 2010, Göttingen, 23. - 25. Februar 2010, Kurzfassungen der Beiträge, Göttingen 2010, 299.

GPSR Compliance

The European Union's (EU) General Product Safety Regulation (GPSR) is a set of rules that requires consumer products to be safe and our obligations to ensure this.

If you have any concerns about our products, you can contact us on

ProductSafety@springernature.com

In case Publisher is established outside the EU, the EU authorized representative is:

Springer Nature Customer Service Center GmbH
Europaplatz 3
69115 Heidelberg, Germany